数字图书馆理论与实务

主　编：魏大威

编　委（按笔画顺序排列）：

申晓娟　朱　强　刘晓清　孙一钢　李广建

应长兴　张智雄　陈传夫　陈　凌　陈　超

郑巧英　姜爱蓉　黄如花　黄　晨

国家圖書館出版社

图书在版编目（CIP）数据

数字图书馆理论与实务/魏大威主编.—北京：国家图书馆出版社，2012.3
（2012.12 重印）

ISBN 978－7－5013－4721－6

Ⅰ.①数… Ⅱ.①魏… Ⅲ.①数字图书馆—研究 Ⅳ.①G250.76

中国版本图书馆 CIP 数据核字（2012）第 015298 号

责任编辑：高爽

书名　数字图书馆理论与实务
著者　魏大威　主编

出版　国家图书馆出版社（原北京图书馆出版社）
　　　（100034 北京市西城区文津街 7 号）
发行　010－66139745　66151313　66175620　66126153
　　　　　66174391（传真）　　　66126156（门市部）
E－mail　btsfxb@ nlc. gov. cn（邮购）
Website　www. nlcpress. com→投稿中心
经销　新华书店
印刷　北京科信印刷有限公司

开本　710×1000（毫米）　1/16
印张　29.25
字数　520 千字
版次　2012 年 3 月第 1 版　2012 年 12 月第 2 次印刷

书号　ISBN 978－7－5013－4721－6
定价　96.00 元

撰 稿 人 名 单

(按笔画顺序排列)

申晓娟　冉从敬　朱　强　刘晓清　孙一钢

孙　宇　李广建　李　芳(上海交通大学图书馆)

李　芳(中国科学院国家科学图书馆)

杨　林　应长兴　宋歌笙　张智雄　陈传夫

陈　凌　陈　超　周志峰　郑巧英　赵　亮

姜爱蓉　姚晓霞　黄如花　黄　晨　詹利华

前　　言

1945 年,美国科学研究与开发办公室主任布什(V. Bush)在《大西洋月刊》上发表了《诚如所思》(As We May Think)一文,构想了一种新的信息服务系统形态,日后被称为数字图书馆的起源。1965 年,美国学者 Licklider 在《未来的图书馆》(*Libraries of the Future*)中大胆预测并描述了 30 年后出现的数字图书馆的轮廓,阐述了建立真正意义上的数字图书馆需要进行的必要研究和开发。20 世纪 90 年代以来,数字图书馆开始从少数理论研究者的个人兴趣演变为声势浩大的实际行动,许多国家将其作为信息基础设施建设的重要组成部分予以大力推进,先后启动了一批有影响的试验性项目和工程建设项目。在国际数字图书馆建设热潮的启发下,我国紧跟世界发展步伐,于 20 世纪 90 年代中期开始进行数字图书馆的研究与建设。经过十几年的发展,已初步形成了由国家数字图书馆、行业数字图书馆和区域数字图书馆组成的,较为完备的数字图书馆建设与服务体系。

今天,数字图书馆作为网络环境和数字环境下图书馆发展的新形态,已经深深根植于人们的日常工作、学习和生活中,并逐步成为人们身边须臾不可或缺的信息获取和知识交流平台。数字图书馆的建设对于建立覆盖全社会的信息与知识网络,提升公共文化服务水平和能力,推动经济社会发展具有特殊重要的意义。党的十七届六中全会明确要求"完善国家数字图书馆建设",文化部、财政部在《关于进一步加强公共数字文化建设的指导意见》中也指出:"将信息技术、数字技术、网络技术等现代科学技术和传播手段应用于公共文化服务体系建设,进一步加强公共数字文化建设,是适应时代发展的必然要求和战略选择",为我国数字图书馆建设提供了良好的政策环境,数字图书馆事业必将迎来新的发展机遇。

为深入研究数字图书馆建设理论与实践问题,全面推进数字图书馆事业发展,国家图书馆组织各地区、各系统数字图书馆建设与服务领域的专家学者和业界精英,联合编撰了《数字图书馆理论与实务》一书,旨在对国内外数字图书馆相关理论研究成果进行系统梳理和深入阐释,对各类型数字图书馆建设与发展的实践经验进行全面总结与客观分析,为各地区、各系统组织开展数字图书馆建设与服务提供业务指导,同时也为数字图书馆领域相关研究提供翔实的资料支持。

本书开创性地将数字图书馆系统理论研究和实务操作指南融合起来,并深入剖析有代表性的数字图书馆建设案例,从而为实践提供直观生动的参考借鉴。全书分为理论篇和实务篇两大部分,理论篇对国内外数字图书馆的发展历程进行全面回顾,并展望其未来发展趋势,围绕信息资源建设、用户服务、技术发展与应用以及组织管理等数字图书馆建设基本要素,对数字图书馆相关理论、技术和方法进行系统梳理和细致介绍,力求帮助读者从宏观上整体把握数字图书馆基本理论;实务篇则结合我国数字图书馆发展的现实需求和具体实践,对数字图书馆建设规划、数字资源建设、知识产权管理、技术平台搭建等问题做了深入阐述,力求为数字图书馆业务建设提供有针对性的实践指导。此外,本书还特别选取了国家数字图书馆、国家科学数字图书馆、中国高等教育数字图书馆以及浙江网络图书馆等四个不同层次、不同规模、各具特色的数字图书馆系统进行实例分析,便于读者进一步掌握前篇所介绍的理论与实践知识。全书各部分之间相互呼应、互为补充,在理论研究和业务指导的系统性和完整性方面都做了极大的努力,相信读者能够从中获得一些不同的体验。

为了确保全书内容客观而不失生动、前瞻而不离现实,本书特别面向全国图书馆界遴选了一批在数字图书馆建设与服务方面具有深厚研究基础和丰富实践经验的专家学者和管理精英,集众家之长终成此书。全书编纂过程的组织、联络和协调等诸多工作均由国家图书馆研究院的同事们协助我完成,书中各章内容撰写的具体分工如下:第一章由国家图书馆研究院副院长申晓娟执笔;第二章由武汉大学信息管理系教授黄如花负责,其博士生周志峰参与编写;第三章由浙江图书馆副馆长刘晓清执笔;第四章由北京大学信息管理系李广建教授负责,中国科学院杨林、李芳参与编写;第五章由上海图书馆副馆长陈超负责,赵亮、孙宇、宋歌笙参与编写;第六章由国家图书馆副馆长魏大威执笔;第七章由上海交通大学图书馆副馆长郑巧英负责,李芳参与编写;第八章由清华大学图书馆副馆长姜爱蓉执笔;第九章由北京大学图书馆副馆长、CALIS 管理中心副主任陈凌执笔;第十章由 CADAL 项目管理中心副主任黄晨执笔;第十一章由武汉大学信息管理系教授陈传夫负责,冉从敬参与编写;第十二章由国家图书馆馆长助理孙一钢执笔;第十三章实例分析部分中,国家数字图书馆部分由国家图书馆副馆长魏大威执笔,国家科学数字图书馆部分由中国科学院国家科学图书馆馆长助理张智雄执笔,中国高等教育数字图书馆部分由北京大学图书馆馆长、CALIS 管理中心主任朱强负责,姚晓霞、陈凌参与编写,浙江网络图书馆部分由浙江图书馆馆长应长兴负责,詹利华参与编写。国家图书馆出版社为本书的出版付出了辛勤劳动,提出了许多宝贵的修改意见,在此一并致谢!

　　需要指出的是,中国数字图书馆事业虽然已历经十几年的发展,但在许多方面仍有待进一步探索,而其建设与服务的内容之深之广,也非此一时一书可以囊括,书中难免疏漏之处,敬请批评指正。

魏大威

2012 年初于国家图书馆

目　　录

理论篇

实务篇

理论篇

第一章　国内外数字图书馆发展概述

计算机技术自其肇始之日起，就因其与信息这一日后社会的核心战略资源之间的密切联系而与图书馆领域紧密联结在一起，并对其发展变革产生了深远的影响。早在 1945 年，美国科学研究与开发办公室主任 Dr. Vannevar Bush 在《大西洋月刊》（The Atlantic Monthly）上撰文 "As We May Think"，预言：技术将在信息收集、存储、发现和检索等方面带来革命性变化，并勾勒了一个技术方法的清晰轮廓——Memex[1]。半个多世纪以来，他的这一论述一直被公认为是对"数字图书馆"蓝图的最早描绘。1965 年，在分时计算技术还处于研究阶段，计算机存储价格高达 1 美元/字节的时候，美国学者、互联网思想先驱 J. C. R. Licklider 就在《未来的图书馆》（Libraries of the Future）一书中对 30 年后可能出现的数字图书馆面貌进行了大胆预测，指出未来的数字图书馆系统将能够把用户与他们每天所需要的商业信息、工业信息、政府信息和专业信息联结起来，并有可能与新闻、娱乐和教育信息联结起来，书中还对建立真正的数字图书馆所必要的研究和开发进行了详细描述[2]。

20 世纪 90 年代以来，互联网的迅速普及和广泛应用，进一步为图书馆打开了一扇具有无限可能性的大门。计算机和网络已经实实在在地改变了人们的学习、生活、工作和娱乐方式，信息化时代全面来临。越来越多的国家逐步认识到信息对于提高国际竞争力，增强综合国力的特殊意义。1993 年 9 月，美国政府宣布实施"国家信息基础设施"（The National Information Infrastructure）计划，旨在建立一个能给用户随时提供大量信息的，由通讯网络、计算机、数据库以及日用电子产品组成的完备网络[3]。随后，英国、法国、日本、加拿大、新加坡等国家也相继提出自己的"信息高速公路"建设计划。在全球建设信息高速公路热潮的直接带动下，数字图书馆的研究和建设得到美国、英国、法国等发达国家的高度重视，纷纷将其列为国家信息基础设施（NII）的重要组成部分和国家级战略研究方向加以研究和开发。1996 年，美国全球信息基础设施委员会（GIIC）将数字出版和数字图书馆列为研究项目之一。美国国家信息技术研究和发展协作办公室（NITRD）发表的官方报告蓝皮书对数字图书馆的战略意义非常重视，1995 年的

3

蓝皮书《用于国家信息基础设施的技术》将数字图书馆列在信息基础设施九项国家级挑战的首位[4]；1998 年的蓝皮书《用于 21 世纪的技术》将数字图书馆先导研究计划列为计算、信息、通信领域六个研究发展重点项目之首[5]。2002 年的蓝皮书中认为："信息技术的核心挑战是创建跨越人类知识领域的数字图书馆，以及开发使知识能普遍按需应用的技术和工具"[6]；2005 年的蓝皮书将数字图书馆列为人机交互和信息管理的一个研究项目[7]。

如今，数字图书馆建设已经在世界各国取得了卓越成果，并积累了宝贵的经验。从美国数字图书馆先导研究计划一期工程（DLI1）、二期工程（DLI2）到世界数字图书馆项目，从美国记忆（American Memory）项目到澳大利亚潘多拉（Pandora）数字图书馆计划，从谷歌（Google）数字图书馆到欧洲数字图书馆项目，数字技术在图书馆的应用领域越来越广泛，给图书馆行业带来的影响也越来越深远，数字图书馆建设从最初具有浓郁浪漫主义色彩的科学设想，已经发展成一股国际化的现实洪流。

第一节　数字图书馆的发展阶段

从数字图书馆建设的历史视角来看，世界范围的数字图书馆研究与建设实践经过了三个阶段：第一阶段是数字图书馆发展的初期阶段，以文献信息资源的数字化加工为核心，主要致力于传统纸质文献的数字化加工和数字化信息资源的采集、组织与管理。第二阶段以解决数字图书馆关键技术问题为核心，如数字化技术、压缩技术、海量数字资源存储技术、信息发布技术、基于内容的信息检索技术、互操作等，重点是为数字化信息存取和服务提供技术解决方案。在这一阶段，主要是以分布式、异构数字信息资源为基础，通过特定技术手段对其进行集成，从而形成一个完整的虚拟数字信息系统。第三阶段是以信息服务为核心，致力于支持用户对信息与知识的发现，包括围绕用户信息活动提供个性化的信息服务。在这一阶段，数字图书馆的研究与建设被扩展到更宽广的领域，如研究数字图书馆对经济、社会、法律、科学研究、教育等带来的影响，研究数字信息资源的长期保存与有效利用，研究最大限度地满足不同用户的个性化、专业化信息需求。

一、数字资源的原始积累阶段

人类文明的成果主要是通过文献记录下来并流传后世的，而图书馆自诞生以来就一直是文献资源最重要的保存管理机构之一。20 世纪 60 年代以来，随着计算机和网络技术的飞速发展，各种形态的信息，特别是数字信息突飞猛进地增长起来。据《自然》杂志的统计，到 1999 年时，全球互联网可公开访问的网页数量已达 80 亿页，近 6TB 的数字资源存储在分布于全球各地的 300 万个服务器上[8]。而此后的网络发展速度更快，到 2002 年时，互联网上的资源已经比 1999 年翻了一番[9]。"信息爆炸"迅速成为当时的流行词汇。1978 年，美国著名图书馆学家兰开斯特（F. W. Lancaster）在其著作《通向无纸情报系统》[10]和《电子时代的图书馆和图书馆员》[11]中，预测"无纸化社会"即将到来，从而引发了图书馆对馆藏纸质文献数字化工作的思考。1982 年，美国国会图书馆开始研究用光盘储存馆藏[12]，正式迈出了图书馆文献数字化工作的第一步，这也就是我们所说的数字资源原始积累阶段的开端。

这一阶段数字图书馆的建设内容主要以文献的数字化加工及数字信息资源的采集为核心，所选择的数字化加工对象多具有特殊的价值，技术上侧重于对所选择的文献信息进行数字化转换，对所需要的数字信息资源进行采集，对形成的数字资源进行组织，并提供对特定资源的检索与传递。其共同特点是选择反映本国历史与文化遗产的精品文献进行较大规模的数字化加工，并对其进行组织，以保存为目的，同时提供互联网检索与阅览，形成关于本国文化与历史的数字信息资源系统，其中较有代表性的项目主要有：美国记忆、法国"文化精品数字化"、俄罗斯记忆等。

美国记忆（American Memory）是 1995 年美国国会图书馆在国会的支持下启动的数字图书馆项目，该项目是美国国家数字图书馆项目（National Digital Library Program，NDLP）的一部分。项目主要由美国国会图书馆负责，其目标是将绘画、图书、地图、音乐、手稿、照片、视频、音频等反映美国历史、文化的主要史实性文献转换成数字资源，并在国会图书馆网页上对研究人员、学生、普通公众和全球互联网用户提供使用。目前，该项目已拥有 100 多个历史资源库，数字作品超过 900 万件。项目的参加单位除了国会图书馆外，还有公共图书馆、研究图书馆、学术图书馆、博物馆、历史学会以及档案馆等机构，由国会图书馆负责项目的总体协调管理，制定技术标准，审定数字化对象[13]。

法国"文化精品数字化"（JOUVE）是 2000 年由法国文化部组织实施的数字图书馆项目。该项目着重进行历史遗迹、考古学及建筑图片的数字化，并制作相应的目录和解说。这些图片主要来源于图书馆、档案馆、大型博物馆和文献中心。到 2000 年，该项目已具有处理 60 万幅数字化静态影像的能力。项目的实施使那些已老化、不宜频繁提供使用的、过于脆弱的原始文献能够通过因特网为公众使用。至 2004 年年底，该项目已经建设了 69 个资源库，包括 56.9 万篇文献、141 万份简介、26.6 万幅影像、2100 万条目录、1.07 万件手稿、1500 部影片，2300 个音乐片段以及 100 部戏剧。目前在因特网上可以免费看到该项目的一些服务器中所提供的部分资源，如"伟大的考古点"、"Joconde 库"、"人种学（Ethnologic）库"等[14]。

俄罗斯记忆（Memory of Russia）是联合国教科文组织"世界记忆"项目的一部分，1995 年启动，其目的是保存有价值的、稀有的俄罗斯文化遗产，包括图书、手稿、地图、艺术作品、版画、插图和音乐出版物，并提供给公众使用，主要建设任务有：将 15 至 16 世纪早期的印刷型斯拉夫语书籍数字化，已完成 61 种出版物，约 12 000 页；将古代著名手稿，如 1092 年和 14 世纪末 15 世纪初的圣经进行数字化、俄罗斯早期地图的数字化、俄罗斯海报的数字化、孤本书籍的数字化、16 世纪初基里尔文字（俄语字母的前身）图书的数字化等。此外，俄罗斯科学院世界文学研究所等共同参与建立电子文库"普希金和俄罗斯古典文献"，现在这个电子文库已拥有相当数量的电子文献信息，包括普希金、莱蒙托夫、叶赛宁等的有关作品及生平资料。随着文库信息内容的扩展，该数据库被建成"俄罗斯文学和民间文学"。如今已有电子出版物"普希金"问世，它收集了普希金所有的文集，有关其生活和创作的文献及书目，大约有 3 万页、200 幅插图及普希金的画像。在美国国会图书馆的支持下，俄罗斯国家图书馆还建立了一个名为"国界会议"的虚拟藏品，其中包含一些来自 18 世纪和 19 世纪的图书、地图、照片、素描的数字化版本，为俄罗斯记忆新增了俄罗斯北部地区和西伯利亚发展的资料[15-16]。

1998 年，中国国家图书馆开始跟踪国外数字图书馆研发进展，并以馆藏资源数字化加工为突破口，于 1998 年完成了 300 多万页（约 5000 册图书）馆藏文献的数字化加工，连同 500 万条书目数据一并上网提供读者服务。1999 年，在此基础上，国家图书馆又达到了 3000 万页馆藏文献的数字化加工。为了加快文献数字化的进度，2000 年，国家图书馆进一步组建了一个大型的文献数字化加工中心，当年就建设了 12 个资源库，形成了 6000 万页（约 17.67 万册图书）的数字化加工，资源总量超过 2.6TB[17]。这些初期的数字化加工技术为国家数字图书馆大规模开展数字资源建设奠定了基础。截至 2010 年底，国家图书馆已完成了超过 1.94 亿页馆藏特色资源、51.6 万首音频资料、6.2 万小时视频资料、734 幅年画、6990 幅甲骨拓片、2.9 万幅石刻拓片等多种类型资源的数字化加工工作，内容涉及文学、艺术、法律、科技、教育、旅游等各类文献信息。

此外，全国有许多图书馆等文献信息机构也相继开展了馆藏文献的数字化加工工作。比较突出的有上海图书馆对馆藏古籍、民国图书、地方文献、科技报告、中外期刊、音像资料、历史照片等文献的数字化，北京大学图书馆对馆藏古籍拓片的数字化，以及清华大学建设的"建筑数字图书馆"等。

二、关键技术的攻关研发阶段

数字资源是数字图书馆建设的核心，数字资源的原始积累阶段为日后数字图书馆科学、规范地开展数字资源建设提供了经验，奠定了基础。直到今天，数字资源的建设和积累仍然是各数字图书馆系统建设的主要工作之一。随着数字图书馆资源数量的不断增长，特别是面对信息处理技术带来的"信息爆炸"，人们很快发现，图书馆工作面临的一个新问题在于，面对海量的、不断增长的信息资源，人们似乎比原来更容易迷失方向了。如何对这些信息资源进行有效处理，使人们能够方便地发现所需要的信息资源，很快就成为数字图书馆研究和实践中的核心问题。

早期文献数字化的实践，使计算机技术得以深入到文献的存取管理过程中。然而，通过简单扫描并以数字图片的形式存储在各类型存储介质上的数字资源，并不比传统的以书页形式一本本装订起来摆放在图书馆书架上的文献资源更容易使用。相反地，除了对传统文献的数字化转换以外，对已经数字化的资源进行进一步的组织、整理、加工、揭示，以及最终实现传播和利用，都需要一套全新的技术方法和工具来提供支持，这些环节中的每一步都依赖于计算机技术和信息处理技术，这比传统文献的情况复杂多了。为建立一个高可用的信息系统，支持数字资源的生成、组织、检索、保存与发布，图书馆领域和计算机信息处理领域的专家们联手迈入了数字图书馆关键技术的攻关研发阶段。

这一阶段的数字图书馆建设以计算机网络通讯技术和信息处理技术为基础，围绕数字图书馆体系结构、海量数字资源的存储与检索、数字资源的发布与服务、多媒体和异构资源的整合处理、大规模并发访问控制等核心技术问题进行研发，搭建实验系统，以期在各个领域建立相对成熟的解决方案，并逐步推广应用于其他数字图书馆建设实践。其中比较有代表性的研究和实验项目有：美国数字图书馆先导研究计划一期工程（DLI1）、二期工程（DLI2），中国试验型数字式图书馆项目等。

美国数字图书馆先导研究计划一期工程于 1994—1998 年实施，是由美国国家科学基金会（NSF）、美国航空航天局（NASA）和美国国防部高级研究计划局（DARPA）投资 2400 万美元，资助六所大学从事数字图书馆相关技术研究的项目。该项目在数字信息的分类和组织、海量信息的存取、影像资源的可视化和交互技术、网络协议与标准研究、网络信息资源的利用及相关群体行为、社会和经济问题研究等方面取得了进展。二期工程于 1999—2004 年完成，在一期工程的基础上增加了四家资助机构，总投资 6000 万美元，共有 36 个资助项目、16 个特别项目、12 个国际合作项目。该项目的研究目的是开展数字图书馆相关课题的基础性、前沿性科学研究，开发下一代数字图书馆，为用户充分利用全球化、分布式的信息资源提供先进、可行的方法和技术。其研究领域包括：（1）以人为中心的研究，重点是研究数字图书馆对促进人类创建、查询及使用信息等活动的影响，并通过技术研究实现这一目标；（2）以内容收藏为中心的研究，重点是增进对数字内容更好的理解，并推动对其存取方面的研究；（3）以系统为中心的研究，主要是分析与研究相应的技术，并对其进行整合，以实现信息环境的动态性与灵活性，适应个人、团体、机构等的不同需要，按照用户指定的结构和大小，对持续增长的大规模数据进行处理[18]。美国数字图书馆先导研究计划为美国数字图书馆事业，乃至世界数字图书馆事业的快速发展奠定了坚实的技术基础。

中国试验型数字式图书馆[19]是国家重点科技项目，1996 年在国家计委立项，组长单位为国家图书馆，联合上海图书馆、深圳图书馆、广东中山图书馆、辽宁省图书馆、南京图书馆、广西桂林图书馆等单位共同参与，于 2001 年 5 月完成鉴定验收。该项目创建了一个多馆合作的网络内容资源建设和共享体系，实现了一个基于分布环境的、以藏品建设为基础的数字图书馆应用系统，从功能上覆盖了对内容资源的采集加工、处理、储藏组织、管理调度、资源发布、用户利用等全过程，并支持分布式网络环境下多馆合作资源共建共享的模式，创建开发了数字资源加工系统、调度系统、资源发布系统和用户界面等，完成了 900GB 多媒体资源的建设与发布，在因特网环境下实现了资源的深层次标引、分布式资源库的跨库连接和无缝查询。该项目的研究成果为我国进行大规模数字图书馆建设做了必要的技术准备，取得了重要的实践经验。

近 20 年来，国内外数字图书馆相关技术得到了飞速发展，在分布式系统结构、异构资源检索、数字资源长期保存、互操作、智能代理技术、个性化机制、版权保护与管理等方面都做了相当广泛而深入的技术探索，而国内特别针对中文信息资源处理的相关技术研发也取得了重要进展。

三、数字服务的集成应用阶段

应当指出的是，虽然数字图书馆天生就是依存于技术的，早期的数字图书馆建设与研究也主要是围绕数字资源处理和管理的关键技术问题而展开，但是，无论是资源的积累，还是技术的研发，始终只有一个目的，就是使任何人，在任何时间、任何地点，都可以使用任何与互联网连通的设备，获得所需要的任何知识。随着数字图书馆理论研究与实践的不断推进，以及资源的不断积累和技术解决方案的日益成熟，人们越来越关注数字图书馆系统如何实现提供高效率、高效益的服务。数字图书馆建设进入以各类型集成服务系统建设为核心的第三个阶段。

在这一阶段，数字图书馆建设的重心已经开始逐步向用户界面的设计及其功能实现方面转移，更多强调知识发现与知识交流，并试图构建以数字图书馆为核心的知识网络。而且，与资源建设阶段和技术攻关阶段对服务的关注有所不同，这一阶段的服务研究，更加注重系统功能的集成，致力于在某种程度上能够提供给用户一个相对完整的信息体验。其建设成果主要以各类型数字图书馆集成信息服务系统为代表，包括美国国家科学数字图书馆（NDSL）、英国国家学习网格（NGFL）、中国科学院国家科学数字图书馆（CSDL）和中国高等教育数字图书馆（CADLIS）等。

美国国家科学数字图书馆项目（National Science Digital Library，NSDL）始于1998年，其目标是建立、发展和支撑一个高质量的国家科学、技术、工程、数学教育（SMETE）数字图书馆，致力于为各种级别的学生和教师提供一站式的信息获取途径和交互式学习环境，其服务网站于2002年12月正式开通。在该项目的第二阶段，NSDL选定一种主门户作为用户到NSDL存取资源及享用服务的入口，对门户的类型、组成元素、页面流程、服务方式等都做了各种规范。NSDL是一个合作门户项目，分布式开发，强调资源共建共享，其门户的框架体系、流程、各种规范等，对其他数字图书馆项目及其门户建设都有积极的借鉴意义[20]。

英国国家学习网格计划（National Grid for Learning，NGfL）于1998年启动，是英国国家学习网格战略的一部分，其目的是帮助英国的学习者与教育者从信息与通讯技术中受益。该计划旨在建立一个对具有高质量的内容与信息的互联网资源进行链接的网络，从而支持教育与终身学习。该计划于1998—2002年投资15.32亿英镑用于支持学校新技术的发展，2001—2004年投资9亿英镑用于支持终身教育学习项目[21]。其后，由于信息和通信技术已经嵌入到人们日常的教学和学习活动中，不再需要一个专门的支持学习的信息门户，2006 年 7 月，该计划服务门户被关闭，位于威尔士的 NGfl Cymru 网站仍然提供服务[22]。

英国全民网络（People's Network）项目于 1998 年启动。该项目由博物馆，图书馆和档案馆理事会管理，彩票基金支持，其主要目标是连接英国所有的公共图书馆，以支持人们对知识与信息的方便获取，满足人们在数字时代的信息需求。该项目提供的主要服务包括：参考咨询服务；支持对全球数字资源的检索；支持就近选择图书馆并获得服务；支持图书馆馆藏外借；支持对图书馆、博物馆、美术馆馆藏的虚拟访问；提供在线阅览；在家里、学校或工作场所利用图书馆网络和网络资源；个性化信息服务等。目前，通过该项目网站提供的资源约 184 万件，包括文本、图像、音频、视频，有来自英格兰和苏格兰的超过 80 个公共图书馆的馆员和来自美国的合作伙伴参与虚拟参考咨询服务[23]。

上海交通大学在数字图书馆建设中提出了"资源随手可得，信息共享空间，咨询无处不在，馆员走进科学，技术支撑服务，科研推动发展"的服务理念。该馆基于 Primo 系统进行了二次开发，向用户提供名为"思源探索"的一站式信息服务平台。用户能够通过这个平台获得上海交通大学图书馆的馆藏目录、期刊/会议论文、学位论文、标准/专利等所有馆藏资源，以及网络资源、图书馆自建数据库等，该平台能够将从网络上获得的百科、书评、目次、封面、摘要等信息同时嵌入资源呈现界面，以帮助用户评价和选择资源。"思源探索"还向用户提供分类和整合检索、分面检索等功能，用户可以使用分类检索、二次检索、高级检索和标签检索等各种方式，对检索结果进行分类排序并筛选，并将所有与某一特殊文献、某一文献的多种表示形式、基于同一文本的不同版本以及特殊的单项相关记录集合在一起提供给用户。此外，"思源探索"还提供标签标注、RSS 订阅、个人信息空间、检索词百科功能和 MSN 机器人等 Web2.0 功能。目前，通过"思源探索"提供的资源包括图书馆馆藏纸质文献 308 万册，期刊 5000 余种，电子期刊 3.9 万余种，电子图书 182.5 万余册，学位论文 155.4 万余篇，电子数据库 367 个，多媒体资源 8.4TB[24-25]。

此外，中国科学院国家科学数字图书馆（CSDL）项目和中国高等教育数字图书馆（CADLIS）项目也是典型的数字图书馆集成服务系统，关于这两个项目的详细情况可在本书第十三章获得。

第二节　数字图书馆的多元建设主体

数字图书馆概念一经产生，便引起了各相关方面的重视，数字图书馆的建设过程从未局限在图书馆领域，而是一个多元建设主体共同参与的过程。在各国政府的高度重视下，特别是在国家相关政策的引导下，计算机、文化教育、图书馆等相关行业机构纷纷行动起来，围绕数字图书馆进行了许多研究与开发，极大地促进了数字图书馆理论与技术的发展；一些图书馆依托自身的资源优势和用户需求，建设了一系列个体数字图书馆项目；此外，软件开发商、数据开发商、信息服务商等商业机构也看到了数字图书馆的市场商机，积极参与到数据库产品开发、软件平台设计以及信息服务中来，开发了类型丰富的市场化产品，同时，也在一定程度上带动了数字图书馆在竞争和挑战中不断进步。

一、各级政府机构主导的国家级或区域级数字图书馆建设

从目前国内外数字图书馆建设的实际情况看，由于许多国家都将数字图书馆的建设列为国家信息基础设施的重要组成部分和国家级战略研究方向进行宏观规划，因此，各国较有影响的全国性数字图书馆项目基本上是依赖于政府投入，甚至由政府部门直接组织实施。

1. 国家级数字图书馆

总体来说，国家层面的数字图书馆建设多着眼于促进整个社会的经济、技术和文化事业发展，政府作为出资主力，资助各类型机构开展跨学科、跨领域的基础性、前沿性研究，为整个国家的数字图书馆发展奠定坚实的技术基础，对数字信息尤其是数字文化遗产进行长期保存，为满足全民文化需求提供重要支撑。

以美国国家数字信息基础设施和保存计划（NDIIPP）为例。该计划于 2000 年 12 月启动，由美国国会拨款 1 亿美元，美国国会图书馆组织实施，任务是制定一项国家战略，收集、保存和提供重要的数字内容，特别是原生数字资源，以提供当前和未来使用。国会图书馆通过 NDIIPP 与合作伙伴一起开展了下述五个方面的工作：鉴定和收集濒临消失的原生数字内容、建立和支持一个由合作伙伴共同进行的数字内容保存工作国家网络、开发和应用新的数字保存技术工具和服务、鼓励公共政策支持数字保存、展示数字保存对于每一个人的重要性。在技术工具和服务方面，NDIIPP 开展了如下几个方面的工作：档案获取与处理试验、NDIIPP 技术架构、数字格式。迄今为止，NDIIPP 已拥有其来自全球的 130 多个合作伙伴，包括政府机构、拥有收集与保存数字内容专长的机构及民营机构等，他们共同采集和保存那些处在消亡危险的数字内容，包括地理空间数据、Web 站点、视频、图像、文本以及与重要的公共政策问题有关的材料等，总计 66TB，并组织成 1403 个收藏[26]。

1997 年 4 月，德国教育与科研部（BMBF）宣布资助自然科学和工程全球电子与多媒体信息系统（GLOBAL INFO）项目，以参与科学和技术信息传输的基础设施建设。该项目由德国教育与科研部（BMBF）及德国基础科学研究基金会（DFG）负责组织，德国国家信息中心负责技术管理，启动资金 1.2 亿德国马克，此后 6 年每年投入 6 亿德国马克，旨在提供对全球的全文及文献参考资料、事实数据库和软件信息的有效获取。该项目参与方来自全国各地，包括作者和用户、学习组织、科学协会、研究机构、科学出版商和书店、科学信息中心、网上供应商和图书馆，分 5 个工作组共同努力在国际合作框架下参与根本改变信息基础设施的工作。项目建设了数学、物理、化学和计算机科学领域的"全球信息系统"[27]。

除此之外，美国记忆（American Memory）项目、俄罗斯电子图书馆项目、英国联合信息系统委员会（JISC）的电子图书馆（eLib）项目等也都是此类数字图书馆建设的代表。

在我国，政府对数字图书馆建设非常重视，也给予了相应的资金支持。近年来，中央财政陆续投入建设的数字图书馆项目有国家数字图书馆工程、全国文化信息资源共享工程等。其中根据国务院的批复，国家数字图书馆工程是我国数字图书馆建设的核心，意在为其他数字图书馆系统建设提供资源、技术与服务支持。

2001 年，国务院批准国家数字图书馆工程立项，投资 4.9 亿元人民人民币，并以取得阶段性成果（关于该工程的详细情况见本书第十三章）。在此基础上，2010 年 12 月，文化部、财政部联合发文，计划于"十二五"期间在全国范围内实施"数字图书馆推广工程"。该工程目标是：建设分布式公共文化资源库群，搭建以各级数字图书馆为节点的数字图书馆虚拟网，建设优秀中华文化集中展示平台、开放式信息服务平台和国际文化交流平台，打造基于新媒体的公共文化服务新业态，最终实现国家数字图书馆的服务惠及全民，切实保障公共文化服务的公益性、基本性、均等性、便利性，最大限度地发挥数字图书馆在文化建设中引导社会、教育人民和推动发展的功能。

2002 年 4 月，文化部和财政部共同组织实施了全国文化信息资源共享工程。该工程利用数字图书馆技术，对中华优秀文化信息资源进行数字化整合，利用覆盖全国的网络服务系统，实现文化信息资源在全国范围内的共建共享。经过近十年的建设，目前，文化共享工程已初步建成国家、省、市/县、乡镇/街道、村/社区五级服务网络，数字资源建设总量达到 108TB。文化共享工程的实施，大大地改善了县级图书馆的现代化水平，提升了基层公共文化服务能力。

2. 区域级数字图书馆

随着各国政府对于数字图书馆建设日益重视并不断加大投入，许多地方政府也纷纷将数字图书馆建设纳入本地区信息化建设计划中，进行规划或建设。这类由地方政府出资建设的数字图书馆大多立足于本地用户需求和图书馆发展需求，更加侧重特色馆藏资源建设和技术应用；数字图书馆管理与服务方式更加灵活，在为本地区用户提供信息服务和智力支持方面发挥了重要作用；同时，也在资源共建共享、用户服务等方面探索出了许多可资借鉴和推广的经验。

在美国，许多地方政府（州、县、区、市等）都投入经费用于建设本地区的"记忆（Memories）"系列数字图书馆，将能够记录本地区发展历史的珍藏进行收集和整合，并提供互联网服务。比如俄亥俄州建立的"俄亥俄记忆"（Ohio Memory）就是由该州的历史协会和州立图书馆共同收集了州内 88 个县的 354 家文化遗产机构的珍贵馆藏，他们希望通过这些馆藏的数字化和互联网服务，不仅可以使其自身历史得以重新呈现，同时也可促进全世界范围内对其历史的研究和认识[28]。

在我国，由省市地方财政投资建设的区域数字图书馆有：辽宁省数字图书馆建设项目、广东省数字图书馆建设项目、上海数字图书馆等，近期又新增了许多较有特色的地域性数字图书馆，如：浙江网络图书馆、深圳文献信息港、宁波数字图书馆等（关于浙江网络图书馆的具体情况可从本书第十三章获取）。这些数字图书馆往往是政府出资，一家或者多家图书馆为实施主体，借助现代信息网络技术，以文献资源的"共建、共知、共享"为理念，为城市和地区的发展提供了丰富的资源保障，推动文献信息服务向整体化、网络化方向发展，更好地满足了区域内用户的文献信息需求，同时，对加强地方特色资源的保存保护与网络化服务也具有非常重要的意义。

宁波市数字图书馆（NBDL）是由宁波大学园区图书馆、市图书馆、市科技信息研究院、宁波地区各高校图书馆以及各大企业单位共同参与的数字文献信息资源共建共享服务平台。项目总预算 4000 万元，于 2007 年正式启动，2009 年 1 月投入试运行，2009 年 3 月底基本建成，面向读者提供服务。该项目的建设目标是：建成面向宁波地方产业发展的专业性数字文献信息资源服务平台；探索与企业共同开展数字信息资源建设的体制和机制，满足企业对专业领域数字信息的需求；建成一批为宁波市主导产业服务的地方特色数字文献信息资源库。目前，该项目已并建设完成了一批特色数据库，如纺织服装特色资源库、新材料特色资源库、港口物流特色资源库、机电塑料模具特色资源库等，项目提供检索的元数据达 1.47 亿条，并提供 75 种外文数据库、8 种中文数据库的统一检索，包括中外文图书、期刊、报纸、论文、专利、标准、自建特色资源数据库等。宁波数字图书馆提供的服务主要有：文献检索与全文提供、定题跟踪服务、享用国内和国际重要的文献信息联盟的服务、全市主要图书馆的联合目录查询及成员馆的馆藏目录查询服务、网上参考咨询等。2011 年 8 月，宁波市手机图书馆开通试用[29-30]。

广东省政府将广东省立中山图书馆改造和数字化建设列入本省"十五"计划，并拨专款予以支持。广东省立中山图书馆于 1999 年 9 月向广东省科委申报和立项了"广东数字图书馆"省级重点科技项目，于 2000 年初正式启动实施，2002 年正式开通提供服务。目前，广东数字图书馆拥有电子图书 120 万种，期刊论文 3000 万篇，博硕士论文 80 万篇，学术会议论文 30 万篇，各种类型的数据库 30 多个，资源总量超过 40TB。该项目利用数字图书馆整合门户平台，建立了数字图书馆搜索引擎，实现了与佛山、汕头、顺德、东莞、深圳南山、中山、湛江等 7 个市图书馆的无缝连接和跨库检索，并与网上参考咨询有机地组成远程文献传递系统，使读者能够方便地检索和免费索取原文。自试运行以来，每年下载量即达 1.42 亿页，平均每天 460 万页，每天接到网上咨询课题 400 多例，远程提供电子书刊文献 2000 多篇（部）[31-33]。

二、行业性数字图书馆

行业性数字图书馆是利用数字图书馆技术建立基于专业信息组织与管理，并面向某一特定行业内的专业人士提供服务的数字图书馆系统。行业性数字图书馆的资源具有鲜明的专业特色，服务对象为特定行业内的专业人士，这类数字图书馆系统也是全球数字图书馆建设的重要组成部分。例如，许多国家都建设了科学数字图书馆、农业数字图书馆、医学数字图书馆等行业性数字图书馆。

加州数字图书馆（CDL）1997 年由加州大学支持建设，年度预算为 7500 万美元。该项目的目标是：使学者能够访问全球最高质量的研究馆藏，支持基于所有格式数字资源生命周期的全方位服务，提升网络服务水平，从而最终改善学术信息的数字化传输。通过与加州大学各图书馆及其他合作伙伴的共同努力，该项目建设了世界上最大的研究数字图书馆之一，改变了教师、学生及研究人员发现和获取信息的方式。CDL 负责为加州大学 10 个图书馆及其服务的社区提供全球学术资源的整合及有效利用的支持，并为科研、教育、学习提供在线信息服务系统建设工具，使加州大学各图书馆能够有效地共享其资源及获取更多的数字信息。CDL 注重其特色服务项目，强调其数字馆藏的管理与发展、学术出版模式的创新。CDL 的主要功能包括：数字资源长期保存、数字出版、联合目录与资源共享、馆藏资源数字化与特色数字资源、数字资源服务。截至目前，该项目建设了美国最大的网上图书馆目录，采集并保存 6 亿个网络文件，数字化超过 364 万册文献，近 22 万幅图片，提供近 5 万种期刊、超过 4.4 万种出版物、2.9 万种开放存取期刊的链接服务[34-35]。

在我国，中国高等教育数字图书馆（CADLIS）和国家科学数字图书馆（CSDL）是两个比较有代表性的国家级行业数字图书馆，关于这两个数字图书馆的详细情况可以从本书第十三章获得。除此之外，这几年也有若干新建的行业数字图书馆项目。例如，中国农业科技文献信息平台（NAIS）是由中国农业科学院农业信息研究所建设的农业科技文献信息保障与服务平台，该平台整合了农业信息研究所的信息资源，为科研与教学人员提供一站式农业信息服务，其服务功能包括：对馆藏目录和联合目录的检索；对自建和外购的中外文数据库实现跨库检索；文献提供服务；参考咨询服务；信息订阅与推送服务；农业网站导航和科技查新服务等。目前，平台提供检索的馆藏文献达 210 万余册（件），各类数据库100 余种[36]。

上海音乐数字图书馆是由上海音乐学院和上海图书馆联合建设，希望利用合作双方在资源、专家方面得天独厚的优势，建设一个集资料性、研究性、普及性为一体的音乐专门数字图书馆，向世界充分展示上海音乐学院的创作、研究成果，以及上海城市音乐文化、中国民族民间音乐，并面向全球提供音乐学术资源服务。目前，上海音乐数字图书馆向用户提供上海音乐学院馆藏文献资源和上海图书馆馆藏音乐类文献资源的检索，上海音乐学院外购音乐专业数据库的检索，以及网络音乐学术资源的检索。为丰富资源内容，上海音乐学院图书馆还启动了现代作品电子乐谱（e-score）制作工作，第一期入选乐谱 220 种，全部为国外现代作曲家的创作，总数达10 000页。上海音乐数字图书馆网站介绍了以交响乐之父海顿、音乐天才莫扎特和乐圣贝多芬为代表的维也纳古典音乐精品；民歌、民间音乐、轻音乐、爵士乐、摇摆乐、迪斯科、摇滚乐、乡村音乐及各种现代舞曲等流行音乐；MIDI 曲库；国际著名音乐学院、音乐家年表、世界著名音乐比赛及音乐小常识；还介绍了最新出版的音乐图书、音乐杂志及音乐网站导航等[37-39]。

这些数字图书馆致力于通过先进技术实现对本行业资源的广泛获取和整合服务，为行业内用户提供网络化设施与工具，并提供专业化服务支持。同时，由于这一类数字图书馆往往与行业用户需求结合比较紧密，而用户需求又相对比较专深，因而其数字图书馆资源建设与服务更加专业化、知识化和个性化，其资源组织和服务方式对其他类型数字图书馆的发展具有重要的参考价值。

三、各类型商业机构主导的数字图书馆

商业机构是数字图书馆链条中极为活跃的部分，它们的参与为数字图书馆逐步走向科学、成熟发展做出了积极贡献，丰富了数字图书馆的资源内容，极大地降低了技术应用的风险和代价，无论在技术解决方案、数字内容提供还是信息服务领域，都能看到商业机构的身影。

1. 关注数字图书馆技术解决方案的提供

数字图书馆业务与技术紧密关联，许多企业注意到数字图书馆建设机构在文献数字化、资源组织、资源整合、用户服务等方面的业务需要，结合自身技术优势，开发了系列软件产品或系统平台，推动了数字图书馆业务的自动化、规范化与集成化发展，使现代信息技术在数字图书馆业务领域得到更为广泛和深入的应用。

在文献数字化加工方面，北京数字方舟信息技术有限公司、深圳点通数据有限公司、北京书同文数字化技术有限公司、北京中易中标电子信息技术有限公司等企业针对各类文献，特别是古籍文献的数字化加工，推出了专门平台；在资源组织方面，杭州麦达股份有限公司为多媒体资源编目与服务提供了解决方案，北京中科大洋科技发展股份有限公司开发了大洋媒体资产管理系统。其他还有北京拓尔思（TRS）信息技术有限公司提供的全文检索系统，北京国图数字技术有限公司提供的数字图书馆整体解决方案等。

2. 关注数字图书馆资源内容的建设

面对信息交流环境的变化，许多传统出版商也纷纷转型，为数字图书馆提供各类型电子图书、电子期刊和数据库产品，并逐渐催生了许多数字资源的集成与整合服务商。提供数字内容产品的国内外企业非常多，如荷兰爱思唯尔（Elsevier）出版集团、英国爱莫瑞德（Emerald）出版社、美国 EBSCO 公司，以及清华同方股份有限公司、北京万方数据股份有限公司、重庆维普咨询有限公司、北大方正电子有限公司等。

随着其用户数量的增多，用户需求也促使这类公司由以提供资源内容本身的服务为主，转向以提供资源内容和基于资源内容的知识服务兼顾的方向发展。例如，清华同方在提供各类数据库产品的基础上，进一步推出了知识网络服务平台

（KNS），该平台实现了 CNKI 系列源数据库产品的统一跨库检索，并通过文献之间、知识元之间、分类导航之间的交叉链接，构建起节点丰富、交织纵横的知识网络系统。其中文献之间的链接包括引证文献、参考文献、同类文献等，知识元链接包括作者、机构、刊名、关键词、相关作者群、相关研究机构、相关关键词等。

这些内容提供企业构成了数字图书馆的主要资源内容来源之一，使数字图书馆能够提供给用户的资源内容更加丰富、类型日益多样、使用更为便捷。但同时，随着其服务范围的不断扩大与服务形式的不断多样，他们也逐渐截流了部分图书馆的用户，使一些用户直接使用他们的平台获得资源服务，这也是以图书馆为实施主体的数字图书馆必须面对的一个挑战。

3. 关注信息搜索服务

互联网的出现不仅改变了信息的载体形式，也从根本上改变了人们获取信息的方式，越来越多的社会公众习惯于通过搜索引擎和门户网站来获取所需要的信息。这些公司由于雄厚的资金支持和人才优势，在信息搜索的便捷性与丰富性，以及非结构化信息的组织与管理等方面具有明显优势，近年来其技术和产品也不断向数字图书馆领域渗透。目前，以提供信息探索服务的代表性企业主要有谷歌公司、百度公司等。

谷歌（Google）是目前世界上最流行的互联网搜索引擎，其目标是"整合全球信息，使人人皆可访问并从中受益"。它不仅提供网页检索、图像检索、音视频检索和地图检索等通用信息服务，还提供专业检索服务，包括学术搜索、博客搜索、视频搜索、图片搜索、网页搜索、移动服务等。此外，谷歌还于 2004 年联合哈佛大学、斯坦福大学、牛津大学、密歇根大学四家大学图书馆及纽约公共图书馆启动了一个数字化项目，该项目计划将这些图书馆的馆藏全部扫描并上网，建成一个在线数字图书馆，对于已进入公共领域的著作，谷歌计划在提供搜索结果的同时提供全文浏览。对于在产权保护期内的著作，谷歌计划与出版商协商在网上提供部分文本浏览服务，或只提供摘要或书目。基于该项目成果，谷歌已经提供了图书搜索服务。谷歌正在由一个单纯的搜索引擎提供商发展成为一个提供多样化信息服务的数字图书馆，拥有大量信息资源和强大的信息服务能力[40]。

从一定意义上说，以上这三类企业提供的商业系统或产品对于数字图书馆的发展无论是资源的丰富性还是新技术的应用上，都起到了很大的推动作用。但较之由政府支持、相关行业及图书馆服务机构建设的数字图书馆系统的公益性来说，这类商业数字图书馆的职能定位更侧重于商业目的，其服务对象虽然也包括一定数量的终端用户，但图书馆行业和机构仍是其最大的用户群，可以看做是为图书馆数字资源提供了有效补充和技术支持，也推动了数字图书馆的快速、成熟发展。

这些不同建设主体因所承担的职能不同，所开发或主导的数字图书馆定位也各不相同、各具特色，它们互为补充，相互借鉴，共同构成了数字图书馆的多元化发展格局，为促进数字图书馆繁荣发展做出了贡献。

第三节　数字图书馆的特点和发展趋势

一、数字图书馆是没有边界的分布式合作体系

从理论上讲，数字图书馆是没有边界的，其长远目标是使任何人在任何时间和任何地点，都可以通过任何与互联网连通的设备，获得所需要的任何信息与知识。但这个目标绝不是一个数字图书馆系统就可以实现的，而是由全世界各个数字图书馆系统共同构成的一个信息服务网络来实现。今天，随着网络触角越来越迅速地向世界各个角落延伸，基于网络的数字图书馆分布式共享合作体系也日益发展完善并已在信息服务的诸多领域产生显著影响。上文提到的国家数字图书馆工程、中国高等教育数字图书馆项目和中国国家科学数字图书馆项目等，都是比较有代表性的数字图书馆分布式合作体系建设项目。此外，随着各国数字图书馆建设的不断发展，实现跨国界的数字图书馆共建共享已日益成为全球共识，合作的内容涉及资源共建、服务共享、标准规范研制和管理协调等诸多方面。例如，为对抗 GOOGLE 数字图书馆，欧盟于 2008 年启动了欧洲数字图书馆项目；联合国教科文组织及其合作伙伴于 2009 年启动了世界数字图书馆项目；中、日、韩三国国家图书馆于 2009 年启动了亚洲数字图书馆项目。可以预计，未来数字图书馆建设将走向更为广泛的合作建设与协同服务。

世界数字图书馆项目源于 2005 年 6 月美国国会图书馆馆长詹姆斯·比林顿向联合国教科文组织提出的一项建议，主要目的是要在全球范围内收集并共享珍贵文献信息资源，以加深国家之间的彼此了解，促进网络文化的多样性。该项目于 2007 年 10 月启动，2009 年 4 月开通了服务网站，除提供按时间、地点、主题和捐助机构等各种形式的分类搜索和浏览服务以外，还支持阿拉伯文、中文、英文、法文、葡萄牙文、俄文与西班牙文 7 种语言的检索功能。世界数字图书馆的建立，在帮助各国人民理解不同文化之间的差异，推广一切形式的科学和文化知识等方面发挥着重要作用。迄今为止，已有将近 200 个国家向世界数字图书馆项

目贡献资源[41]。

欧洲数字图书馆项目（EDLproject）最初的建设目的是为了抗衡来自大洋彼岸的美国 Google 数字图书馆的侵袭。2005 年 4 月 28 日，欧洲六国政府首脑联合致信欧洲理事会和欧盟委员会（以下简称欧委会），倡导建立欧洲虚拟图书馆，以实现欧洲文化和科学遗产的共享。欧委会表示非常欢迎这一计划，并启动"i2010：数字图书馆"项目来支持这一计划[42]。2006 年 9 月，欧洲数字图书馆项目在欧盟及各成员国的大力支持下正式启动，以欧洲图书馆（The European Library）项目为基础，由德国国家图书馆负责统一协调，总预算金额为 211.4 万欧元，于 2008 年 2 月建设完成[43]。该项目的主要目标是整合欧洲各国国家图书馆的书目信息和数字馆藏，构建一个支持多语言检索的统一资源存取中心。目前，所有欧盟国家均已加入该项目，其网站[44]提供的书目记录已超过 1.5 亿条，此外还有来自 48 个国家图书馆的 32 种语言形式的学习和研究资源，其内容几乎涵盖所有学科。这些资源的质量和可靠性通过 48 家国家图书馆共同协作来保证[45]。

国内数字图书馆界也已经意识到与相关领域合作的重要性。近年来，在中央和地方各级政府的大力支持下，一些国家性、行业性与地区性数字图书馆项目得以启动，一个由国家、地区、行业、个体构成的分布式数字图书馆体系结构逐渐形成，并正在进一步朝着规范化、系统化的方向发展。

正在建设中的国家数字图书馆是我国数字图书馆体系的核心，重点致力于解决关系全局的重大问题，包括建立各数字图书馆系统的统筹规划与分工协作原则、建立互操作机制和组织协调机制、建立标准规范体系和开放建设机制、探索知识产权解决方案等，在支持全国各个数字图书馆系统的建设和发展中发挥重要作用。

2011 年 5 月，为了进一步以技术手段打破不同行业、不同地域图书馆之间的界限，建设互联互通的数字图书馆系统平台和分布式资源库群，整体提升我国各级图书馆的数字化服务水平和服务能力，国家图书馆策划了"数字图书馆推广工程"。目前，文化部、财政部已联合下发了《关于实施"数字图书馆推广工程"的通知》，全面启动和部署数字图书馆推广工程建设工作。工程建设的核心内容是要以国家数字图书馆为核心，依托各省级数字图书馆，建立若干数字资源建设中心、数字资源保存中心和数字资源服务中心，构建分级分布式海量公共文化资源库群；建立以国家数字图书馆为核心，以省级数字图书馆为主要节点的文化虚拟网；积极打造优秀中华文化集中展示平台、嵌入公众生活的全民终身学习平台和国际文化交流平台。这一系列被概括为"一库一网三平台"的建设目标，深刻体现了未来数字图书馆在进一步实现大规模应用推广过程中，围绕资源、服务、技术以及管理等各方面工作深入展开分布式合作的大致框架。

各行业各系统数字图书馆是我国数字图书馆体系的骨干力量，是行业数字信息资源建设与服务中心，是国家数字信息资源建设与服务的重要组成部分，其建设主要侧重于行业内数字图书馆建设的协调，行业信息和特色资源的建设，面对本行业用户的信息资源服务系统的建设。典型的如中国高等教育数字图书馆（CADLIS），经过十多年的发展，目前已逐步建成了由4个全国中心、7个地区中心、22个省级中心形成的"全国中心—地区中心—高校图书馆"三级文献保障模式的服务网络，建成了2个数字图书馆技术中心和14个数字资源中心，形成了一套成熟的支持TB量级的数字对象制作、管理与服务的技术平台，探索多媒体、虚拟现实等技术在数字图书馆中的应用[46-47]。此外，在数字图书馆标准规范建设方面，CADLIS也取得了较好的成绩，2004年10月编制完成的《中国高等教育数字图书馆技术标准与规范》，其内容包括系统架构、系统功能、系统接口、数据规范、资源建设等多个方面，对中国高等教育数字化图书馆各个子项目的建设工作起到了积极的指导作用。

此外，以广东数字图书馆、上海数字图书馆、浙江网络图书馆等为代表的地区性数字图书馆，以清华大学建筑图书馆为代表的专题数字图书馆，以及以CNKI为代表的商业性数字图书馆等，也是我国数字图书馆分布式合作体系的重要组成部分。

应当指出的是，数字图书馆是一个跨学科的系统工程，其建设与发展不只是图书馆的使命，也不可能仅仅依靠图书馆的力量就可以实现，需要计算机科学、法律、经济、人文社会科学等多方面的合作与参与。国外数字图书馆建设自始以来都十分重视跨领域的合作。美国数字图书馆先导研究计划一期工程（DLI1）的六个项目由六所大学的研究机构主要负责，但参与主体还包括数字图书馆的用户（如特定的研究团体和信息使用者）、商业公司（如出版商、软件商、设备制造商和通讯公司等）、公共或私营信息提供商（图书馆、数据库、政府或私营信息服务机构）、相关的计算机和其他科学技术研究团体（如学术性团体、超级计算机中心和商业化的试验室）。在美国数字图书馆先导研究计划二期工程（DLI2）中，涉及的学科领域和参加机构更为广泛。国内数字图书馆建设中，也引入了一些跨领域的合作力量，如国家数字图书馆工程与中科院计算所等研究机构和商业机构在技术平台与软件系统搭建上的合作研究与实践等。近年来，在政府资金支持的各大国家级或行业性数字图书馆项目的实施中，跨领域的合作日趋完善与深入。

二、数字图书馆是一个技术密集型的系统工程

现代信息技术给传统图书馆工作方式带来的变革是深刻而全面的，数字图书馆更是直接构筑于现代信息技术基础之上，并依赖现代信息技术的发展而发展。数字图书馆发展的每一个阶段，围绕数字资源生命周期每一个环节，从资源的采集到存储、加工到整合、传播到利用，都离不开现代信息技术的辅助。

前文曾经将技术攻关作为数字图书馆历史发展过程中的一个重要阶段，主要是为了强调各个阶段数字图书馆建设的战略重点。事实上，为了解决数字图书馆建设和发展中的一些关键技术问题，几乎自数字图书馆概念提出之日起，各类型数字图书馆建设项目都得到国内外各相关学科领域的高度关注和积极投入。比较典型的如斯坦福数字图书馆项目、卡内基·梅隆大学 Informedia 数字影像图书馆项目等。斯坦福数字图书馆项目的目标是设计和实现数字图书馆资源创建、发布、共享和管理所需要的技术框架与服务。该项目以信息的共享和传播模式、用户界面及信息检索服务为研究重点，为不断出现的大量网络化信息资源提供通用的检索方法，从而创造一个信息共享的环境。卡内基·梅隆大学 Informedia 数字影像图书馆项目的目标是建立一个大规模的联机数字影像图书馆，实现全内容的、基于知识的查询和检索。它综合应用了图像处理、语音识别、自然语言理解、视频分析的最新技术，展示了计算机多媒体信息处理的无限可能，为数字图书馆多媒体信息资源的处理奠定了技术基础。

国内早期的数字图书馆关键技术研究与应用主要以一些科研实验性项目为代表。比较典型的有：

国家图书馆与中科院计算所承担的国家科技部 863 – 300 项目"知识网络——数字图书馆系统工程项目"（1998），实现了数字图书馆体系结构的设计与开发，实现了可扩展、可互操作，具有多媒体资源加工、管理、存储、信息查询、检索与 Web 发布及海量信息存储等功能；建立了一个适用于数字图书馆建设、支持多个 XML – DTD 的高效多功能搜索引擎和 XML 应用的通用基础平台；建立了一套基于内容的、支持大规模加工用户联机事务处理的多媒体数字资源加工系统；实现了五个规模型多媒体资源库的跨库联合检索。

清华大学、北京大学、上海交通大学、华南理工大学联合完成的教育部"九五"攻关项目"数字图书馆技术"（1996—1998），主要研究了数字图书馆体系

结构、异构数据源的数字化、存储和检索机制以及相应的标准规范，建立了一个图文信息联合导读学习系统、音乐数字图书馆的雏形系统和一个小型数字化视频数据库的示范系统。

清华大学承担的国家 973 项目"海量信息系统的组织、管理及其在数字图书馆中的应用研究"（1999—2004），结合数字图书馆系统的应用需求，研究非结构化数据的数据模型、海量信息处理的事务模型、大规模并行数据管理系统的体系结构、海量信息的并行查询与优化理论以及海量多媒体信息的相似性检索算法，研制支持数字图书馆系统应用的海量多级存储机制及海量信息管理实验系统。

清华大学、北京大学、上海交通大学，联合美国 NSF 的 CMNet 项目共同开展的国家自然科学基金重大国际合作项目"中华文化数字图书馆全球化的关键理论、方法和技术研究"（2002—2005），研究基于因特网的中华文化数字图书馆的关键理论、方法与实现技术，包括我国古建筑、拓片、民乐等典型文化资源的数字化方法及其标引与规范、检索理论与方法、人机交互的导航技术、互操作协议以及支持数字图书馆的软件技术中的关键问题等。

然而，技术也曾让人迷惑，甚至一度引发图书馆领域"技术"与"人文"的激烈辩争。在这场论争当中，为数不少的专家学者都对数字图书馆建设过程中"技术至上主义"趋向表示了深深的忧虑。范并思教授在《信息化浪潮中的人文精神》一文中，就对当前图书馆界"在引进信息技术时，过分偏爱技术，而忽略技术研究中的'人文因素'"的现象做了深刻批评。技术在未来数字图书馆建设中究竟应该发挥怎样的作用，或者说应该怎样发挥作用，值得业界同行颔首深思。

一方面，应当再次强调，对技术的依赖是数字图书馆与生俱来的特征。而当前数字图书馆建设与服务中，实在还有很多关键技术问题没有得到很好的解决，而且，随着现代科学技术的继续发展，以及人们信息行为和信息需求的继续变化，未来的数字图书馆建设还将面临很多需要攻克的新的技术难题。比如最近几年出现的 Web2.0 技术、关联数据、物联网以及云计算技术等，在为数字图书馆未来美好蓝图增色添彩的同时，也给领域内的技术适应性研究带来了新的挑战。

此外，也应当认识到，数字图书馆作为"图书馆"，在其技术研究、应用与发展过程中，始终贯穿着的人文维度。当前数字图书馆建设和服务活动中，对技术的滥用和浅用有一定的普遍性。比如将 RFID 技术简单理解为自助借还工具，将移动数字图书馆简单理解为图书馆网站适应移动终端的改版等等，缺乏对技术应用潜力的深层次挖掘，更缺乏以"图书馆"社会职能为核心对技术应用的具体规划和评价。在中国图书馆学会2010年的学术年会上，上海图书馆吴建中馆长做了题为"创新型社会中图书馆的责任"的主旨报告，提出了图书馆新技术应用"可持续发展"问题，针对图书馆在应用新技术的过程中，完全摒弃旧有传统，或仅从工具范畴应用新技术改造旧有系统的两个极端，分别提出了在"范式转型"时期建立"适应需求的全媒体图书馆"和"重新设计图书馆"的观点。一方面，他强调在发挥数字新媒体功能的同时，仍然要继续发挥传统媒体的优势，以适应转型时期的不同需求；另一方面，他又提醒人们注意"传统图书馆的惰性阻碍现代图书馆的发展"的趋向，反思MARC对卡片的迁就、RDA推行的阻滞，以及图书馆网站设计思想的守旧等。在上述报告中，吴建中馆长已经很清晰地表达了应当将图书馆学发展的人文思想与技术创新思路有机结合起来的观念，而且值得注意的是，其中的技术因素，已不再仅仅被当做简单而纯粹的工具手段，技术创新本身包含着的丰富的人文思想受到极大的重视，在这一认识基础上，图书馆的技术发展才得以具备长远的战略意义。

今天，数字图书馆建设已在世界范围内全面展开，并日益成为新时期人们方便、快捷地获取信息资源的重要通道。未来数字图书馆将沿着什么方向发展，将演变为何种形态，尚未可知。就目前来看，可以确定，未来数字图书馆将继续以技术为基础，更加注重对各种新技术和新媒体的使用，并进一步借助先进技术实现数字图书馆建设的愿景。

三、数字图书馆是以用户为中心的知识交流环境

现代图书馆是人类社会文化交流传播网络中的重要组成部分。宓浩、黄纯元曾在《知识交流和交流的科学——关于图书馆学基础理论的建设》一文中指出，"对文献的收集、整理、组织、传递和利用，是图书馆活动内容的具体体现，而这种活动的本质社会联系，则是人类知识交流这一基本社会现象"[48]。

但是，由于固定建筑和静态馆藏的限制，传统图书馆在知识交流方面面临着时间和空间等多方面的障碍。人们不得不穿街过巷去探寻那些埋藏着知识宝藏的神秘建筑，而且，除了告诉图书馆管理员关于自己所需要的书籍以外，他们并不在图书馆里面与谁真正地交谈，这里诚然也是一个"知识交流的环境"，只不过是与那些书页背后的"人"之间穿越时空的神交罢了；而构筑在现代计算机与网络技术基础上的数字图书馆，在支持和拓展人类知识交流方面有着先天的优势，它不再是传统意义上的藏书建筑，而是一个以用户需求为中心，拥有超大规模数

字资源的，虚拟性和现实性并存的多功能信息空间。在这里，很多人已经可以在自己的书房或工作台上轻松地获取图书馆提供的信息，他们甚至并不知道这些信息是否来自于某一个"图书馆"，但是，如果对这些信息有些疑问或想法的话，却很有可能在这个空间中马上找到一两个甚至一群人来做些深入有趣的交流。

这种新的体验着实使人兴奋，由此也可以看出"交流"作为一种贯穿始终的社会需求的重要意义。不论是计算机和网络技术本身的发展，还是在它们的基础上数字图书馆的各阶段演进，根本上都受到这一需求的牵引和驱动。在数字时代，人们为了参与社会交流，首先必须与计算机进行交流。必须承认的是，数字图书馆发展到今天，现实并不是十分完美，计算机对人类信息需求和行为的理解偏差仍然是横亘在人与人之间的实实在在的交流障碍。从复杂的联机检索代理到数字图书馆统一检索门户，从单一的静态页面呈现到多媒体信息资源整合传播，从传统的条形码输入到智能化的 RFID 自助借还，数字图书馆建设者们在人机交互界面的研究与设计方面已经煞费了一番苦心。如今，数字触摸屏显示技术、虚拟现实技术、自动读屏技术、语音识别技术等新兴的人机交互技术已在一些图书馆得到应用，借助于这些技术，数字图书馆所能提供的知识交流环境必将会变得越来越"宜居"。

即使如此，人机交互并不是"知识交流"的真正目的，人与人的联系与合作才是一切交流的主旨。数字图书馆之所以至今为止仍然没有实现前人所预言的完全虚拟化，也没有能够取代任何一种类型的传统图书馆，很大程度上是因为传统图书馆提供的"人与人之间"共同相处、相互交流的场所感和同在感，是当前的数字图书馆还不能给予的。处于知识交流语境的"知识"，也还远远不能够通过现有的数字技术充分表达，或是通过现有的网络技术实现其完整传输。表面上，我们可以跟互联网上的任何一个人达成共识，然而，就目前而言，还是与同一个办公室同事之间的默契更值得信任。

目前，已有一些研究者在尝试通过对"用户情境"（User Context）的分析和建模，来为用户提供个性化的信息推荐，并且进一步优化用户的信息检索体验。也有一些数字图书馆，探索实现了机器与用户之间简单的交谈，比如清华大学图书馆开发的智能机器人"小图"等。但是，如何使机器更好地理解和表达用户的思想和情感，如何帮助用户与用户更加"亲密无间"地相处，是数字图书馆发展中始终面临的巨大挑战。

印度图书馆学家阮冈纳赞的"图书馆五定律"早已为全世界图书馆人耳熟能

详，其中指出：图书馆是一个生长着的有机体。这个有机体经过数千年的发展，到了今天，开始逐步长成数字图书馆的形态，这个新环境下的新形态，也是充满生机与活力，处于不断生长变化中的有机系统。尽管业界对数字图书馆有过各种不同的定义，但是我们并不倾向于给它做一个明确的界定，因为前文也讲到，在不同的发展阶段，对于不同的建设主体而言，数字图书馆的内涵和外延都是不同的。即使穷尽我们的所有想象，或许也永远无法真正回答数字图书馆"应该是什么"这样的问题，然而，我们却可以竭尽我们所有的能力，用实际的行动来证明数字图书馆在每一个现阶段"可以是什么"。

21世纪的今天，信息化对经济社会发展的影响更加深刻。互联网在全球的普及程度已空前提高。据国际电信联盟最新发布的统计报告，截至2010年年底，全球网民数量已达20.8亿，平均每3人中就有一个网民，而固定宽带用户和移动宽带用户已分别达到5.55亿和9.4亿[49]。2011年7月19日，中国互联网信息发展研究中心发布《第28次中国互联网络发展状况统计报告》[50]，报告显示，截至2011年6月底，我国网民总数已达4.85亿，较2010年底增加2770万；手机网民总数3.18亿，较2010年底增加1494万；网民平均每周上网时长为18.7个小时，较2010年底增长0.4个小时。与此同时，以博客和维基等社交网络为代表的第二代互联网（Web2.0）近年来正以越来越迅猛的速度发展，仅2010年一年中，Twitter用户就增加了1亿[51]，而Facebook用户数更是在2011年7月达到5亿，成为世界"第三大国家"[52]。这些变化，深刻影响着人们获取和利用信息的方式，同时也进一步强化了人们日常生活中对信息的重视和依赖程度。随着网络基础设施和个人信息设备的进一步普及和完善，以及人们信息需求的日益增长和信息行为的不断成熟，今天，世界各国数字图书馆的建设和发展已迎来新一轮的机遇和挑战。

需要我们始终保持清醒的是，数字图书馆虽然极其依赖技术，但技术远不是数字图书馆的全部。正如William Y. Arms在《数字图书馆概论》一书的序言中所说，"计算机和网络是非常重要的，但它们仅仅是技术，而数字图书馆是人、组织、技术三个主角相互影响，共同演绎的精彩故事。……怎样应用这些技术还依赖于我们自己"[53]。美国国会图书馆MARC机读目录格式自1960年代开始研发使用，成为图书馆目录进入信息网络的重要基础，在世界范围内得到广泛应用。截至2011年11月19日，通过OCLC WorldCAT提供使用的图书馆书目数据就已达247 989 671条，馆藏数据达1 780 706 179条。作为在世界上使用最为广泛、对图书馆事业影响最为深远的资源组织技术之一，MARC却在2011年5月被美国国会图书馆 MARC 办公室宣布正在考虑逐步以新的技术和工具予以取代[54]，其中驱动力，表面上是 RDA 和 FRBR 等新的资源组织揭示技术呈现出新的潜力，而事实上，数十年中人们在信息管理和利用方面需求的不断发展和提高，才是扬鞭驱使这些技术迅速更新变革的前提。同样，半个多世纪以来，人们对数字图书馆的憧憬和认识，以及通过数字图书馆获取信息与知识的强烈渴求，才是最终推动数字图书馆从无到有，逐步发展成熟的强大力量，满足需求才是数字图书馆建设的灵魂。

参考文献

[1] 申晓娟. 数字图书馆建设模式比较研究. 武汉:武汉大学信息管理学院,2005

[2] 同[1]

[3] The National Information Infrastructure: Agenda for Action. [2011 - 10 - 20]. http://www. eric. ed. gov/ERICWebPortal/search/detailmini. jsp? _nfpb = true&_&ERICExtSearch_ SearchValue_0 = ED364215&ERICExtSearch_SearchType_0 = no&accno = ED364215

[4] Technology for the National Information Infrastructure. [2011 - 10 - 20]. http://www. itrd. gov/ pubs/bluebooks/1995/index. html

[5] Technologies for the 21st Century. [2011 - 10 - 20] http://www. itrd. gov/pubs/bluebooks/1998/ pdf/bluebook98. pdf

[6] Networking and Information Technology Research and Development. [2011 - 10 - 20]. http:// www. itrd. gov/pubs/bluebooks/2002/bb2002-final. pdf

[7] 同[6]

[8] Lawrence S, Giles C L. Accessibility of Information on the Web. Nature, July 1999, Vol. 400:107 - 109

[9] OCLC Office of Research. Size and Growth Statistics. [2011 - 08 - 17]. http://www. oclc. org/ research/activities/past/orprojects/wcp/stats/size. htm

[10] 兰开斯特. 通向无纸情报系统. 北京:科学技术出版社,1988

[11] 兰开斯特. 电子时代的图书馆和图书馆员. 北京:科学技术出版社,1985

[12] 李培. 数字图书馆原理及应用. 北京:高等教育出版社,2004

[13] Mission and History, The Library of Congress. [2011 - 11 - 14]. http://memory. loc. gov/ ammem/about/index. html

[14] 同[1]

[15] 同[1]

[16] Irina Morozova, Galina Vassilenko. Memory of Russia. Slavic & East European Information Resources, 2001, vol. 2

[17]王怀诗,沙勇忠.馆藏文献数字化:意义、进展与问题.图书馆学刊,2004(2):15－17

[18]Digital Libraries Initiative Plese 2.[2011－11－14].http://www.dli2.nsf.gov/

[19]国家计委项目:"中国试验型数字式图书馆".[2011－08－17].http://www.nlc.gov.cn/old/old/dloff/scientific6/sci_7.htm

[20]廖三三,张春红,李武.数字图书馆门户探析.图书情报知识,2005(8):46－49

[21]同[1]

[22]Gary Eason.Computer Learning 'Grid' Scrapped.[2011－10－20].http://news.bbc.co.uk/2/hi/uk_news/education/5145882.stm

[23]People's Network.[2011－10－14].http://www.peoplesnetwork.gov.uk/

[24]姚媛,郑巧英.基于用户信息行为的高校与社会信息资源网站服务功能的比较研究.图书馆杂志,2010(12):17－22,25

[25]上海交通大学图书馆.[2011－11－14].http://www.lib.sjtu.edu.cn/welcome.do

[26]Digital preservation.[2011－11－14].http://www.digitalpreservation.gov/

[27]Erich J Neuhold,Reginald Ferber.Scientic Digital Libraries in Germany:Global-Info,a Federal Government Initiative.Lecture Notes in Computer Science,1998:29－39

[28]Following In Ancient Footsteps.[2011－11－19].http://www.ohiomemory.org/

[29]何颂英.区域性数字图书馆建设探究——以宁波市数字图书馆为例.图书馆建设,2009(10):20－22,26

[30]宁波市数字图书馆.[2011－11－19].http://www.nbdl.gov.cn/

[31]孙承鉴,申晓娟,刘刚.我国数字图书馆发展十年回顾——综述.数字图书馆论坛,2006(1):1－13

[32]广东数字图书馆.[2011－11－19].http://eweb.zslib.com.cn/com/gdlsyj/main.php

[33]束漫.广东数字图书馆建设的状况、问题与建议.图书馆论坛,2004(1):73－75

[34]About CDL.[2011－11－19].http://www.cdlib.org/about/

[35]阎军,杨志萍.加州大学数字图书馆考察报告.数字图书馆论坛,2011(1):16－21

[36]中国农业科学院文献与信息服务平台.[2011－11－19].http://www.nais.net.cn/site/Default.aspx

[37]上海音乐数字图书馆.[2011－11－19].http://navi.nlc.gov.cn/WEB_GT/infoShow.php?id=5371

[38]同[37]

[39]同[37]

[40]同[1]

[41]世界数字图书馆.[2011－08－18].http://www.wdl.org/zh/countries.html

[42]肖德玉.创建一个公共的文化空间——欧洲数字图书馆项目.数字图书馆论坛,2007(9):63

[43]About EDLproject.[2011－07－28].http://www.theeuropeanlibrary.org/portal/organisation/

cooperation/archive/edlproject/about. php

［44］The European Library. ［2011 – 11 – 19］. http：//www. theeuropeanlibrary. org

［45］欧洲数字图书馆发布新版网站. 现代图书情报技术,2009(5):97

［46］朱强. CADLIS 现状和发展. ［2011 – 08 – 03］. http：//ishare. iask. sina. com. cn/f/9752647.
html? retcode = 0

［47］黄晨. 中国高等教育数字图书馆:规划与实践. 中国图书馆学报,2011(4):38

［48］黄纯元. 黄纯元图书馆情报学论文集. 上海:上海科学技术文献出版社,2001

［49］全球网民和手机用户分别突破 20 亿和 50 亿. ［2011 – 11 – 19］. http：//www. stdaily. com/
kjrb/content/2011 – 02/01/content_271216. htm

［50］中国互联网络发展状况统计报告. ［2011 – 11 – 19］. http：//www. cnnic. net. cn/dtygg/dtgg/
201107/W020110719521725234632. pdf

［51］网易科技,2010 年 Twitter 新增加用户超过 1 亿. ［2011 – 11 – 19］. http：//tech. 163. com/10/
1211/00/6NJ642VF000915BF. html

［52］Facebook 成全球第三大"人口大国":5 亿人. ［2011 – 11 – 19］. http：//news. xinhuanet. com/
internet/2010 – 07/22/c_12360337. htm

［53］William Y Arms；施伯乐等译. 数字图书馆概论. 北京:电子工业出版社,2001

［54］Transforming our Bibliographic Framework：A Statement from the Library of Congress. ［2011 –
11 – 19］. http：//www. loc. gov/marc/transition/news/framework-051311. html

第二章　数字图书馆信息资源建设

信息资源是图书馆开展服务的基础与前提，是图书馆赖以生存的必要条件。与传统图书馆相比，数字图书馆信息资源建设在信息资源采集、组织、传播、开发与利用等诸环节均有很大区别。本章主要从理论角度讨论数字信息资源建设的有关问题。

第一节　数字信息资源概述

一、数字信息资源的概念

数字信息资源（Digital Information Resources）是信息资源的主要表现形式之一，是指以数字化的形式，即以能够被计算机识别的、不同序列的 "0" 和 "1" 构成形式，将文字、图像、声音、动画等形式的信息存储在光、磁等非纸质载体上，以光信号、电信号的形式传输，并通过计算机或其他外部设备再现出来的信息资源。数字信息资源将计算机技术、通信技术及多媒体技术相互融合，以传统信息资源难以比拟的优势逐渐成为信息资源的主体[1]。

随着互联网的发展，特别是 Web2.0 的兴起，越来越多的数字信息资源通过网络来存储、传递和利用，这类数字信息资源被称为网络信息资源（Networked Information Resources），并逐渐成为数字信息资源的主体。数字信息资源还包括保存在本地计算机上、没有通过网络进行传播的信息资源，如只能单机使用的光盘、机读磁带数据库等[2]。

二、数字信息资源的类型

1. 按照数字信息资源的产生方式划分

（1）原生数字信息资源

原生数字信息资源（Digital Born Materials）是指通过有意识的思维活动，把客观存在的离散原生态信息源经过一定的积累、分析、比较、判断、归纳和重组，经过数字化的手段，创造出的符合客观实际的、知识化的数字信息资源[3]。联合国教科文组织（United Nations Educational，Scientific and Cultural Organization，UNESCO）把原生数字信息资源定义为：除了数字形式再没有其他载体形式的信息资源[4]。原生数字信息资源包括已公开发表的一次文献资源和未经公开发表的灰色文献资源，因此具有原始性和原创性的特征。如：网络原生电子期刊和报纸、博客（Blog）、维基（Wiki）、政府网站上的服务信息、学校网站上的教学信息等[5]。

（2）加工转化型数字信息资源

加工转化型数字信息资源是指通过技术手段，将纸质等载体的信息资源加工转化为数字信息资源。如：超星数字图书馆、大学数字图书馆国际合作计划（China Academic Digital Associative Library，CADAL）、Google Books 中大部分图书资源以及中国学术期刊网络出版总库中大部分期刊资源都是加工转化型数字信息资源。

在当前和今后的很长时间里，加工转化型数字信息资源都是图书馆数字信息资源建设的主要形式，随着社会信息化程度的提高，原生数字信息资源在信息资源体系中的比重将不断提升。

2. 按照数字信息资源的载体划分

（1）磁盘型数字信息资源

在数字化起始阶段，磁盘是数字化信息最原始、最主要的载体。出版商在出版纸本的同时，也出版数字化形式的磁盘版本。如：20 世纪 60 年代初，美国化学文摘服务社（Chemical Abstracts Service，CAS）采用计算机技术改进印刷版《化学文摘》（Chemical Abstracts，CA），出版磁带版本。

（2）光盘型数字信息资源

光盘是一种用激光来记录和再现信息的高密度存储介质。1966 年，用光盘存储信息的概念首次被提出[6]。1985 年，美国国会图书馆推出 BiblioFile CD-ROM 数据库[7]。光盘凭借其容量大、体积小、重量轻、价格低并能同时存储声音、图像、文字，且携带、邮寄方便等优势，使信息处理、传播、检索和利用的模式发生了变革。

（3）网络型数字信息资源

二十世纪六七十年代以后，计算机联机信息服务系统纷纷出现，如美国的 Dialog 系统与 ORBIT 系统、欧洲航天局的 ESA-IRS 系统和德国的 STN 系统等，为联机用户提供了丰富的数字信息资源，但费用昂贵。20 世纪 90 年代以来，互联网迅猛发展，网络数字信息资源极大丰富，价格相对低廉，且有许多免费资源，这使得人们越来越多地从网络上检索、获取信息，并通过网络来共享信息资源。

3. 按照数字信息资源的媒体形式划分

（1）文本型数字信息资源

文本是计算机表示信息最基本的数据类型。文本型数字信息资源在数字信息资源中占有极其重要的地位，是传递复杂信息最常用、最准确的方法，在表达抽象信息时具有明显的优势，一直以来也是人与计算机交互的重要形式。

（2）图像型数字信息资源

图像型数字信息资源是运用图像扫描与处理，文字、图像的识别等加工技术，将大量已存在的、不同形式和不同载体的信息，转化成能够为计算机处理的数字化信息资源。数字化的图像按照其组成的方式分为点阵图像（Image）和矢量图形（Graphic）。图形和图像可以形象、生动、直观地表现大量的信息，具有文本与音频所不能达到的优点。

（3）音频型数字信息资源

音频型数字信息资源由数字化的声音信息构成，它包括经过数字化处理的音乐、语音、自然声响等各类具有保存和使用价值的声音资源。置身于多媒体时代，声音可以更好地表达思想和情感。音频型数字信息资源以音频激光唱片、光盘和网络为主要传播方式，以计算机及其相关外部设备为主要传播手段。

（4）视频型数字信息资源

随着多媒体技术的迅速发展与日益普及，视频型数字信息资源占信息资源的比重越来越大，因此在图书馆数字馆藏建设中得到更多的关注。视频型数字信息资源以视频视盘（如 VCD、DVD 等）和网络为主要传播方式，以计算机及其相关外部设备为主要播放手段[8]。

（5）多媒体整合型数字信息资源

数字信息资源具有高度的整合性，可以将静态的文本、图像信息以及动态的音频、视频信息整合集成在同一个平台上，且各种类型的数字信息可借助计算机实现任意的组合编辑。多媒体数据库、多媒体课件等就是其呈现形式。

4. 按照信息资源的加工程度划分

（1）一次数字信息资源

一次数字信息资源是指反映最原始思想、成果以及对其进行分析、综合、总结的信息资源，如：数字图书、数字期刊、事实数据库、发布原始信息的学术网站等。用户可以通过一次数字信息资源满足最终的信息需求。

（2）二次数字信息资源

二次数字信息资源，是指对原始信息进行加工、整理，便于利用一次数字信息资源的有效工具。如：参考数据库、网络资源导航、搜索引擎等。元数据（Metadata）也是二次数字信息资源，它是描述信息资源的结构数据（Structured Data）。

（3）三次数字信息资源

三次数字信息资源是对二次数字信息资源的综合分析、加工整理。如：网上发布的搜索引擎指南、搜索引擎述评和书目数据库述评等，能帮助用户更快捷地找到合适的搜索引擎、目录指南或者指示数据库，这就是"目录之目录"的三次信息资源组织管理模式[9]。

三、数字信息资源的特点

1. 数量庞大

随着数字技术和数字出版的发展，越来越多的有价值的信息内容已经而且只能以数字形式来管理、保存、使用。截至 2010 年 9 月底，中国国家数字图书馆数字资源保有量已达 460TB（1TB＝1024GB），预测到"十二五"末，数字资源总量达到 10 000TB，相当于 26 亿册图书[10]。国际数据公司（International Data Corporation，IDC）报告描述，2006 年创建的数字信息总量为 161EB，相当于有史以来所有书籍数字信息量的 300 万倍。2010 年创建数字信息总量达到 988 EB（1EB＝10 亿 GB），约为 2006 年的 6 倍[11]。

2. 高度共享

数字信息资源的高度共享性表现在以下两个方面：一是通常情况下，数字信息可以进行大量的无差别复制，复制成本低廉，并且复制品不存在质量或功能的缺陷，对信息源本身并没有损害，因此，数字信息资源本质上就是一种易于共享的信息资源。二是数字信息资源既可以通过计算机进行高速的处理，也可以通过通信网络进行远距离的传输，不受时空的限制，可进行全球共享。

3. 类型多样

数字资源包含的信息类型呈现多样性，从数字图书、数字期刊、网络新闻报道、书目数据库、全文数据库，到统计数据、图表、电子地图等，既可以是文本、图表等静态信息，也可以是集图、文、声、像于一体的动态多媒体信息，并且各种类型的数据又可借助计算机实现任意的组合编辑，具有打印输出及磁盘输出等多种输出方式。

4. 检索便利

数字信息资源以二进制数字代码为记录方式,具有超强的检索功能,检索信息的速度快,检索途径多,检索信息不受时间、地点的限制。特别是网络信息资源利用超文本链接,构成立体网状文献链,能通过节点将不同国家、不同地区,各种服务器、各种网页、各种不同的文献链接起来。

5. 时效性强

由于数字信息从根本上改变了信息的产生、交流和获取方式,从而使数字信息资源的时效性大大增强。特别是网络信息资源,只要有人负责不断跟踪各个领域的最新发展变化,就可以随时修改内容,每日每时,甚至每分每秒更新,及时将信息发布给用户。

6. 安全性低

数字信息资源形成和传播都是通过计算机和通信设备实现,因此对计算机系统的各种软硬件设备具有很强依赖性,离开了计算机原有的软硬件环境,将无法识别原有信息。因此,数字信息资源的长期保存面临严峻的考验。数字信息资源还会经常受到计算机病毒、黑客攻击等威胁。

第二节　数字信息资源发展理论

一、数字信息资源产生与发展的历史

数字信息资源是伴随着计算机的诞生而出现的,是随着计算机技术、通信技术、网络技术、存储技术以及多媒体技术等的发展与融合而不断发展的,并且以传统信息资源难以比拟的优势渐渐成为信息资源的主体。

1. 计算机的诞生与数字信息资源的起源

1946 年,第一台计算机在美国诞生。计算机采用二进制的"0"和"1"表述数据和指令,从此,信息的描述、表达和传播开始利用数字化形态。正是因为计算机实现了信息的数字化,从而带来了信息载体和信息传输介质的变革。

2. 数字信息资源早期的研究与探索

数字化信息成为信息资源最早的形式是书目数据库[12]。1954 年,美国海军兵器中心(The Naval Ordnance Test Station, NOTS)图书馆基于 IBM701 计算机,将文摘号和少量标引词存储在计算机中,进行相关性比较后输出检索结果——文献号,诞生了世界上第一个文献信息的自动化检索系统[13]。

1961 年,美国化学文摘服务社利用计算机采用题内关键词(Keyword-in-Context, KWIC)索引编制法编制了《化学题录》(Chemical Titles),机读磁带由

此诞生。1964 年，美国国家医学图书馆（The National Library of Medicine，NLM）建成了医学文献分析与检索系统（Medical Literature Analysis and Retrieved Systems，MEDLARS），可以通过多种途径检索文献，标志着数据库的诞生。MEDLARS 系统后来演变成联机检索系统，目前已成为世界上最大、最权威的医学文献检索服务系统。到 1965 年，已经出现 20 个左右的文献目录型数据库，这时的数据库存储介质为机读磁带，通过脱机批处理的方式进行检索，应用并不广泛。但是，早期的研究与探索开启了计算机化数字信息资源检索蓬勃发展的序幕，为后来联机检索系统的研制和应用奠定了基础。

3. 联机检索系统阶段的数字信息资源（1965—1975）

20 世纪 60 年代后期，集成电路计算机开始出现，信息存储技术、数字通信技术不断进步，使得信息的远程传输和交换成为可能，信息资源检索进入了人机对话式的联机实时检索时期。联机检索促成了数据库的发展，出现了 Dialog（现已成为世界最大的联机检索系统，隶属于 ProQuest 公司）、DataStar（现已并入 Dialog 系统）、欧洲空间局情报检索系统（Europe Space Agency Information Retrieval System，ESA-IRS）[14]、STN 系统（其网络版 STN Web 现已成为美国化学文摘社服务系统 CAS[15] 的一部分）、Questel（合并原来位于欧洲的 Questel 和位于美国的 Orbit 这 2 个联机检索系统而成）[16]、Medeline 等一批国际联机检索系统。到 1975 年，已经有 300 个左右的联机检索数据库出现，并且出现了存取数值型信息的数值数据库和记录事实全文的事实性数据库。

4. 联机网络化和多元化检索系统阶段的数字信息资源（1976—1989）

20 世纪 70 年代中后期，大规模和超大规模集成电路技术、数据库技术、现代通信技术以及个人计算机的产生和发展将联机检索带入了网络化发展时期。发达的通信网络，把联机系统的服务市场延伸到了世界各个角落，使用户在几分钟之内就可以查阅到远隔重洋的文献资料。到 20 世纪 80 年代末，联机数据库的数量达到了 3600 余个[17]，数据库的信息容量大大增加，全文数据库的比例显著提高。由于光盘在存储和保存上的优势，被广泛应用于存储、检索数字信息资源，光盘数据库和检索系统得到迅速的发展，并产生了一批光盘数据公司，如：美国的 UMI 公司和银盘公司等。

5. 互联网时代的数字信息资源（1990— ）

进入 20 世纪 90 年代，互联网的快速发展使得基于网络开发的数字信息资源与检索系统有了突飞猛进的发展。互联网是通过遵循共同的数据交换协议而互联形成的全球性网络，其上分布存储着丰富的数字信息资源，如：各种电子图书、电子报刊、电子新闻、网络论坛、软件资料、多媒体数字信息资源等。据调查，全球新产出的信息量每 3 年翻一番，大约 90% 的信息都以数码形式储存在某种计算机装置里；截至 2010 年底，中文网页数量达 600 亿页，年增长率达 78.6%。与此同时，文献的出版方式也发生了巨大的变化，数字出版日益普及，截至 2010 年底，中国电子书总量已达 115 万种，年新增 18 万种；单独出版的数字报已达 700 份以上，电子期刊已近万种[18]。

越来越多的正式出版物也通过互联网进行发布和传播，互联网上的学术信息资源渐渐成为教学、科研等的重要信息来源。互联网中的信息资源系统采用超链接，方便了用户的检索，可检索的信息除了文本外，还包含了多媒体信息资源。互联网上的信息时效性强，获取便捷并且成本较低。鉴于互联网的种种优势，网络信息资源不仅成为数字信息资源的主体，而且在整个信息资源体系中的比重日渐增加。

以电子期刊为例。1997 年，Elsevier 推出了电子期刊全文数据库 Science Direct，每年出版 2000 多种期刊[19]；1999 年，中国期刊网开通，截至 2010 年 10 月，收录国内学术期刊 7686 种，包括创刊至今出版的学术期刊 4600 余种，全文文献总量 3000 多万篇[20]。网络期刊数据库已经在很大程度上取代了印刷型期刊成为重要的学术信息资源。

二、数字信息资源的生命周期

数字信息资源的生命周期是指数字信息资源从生成到消亡的自然运动过程，依据数字信息资源的价值可将其生命周期划分为 4 个阶段：一是生产阶段；二是现实使用阶段；三是暂时保存阶段；四是长期保存阶段[21]。数字信息资源生命周期管理是基于信息生命周期管理（Information Lifecycle Management，ILM），依据其所处生命周期不同阶段的价值实施不同的过程策略和信息管理模型，对数字信息资源进行贯穿其从产生、采集、组织、传播到利用、保存的整个生命周期的分类与分级管理[22]。

国内外研究机构、学者对信息生命周期管理理论与实践进行了专门的研究。美国加州大学圣地亚哥分校信息存储产业研究中心（The Information Storage Industry Center，ISIC）设立"信息生命周期管理"项目，研究 ILM 在企业中的作用以及发展方向[24]。国内，马费成教授主持的国家自然科学基金重点项目《基于生命周期理论的数字信息资源深度开发和管理机制研究》（项目编号：70833005），从信息生命周期切入，提出数字信息资源管理的全局视野和集成管理架构。索传军教授主持的国家社会科学基金项目《数字资源老化机理和生命周期测度的理论与实证研究》（项目编号：08BTQ007），借鉴文献计量学和网络信息计量学的方法，基于数字资源的使用情况开展调查、统计、分析和研究，研究数字资源老化理论，探讨影响数字资源老化的因素和机理[25]。

1. 数字信息资源的产生

数字信息资源的产生可分成两种形式：

（1）原生数字信息资源，是指直接在数字信息环境或者数字活动中产生，仅发布于数字信息环境中并仅以数字形式传播交流、保存利用的信息资源，如：在网络论坛中发帖、利用移动通信工具写微博、在网站上发表原创文学作品等。

（2）加工转化型数字信息资源，是指通过数字化技术手段将纸质等载体的信息资源加工转化为数字信息资源，如：对纸质图书、期刊、图片等进行扫描，转化为电子版本。

2. 数字信息资源的采集

数字信息资源的采集是指信息服务和保存机构以一定的原则和标准有选择地获取数字信息资源的行为和过程。美国斯坦福大学图书馆发起并组织实施的使用多份副本来保护文件项目（Lots Of Copies Keep Stuff Safe，LOCKSS）在数字信息资源的采集中，征得供应商许可后系统收集和保存其出版的期刊资源。供应商在网页上加载带有许可证书的插件，其内容涉及允许 LOCKSS 网络爬虫爬行网站内容的声明、可选择的元数据标准以及资源内容链接指向，允许 LOCKSS 的链接指向期刊的各个卷次。信息保存在一个文件插件后可加载到供应商的网站上或者其他支持 LOCKSS 的缓存库中。对于网站资源，LOCKSS 通过比特流爬取来保存整个网站。爬取存档的过程遵循一种以本身内容保存原始对象（不进行重新封装、修饰和其他转换操作）的数字等量存档原则，原封不动地保存整个网站[26]。

3. 数字信息资源的组织

数字信息资源的组织是信息服务和保存机构对采集来的资源进行有序化的过程，主要是通过信息资源组织的工具，如：分类法、主题法、元数据等，对于数字信息资源进行组织和揭示，形成有序的、可检索的信息系统。 如：因特网公共图书馆（Internet Public Library，IPL2）对图书情报学网络资源进行组织，开放存取期刊目录（Directory of Open Access Journals，DOAJ）对开放存取期刊进行组织并提供检索等。

4. 数字信息资源的传播与利用

数字信息资源的传播主要借助于计算机网络，通过通信技术、多媒体技术和网络传播技术等来实现。数字信息资源的利用与数字信息资源的传播是紧密结合在一起的。国内外著名的数字图书馆项目，如："美国记忆"（American Memory）、中国国家科学数字图书馆（Chinese Science Digital Library，CSDL）、中国高校人文社会科学文献中心（China Academic Social Sciences and Humanities Library，CASHL）和国家科技图书文献中心（National Science and Technology library，NSTL）等就是通过网络完成数字信息资源的传播，实现数字信息资源的利用。

5. 数字信息资源的长期保存

本部分的内容在本章第四节做详细的阐述。

三、数字信息资源建设

1. 数字信息资源建设的含义

数字信息资源建设是指利用数字化的技术和方法，将纸质文本、模拟图像声音等非数字化的信息进行数字化处理、加工，并且对已形成的数字信息资源进行科学的规划、选择、采集、组织，形成可资利用的数字信息资源体系的过程[27]。

2. 印本文献资源建设与数字信息资源建设的关系

印本文献资源和数字信息资源共同构成了信息资源体系。随着信息技术的发展和网络环境的日趋完善，数字信息资源在图书馆等信息服务机构提供的服务中发挥越来越重要的作用。但是，由于两种资源各自有着自身的优势和存在的合理性，必然长期共存，在信息资源建设的过程中需要处理好两者之间的关系，建立馆藏印本文献、馆藏数字信息资源和网络虚拟信息资源三位一体的信息资源体系。

1996 年，英国图书馆学家萨顿（S. Sutton）在他的论文《未来的服务模式与功能的融合：人员、著作者和咨询员的参考馆员》（Future Service Models and the Convergence of Functions：the Reference Librarian as Technician，Author and Consultant）中最早提出了"复合图书馆"（Hybrid Library）的设想，认为印刷型与数字型信息之间的平衡越来越偏重数字型。他认为在复合图书馆中可以实现传统馆藏与数字馆藏并存，而且用户可以通过图书馆的服务器或网关自由访问跨地域的分布式数字化资源[28]。

3. 数字信息资源建设的策略

（1）数字信息资源建设的规划

数字信息资源建设是社会系统工程，需要从不同的视角和层面进行规划[29]。

从宏观视角来看，要从国家层面整合数字信息资源，制定数字信息资源建设的战略目标，设计数字信息资源整体化建设的模式，构建数字信息资源建设的政策法规保障体系，统一数字信息资源建设的规范和标准，建立数字信息资源建设的宏观调控机构。我国于 2001 年 8 月成立了国家信息化领导小组[30]，制定了《关于加强信息资源开发利用工作的若干意见》《2006—2020 年国家信息化发展战略》等一系列指导性文件，对国家信息化发展做出了全面的部署，其中也体现了关于数字信息资源规划的思路与定位[31]。

从微观视角来看，具体的信息服务机构要根据自身性质、任务和用户群特点与实际信息需求，确定数字信息资源建设的原则、模式和开发、收集范围等，并制订数字信息资源建设的计划，形成有内在联系和特定功能的信息资源结构，建立有重点、有特色的信息资源体系。

（2）数字信息资源的采访

图书馆购买的数字信息资源，主要指出版商或数据库商生产发行的、商业化的正式出版物，包括了数据库、电子图书、光盘等商业化的正式出版物，其中数据库包括参考数据库（书目、文摘、索引数据库等）、事实数据库、全文数据库和多媒体数据库等。

数字信息资源采访需要遵循以下的原则：一是需求导向原则，依据本机构性质、任务和服务对象实际需求决定数字信息资源的取舍；二是协调互补的原则，与其他载体形式的文献共同构建图书馆的信息资源体系；三是成本效益原则，即实现数字信息资源的最优性价比。

（3）数据库的建设

图书馆的数据库建设包括了书目数据库建设和特色数据库建设。书目数据库的建设就是把馆藏各种文献资料的目录信息转化为规范的机读目录。书库数据库是开放图书馆信息资源的基础性数据库，是实现图书馆自动化、网络化的前提条件。

特色数据库是指依托于馆藏文献资源，针对用户的信息需求，对某一个学科或者专题进行专门的信息收集、分析、评价、处理、存储，并按照一定的标准和格式进行数字化的数字信息资源库。中国高等教育文献保障系统（China Academic Library & Information System，CALIS）特色专题数据库已经建成 63 个特色数据库[32]。2011 年 2 月，CALIS 三期全国高校专题特色数据库子项目正式启动，继续遵循"分散建设、统一检索、资源共享、服务全国"的建设思路，重点资助独有或稀缺资源的数字化建设与网络原生数字资源的挖掘和整理；继续支持具有良好前期成果、学科特色、地方特色或民族特色鲜明的专题库建设[33]。

（4）网络信息资源的采集与利用

网络信息资源是图书馆信息资源体系的重要组成部分。这里的网络信息资源建设是指在互联网上搜集、分类、组织、整理信息资源，建立网络虚拟信息库，主要方法是建立学科导航库与主题资源库。学科导航库是以学科为单元对互联网上的相关学术资源进行搜集、评价、组织和有序化的整理，并进行简要的内容揭示，建立分类目录式组织体系、动态链接学科资源数据库和检索平台，为用户提供网络学科信息资源导航。网络导航库建设为用户了解学科信息提供了保障，国内著名的导航库有 CALIS 重点学科网络资源导航数据库[34]、中国科学院国家科学图书馆网络信息门户等[35]。

（5）数字信息资源的整合

数字信息资源整合是指根据一定的需求，对各个相对独立的数字信息资源系统进行融合、类聚和重组，形成新的、具有更好效能和更高效率的数字信息资源体系，目标是实现数字信息资源的最优化[36]。

整合就是综合运用各种技术、方法对众多数据对象异构、功能结构不同的数字信息资源进行系统化和优化，将所有的数字信息资源透明、无缝的集成在同一个平台上，用户可以通过统一的检索界面检索、浏览和利用所有数字信息资源。如：北京大学图书馆通过 CALIS 资源统一检索系统、清华大学图书馆通过清华同方异构统一检索平台（USP）、台湾地区部分高校图书馆安装 MetaLib/SFX 系统实现馆藏异构数字信息资源的整合和检索[37]。

（6）数字信息资源的共建与共享

数字信息资源的共建与共享，是指馆际间为了相互有效使用资金和有效利用数字信息资源，达到拾遗补缺、取长补短、互惠互利的目的，经双方协议达成数字信息资源合作建设的过程。数字信息资源的共建与共享主要包括合作馆藏建设、联合采购、联机联合编目、数字文献传递、网络在线信息咨询服务等[38]。

从世界范围来说，联机计算机图书馆中心（Online Computer Library Center, OCLC）是最大的图书馆数字信息资源共建共享系统，主要目的是实现资源共享并减少使用信息的费用。国内的中国高等教育文献保障系统实现了中国的高等教育信息资源共建、共知与共享。

第三节　网络环境下知识组织理论的发展

一、知识组织理论简介

1. 知识组织的概念

知识组织（Knowledge Organization）始见于 1929 年美国著名图书馆学家、分类法专家布利斯（H. E. Bliss，1870—1955）的专著《知识组织和科学系统》[39]。美国著名的图书馆学家谢拉（J. H. Shera）分别于 1965 年和 1966 年出版了《图书馆与知识组织》《文献与知识组织》两部论著，对图书馆的知识组织表现与作用进行了研究[40]。

自 20 世纪 80 年代以来，我国对知识组织的研究从未间断，关于知识组织的定义还未形成统一认识。王知津等人认为知识组织狭义上是指文献的分类、标引、编目、文摘、索引等一系列整序；广义的知识组织是针对知识的两个要素进行的，是知识因子（结点）的有序化和知识关联（结点间的联系）的网络化[41]。蒋永福认为"知识组织是指为促进或实现主观知识客观化和客观知识主观化而对知识客体进行的诸如整理、加工、引导、揭示、控制等一系列组织化过程及其方法"[42]。由此可见，知识组织的本质是对知识及知识间的关联进行揭示和组织。

20 多年来，知识组织的研究和活动不断进展。1989 年，在德国法兰克福成立了国际性学术机构——国际知识组织协会（International Society for Knowledge Organization，ISKO）。自 1993 年 1 月 1 日起，历史悠久、影响广泛的国际性学术刊物《国际分类法》（International Classification，IC）更名为《知识组织》（Knowledge Organization，KO），由 ISKO 主办[43]。从 1990 年开始，ISKO 每两年举行一次会议，2010 年在意大利罗马举行了第十一次 ISKO 会议，主题为：知识组织的范式和概念体系[44]。2010 年，中国图书馆学会信息组织专业委员会在南京召开第二届全国文献编目工作研讨会，知识组织的应用与发展趋势引起关注[45]。

2. 知识组织系统的有关概念

知识组织的精髓在于对知识及知识间的关联进行揭示与组织，而实现知识结构的描述与组织必须依赖于知识组织系统。

美国数字图书馆联盟（The Digital Library Federation，DLF）和美国信息资源委员会（Council on Library and Information Resources，CLIR）2000 年出版的报告认为，知识组织系统（Knowledge Organization Systems，KOS）这个术语来源于 1998 年于美国匹兹堡召开的美国计算机协会（ACM）数字图书馆国际会议上形成

的网络知识组织系统工作组（The Networked Knowledge Organization Systems Working Group）的首次会议[46]。KOS 这个术语旨在涵盖组织信息和促进知识管理的所有类型的体系（Scheme）（Scheme 一般指比较明确的或具体的"方案"、"体系"，例如一个术语词表、分类表等——编者注）。KOS 包括在总体水平上组织资料的分类法（Classification）和分类系统（Categorization Schemes）、提供更详细检索的主题词表（Subject Headings）以及控制诸如地名和人名等关键信息的不同版本的权威文档（Authority Files）。KOS 还包括高度结构化的词汇，如叙词表（Thesauri），以及不太传统的体系，如语义网（Semantic Networks）和本体（Ontologies）。作为组织信息的机制，KOS 通常是每一个图书馆、博物馆和档案馆的心脏。KOS 可被应用于每种资源的元数据记录，或者嵌入到元头标（metatags），或者与数字资源分开作为存取机制的一部分。KOS 的简单目的之一是组织内容提供对数字收藏中相关条目的检索[47]。

万维网联盟（World Wide Web Consortium，W3C）认为，知识组织系统（Knowledge Organization Systems，KOS）是组织图书和博物馆藏品等物件的大规模收藏的工具，有时又被称为受控的结构化的词汇表（Controlled Structured Vocabularies）。KOS 的不同家族包括叙词表（Thesauri）、分类体系（Classification Schemes）、主题标目系统（Subject Heading Systems）和知识分类表（Taxonomies）被广泛认同并应用于传统与现代的信息系统[48]。

简单知识组织系统（Simple Knowledge Organization Systems，SKOS）由 W3C 提出，SKOS 是用于叙词表（Thesauri）、分类法（Classification Schemes）主题标目系统（Subject Heading Systems）和知识分类表（Taxonomies）等知识组织系统的通用数据模型。利用 SKOS，知识组织系统可表达为机器可读数据，因而，它能够在不同的计算机应用之间进行交换，并在网上以机器可读的格式发布[49]。

W3C 认为，尽管有些属性能够用于大致描述这些不同的 KOS 家族的特征，但在实践中难以找出叙词表、分类法或知识分类表的绝对区别。SKOS 的重要点在于：除了个别独特的性质外，这些家族中的每一个都有许多共性，通常被用作类似的方法[50]。

SKOS 核心词汇表是一个资源描述框架（Resource Description Framework，RDF）的应用，提供了一个模型来表达概念模式的基本结构和内容，包括叙词表，分类系统和其他类型的受控词表[51]。

网络知识组织系统（Networked Knowledge Organization Systems，NKOS），是

应用于网络环境下的，用机器可以理解的方式实现知识结构的描述与组织，并用以支持网络信息的表示、检索和利用等活动的知识组织系统[52]。

3. 知识组织系统的类型

知识组织系统包括以下三种主要类型：[53-54]

1）词汇列表（Term Lists）：可选词单（Pick Lists）、同义词环（Synonym Rings）、规范文档（Authority Files）、术语表/字典（Glossaries/Dictionaries）、地名表（Gazetteers）；

2）分类与归类（Classification and Categorization）：主题词表（Subject Headings）、大致归类类表（Categorization Schemes）、知识分类表（Taxonomies）、分类法（Classification Schemes）；

3）关系模式（Relationship Groups）：叙词表（Thesauri）、本体（Ontologies）、语义网络（Semantic Networks）、概念地图（Concept Maps）。

4. 知识组织系统的作用

知识组织的基本目标是序化知识，从而提供知识。知识组织系统是实现知识组织的途径和工具，通过对信息资源的组织、检索与导航，发挥用户与信息资源之间的中介作用[55]。

知识组织系统具有四大基本功能：1）描述，受控的标识集，用以描述事物；2）定义，标识的意义；3）翻译，等价表达形式之间的匹配；4）导航，在一个有组织的表达结构中的连接[56]。网络环境下的知识组织系统拥有新的特点与功能：1）拥有良好的语义定义和内部一致性；2）具备强大的用户交互能力，方便用户利用 KOS 学到该领域更多的知识；3）通过概念扩展和同义词扩展（同一语言或者跨语言）以实现智能的后台检索扩展功能；4）对自动标引和自动分类系统的支持；5）对人工智能和语义 Web 应用的支持；6）具有可互操作性和可复用性；7）具备可扩展性，能够动态及时更新；8）能够实现协同编制和开发；9）具备易用性，网络环境中的 KOS 面对的用户，不仅仅是专业的信息人员，更多的是没有经过培训的因特网普通用户[57]。

二、元数据及其在网络环境下的应用

元数据是组织数字化信息的基本工具，该词最早出现在美国航空航天局（National Aeronautics and Space Administration，NASA）的《交换格式目录》（Directory of Interchange Format，DIF）中[58]。国际图联（International Federation of Library Association &Institutions，IFLA）将元数据定义为：元数据是描述数据的

数据，是能协助对网络电子资源的标识、描述与指示其位置的任何数据[59]。元数据并不是一个全新的概念，图书馆的书目记录就是一种元数据，机读目录（Machine-Readable Catalogue，MARC）是最早意义上的元数据格式。

在网络环境下，为了对海量信息资源进行有效的组织与检索，出现了以都柏林核心元数据（Dublin Core，DC）为代表的现代元数据。SGML、HTML、XML 等标记语言的发展为现代元数据的产生创造了条件。现代元数据很多是直接使用 RDF 作为元数据的标准，以 XML 语言进行编码，保证了元数据的结构化和可读性，标记语言文档结构与内容的分离特点提高了元数据的可重用性和兼容性[60]。

1. 元数据的分类

在元数据刚开始应用的1998 年，英国的 Dempsey 和 Heery 对元数据进行了类型学（typology）研究，根据元数据的特征和结构分为三类：一是来源于全文索引的元数据；二是结构简单和具有通用格式的元数据，如 Dublin Core；三是结构复杂的特定领域元数据（如 MARC 和政府信息定位服务 GILS 元数据）和属于更大的语义框架一部分的元数据（如：文献编码计划元数据 TEI headers 和档案描述代码 EAD 元数据）。 Dempsey 和 Heery 从元数据使用环境、功能、生成、描述、相关查询协议和状况等诸多方面对这三种类型的元数据做了阐述，并指出未来发展趋势：（1）三类元数据的界定趋向模糊化；（2）许多元数据仍处在发展阶段而并未被广泛应用；（3）网络和电子出版环境的日渐成熟将影响元数据的发展；（4）元数据的创建者和使用链（用户链）趋于多样化；（5）元数据进入跨领域发展和资源发现（Resource Discovery）研究阶段。博物馆、图书馆和档案界已开始从理论、服务和技术角度研究和应用元数据，计算机界在其技术产品更新和检索引擎的发展上开始更多地关注元数据[61]。

随着元数据应用的越来越广泛，陆续出现了侧重不同应用场景不同功能的元数据方案。从元数据用于组织信息资源的角度划分，有：管理型元数据、描述型元数据、保存型元数据、结构型元数据、技术型元数据等[62-63]。

（1）管理型元数据

具有维护和管理资源的功能。在传统的图书馆管理工作中，有关借阅权限、馆藏地点等信息都是广泛意义上的管理元数据。管理元数据的范围还包括：创建者元数据，用以表明谁拥有资源，谁有权改动甚至删除资源；存取权限元数据，用来决定谁可以使用资源以及以何种方式使用资源等。

（2）描述型元数据

用来描述和识别信息资源的元数据。它支持资源的发现和鉴别、题名、作者、制作者、出版者、出版日期等都是典型的描述型元数据。描述型元数据通常都是公共信息，因而它与别的元数据相比得到了更好的标准支持。

（3）保存型元数据

与信息资源保存管理相关的信息。包括：出处信息、信息资源产生后的监管者、数据更改与迁移历史、对资源描述的附加信息和资源标识符（用来标识内容信息的唯一性，例如一本书的 ISBN 号、DOI 号）、认证信息（数字签名）等，以保护内容信息不受篡改。

（4）结构型元数据

用来描述数字化资源内部的形式特征的元数据，如电子目录、段落、章节等特征。它能将资源的各个部分连接起来，使之成为一个整体信息。结构元数据还包括支持在资源内部各个部分间浏览的信息，如翻动书页，从一问题跳到另一个问题，从一本书跳到另一本书，从图像跳到和它相应的文本等。

（5）技术型元数据

与系统和元数据实际使用相关的元数据。每个数字资源在使用中有对平台、软件、插件（PLUG-IN）的要求，有在数字化过程中处理的各种参数：存贮格式（PDF，DOC，JPG，GIF 等）、扫描清晰度、分辨率和压缩率、文件大小等。

元数据标准的内容多种多样，但功能基本一致。早在 1997 年，英国的 Dempsey 和 Heery 定义了元数据的 5 大功能，包括资源定位（Location）、发现（Discovery）、记录（Documentation）、评估（Evaluation）和选择（Selection）[64]。近年来，关于元数据研究的进展主要有元数据抽象模型（Abstract Model）[65]、元数据登记系统（Registry）以及 DC 对语义互操作的核心作用等。

2.元数据的结构

元数据方案由结构和内容组成，通常包括三个层次：内容结构、句法结构、语义结构[66]。

（1）内容结构

定义元数据的构成元素和取值标准，可以自主定义，也可以参照相关标准选取。当某个元素来自于外部标准时，要在内容结构中说明。定义元素的选取使用规则，例如某个元素为可选或者可重复等。一般依据特定应用领域的成熟标准来决定元数据方案的内容结构。例如，MARC 记录依据的 ISBD（国际标准书目著录规则），EAD 参照的 ISAD（G）（通用档案著录国际标准）等。在取值标准上，参照分类表、主题词表等。元数据取值的标准化应用将有效地提高信息的查准率与查全率。

（2）句法结构

定义元数据的格式及描述规则。例如：元素的分区组织结构、元素描述方法（例如，都柏林核心采用 ISO/IEC 11179 标准）、元素结构描述方法（例如，MARC 记录结构、XML 结构、RDF 结构）等。有时句法结构需要指出元数据元素是否与所描述的数据对象捆绑在一起，或者作为单独数据存在但以一定形式与数据对象链接。现代的元数据规范大都是采用 XML 语言及相关语法作为元数据的形式化描述语言（即将语义、内容以及结构以计算机可读或人可读的形式化方法表示）。

描述方法是将元素作为逻辑部件，采用简单的嵌套和引用表示元素的内容。这种句法结构较之于 MARC 更容易理解，尤其方便计算机处理。如图 2 - 1 所示。

```
<METS: dm dSec ID="DC" STATUS="A">
    < METS: m dW rap M IMETYPE="text/xml" MDTYPE="
    OTHER" LABEL="Dublin Core for the Document object">
    < METS: xm IData>
        <oai. dc: dc xml ns: oai. dc=http:www.openarchives.
        Org/OAI/2.0/oai.dc/
Xm lns:dc="http://purl.org/dc/elements/1.1/">
        <dc:title>九章算术题</dc:title>
        <dc:creator>刘徽</dc:creator>
        <dc:creator>李淳风</dc:creator>
        <dc:subject>数理</dc:subject>
        <dc:description>中国古代有关数理方面的重要理论
        的著作</dc:description>
        <dc:date>魏，唐</dc:date>
        <dc:type>Text</dc:type>
        <dc:format>application/teb</dc:format>
        <dc:identifier>jzsstest：1</dc:identifier>
        <dc:relation>http://www.fedora.info</dc:relation
        >
    </oai.dc:dc>
    </METS: xm IData>
    </ METS:m dW rap>
</METS:dm dSec>
```

图 2 - 1　元数据的形式化描述示例

（3）语义结构

定义元素的含义，体现元数据的语义特征。对比研究两个元数据集能发现相对应的元素。如果一个元数据集里的 creator 和另一个元数据集里的 author 都是指内容的主要创作者，就可以认为这两个元素是对等元素，彼此可以互相映射。例如：CNMARC 中 200 字段 $f 可与 DC 中 creator 建立互映射关系。明确的语义定义是实现元数据互操作的基础。

3.元数据的主要功能

元数据的功能主要包含了发现与检索、著录描述、资源管理、资源保护与长期保存等方面[67]。

（1）发现与检索（Discovery and Identification）

帮助人们检索和确认所需要的资源，数据元素往往限于作者、标题、主题和位置等简单信息，如 Dublin Core。

（2）著录描述（Cataloging）

用于对数据元素进行详细、全面的著录描述，数据元素囊括内容、载体、位置与获取方式、制作与利用方法，甚至相关数据单元方面等。 数据元素数量往往较多，MARC、GILS 是这类元数据的典型代表。

（3）资源管理（Resource Administration）

支持资源的存储和使用管理，数据元素除著录描述信息外，还包括权限管理、电子签名、资源评鉴和使用管理等方面的信息。

（4）资源保护与长期保存（Preservation and Archiving）

支持对资源进行长期保存，数据元素除对资源进行描述和确认外，往往包括详细的格式信息、制作信息、保护条件、转换方式、保存责任、技术环境等内容。

三、网络环境下知识组织系统的应用

随着网络技术的发展和网络信息资源的丰富，知识组织理论与知识组织系统如何在网络环境下发展与应用，成为新的课题。应用于网络环境下的知识组织系统主要包括两种类型：一是传统的知识组织系统在网络环境下的延伸与发展，如分类法、叙词表等；二是在网络环境下产生与发展起来的语义工具，如本体、关联数据、语义网络等[68]。

以下对分析分类法、叙词表等知识组织系统在网络环境下的应用以及本体、关联数据等语义工具的发展情况予以介绍。

1. 分类法的应用

分类法是从学科的角度组织与揭示信息资源，在网络环境下，分类法也是组织与揭示网上学术信息资源的重要工具。分类法具备完整的知识框架、族性浏览功能和分面分类法的概念组配以及多途径检索功能。网络环境下的分类法应用有两种模式：一是传统文献分类法的数字化和网络化后，用在学术性数字信息资源的组织与管理上；一是新编的各种数字信息分类法，用于网络信息资源和特定信息资源集合的组织与管理。

传统文献分类法为了适应数字信息资源组织与管理的需要，纷纷实现数字化和网络化。目前，《杜威十进分类法》《美国国会图书馆分类法》《国际十进分类法》等国际通用的综合性分类法都有了网络版；《中国图书馆分类法》也已经实现了数字化和网络版改造，2010 年推出的第 5 版，发了印刷版、电子光盘版、网络版等多种版本以满足网络环境下综合性信息资源的标引和检索要求[69]。网络环境下，还可以利用新技术改造文献分类法，主要包括类目体系的增删改调整、类目展开层级的控制、界面展现形式的多样化和可视化、类目横向关系的丰富化等。

除了将传统分类法延伸到网络信息资源环境外，用来组织数字化学术资源、搜索引擎、门户网站等的商业机构也积极编制网络分类法。典型的有：（1）网络分类目录，也称主题指南，是一种按照网络资源内容的等级和关系建立的网络检索工具，它提供数字信息资源的分类浏览和导航；（2）Folksonomy，这种知识组织形式起源于 Web2.0 的社会化网络，表示一种由非专业信息人员创造的新型数字信息分类法，一般称为"大众分类法"、"民间分类法"、"自由分类法"等，它的编制和使用突破了传统分类法和主题法的思路。

2. 叙词表的应用

叙词表，也称主题词表，以表达文献主题内容的词语作标引对象，按叙词的字顺序列组织文献，并用参照系统（主要是用、代、属、分、参）显示概念之间的相互关系，提供按事物名称检索文献的途径，满足特性检索要求，专指性较强。网络化的叙词表联机显示是叙词表在网络环境下应用的主要形式之一，既包括了印刷型词表的数字化，也包括数字环境下编制的原生数字化词表。

计算机技术、多媒体技术、超文本链接技术与跨语言信息检索技术的有机结合，使网络环境下的叙词表知识组织功能更多、影响更广、内容更新更及时，便于用户从多种角度利用。如美国国家农业图书馆（The National Agricultural Library，NAL）的农业叙词表（Agricultural Thesaurus）网站提供西班牙和英语版，允许用户按 A—Z 浏览，按 17 个学科大类浏览、检索该词表，而且，可以开放的关联数据（Linked Open Data）应用[70]。该词表自 2002 年以来每年更新，可以 XML，SKOS，PDF，MARC 和 DOC 格式下载。2009 年 4 月，官方的美国国会图书馆主题词表（Library of Congress Subject Heading，LCSH）关联数据上线[71]。2010 年 3 月，《中国分类主题词表》Web 版通过国家图书馆验收，在网上正式发布[72]。

3. 本体与语义网

本体（Ontology）的概念起源于哲学领域，在计算机科学领域 Neches 等人最早将 Ontology 定义为"给出构成相关领域词汇的基本术语和关系，以及利用这些术语和关系构成的规定这些词汇外延的规则的定义"[73]。在信息系统、知识系统等领域，越来越多的人研究 Ontology，并给出了许多不同的定义，其中最著名并被引用得最为广泛的定义是由 Gruber 提出的，"本体是对共享的概念进行形式化的显式的规范说明"[74]。本体具有以下特点：（1）本体是对知识的抽象和"概念化"，通过概念体系表达知识；（2）本体需要进行"形式化"，即以一定的规则和方法对知识体系中所包含的各类语义元素进行编码，使得机器可以处理；（3）本体需要将知识显性化，以一定的方式明确地表达出来；（4）本体是"可共享的"，概念是团体的共同认识，不仅限于个人；（5）本体是"领域的"，其无法涵盖所有知识，是一种工具性的领域本体而不是哲学的本体论[75]。

语义网（Semantic Web）是对未来网络的一个设想，在这样的网络中，信息都被赋予了明确的含义，机器能够自动地处理和集成网上可用的信息。语义网使用 XML 来定义定制的标签格式，用 RDF 的灵活性来表达数据，然后用 Ontology 的网络语言（如 OWL）来描述网络信息中术语的明确含义以及它们之间的关系。本体有助于对信息资源内容意义的精确理解，实现系统的互操作和共享。本体语言词汇表的作用，如同检索语言在文献信息组织中的地位和作用一样，不同之处在于本体是机器可理解的，支持机器的逻辑运算与自动推理。

国内研究者主要集中对本体与叙词表的比较，本体构建工具、语言、方法以及本体的应用领域进行研究，开发出了相应的本体模型，如：武汉大学董慧教授主持的研究小组创建的基于本体的国共两党关系历史数字图书馆（GGHZ-DL）[76]；蔡盈芳等基于《中国航空百科词典》创建的航空领域本体[77]。

4. 关联数据

关联数据（Linked Data）由"万维网之父"Tim Berners-Lee 提出[78]，可以看

成是语义万维网的一种简化实现，也是万维网联盟（Word Wide Web Consortium，W3C）推荐的一种规范，用来发布和连接各类数据、信息和知识，它希望在现有的万维网基础上，建立一个映射所有自然、社会和精神世界的数据网络，通过对大千世界万事万物及其相互之间关系进行机器可读的描述，使互联网进化为一个富含语义的、互联互通的知识海洋，从而使任何人都能够借助整个互联网的计算设施和运算能力，在更大范围内，准确、高效、可靠地查找、分享、利用这些相互关联的信息和知识[79]。

关联数据采用 RDF 数据模型，利用统一资源标识符（Uniform Resource Identifier，URI）命名数据实体，在网络上发布和部署实例数据和类数据，从而可以通过超文本传输协议（Hypertext Transfer Protocol，HTTP）揭示并获取这些数据，同时强调数据的相互关联、相互联系以及有益于人和计算机所能理解的语境信息[80]。

关联数据在图书馆中的典型应用有瑞典国家图书馆和美国国会图书馆等。瑞典国家图书馆早在 2008 年便将瑞典联合目录（LIBRIS）发布为关联数据。LIBRIS 共包含约 600 万条书目记录，2000 万条馆藏记录及 20 万条规范记录，为超过 170 家大学图书馆、公共图书馆、博物馆和档案馆提供编目服务。LIBRIS 是世界上第一个被整体发布为关联数据的联合目录或国家图书馆目录[81]。Ed Summers 率先把 LCSH 发布为关联数据。美国国会图书馆的主题标目是以机器可处理的 MARC 形式存在的，已转为 MARCXML 编码形式。美国国会图书馆的 MARC 服务拥有 26.5 万条 LCSH 规范记录，传统上以 MARC21 格式进行发布。美国国会图书馆利用一套 RDF 词表——SKOS，将传统的主题标目转换成 Web 可用的形式[82]。2010 年 5 月，W3C 宣布成立图书馆关联数据孵化小组（Library Linked Data Incubator Group），以帮助图书馆建立关联数据，增强图书馆数字资源的互操作性[83]。

IFLA 也注意到了关联数据与图书馆的密切联系，2010 年 6 月发布了由德国国家图书馆 Jan Hannemann 和 Jü rgen Kett 提交的专题报告《关联数据与图书馆》（Linked Data for Libraries），介绍了德国国家图书馆在应用关联数据技术方面的进展和关联数据对于图书馆的意义和应用前景，对于全球图书馆如何互通互联数据，在此基础上探索新的服务内容和方式，进行了全面深入的思考[84]。

四、网络环境下知识组织系统的发展趋势

语义网、开放链接、可视化等技术为网络环境下知识组织系统的发展提供了很多可能，知识组织系统将朝以下几个方向发展。

1. 语义化

即可以体现叙词之间的语义关系。英国 Glamorgan 大学的 STAR 项目基于叙词表和其他知识组织系统的 SKOS 核心数据模型开发了语义网络服务的试验集，允许用户在词汇表中查找某术语、浏览和语义概念拓展，提供语义术语服务[85]。

2. 社会化

国外学者用 Social Web，Social Network 或 Social Networking 等术语（后两者用得更多，以下简称 SN）指突出开放共享和社会交往功能的社会化网络，2009 中国互联网大会、WWW2010 等将 SN 定位于互联网发展的高级阶段或下一代模式，Web2.0 和 Web3.0 的提出都意指互联网发展的新阶段。在社会化网络环境下，用户可以通过大众分类法、标签、用户标注等多种形式参与知识组织，使知识组织系统更加开放。

3. 标准化与规范化

标准化是实现 KOS 之间交流与互换的基石。国际上一直极为重视 KOS 标准化。国际标准化组织 ISO 设立了专门的技术委员会 ISO／TC46／SC9，即 ISO 信息与文献技术委员会的第 9 分会文献的识别与描述分技术委员会，主要负责制定与文献的形式、识别和描述有关的国际标准。在知识组织领域，ISO 2788 和 ISO 5964 更新、扩展为 ISO 25964。2010 年，IFLA 发布描述内容格式和媒体的新标准。

至 2011 年 11 月，在 TC46／SC9 的直接负责下，ISO 出版了 18 项标准，其中最新的是以 ISO 25964—1:2011 通过的"信息与文献——叙词表及与其他词汇表的互操作，第一部分：用于信息检索的叙词表"（Information and documentation—Thesauri and interoperability with other vocabularies—Part 1: Thesauri for information retrieval）。2011 年 5 月 2 日至 6 日在悉尼召开了第 38 届 ISO/TC46 文献与信息国际标准化会议，其间召开了 SC9 标识符互操作特别工作组会议、SC9 标识符完整性特别工作组会议和 WG1（元数据）工作组会议等与 KOS 相关的会议。

2009 年，中国国家图书馆启动了 NKOS 构建和使用规范研究项目，作为国家数字图书馆工程标准规范建设的主导项目之一，旨在参考国内外 NKOS 现有的成果和发展趋势，提出国内 NKOS 的构建规范和应用指南。

标准化与规范化为互操作提供了可能与便利，有利于信息资源的共享。

4. 可视化

可视化是以图形可视化工具直观显示 KOS 的结构，可视化检索系统能够将本体中的类层次、属性、实例等语义关系以图形化方式直观显示,实现可视化语义检索,从而方便普通用户对知识组织系统的利用。

ThManager 是创建并使 SKOS RDF vocabularies 可视化的开源工具,方便了对叙词表及诸如分类法和知识分类表等其他受控词表的管理。它可实现叙词概念的可视化,其可视化界面包括以下组件:叙词表的字顺展示、叙词表的层级展示、概念间关系展示、对概念的检索。它可以可视化展示的叙词表有:综合性多语言欧洲叙词表(General Multilingual European Thesaurus,GEMET)、联合国粮农组织(FAO)的叙词表 AGROVOC、联合国教科文组织叙词表(UNESCO Thesaurus)、European Territorial Units 和 ISO—639[86]。

5.多语言化

IFLA 2009 年出版《多语种词表指南》。为了使知识组织系统的使用范围更广,AGROVOC 免费发布,可以 7 种语言显示:阿拉伯文、中文、英文、法文、西班牙文、捷克文和葡萄牙文[87]。

第四节　数字信息资源的长期保存

一、数字信息资源长期保存的必要性

数字信息资源的长期保存(Long-term Preservation)是指对数字信息资源的搜集、安全存储、元数据管理、保护与永久获取等,包括长期保存和提供检索与利用两大方面。

1.数字信息资源的重要性

随着计算机技术、网络通信技术、多媒体技术以及数据库技术的发展,信息的生产、存储和传播的方式发生了重大变革。越来越多的学术交流活动、教育活动、智力成果都以数字化形式或仅以数字化形式展现。数字信息资源作为信息资源的重要组成部分,在有些国家甚至被置于国家战略资源的高度,被誉为国家的"数字资产"(Digital Assets),一个国家的科技创新能力以及与此相关的国际竞争力都依赖于其快速、有效地开发与利用数字信息资源的能力。自 20 世纪 90 年代中期以来,欧美发达国家和地区,对数字信息资源的建设和利用给予了高度的重视。美国把数字信息资源的生产、传播、获取和利用,作为国家信息化建设的关键和重点[88]。数字保存联盟(Digital Preservation Coalition,DPC)指出:长期保存我们的数字资产是一个渐近的步伐[89]。

2.数字信息资源的脆弱性

美国的"国家数字信息基础设施和保藏计划"（National Digital Information Infrastructure and Preservation Program，NDIIPP）网站提出："在许多情况下，数字信息资源比物理资源更脆弱。这些文档本身更容易被毁坏，或者它们存储的载体很容易被淘汰。"[90]数字信息资源中的原生数字信息资源没有其他的存储形式，一旦破坏，就永远丢失。"因为通常没有单独制造出来数字格式资料的模拟（物理）材料版本，这些作为历史资源的所谓'原生数字信息资源'既面临着更大的消失和不可获得的风险，或阻止未来研究人员利用它们原始的形式研究它们的风险。数以百万的数字资料，诸如安装在早期互联网上的网站，已经消失了——不全面或不能使用原始的版本。"[91]由于计算机界面的变化，有的数据已无法再读取，如1960年美国人口调查统计数据存储在只有用UNIVAC type II-A tape drive才能读的磁带上，全世界只有两台机器可以读，一台在日本，一台在Smithsonian博物馆[92]。

3. 有利于将珍贵的数字信息资源提供使用

数字信息资源保存的目的是为了提供使用。国家科技图书文献中心（National Science and Technology library，NSTL）理事长师昌绪院士在2007年10月召开的国际数字信息资源长期保存国际会议（International Conference on Preservation of Digital Objects，iPRES）上指出："长期保存的知识资产可以使得当前受到数字化鸿沟限制的人们可以在将来的某一天使用，使得我们的下一代也可以从中获益。"[93]

国内外已出现多个将珍贵历史、文献等资源数字化并提供使用的项目。最著名的是美国国会图书馆（Library of Congress，LC）于1990—1995年间实施的试验性计划"美国记忆（American Memory）"项目。该计划的数字馆藏对象主要为美国的历史文献，包括历史照片、手稿、历史档案及其他文献等[94]。鉴于"美国记忆"的成功，后来就演变成为美国国会图书馆牵头、众多其他机构参与建设的国家数字图书馆项目（National Digital Library Program，NDLP）[95]。

为了确保珍贵的原生数字信息资源的保护与长期存取，国内外已启动了许多保存网络信息资源的项目。美国国会图书馆自1997年开始进行了网络信息保存试验项目——互联网电子资源虚拟存档的映射（Mapping the Internet Electronic Resources Virtual Archive，Minerva Prototype）[96]。北京大学网络实验室开发建设了中国Web信息博物馆（Web InfoMall），目前已经维护有40亿个以中文为主的网页，并以平均每月4500万个网页的速度扩大规模[97]。

4. 数字信息资源保存已引起国际关注

为了使促进科技记录长期可存取的问题受到关注，作为创造、传播与利用科技信息的机构间交流论坛——国际科技信息委员会（The International Council for Scientific and Technical Information，ICSTI），自 20 世纪 90 年代起就与图书馆、出版社、档案馆以及联合国教科文组织等国际组织开展合作，还发布了《科学信息的数字化保存和永久获取》（Digital preservation and permanent access to scientific information）的报告[98]。

为了解国际上数字信息资源保存的现状与进展，IFLA 于 2006 年出版了《数字保存的网络化：世界 15 个国家图书馆的实践》（Networking for Digital Preservation-Current Practice in 15 National Libraries），涉及的国家有：澳大利亚、奥地利、加拿大、中国、丹麦、法国、德国、日本、荷兰、新西兰、葡萄牙、瑞典、瑞士、英国和美国[99]。美国图书馆与信息资源委员会发布了研究报告《国际数字保存的现状》（The State of Digital Preservation：An International Perspective）[100] 和《美国大学与研究图书馆数字保存项目的现状：构建共同的认识与行动纲领》（The State of Preservation Programs in American College and Research Libraries：Building a Common Understanding and Action Agenda）[101]。英国数字保存联盟（Digital Preservation Coalition，DPC）和澳大利亚的数字信息资源保存门户——保护对数字信息的存取（Preserving Access to Digital Information，PADI）共同出版季刊《数字保存新动态》（DPC/PADI What's New in Digital Preservation）[102]。

为应对数字资源保存带来的挑战，培训具备数字资源保存技能的专门人才，欧美国家在数字图书馆和数字资源长期保存领域有重大业绩的组织机构开展了相应的培训计划。欧洲数字保存职业培训项目（Digital Curator Vocational Education Europe Project，DigCurV）由欧洲委员会达芬奇计划资助，其任务是建立数字资源长期保存职业培训课程的框架体系，为图书馆、档案馆、博物馆和文化遗产部门的数字资源保存人员提供其所需的职业教育和培训，使其掌握对于数字资源管理具有重要意义的新技能[103]。与此相应地，数字保存课程项目（Digital Curation Curriculum Project，DigCCurr）专业协会也已开始着手数字资源长期保存方面的职业培训工作，并于 2006—2012 年在美国北卡罗来纳州大学教堂山分校开展了一项针对博士学生的数字资源长期保存课程[104]。

自 2004 年开始，数字资源长期保存领域的主流的国际性系列会议——iPRES 每年举行一次，会议主题是关于数字资源保存领域的实践探索和发展趋势。2010 年会议在奥地利举行，2011 年会议由新加坡国家图书馆、新加坡南洋理工大学等主办[105]。

二、数字信息资源长期保存的特性

1. 对存储介质的依赖性

由于数字信息从形成、传输到存储都是通过计算机实现的，因此数字信息与计算机系统中的各种设备特别是存储介质有着密不可分的关系。数字信息需要依托于一定的存储介质而存在，存储介质既是数字信息临时或长期驻留的物理媒介，也是数字信息的保护伞和提供利用的工具。离开存储介质及计算机的软硬件平台，数字信息既看不见也摸不着，这就决定了其对存储介质的依赖性。

2. 动态性

数字信息不像储存于传统的印刷型文献或缩微文献的信息那样，是固定不变的。它处于一个动态的状态中，随时更迭。它可以完美地被复制，也可以不留痕迹地被窜改或删除，特别是在互联网的环境中。 这种修改和删除的可能更是难以防范。

3. 不安全性

随着全球网络化的不断发展，数字信息面临的网络安全问题日益突出。较多信息资源产生以后，由于多渠道、多媒体交叉而无序传递，导致信息失控，也造成严重泄密和知识产权保护不力，又由于信息技术的高度发展使人们可以很容易复制任何信息产品，因而导致了诸如计算机病毒泛滥、信息失真、国际交流间的不信任等一连串恶果。

4. 对元数据的依赖性

元数据揭示了各类型数字信息的内容和其他特性，进而达到对数字对象的组织、分类、索引等目的。关于数字信息的元数据必须特意附在数据信息中，否则将无法恢复数字信息的原貌。数字信息的运作往往是在网络上进行，操作者互不见面，体现背景的元数据就不那么完整、详细，如果不特意提供或补充这些元数据，就可能给数字信息的保管和长期保存带来问题。

5. 对标准化的依赖性

在数字信息的形成与管理中使用标准，有助于数字信息在存取与保存时的完整性。标准要求不同的支持者提供兼容产品，保证了数据的易传性与共享性。只有支持共同的标准才能保证数据、应用程序与应用系统具有最长的技术寿命的使用。标准不仅有利于数字信息的科学管理，同时，遵守与使用标准还便于数字信息随技术的发展在新、旧数字平台间转换，这将直接降低保存的费用。

三、数字信息资源长期保存的技术措施

1. 迁移（Migration）

迁移是持续地将数字信息从一种技术环境转换到另一种技术环境，意味着基于字符的数据可以从一个存储介质转移到另一个存储介质上，以进行数字信息的长期保存，同时，也可以将原始数据格式转换为独立于具体原始软硬件平台的标准数据格式。美国保护与存取委员会（The Commission on Preservation and Access，CPA）和研究图书馆组织（The Research Libraries Group，RLG）的数字信息归档特别工作组曾在《保护数字信息：数字信息存档特别工作组报告》（Preserving Digital Information：Report of the Task Force on Archiving of Digital Information）中指出："迁移是对付技术过时的最佳良策，它应是数字资料完成定期转换的一系列有组织的工作，包括维护数字对象的真实性、用户的再检索、显示与其他利用的能力。"[106]

2. 更新（Refreshing）

更新又称拷贝，是在原来的技术环境下实时重写信息数据，将数据流从旧存储介质转移到新存储介质上，防止由于存储介质物理化性能变化而引起的信息丢失。造成数字信息得不到长期存取的一个重要原因就是由于储存媒体本身容易受到各种侵袭而损坏。许多国家都制定行业规范或国家标准，对数字信息的存储媒体做出规定。如：美国国家档案与记录管理委员会（National Archives and Records Administration，NARA）指出，CD-ROM、WORM 和可擦式光盘等三种光学媒体可以用来作为数字文件的载体[107]。

3. 转换（Conversion）

转换是指把信息从一种媒体转移到另一种媒体上，包括格式变换与复制。转换的目的是在纸张、缩微胶片、录像、磁性材料、光盘等媒体并存的混合环境中实现不同媒体之间信息内容的保存。

4. 仿真（Emulation）

仿真是一个计算机系统对另一个计算机系统的部分或全部的模拟，使模拟的计算机系统与被模拟的计算机系统接收相同的数据，执行相同的程序，获得相同的结果。目前有硬件、软件和操作系统仿真，利用中间媒介层或虚拟计算机实现。在数字信息资源保存中，由于仿真技术可以保存原始文件，并适用于所有的数字对象，实现了一次处理永久使用，所以仿真被视为理想的保存策略。

5. 数据加密（Encryption）

数据加密是保证数字信息资源长期存储、提高信息系统及数据的安全性和保密性、防止破译和泄密所采用的主要技术手段，也是网络安全的重要技术。按使用密钥上的不同，加密技术可以分为私用密钥加密技术、公开密钥加密技术。

四、数字信息资源的长期保存策略与制度

1. 数字信息资源的长期保存策略

策略是指行动主体可以实现目标的方案集合，从另一个方面来说也是实现目标的可行性阐述。数字信息资源的长期保存策略就是实施主体为实现数字信息资源的长期保存而采取的各种方法、途径和手段的集合。以下从各个角度分析了数字信息资源的长期保存可以采取的策略。

（1）争取外部环境支持策略

一般而言，数字信息资源保存的主体都是非营利机构，并且数字信息资源的长期保存需要消耗大量资源。因此，需要获得包括政府机构、相关社会组织等外部环境在政策、经费等方面的支持。在寻求外部环境对数字信息资源长期保存进行支持的过程中，不仅能获得所需的政策、经费等方面的资源，还可以实现与外部环境的良性交互，提高数字信息资源长期保存的社会效益。如：从 2001 年 11 月起，电子资源保存与存取网（The Electronic Resource Preservation and Access Network，ERPANET）项目获得欧洲委员会资助，旨在建立对文化遗产与科学信息进行长期保存的可扩展的欧洲联盟和建设保存文化遗产和科学数字对象领域的虚拟数据交换中心和知识存储库[108]。英国联合信息系统委员会（Joint Information Systems Committee，JISC）2000—2006 年资助了"数字保存与记录管理"（Digital Preservation and Records Management，DPRM）项目，目标有：确定与英国高等教育相关的数字信息资源的长期保存策略并监督其实施，提出以英国为主的各种媒体的数字信息资源保护和记录管理相关的建议、政策与策略，支持并联合资助世界范围内数字保存领域的适当的机构间的合作，对 JISC 就数字保存于记录管理提供咨询，管理 JISC 的电子与纸质记录[109]。中国科学院国家科学图书馆寻求科技部和国家科技文献平台的支持，推进建立数字化国际科技期刊长期保存网络系统，承担了国家科技文献平台的数字科技资源长期保存的可行性研究与实施规划任务[110]。

（2）加强合作策略

数字信息资源长期保存面临法律法规、标准、技术、经济等多方面的难题，单个机构单靠技术手段无法解决所有问题，必须走协调合作的道路。数字信息资

源长期保存的相关主体包括了图书馆、档案馆、出版社等，通过它们之间的合作、交流可以开创数字信息资源的长期保存新局面。合作的方式如下。

①图书馆之间的合作。自1996年始，中美两国轮流主办图书馆合作会议，促进两国图书馆的合作，双方实施了"中美图书馆员专业交流项目"、发起"世界数字图书馆"项目、中国国家图书馆与美国哈佛大学图书馆达成中文善本古籍数字化合作协议等。2010年9月，第五届中美图书馆合作会议在北京召开，会议主题涉及"数字资源管理与仓储技术"、"数字资源保存方法"、"数字资源的访问、检索及利用"等数字图书馆建设关注的热点问题[111]。

②图书馆与档案馆之间的合作。美国国会图书馆和澳大利亚、加拿大、丹麦、芬兰、法国、冰岛、意大利、挪威、瑞典以及英国的国家图书馆、互联网档案馆（Internet Archive）一起组建了国际互联网保存联盟（International Internet Preservation Consortium，IIPC），体现了国际图书馆与档案馆之间的数字信息资源保存合作[112]。

③图书馆与出版社的合作。国际图联与国际出版商协会（International Publishers' Association，IPA）在《永久保存世界记忆：关于保存数字化信息的联合声明》（IFLA/IPA Preserving the Memory of the World in Perpetuity：A Joint Statement on Archiving and Preserving Digital Information）提出："出版机构和图书馆工作小组将进一步开展有关数字信息保存方面相关的技术、经济和政策问题方面的合作，其中包括在合适的条件下成立与其他相关组织协同工作的统一机构。"[113] 2011年5月，中国高校图书馆数字资源采购联盟（The Digital Resource Acquisition Alliance of Chinese Academic Libraries，DRAA），中国科学院国家科学图书馆（The National Science Library，Chinese Academy of Sciences NSL）与Springer签订了数字资源长期保存协议，将已成熟的Springer——中国科学院国家科学图书馆长期保存体系扩展至高校图书馆数字资源采购联盟范围[114]。2011年9月，中国科学院国家科学图书馆与英国物理学会出版社（Institute of Physics Publishing，IOP Publishing）签订数字资源长期保存协议[115]。

④更广泛的合作。数字信息资源的长期保存是涉及面极广、复杂的系统工程，单个机构无法完成。美国NDIIPP项目的参与者有OCLC、互联网档案馆、弗吉尼亚州立大学图书馆、亚利桑那与威斯康星等5个州的图书馆联盟、伊利诺伊大学香槟分校图书情报学院、美国国家超级计算应用中心（National Center for Supercomputing Applications，NCSA）、马里兰大学Robert H. Smith商学院、联邦政府机构、公司等130个机构[116]。

在该项目中，美国最大的两个公共电视内容生产商——教育广播公司（Educational Broadcasting Corporation，EBC）与公共广播服务公司（Public Broadcasting Service，PBS）和 WGBH 教育基金会（WGBH Educational Foundation，WGBH）、纽约大学合作，制定一个保存数字形态的公共电视节目的程序、结构与标准[117]。

（3）法律策略

数字信息资源的长期保存的法律策略包括了数字信息资源保存立法，研究应对数字信息资源保存的法律挑战等。数字信息资源保存的法律问题早已引起图书馆界的重视。由于网络信息的特殊性，使得其生产者可以自由地在网上发布网络信息，并且无责任承担信息的保存任务，但作为保存人类文化遗产传统机构的图书馆，要想承担网络信息的保存责任，却面临着最大的问题，即知识产权的困扰。知识产权保护问题和数字信息资源呈缴的立法问题已成为数字信息资源保存工作的一个重大障碍，亟须很好地解决[118]。美国国会图书馆召集、选择了一些版权专家组建了 108 分部研究组（The Section 108 Study Group），负责研究数字时代版权法如何平衡信息资源创建者或版权持有人与图书馆和档案馆需求之间的平衡[119]。英国艺术与人文科学研究委员会（The Arts and Humanities Research Board，AHRB）曾资助拉夫堡大学（Loughborough University）的"数字信息保存中的版权与权力许可"（Copyright and Licensing for Digital Preservation，CLDP）项目，研究版权立法与授权访问对数字信息资源长期保存的影响及其解决途径[120]。

当然，无论是理论探讨还是对策研究，只有上升到立法层面才能真正地对数字信息资源保存的行为产生实质性的法律影响。

（4）技术策略

数字信息资源的长期保存的技术策略包括了选择数字信息资源保存的技术措施，开发数字信息资源保存和提供利用的工具，及时进行数字信息资源的恢复与修复等。

目前实现数字信息长期保存的技术措施主要有：仿真、更新、转换、迁移和数据加密等技术，上文已作介绍，在此不再赘述。

关于开发数字信息资源保存和提供利用的工具，在 NDIIPP 项目中，加州大学数字图书馆及其合作者纽约大学与北德克萨斯大学图书馆的贡献就在于开发图书馆可用的捕捉和保存网上政府与政治信息的 Web 存档工具[121]。美国麻省理工学院图书馆（MIT Libraries）和美国惠普公司实验室（Hewlett-Packard Labs）合作开发了专门的数字资产管理系统——DSpace，被广泛地应用于机构库的建设中[122]。哈佛大学定量社会科学研究所开发了一个开放源码的数字图书馆系统——Dataverse Network，可以对研究的定量数据进行管理、传播、交流和引用[123]。

数字技术在不断地发生变化，数字信息资源面临着因技术平台的频繁变迁而可能被读不出信息的风险，因而要化解技术淘汰带来的难题，我们也须采用技术的手段来解决技术的问题。近年来，我国已经建立了上百家数据恢复中心，它们的服务领域主要是针对由于硬件、软件故障或其他灾祸带来的数据损失的恢复[124]。著名的数字信息资源典藏系统 LOCKSS 对内容采取多站点分布式存档，这些分布式档案不断地与彼此间进行交流以比较内容的不同，若一个站点的数字内容毁坏，毁坏的内容可进行自动修复[125]。

（5）管理策略

数字信息资源长期保存的管理策略有选择需要保存的数字信息资源，在数字信息资源生产过程中注意数据的备份等。

从总体而言，凡是有价值的数字信息资源都应当被保护，既应包括历史资料，也应包括当前的最新资料。从经济角度看，没有必要也没有可能对所有机构库，或每一个文献都转换成长期保存的数字档案[126]。应优先保存有消失危险和具有重要价值的数字信息资源。在 NDIIPP 项目中，伊利诺伊大学香槟分校图书馆与图书情报学院、OCLC 以及美国国家超级计算应用中心等的任务就是制定一个选择标准以确定哪些数字信息资源需要捕捉与保存，最终确定保存与美国历史上有重要影响的重要人物、事件和活动相关的数字内容，例如 DOT. COM 诞生时代的商业网站档案、卫星地图、全国与各州数字地图、公共电视节目、历史上的航空摄影、民意测验和投票记录等[127]。

随着数字信息技术在各行各业得到广泛的推广和使用，很多关键性的数据和智慧财产已经"无纸化"，数字信息在社会经济中地位越来越重要，人们对信息技术的依赖性越来越高，但信息系统本身也是存在风险的，规避风险的最好办法就是做备份。数据的备份无外乎两种：数据库备份和文件备份。

（6）制定标准策略

数字化信息的长期存储、价值、可用性有赖于大量的标准，如存储格式、元数据等。近年来，ISO、美国国家信息标准组织（National Information Standards Organization，NISO）等都不同程度地研制了标准和规范，并在实践领域得到应用。这些对开展数字信息资源长期保存活动都起到了很好的规范和引导作用。在数字信息资源长期保存领域，最有影响的标准是 1999 年美国空间数字系统咨询委员会（Consultative Committee for Space Data Systems，CCSDS）提出的开放档案信息参考模型（Open Archival Information System，OAIS），现已正式成为 ISO 标准 ISO14721:2003[128]。

但目前，还没有一个统一通用的数字信息资源长期保存元数据规范格式，许多长期保存项目建立了项目内部通用的元数据格式，如澳大利亚的"保护与存取网络化的澳大利亚文献资源（Preserving and Accessing Networked Documentary Resources of Australia，PANDORA）"项目[129]、"网络化欧洲存储图书馆（Networked European Deposit Library，NEDLIB）"项目等[130]。

（7）经济策略

数字信息资源数量巨大，虽然无需全部保存，但即使有选择地进行保存，其保存的累计成本也较高。这些费用包括保存数字信息资源所需费用、使用信息资源所需费用以及与数字信息资源保存相关的人员费用等。因此，经济成本分析是数字资源长期保存活动的重要步骤，可以明晰各种费用支出，有助于保存机构考察不同的保存策略、保存主体和保存资源类型等情境下的开支，从而根据自身的保存使命和目标，结合现有的人力、物力和财力条件，权衡取舍，合理调配各种资源，制订合理的保存策略和实施方案，保证长期保存活动的持久开展[131-132]。丹麦文化部资助了一个项目，目标是建立一个测算国家文化遗产机构所进行的数字资源保存项目的成本模型[133]。

在数字信息资源的长期保存项目的实施中，还必须考虑经济上的可持续性。2007 年 9 月，美国国家科学基金会（The National Science Foundation，NSF）和梅隆基金会资助"蓝带特别小组"（Blue-ribbon Task Force），关注数字保存和持续存取在经济上的可持续发展。该小组由两位重要人物来共同领导：一位是加州大学圣地亚哥分校超级计算中心主任、网络信息基础设施（Cyber Infrastructure）的倡导者 Fran Berman，另一位是 OCLC 科学家，同时也是一位对数字保存有着浓厚兴趣的经济学家 Brian Lavoie。支持该小组的其他机构有：美国国会图书馆、美国国家档案与记录管理局（NARA）、美国图书馆与信息资源委员会（The Council on Library and Information Resources，CLIR）和英国联合信息系统委员会（JISC）。"数字信息长久的持续性存取对未来科学研究、教育和企业发展是必不可少的。"Lavoie 博士认为，"除了为保存数字信息开发良好的技术手段外，我们还必须保证我们的保存战略在经济上的可持续性。特别小组的工作将是在达成这一目标中迈出的重要一步。"这两位负责者将召集一个由杰出领导者组成的国际小组，为科学和工程、文化遗产、公共和私人部门起草有关数字信息在经济上可持续发展的建议[134]。

2. 数字信息资源保存制度的主要内容

数字信息资源的保存制度宏观上指一个国家或国际数字信息资源的保存制度，包括保存的责任主体、数字信息资源保存所涉及的法律问题、电子呈缴本制度等。如联合国教科文组织在《数字文化遗产保护指南》(Guidelines for the Preservation of Digital Heritage)指出：这些机构必须承担责任，其中有的还要起领导作用，但是必须做所有的事情，关键是分工与合作[135]。在微观上，数字信息资源的保存制度指一个机构或一个项目关于数字信息资源保存的具体规定与操作细节。

数字信息资源的保存制度应规定数字信息资源保存的主体、保存的主要责任、保存的对象与内容（针对网络信息资源，还要明确如何采集拟保存的资源）、选择拟保存的数字信息资源的标准、保存在哪里、保存的主要方式、如何获得数字信息资源存档的许可等数字信息资源保存所涉及的法律问题、电子呈缴本制度、数字信息资源保存的流程、数字信息资源保存系统的功能、保存的硬件与软件，以及采用何种元数据对数字信息资源进行标引以便实现资源的长期存取、如何给每种数字信息资源分配永久性统一资源定位符（Persistent URL）或永久资源识别符（Persistent Identifiers）等技术细节。

就一个项目的数字信息资源保存制度而言，比较完善的是著名的澳大利亚国家图书馆的数字信息资源保存项目 PANDOR。PANDOR 规定：存档内容的搜集必须十分关注选取标准、存档过程的质量评估以及获得出版商的允许并提供对于内容的获取。PANDORA 还专门开发了数字信息资源保存的流程系统（PANDORA Digital Archiving System，PANDAS）。该系统制定了严格的数字信息资源保存制度，并发布了可操作性强的《PANDAS 手册》，规定数字信息资源保存的具体流程，如何检索、创建和编辑数字信息资源的记录，如何收集、处理、存档和发布数字信息资源等细节[136]。

3. 主要的数字信息资源保存模式

（1）全国性的数字信息资源保存项目

数字信息归档系统是数字信息资源长期保存的一种重要方式，它可以保证重要的数字信息资源的安全和长期存取，是最具生命力的保存策略。数字信息资源的长期保存涉及政策、法律法规、标准和技术等方面的因素，需要图书馆、档案馆等多种类型机构开展多种形式的合作与支持，单凭任何单一部门来进行长期保存都是不现实的。为使保存的数字信息资源绝对可靠，确保有价值的信息不丢失，有必要在国家层面启动全国性的数字信息保存项目。事实上，许多国家已启动了本国范围内全国性的数字信息保存项目。

美国"国家数字信息基础设施与保存项目（NDIIPP）"旨在建立一个国家策略对数字信息，尤其是那些只有数字形式的信息进行收集、存档和保护，以备当前和以后的各代人使用[137]。2003年初，中国国家图书馆正式启动了"网络信息采集与保存"试验项目（WICP），积极探索网络信息资源的采集与保存的相关法律、技术、标准等问题[138]。

（2）全国数字保存者合作网络

美国国会图书馆NDIIPP项目管理主任Martha Anderson认为，数字保存不是单一的行动，而是一个团体[139]。合作联盟保存方式是数字信息资源长期保存的最佳选择，即建立以全国性的数字信息保存系统为主、其他信息保存机构广泛参与的数字信息资源分散保存的共同体机制。

IFLA和许多国家图书馆都十分重视数字保存的合作及其规划与管理。在IFLA国家图书馆馆长会议（Conference of Directors of National Libraries，IFLA-CDNL）资助下，荷兰国家图书馆数字保存部的Ingeborg Verheul从法律、组织和技术角度总结和评价了2004年以前亚洲、澳大利亚、欧洲、新西兰和北美的15个国家图书馆数字保存方面的努力[140]。

Internet Archive是美国最早尝试保存Web以留给将来的机构之一，从1996年开始对整个世界范围的Web进行周期性的全面收集。其目标是建设一个Internet图书馆，为研究人员、历史学家和其他学者提供永久性的数字信息资源的历史存档。从1999年开始，Internet Archive还收集其他类型的数字信息资源，包括视频、文本和音频[141]。

（3）地区性的保存机制

欧洲非常重视数字信息资源保存的地区合作，欧盟资助的项目有：①网络化的欧洲储存图书馆（Networked European Deposit Library，NEDLIB）[142]。②激活的网络存档（Living Web Archive，LiWA）项目计划拓展现有的网络内容捕捉、保存、分析，丰富服务内容以提高网络存档的可信度、连贯性与互操作性[143]。③欧盟科学数据长期保存计划（Permanent Access to the Records of Science in Europe，PARSE. Insight）关注科学研究过程中产生的原始数据、中期分析以及最终成果等所有数字信息资源的长期保存问题，希望通过研究寻得确保这些珍贵的科学数字信息资源长期可存取、可利用、可理解的有效方法和途径，从而为欧洲电子信息基础设施（E-Infrastructure）的整体构建提供建设性意见或指南[144]。

（4）全球范围的保存网络

早在 2002 年，联合国教科文组织总干事松浦晃一郎向执行局提交的关于保存数字化遗产宪章草案的报告就指出"认识到保存所有地区和各种文化的数字化遗产是全世界关注的一个紧迫问题"[145]。

2003 年 7 月，澳大利亚、加拿大、丹麦、芬兰、法国、冰岛、意大利、挪威、瑞典的国家图书馆以及不列颠图书馆、美国国会图书馆、互联网档案意识到国际合作保存网络内容以备后代使用的重要性，于是组建了国际互联网保存联盟（International Internet Preservation Consortium，IIPC）。此后，成员扩大到更多的图书馆、档案馆、博物馆以及其他与网络存档有关的文化遗产机构。联盟目标是：实现对世界范围内丰富的互联网内容的收集、保存和长期存取；促进创建国际档案通用工具、技术和标准的开发与应用；在国际范围内积极推动鼓励互联网内容的收集、保存和存取的项目与立法进程；鼓励与支持全球的图书馆、档案馆、博物馆以及文化遗产机构讨论互联网内容的收集与保存[146]。

4. 电子呈缴制度

对印刷型出版物而言，法定呈缴（Legal Deposit）是许多国家图书馆获得馆藏的主要做法。随着数字出版技术发展，数字信息资源在信息资源中比重不断加大，以前主要针对印刷型出版物的呈缴制度或与呈缴有关法律法规不能完全适用于数字信息资源或者不能囊括数字信息资源。在数字信息环境下，电子出版物呈缴是图书馆必须采用的战略手段和服务方式，而国家有关政策或立法可使图书馆获得电子资源有可靠的保障。

1996 年，联合国教科文组织就提出了电子出版物的法定呈缴问题。2002 年 2 月，欧洲保存和利用委员会为教科文组织拟定的讨论稿"保存数字化遗产"明确指出：国家图书馆应通过法律规定的存放国家作品的渠道收集和保存出版物，另外还有广泛详尽的档案立法，明确规定应在何时和如何将有关记录材料转交档案馆进行整理和保存。专门的档案馆和博物馆负责收集和保存音像制品、照片或影片[147]。

针对电子出版物呈缴的版权问题，部分国家的有关组织开展了立法调研，并提出若干建议。1997 年，瑞典教育部设立专门委员会就缴送网络电子出版物进行调查。1998 年该委员会建议修改版权法，为允许图书馆采集、存储和获取电子出版物创造条件。瑞典皇家图书馆还成立委员会评估与电子文献缴送的有关法律，就存档的版权问题提出对策，还对存储和索引技术进行试验，并与出版业的巨头进行磋商。1998 年，英国出版商代表和受缴图书馆联合向国务大臣递交报告建议：通过立法将新型出版物囊括进呈缴范围；图书馆应有权利对受缴新型出版物存档并提供使用；缴送电子出版物应考虑出版商的经济承受能力；组建执行委员会解决出版商、受缴图书馆、用户之间的纠纷。1999 年 2 月，经过对版权法的评估，澳大利亚版权法考察委员会建议将"图书馆资料"的范畴扩大到电子产品，并进行强制缴送，但在电子资料的使用上要有所限制，只能在受缴图书馆内使用。同年，日本呈缴本制度调查委员会提出了《展望 21 世纪日本呈缴本制度的理想状态——以电子出版物为中心的报告》，建议图书馆与出版商组织和版权持有者在广泛谈判的基础上，提出照顾到各方权益的立法方案[148]。

有些国家的立法已涵盖离线数字出版物的呈缴，而对在线数字出版物呈缴的立法尚在进行中。如澳大利亚正在准备涉及在线出版物呈缴的立法草案，日本和新加坡对在线出版物呈缴采取自愿原则。有些国家的电子出版物呈缴立法同时涉及离线和在线出版物，如加拿大、丹麦、芬兰、法国、德国、冰岛、新西兰、挪威、南非、瑞典和英国[149]。

长期以来，我国一直没有一部成文的图书馆法，呈缴制度只能参照《出版管理条例》和新闻出版署颁布的相关规章来落实，其实践效果很不理想。在数字信息资源的呈缴方面，法律体制更加的不完备，亟待立法规范[150]。我国可结合国情，在制定《公共图书馆法》和相关政策或法规时，借鉴其他国家的成功经验。

5. 数字信息资源存储与数字文化遗产保护

联合国教科文组织颁布的《保存数字遗产宪章》（Charter on the Preservation of the Digital Heritage）定义数字文化遗产（Digital Heritage）为："数字文化遗产是由人类的知识和表达方式的独特资源组成。它包括以数字方式生成的或从现有的模拟资源转换成数字形式的有关文化、教育、科学和行政管理的资源及有关技术、法律、医学及其他领域的信息。原生数字信息资源，即除了数字形式外，别无其他形式的数字信息资源。"[151]

数字文化遗产的保护已经不仅仅是一个文化遗产问题，从长远角度来看，它会影响新兴的"知识社会"的本质。为此，UNESCO 起草了《数字文化遗产保护指南》（Guidelines for the Preservation of Digital Heritage）[152]。UNESCO 已经实施了旨在用最合适的手段保护世界各国的文献遗产，并用最合适的技术使得它们能被尽可能多的人利用的"世界的记忆"（Memory of the World）项目[153]，以及提供有关信息的保护、记录知识的管理与保护标准的推广以及拓宽信息存取的国际政策讨论和项目开发的平台的"信息为人人（Information for All）"项目[154]。

数字存储也可以称为数字信息资源长期保存，包括数字存档和永久存取两大部分，是实现数字文化遗产保存的必要途径。尤其是目前数字文化遗产的保存环境并不理想，存储介质的寿命、容量有限，数字信息资源的存取技术更新太快，还有昂贵的加工和存储费用等都使得数字文化遗产的保存问题日益受到社会关注。各国国家图书馆对数字文化遗产的保存负有不可推卸的责任，他们从20世纪90年代即开展一系列数字文化遗产保存项目，进而也推动了数字存储的发展[155]。

参考文献

[1]肖希明等.数字信息资源建设与服务研究.武汉:武汉大学出版社,2008

[2]肖珑等.数字信息资源的检索与利用.北京:北京大学出版社,2003

[3]阙晓萌,施强.论大学图书馆原生数字信息资源服务平台的构建.现代情报,2006(6):173-175

[4]Report by the Director-General on a Draft Charter on the Preservation of the Digital Heritage.[2011-06-20].http://unesdoc.unesco.org/images/0012/001255/125523e.pdf

[5]陈红星,张淑芳.网络原生数字信息资源:概念、特征与类型.图书馆建设,2010(5):1-4

[6]戚其秀,郑登理.光盘技术现状及与其它存储技术的比较.情报科学,1991(1):62-73,18

[7]郭学祖等.Bibliofile CD-ROM 数据格式的转换.现代图书情报技术,1993(1):55-56

[8]《数字信息资源加工标准与操作指南》项目报告.[2011-06-22].http://cdls.nstl.gov.cn/2003/Process

[9]叶继元.信息组织.北京:电子工业出版社,2010

[10]数字化,让我们共享海量信息把国家图书馆搬回家.[2011-09-20].http://culture.people.com.cn/GB/87423/13910105.html

[11]The Expanding Digital Universe—A Forecast of World-Wide Information Growth through 2010.[2011-09-20].http://www.emc.com/about/destination/digital_universe/pdf/Expanding_Digital_Universe_IDC_WhitePaper_022507.pdf

[12]同[1]

[13]祁延莉,赵丹群.信息检索概论.北京:北京大学出版社,2006

[14]ESA industry Patal.[2011-10-18].http://www.esa.int/SPECIALS/Industry

[15]Cas 网站.[2011-11-02].http://www.cas.org

[16]Corprate Information.[2011-11-22].http://www.questel.com/aboutus/corp_info.htm

[17]同[2]

[18]周和平.抓住机遇 开拓创新 加快推进我国数字图书馆建设——在2011年中国图书馆年会暨中国图书馆学会年会上的主旨报告.[2011-11-14].http://www.mcprc.gov.cn/preview/special/2305/2307/201110/t20111028_132426.html

[19]Elsevier at a glance.[2011-07-01].http://www.elsevier.com/wps/find/intro.cws_

home/ataglance

[20] 中国学术期刊网络出版总库. [2011 - 07 - 01]. http://acad. cnki. net/Kns55/brief/Result. aspx? dbPrefix = CJFQ

[21] 毕强等. 数字资源建设与管理. 北京:科学出版社,2010

[22] 索传军. 基于信息生命周期的数字馆藏管理研究. 大学图书馆学报,2005(5):26 - 29

[23] 同[22]

[24] Information Lifecycle Management:An Analysis of End User Perspectives. [2011 - 09 - 10]. http://isic. ucsd. edu/pdf/ISIC_ILM_WP_06 - 01. pdf

[25] 国内与数字资源生命周期管理有关的两个重要项目. [2011 - 09 - 04]. http://www. nlc. gov. cn/service/fuwudaohang/tyck/2009/20090910z_4. htm

[26] How It Works-LOCKSS. [2011 - 09 - 20]. http://www. lockss. org/lockss/How _ It _ Works #Collecting

[27] 同[1]

[28] S Sutton. Future Service Models and the Convergence of Functions:the Reference Librarian as Technician,Author and Consultant. In:K Lowed. The Roles of Reference Librarians. Today and Tomorrow,Haworth Press. New York,1996

[29] 同[1]

[30] 国家信息化领导小组. [2011 - 07 - 26]. http://www. acsi. gov. cn/web/NewsInfo. asp? NewsId = 30

[31] 马海群. 我国数字信息资源宏观规划的成就、问题及发展思路. 情报学报,2008(5): 740 - 747

[32] CALIS 专题特色数据库中心网站. [2011 - 07 - 01]. http://tsk. cadlis. edu. cn/tskopac

[33] 特色库项目概况. [2011 - 07 - 26]. http://202. 114. 65. 58/portal/portal/media-type/html/ group/whuguest/page/area_spec_intro. psml

[34] CALIS 重点学科网络资源导航门户. [2011 - 07 - 01]. http://202. 117. 24. 168/cm/main. jsp

[35] 中国科学院国家科学图书馆网络信息门户. [2011 - 07 - 02]. http://www. las. ac. cn/others/ ResourceNavigation. jsp? SubFrameID = 1068

[36] 马文峰,杜小勇. 数字信息资源整合方式研究. 图书情报工作,2005(5):67 - 71

[37] 文小明. 高校图书馆数字信息资源整合现状调查与分析. 新世纪图书馆,2011(2):39 - 41,96

[38] 马春燕. 数字信息资源开发与建设. 北京:经济管理出版社,2009

[39] Henry Evelyn Bliss. [2010 - 06 - 30]. http://hlwiki. slais. ubc. ca/index. php/Henry_Evelyn _Bliss

[40] 叶鹰等. 情报学基础教程. 北京:科学出版社,2006:143 - 144

[41] 王知津,王乐. 文献演化及其级别划分——从知识组织的角度进行探讨. 图书情报工作,

1998(1):4 −7

[42]蒋永福.图书馆与知识组织——从知识组织的角度理解图书馆学.中国图书馆学报,1999
(5):19 −23

[43]夏立新.知识组织学科体系构建的新探索——评《知识组织理论与方法》一书.图书情报知
识,2011(3):127 −129

[44]International Society for Knowledge Organization International conferences. [2011 −06 −30].
http://www. isko. org/events. html

[45]第二届全国文献编目工作研讨会在南京召开. [2010 −09 −03]. http://www. lsc. org. cn/
CN/xxzz. html

[46]Gail Hodge. Systems of Knowledge Organization for Digital Libraries:Beyond Traditional Authority
Files. Washington:The Digital Library Federation, Council on Library and Information
Resources,2000

[47]同[46]

[48]W3C. SKOS Simple Knowledge Organization System Reference. [2011 −11 −14]. http://www.
w3. org/TR/skos-reference/

[49]SKOS Overview. [2011 −11 −14]. http://www. w3. org/TR/skos-reference

[50]同[49]

[51]SKOS Simple Knowledge Organization System. [2011 −09 −20]. http://www. w3. org/2004/02/
skos/

[52]Networked Knowledge Organization Systems/Services. [2011 − 09 − 20]. http://nkos. slis.
kent. edu/

[53]Zeng,Marcia Lei. Knowledge Organization Systems (KOS). Knowledge Organization,2008,35(2/
3):160 −182

[54]Taxonomy of Knowledge Organization Sources/Systems. [2011 − 06 − 30]. http://nkos. slis.
kent. edu/KOS_taxonomy. htm.

[55]司莉. KOS 在网络信息组织中的应用与发展.武汉:武汉大学出版社,2007

[56]Hill 等.在数字图书馆结构中融入知识组织系统.现代图书情报技术,2004(1):4 −8

[57]马张华等.文献分类法主题法导论(修订版).北京:国家图书馆出版社,2009

[58]Directory Interchange Format (DIF) Writer's Guide. [2011 −06 −28]. http://gcmd. nasa. gov/
User/difguide/difman. html

[59]DIGITAL LIBRARIES:Metadata Resources. [2011 − 06 − 28]. http://archive. ifla. org/II/
metadata. htm

[60]吴丹.近五年国内外元数据研究进展//陈传夫.图书馆学研究进展.武汉:武汉大学出版社,
2010:381 −382

[61]Lorcan Dempsey, Rachel Heery. Metadata:a Current View of Practice and Issues. Journal of

Documentation,1998,54(2):145 - 172

[62] Getty's Definitions on Types of Metadata. [2011 - 11 - 07]. http://www. metadataetc. org/metadatabasics

[63] Metadata Types. [2011 - 11 - 07]. http://www. library. cornell. edu/preservation/tutorial/metadata/table5 - 1. html

[64] A Review of Metadata:a Survey of Current Resource Description Formats. [2011 - 11 - 05]. http://www. ukoln. ac. uk/metadata/desire/overview/overview. pdf

[65] DCMI Abstract Model. [2011 - 11 - 05]. http://www. ukoln. ac. uk/metadata/dcmi/abstract-model

[66]何斌. 信息管理:原理与方法. 北京:清华大学出版社,2006

[67]张洋等. 网络新信息资源开发与利用. 北京:科学出版社,2010

[68]王军,张丽. 网络知识组织系统的研究现状与发展趋势. 中国图书馆学报,2008(1):65 - 69

[69]卜书庆. 网络环境下《中图法》发展及第五版述要. 中国图书馆学报,2011(3):92 - 99

[70] National Agricultare Library. [2011 - 10 - 28]. http://agclass. nal. usda. gov

[71] ID. LOC. GOV Project. [2011 - 09 - 18]. http://www. loc. gov/ala/an-2009-update. html

[72]中国分类主题词表 Web 版. [2011 - 09 - 18]. http://cct. nlc. gov. cn/

[73] Neches R, Fikes R E, Gruber T R, et al. Enabling Technology for Knowledge Sharing. AI Magazine,1991,12(3):36 - 56

[74] Gruber T. A Translation Approach to Portable Ontology Specifications. Knowledge Acquisition,1993,5(2):199 - 220

[75]王松林. 资源组织. 北京:国家图书馆出版社,2010

[76]董慧等. 基于本体的数字图书馆检索模型研究(Ⅲ)——历史领域资源本体构建. 情报学报,2006(5):564 - 574

[77]蔡盈芳,黄磊. 航空领域本体构建研究. 情报学报,2010(2):223 - 231

[78] Alexandre Passant,Philippe Laublet,John G Breslin,et al. A URI is Worth a Thousand Tags:From Tagging to Linked Data with MOAT. International Journal on Semantic Web and Information Systems,2009,5(3):71 - 94

[79]刘炜. 关联数据:概念、技术及应用展望. 大学图书馆学报,2011(2):5 - 12

[80]潘有能,张悦. 关联数据研究与应用进展. 情报科学,2011(1):124 - 130

[81] Anders Sderbck,Martin Malmsten. LIBRIS - Linked Library Data. Nodalities,2008(5):19 - 20

[82] LCSH,SKOS and Linked Data. [2011 - 09 - 18]. http://arxiv. org/abs/0805. 2855

[83] W3C Library Linked Data Incubator Group. [2011 - 09 - 19]. http://www. w3. org/2005/Incubator/lld/

[84] Linked Data for Libraries. [2011 - 09 - 08]. http://www. ifla. org/files/hq/papers/ifla76/149-hannemann-en. pdf

[85] Semantic Terminology Services. [2011 – 11 – 14]. http://hypermedia. research. glam. ac. uk/ kos/terminology_services/

[86] What is ThManager. [2011 – 11 – 14]. http://thmanager. sourceforge. net

[87] AGROVOC. [2011 – 11 – 15]. http://thmanager. sourceforge. net/AGROVOC_en. MD. DC. html

[88] 同[1]

[89] Linda Ashcroft. Long-term Preservation of Our Digital Assets is a Step Closer: Report on First Year's Activity by Digital Preservation Coalition Published. New Library World, 2004, 105 (5/6):227

[90] Why Digital Preservation is Important for Everyone. [2011 – 11 – 06]. http://www. digitalpreservation. gov/videos/digipres/index. html

[91] Library of Congress Announces Awards of $13. 9 Million to Begin Building a Network of Partners for Digital Preservation. [2011 – 07 – 04]. http://www. loc. gov/today/pr/2004/04 – 171. html

[92] Preserving Digital Information: Report of the Task Force on Archiving of Digital Information. [2011 – 11 – 05]. http://www. clir. org/pubs/reports/pub63watersgarrett. pdf

[93] 数字资源长期保存国际会议在国家科学图书馆举行. [2011 – 07 – 04]. http://www. meeting. edu. cn/meeting/news/MeetingNews! detail. action? id = 2679

[94] American Memory. [2011 – 07 – 04]. http://memory. loc. gov

[95] National Digital Library Program. [2011 – 07 – 04]. http://memory. loc. gov/ammem/dli2/html/ lcndlp. html

[96] The Library of Congress Web Archives. [2011 – 07 – 04]. http://lcweb2. loc. gov/diglib/lcwa/ html/lcwa-home. html

[97] 中国 Web 信息博物馆. [2011 – 07 – 04]. http://www. infomall. cn

[98] Digital Preservation and Permanent Access to Scientific Information: The State of the Practice. [2011 – 11 – 06]. http://www. icsti. org/IMG/pdf/preservationrpt – 3. pdf

[99] Networking for Digital Preservation-Current Practice in 15 National Libraries. [2011 – 07 – 06]. http:// www. ifla. org/VI/7/pub/IFLAPublication-No119. pdf

[100] The State of Digital Preservation: An International Perspective. [2011 – 07 – 06]. http:// www. clir. org/pubs/reports/pub107/pub107. pdf

[101] The State of Preservation Programs in American College and Research Libraries: Building a Common Understanding and Action Agenda. [2011 – 07 – 06]. http://www. clir. org/pubs/ reports/pub111/contents. html

[102] DPC/PADI What's New in Digital Preservation. [2011 – 07 – 06]. http://www. dpconline. org/ graphics/whatsnew/index. html

[103] Digital Curator Vocational Education Europe. [2011 – 07 – 25]. http://www. digcur-education. org

[104] DigCCurr Carolina Digital Curation Curriculum Project. [2011 – 07 – 25]. http://www. ils. unc.

edu/digccurr

[105]International Conference on Digital Preservationt. [2011 – 07 – 25]. http://ipres-conference. org

[106]Preserving Digital Information: Report of the Task Force on Archiving of Digital Information.
    [2011 – 07 – 07]. http://www. clir. org/pubs/reports/pub63watersgarrett. pdf

[107]金咏梅. 试论数字图书馆的信息资源管理策略. 图书情报知识,2003(12):33 – 35

[108]About ERPANET. [2011 – 07 – 08]. http://www. erpanet. org/about. php

[109]Digital Preservation & Records Management Programme. [2011 – 07 – 08]. http://www. jisc.
    ac. uk/preservation

[110]数字资源长期保存国际会议总结和体会. [2011 – 09 – 18]. http://project. calis. edu. cn/
    calisnew/images1/neikan/10/2 – 1. htm

[111]第五届中美图书馆合作会议在京隆重召开中美专家再度聚首 共商数字资源共享.
    [2011 – 09 – 01]. http://www. nlc. gov. cn/newsyzt/newboke/201009/t20100909_7398. htm

[112]International Internet Preservation Consortium. [2011 – 07 – 06]. http://www. netpreserve. org/
    about/index. php

[113]IFLA/ IPA Preserving the Memory of the World in Perpetuity: A Joint Statement on Archiving
    and Preserving Digital Information. [2011 – 09 – 19]. http://www. ifla. org/publications/
    preserving-the-memory-of-the-world-in-perpetuity-a-joint-statement-on-the-archiving-and

[114]Springer Signs Digital Preservation Agreement in China. [2011 – 09 – 20]. http://www.
    springer. com/about + springer/media/pressreleases? SGWID = 0 – 11002 – 6 – 1157321 – 0

[115]国家科学图书馆与英国物理学会出版社签订数字资源长期保存协议. [2011 – 09 – 20].
    http://www. las. cas. cn/xwzx/zyxw/201009/t20100916_2964744. html

[116]A Network of Preservation Partners. [2011 – 09 – 13]. http://www. digitalpreservation. gov/
    partners/

[117]Preserving Digital Public Television Project. [2011 – 09 – 13]. http://www. digitalpreservation.
    gov/partners/pdpt/pdpt. html

[118]陈清文. 网络信息资源长期保存策略研究. 情报杂志,2006(9):114

[119]Section 108 Study Group. [2011 – 07 – 06]. http://www. section108. gov

[120]Copyright and Licensing for Digital Preservation. [2011 – 07 – 06]. http://www. lboro. ac. uk/
    departments/ls/disresearch/CLDP

[121]Web Archiving Service. [2011 – 09 – 18]. http://webarchives. cdlib. org/

[122]An Open Source Dynamic Digital Repository. [2011 – 09 – 19]. http://www. dlib. org/dlib/
    january03/smith/01smith. html

[123]The Dataverse Network. [2011 – 09 – 19]. http://thedata. org/

[124]刘家真. 拯救数字信息:数据安全存储与读取策略研究. 北京:科学出版社,2004

[125]About LOCKSS. [2011 – 07 – 06]. http://lockss. stanford. edu/lockss/About_LOCKSS

[126]Susanne Dobratz, Frank Scholze. DINI institutional repository certification and beyond. Library Hi Tech. Bradford, 2006, 24(4):583

[127]ECHO DEPository: Exploring Collaborations to Harness Objects with a Digital Environment for Preservation. [2011 - 09 - 14]. http://www. digitalpreservation. gov/partners/echodep/echodep. html

[128]Space Data and Information Transfer Systems—Open Archival Information System—Reference Model. [2011 - 07 - 07]. http://www. iso. org/iso/iso_catalogue/catalogue_tc/catalogue_detail. htm? csnumber = 24683

[129]PANDORA-Australia's Web Archive. [2011 - 07 - 07]. http://pandora. nla. gov. au/index. html

[130]NEDLIB: Networked European Deposit Library. [2011 - 07 - 07]. http://nedlib. kb. nl

[131]苏小波,常娥. 数字资源长期保存的成本影响因素分析. 图书与情报,2011(1):20 - 24,44

[132]曾怡. 数字资源长期保存的成本与管理因素分析. 现代情报,2009(4):93 - 97

[133]Cost Model for Digital Preservation: Cost of Digital. [2011 - 09 - 18]. Migrationhttp://www. ijdc. net/index. php/ijdc/article/view/177

[134]Panel to Address Economic Sustainability of Digital Preservation. [2011 - 07 - 08]. http://www. oclc. org/asiapacific/zhcn/news/releases/200673. htm

[135]Guidelines for the Preservation of Digital Heritage. [2011 - 11 - 06]. http://unesdoc. unesco. org/images/0013/001300/130071e. pdf

[136]Pandas Manual. [2011 - 07 - 08]. http://pandora. nla. gov. au/manual/pandas3/3toc. html

[137]About the Program-Digital Preservation (Library of Congress). [2011 - 11 - 08]. http://www. digitalpreservation. gov/library

[138]陈力等. 网络信息资源的采集与保存——国家图书馆的 WICP 和 ODBN 项目介绍. 国家图书馆学刊,2004(1):2 - 6

[139]Martha Anderson. Not Alone: A Digital Preservation Community. Against the Grain, 2008, 20 (4):34 - 38

[140]同[99]

[141]About the Internet Archive. [2011 - 11 - 08]. http://www. archive. org/about/about. php

[142]同[130]

[143]Living Web Archives. [2011 - 07 - 08]. http://www. liwa-project. eu

[144]Permanent Access to the Records of Science in Europe. [2011 - 07 - 08]. http://www. parse-insight. eu

[145]保护数字化遗产宪章草案. [2011 - 07 - 08]. http://unesdoc. unesco. org/images/0015/001534/153441C. pdf

[146]同[112]

[147]The Legal Deposit of Electronic Publications. [2011 - 07 - 08]. http://www. unesco. org/

webworld/memory/legaldep. htm

[148]秦珂. 国外解决电子出版物呈缴中版权问题的若干方法. 图书馆建设,2007(2):32

[149]Legal deposit. [2011 - 09 - 13]. http://www. nla. gov. au/padi/topics/67. html

[150]旻苏等. 数字资源长期保存的标准与法律问题综述. 标准科学,2009(5):53 - 57

[151]Charter on the Preservation of Digital Heritage. [2011 - 09 - 14]. http://unesdoc. unesco. org/images/0013/001331/133171e. pdf

[152]同[135]

[153]Memory of the World Programme. [2011 - 09 - 14]. http://www. unesco. org/webworld/mdm/en/index_mdm. html

[154]Information for All Programme (IFAP). [2011 - 09 - 14]. http://www. unesco. org/new/en/communication-and-information/intergovernmental-programmes/information-for-all-programme-ifap/homepage/

[155]同[99]

第三章　数字图书馆用户服务

第一节　数字环境下图书馆用户行为与需求的特点及发展趋势

本章所涉及的数字环境是指社会信息化、数字化背景下，人与信息交流的新界面。它集合文字、图像、影像、声音、交互行为等，形成一个信息空间，为环境中的人带来特定的感受，能够有效地传递、收集和获取信息。

一、数字环境的变迁与用户信息需求的提升

数字环境的形成是一个渐进的过程，从我国数字图书馆发展十多年的历程来看，数字环境有了很大的改变，这种变化引致了用户信息行为和需求的提升。已有的理论研究成果明确了数字图书馆在不同发展阶段的特征[1]。第一代数字图书馆又称为电子图书馆，具有馆藏资源的数字化、远程获取的便利性等特点，在数字资源还不甚丰富的时代，其满足了熟悉印刷型文献使用方式的用户的信息资源的需求，又激发了用户对数字资源的需求。第二代数字图书馆是基于资源的数字图书馆。它解决了第一代数字图书馆资源缺乏的矛盾，很大程度了满足了用户对信息资源的需求，但海量信息的存储和管理，多种资源类型和结构的数据库出现，导致用户获取信息困难。为了解决这一问题，出现了集成式检索、跨类型检索、跨库检索及搜索引擎式的信息检索方式，用户的需求倾向于搜索引擎的一站式获取方式。第三代数字图书馆将是基于知识网络的数字图书馆，由数字图书馆向知识中心演变。它以知识管理为特征，提供数据挖掘和知识发现功能，支持用户的知识网络学习和交流，满足用户更高层次的需求。用户在新的信息环境中，会产生新的信息行为，按照一般的认识，是用户的信息需求领先于数字环境，即所谓数字图书馆建设的需求驱动。但今天信息技术的飞速发展，形成了技术驱动趋势，技术的推动作用促使用户去适应新的数字环境，即新的数字环境和新的用户行为交叠出现，在新的数字环境中用户的需求又被激发，形成用户信息需求与技术驱动的交替和螺旋发展。用户群体的信息需求会随着信息技术的发展而得到持续提升。

不同社会群体的信息需求，存在着巨大的差异。这种差异，来自于数字鸿沟的存在。数字鸿沟是指不同社会群体之间拥有和使用现代信息技术方面存在的差距。这种差异，经过信息技术的不断普及，以及经过我国多个信息化、数字化项目的实施，如"村村通电话"工程、农村中小学现代远程教育、农村党员干部现代远程教育、全国文化信息资源共享工程等的实施[2]。基层的数字环境有了较大的改变，农村的宽带普及率、数字文化的覆盖率有了很大的提升，基层用户的信息需求得到了一定的激发。

二、数字图书馆用户行为与需求

对数字图书馆用户信息行为的研究，在今天显得越来越紧迫。因为图书馆认为已经为用户提供了良好的服务系统，组织了大量的信息资源，但是却不知道图书馆用户在做什么，他们是怎么做的，哪些是图书馆的潜在用户。图书馆用户行为是指用户在信息需求和思想动机支配下利用图书馆过程中的表现和活动。我们把数字图书馆用户行为限定为用户利用数字图书馆过程中的表现和活动。同时，在数字环境下，它表现为用户的信息行为，即指用户在数字环境下的一切信息交流和信息获取的活动。

信息社会，人类的信息行为已经引起了人们高度的关注。数字化给人类带来便捷、高效、海量信息，在信息交流的正面效应以外，同时带来了负面的因素，例如数字信息过度滥用的危险。美国教授马克·鲍尔莱因（Mark Bauerlein）在他的专著《最愚蠢的一代——信息时代如何使美国年轻人变愚蠢又怎样威胁着我们的未来》中深刻指出"时下的教育模式普遍是信息的索取而非知识的建立，学生将材料直接就从互联网上下载到作业本里，根本不经过自己的头脑分析而获取"。数字图书馆在极力满足和迁就用户需求的同时，是否会造就用户信息获取的依赖？放弃了深度阅读的在线阅读和下载，仅在网上获取信息。这恰恰是马克·鲍尔莱因最关切的问题，他认为这样下去将会危及未来——记忆不是来源于自己的经验，而是从网上下载。就连 NBA 明星奥尼尔 2011 年在其退役的新闻发布会上都有点愤愤不平："现在的孩子生活太容易了，记得我上学那会儿，经常上图书馆，还得走路去，去图书馆就是借书学习，现在有了 Google，什么问题一搜就出来答案。我的感觉就是，你们都在作弊。"这就是现有的信息交流生态的表现之一。

中国的学者也有某种担忧，《信息崇拜与通胀写作——论网络对人文研究的负面影响》一文指出：在网媒时代，搜索引擎与数字图书馆则省略了人文研究的诸多环节，学人可以多、快、省地进入到研究之中，却有可能为信息所困而丢掉问题意识。同时，信息崇拜下的人文研究已成通胀写作，网络使论文的拼接、编辑甚至抄袭变得容易。越来越多的学人已从"问题中人"变成"学术中人"，又从"学术中人"变成了"信息中人"，另一方面，观念被信息侵吞和淹没却成为"观念穷人"，所以，通胀写作已成为学界值得认真面对却不易解决的时代难题。

在社会信息交流中，不同的群体间存在着信息使用的巨大差别，用户信息行为各异，或许，这该是社会教育所要解决的问题，也是用户信息素养所关注的重点。纵然，"搜索"不能等于"阅读"，"搜索"不能代替"思考"，"复制＋粘贴"不能代替"撰写"，作为一个为用户提供服务的信息机构，数字图书馆需要不断为用户创造更为良好，更为便利的信息体验，不因强调"阅读"行为的重要，而交给用户一个很烂的"搜索"系统。诚如在"吸烟有害健康"的警示下，还要提升香烟的质量，改进香烟的体验一样。我们也知道有的用户恶意下载，也知道用户将数字图书馆的资源用于"复制＋粘贴"，但这不是技术带来的错误。

因此，我们要知道我们的用户在想些什么，我们需要研究图书馆用户的信息行为。这些年来，我们差不多忽略了他们，我们比较关注我们的系统建设、资源组织、标准规范，因为这些东西都还正在建立，或者说，我们认为用户应该熟悉和掌握我们为他们设计好的资源组织形式与利用的方法。兰开斯特在 2010 年"第三届中美数字时代图书馆学情报学教育国际研讨会"上的报告提到[3]："一旦图书馆员迷上了科技，他们很快就对人失去了兴趣"，"数字图书馆的定义甚至不用提及用户，或'使用'这个归根结底的问题"。事实也确实如此，这几年来，图书馆用户、信息用户已经被诸如元数据、本体论、技术平台等东西挤到一旁。 在涉及用户的讨论和研究方面，近 5 年来我国关于数字图书馆用户研究的论文不超过 2 位数。图书馆专业会议所讨论的主题一般也是技术主导，而不是用户导向。

已有的国内相关文献对图书馆用户行为的研究主要围绕研究方法探讨居多，如应该怎样开展用户研究等，具体有什么方法[4]。相对缺少微观和具体的用户行为分析结果，鲜有大量数据支持的用户行为分析，尤其是对直接的用户行为直接观测和记录。

根据已有文献的研究分析[5]，一般可以将数字图书馆信息用户行为总结为：①浏览行为，用户浏览行为可以评价一个网络信息站点的资源利用程度；②查寻行为，查寻行为的研究在所有行为研究中占主导地位，也是数字图书馆致力提供的最主要的功能；③获取或借阅、吸收行为；④其他行为，所谓其他行为，过去多指用户侵权行为方面研究，近年开始有关信息用户抱怨行为等方面的研究。

用户信息行为的规律性已被管理科学研究的先行者们所证实并予以总结概括，主要有穆斯定律、齐夫最小努力原则、马太效应与罗宾汉效应、信息吸收极限定律、可近性选择规律等[6]。

（1）穆斯（Mooers）定律。穆斯发现：一个信息系统，如果对用户来说，取得信息比不取得信息更伤脑筋和麻烦的话，这个系统就不会得到利用。也就是说，如果用户取得信息比不取得信息更麻烦和伤脑筋的话，他会放弃对这一信息的需求。

（2）齐夫（Zipf）最小努力原则。齐夫认为：每一个人在日常生活中都必定要在他所处的环境里进行一定程度的运动。他把这样的运动视为在某种道路上行走，而且都将受一个简单的基本的原则制约，称为"最小努力原则"，即人们力图把他们可能付出的平均工作消耗最小化。

（3）马太效应与罗宾汉效应。一方面，对于为数不多的信息需求量较大的用户，随着时间的推移，信息需求量将愈来愈高于平均水平，这部分用户在行为上表现为力图占有更多更新的信息资源，在信息来源不充分的情况下势必影响其他用户的需求，这就是信息需求中的马太效应；另一方面，大多数用户的信息需求水平总是比较平衡的，即为所谓信息需求的罗宾汉效应。这一原则可理解为信息的积聚和平均效应。

（4）信息吸收极限定律。用户的信息吸收包括信息的接受、处理、理解和利用等环节，然而用户的吸收能力是有限的。在一定的范围内，随着信息输入或激励速率的加快，用户对信息做出反应和吸收的速率也会相应地加快。但当信息输入和吸收速率超过某一临界值时，其信息反应和吸收速率反而变慢，甚至会出现用户思维停顿的现象。这时便会出现信息过载现象，即达到了信息吸收的极限。

（5）可近性选择规律。美国学者 M.E.索普通过调查研究得出结论说，一个信息源在物理距离上越易接近，被利用的可能性越大。可近性这一概念在图书情报领域中，主要指用户与图书情报信息资源之间的相互关系。它包括：用户与图书情报信息资源之间的物理可近性，用户与图书情报信息资源之间的智力可近性，用户与图书情报信息资源的心理可近性。

数字图书馆用户的动机相比互联网信息用户，有很大的不同，李玉海等从获取信息资源的专业性、获取信息资源的全面性、获取信息资源的准确性三个方面进行分析，较为准确地理清了两者之间的区别[7]。

在过去十年里，数字图书馆的迅猛发展创造了各种各样的数字资源和数字化服务，但用户的需求并没有大的改变，用户仍然要求方便地获取多种信息资源，获取利用这些资源的适用的工具，得到舒适的服务设施[8]。

根据以上文献分析和研究，我们可以判断，在数字环境下，图书馆用户信息的本质需求没有改变，但其具体的使用形式发生了变化，因此仍然满足用户信息行为相关定律和原则，具有传统用户信息行为和需求的属性。同时，面对新的信息搜索形式，具有横向的、跳跃式、存储式和浏览式的特征。

三、数字图书馆用户信息行为和需求趋势

随着信息环境的变化，数字图书馆用户的信息行为也必将发生改变，目前对其变化的趋势较难得出定律性的归纳。未来数字图书馆主要用户群体信息行为和需求的变化可以作为我们测度数字图书馆用户信息行为发展趋势的维度：一是"信息穷人"信息行为的提升，他们是数字图书馆的潜在用户或未来用户；二是从"Google 一代"的信息行为的启示，来预计未来群体的信息行为和需求；三是对未来研究人员的信息行为进行分析。

1."信息穷人"信息行为的提升

"信息穷人"一词源于 1955 年美国 Markle 基金会总裁主持的一项研究，该研究发现"信息穷人"与"信息富人"存在很大差距，并将这种差距称为"数字鸿沟"[9]。"信息穷人"也是信息贫困者，他们处于"信息鸿沟"的另一边。根据《国内外农民信息行为研究综述》一文[10]显示，农民喜欢从近距离的地方、最亲近的人那里获取信息。家人、邻居、朋友，是农民最首要的、最乐于接受的信息源，也是他们获取信息最重要的渠道。农民之所以喜欢从他们的子女、亲戚、朋友中获取信息，是因为这些信息在他们看来比较可信赖、可靠，而且获取成本比较低。这种情况符合信息行为的可近性选择规律。

政府和社会通过改变信息环境，达到逐步消除"信息鸿沟"的目的，让"信息穷人"逐渐脱贫。2006 年由中共中央办公厅、国务院办公厅发布的《2006—2020 年国家信息化发展战略》[11]明确提出要优先制订和实施的战略行动计划之一就是"缩小数字鸿沟计划"，即"坚持政府主导、社会参与，缩小区域之间、城乡之间和不同社会群体之间信息技术应用水平的差距，创造机会均等、协调发展的社会环境"。数字图书馆的用户群体已经不再全部是学术研究人员，而是正在不断扩大，逐渐普惠社会公众。因此，"信息富人"今天的信息行为和需求就是"信息穷人"明天的信息行为的趋势。

2. "Google 一代"信息行为的启示

"Google 一代"是一个流行词，指的是 1993 年之后出生的那一代年轻人，他们是在互联网已经成为主流的世界中成长起来的。根据维基百科的资料，它通常的用法是指"这样的一代人，他们在获取知识时首先想到和选择的是互联网和搜索引擎，而 Google 是最受欢迎的搜索引擎"，将这样的一代人简称为"Google 一代"，这与那些"通过图书和传统图书馆获取知识"的上一代人形成了鲜明的对比。已有的文献研究试图对"Google 一代"是否以新的方式搜索信息和从事科学研究，这是否有可能形成他们将来作为成熟的研究者的信息行为等问题进行分析。现代媒体上（主要为国外，我国对"Google 一代"的研究较少）对"Google 一代"的言论评述很多，这些言论普遍认为：他们因懂得技术而更具有竞争力；他们更喜欢交互式的系统并避免成为被动的信息消费者；他们已决然地转移到数字形式的交流方式中：他们发送信息而不是通话；他们生活的各个方面都是多任务并行处理；他们习惯了从中娱乐，并期望在大学的正规学习中也能有这种娱乐；他们喜欢视频信息超过了文本信息；他们不能忍受任何延迟，信息需求必须得到即时满足；他们认为从同龄人那里得来的信息源比权威人士更可靠；他们需要频繁地上网；他们是"ctrl + c，ctrl + v"的一代；他们认为任何东西都在网络上可以找到（并且全部是免费的）；他们更喜欢快餐信息而不是全文；他们不尊重知识产权；他们是载体形式不可知论者。

今天的"Google 一代"就是"未来研究者"，这些年轻人中的一部分，势必将在若干年后，成长为专业研究人员的中流砥柱。他们今天获取信息的行为方式，很可能决定明日专业人士的信息行为和需求。

3. 未来研究者的信息行为

2008 年，英国伦敦大学学院的信息行为评价研究中心（Centre for Information Behaviour and the Evaluation of Research，CIBER）在大英图书馆与联合信息系统委员会（JISC）的共同资助下曾经对研究人员的未来信息行为开展过研究，发布了研究报告《未来研究者的信息行为》（Information Behaviour of the Researcher of the Future）[12]。其目标是了解和确定目前在学或尚未入学的青少年（他们中的一部分将是未来的专业人员）在未来 5—10 年间是如何获取并利用数字资源的。CIBER 项目花费了 5 年多时间研究科研人员在搜索电子期刊数据库、电子图书资源和研究门户时留下的数百万条数字记录，更多地贴近用户，跟踪用户的实际信息搜索行为，人们在虚拟图书馆中数字信息搜索行为有以下特征[13]：

（1）横向信息搜索。跳读，人们在学术网站只看一二页，然后就跳出了，或许永远也不会再返回。

（2）导航。人们在虚拟图书馆中花费大量的时间仅仅是找到他们所需信息的途径。

（3）浏览者。用户花费在电子期刊和电子图书网站的时间非常短暂，分别是 4 分钟和 8 分钟。看起来他们是为了避免传统意义上的阅读而进行联机。

（4）收集、存储行为。学术用户有很强的信息消费本能。研究显示，他们以下载的方式将内容存储起来，特别是资源免费提供时。

（5）不同的信息搜索者。日志分析揭示出用户的行为是多种多样的：地理位置、性别、大学类型和社会地位都是影响用户数量的重要方面。

（6）审核信息的搜索者。用户通过不同站点之间的比较并依赖喜爱的品牌（如 Google）来评价信息的权威性并信任他们自己的选择。

OCLC 研究人员分析并综合数字信息搜索者的研究指出：图书馆系统必须更好地提供对资源的无缝访问；馆员必须更多地考虑提高数字格式和内容的多样性；图书馆系统和内容必须适应不断变化的用户行为；图书馆系统的外观和功能需要更接近 Google 和 Yahoo 等搜索引擎和 Amazon.com 等网络服务，因为乐于使用这些搜索引擎和网络服务的用户对其更加熟悉；优质元数据对于适当资源的发现越来越重要等。[14]

因此，我们必须清晰地意识到：数字图书馆用户的信息行为将更多地来自于互联网的体验，目前的数字图书馆整合的服务通常还不能满足学生和研究者的需求，因为，不能和他们丰富的互联网经验保持一致。

肖仙桃等分析了用户信息行为及信息需求发展趋势[15]，OCLC 2010 年度报告[16]对于信息消费者 2010 年度的热点作了分析。综合本节的资料和分析，我们可以将数字图书馆用户信息行为和需求趋势概括为：①通过网络获取信息成为主要途径；②一站式检索与获取，资源的无缝访问和全文获得；③智能检索与傻瓜检索，自然语言检索的应用；④信息共享与交流，社交网络的兴起；⑤注重信息的收集与存储；⑥知识挖掘与知识发现成为创新的需求；⑦个性化信息服务与需求，在线专家咨询使用上升；⑧机器翻译的需求；⑨文献载体的无关性；⑩信息免费获取。

第二节　数字环境下图书馆服务理念的变化与发展

一、图书馆服务理念的演进

时代与环境的演变，对图书馆服务理念的变化与发展有着决定性的因素。早在1876年，美国著名图书馆学家杜威提出图书馆读者服务的"三适当"准则，即"在适当的时间，给适当的读者，提供适当的服务"。这条准则，将图书馆的开放、资源的选择和提供与图书馆服务结合起来，对确立图书馆服务理念具有开拓性的意义。1931年，印度著名图书馆学家阮冈纳赞提出了图书馆学五定律，为确立现代图书馆服务理念奠定了思想基础。二次大战后，西方图书馆界提出了"服务至上，读者第一"等图书馆服务理念，从以藏书为中心转向了以读者为中心，充分体现了对读者的尊重，对服务成效的重视。进入21世纪，现代图书馆的开放、平等、免费、个性化、人性化等服务理念逐步确立，为国内外图书馆界所认同和逐步接受。同时，各类图书馆积极开展在数字环境下服务理念的探索和创新。

二、数字环境对服务理念的驱动和影响

图书馆的服务理念来自于社会、公众和环境对于图书馆的要求和期冀，来自于图书馆自身发展和自身价值的体现。图书馆长期以来在保存和传播知识，服务民众方面发挥了巨大的作用，但是，现代信息技术的出现，为图书馆更加广泛、方便、有效地服务社会带来了革命性的影响。

信息技术推动的影响力。信息技术的推动，改变了图书馆的外部环境和各个组成要素，信息技术开始渗透到图书馆的机体中。图书馆成为了信息技术应用的前沿，IT领域的热门词汇：云计算、VPN（虚拟专网）、RFID（无线射频识别）、电子书阅读器、电纸书、移动阅读、数字电视、Web2.0、三网融合、3G技术、E-learning（电子化、数字化学习）、Wi-Fi（无线网络）等，也多为图书馆专业人员津津乐道，相关的技术也逐渐被各类图书馆引入和探索应用。有的已经成为业务的快速增长点和应用服务的亮点：如Wi-Fi接入、图书的自助借还、电子阅读器的出借等。如果中等规模的图书馆没有提供这样的接入服务，读者会提出要求，甚至会投诉。在这里，信息技术不仅仅是一个手段、一种工具，还是实实在在地融入了图书馆的机体中（阮氏的五定律之一："图书馆是一个生长着的有机体"，真是伟大的预见），成为一种新的服务，一种与传统图书馆不一样的场

景。这种技术实践，驱动着图书馆不断地去探索和形成新的服务理念，新的服务理念进而指导图书馆开展更进一步的服务实践。

馆藏数字化的影响力。进入 21 世纪，资源数字化的洪流滚滚而来，推动了图书馆馆藏资源的数字化和网络化建设。数字资源建设是数字图书馆建设的重要内容，有一时期甚至成为了各个数字图书馆建设的核心，并强调系统建设的"内容为王"。今日的数字图书馆的馆藏动辄以存储容量的 T 级、十 T 级、百 T 级，来标榜自己的海量，把印刷型资料数字化、把图书馆搬到网络上，已成为一股潮流。Google 的全球图书馆数字化规划，美国国会图书馆的"美国记忆"项目、中国数字图书馆工程等形成了海量的数字化资源库群。图书馆的服务必须适应馆藏数字化的变革，服务的文献单位从种、册、件，转向篇、章和知识单元；服务载体从单一的印刷型扩张到数字载体、多媒体等；服务的方式从提供、出借到信息共享、数据接入等。数字资源的共建共享、7×24小时开放、一站式搜索、桌面获取、数字资源公益性服务等新的理念也在这一过程中逐渐形成。数字信息环境除了具有海量信息内容外，还具备了动态知识交流的基础，图书馆应该突破文献数字化和传递网络化的局限，利用知识组织体系把各类信息对象组织起来，形成专业的信息分析和知识挖掘能力，协助用户进行知识内容的发现。数字环境下的图书馆服务由文献服务向知识服务延伸。

用户需求和体验行为的驱动力。在网络时代，图书馆仅仅是信息网络上的一个节点，对信息资源进行搜集、整理、组织和利用已远不是图书馆一个机构所能完成。用户获取信息资源已不是首选图书馆及数字图书馆，用户的网络体验和信息行为必将影响他们对数字图书馆的利用、评价和体验。因此，数字图书馆的用户环境不能自成一体，应当是开放的，它必须遵循社会信息交流系统中关于数字资源组织、利用和服务的规则，必须尊重用户的信息搜索习惯，适应用户的需求。在互联网和数字图书馆建设的初期，资源匮乏成为一个社会关注的焦点，往往会发出"有路无车"的感慨。在这样初期的数字环境下，用户对于信息资源是一种渴求，是一种迫切。在 1997 年第一次《中国互联网络发展状况统计报告》中，80.4% 的用户希望在网上获得科技信息，这也与当时上网用户从事职业的比例有关系，从事科研、教育、计算机行业的用户及学生占 54.7%，真正的消费型用户占的比例很小。今天已经无从寻觅的 256 个光驱的光盘塔，在当时可以足足让一个图书馆自豪几年。因此，用户会抱着虔诚的态度听你讲授光盘塔上的资源如何检索、下载和保存。在 21 世纪进入第二个十年之初的数字环境下，根据 2011 年 7 月第 28 次《中国互联网络发展状况统计报告》，截至 2011 年 6 月底，中国网民规模达到 4.85 亿用户。他们经过 19 年互联网的历练，12 年 Google、10 年百度等的教导，已不屑于仅仅在图书馆网站的 OPAC（联机目录检索）检索框里敲入要预先区分好的关键词、标题、作者……一个神奇的"回车键"被赋予了哈利波特般的魔力，"一站式"搜索成为了一个信息系统基本的配置，专业搜索、高级搜索逐渐被边缘化。数字图书馆就处于这样一个数字环境造就的用户群体中。数字图书馆应该去迎合用户，去关注用户的这种体验，如本章第一节第三小节中 OCLC 研究人员对数字信息搜索者分析后提出的让系统的外观和功能需要更接近 Google 和 Yahoo 等搜索引擎和 Amazon. com 等网络服务。张晓林提出了数字图书馆要有机嵌入用户信息环境[17]，并且以用户驱动为理念，围绕着科研人员的工作流程而服务，针对科研人员的信息使用习惯而设计，将信息服务渗透到科研人员的科研环境中。把数字图书馆的服务融入到用户的信息环境中，送到用户的桌面上和用户移动终端上，形成开放、泛在的信息环境，这就是用户需求和体验带来的实践和数字图书馆新的服务理念。

三、IFLA 数字图书馆宣言赋予图书馆新的使命

20 世纪 90 年代初，当我们为了什么是数字图书馆的概念争论不休，为了怎样来进行数字图书馆建设而迷惘时，"任何人在任何时间、任何地点，获取他所需的任何信息"（即 4A：Anyone，Anytime，Anywhere，Anything）成为了大家对数字图书馆的共同憧憬和期待。这一数字图书馆的愿景，出发点就是用户，满足人的信息需要摆在了第一位。

2007 年通过的"国际图联数字图书馆宣言"[18]呼吁各国政府和各类图书馆积极推动数字图书馆的发展，消除信息鸿沟，促进世界文化与科学遗产为人类广泛利用。国际图联推动的数字图书馆发展从根本上来说是为用户提供一个数字化网络化的服务环境，提高用户获取与利用信息的能力。同时，数字图书馆的实施还必须满足弱势群体——盲人或阅读障碍人士的特殊需求，支持信息获取的公平性。宣言明确提出了图书馆是数字图书馆的建设者和主办者，数字图书馆运用新技术提供数字馆藏给用户使用，构成图书馆服务不可分割的一部分。但是，数字图书馆必须突破图书馆，在全新的数字环境中来分析和设计数字信息服务，避免用图书馆固有的模式、经验、界限来限制用户的信息需求和利用，它必须融入整个社会的信息背景中去。

四、新服务理念讨论

数字环境下图书馆的服务理念，随着数字环境的发展而不断演进。我们从远

观、中观、近观三个不同的视点讨论新服务理念。远观：消除信息鸿沟，促进世界文化和科学遗产交流和利用。数字图书馆通过服务来体现其在数字环境中的存在价值。中观：为用户提供一个数字化网络化的良好服务环境，提高用户获取与利用信息的能力。数字图书馆的服务能力保持与网络环境的同步，并融入社会的信息背景中。近观：体现信息专业化服务、个性化服务、在线咨询服务；将服务嵌入到用户的信息环境，纳入用户的工作流程；协助用户进行知识内容的发现，由文献服务向知识服务延伸。

第三节　数字图书馆用户服务及其发展

一、数字图书馆用户服务概念

数字图书馆用户服务是用户可以获得数字图书馆资源的方式、途径、内容和规则的具体体现。文化部牵头组织的"全国数字图书馆建设与服务联席会议"2010年3月通过了《数字图书馆服务政策指南》："数字图书馆服务是指一个物理的图书馆所提供的数字化的文献信息资源服务，或指无所不在的网络化的虚拟图书馆服务。"[19]它将多年来数字图书馆各自服务实践和理论探讨的关于数字图书馆服务的论述做了一个概括性的界定。《国际图联数字图书馆宣言》明确了"数字图书馆是数字对象的高质量的在线馆藏。馆方须提供必要的服务允许用户检索和利用馆藏资源，以实现数字馆藏获取上的便捷与持续"，"数字图书馆运用新技术提供数字馆藏给用户使用，构成图书馆服务不可分割的一部分"。

因此，数字图书馆用户服务概念可以归纳为：数字图书馆用户服务是现代图书馆服务的一部分，它利用新技术或网络的方式提供数字馆藏及相关数字资源的检索、发现、获取或推送、咨询、教育服务。

美国国会图书馆于1998年年底建立了一个数字化未来小组，并让它担当起把电子资源和技术与图书馆主要服务和业务整合到一起的职责。其目标不是成为一个国家数字图书馆，而是成为一个完全拥有并整合过数字化资源、同时对自身进行改造的国家图书馆。国会图书馆所提的用户服务目标中给出了更明确和更具体的要求："改进馆内和馆外用户无缝发现和利用图书馆资源。"[20]

数字图书馆用户服务是数字图书馆的终极目标。在今天，数字图书馆不再是一个趋势，也不再是一个愿景，它通过用户服务，已经从一个4A的建构模型，变为现实的图景，成为我们身边数字信息环境的组成部分，成为现代图书馆创新服务的新形式。

二、数字图书馆的用户服务策略

研究和讨论服务策略，目的在于如何在数字图书馆资源和用户服务之间形成有效的衔接，构建有效的服务体系、服务规则和可持续的服务保障。《数字图书馆服务政策指南》第七条通过服务方式、服务推广、服务途径、培养掌握服务政策的人员、技术创新降低服务成本、交流与合作提供优质服务、前瞻性研究推动服务创新等7个方面对此作了描述。它对数字图书馆的服务部署、服务要求、服务方式等有了明确的指引和规范，从理论和实践上扎扎实实地把我国数字图书馆的用户服务引向一个整体、规范的服务平台。数字图书馆的用户服务策略应当基于数字图书馆内容传播的有效体现和用户需求的满足两个方面来考虑。

（1）服务方式。"数字图书馆的使命是以有组织、具有权威性的方式，直接提供数字或非数字信息供用户使用。"[21]它应当采用信息技术所支持的一切方式，突破物理和时间的限制，发挥数字图书馆的优势，可以提供在线、离线等方式的服务。随着高速网络的普及和3G网络的发展，数字图书馆可以在一个地区、一个系统实现全覆盖，与地区的信息网络服务融为一体。数字图书馆用户服务方式应紧密跟随互联网用户使用的体验，并对互联网的信息传播和交流方式及其用户体验有所贡献。

（2）公告和展示数字图书馆的服务内容，积极做好宣传推广。应该很好地树立数字图书馆在社会中的形象，使其为社会和公众所知，才能为公众所用。深入了解服务对象——用户的需求和行为，以及社会发展的需要，做好数字图书馆的发展。

（3）科学规划好各种服务途径，结合实体图书馆的体系建设，如总分馆制、多馆合作协作，数字图书馆联盟等，让用户可以方便、就近获得数字图书馆服务，提高用户对于数字图书馆的可接近性。

（4）降低服务价格和成本。对于收费的数字图书馆服务，应以非营利为原则，明确收费的要求，为用户提供优质高效的信息服务。对于免费提供的数字图书馆服务，必须降低用户在使用服务时所花费的时间成本和精力，避免不友好的用户系统给用户带来的使用障碍。对于用户来说，他们更关心服务是否容易获取以及多长时间获得文献。因此，数字图书馆在系统设计与提供服务时要充分保证节省用户的时间和精力。同时，对于数字图书馆来说，也要考虑自身的运营成本，在数字图书馆内容建设时要注意资源共享，避免重复浪费。

（5）从服务提供到用户体验的转变。数字图书馆需要服务才能体现它的价值，但是，仅有服务是不够的。"商品是拿来用的，但服务是要靠体验的"[22]，用户使用数字图书馆系统平台，希望获得的是良好的感受和满意的结果。阿里巴巴总裁马云对此更有独到的见解："客户要的不是服务是体验。"[23]用户体验已经成为互联网企业竞争的重要砝码。数字图书馆作为通过互联网提供服务的系统平台，必须不断改进系统的用户体验。

（6）积极培养和提升具有服务意识、信息意识和专业技能的数字图书馆馆员，才能做好数字图书馆系统的维护和为用户提供优质信息服务。用户不能只依赖于人机界面获得数字图书馆的服务，还需要有参考咨询、专业信息及个性化的信息服务来满足需求。

（7）积极吸收新的信息技术来发展数字图书馆，使其具有旺盛的生命力和可持续发展能力。提高数字图书馆服务的效率，降低服务成本，推动数字图书馆的服务创新。积极跟踪信息技术的发展，适时引入和推广新的服务方式。

（8）加强交流与合作，通过资源共享为用户提供更好的服务。分享与合作是数字图书馆发展和服务的重要途径，数字图书馆间的合作能够加快数字图书馆的整体建设、避免重复、少走弯路。"全国数字图书馆建设与服务联席会议"就是我国多个系统数字图书馆建设的最高层次合作形式，通过系列指南的发布，引领全国图书馆界协调一致开展数字图书馆建设和服务。同时，也要加强与社会信息交流系统间的合作，树立数字图书馆在社会信息交流系统中的地位和作用，进一步增强数字图书馆资源及服务的能力。

（9）继续开展前瞻性研究，推动数字图书馆创新服务方式。作为指南和技术研发，必须要有前瞻性和可持续性。作为数字图书馆的具体实践，必须尽快形成让社会公众接受和欢迎的数字图书馆的服务模式，并成为图书馆服务的一部分。在此基础上，开展数字图书馆的丰富多样的服务，提供多种技术手段支持的服务形式供读者选择。

三、数字图书馆用户服务方式

数字图书馆用户服务方式关系到数字图书馆如何被社会公众接纳的问题，如何成为社会公众学术研究、信息交流和文化生活的一部分。在图书馆开始提供部分数字信息服务时，许多图书馆制定了详细的收费规定，包括上机费、数据库开库费、单篇文献下载量等，它们都是基于图书馆原有的服务体系和收费规则的延续。因为没有统一的规范，各个图书馆只能根据传统服务的经验，制定出各类收费细则，服务方式五花八门。到了 21 世纪，数字图书馆已经成为一个可以独立或完全通过网络提供服务的虚拟图书馆时，其服务方式也面临重新梳理和规范。在西方公共图书馆领域，由于公共图书馆的免费服务理念非常明确，所以对数字图书馆的服务形式和属性也有明确的要求。因此，在20世纪末和21世纪初，国外的图书馆专家们对数字图书馆公益性服务的介绍很是让国内的同行们惊讶。当时，许多图书馆在编制数字图书馆规划时，对于部分运行经费还考虑通过用户服务收费来补充。其时，国内数字图书馆大多还处于建设和构建过程中，图书馆界更多关注的是技术问题，资源建设问题，功能实现问题等，还无暇去考虑数字图书馆的运行和服务方式等问题。

数字图书馆的用户服务方式是对数字图书馆这一由图书馆提供的"信息服务"存在形式的一种定位和明示。目前，由于数字图书馆建设的主体、环境的不同，各类数字图书馆用户服务方式存在较大的差异，有按文献数量计费、有按年度计费、有按团体计费、有按会员计费等，也有提供免费服务的，总之，缺乏一个数字图书馆服务整体的要求和规范。国家文化部和财政部在2011年初颁布的关于公共图书馆免费开放的政策，明确了公共图书馆服务的公益性要求，确定了公共图书馆基本服务免费开放的大趋势。尤其是《数字图书馆服务政策指南》对数字图书馆用户服务方式作了具体的阐述：①数字图书馆的服务应立足于公益性，在尊重和保护知识产权的前提下，提供广域网范围的免费服务。②收费的服务，应依据有关政策，明确收费细目和收费标准。

国家的法规和行业指南对数字图书馆用户服务方式原则作了明确的定位，它已经从一个可以各行其是的随意状态、尝试性应用行为进入到了一个有章可循的规范层面，数字图书馆用户服务成为图书馆服务的重要业务组成部分。因此，数字图书馆用户服务方式应当坚持：①公益性原则；②互联网范围；③必要收费时的收费标准明示。对政府投入建设的数字图书馆，在尊重知识产权的前提下主体信息资源应该提供互联网公益性服务已经成为图书馆界的共识。

在数字图书馆用户服务方式逐渐清晰和明确的前提下，经过多年数字图书馆的服务实践，数字图书馆提供的服务内容可以概括为以下几个方面：

（1）资源搜索与导航服务。提供一站式或异构统一的元数据、目录数据、馆藏数据、专题数据库等资源检索服务；同时实现对各类载体文献包括多媒体资源的检索，并能实现对象数据的显示、链接和获取；实现对数字图书馆联盟组织或地区的资源搜索和发现服务；提供网络信息资源的专题导航。

（2）资源获取服务。提供在线的图书、期刊或各类数字资源的全文阅读服务，在版权允许的情况下提供全文下载服务；对没有在线的原文提供原文传递服务；通过网络提供馆际互借服务；逐步实现资源搜索与获取的一站式服务，实现"即搜即得"目标。

（3）网络参考咨询服务。提供交互式咨询服务接口，包括 FAQ、问题表单、BBS 论坛、E-mail，甚至微博实现用户与虚拟咨询员之间交互式的在线或离线讨论。回答用户在使用数字图书馆过程中的问题，指导具体的检索过程，针对用户的专门需求提供信息推送等。

（4）个性化信息服务。通过技术手段(如信息雷达)实现信息的筛选、智能的比对，为用户提供定题、个性化、智能化的信息服务。数字图书馆拥有丰富的馆藏数据及对互联网信息的利用，可以深入社会生活的各个方面，挖掘用户信息需求，为用户提供个性化的信息服务。用户可以根据信息需求定制自己的信息服务，数字图书馆采用电子邮件、专用信息发送等互联网信息推送技术向用户提供专门信息。

（5）在线学习和用户教育培训。为用户提供信息资料、教学课件、知识内容等构成远程学习环境，并帮助解答学习咨询等。为用户提供信息素养教育，提高利用数字图书馆的技能和信息素养。

（6）数字资源保存服务。对所拥有的数字资源、用户所贡献的数字资源进行有效保存，并提供长期使用。

（7）数字图书馆门户服务。数字图书馆门户是数字图书馆资源、服务和应用的集中入口。它具有用户登录管理、资源展示、搜索、导航、咨询、推荐、个性化页面、版权声明和管理等功能。数字图书馆门户还是一个地区或国家文化的展示。如美国国会图书馆网站的世界门户（Portals to the World）等。百度搜索于 2011 年 9 月推出的新页面，将带来新的门户竞争，对数字图书馆门户的构建也将带来启迪。

四、数字图书馆用户服务的发展与创新

数字图书馆用户服务发展与创新的内在因素取决于用户需求的驱动和数字图书馆技术的创新；外在因素取决于社会信息化的大背景趋势。

1. 确立数字图书馆用户服务的社会地位和形象

在社会信息化大背景下，必须通过数字图书馆提供的有效用户服务，持续产生的影响，逐步树立数字图书馆的社会地位和社会形象。在纸媒时代，图书馆是获取信息的第一选择。在网媒时代，搜索引擎成为信息获取的首选。在学术和专业人员的视野中，数字图书馆成为了排在搜索引擎之后的信息来源，在社会普通

大众眼中（尤其是"信息穷人"），数字图书馆与他们的工作与生活没有交集。因此必须通过用户服务推广数字图书馆的社会形象，深入公众社会生活。

2. 数字图书馆服务内容融入信息大环境

增强数字图书馆的开放性和接近性。打破数字图书馆系统的自成一体、独立封闭的系统格局，与其他的信息交流系统有接口沟通、数据交换和信息共享。数字图书馆的目录和内容可以通过搜索引擎为公众所知；用户通过他们的信息平台可以平滑地连入数字图书馆，数字图书馆服务内容和使用方式与公众的信息环境融为一体，缩短与公众特别是基层民众的心理距离，使他们在所熟悉的信息环境中就可以利用数字图书馆的用户服务。

3. 数字图书馆用户服务的创新

数字图书馆用户服务必须与社会信息化发展同步，并伴随用户的信息获取和网络体验不断创新。我们通过以下几个方面的讨论，来探讨数字图书馆服务形式创新的趋势。

知识单元服务或知识体系服务。在目前的复合图书馆时代，数字图书馆提供的文献具有较强的文献载体属性，传统文献的数字化馆藏还是数字资源的主体。未来的数字馆藏随着原生数字资源的产生，文献载体的属性逐渐淡化；信息处理技术可以对馆藏数字资源进行知识的单元化处理；数据库技术和搜索技术不仅可以进行全文搜索，还可以进行关联搜索、语义搜索、键值搜索等，因此数字图书馆用户服务可以提供知识单元的服务与咨询。

个性化互动服务。数字图书馆服务必须改变用户单向获取信息资源的现状，增强数字资源整合与获取过程中的交互性、智能化；引入互联网交互性的体验，构建基于 Web3.0 个性化智能服务平台；在用户与数字图书馆接触的过程中及时通过邮件、IM、QQ、短信、微博等工具做出沟通和响应。

信息跟随服务或信息嵌入服务。随着信息技术的不断发展，计算机与人的关系从"人围着计算机转"转变到了"计算机围着人转"，信息获取也是一样，从以往的人获取信息需定时、定点去获取信息发展到随时、随地获取信息。信息已经随时跟着人在转，通过移动电脑、手机等及时、在线获取或发送信息。数字图书馆的服务也应该植入到用户的信息环境中去，提供一种没有数字图书馆的数字图书馆服务，通过信息软件如数字图书馆客户端在用户终端的植入，让数字图书馆跟随在用户的身边，嵌入到用户的信息环境中，如通过 RSS、Add This、APIs 等工具在 Facebook、Twitter 等社区网络环境中实现信息共享等。

终端无关或移动服务。随着三网融合技术发展和政策的推进，数字图书馆的数字资源可以通过各类信息接口，与用户的各类信息终端进行信息的交流。信息内容与传播通道无关，信息内容与信息终端的具体形式无关。如同一内容的数字资源可以通过电脑、移动电话、数字电视、平板电脑等被用户获得及进行信息的交流。

应用集成服务与分散服务。应用集成服务将数字图书馆多元信息、服务和应用集成起来，满足用户全方位的信息服务需求；同时，对于特定的领域或用户对象，提供单一、分散的服务，满足专业应用、单一应用信息服务的需要。

第四节　数字图书馆用户服务联盟的建设与发展

一、数字图书馆用户服务联盟的意义

数字图书馆用户服务联盟是在数字图书馆联盟的基础上，以用户服务为核心，构建用户服务的合作与共享机制。数字图书馆联盟等合作组织，已经在数字资源共享、数字图书馆技术、服务平台等多方面发挥了积极的作用。李富玲[24]详细分析了数字图书馆联盟的定位和作用。数字图书馆联盟的构建和需求一般是从数字资源的联盟开始，联盟成员需要构筑起一个信息存贮量大、覆盖面广的数字资源库。通过联盟的技术资源合作，来攻克单个成员所不能完成的任务，形成一个统一的技术平台。数字资源建设开发的最终目的是促进更好的使用，合作式的数字图书馆相关服务的优势远远大于单个数字图书馆的服务。因此，从这个意义上，数字图书馆联盟也是数字化服务的联盟。从数字图书馆联盟定位的分析来看，数字图书馆用户服务联盟是数字图书馆联盟作用的最终体现，因此，研究和建立数字图书馆用户服务联盟在数字图书馆建设发展到以用户为中心的阶段时具有非常重要的意义和作用。

此外，在数字图书馆的资源建设、技术开发逐渐成熟以后，聚合服务的效应也逐步体现。通过用户服务联盟可以将这种聚合服务扩展到更多的联盟成员，同时也使得不同数字图书馆的用户享受联盟同样的数字图书馆服务。

二、数字图书馆用户服务联盟的建设

数字图书馆用户服务联盟可以建立在数字图书馆联盟的基础上，也可以建立专门的数字图书馆用户服务联盟。在数字图书馆联盟基础上建立服务联盟，应当在数字图书馆联盟的协议或章程中，明确服务联盟的要求或具体的服务协议，建立服务组织，明确服务条款；在各个数字图书馆之间单独建立用户服务联盟，应

该专门制定服务联盟协议或章程，建立机构，明确服务要求，制定服务的评价体系，统一用户服务的平台和管理体系。组建数字图书馆用户服务联盟，避免了数字资源建设、技术平台的协调等复杂问题，有利于快速推进数字图书馆用户服务，形成区域或数字图书馆用户服务联盟成员之间的协同服务。数字图书馆用户服务联盟的形式可以多样，可以是一个综合性的服务联盟，也可以是某一单项的服务合作，可以根据需要及合作的效果再行推进。

用户服务联盟的建立更主要的是应从用户的信息需求出发，以满足用户需要为目的，寻求数字图书馆间的服务合作。以下对用户服务联盟的具体形式进行讨论。

（1）数字图书馆服务或虚拟图书馆服务联盟。联盟成员馆间建立统一的数字资源检索平台或入口，统一揭示各个成员馆的馆藏资源和数字资源，各个成员馆的用户一次登录，就可以检索成员馆的馆藏资源和数字资源，如中国数字图书馆联盟、国家科技图书文献中心（NSTL）、深圳文献信息港、浙江网络图书馆等。

（2）数字参考咨询联盟。建立数字参考咨询联盟可以发挥服务联盟成员馆的各类资源、人才优势，为用户提供统一标准的数字参考咨询服务。这种服务联盟不涉及原有机构资源的采购和归属、使用权问题，组织咨询专家为用户提供网络咨询服务，如广东省联合参考咨询网，上海网上联合知识导航网，浙江省联合知识导航网等。

（3）数字资源"一卡通"或"卡卡通"。图书馆间达成数字资源的使用协议，实现各自用户卡号对合作数字资源的登录（卡卡通），可以用统一的账号登录共享的数据资源（一卡通）。

三、数字图书馆用户服务联盟的发展

数字图书馆联盟在一些地区、行业得到了快速的发展，合作与共享已经成为业界的共识，需要落实的是具体的技术、方式和组织问题。它必将走向更大范围、更有广度和深度的联盟形式。用户的需求，也驱动着数字图书馆联盟走向真正共享的时代，走向一个数字资源无缝链接、便捷使用、带来体验的数字环境。联盟的未来发展，将是数字资源和数字图书馆技术与互联网融为一体，唯有数字图书馆用户，才是图书馆需要管理、维护和服务的对象。《我国数字图书馆联盟发展策略研究》[25]《美国数字图书馆联盟（DLF）的发展及其启示》[26]对数字图书馆联盟的发展提出了建议。用户服务联盟的发展需要在以下两个方面进一步明确。

1.联盟成员明确目标和定位

联盟是一种合作，需要各个成员馆间自愿达成共识，通过章程来约束。因此，一个联盟明确的目标与任务，将非常有助于对成员馆的吸引和凝聚。在联盟的定位上明确联盟成员馆的平等关系，淡化官方色彩，将更有利于联盟工作的推进。美国国家数字图书馆联盟（NDLF）在1997年在联盟名称上去掉了"国家"字眼，改为数字图书馆联盟（DLF）[27]。其目的有二，其一，强调联盟不是美国政府的组织；其二，试图建立消除打破国家界限的数字图书馆基础设施。目前DLF已经打破了国家的界限，吸收了大英图书馆、牛津大学图书馆、亚历山大图书馆等国外的图书馆。

2.改革与完善联盟的管理模式和运行机制

按照美国数字图书馆联盟的运作机制，联盟成员享有决策权，对于联盟成员的加入要有严格的条件，那就是要有重大的研究和开发能力，要对联盟有所贡献。因此美国数字图书馆联盟整体实力就会非常强，有利于联盟的发展。成员加入联盟后，由各个成员选出来的指导委员会对联盟进行管理，成员之间是伙伴关系，在业务上是协作关系，有利于联盟的高效运作。相反，我国的联盟成员较多的是一种行政关系，加入的门槛较低，联盟的活力和发展相应地受到制约。

第五节　数字图书馆服务的宣传与推广

数字图书馆伴随着互联网而诞生，在这个只有第一没有第二的时代，数字图书馆被掩映在搜索引擎的光芒之下。数字图书馆已经从十几年前的理念成为今天现代图书馆提供的一项全新的服务。但是，由于现代图书馆的理念在国内刚刚开始为业界和社会公众所接受，数字图书馆要成为公众重要的信息来源还任重而道远。按照李国杰等人的观点，任何一种技术的发展可以分成4个阶段：①专家使用阶段；②早期流行阶段；③公众认识阶段；④广泛使用阶段[28]。从技术层面分析，数字图书馆正处于第3阶段，即公众认识阶段，此时广大社会公众对该项技术有了初步意识和认同感。数字图书馆需要通过服务确立和证明其在社会信息交流中的地位和价值，发挥数字图书馆的效益，使其为更多的用户所接受，走向更广泛的应用和普及。

一、增强数字图书馆的开放性和网络可见性

数字图书馆从资源、平台和用户来说都自成一体，体系完善。但相应地缺乏

数字图书馆间以及数字图书馆与其他系统间的信息交流和开放。在互联网快速发展的时代，必须打破数字图书馆间的壁垒，包括理念、技术平台和用户群体的壁垒。数字图书馆系统应该向互联网开放，而不仅仅是利用互联网的平台作为接入手段。第 28 次（2011 年 7 月）《中国互联网络发展状况统计报告》所列的 18 项网络应用中没有与数字图书馆相关的项目或内容。由此可见，数字图书馆基本被排除在中国网络应用统计之外，或者是列入其他应用中。因此，数字图书馆应能被搜索引擎所索引，提升网络上的可见性，从搜索引擎也可以进入数字图书馆、利用数字图书馆的资源变得非常重要；改变利用数字图书馆必须上数字图书馆网站的使用要求；除了数字图书馆网站外，应该把数字图书馆的服务和接入端送到用户的身边，有机嵌入用户信息环境[29]，成为用户信息环境的组成部分。提升数字图书馆的开放性和可见性是良好推广的开始。

二、推动数字图书馆立法

数字图书馆在国家信息交流系统中具有重要的地位和社会经济价值，应当在决策立法层面积极推动更多的数字图书馆立法和规章出台。目前可见并与我国数字图书馆建设与服务相关的有：2007 年通过的《国际图联数字图书馆宣言》，2010 年全国数字图书馆联席会议通过的《数字图书馆服务政策指南》《数字图书馆资源建设指南》《数字图书馆安全管理指南》《数字图书馆资源建设和服务中的知识产权保护政策指南》。这些规章，基本还是行业内的一个通行准则，缺乏对社会公众的告知。《国际图联数字图书馆宣言》已经明确了使命的宣示，我国还缺乏对中国数字图书馆使命宣示与赋予的法律和规章。数字图书馆建设的承担者应当在建设和服务进程中积极推动这一使命的法律确立，明确和体现数字图书馆在信息社会中的地位和作用。

三、宣示数字图书馆的价值目标

数字图书馆建设的承担者比较关注的是数字图书馆对图书馆发展带来的革命性变革。实际上，对于数字图书馆服务的宣传和推广，首先要明确数字图书馆在社会公众中的价值，确立数字图书馆的服务目标。

《国际图联数字图书馆宣言》指出，数字图书馆通过内容数字化和服务网络化，有效打破时空限制，跨越地域与社会形态疆界，缩小与消除信息鸿沟，支持对人类文化与科学遗产的有效利用和保存[30]。

通过对《宣言》的释义，在社会公众中不断推广数字图书馆的价值目标，明确公益性服务的定位。树立统一的数字图书馆的社会形象，建立数字图书馆网站和服务的统一标识，各个数字图书馆的名称可以有个性化、本地化的要求，但只要是提供公益性服务的数字图书馆都可以使用统一的标识，有利于公众对数字图书馆服务的认同。

同时，在建设过程中，要明确数字图书馆的建设目标。数字图书馆建设一定要结合当地及各领域的资源特色不断发展，应当确立一定时期内数字图书馆的建设目标，满足社会公众的预期，增加社会公众的参与度和关注度。此外，还要制定和明确数字图书馆的通用服务标准，推广和宣传数字图书馆的服务标准内容。让用户可以在不同的数字图书馆享受到基本相同的服务程序和服务标准。

四、提升公众的信息素养

从 1997 年第一次中国互联网调查统计报告发布以来，中国已经进行了 28 次互联网的调查统计。截至 2011 年 6 月底，中国网民规模达到 4.85 亿；互联网普及率攀升至 36.2%；搜索引擎用户规模达到 3.86 亿，使用率 79.6%。整个社会的信息化水平和公众信息应用、交流的能力都有了较大的提升。具有信息素养的人是那些经过训练而能够将信息资源应用到工作上的人，他们通过学习获得了使用各种信息工具的技能和技巧，强化了信息寻找、获取、利用以及提高解决问题的能力。数字图书馆的服务需要有一定信息素养的公众参与，同时，数字图书馆在服务过程中也会对使用者的信息素养提升具有良好的影响。数字图书馆应该利用好自己的平台和阵地，积极开展对公众利用信息资源的培训和推广，提高广大用户对数字图书馆资源、服务和活动的认知。

五、开展数字图书馆服务营销

利用商品服务营销的理论，对数字图书馆服务进行营销将是一种有效的推广方法。卢振波提出了基于 7Ps 营销组合理论的数字图书馆服务营销策略，根据对产品、价格、地点或渠道、促销、人员、有形展示、过程等 7Ps 具体要素的分析，讨论了数字图书馆服务营销的策略[31]。通过营销策划，注重树立数字图书馆品牌形象；通过各种网站渠道进行宣传，同时利用传统的营销手段，如宣传册、指南、海报等进行推广；新读者通过主动发送 E-mail 介绍数字图书馆的使用；借助传统馆藏有形展示和引导数字资源；分析用户的兴趣，有针对性推荐数字资源；同时，开展营销效果的评估。

六、关注用户体验 提升用户粘合度

用户体验，UE（User Experience）指的是软件应用和审美价值，主要由以下四种因素构成：品牌（Branding）、可用性（Usability）、功能性（Functionality）、内容（Content）[32]。

数字图书馆的界面设计从以资源为中心转向以用户为中心，必须关注用户体验和交互功能，从"可以使用"到"易于使用"进而到"乐于使用"。数字图书馆不仅仅是为用户提供信息服务的功能，而且要关注用户在信息搜索和获取过程中的体验，让用户接受信息服务过程成为一个方便、享受和有趣的过程。数字图书馆的网站要具有视觉的影响力，丰富的功能，简便易用。现在的网站和信息工具越来越关注用户的体验，连一个小小的搜狗输入法，都有最快打字速度、输入总字数的统计、界面换肤等精细设计的内容。因此，可以考虑在数字图书馆系统中建立像银行信用卡一样有数字资源使用的累计积分，像新浪微博一样设置各阶段性奖励等，添加使用过程的趣味性，用户管理系统与网络社区对接等等，通过多种方法增加用户对数字图书馆系统使用的粘合度。

七、传递推广服务

为了提高数字图书馆的知名度和可见性，可以使用多种途径传递服务，使用户不用打开数字图书馆的网页就能以其他方式享受图书馆的相关服务。数字图书馆可以提供一站式搜索等代码，使用户可以将搜索框嵌入到自己的个人主页、博客等经常打开的网页。一方面，用户可以在经常打开这些常用网页时使用数字图书馆的服务；另一方面，还可以让浏览该网页的其他人去尝试数字图书馆的服务，达到宣传推广数字图书馆的目的。

八、社会公益宣传

数字图书馆的形象宣传对于服务的推广具有重要的价值。由于数字图书馆的公益性质，更需要开展社会公益宣传。不能仅仅满足于数字图书馆开通的一次性新闻报道，应当通过各类媒体刊登或宣传数字图书馆的公益宣传广告，邀请名人做数字图书馆的代言，开展数字资源的宣传，收集用户使用数字图书馆效果的案例等。如浙江网络图书馆邀请阿里巴巴公司的马云作阅读的视频宣传，在电视台、互联网上播出，取得了良好的效果，开创了名人图书馆公益宣传的先例。

欧洲联盟欧洲委员会驻华代表团的科斯唐等在《聚焦"第四差别"》的序言

中写道："将来，数字文化和数字内容将更加贴近我们生活和知识的核心。因此，从各种角度和意义上来说，我们都要使其开放，这是至关重要的。例如，在机构层面上，我们可以建立数字化图书馆；在政策层面上，可以颁布信息自由法律和其他信息透明条例；在普及层面上，我们可以投入更多的精力来教育公民如何获取信息，如何从正确的角度看待这些信息，如何基于这些信息做出重要判断。信息社会是一个大众可以获得和使用信息的社会，但它的实现不是凭空而来的。"[33]我们从一个数字图书馆用户服务的具体问题探讨展开，再回到数字文化开放、缩小信息鸿沟的初衷，我们已经明白，我们所有的行动都在为构筑信息社会的大厦添砖加瓦。

参考文献

[1]阎军,孙坦.数字环境下的用户抱怨行为分析.图书馆论坛.2009(2):19-21

[2]张新红等.聚焦"第四差别"——中欧数字鸿沟比较研究.北京:商务印书馆,2010

[3]兰开斯特.生存无从强制.中国图书馆学报,2011(1):21

[4]刘建涛.数字图书馆用户行为研究.武汉:武汉理工大学,2007

[5]谢嫚.近五年我国用户信息行为研究综述.广东青年干部学院学报,2006(64):94

[6]许仲玲.试论用户行为可近性选择理论.贵图学刊,1999(2):31-32

[7]李玉海,熊旭超.数字图书馆用户行为分析.江西图书馆学刊,2008(3):84-85

[8]初景利.面向新信息环境的用户研究与服务创新.中国图书馆学报,2008(5):69

[9]同[2]

[10]洪秋兰.国内外农民信息行为研究综述.情报资料工作,2007(6):27-30

[11]中共中央办公厅,国务院办公厅.2006—2020年国家信息化发展战略.[2011-09-03].
    http://www.gov.cn/jrzg/2006-05/08/content_275560.htm.

[12]Information Behaviour of the Researcher of the Future.[2011-09-03].http://www.ucl.ac.
    uk/infostudies/research/ciber/downloads/

[13]英国图书馆,JISC.未来研究人员的信息行为.图书情报工作动态,2008(1):2-14

[14]OCLC研究人员分析并综合数字信息搜索者的研究.[2011-09-03].http://www.oclc.
    org/asiapacific/zhcn/news/releases/2010/201026.htm

[15]肖仙桃,王丹丹.用户信息环境、信息行为及信息需求发展趋.图书馆理论与实践,2010(1):
    40-43

[16]OCLC 2010年度报告.数字图书馆论坛,2011(4):87

[17]张晓林.让数字图书馆驱动图书馆服务创新发展——读《国际图联数字图书馆宣言》有感.
    中国图书馆学报,2010(3):73-74

[18]国际图联数字图书馆宣言.中国图书馆学报,2010(3):75-76

[19] 全国数字图书馆建设与服务联席会议.数字图书馆服务政策指南.[2011 - 09 - 04].http://www.lsc.org.cn/Attachment/Doc/1275990299.pdf.

[20] 秦聿昌,薛慧彬.分报告一:美国国会图书馆考察报告.数字图书馆论坛,2011(1):2 - 15

[21] 同[18]

[22] 卢振波.基于营销组合理论的数字图书馆服务营销策略研究.大学图书馆学报,2010(2):79 - 82

[23] 马云.客户要的不是服务是体验.[2011 - 09 - 10].http://news.zol.com.cn/207/2074835.html

[24] 李富玲,卢振波.数字图书馆联盟研究.大学图书馆学报,2005(2):11 - 15

[25] 王丽华.我国数字图书馆联盟发展策略研究.四川图书馆学报,2006(4):27 - 30

[26] 张瑞贤.美国数字图书馆联盟(DLF)的发展及其启示.图书馆学研究,2007(11):18

[27] 同[26]

[28] 李国杰,徐志伟.网格、机群和操作系统的发展趋势.[2011 - 07 - 24].http://www.ict.cas.cn/liguojiewenxuan/wzlj/lgjjs/200909/t20090911_2480163.html

[29] 同[17]

[30] 同[18]

[31] 同[22]

[32] 罗仕鉴.用户体验与产品创新设计.北京:机械工业出版社,2010:5

[33] 同[2]

第四章　数字图书馆技术发展与应用

数字图书馆的各个环节都离不开数字图书馆技术的支持，数字图书馆技术是数字图书馆的关键要素和保障。在数字图书馆所涉及的技术中，包括了两种类型，一种类型是通用技术，这种技术是研究共性问题的技术，具有通用性，是数字图书馆建设过程中用来解决共性问题的技术；另一种是专用技术，这种技术是随数字图书馆建设的发展而发展起来，也为了解决数字图书馆建设中的特殊问题而研发的技术。本章概观数字图书馆技术的结构和发展趋势，并讨论主要的数字图书馆技术及其应用。

第一节　数字图书馆技术结构及发展趋势

一、数字图书馆技术的结构

按照数字图书馆中数字资源处理的流程来分，数字图书馆建设中涉及的技术，可分为数字资源采集技术、数字资源存储管理技术、数字资源组织加工技术、数字资源分析技术、数字通信传输技术、数字资源检索和服务技术，它们之间无严格顺序关系。

数字资源采集主要涉及两方面内容：一是将非数字化信息资源转换为数字化形式；二是通过自动化方式采集已存在的数字信息资源。相应的数字资源采集技术也主要针对这两方面，对于前者，主要包括计算机、扫描仪等的数字化输入设备技术，文字识别、语音识别等自动识别技术；对于后者，主要包括智能爬行器等的 Web 信息采集技术，以及从多种来源的数据库中抽取、转换、集成各类数据的 ETL 技术。

数字资源存储管理技术用于解决数字图书馆中数字资源的存储问题，主要有光盘库、磁盘阵列等的数据存储设备技术，对等存储技术、集群与网格存储技术等并行网络存储技术，数据备份、灾难恢复技术等安全存储技术，流媒体存储技术，移动存储技术，数字压缩技术，数据库与数据仓库技术等。

数字资源组织加工是指根据数字资源本身的特点，运用各种工具和方法，对数字资源进行加工、整理、排列、组合，使之有序化从而有利于数字资源的存储、传播、检索以及利用。相关的技术主要包括元数据、标记语言、数字资源唯一标识符、语义标注和知识标注技术等对信息内容与对象的自身特征进行描述、编码和标识的技术，以及自动分类、自动标引、自动摘要、机器翻译等信息加工技术。此外，用于解决分布式异构网络系统间信息互操作问题的技术，也是数字资源组织加工技术的重要组成部分，主要包括 XML、SGML、DC、RDF、Ontology 等信息组织技术和知识组织技术，以及一些对复合数字对象进行集成描述的元数据模式和技术标准，如 METS、SCORM 和 MEPG21 等。

数字资源分析处理技术旨在使人们可以更快、更准确地从繁杂的数字资源中获得所需的信息，发现信息中深层的、隐含的知识，获得个性化的、主动的知识服务。数字资源分析处理技术包括内容分析、OLAP 联机分析处理、文献计量分析、数据挖掘、文本挖掘、信息抽取、知识发现等计算机辅助信息分析技术。

数字通信传输技术用于解决数字资源的传输问题，不同的通信环境决定了使用通信技术的不同。这类技术主要包括电缆通信、光纤通信、卫星通信、移动通信和微波通信等各种计算机网络和通信技术。

数字资源检索是指根据用户检索提问，从数字资源集合中，根据特定的相似度判定规则，筛选出满足一定条件的记录进行输出反馈给用户的过程，是数字资源采集、加工、存储等一系列处理工作以提供服务的目标之一。数字资源检索技术主要包括全文检索、多媒体检索、超文本检索、跨语言检索、分布式检索、可视化检索、语义检索、概念检索、知识检索、智能检索等检索技术。

数字资源服务是数字图书馆对数字资源进行采集、组织、分析、整合等之后最终呈现给用户的表现形式，是数字图书馆的目的所在。数字资源服务技术包括基于用户和应用的信息整合和服务技术，如 Web 服务、门户技术、个性化服务（个性化信息推荐、个性化信息检索和个性化用户界面）、用户建模、可视化技术、虚拟现实技术、语义网、信息网格、在线交流（如 E-mail、新闻组、FTP、Blog、QQ、MSN、聊天室、网络电话和视频会议系统等）等技术。

二、数字图书馆技术的发展趋势

在上述技术结构中，有些是比较成熟的技术，有些是处于发展中的技术，但总体来看，数字图书馆技术呈现出以下几方面的发展趋势。

1.探索新型的数字图书馆体系结构

数字图书馆的发展初期，其规模仅限于图书馆局域网，较多关注数字图书馆的技术实现。此后，数字图书馆的规模虽然扩大至网络环境，但依旧限于单一图书馆，采用集中方式管理数字资源，提供相关服务，不同数字图书馆系统之间没有联系。随着海量的多种媒体数字资源不断产生，不同数字图书馆系统之间需要实现互联互通，避免资源的重复建设，这就为数字图书馆建设提出了新要求，即不仅能有效管理本地数字资源，在集成环境下对不同来源和不同结构的资源进行集成化的组织、检索和服务，还能实现多个数字图书馆系统之间的互操作等，达到资源共享。因而，数字图书馆越来越关注自身的体系结构问题，讨论如何架构分布式的数字图书馆，使分布在各地的系统之间能无缝地交换、共享信息资源和信息服务，在保持各个分布系统自主性的同时构成一个集成的逻辑系统。

2. 引入智能技术，实现数字图书馆的智能化

数字资源的急剧增加，使得图书馆员急需从繁复的工作中解脱出来，同时，用户也不再满足于基于文献本身的服务，期望能获得更深层次的、面向问题的，甚至具备一定智能性的服务。而智能化技术的发展和广泛应用，为提高数字图书馆各个环节的自动化程度和智能程度，提供了有力的技术支持。因此，数字图书馆积极引入人工智能领域的相关技术，并在信息采集、组织加工、内容分析和服务等四个方面做了积极的探索和实践。在信息采集方面，利用智能化采集技术，实现数字资源的自动搜索、甄辨、过滤、监测、跟踪；在信息组织加工方面，利用 Ontology 等智能化的加工和组织技术，对数字资源做更深层次的整序、标引和转换；在信息内容分析方面，利用数据挖掘、文本挖掘等智能化分析处理技术，帮助用户分析事物的发展趋势、发现未知的事实和潜在的信息；在信息服务方面，利用智能化检索技术等为用户提供更为合适、贴切的信息资源。随着智能化技术的发展，数字图书馆的智能化程度也将进一步提升。

3. 加强语义技术应用，促进数字图书馆服务的知识化

数字图书馆建设之初，主要是对数字资源进行可靠的收集、存储、组织并提供给用户。但数字信息环境在迅速变化，例如，各大出版商推出了向用户提供基于网络的免费检索和付费的原文传递服务，用户通过搜索引擎就可获取所需的数字资源，开放获取运动正被越来越多的人所接受，等等，这些都意味着拥有数字资源不再是数字图书馆的优势所在。图书馆转而寻求新的出路，并提出知识服务是其核心竞争力。知识服务是针对用户的问题，将隐含在数字资源中的知识提取出来，并转换为可理解、可利用的信息，通过协助用户分析、处理问题，转化为用户的知识。这意味着数字图书馆的功能发生了变化，从提供基于文献的服务向提供基于知识单元的服务转化；图书馆员的角色发生了变化，从文献提供者向知

识提供者转化。因此，数字图书馆开始关注语义技术，尤其是 Ontology、语义 Web 等，围绕着知识的表示、知识的获取、知识的建模、知识的抽取、知识的检索、知识的重用等方面展开研究与实践。

4. 以人为本，提升数字图书馆的用户亲和力

"以用户为本"是一切服务的宗旨，随着应用的深入和用户需求的提升，数字图书馆在建设中的一些潜在问题也逐步浮出水面，如系统不是从用户使用的角度出发，导致用户在使用时存在不会用、不易用等；用户看到的是一个个孤立的系统，互连性差，不能被相互调用；用户界面表现形式单一，致使用户对一些抽象信息无法直观了解；系统缺乏与用户足够的交互，无法了解用户的真正需求，也无法按照用户的使用习惯或需求来组织资源和服务等。这些都要求数字图书馆能以用户的需求为驱动，构建具有人情味的数字图书馆服务环境，也由此出现了推送服务、在线交流、智能化检索等人性化服务，出现了可视化、虚拟 3D 等表现形式，也产生了移动数字图书馆等考虑用户所处环境的服务。尤其是近年出现的 e-Science、e-Learning、e-Administration 等，要求数字图书馆能嵌入到用户的工作环境中，围绕着用户的工作流程构建相关的数字图书馆服务。由此可见，数字图书馆将越来越关注人性化服务的深化。

5. 保持数字资源的可持续利用

随着共建共享数字资源的迅猛增长，其保存问题日显突出，如何确保数字资源的可持续利用成为图书馆界面临的挑战。这主要体现在两方面：一是数字图书馆对于其所依赖的第三方资源，往往只拥有使用权，没有实际的所有权，这种获取与拥有相分离，使得数字图书馆缺乏对所购资源可持续利用的强有力控制，尤其是网络数字资源，具有极大的动态变化性，如何保证这类资源长期可用，即确保数字资源的有效性，是一个难题；二是对于数字图书馆所有的数字资源，随着计算机技术、硬件、软件的不断变迁，如何保证当前的数字资源能被未来用户正确地使用，也是需要面对的问题。因此，无论是从当前应用，还是从长远使用来看，数字资源的可持续利用都是数字图书馆亟待解决的问题，尤其从国家战略高度来考虑数字资源的长期保存问题更是数字图书馆关注的热点。

6. 更加注重数字资源的安全

数字图书馆与传统图书馆相比，有资源数字化、存取网络化、管理分布化等特点。数字图书馆所采集、加工、存储的数字资源，物理形态不固定，虚拟程度较高，数字化保存方式也容易受到外界的干扰，这些都对数字资源的安全性提出了需求。数字资源的安全问题主要体现在两个方面：一是数字资源可以以极低的

成本被复制和传播，这使数字资源的知识产权保护增加了难度；二是分布环境下的数字资源，其存取依赖于网络信道的畅通和通信安全，如何在网络通信条件不好的情况下，保证数字资源的存取，如何应对网络安全问题，如何有效控制数字资源的安全访问等成为亟待解决的问题。当数字资源逐渐成为一种财富，信息环境越来越瞬息万变，数字图书馆作为数字资源的集散地，将面临着越来越大的信息安全挑战。

　　针对上述数字图书馆技术的发展趋势，以下将就目前数字图书馆中关注的热点，从数字图书馆的体系结构、数字资源保存技术、语义技术的应用、Web2.0技术应用、可视服务与移动技术、安全技术几方面介绍当前数字图书馆技术的发展与应用情况。

第二节　数字图书馆的体系结构

　　数字图书馆的体系结构是数字图书馆的核心技术问题。数字图书馆系统的体系结构大致经历了三个阶段：第一阶段是图书馆自动化管理阶段，该阶段的数字图书馆系统基本上是图书馆自动化管理系统的延伸，主要是代替了传统图书馆的手工作业和业务流程，以处理书目信息和管理信息为主。第二阶段是单体的数字化图书馆阶段，该阶段的数字图书馆属于网络环境下的集中式信息资源管理与服务系统，即单个图书馆将所有的信息资源进行集成管理，深入到文献的内容层次，处理的信息除了书目信息，还囊括了全文、图像、音频、视频等多媒体信息。用户可以通过网络随时访问图书馆的书目、检索系统等。但这一时期的数字图书馆系统之间没有实现互联互通。第三阶段是联合数字图书馆阶段，该阶段的数字图书馆属于分布式的信息资源管理与服务系统，是将各个分离的数字图书馆连接起来，提供统一规范、协调有序的信息服务。用户不必知道哪些地方有哪些资源，数字图书馆系统会自动查找并整合好信息资源提供给用户。

　　分布式是数字图书馆发展的主流方向。使分布在各地的系统之间能无缝地交换、共享信息资源和信息服务，并在保持各个分布系统自主性的同时构成一个集成的逻辑系统，为达到这一目标，数字图书馆领域开展了大量的研究，形成了以分布式对象技术、代理技术、面向服务技术、网格技术、P2P 技术和云计算技术为基础的多种类型的分布式数字图书馆体系结构。

一、基于分布式对象技术的体系结构

分布式对象技术主要是在分布式异构环境下建立应用系统框架和对象构件，在应用系统框架的支撑下，将系统功能包装为更易管理和使用的对象，以进行跨平台的互操作。分布式对象技术在应用发展中逐渐形成了 CORBA（Common Object Request Broker Architecture，公共对象请求代理体系结构）技术和 DCOM（Distributed Component Object Model，分布式组件对象模型）技术等主流技术。

CORBA 是由对象管理组织（Object Management Group，OMG）制定的一种开放的分布对象体系结构的标准化规程，其目的是在分布异构环境下实现信息和资源的共享。CORBA 规范主要分为 3 个层次。最底层是对象请求代理 ORB（The Object Request Broker），规定了分布式对象的定义（接口）和语言映射，实现对象间的通讯和互操作，是分布对象系统中的对象总线。ORB 之上是公共对象服务，提供诸如并发服务、事务服务等服务。最上层的公共设施定义了组件框架，提供可直接为业务对象使用的服务，规定业务对象有效协作所需的协定规则。对象请求代理 ORB 是 CORBA 的核心，通过它，客户可以透明地访问服务对象的方法，而不必关心服务对象的位置、实现细节、状态、采用的通信协议等。客户和服务对象之间的接口是通过 CORBA 的接口定义语言 IDL 来定义。

在分布式数字图书馆中，CORBA 主要应用于以下几方面：异构系统的集成、遗留系统（Legacy）的封装、代理协调与消息通讯、CORBA 与 Internet 的集成。其应用的典型代表是美国斯坦福大学的 Dlib 项目——InfoBus（Information Bus，信息巴士）。InfoBus 是基于 CORBA 的分布式对象系统。InfoBus 模型是一个虚拟的总线结构，各异构的仓储、服务与界面如同插件一样插入总线，从而被集成在一起。其中，异构的仓储封装在图书馆服务代理（Library Service Proxy，LSP）中，并向客户程序屏蔽其异构性；内置在 InfoBus 中的图书馆服务（Library Services，LS）则提供必要的支持功能，如查询转换、权限管理等。各对象系统之间使用该项目组自主研发的互操作协议 DLIOP（Digital Library Interoperability Protocol，数字图书馆互操作协议）来实现跨仓储的信息访问与查找[1]。

二、基于代理技术的体系结构

代理（Agent）是具有知识和能力（包括信息收集能力、决策能力和行动能力等），为实现某种目标而持续运行的软件实体，具有自主性、社会性、交互性、进化性、可通信性等基本特征。但在解决复杂问题时，单一代理很难完成，往往需要多个代理共同协作，这就构成了多代理系统。对于这种系统，代理之间如何协作是关键所在。

代理之间的协作可以采用两种模式：非集中式协作模式和集中式协作模式。非集中式的解决方法通常要求每个代理或每个对象实体自身维护一个 FSIB（Function Service Information Base，功能服务信息库），库中存有全部对象实体的功能服务信息。当一个对象实体加入系统时，应向所有已存在的代理或对象实体的 FSIB 注册其功能服务信息，在退出时予以注销。集中式协作模式则由一个独立的公共实体来维护一个统一的 FSIB。

随着网络技术的发展，移动代理技术正日益成为关注的热点。移动代理（Mobile Agent，MA）是于 1993 年首次提出，是一种能够在运行过程中自主地从一台主机迁移到另一台主机，并可与其他 Agent 资源交互的软件程序。MA 的关键技术主要是交互机制和迁移机制。交互机制主要包括 MA 的通信语言等。MA 使用 ACL（Agent Communication language，代理通信语言）作为其通信语言。其中，知识查询与操纵语言（Knowledge Query and Manipulation Language，KQML）是一种得到广泛应用的 ACL，并成为 Agent 之间通信的事实标准。迁移机制是 MA 的核心技术，支持 MA 在网络上自主地移动，在合适的节点上停留并完成一定的任务，然后继续移动和执行，直到完成用户的任务，把结果返回给用户。

密执安大学数字图书馆（University of Michigan Digital Library，UMDL）[2] 是基于代理协作的典型代表。它采用交互的软件代理体系结构，主要包括四类代理，即用户接口代理（User Interface Agents）、中介代理（Mediator Agents）、馆藏接口代理（Collection Interface Agents）、特定任务代理（Task-specific Agents）。其中，中介代理中又包含了多种类型，如注册代理（Registry Agents）用来捕捉每个馆藏的内容和地址；查询代理（Query-planning Agents）用来获取查询并转发到相关馆藏，也可查询其他资源；调解代理（Facilitators）用来协调各个代理。UMDL 的信息资源、服务、用户界面都由代理表示，从而构成一个开放的、分布式的、可扩展和可伸缩的数字图书馆。

三、基于面向服务技术的体系结构

面向服务的体系结构（Service-Oriented Architecture，SOA）是一种用于构建分布式系统的方法框架，其目标是实现互操作系统之间的松散耦合。服务是指由服务提供者实现的工作单元，这种工作单元用来为服务请求者完成预定的任务。在网络上，任何服务的请求者都可以通过标准的方式去访问一个或多个服务，并将它们连接起来，按需形成有完整功能的系统。

Web Services 是 SOA 架构的一种实现方式。基于 Web Services 技术构建的数字图书馆系统主要包含三个组成部分：服务提供者、服务请求者、服务代理（或服务注册中心）。其中，数字图书馆服务的提供者定义它们所提供的服务，并将它们按照相应的规范发布到服务代理（注册中心）；服务代理（注册中心）管理提供者发布的服务，按一定的标准对这些服务进行分类，提供搜索服务；服务请求者按服务代理（注册中心）的搜索规范在注册中心查询它们所需的服务，找到相关的服务后，服务请求者根据服务提供者对服务的描述获得与服务方法、参数和调用有关的详细信息；服务请求者根据上述详细信息向服务提供者发出服务请求，调用服务提供者所提供的服务，实现对服务的引用。

这种架构的数字图书馆系统实现了真正意义上的动态配置，任何数字图书馆服务的提供者都可以开发出自己服务程序，并将其开放给第三方（服务请求者）。第三方可以根据自己需要，使用标准的服务接口和松耦合的连接，调用相应的服务，形成相应的服务系统，并可以根据最终用户的需求，随时集成和替换相关服务，实现分散建设、动态集成、合理配置的数字图书馆服务平台。现有面向服务的数字图书馆架构的典型代表是美国弗吉尼亚技术大学的数字图书馆研究实验室的 DLBOX、美国 NSF 资助的 NSDL（National Science Digital Library，国家科学数字图书馆）等。

美国的 NSDL[3] 是由 NSF（National Science Foundation，国家科学基金会）资助的大型的关于科学、技术、工程和数学领域的数字图书馆。它已于 1996 年至 2004 年完成了 NSDL1.0 的建设，并于 2007 年 1 月发布了 NSDL 2.0 版本。NSDL 2.0 旨在创建一个动态的图书馆，不仅可以用于引导资源发现，还可以帮助用户选择、组织、标注资源等。NSDL2.0 采用了全新的、由康奈尔大学团队研发的开源数字图书馆平台 NCore（NSDL Core）[4]。该平台应用了基于 Fedora 的数字对象仓储（NSDL Data Repository，NDR）。NDR 存储了任意的内部、外部数字对象及其相互关系，支持标注、整合等操作，并允许通过基于 REST 的 Web Service 访问重组的数字资源。授权用户可以在 NCore 平台上，使用 Mediawiki 这样的外部工具来编辑维基百科，并将相关内容和资源之间的关系存储在 NDR 里。授权用户能借助 Connotea 开源大众标签系统标注 NSDL 资源，根据个人喜好整合 NSDL 资源并加以呈现出来。

四、基于网格技术的体系结构

网格是在网络环境中实现用户访问地理位置分布、异构的计算机系统资源的一种通用应用服务平台，目的是对位置分布、异构和动态变化的虚拟机构的资源和服务进行集成与管理。利用网格技术，可以实现网络上各种资源的互联互通，用户能够透明地使用资源，即用户可以在任何地方访问任何网络节点上的资源。而这一点，恰恰是分布式数字图书馆要解决的问题，网格技术为构建新型的分布式集成数字图书馆系统提供了技术基础。

目前常见的网格体系结构模型有五层沙漏模型、开放网格体系结构（Open Grid Service Architecture，OGSA）等。较有影响力的网格平台有世界各地关注网格技术的研究人员和开发人员共同开发的 Globus Toolkit 开源网格平台、美国的大学和研究机构建立的国家网格计算平台 OSG（Open Science Grid，开放科学网格）、欧盟支持的 EGEE（Enabling Grids for e-Science，e-Science 促进网格）等。在网格计算环境中，中间件技术是关键，其功能在于屏蔽分布资源的异构性，并加以有效管理，提供统一、透明的接口。应用较广泛的中间件有 Globus Toolkit、UNICORE、gLite 等。其中，EGEE 使用了 gLite 中间件[5]。

基于网格的数字图书馆的典型代表有欧盟资助的 DILIGENT（A Digital Library Infrastructure on Grid Enabled Technology，基于网格技术的数字图书馆建设）、美国 Andrew W. Mellon 基金会资助的 Digital Library GRID（数字图书馆网格）等。

DILIGENT[6]是欧盟第 6 框架计划资助的基于网格技术的数字图书馆项目，目标是将数字图书馆建立在 EGEE 基础之上，将数字图书馆的资源和服务与第三方应用整合成为符合 OGSA 的网格服务，使 e-Science 动态虚拟组织的成员能自由获取共享的知识，并以安全、协调、动态、低成本和高效益的方式进行合作。DILIGENT 逻辑结构由三层组成：第一层是集成层（Collective Layer），集成层增强了已有网格服务的集成能力，能支持数字图书馆层复杂的服务请求；第二层是数字图书馆层（Digital Library Layer），用于选择、集成数字图书馆的服务，满足 e-Knowledge 领域的需求；第三层是具体应用层（Application Specific Layer），包括一系列数字图书馆的功能，如检索、评注、个性化、可视化等，用户可以利用 DILIGENT 的这些服务对第三方资源进行筛选、配置和集成[7]。

五、基于 P2P 技术的体系结构

P2P 全称为 "Peer-to-Peer"，即对等互联网络技术（点对点网络技术），其目的是使得任何网络设备可以为其他网络设备提供服务。P2P 系统中的任何一个节点（Peer）之间都能通过直接交换信息来进行信息和服务的共享，而不需要经过其他的中间实体。P2P 最根本的思想在于网络中的节点既可以获取其他节点的资源或服务，同时又可以是资源或服务的提供者，即兼具客户机和服务器双重身份。因此，P2P 是一种分散的、分布式的资源管理模型。

P2P 网络要解决的关键问题是资源定位问题。P2P 网络有纯 P2P 网络和混合的 P2P 网络两种典型的拓扑结构。在纯 P2P 网络中，每个节点都具有同等的责任和地位，不存在中间节点的协调。对于这种网络，主要使用洪流模型和路由模型来定位资源。而路由模型又分为非结构化路由模型和结构化路由模型。结构化路由模型主要采用 DHT（Distributed Hash Table，分布式哈希表）技术。在混合 P2P网络中存在充当服务器角色的节点或提供特殊功能的超节点，因此主要采用服务器模型来定位，即充当服务器的节点提供资源查询。

目前国外基于 P2P 的数字图书馆系统研究主要集中在基于 P2P 架构的数字图书馆原型研究、基于 P2P 的数字图书馆的异构模式互操作和元数据整合研究、基于 P2P 的数字图书馆中的信息检索研究等三个方面。基于 P2P 的数字图书馆，典型代表有欧盟第 6 框架支持的 BRICKS（Building Resources for Integrated Cultural Knowledge Services，建设综合文化知识服务资源）等。BRICKS[8] 采用基于 P2P的分布式框架来实现文化遗产领域内知识和资源的共享。它采用一个 P2P 数据库来定位资源，该数据库负责创建、修改、分发记录节点信息的 XML 文档。每一个成员机构都是一个节点 BNote，每个节点都可以通过 P2P 数据库使本地资源对全体可用，并可以以统一方式获取这些 XML 文档片段，而不必知道数据分配情况。数据库的访问是通过 P2P 的 DOM 组件或使用查询引擎来实现。其中，P2P-DOM 服务于本地请求（如 DOM 树节点的添加、更新、删除）和通过分布式哈希表（DHT）来自其他节点的请求，并保持数据库的一致性。

六、基于云计算技术的体系结构

云计算（Cloud Computing）是一种将分布式计算、网格计算、并行计算以及Internet 结合起来的新的 IT 资源提供模式，能将动态、可伸缩的 IT 资源以服务的方式通过互联网提供给用户。云计算作为一种共享技术的架构模式，可以将海量的数字信息资源连接在一起，实现数字图书馆的云平台和云联盟，为数字资源的共知共建共享提供新途径，真正实现数字图书馆的集约化。美国多米尼加大学的米歇尔（Michael Stephens）曾指出，云计算是 2009 年影响图书馆的首要技术趋势[9]。

云计算可分为三种模式：软件即服务（Software as a Service，SaaS）、平台即服务（Platform as a Service，PaaS）和基础设施即服务（Infrastructure as a Service，

IaaS）[10]。其中，SaaS 通过浏览器把程序以服务方式提供给用户，向用户收取一定费用。用户通过互联网使用应用程序，从而降低在购买服务器和软件授权和系统维护上的成本。很多 SaaS 还提供了开放 API，方便开发者能开发更多的互联网应用。

目前云计算在图书馆中的应用焦点在定制服务或平台上，如 ILS（Integrated Library System，图书馆集成系统）托管。美国 OCLC 研发的 Web 级协作管理服务（Web-scale Management Services，WMS）[11] 就是典型代表。WMS 将采购、流通等图书馆业务移植到网上，使成员图书馆能共享基础设施和资源，可以以不受本地硬件和软件限制的方式相互合作。WMS 的核心是对共享数据的支持，成员机构不仅可以利用 WMS 将图书馆管理系统里的数据存储到基于云的 WMS 系统中，与其他可信机构共享，还可以使用 WMS 进行如协作管理知识库等的活动。WMS 还通过一系列附加组件，包括电子资源管理软件、OpenURL 解析器、电子资源存储系统等，来简化图书馆工作流。2009 年 4 月 OCLC 正式宣布向它的成员图书馆提供基于云的协作式图书馆管理服务。这是图书馆界的第一个云计算服务。

第三节　数字资源保存技术

数字资源长期保存技术是指长久保存数字资源信息内容和功能形式的可存取性的一系列技术策略和手段[12]。其中多重备份与适时迁移技术、开放描述与登记技术、环境和资源仿真技术、技术框架和整体解决方案等四个方面是当前数字图书馆界研究的热点和重点。

一、多重备份与适时迁移

多重备份的基本思想类似于数据库管理中的数据备份，尽量避免因不可避免的因素而造成的数据损失。目前，各类数字图书馆资源保存系统多使用 Cache 技术，采用分布式架构，在位于异地的多台机器上分别缓存资源，一旦一方数据发生损失，可以迅速从其他一个缓存点恢复数据。适时迁移是指根据软件、硬件的发展，将数字资源转移到不同的软件或硬件环境下，从而保证数字资源可以在发展变化了的环境中被识别、使用和检索。根据迁移条件的不同，迁移可以分为硬件迁移、软件迁移、载体迁移、格式迁移、版本迁移和访问点迁移。多重备份是保存数字资源的一种较常采用的方式，在过去很长的一段时间内主要都是采用这种技术进行长期保存，现在大多数的数字资源保存项目也都用到了这种技术，迁移技术就是在此基础上发展起来的，这里重点介绍适时迁移的应用。

NEDLIB[13]（Networked European Deposit Library），即欧洲国家版本图书馆网络，是由欧洲7个国家图书馆(荷兰、法国、挪威、德国、葡萄牙、瑞士、意大利)和3家主要出版社(Kluwer、Elsevier、SpringerVerlag)参加，以研究数字版本存缴机制和长期保护系统机制为主的项目，其目标是构建一个与各个国家的国家保存图书馆任务相适应的、基于网络的欧洲保存图书馆的基础框架和电子出版物存储系统(DSEP, Deposit Systems for Electronic Publications)，确保在目前可用的电子出版物在将来同样可供利用。DSEP系统是基于OAIS模型（美国国家航空和航天局和美国太空数据系统咨询委员会联合制定的标准，旨在对资源的存取和长期保存规定概念和参考框架）建立的，NEDLIB将图书馆保存需求与OAIS间建立映射，然后将OAIS模型细化为DSEP，这样DSEP可以执行OAIS标准，并且DSEP内部电子出版物的存储和交换是以OAIS信息包的方式进行的［OAIS对提交给它的信息包、它所存储的信息包，以及它分发给其他消费的信息包进行了区分，分别将这些信息包叫做提交信息包（Submission Information Package, SIP）、存档信息包（Archival Information Package, AIP）和分发信息包（Dissemination Information Package, DIP）］。DSEP包括即5个OAIS模块（Ingest模块、档案存储模块、数据管理模块、访问模块、管理模块）和1个保存模块。其中载体迁移(更新或拷贝一个出版物)发生在保存模块中。当文件格式逐渐过时，或者浏览、检索这些出版物的软件逐渐过时时，需要采取措施保证出版物的内容及相关方面的可用性。为了达到这种目的，目前采取的措施包括迁移和环境模拟。在OAIS模型中，数字迁移实际是转换，转换导致新的版本的出现，它并没有指明在何处发生了转换。为此，DSEP加入了保存模块来解决长期保存问题。该模块可以根据数字保存策略进行配置，支持转换和环境模拟的数字保存方法。

二、开放描述与登记技术

开放描述可以将数字资源的存储、描述、组织、传递方式以第三方可以获取的形式描述，然后第三方运用登记系统实现对该类资源的使用。开放描述与登记机制包括文件格式登记、描述登记和服务登记。

文件格式登记一般实现文件格式登记、格式识别、格式有效性检查、格式转换等功能。描述登记是对数字资源描述的一种开放性描述与注册方式，通过该种方式第三方可以了解数字资源的具体描述方式、方法、解析方法等内容，从而方便地使用该资源。服务登记的目的是以一种开放的描述方法描述服务，第三方可以通过服务注册中心发现需要的服务，并通过服务请求调用等方式实现需要的服务。

Portico[14] 项目是由美国梅隆基金创建，由梅隆基金、JSTOR、Ithaka 和美国国会图书馆等提供资助的第三方保存机构，为出版商和图书馆提供数字资源长期保存服务。Portico 通过捕获和迁移源文件来保存学术期刊。这些文件包括文章的主、副本和 Web 上使用的组件以及期刊的打印样式，源文件可以是 PDF、SGML 或 XML 全文件，书目元数据的 SGML 或 XML 头文件，文章中的多种图像、表格、公式以及音频、视频和数据集等。Portico 从出版商处获取源文件，然后以独立于初始出版商格式对其自动转换并将这些文件装配到一个存档包。存档包再通过摄入过程对源文件的结构、关系进行验证，对格式进行区分，将 PDF、SGML 或 XML 全文件规范化为学术期刊存档和可交换的 DTD。 这种 DTD 格式是国立医学图书馆提供的一种开放的描述学术期刊内容的格式，可以用于转换和保存学术期刊内容。此外，原始的 SGML 或 XML 文件，以及 DTD 文件都被存档。

三、环境和资源仿真技术

所谓仿真[15]（Emulation）就是在新的系统环境下重建一个兼容原有数据、设备及其管理系统的运行环境，使得原来的数据、设备和系统能运行在现行的软硬件系统上。仿真实际上是通过保护数字信息的利用环境来保障数字信息内容的可利用性。

荷兰国家图书馆和荷兰国家档案馆联合组织发起的 Dioscuri[16] 项目旨在通过仿真技术寻求一种新的数字资源长期保存策略。项目的具体目标则是通过建立一个持久耐用的仿真器，取代目前普遍使用的参考工作站（RWS，Reference Workstation）。基于此目标，项目设计并开发了基于"模块仿真器"的长期保存系统。整个系统包括以下要素：模块仿真器、通用虚拟机、控制器、图书馆模块、仿真器规范说明文档。模块仿真器是整个设计的核心，它的任务是：在当前的系统平台上重建过去的硬件平台，让原来的软件能在当前的平台上运行。因为硬件、系统软件和应用程序的多功能性，在构建特定系统平台的过程中，仿真器必须能够灵活地适应不同类型的软硬件环境，因此设计者采用了"模块仿真器"的方式，即每一个模块负责模拟一个特定的硬件组件，如处理器、内存、键盘等。这样，当需要重建某个特定平台时，只需要将必需的模块进行组合就能达到模拟的目的，改变平台变成了简单的改变模块的配置。通用虚拟机是在现有平台和仿真器之间添加的中间过渡层，目的是消除仿真器对底层的依赖性。这样，即使底层的计算机平台出现变动，对仿真器也几乎没有影响。在目前的具体实现中，设计者选择了移植性较强的 JAVA 语言；控制器负责模型中所有元素之间的连接，同时配置和控制仿真模拟过程。规范说明文档则负责描述仿真特定平台所需的模块，基于文档给出的选择，控制器从图书馆模块中选择相应的模块并完成配置[17]。

四、技术框架和整体解决方案

单纯地采用某一种技术方法并不能解决数字资源长期保存的全部问题[18]。因此，长期保存技术方法的选择已不局限于某一种技术方法的使用，而是从整体角度考虑资源的长期保存问题，技术方法的选择更加趋向综合，并根据资源类型的不同采用不同的解决方案[19]。目前数字资源长期保存系统的技术框架的发展趋势是分布式合作保存，典型的代表是 NDIIP 和 Cheshire 项目，前者是一个云计算的分布式合作保存系统，后者是基于网格的分布式合作保存系统。此外，多种数字资源保存技术的综合应用，也是近年来长期保存的重要特征，Cheshire 项目比较充分地体现了这一特点。

NDIIPP[20] 项目是美国国会图书馆早在 2002 年 10 月就通过立法确立的国家级数字保存项目。作为国家级的大型数字资源保存项目，NDIIPP 包括 8 个子项目，内容基本包括了当前各类数字载体的信息，如 Web 信息、视频、音频、数字期刊、电子图书、数字电视等内容。该项目的宗旨是开发一个收集、存储和长期保存数字信息的国家策略，为其他部门的数字资源保存计划提供借鉴和支持。NDIIP 采用数字资源长期保存的三层架构。底层存储并维护数据；中间层为内容描述和管理提供服务，该层是管理层，与图书馆和档案馆相关联；顶层是访问层，提供查看和使用内容的服务。该技术架构由支持内容保存、数据交换的结构和支持合作伙伴参与的服务与工具组成。此外还提供了格式（图像、网站、地理空间信息及视听材料）和工作流的标准，该技术架构满足了合作伙伴不断增长的分布式保存的需要。为了共享基础设施，增加组织致力于数字化保存的能力，该项目提出了 MetaArchive 项目计划，该项目依靠云计算基础设施和成本较低的商业存储作为解决方案来进一步完善 NDIIP 三层架构。

Cheshire[21-22] 是由美国加州大学伯克利分校发起的网格数字图书馆项目，目前是伯克利分校和英国利物浦大学的共同合作项目，由 JISC（Joint Information Systems Committee，英国联合信息系统委员会）资助。Cheshire 将数据网格、数字图书馆、长期保存等技术整合到一起，基于由 SRB（SDSC Storage Resource

Broker)提供的数据网格技术构建。C－S 架构的 SRB 中间件提供统一的连接异构数据资源和获取重复数据集的界面，SRB 提供透明的复制、归档、缓存、备份、异构存储、批量数据摄入、第三方复制和移动、版本控制和分区数据管理等功能。为了更好地支持长期保存，Cheshire 将多个文档模型和解析器纳入到系统中，Cheshire3 将此作为长期保存的一种方法，而不仅仅依赖于迁移、仿真技术或者其他技术。通过整合，Cheshire3 在长期保存方面试图实现以下功能：长期和可持续性地保存 SRB 和 Dspace/Fedora 数字对象；通过文摘文档模型，成为一个迁移资源的平台，保证文档数据的正确性；开发媒体适配器，使文档在原始的状态下可直接阅读；为数字图书馆资源和服务提供互动，并扩展到不同的媒体类型和格式[23]。

第四节　语义技术的应用

语义技术通过将语言学的研究成果和计算机技术结合在一起，实现了对词语在语义层次上的理解。知识组织、资源整合、信息访问、界面展示四个方面是语义技术在数字图书馆中的应用的重点领域。

一、语义技术在知识组织中的应用

知识组织是指对知识客体进行整理、加工、揭示、控制等一系列组织化过程及方法，旨在使无序的信息资源有序化。在数字图书馆中，主要依赖知识组织系统来组织信息资源。知识组织系统是对资源内容概念及其相互关系进行描述与组织的机制，是资源语义模型的形式化，能支持对资源对象按照知识内容进行组织和描述，以及基于语义和推理的知识检索。图书情报界公认的知识组织系统是主题词表和分类表。随着语义技术的发展，资源的关系组织越来越受到关注，也使得知识组织系统出现了本体化的趋势，这就为数字图书馆的知识组织带来了新的挑战。

首先，是知识组织系统的本体化构建问题。目前主要有两种解决方案：一是手工构建核心本体，即由领域专家将核心模型概念化，列出相关的概念和词汇，建立词汇之间的关系，再加以格式化、规范化。二是将分类表、叙词表等传统的知识组织系统改造为本体，例如，利用叙词表等提供的词汇和词汇之间的关系，将词汇作为本体的类或概念，将词间关系作为本体中类之间的联系，并通过本体描述语言加以描述和表达。其中，第二种方法是数字图书馆关注的热点，并在积极尝试将现有的传统知识组织系统本体化。美国国会图书馆就把国会图书馆主题词表 LCSH 从 MARCXML 格式转换为基于 RDF 编码格式的 SKOS 格式，它主要是通过两种不同数据格式之间字段元素的映射来实现。

其次，是如何使用本体来标引信息资源。通常的做法是从信息资源中抽取特征词汇，把含有这些特征词汇的资源与相应的特征词关联起来，再将这些特征词汇与本体中的概念进行匹配，从而建立信息资源与本体之间的概念映射关系。Gdansk 大学图书馆和 DERI（Digital Enterprise Research Institute）国际组织联合开发的社交语义数字图书馆系统 JermoeDL（e-Library with Semantics）[24] 就利用了本体来组织信息。JermoeDL 构建了 JermoeDL 书目本体，用来描述数字图书馆资源中概念和概念之间的关系，表达了书目资源中包含的主要对象（如文献、主题、作者、出版者）及其之间的关系。

最后，是本体的应用问题，包括知识导航、知识检索等方面。基于本体的知识导航，是指通过一定的知识表示技术，将相关领域知识按照一定方式，清晰有序地在一个统一的界面上展示出来，以供用户方便地查询与获取知识。美国科技门户[25] 就是一个典型的基于本体的知识导航系统。其检索结果页面右侧上部是与用户检索词有关的维基百科（Wikipedia）检索结果，用户可以点击查看维基百科中对检索词概念的定义。基于本体的知识检索，是利用本体实现知识关联和概念语义检索的智能化检索方式。其实现方法是对用户的检索需求进行概念抽取，形成用户概念空间，通过本体映射形成新的检索概念空间，再与信息资源库中的资源进行语义匹配，并最终将结果返还给用户。JermoeDL 提供的知识检索就是根据用户查询，对基于本体描述的信息源进行的检索。它将查询对象中的字段转化为事先定义的基于本体的查询路径，再通过资源的语义匹配，将满足用户需求的结果提供给用户[26]。

二、语义技术在智能信息访问中的应用

语义技术在信息访问中的应用，形成了智能信息访问这样一个特定的研究领域。智能信息访问（Intelligent Information Access，IIA）是指利用人类知识或类人智能，有效和充分地访问大规模、分布式、异构和多语言（目前主要是文本）信息资源。凡是应用人的智能进行检索、理解、综合或抽取信息的信息访问技术，都被认为是智能信息访问技术。

智能信息访问主要包括自动分类、信息抽取、跨语言信息检索、问题应答和文本摘要等五个子领域。自动分类是使用机器确定对象类别的过程，主要涉及分

类和聚类两种方法。分类主要包括 KNN 方法（K-Nearest Neighbor，K 近邻方法）、朴素贝叶斯方法（Naive Bayes）、支持向量机（SVM）、决策树、神经网络等；聚类主要包括 K-Means 算法、K-modes 算法、模糊聚类算法（FCM）、图论算法等平面划分法和层次聚类法等。信息抽取是从一类文本中抽取指定的一类信息并将其转换成格式固定、无二义性的信息（数据），主要包括文本标注、词汇和词法处理、句法分析、共指分析、基于领域的分析、结果融合等方面的技术。跨语言信息检索用一种查询语言检索另一种语言的信息，主要涉及信息检索和机器翻译两方面。根据语言转化方式（翻译方式）的不同，可以将跨语言信息检索分为提问检索、文献检索和中间语言翻译。问题应答（QA）是用户用自然语言提出问题，机器从大量文档集合或联机信息资源中识别出用户问题的答案，返还给用户。这主要涉及问题的分析和求解两个问题。对于前一个问题主要涉及自然语言处理技术；对于后一个问题主要是知识推理方法，包括推理规则、模式匹配算法等。文本摘要则是从信息资源中提取重要信息，为特定的用户或任务形成简要信息，主要包括基于特征分析的方法、基于文本理解的方法和基于篇章结构的方法。其中，基于文本理解的方法是以自然语言理解技术为核心，在对文本进行语法结构分析的同时，利用领域知识对文本的语义进行分析，通过判断推理，得出文摘句的语义描述，再根据语义描述自动生成摘要。

Lemur[27] 是美国卡内基梅隆大学语言技术研究所和美国马萨诸塞大学智能信息检索中心开发的一个开放源码项目，其目标是促进语言建模和信息检索方面的研究，包括特定目标检索、分布式检索、跨语言检索、自动概要、信息过滤和文本分类等技术的研究。Lemur 最大特点是支持多种语言模型，不仅支持较为传统的向量空间、TF/IDF、Okapi、InQuery 等模型，而且支持基于统计的语言模型如 KL-divergence、相关度模型等。Lemur 可以处理多种格式的文本和多种语言的文本(包括英文、中文和阿拉伯语等)的能力，使得 Lemur 有强大的智能处理功能以及多文本处理适应性，从而能够完成 IIA 领域中的大多数工作，包括常规文本检索、段落检索、分布式检索（基于查询取样的数据源描述以及基于 CORI 算法的数据源选择等）、跨语言检索、文档聚类、文档概要等。美国国家科学基金会的国家科学数字图书馆 NSDL 项目、美国记忆（American Memory）等都使用了 Lemur 的技术来实现智能信息访问[28]。

三、语义技术在资源整合中的应用

基于语义的资源整合方式，就是依据一定的需求和原则，通过语义技术，把不同来源且相对独立的资源系统中的数据对象、功能结构及其互动关系进行融合、重组，重新结合为一个新的具有更高效率和更好性能的具有语义关联的有机整体。

基于语义的异构资源整合关键是要解决语义映射关系的建立问题。语义映射有很多方法，总的来说可以分成两大类[29]：基于结构的方法（Structural-Based）和基于本体的方法，基于结构的方法重点从数据源的结构信息寻找语义映射关系，解决语法和结构异构对映射的影响。基于本体的方法力图从数据源的内在语义来寻找语义映射关系。目前主要有基于结构相似性的映射、基于术语定义的映射、基于结构富集的映射、基于元标注的映射、基于定制规则的映射、基于词汇关系的映射、基于顶层本体的映射等技术用于解决异构数据源的映射问题。

CARARE[30]是由欧洲委员会的信息和通信技术政策支持计划资助的最佳实践网络。该项目汇集了欧洲各地的文物机构和组织、考古博物馆、研究机构和数字档案馆专家，以构建服务使得欧洲独特历史遗迹的数字资源可实现与欧洲数字图书馆 Europeana 的互操作。为了实现不同元数据集和不同媒体类型之间的语义互操作，CARARE 采用 CIDOC CRM 来协调原始数据的语义和 Europeana 定义的数据标准。CIDOC-CRM（CIDOC Conceptual Reference Model，CIDOC 概念参考模型）是国际博物馆理事会（International Council of Museums）下属的国际文献工作委员会（International Committee for Documentation，CIDOC）所开发的用于文化遗产信息整合和交互的本体。CIDOC-CRM[31]定义了90个类、148个属性，涵盖了围绕特定文物发生的历史史实、人文艺术、考古遗迹、时间地点人物以及版权声明等信息。资源提供者需将自己的元数据库结构映射到 CIDOC-CRM 上，通过 CIDOC-CRM 再映射到 Europeana 数据模型（EDM）上。该项目主要采用了基于结构富集的映射技术，其映射过程如下，首先针对来自不同信息源的数据集抽取数据源的结构，以电子表格的形式建立数据源结构的副本，然后用与 CIDOC-CRM 本体或它的子集相匹配的 XML 模板加以描述（含作者、地点、年代等信息），以此来建立原始数据集与 CIDOC-CRM 的映射。

四、语义技术在界面展示中的应用

传统的门户站点在形式上是一个数据资源的地址集合，资源按照不同的分类方法进行组织，用户通过点击指向资源的链接获取资源内容。Web 2.0 的兴起与应用，使得网络信息的组织模式发生了巨大的变化，大大加强了网站内容之间的相关性，使基于个性化需求的信息整合成为现实。语义网是互联网的未来发展趋势，语义门户也为数字图书馆系统的构建提供了新的思路。

语义门户的目的在于通过构建完整的领域知识体系（本体），使门户中的信息内容形成强关联关系，将海量信息组织成一个完备的网状结构，从而提高信息的获取效率。数字图书馆的主要业务是为用户提供需要的数字资源，语义门户的目标与数字图书馆的业务需求非常一致。语义门户构建原理是以本体为基础，使用 RDF/OWL 对门户成员的网页进行语义注释，语义 Web 门户的本体爬行器在分布于网络上的门户成员站点上爬行获取这些注释，并将注释存储于语义 Web 门户的知识库中，然后通过门户的技术设置，用户就可以浏览和查询存储于门户中的信息[32]。

AIFB[33] 是德国卡尔斯鲁厄大学应用信息学和形式化描述方法研究所的网站，此研究所是全球研究本体论的权威机构之一，目前研究的重点是构建基于本体的知识门户和语义门户。AIFB 门户采用本体的形式来组织研究所的所有相关信息，如研究人员、研究项目、研究小组、研究报告等，并能在相关的实例页面通过双向链接（Reciprocal Link，又称为友情交互链接，是对一个网页不仅有超文本链接，同时也对应有和原始网页的链接）来反映与其他类的关系。AIFB 门户网站是基于 SEAL 结构的现实应用（SEAL 是 AIFB 提出的一个构建语义门户的概念方法），采用知识仓库、处理层和用户层的三层架构，AIFB 底层是以本体和知识库构成的知识仓库，其本体结构主要包括研究课题、教学课题和研究人员的相关信息，本体为上层的处理层和用户层提供逻辑支持。处理层包含 Ontobroker、导航模块、查询模块、模板模块。处理层以 Ontobroker 架构为核心可以存取不同格式的数据资源，如 XML、OXML、RDF（S）、F – Logic、Prolog，可将不同的信息资源集合和存取格式统一。导航模块提供分层的树形超链接结构和复杂的基于图形的语义超链接，它们以领域本体概念间关系为基础实现语义功能，知识库中的实例可以自动生成链接来提供浏览服务。查询模块使用了 Ontobroker 架构的 F – Logic 查询接口，为用户提供了一个简单易用的查询界面，如用户可点击相应查询直接进入数据仓库中所属的类中，通过 F – Logic 查询和类中的概念和关系进行动态匹配，选择自己所要的结果。模板模块为每一个可实例化的概念提供一个 HTML 格式的表单来给社区用户提供方便，在 AIFB 内部网中，社区用户输入一个本体中用户类的一个实例，该实例按照本体的结构存储在知识库中后，用户就可以在导航模块和查询模块找到该条个人信息的 Web 页面，并且在 AIFB 门户中，开发者在项目模板中已经构建好成员之间的关系。当要将一个项目人员添加到项目中时，只需输入他的个人信息，而不必再定义关系，就可以直接在其他业务模块使用基于 F – Logic 及其逆关系生成的信息页面。在用户层，AIFB 针对不同的用户提供了三类接口，分别是软件代理、社区用户和一般用户。三类用户与系统之间的交互都是通过 Web 服务器来进行的。远程应用通过互联网连接到软件代理接口对存储在门户中的信息进行存取。RDF 生成器通过 Web 服务器生成 RDF 数据，软件代理通过 RDF 爬虫获取这些数据，使其能顺利存取 Web 站点中的语义信息，一般用户可以获取网站上包含的各种信息，只有社区用户可以以 HTML 方式提供数据。

第五节　Web 2.0 技术应用

Web 2.0 是近年来兴起于 Web 服务领域的一系列软件、标准和模式的总称，主要包括：博客（BLOG）、RSS、百科全书（Wiki）、网摘、社会网络（SNS）、P2P、即时信息（IM）等。Web 2.0 带给数字图书馆研究和建设者的一个理念是：数字图书馆用户的身份已不仅仅是内容的消费者，而且也是内容的创建和组织者。Web 2.0 技术已经被应用于图书馆工作的方方面面，按应用领域的不同可分为 4 种类型：①应用于图书馆网站上的技术，包括个性化服务主页、博客、RSS（Really Simple Syndication）信息聚合、维基、社会性网络服务（Social Network Service，SNS）等；②嵌入到用户信息环境上的技术，包括 RSS 信息推送、浏览器工具条、手机图书馆等；③应用于参考咨询上的技术，包括 QQ 咨询、MSN 咨询、博客咨询等；④应用于学科化服务上的 Web 2.0 技术。近来大量的网络合作项目开始出现，对数字图书馆的发展带来强有力的冲击，Web 2.0 技术在图书馆的应用出现了一些新的趋势，体现为大众分类、关联数据、Mashup 技术等的应用。

一、大众分类的应用

2004 年，托马斯·范得沃（Thomas Vander Wal）首次提出大众分类（Folksonomy）[34] 这一概念。他认为 Folksonomy 是个人根据自己对信息资源的理解，使用自定义标签（Tag）进行描述的结果，标签通常可以公开与他人共享。与传统分类法的等级结构和严密逻辑系统不同，Folksonomy 是一种自下而上、基于平面、非等级式的分类方法。作为其类目的 Tag，由于是在用户对资源的理解上产生的，因此可以从多种角度来揭示信息内容，各 Tag 之间是平等的关系。大众分类依赖于大众标签标注系统，如 del. icio. us、Connotea 等都是较为成功的应用。

数字图书馆也逐步开始应用大众分类。美国 NSDL 在 2007 年 1 月发布的 2.0 版本就引入了大众标注。NSDL2.0 倡导数据能在 NSDL 和用户之间的双向流动，并提供了从用户角度组建 NSDL 资源的服务。授权用户可以借助 Connotea 开源大众标签系统来标注 NSDL 资源，随后标签结构会映射至 NSDL 数据仓储（NDR），再根据用户喜好，个性化地加以整合呈现出来。

美国密歇根大学图书馆在 2008 年 2 月也开始使用大众标注工具 MTagger[35]，并提出口号"发现资源，MTag 资源，共享资源"（Find it. MTag it. Share it.）。用户可以使用 MTagger 键入分类信息，对馆藏目录、数字图像、网页等资源进行标注。一个资源可以有一个或多个标签来标识。MTagger 将这些信息保存，以供用户再次查找，也可帮助其他用户发现该资源，达到资源共享的目的。此外，用户还可以查看其他用户对该资源的标注信息，获取由他人标注的、拥有相同标注信息的资源。MTagger 还使用"集合"（Collections）为标签自动分类，以更快速地帮助用户发现需要的信息资源[36]。

二、Mashup 在数字图书馆中的应用

Mashup 是从多个分散的站点获取信息源，组合成新网络应用的一种应用模式。它利用从外部数据源检索到的内容来创建全新的创新服务，将来自不止一个数据源的内容进行组合，创造出更加增值的服务，是一种基于 Web 的轻量级内容集成方法。一个 Mashup 应用是一个三元模型，包括 API/内容提供者、Mashup 服务器和 Mashup 应用者。其中，API/内容提供者负责提供 Mashup 集成的信息内容；Mashup 服务器负责把所获得的或自有的资源和服务封装成标准组件，加以管理，并响应应用程序对资源、服务的开放调用；Mashup 应用者负责选择资源和服务，整合到门户或其他应用系统中。

Mashup 涉及的关键技术主要有资源获取技术、组件技术和融汇技术。其中，数据获取方式有 Web Feed、Open API、REST URI 和屏幕抓取四种，并通常使用 XML 或 HTML 作为其数据格式。Mashup 常用的组件技术有 Portlet 和 Widget 两类。融汇模式有两种，即服务器端融合和浏览器端融合。

随着 Mashup 的应用，数字图书馆界也开始积极尝试 Mashup[37]。英国萨赛克斯大学的 SPLASH（Student Personal Learning and Social Homepage，学生个人学习和社会主页）项目[38]，是由 JISC（Joint Information Systems Committee，联合信息系统委员会）资助的 e-Learning 计划，旨在通过开发提供用户使用的 Mashup 网

络服务，提供更为人性化的学习体验。该项目将内部服务和 Facebook、Flickr 等外部服务封装成 Widgent 组件，使用开源的 Zend 框架来利用 Web 服务 API。用户可以通过基于 Widgent 的配置页面来组建自己感兴趣的信息资源。

第六节　可视服务与移动技术

一、检索可视化

信息检索可视化是把信息资源、用户提问、信息检索模型、检索过程以及检索结果中各种语义关系转换成图形，在一个二维或三维的可视化空间中显示出来，帮助用户理解检索结果、把握检索方向，以提高信息检索的效率与性能。信息检索的可视化可使复杂的计算机内部检索处理过程透明化，使用户利用信息检索系统的过程简单化，使信息检索系统内信息之间的关系明确化，使用户的检索过程智能化。

信息检索可视化要解决的核心问题有可视化映射、检索过程可视化、检索结果可视化等。其中，可视化映射是为处理好信息资源与用户信息需求之间的相关性联系，主要技术包括因素分析和主分量分析、多维测量（MDS）、Pathfinder 网（PENET）、潜在语义索引等。检索过程的可视化指对用户在获取检索结果前的各个检索步骤，以及各种交互活动进行可视化处理，包括操作方法可视化与操作过程可视化两方面，主要技术有关联更新技术（Brushing and Linking）、广角与聚焦技术（Planning and Zooming）、焦点加上下文技术（Focus + Context）、滤镜技术（Magic Lenses/Moveable Filter）、空间显示技术（Starfield Display）、动态查询与过滤技术（Dynamic Queries/Dynamic Query Filters）等。检索结果可视化指将命中的信息集合及其中用户可能感兴趣的规律、关系用预先定义的图形式展现给用户，主要技术包括 Focus + Context 技术、Tree-map 技术、Cone Tree 技术和 Niche Work 技术等，参见的可视化图形有圆、多边形、云图以及树形结构等布局方式。

美国芝加哥大学图书馆利用荷兰 Medialab Solutions 公司开发的 AquaBrowser 系统[39]，实现了信息检索可视化。在美国芝加哥大学图书馆的可视化检索系统[40] 中，用户在检索框中输入检索词，检索结果就会以主题词云图显示出来。其中，输入的检索词作为中心节点，用灰色显示，与其相关的词、拼写变化的词、同义词等使用不同的颜色标注，散落其周围，并与中心词相连。当鼠标移至非中心词的节点上时，与该词有关的其他节点之间会显示连线。这样，用户可以对与检索词相关的信息有整体上的认识，可以不断调整明确自己的检索目标。当用户点击其中一个节点，又会形成以该词为中心的主题词云图。

美国加州大学伯克利分校数字图书馆项目中基于 Web 的分布式检索课题 Cheshire Ⅱ，研发了一种面向结果可视化的检索系统 TileBars。在该系统中，用一个矩形条来表示一篇文档，每个矩形条被分割成若干行和列，每行对应一个提问分面，每列对应文档的一个段落，每个块表示某个分面提问词在某段中是否出现及出现的次数，用颜色加以区分。用户可以直观看见文档中检索词的命中情况，从而可以方便地筛选结果集[41-42]。

二、三维虚拟展示服务

虚拟现实技术的兴起与应用，为数字图书馆提供了新的展示空间和服务渠道。目前这方面的研究与应用也逐渐成为数字图书馆领域的热点。虚拟现实（Virtual Reality）技术是利用电脑模拟产生三维空间的虚拟世界，提供使用者关于视觉、听觉、触觉等感官的模拟，让使用者如同身临其境，可以仿真地观察三维空间内的事物。虚拟现实技术的突出特征为"3I"，即 Immersion（沉浸）、Interactive（交互）、Imagination（想象）。虚拟现实技术是多种技术的融合，其关键技术包括建模技术、音响处理和图形/图像处理技术、位置与方向跟踪技术、传感技术、系统集成技术。其中，建模技术是虚拟现实的核心内容，旨在对虚拟现实中的场景对象和几何对象进行描述，对用户状态信息进行模型化处理。虚拟现实建模可采用 OpenGL、Direct3D、VRML 等建模语言开发，也可以使用如 MultiGen 等的虚拟现实或视景仿真软件来开发。

2003 年，林登实验室向公众开放了"Second Life"（第二人生）虚拟空间[43]。用户可以通过自己创建的三维虚拟形象（Avatar）在 Second Life 里进行与现实生活平行的虚拟生活。在该虚拟平台上，图书馆可以使用系统提供的 3D 建模工具和脚本系统，构建自己的三维虚拟建筑，布置图书馆环境，建立虚拟馆藏，开展包括科学中心、有声书等 26 项图书馆应用。图书馆员也以三维的虚拟形象示人，在虚拟建筑内提供参考服务、互动性授课等服务，还可以举行图书馆会议等。用户也像在真实世界一样，到虚拟图书馆中查阅 3D 形式的资料，通过 IM（即时信息）等工具与虚拟图书馆员交流。这些都为图书馆在这样的三维虚拟平台上为图书馆服务提供了良好的机会。2006 年，联盟图书馆系统（Alliance Library System，ALS）和联机图书馆活动（Online programming for All Libraries，OPAL）联合在"Second Life"建立了图书馆"Cybrary Life"。2007 年 1 月，美国图书馆学会华盛顿办公室也宣布在"Second Life"中的虚拟办公室向所有人开放。目前，全球约有 400 多家图书馆在"Second Life"上建立了服务社区并开展各项服务。

2008 年，欧洲数字图书馆 Europeana 正式上线，旨在通过互联网保存和传播欧洲的人文历史。此后，为了将欧洲独特的历史遗迹数字资源纳入到 Europeana，于 2010 年 12 月，启动了 CARARE 项目[44]。CARARE 由欧洲委员会的信息和通信技术政策支持计划资助，用以支持欧洲各地的文物机构和组织、考古博物馆等与 Europeana 的数字资源互操作，将地理信息、3D 和虚拟现实资源引入到 Europeana 中[45]。CARARE 关注 3D 数字对象的元数据描述问题。2010 年，欧盟委员会第七框架计划资助的 3D-COFORM 项目[46]，研究了 3D 捕捉、3D 处理、元数据、与其他类型媒体（如文本）的整合等问题。CARARE 也将结合该项目的研究成果，为资源提供机构与组织给出可操作性的建议。此外，为了避免用户在浏览 3D 模型时安装插件，CARARE 提出可以将 3D 模型嵌入到 PDF 文档中来解决跨平台问题。

三、移动服务

随着智能手机、电子阅读器等移动终端的发展和应用，如何让用户在移动终端上也能享受图书馆无处不在的服务，成为了国内外图书馆关注的问题，并于 2000 年左右开始逐渐应用。数字图书馆的移动服务涉及三个关键问题：移动接入，移动定位，数字图书馆服务系统的适应性改造或开发。前两者属于移动技术在数字图书馆的应用，后者则是数字图书馆本身要研究的内容。

在移动环境下的信息服务有许多新特点，例如，移动设备（如手机）屏幕和键盘通常比较小巧，同时，无线网络带宽的限制，使得传统互联网上的数字图书馆网页往往不适用于移动设备，数字图书馆必须设计符合移动设备的服务界面。这一问题的常用解决方案是建立基于 WAP 的移动图书馆服务系统。WAP（Wireless Application Protocol，无线应用协议）是一种面向窄带宽、高时延、小屏幕、有限存储容量、低处理能力的无线环境的开放性全球标准。它使用 WML（Wireless Markup Language，无线标记语言）作为标记语言。通过 WAP 技术，用户可以使用移动终端接入互联网，获取网上的信息资源和服务。英国汉普郡图书馆建立的 WAP 网站，就为 WAP 手机用户提供该郡 54 家图书馆的详细地址、联系方式、开放时间等信息服务。

此外，移动环境下的用户体验明显区别于非移动环境下的用户体验，这就必然导致移动用户的新需求，例如，在移动环境下，用户所在的位置，对用户对信息的需求和信息行为有显著的影响，是各种数字图书馆要充分考虑的因素，这对数字图书馆服务系统的功能也是一种新的挑战。2009年1月21日，OCLC发起了一项名为 WorldCat Mobile 的实验性项目[47]，旨在把各个图书馆的馆藏变成移动设备上可见的资源。它允许用户使用 PDA 或智能手机，通过输入标题、关键词或作者等信息查找图书馆资源；通过在定位器里输入图书馆简称、邮政编码或地址等寻找附近的 WorldCat 图书馆；通过移动设备里的 Mapping 软件查找去往 WorldCat 图书馆的最近路线等[48]。

第七节　数字图书馆的信息安全技术

随着数字资源的积累和存取的网络化，数字图书馆的信息安全问题成为数字图书馆研究与实践的热点和前沿问题。信息安全技术作为数字图书馆实施安全管理的支持手段，主要用于保证信息资源的完整性、保密性、可用性、不可否认性、可控性等。数字图书馆的信息安全技术主要可以分为信息防护技术、用户管理技术、网络安全技术、容灾技术四大类。

一、信息防护技术

信息防护技术是对信息数据本身的防护，主要包括信息加密技术和数字水印技术。数字图书馆是数字资源的集散地，为了保护数字资源的版权，数字图书馆对数字水印技术关注较多。数字水印（Digital Watermarking）是在数字资源中隐秘地嵌入数字、符号信息，用以标识资源的所有权，并作为鉴定指证非法复制的证据。它具有安全性、隐形性和稳健性等特点。根据数字水印加载方法的不同，数字水印可分为空间域数字水印和变换域数字水印两类。按水印的特性可分为鲁棒数字水印和脆弱数字水印。数字图书馆一般使用鲁棒数字水印，即水印具有较强的鲁棒性和安全性，除了能在滤波、压缩等处理中生存外，还能抵抗一些恶意攻击。在数字图书馆的数字资源版权保护中，数字水印可应用于两方面：一是对数字图书馆所有资源嵌入版权信息，以确保数字资源在流通时，图书馆对资源的所有权；二是在给予用户数字资源的使用权时，嵌入水印所表示的序列号，且序列号具有唯一性。

丹麦国家盲人图书馆（Danish National Library for the Blind，DBB）就使用了数字水印技术。DBB 是成立于1952年的政府机构，隶属于文化部，旨在为盲人提供信息资源。丹麦2000图书馆行动要求DBB作为丹麦公共图书馆的中心，承担起为盲人、诵读困难等人士生产、传播数字资源的责任。为此，DBB与资源所有者密切合作，就将资源数字化后如何保护问题达成一致，并于2005年12月宣布与在数字音频水印技术方面领先的公司合作，将数字水印技术应用到DBB有声读物中。DBB相关负责人表示音频水印的应用，既确保能为有需要人士提供优质的数字资源，又能保护艺术家、作家和资源所有者的权益[49]。

二、用户管理技术

用户管理主要包含用户的身份认证和访问行为的控制两个方面内容，相应的支撑技术有身份认证技术和访问控制技术。身份认证技术是能对系统用户进行身份鉴别的技术，通过识别、验证用户身份的合法性和真实性，建立通信双方的信任关系。常见的身份认证技术有基于口令的认证技术、基于智能卡的认证技术、基于PKI（Public Key Infrastructure，公钥基础设施）数字证书的认证技术等。访问控制则是以用户身份认证为前提，依据既定的安全策略和支持这些安全策略的执行机制，对资源访问请求做出是否许可的判断，从而有效地防止非法用户访问系统和合法用户非法使用资源。访问控制技术包括自主访问控制、强制访问控制、基于角色的访问控制、基于对象的访问控制等。

欧洲委员会（European Commission）资助的项目PRIDE（People and Resources Identification in Distributed Environment，分布环境中的人员和资源识别）就综合运用了这两种技术。PRIDE旨在通过创建一个全球性的用户和服务的目录来建立共同的信息基础设施，以使图书馆、用户、服务提供者能快速找到所需资源。由于涉及图书馆、信息提供者、终端用户、PUC（PRIDE Universal Client，PRIDE通用客户端）、收割机、代理等多种不同类型的实体来访问PRIDE目录，因此PRIDE建立了访问控制机制加以管理。PRIDE支持基于口令和基于证书两种身份认证方式，并将认证分成两个阶段，第一阶段是用户获得PRIDE的身份认证，第二阶段是获得所请求服务的身份认证。由于PRIDE采用单点登录，因此第二阶段往往是自动完成的。在验证用户是否可以访问所请求服务时，是通过访问配置文件来实现。访问配置文件是一个目录项，包含访问特定服务的凭证，并通常放置在所涉及的对象条目下[50]。

三、网络安全技术

网络安全是指系统的硬件、软件、数据等受到保护，不会被有意或无意地破坏、更改、泄露，系统可以连续可靠地运行。常用的网络安全技术有防火墙技术、入侵检测技术等。防火墙技术是一种安全隔离技术，通过将被保护的内部网络与其他外部网络隔离开，依据一定的安全策略控制网络间的信息通信活动，达到保护内部网络的信息不受外部非授权用户的访问，并过滤不良信息的目的。防火墙技术主要有包过滤技术、应用代理技术、状态检测技术等。入侵检测是在非法用户访问系统或合法用户非法使用系统时，及时发现、记录并报告，以便能采取进一步措施保护网络的技术。任何试图危及资源的完整性、机密性或可用性的活动集合都可称为入侵。入侵检测技术可分为异常入侵检测（Anomaly Detection）和误用入侵检测（Misuse Detection）两类。

美国洛斯阿拉莫斯国家实验室（Los Alamos National Laboratory，LANL）的研究图书馆（Research Library，RL）推出的 SearchPlus 就采用了防火墙技术。该研究图书馆关注数字信息服务，并向 LANL 科学家及外部机构提供商业可用的科学数据。SearchPlus 是它提供的一项应用服务，主要目标是构建一个综合的、分布的科学期刊论文数据库。SearchPlus 要求能在防火墙所构建的安全环境中处理信息，并允许信息对防火墙外部的用户可用。因此，在该安全体系架构中，防火墙外部放置了用于提供 Web 应用的前端系统、用于用户授权认证的 MySQL 服务器系统、负载平衡器、MySQL 从属服务器等；防火墙内部则包含了除了负载平衡器和 MySQL 从属服务器之外的所有在防火墙外部的组件，还有数据处理系统等。为了解决置于防火墙内外服务器之间共享数据的问题，采用了 SAN（Storage Area Network，存储区域网络）和共享访问文件系统（Shared-access File System）相结合的方式。在这种方式下，当一台服务器编写、修改数据时，其他服务器仍可读取文件系统中的数据。SearchPlus 利用 Sun 公司的快速文件系统（Quick File System，QFS），可以在防火墙内部构建、更新、修改数据，而防火墙外部的 Web 应用进行读取访问[51]。

四、容灾技术

对于数字图书馆而言，一切引起系统非正常停机的事件都可称为灾难，大致可分为自然灾难、设备故障、人为操作失误三种。容灾就是在灾难发生时，能保证数据尽量少的丢失，系统能不间断运行，或尽快恢复正常运行。容灾技术是通过在异地建立和维护一个备份系统，利用地理上分散性来保证数据对于灾难性事件的抵御能力。容灾可分为两个层次，即数据容灾和应用容灾。数据容灾是指建立一个异地的数据系统，作为本地关键应用数据的备份，其核心技术是远程数据复制技术。应用容灾是在数据容灾的基础上，在异地建立一套完整的与本地系统相当的备份应用系统，在灾难情况下，远程系统能迅速接管业务运行，主要技术包括失效检测技术、系统迁移技术等。目前，数字图书馆主要关注的是数据容灾技术的应用。

美国国家医学图书馆（National Library of Medicine，NLM）的"数字馆藏"（Digital Collections）就采用了数据容灾技术。美国国家医学图书馆[52]是美国三大国家图书馆之一，也是世界最著名的医学图书馆，旨在为生物医学和卫生保健等领域提供信息资源和研究服务。2010 年 9 月 27 日，NLM 推出了一个新的免费数字资源库"数字馆藏"，用以提供生物医学书籍和视频的免费在线访问服务。为了确保这些数字文件的长期完整性，还在这些文件中嵌入了如数字指纹的数字串[53]。该资源库拥有两个数据中心：一个是主数据中心，采用读写文件系统；另一个是备份数据中心，采用只读文件系统，并定期批量更新。每个数据中心有两个虚拟服务器。为了保证资源库在更新时是可用的，当一个数据中心正在更新时，使用另一个数据中心来提供服务。考虑到复制比重建（Rebuild）速度快，Digital Collections 采用主数据中心摄取资源，向备份数据中心复制资源的策略。数据复制采用基于文件系统的异步镜像灾难恢复软件 SnapMirror 来完成[54]。

参考文献

[1] Stanford Digital Library Interoperability Protocol. [2011 – 10 – 06]. http://ilpubs. stanford. edu: 8090/289/1/1997 – 73. pdf

[2] William P Birmingham. An Agent-Based Architecture for Digital Libraries. [2011 – 10 – 06]. http://www. dlib. org/dlib/July95/07birmingham. html

[3] The Technical Infrastructure of the NSDL. [2011 – 10 – 06]. http://matdl. org/2006_Workshop_Presentations/MatDL_Workshop_Dean_Krafft. pdf

[4] Dean B Krafft, Aaron Birkland, Ellen J Cramer. NCore：Architecture and Implementation of a Flexible, Collaborative Digital Library. JCDL'08, June 16 – 20, 2008, Pittsburgh, Pennsylvania, USA

[5] EGEE. [2011 – 10 – 07]. http://www. eu-egee. org/

[6] Diligent. [2011 – 10 – 07]. http://diligent. ercim. eu

[7] 李广建, 龚立群, 孙洁丽. 下一代数字图书馆系统体系结构的发展动向. 高校图书馆工作, 2006(3):1 – 5

[8] Thomas Risse, et al. The BRICKS Infrastructure—An Overview. [2011 – 10 – 07]. http://www. l3s. de/ ~ risse/pub/eva2005. pdf

[9] Michael Stephens ten trends & Technology for 2009. [2011 – 09 – 25]. http://tametheweb. com/

2009/01/12/ten-trends-technologies-for-2009/

[10] Open Forum：The Future of Library Systems. ［2011 － 10 － 07］. http：//digitalcommons. uri. edu/ cgi/viewcontent. cgi？ article ＝ 1029&context ＝ lib_ts_pubs&sei-redir ＝ 1&referer ＝ http%3A% 2F%2Fwww. google. com. hk%2Furl%3Fsa%3Dt%26source%3Dweb%26cd%3D4%26ved% 3D0CEMQFjAD%26url%3Dhttp%253A%252F%252Fdigitalcommons. uri. edu%252Fcgi% 252Fviewcontent. cgi%253Farticle%253D1029%2526context%253Dlib_ts_pubs%26rct%3Dj% 26q%3Dfully-hosted%2520System%2520OCLC%26ei%3DnoeOTtX1E4SiiAfK7IiIDg%26usg% 3DAFQjCNEzMhM5Y3XIKGtws5 EIoT1 _ e7NcPw% 26cad% 3Drjt # search ＝% 22fully-hosted% 20System% 20OCLC% 22

[11] Web-scale. ［2011 － 10 － 07］. http：//www. oclc. org/webscale/

[12] 田硕. 近十年国外数字资源长期保存研究综述. 图书馆杂志,2011(7):8 － 13

[13] Long-term Preservation of Electronic Publications. ［2011 － 10 － 07］. http：//www. dlib. org/dlib/ september99/vanderwerf/09vanderwerf. html

[14] Portico. ［2011 － 10 － 07］. http：//www. portico. org/

[15] 赵永超. 基于仿真的数字资源长期保存策略. 情报探索,2009(1):89 － 91

[16] Project Emulation：Dioscuri. ［2011 － 10 － 23］ http：//www. kb. nl/hrd/dd/dd_projecten/projecten_ emulatieproject-en. html

[17] Dioscuri. ［2011 － 10 － 07］. http：//dioscuri. sourceforge. net/preservation. html

[18] 郭家义. 数字资源长期保存研究综述(1). 图书馆杂志,2005(5):53 － 58

[19] 吴振新. 2009 国际数字对象保存会议(iPRES2009)综述. ［2011 － 10 － 07］. http：//ir. las. ac. cn/handle/12502/2799

[20] Reserving Our Digital Heritage：The National Digital Information Infrastructure and Preservation Program 2010 Report. ［2011 － 10 － 07］. http：//www. digitalpreservation. gov/library/resources/ pubs/docs/ndiipp_plan. pdf

[21] Cheshire. ［2011 － 10 － 06］. http：//cheshire. berkeley. edu/

[22] Cheshire 3 FrameworkWhite Paper：Implementing Support for Digital Repositories in a Data Grid Environment. ［2011 － 10 － 07］. http：//cheshire. berkeley. edu/Cheshire_Sardinia. pdf

[23] 孙坦. Cheshire 对象模型技术体系研究. 图书馆建设,2008(1):91 － 94

[24] JeromeDL-e-Library with Semantics. ［2011 － 10 － 06］. http：//www. jeromedl. org/

[25] Science. gov—USA. gov for SCIENCE. ［2011 － 10 － 06］. http：//www. science. gov/,2010 － 12 － 20

[26] 程慧荣. 基于语义 Web 的 JeromeDL 数字图书馆模型研究. 情报理论与实践,2010(9): 97 － 100

[27] Overview of the LemurToolki. ［2011 － 10 － 06］. http：//www. lemurproject. org/lemur/overview. php

[28] 李广建. 数字图书馆建设实践中的智能技术应用. 图书情报工作,2009(7):5 － 8

[29] 马小军,李广建. 基于本体的数字资源整合方法与技术. 情报科学,2010(10):1541 - 1546

[30] H J Hansen,K Fernie. CARARE:Connecting Archaeology and Architecture in European. [2011 - 09 - 27]. http://www. carare. eu/bul/content/download/1215/8380/file/CARARE_EuroMed2010 _preprint. pdf

[31] Encoding Cultural Heritage Information for the Semantic Web. Procedures for Data Integration through CIDOC-CRM Mapping. [2011 - 10 - 06]. http://public-repository. epoch-net. org/rome/ 05%20Procedures%20Data%20Integration. pdf

[32] 田晓迪. 语义 Web 门户的建设策略. 数字图书馆论坛,2009(2):74 - 79

[33] AIFB Web Portal. [2011 - 10 - 10]. http://semantic-mediawiki. org/wiki/AIFB_Web_Portal.

[34] Folksonomy. [2011 - 10 - 10]. http://vanderwal. net/folksonomy. html.

[35] MTagger. [2011 - 10 - 09]. http://www. lib. umich. edu/mtagger/

[36] MTagger Update. [2011 - 10 - 09]. http://mblog. lib. umich. edu/blt/archives/2008/05/introducing_ mta. html

[37] Library Mashups. [2011 - 10 - 10]. http://www. web2learning. net/wp-content/uploads/2006/ 06/mashups-metro2010. pdf

[38] SPLASH. [2011 - 10 - 10]. http://www. sussex. ac. uk/splash/

[39] AquaBrowser. [2011 - 09 - 28]. http://www. medialab. nl/aquabrowser. html

[40] Lens Search. [2011 - 09 - 28]. http://lens. lib. uchicago. edu/

[41] Marti A Hearst. TileBars:Visualization of Term Distribution Information in Full Text Information Access. [2011 - 10 - 06]. http://www. sigchi. org/chi95/proceedings/papers/mah_bdy. htm

[42] Andreas Paepcke,et al. Building the InfoBus:A Review of Technical Choices in the Stanford Digital Library Project. [2011 - 10 - 06]. http://ilpubs. stanford. edu:8090/472/1/2000 - 50. pdf

[43] Second Life. [2011 - 10 - 06]. http://secondlife. com/

[44] Europeana carare project. [2011 - 09 - 27]. http://www. carare. eu/

[45] 同[30]

[46] 3D COFORM. [2011 - 10 - 06]. http://www. 3d-coform. eu/

[47] OCLC. [2011 - 10 - 06]. http://www. oclc. org/news/releases/20095. htm

[48] WorldCat. [2011 - 10 - 06]. http://www. worldcat. org/wcpa/content/mobile/

[49] Activated Content Signs Contract with Danish National Library For The Blind. [2011 - 11 - 09]. http://www. activatedcontent. com

[50] Ahmed Patel. Access Control Mechanisms in Digital Library Services. Computer Standard & Interfaces,2001(23):19 - 28

[51] Mariella Di Giacoma,et al. A Large-Scale Digital Library System to Integrate Heterogeneous Data of Distributed Databases. [2011 - 11 - 09]. http://library. lanl. gov/lww/articles/europar04. pdf

[52] National Library of Medicine. [2011 – 11 – 09]. http://www. nlm. nih. gov/

[53] NLM Launches Digital Collections, a Repository for Access to and Preservation of Digitized Biomedical Resources. [2011 – 11 – 09]. http://www. nlm. nih. gov/pubs/techbull/so10/so10_dig. html

[54] Digital Collections, the NLM Digital Repository. [2011 – 11 – 09]. https://conferences. tdl. org/ or/OR2011/OR2011main/paper/download/386/135

第五章　数字图书馆管理

当前图书馆现代化发展至少有两个方向：一个是伴随着信息技术日新月异的发展，传统图书馆向数字图书馆逐步转型；另一个就是由于管理科学的与时俱进，图书馆的管理模式与水平不断创新提升。时至今日，"数字图书馆"实际已经在许多传统实体图书馆中复合存在了，因此数字图书馆管理问题本质上就是图书馆的管理创新。管理是对组织的资源进行有效整合以达到组织既定目标与责任的动态创造性活动[1]。在现代图书馆事业发展中，如何汲取现代管理理论的精髓寻求图书馆管理创新和变革，始终是图书馆工作和研究的重要课题之一。越来越多的研究者认为"现代图书馆虽然是一个非营利性的公益性机构，但在管理理论的适用方面，还是能够与其他行业同步。或者说，在其他行业中被证明是可行的管理理论，或早或晚都可以被引入到现代图书馆的管理实践之中"[2]。正是基于这样的共识，我们对于数字图书馆管理的探讨也是从实体图书馆管理者的视角出发，结合当前中国数字图书馆发展的实际与需求，选择若干最有现实意义的主题展开初步的思考。

第一节　数字图书馆战略管理

战略（Strategy）一词最早是军事方面的概念。在中国，战略一词历史久远，"战"指战争，"略"指谋略。在西方，战略一词源于希腊语"Strategos"，意为军事将领。现代"战略"一词被引申至政治和经济领域，其涵义演变为泛指统领性的、全局性的、左右胜败的谋略、方案和对策。企业战略是企业持续发展的重要决策参照系，并具有全局性、方向性、对抗性、预见性和谋略性等特点。

战略管理（Strategic Management）是指企业确定其使命，根据组织外部环境和内部条件设定企业的战略目标，为保证目标的正确落实和实现进行谋划，并依靠企业内部能力将这种谋划和决策付诸实施，以及在实施过程中进行控制的一个动态管理过程[3]。它是组织根据发展需要，以全局目标为对象，有效实现企业资源配置，进行战略分析、战略选择、战略实施、战略评价和调整的一整套体系。

对于传统图书馆而言，建设数字图书馆就是一次战略转型。对于中国广大公共图书馆而言，提高战略管理的自觉性和能力也是当务之急。因此，我们应该把数字图书馆建设作为提升图书馆战略管理能力的一个重要契机和抓手。数字图书馆的实施建设一定要正确把握数字图书馆的建设方向，做好信息资源的规划工作，提高项目建设的实际效益，有必要从战略管理的高度处理好数字图书馆建设中的问题，保证数字图书馆事业的可持续发展。数字图书馆要从战略角度分析外部环境和自身能力，制定科学的发展战略，对组织机构、业务流程等进行优化、重组，提供战略实施的组织、文化、业务保障[4]。

一、数字图书馆战略管理概述

1.数字图书馆战略管理的意义

数字图书馆战略管理是指运用战略管理理论和方法对数字图书馆各建设环节和各业务过程实施有效的管理。其实质是确定数字图书馆的发展战略目标，并以该目标为核心，以所处环境为依据，以信息资源应用和价值创造为手段，促进在各项业务活动过程中实现数字图书馆的战略发展目标[5]。数字图书馆的战略管理要把握数字图书馆的总体发展方向，以社会信息需求的发展为导向，明确服务领域，发现培育数字图书馆的核心竞争力，进行面向未来的动态的战略管理。

战略管理确定了数字图书馆建设发展的使命、任务和目标，克服发展过程中的随意性和盲目性，为数字图书馆的建设发展提出了明确的方向。数字图书馆实施战略管理具有以下意义：（1）有利于及时掌握数字图书馆的内部和外部环境变化，进行统筹规划，积极应对环境变化所带来的各种机遇和挑战。（2）有利于数字图书馆资源的优化配置，减少内耗，保障数字图书馆的可持续发展。（3）有利于协调组织内部结构关系，提高效率，增强组织活力，发挥组织的协同作用。（4）有利于提高员工的工作积极性和整体的业务水平，使有限的人力资源发挥最大的效用，促进数字图书馆事业的发展。

2.数字图书馆战略管理过程

现在关于战略管理的外延，已经大大超出了安索夫等战略管理概念首创者们的预期，几乎可以囊括管理的所有方面。无论如何我们依然相信，时至今日任何组织的持续发展必须依靠科学自觉的战略管理：不仅需要进行规划制定战略，更要通过调整组织结构、再造组织文化与业务流程、人力资源管理开发等各种管理活动实施战略方案。最简单的表述，战略管理至少包括战略制定、战略实施和战略控制三大环节，从更高的层面看——如何从组织发展战略高度去开展所有的管理活动才是"战略管理"的核心内涵，或可用图 5 - 1 来示意。战略管理过程的主要构成要素包括：确定组织使命、愿景和主要目标，分析组织的外部和内部环境，选择一种能够令组织的优势和劣势同外部的机会和威胁相匹配和适合的业务（商业）模式和战略，建立相应的组织结构和控制系统以实施组织所选择的战略[6]。数字图书馆战略管理首先要分析数字图书馆的外部环境和内部条件，然后根据分析的结果，制定战略目标，付诸实施并加以评估和控制。

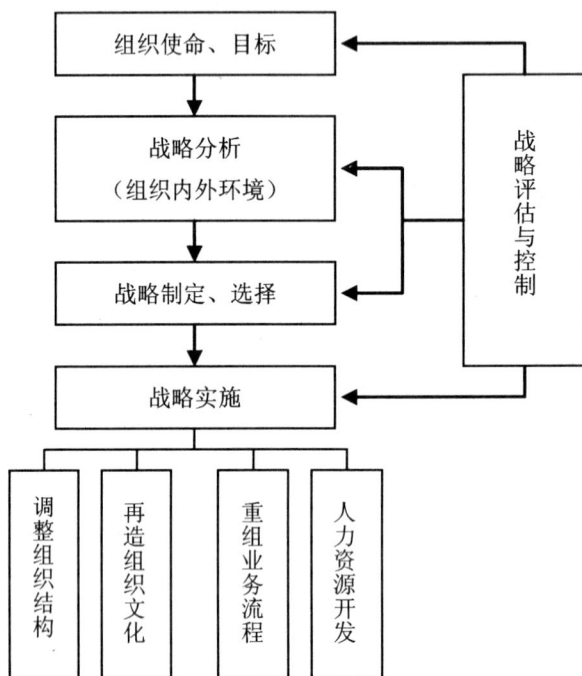

图 5 - 1　战略管理过程

（1）数字图书馆战略制定

数字图书馆战略制定要经过调查研究、战略决策和战略具体化的过程。首先，要深入调查分析数字图书馆的外部环境和内部条件。数字图书馆的外部环境包括了政治、经济、文化、社会、法律和技术等方面，还包括本产业内部的竞争环境，即数字图书馆之间的竞争以及与其他信息机构之间的竞争。数字图书馆的内部条件包括数字化信息资源、信息化系统、信息技术设备和人力资源等。在数字图书馆外部环境和内部条件分析的基础上，确定数字图书馆的建设任务、使命和定位，认清外部的机会与威胁，明确数字图书馆内部的优势与弱点，建立长期目标，制订供选择的战略方案，以及选择特定的实施战略。

（2）数字图书馆战略实施

战略实施要求数字图书馆树立年度目标、制定政策、激励员工和合理配置资源，以便使制定的战略得以贯彻执行。战略实施要注意数字图书馆在各方面的配合，包括宏观管理、数字文献信息资源建设、组织结构、业务流程、服务内容与方式、人力资源管理、组织文化管理、经费管理、设备维护等各个方面。

（3）数字图书馆战略控制

数字图书馆的战略制定与实施需要通过评估与控制来判断战略管理的实施效果和组织绩效的提升程度，以及对用户满意度提高的贡献等。综合数字图书馆内外部环境的发展变化，数字图书馆战略评价保证发展过程中战略管理过程的顺利进行。通过评价体系对战略实施的效果进行评价，并根据需要对数字图书馆战略进行动态的调整。战略评价主要包括：重新审视外部与内部因素，度量业绩和采取纠偏措施。

二、数字图书馆业务流程重组

1. 信息技术对数字图书馆组织结构的影响

数字图书馆的研究与建设对图书馆的工作模式、管理理念和组织机构等方面带来了深刻的变革。技术的变革要求管理的创新，数字图书馆建设注重信息技术的应用发展，在数字化环境下，就要认清旧的管理模式中存在的问题，寻找出一种适合新技术环境的管理模式。认清信息化技术的发展对图书馆管理所带来的影响，数字图书馆才能得到更好的发展。

传统图书馆的组织机构是围绕着纸质文献的处理流程和读者服务方式设置的。针对网络环境下图书馆的文献资源、技术装备和服务手段的变化，需要充分分析数字图书馆的组织结构，建立与之相适应的业务流程和组织机构。从功能上考虑，数字图书馆体系结构可分为数字资源采集系统、数字资源组织与管理系统、用户服务系统等，各个子系统要分别建立自己的管理机构来进行协调管理。数字图书馆的组织管理，要根据专业化的原则来设立管理机构。根据数字图书馆的体系结构，数字图书馆组织机构可细分为：数字资源采集建设、数字资源组织管理、数字资源服务、系统维护和技术支持等。数字图书馆的组织实施围绕着信息服务展开，知识信息成为数字图书馆资源建设的重点。数字图书馆的管理、资源和服务构成了数字图书馆的三个要素，其组成结构可如图5－2所示。数字图书馆组织机构的设置是按照业务流程来设计的，反过来，业务流程是在组织机构的基础上进行的。因此，数字图书馆要进行业务流程重组，从而适应新的发展变化。

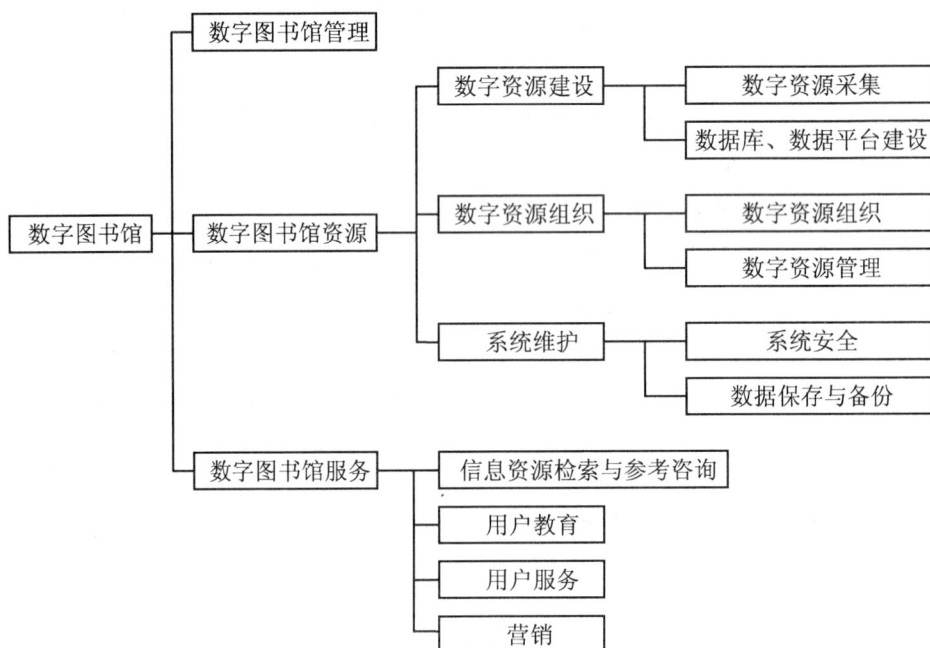

图5－2　数字图书馆结构

2. BPR 管理理念在数字图书馆组织管理中的应用

业务流程重组（Business Process Reengineering，BPR）是20世纪90年代初美国麻省理工大学教授 Michael Hammer 在 "Reengineering Work：Don't Automate，But Obliterate" 一文中提出的。在 Michael Hammer 和 James Champy 合著的《公司重组企业革命的宣言》中将业务流程重组定义为"对企业过程进行根本性的再考虑和彻底性的再设计，以求企业当前关键的性能指标获得巨大的提高"。BPR运用现代信息技术，重新设计业务流程，以追求作业程序的时效性，减少浪费和追求质量，从而创造较高的附加值。BPR 作为一种管理思想，对组织的经营过程、组织管理模式和运行机制进行重新定位。

数字图书馆业务流程重组就是把原来以职能分工的运作体系改变为以作业流

程为基础的组织形式，强调工作设计的整体化，改变等级制的直线式组织结构，使组织结构扁平化，从而达到减少管理层次和重复作业、提高效率的目的[7]；是以流程再造为中心的流程信息化过程，再造数字图书馆的信息流和人力资源流，对部门、岗位及其职责进行重组。BPR 的重组理念是：以作业流程为中心，打破金字塔状的组织结构，使组织能适应信息社会的高效率和快节奏，适应员工参与组织管理，实现组织内部上下左右的有效沟通，具有较强的应变能力和灵活性。

数字图书馆战略管理必须深入研究数字图书馆的组织结构和业务流程，培育数字图书馆的核心竞争力。在建设数字图书馆的过程中，要充分认识现有的组织模式和管理模式，对业务流程进行深入的分析、设计和评估。数字图书馆业务流程重组包括观念重组、流程重组和组织重组，以及决策方式和馆员角色的转变。进行业务流程重组，首先要树立一些新的理念，如市场观念、成本效益理念、以人为本和协同共享等，使数字图书馆实现以用户为主，以信息产品为核心的业务流程再造。数字图书馆的业务流程重组要与我国图书馆的实际情况相结合，以适应信息技术的应用和市场经济体制的运行为基础条件，通过业务流程改造和优化配置资源，达到减少内耗，全面提高数字图书馆服务质量的目的[8]。流程重组要充分考虑数字化技术在图书馆中的应用，充分满足用户对信息文献的需求，根据信息流向，可将业务流程分为信息输入模块、信息管理模块和信息输出模块。信息输入模块实现数字资源的采集以及信息资源的共建共享；信息管理模块实现基于各种载体和存取方式的数字资源的统一管理；信息输出模块开展针对用户的各类数字图书馆信息服务，如信息资源的检索获取和参考咨询等。为实现高效的图书馆运作流程，使信息流更加通畅，必须打破传统的等级结构，重组一种纵横交叉的网络型部门组织模式，如图 5 - 3 所示。其中横向的各个学科中心完成相关学科或专业领域信息资源的建设、组织、管理，以及读者服务等工作，满足了文献信息专业化的特点，实现信息输入输出完整的业务流程，构建实现某一专业领域服务的全职能部门；而纵向的部门则涉及跨部门相同性质的工作，如网络部门、系统维护部门、用户宣传推广部门等，实现所有部门的配套协调管理。

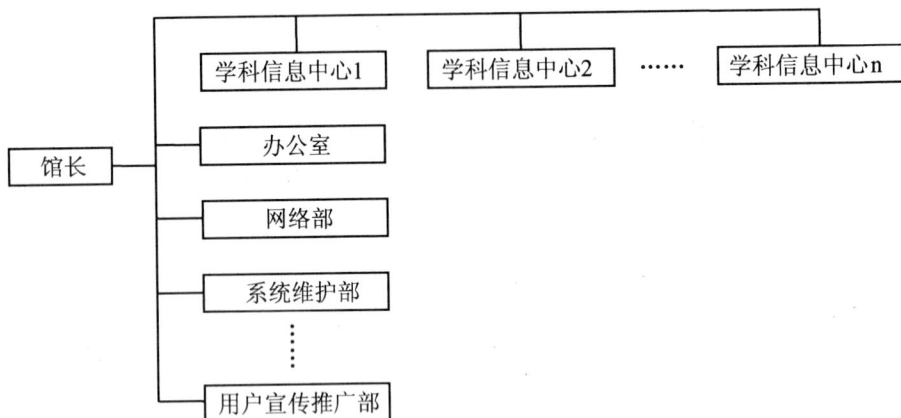

图 5 - 3　数字图书馆组织模式重组

三、数字图书馆组织文化再造

信息化与数字化的发展，对图书馆的各个方面都产生了深刻的影响，除了技术方面的变革，更深层次地影响着图书馆管理者乃至所有图书馆人的价值观念、思维方式和行为模式，从而形成一种新的图书馆组织文化。图书馆组织文化可以理解为图书馆管理者和员工在图书馆管理实践活动过程中形成的集体思维和文化认同，包括共同的价值观念、行为方式、道德准则、制度规范、传统习惯等[9]。数字图书馆的发展对传统图书馆的变革，需要建立适应自身发展的组织文化，实现组织文化再造，形成数字图书馆持久发展能力和新的推动力。

1. 组织文化的特点和内容

数字环境下图书馆组织文化具有以下特点：注重数字环境下的交流与合作，强调以人为本，注重信息资源的共享，追求效率与效益，强调法制化建设的加强等。图书馆组织文化可划分为物质形态、制度形态、精神形态三个层次[10]。

（1）数字图书馆物质文化

科学技术日新月异的发展，特别是通信技术和信息处理技术的应用发展，为数字图书馆提供了充分的物质技术基础，构建了数字图书馆管理的物质文化。数字化信息技术可以更充分地挖掘馆藏文献信息资源，最大限度地满足读者的文献信息需求，提高了图书馆的工作效率和服务质量。此外，各种先进的信息化设备和网络环境的增强和改善，数字图书馆科技含量的提高，构建了数字图书馆的物质文化环境。

134

（2）数字图书馆制度文化

制度是协调社会各方面关系、规范人们行为的各种法纪、条规。制度文化则是隐含在制度中的管理理念、管理风格，数字图书馆管理制度是数字图书馆管理的重要手段。从宏观上看，数字图书馆制度设计必须为数字图书馆合作与资源共享的实现提供保障条件。从微观上看，数字环境下图书馆管理面临的新问题，如业务流程重组、人力资源管理、图书馆产业化、知识产权管理等，纷纷进入数字图书馆管理制度文化的视野[11]。

（3）数字图书馆精神文化

精神文化对数字图书馆物质文化和制度文化的建设起着指引方向的作用，在数字图书馆文化建设中发挥着能动的核心作用。因此，建立良好的职业价值观、职业信仰和职业道德是数字图书馆文化建设的中心工作。数字环境下，图书馆工作人员角色的转变，要求他们树立自己的价值观和使命感，不断学习创新，培育核心能力，形成一种积极进取的图书馆管理精神文化。

2. 数字图书馆组织文化的再造

数字环境下图书馆组织文化的建立，首先应了解我国组织文化的背景及图书馆组织文化现状，发现数字图书馆组织文化的创新点并优化建设策略；其次要突显文化管理理念，图书馆文化管理强调建设以图书馆精神、图书馆价值为核心的图书馆文化，从而把人本主义管理与图书馆文化建设相结合，更深层次揭示图书馆员的价值观念、道德规范和图书馆精神在图书馆活动中的地位和作用[12]；然后进行以馆员为中心的数字图书馆组织文化建设，同时注重提高图书馆管理者的个人素质，培养具有创新精神的员工，构建学习型的组织。

组织文化必须反映时代的精神，数字环境下图书馆组织文化的再造分别从组织文化的三个层次考虑，包括：①培育"以人为本"的文化，倡导学习型组织的文化氛围，塑造具有感召力的团队精神。②倡导先进的管理制度，强化组织文化的影响力。③改善内外环境，塑造图书馆的良好形象[13]。数字图书馆组织文化重塑可借鉴传统图书馆的方法，包括：①在实践中塑造组织文化，强调管理者的重要影响力。②在教育培训中塑造组织文化。③通过制度塑造组织文化，包括报酬与奖惩系统的设计，晋升、遴选或解雇等标准的建立，以及行为规范的制定等。④通过表层的组织文化来传递深层次的组织观念[14]。

文化的产生、发展是一个缓慢渐进的过程，构建一个优秀的组织文化绝非一朝一夕的事情。图书馆组织文化是图书馆组织的灵魂和内在发展动力，它必须体现出图书馆服务与管理的特点，成为图书馆事业发展的推动力，秉承服务奉献、一切为了读者，以及信息资源共享和员工至上的理念[15]，建立适应组织发展的人才培养激励机制，提升数字图书馆的综合竞争力。

第二节　数字图书馆服务管理

　　数字图书馆的优势通过各种人性化的服务方式体现出来，包括信息定制、信息推送、信息挖掘、信息检索等。数字图书馆服务质量主要受信息资源的拥有、组织和信息服务的提供过程两方面因素的影响。数字图书馆服务管理模式要适应数字化、网络化为主体的社会信息时代的需要，构架面向数字图书馆服务的管理创新平台，完善人才培养机制，设计新的管理工作流程和方法，调整图书馆内部结构，建立公平、合理的分配制度，以及营销机制。通过引入企业化的管理模式用于数字图书馆服务建设，借鉴数字化服务的管理标准和方法进行数字图书馆服务的有效管理，将有利于优化服务流程，提高服务水平和业务满意度，同时提高信息服务的可用性、可靠性和安全性，为数字图书馆用户提供高质量的服务。

一、数字图书馆服务质量管理

　　国际标准化组织（ISO）最早开始计算机网络的 QoS（Quality of Service，服务质量）问题研究。ISO RFC2386 将其描述为：QoS 是网络在传输数据流时要求满足的一系列服务请求，具体可以量化为带宽、时延、时延抖动、吞吐量等性能指标。服务质量是服务型组织竞争最重要的核心要素，数字图书馆的 QoS 目标是有效地为用户提供端到端的信息传输服务质量控制或保证。数字图书馆服务中的 QoS 包含：（1）次序控制，解决网络资源争用的无序化，增加网络资源的可控性；（2）服务区分，区分不同的数据流和服务类型，进行不同的处理和恰当的资源补偿；（3）提供服务保障，提高连接可靠性、减少时延和降低出错率、提高速度和降低丢包率。

　　引入 QoS 理论和方法，可以对数字图书馆传输数字信息的过程予以有效的服务质量控制，能最大限度地在因特网上为用户提供有质量保证的服务。同时能使用户对数字图书馆的服务期望在使用数字图书馆的过程中尽量得到实现，即最大限度地缩小用户期望与服务感受之间的差距，从而提高用户的满意程度[16]。

1. ITIL 和 ITSM

　　ITIL（Information Technology Infrastructure Library，信息技术基础架构库）是英国国家计算机和电信局 CCTA 于 20 世纪 80 年代中期开始开发的一套针对 IT 行业的服务管理标准库，是 IT 服务管理领域应用最广的实践框架。ITIL 致力于为高质量的 IT 服务以及其所需的配套和环境设施提供实践指导，以帮助企业提高 IT 服务效率、降低运营成本，并实现 IT 与业务需求的协同，最大化价值与投资回报。ITIL 是基于业务驱动、基于流程的 IT 服务管理方法。 在 ITIL 2.0 描述中，ITIL 主要包括 6 个模块，即业务管理、服务管理、信息与通信技术（ICT）基础设施管理、IT 服务管理规划与实施、应用管理和安全管理。这 6 个模块的关系如图 5 - 4 所示，其中服务管理是其最核心的模块，该模块由"服务提供"和"服务支持"两个流程组构成。前者关注 IT 服务的规划和实现，归纳了与 IT 管理相关的 5 个战术级流程，即服务级别管理、IT 服务财务管理、能力管理、IT 服务持续性管理和可用性管理。后者则侧重在 IT 服务的日常运作任务上，归纳了与 IT 管理相关的 1 项管理职能——服务台及 5 个运营级流程，即事件管理、问题管理、配置管理、变更管理和发布管理，属于执行层的工作[17]。各主要流程说明如下：

（1）服务级别管理（Service Level Management），是定义、协商、订约、检测和评审提供给客户的服务质量水准的流程。有关所提供的服务和这些服务的质量水准记录在服务级别协议中。服务级别协议规定了服务双方各自的责任、权利和义务，是 IT 服务成功运作的重要保障。

（2）IT 服务财务管理（Financial Management of IT Services），包括 IT 投资预算、IT 服务成本核算和服务计费 3 个子流程，其目标是通过量化服务成本减少成本超支的风险、减少不必要的浪费、合理引导客户的行为，从而最终保证所提供的 IT 服务符合成本效益的原则。

（3）能力管理（Capacity Management），是指在成本和业务需求的双重约束下，通过配置合理的服务能力使组织的 IT 资源发挥最大效能的服务管理流程。

（4）IT 服务持续性管理（IT Service Continuity Management），是指确保发生灾难后有足够的技术、财务和管理资源来确保 IT 服务持续性的管理流程。IT 服务持续性管理关注的焦点是在发生服务故障后仍然能够提供预定级别的 IT 服务从而支持组织的业务持续运作的能力。

（5）可用性管理（Availability Management），是在正确使用资源、方法及技术的前提下保障 IT 服务的可用性和实践可用性要求。

（6）服务台（Service Desk），是一项管理职能而不是一个管理流程。它作为 IT 服务提供方与 IT 服务客户或用户之间的统一联系点，当客户或用户提出服务请求或报告事件或问题时负责记录这些请求、事件和问题，尽量解决它们；在不能解决时可以转交给相应的支持小组并负责协调各小组和用户的交互。服务台经常与事件管理紧密结合，用来连接其他的服务管理流程。

（7）事件管理（Incident Management），指的是突发事件管理，即在出现事故的时候，能够尽可能地恢复服务的正常运作，避免业务中断，以确保最佳的服务可用性级别。

（8）问题管理（Problem Management），是指负责解决 IT 服务运营过程中遇到的所有问题的流程。问题管理的主要活动实质上就是分析已被列出问题的事件的根本原因，找出解决方案，把事件的影响最小化，并通过找到已发生事件或潜在事故的根本原因来减少事件的数量或消除事件的再次发生的可能性。

（9）配置管理（Configuration Management），是将一个系统中软件和硬件等配置项资源进行识别和定义，并记录和报告配置状态和变更请求以及检验配置项的正确性和完整性等活动构成的过程。

（10）变更管理（Change Management），是要确保在 IT 服务变动的过程中能够有标准的方法，以有效的监控这些变动，降低或消除因为变动所造成的问题。它的目的并不是控制和限制变更的发生，而是对业务中断进行有效管理，确保变更有序进行。

（11）发布管理（Release Management），是指对经测试后导入实际应用的新增或修改后的配置项进行分发和宣传的管理流程，目的是要保障所有的软件组件的安全性，以确保只有经过完整测试的正确版本得到授权进入正式运行环境。

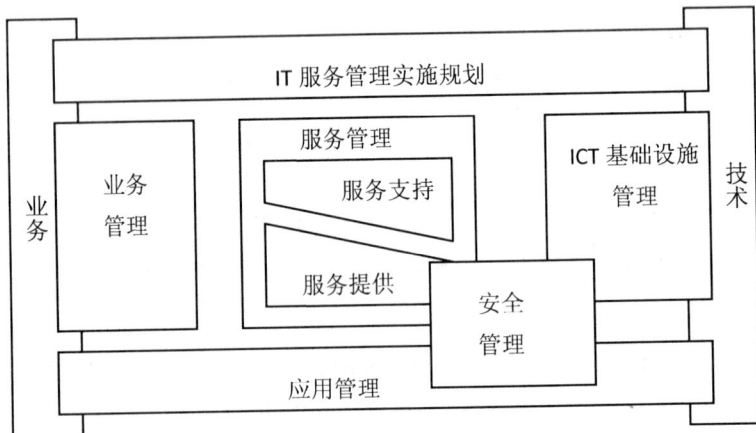

图 5-4　ITIL 结构图

世界权威的信息技术研究机构 Gartner 的调查发现，在导致信息基础设施经常出现故障的原因中，源自技术或产品（包括硬件、软件、网络、电力失常及天灾等）方面只占了20%，而因为管理方面的原因占到80%。可见，好的数字化建设，必须有一套良好的、行之有效的服务体系和服务管理平台作为支撑。ITIL 确保 IT 流程支持业务流程，提高了业务运作的质量和效率，提供了更可靠的业务支持，并提高了用户的满意度[18]。虽然 ITIL 当初只是为英国政府开发的，但是在 20 世纪 90 年代初期，它很快就在欧洲其他国家和地区流行起来。目前，ITIL 已经成为世界 IT 服务管理领域权威的标准，ITIL 3.0 在 2007 年被颁布，3.0 版本引入了生命周期的概念，它通过 PDCA 模型，可以不断地循环改进，从而保持 ITIL 的生命活力。ITIL 3.0 还提供了丰富的新资源，包括一些具体的实施方案，同时 ITIL 3.0 里面加入了和业界其他标准的接口。ITIL 3.0 由 5 个核心组成，分别是：①服务策略（Service Strategy），定义如何利用那些能够交付价值和获取价值的服务管理能力，如何决定服务组合、能力发展、运营效率、组织模型，以及知识资产的重要程度。②服务设计（Service Design），说明如何将策略计划与目标通过服务转换和运营转化为具体的设计与执行步骤。③服务转换（Service Transition），如何确保服务设计贯彻战略意图，如何确保整个设计能被有效操作与维护。④服务运维（Service Operation），说明如何通过管理产品生命周期的日常事宜来管理服务。⑤持续服务改进（Continual Service Improvement），如何确保服务能带来最大利益，如何对其绩效进行终生评估，并持续提供改良建议。此外，还提供了一系列配套指导，针对特殊的目标受众与更加细分和特定的市场部门，以及 IT 供应商和客户给予细节性的指导。ITIL 3.0 的模型示意图如图 5 - 5 所示。

ITIL 是一种公共的方法论，是一套通用的框架体系，将其应用于数字图书馆的服务质量管理中，可以指导数字图书馆业务的流程优化，建立高效的流程服务，以达到信息化、规范化、流程化的数字图书馆服务。在具体实践过程中，把信息技术与数字图书馆业务紧密地结合起来，运用 ITIL 的思路和方法，结合数字图书馆业务自身的特点和需求进行流程优化与设计，为数字图书馆的用户提供高质量、低成本的服务。首先，应明确数字图书馆业务特征，合理设置各工作环节，并规范各环节的职能，建立环节间的协作与制约关系[19]；然后根据各工作环节之间的关系画出流程图；最后，明确各环节的工作内容和规范标准，指导具体的实施工作并加以评估和改进。面对众多的 ITIL 核心流程，要同时实施所有的管理流程是很困难的，数字图书馆需要根据自己的具体情况，优先选出可能见效最快的几个流程，取得成效后再逐步完善其他的管理流程。数字图书馆的领导者

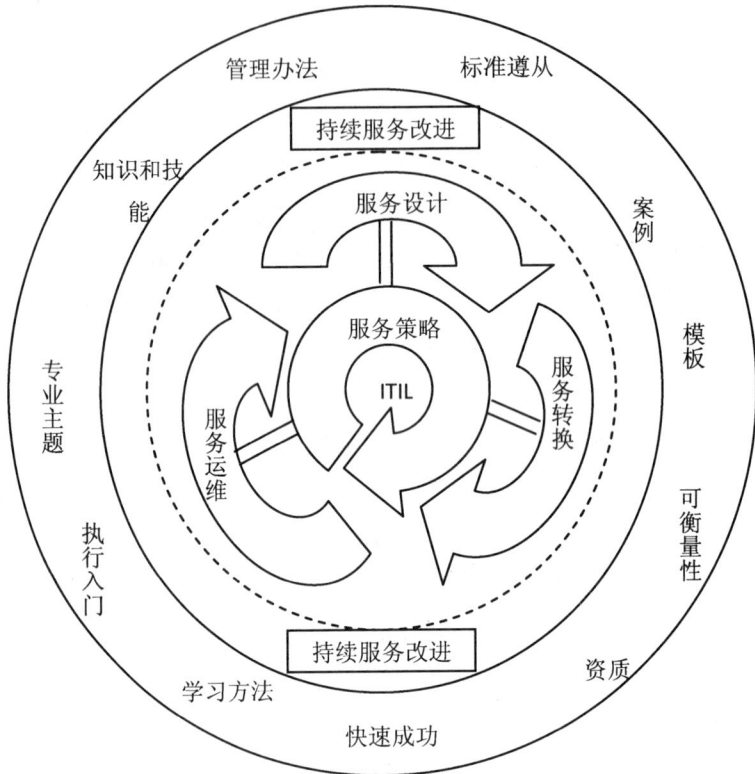

图 5-5 ITIL 3.0 模型示意图

必须站在组织高度，从整体上考虑 IT 服务管理的实施问题，做好信息系统和信息服务的管理和协调，使数字图书馆获得更满意的管理和服务效果，并结合 PDCA 生命周期的概念不断加以改进和提高。

ITSM（IT Service Management，IT 服务管理）是一套帮助企业对 IT 系统的规划、研发、实施和运营进行有效管理的高质量方法。ITSM 起源于 ITIL，是一种基于 ITIL 标准的信息化建设的国际管理规范[20]。ITSM 领域的国际权威组织 itSMF（国际 IT 服务管理论坛）认为 ITSM 是一种以流程为导向、以客户为中心的方法，它通过整合 IT 服务与组织业务，提高组织 IT 服务提供和服务支持的能力及其水平。它结合了高质量服务不可缺少的流程、人员和技术三大要素。标准流程负责监控 IT 服务的运行状况，人员素质关系到服务质量的高低，技术则保证服务的质量和效率。ITSM 包括 4 个方面的内容，分别是服务的设计与管理、开发与实施、服务运作、业务与 IT 的结合，它们完整贯穿于 IT 系统应用的全生命周期——"设计、建设、集成、管理、提升"。其中,设计与管理标准满足了用户系统的设计、建设需求;开发与实施标准解决了用户在集成方面的问题;服务运作标准针对用户的管理需求;业务与 IT 结合的标准则满足了全生命周期提升阶段的要求。在具体设计实现时首先需要明确各种服务策略,以及主要的角色,然后确定主要的服务活动和流程。将 ITSM 运用于数字图书馆服务管理,对内有利于流程优化,使各项活动流程化管理,提高效率;对外可将各种维护支持活动打包成服务,有助于准确计量数字图书馆的服务价值。

2. ISO 20000

ITIL 自发布以来,一直被业界认为是 IT 服务管理领域事实上的管理标准,直到 2001 年,英国标准协会(BSI)正式发布了以 ITIL 为基础的 IT 服务管理国家标准 BS 15000,并于 2002 年提交给国际标准化组织(ISO),申请成为 IT 服务管理国家标准。2005 年 ISO 批准通过了 ISO 20000 的标准决议,并于 12 月 15 日正式发布了 ISO 20000 标准。ISO 20000 标准着重于通过"IT 服务标准化"来管理 IT 问题,即将 IT 问题归类,识别问题的内在联系,然后依据服务水准协议进行计划、推行和监控,并强调与客户的沟通。该标准同时关注体系的能力,体系变更时所要求的管理水平、财务预算、软件控制和分配。

ISO 20000 主要包含两个部分:(1)ISO 20000—1,信息技术服务管理规范,它界定了一个组织向客户提供品质合格、管理良好的服务的有关要求,它的范围包括:管理体系要求、服务管理的计划和推行、新的或变更的服务计划和推行、服务提供过程、关系过程、决议过程、控制和发布过程等;(2)ISO 20000—2,信息技术服务管理实施指南,是一个行为准则,它为审核人员提供行业一致认同的指南,并且为服务提供者规划服务改善,它描述了 ISO 20000—1 范围内的服务管理程序的最佳范例。ISO 20000 标准包括了 5 个关键的服务过程及 13 个管理流程。5 个服务过程包括:服务交付过程、控制过程、发布过程、解决过程和业务过程。13 个管理流程分别是:服务等级管理、服务报告、能力管理、服务持续性与可用性管理、信息安全管理、IT 服务预算编制与会计核算、配置管理、变更管理、发布管理、事故管理、问题管理、业务关系管理、供应商管理等。

二、数字图书馆服务绩效管理

1. 绩效管理理论和体系

绩效是指对应职位的工作职责所达到的阶段性结果及其过程中可评价的行为

表现。绩效管理（Performance Management）是指管理者与员工之间就目标与如何实现目标达成共识的基础上，通过激励和帮助员工取得优异绩效从而实现组织目标的管理方法。绩效管理的目的在于通过激发员工的工作热情和提高员工的能力和素质，以达到提高服务质量和改善绩效的效果。绩效管理对于提升组织的竞争力具有巨大的推动作用，绩效管理有利于促进组织和个人绩效的提升，有利于促进管理流程和业务流程优化，保证组织战略目标的实现。

绩效管理的环节上至组织的发展目标、战略和计划，下至职能发展、组织效率的全部内容。绩效管理的目标是提高组织的整体绩效，强调以组织发展战略为导向，着眼于组织的未来，对组织的目标、业绩、管理流程、服务、员工发展和创新能力进行综合管理[21]。著名的绩效管理体系有：360度绩效管理体系、平衡计分卡、目标管理法、关键绩效指标法、高标定位、经济价值增加、利益相关者评价等。绩效管理的过程通常被看做一个循环，这个循环分为四个环节，即：绩效计划、绩效辅导、绩效考核与绩效反馈。绩效管理发挥效用的机制是，对组织或个人设定合理目标，建立有效的激励约束机制，使员工向着组织期望的方向努力从而提高个人和组织绩效；通过定期有效的绩效评估，肯定成绩指出不足，对组织目标达成有贡献的行为和结果进行奖励，对不符合组织发展目标的行为和结果进行一定的约束；通过这样的激励机制促使员工自我开发提高能力素质、改进工作方法从而达到更高的个人和组织绩效水平。

2.绩效管理在数字图书馆服务管理中的应用

数字环境下图书馆的信息资源、技术环境及信息服务人员的角色都发生了改变，在这些综合因素的影响下，形成了独具特色的数字图书馆服务体系。数字环境下图书馆服务的转型以及用户需求的改变，要求数字图书馆必须提升图书馆服务绩效。借鉴企业绩效管理模式的成功经验，将绩效管理应用于数字图书馆服务管理，可以更好地为用户提供知识信息的获取服务，有利于管理服务水平的提高。数字环境下提升图书馆服务绩效要综合考虑多种因素：图书馆馆员的专业技能，数字图书馆信息基础设施建设，数字化信息资源的持续可获取性，数字资源的数量、质量及性能特征，数字环境下图书馆服务手段与服务形式的创新等[22]。在绩效管理过程中，评价指标体系是衡量图书馆服务成效和预期目标实现的主要参考依据，数字图书馆绩效管理通过评估体系来评价管理的成效。此外，绩效考核是绩效管理体系发挥效用的关键，需要建立公平公正的评估系统，对员工和组织的绩效做出准确的衡量。通过数字图书馆的管理评价研究，将组织战略转化为一套系统的绩效管理指标，实现组织发展远景、战略与组织业绩评价的结合，进行有效的绩效管理。

20 世纪 90 年代以来，随着数字图书馆的发展，各国开展了一系列数字图书馆绩效评估项目的研究，重点是对数字图书馆的评价对象、角度、标准和方法的分析研究，即评估体系的建立。研究内容主要面向电子资源的服务、管理信息系统、用户满意度、数字化资源的利用、网络化电子资源的使用、分布环境中数字图书馆和相关技术效果、图书馆统计和绩效测度等。同时，一些国际会议和学术讨论也开始关注与数字图书馆绩效评估相关的主题，如 Northumbria 国际绩效评估研讨会、IFLA 大会等都十分关注数字图书馆的绩效评估[23]。从相关的研究成果可以看出数字图书馆的统计和绩效指标的建立涵盖了：数字资源的使用和服务、数字资源和相关基础设施的费用、专业化的馆员、用户培训和用户满意度等方面内容。

3. 平衡计分卡在数字图书馆绩效管理中的应用

平衡计分卡（The Balanced Scorecard，BSC）是 20 世纪 90 年代初由哈佛商学院的罗伯特·卡普兰（Robert Kaplan）和诺朗诺顿研究所所长（Nolan Norton Institute）、美国复兴全球战略集团创始人兼总裁戴维·诺顿（David Norton）所共同创建的一套绩效管理方法。平衡计分卡的基本原理是将组织的愿景、使命和发展战略与组织的业绩评价系统联系起来，把组织的使命和战略转变为具体的目标和测评指标，以实现战略和绩效的有机结合。通常，BSC 的实施包括定义组织战略、将战略目标具体化、为目标确定业绩衡量指标、实施和反馈等过程。BSC 的传统评价维度包括经济、发展潜力、工作流程、用户四个方面，BSC 建模中允许根据应用对象的不同进行适当的调整。BSC 将绩效管理的评估工具转变为战略实施的工具，为组织的可持续发展提供了重要的管理工具。

平衡计分卡制度的早期重点实施对象是以获利为目的的私人企业，但后来发现平衡计分卡在用于改善非营利性组织的管理体系方面也产生了积极的效果，同样适用于数字图书馆的绩效管理。平衡计分卡受到欧美地区的图书馆协会、各类型图书馆的重视，包括 UNESCO、IFLA、ISO 在内很多权威机构都使用 BSC 构建图书馆评价标准。在综合考虑图书馆数字环境下发展的新特征，并结合图书馆运行管理机制，数字图书馆绩效考核体系可分为经济、发展潜力、内部工作流程、用户、信息资源等数字环境下图书馆发展必备因素，利用平衡计分卡将宏观的图书馆任务、使命与策略转化为一套切实可行的、全方位的绩效考核参考体系[24]。

首先，根据组织战略目标明确数字图书馆平衡计分卡的指标结构，即构建评价模型并确定各维度之间的关系。维度的设置根据具体实施环境的特点来确定，如 ISO 11620，IFLA 测度质量手册（2007）将 BSC 评价模型分为资源、检索和基础构建，用户，效率和发展潜力四个维度。IMLS 图书馆 BSC 项目将评价模型分为用户、内部工作流程、经济、发展潜力和信息资源五个部分。其次确定评估指标和权重，评价指标体系的选择根据已有项目的研究成果，并采用问卷调查的方式收集相关的评价指标，形成多级的 BSC 评价指标体系。可利用多种评价方法来确定数字图书馆的评估指标及其相应的权重，主要有层次分析法（AHP）、德尔菲法、数据包络分析法、条件价值评估法、多层次模糊综合评断法等。然后根据各项指标的权重值确定数字图书馆管理评价指标体系。在评价指标体系的实际应用中，对所采集到的数据进行分析计算得到数字图书馆的考核结果，最后根据绩效评估的结果对数字图书馆的发展给出战略指导意见。

三、数字图书馆服务营销管理

1. 数字图书馆服务营销理念

在商品经济的竞争环境下，营销已成为各产业领域组织发展的必要手段和必然支持。伴随着市场营销学的不断发展、图书馆自身发展以及社会经济环境的变化，营销被广泛地应用于图书馆界。国际图书馆界从二十世纪的七八十年代开始就已经在运用传统的市场营销理论、创新的服务营销和社会营销理论来指导公共图书馆的管理，并且取得了较好的效果[25]。数字图书馆营销有其自身的特色，它强调用户的需求，更加注重信息服务如何快速地开展和实施，并同时兼顾社会效益和经济效益。在信息服务市场激烈的竞争环境下，在信息产业一日千里的发展态势和市场经济浪潮的冲击之下，数字图书馆必须积极引入营销理念，寻求数字图书馆的可持续发展。

数字图书馆的市场营销是一种针对信息市场服务的产品营销，数字图书馆的产品就是一种服务，而其服务的内容就是信息和知识。数字图书馆要获得成功，必须要在市场营销上赢得先机。数字图书馆应发挥优势，采用新的服务模式，利用营销方式将服务推向市场。图书馆员要善于整合各种数据库资源，创造出有附加值的服务，向具体和潜在的用户推销自己的产品。同时图书馆还要善于对用户市场进行培育，履行信息素养教育之职责，增强用户的信息意识，提高他们对信息的需求，提供物超所值的信息产品，才能赢得用户的信赖，达到营销的目的[26]。

数字图书馆进行营销管理的目的在于通过各种营销活动的开展，促进信息资源的传递、开发和服务，实现信息资源和信息产品的内在价值，缩短数字图书馆与用户和社会之间的距离，最大限度地发挥数字图书馆信息资源的作用，让更多的人认识和感受数字图书馆的资源和服务，获得公众和社会的支持。数字图书馆自身可以通过业务流程重组、人力资源建设和组织文化建设等多种手段实现数字图书馆的营销管理。

2. 数字图书馆服务营销

数字图书馆的服务营销对象是使用数字图书馆信息和服务的现实用户和潜在用户，在数字化环境下，用户具有信息素养较高、信息需求更加具体、变化更加多样等特点，针对这些用户群体，需要提供个性化的服务营销方式。数字图书馆服务营销要求数字图书不断扩大服务范围，深化服务内容，向读者宣传数字图书馆的目标、任务，使读者明白数字图书馆的信息产品和服务定位，树立良好的数字图书馆形象，提高数字图书馆的社会地位，吸引大量的用户；并使用户能方便、快捷地利用所需的信息资源；重视每一用户的心理要求，有针对性地满足每一位用户信息诉求，提高用户利用数字图书馆的满意度[27]。服务营销要注重营销的策略，以提供满足用户需要的服务产品为责任和义务，以用户的需求为中心来组织图书馆的工作，提供必要的用户培训以及咨询解答方面的服务，能为用户提供多种可供选择的渠道方式使用户在尽可能短的时间内获得所需要的信息和服务。在目标用户心中确立与众不同的价值地位，使更多的用户形成对数字图书馆信息产品和服务的依赖和偏爱，达到稳定用户群的目的[28]。

第三节 数字图书馆人力资源管理

美国管理学家彼得·德鲁克于 1964 年在《管理的实践》一书中首次提出了人力资源的概念，他指出："人力资源有一种其他资源所没有的特性：具有协调、整合、判读和想象的能力。"[29]所谓数字图书馆人力资源管理，是以经济学与人本思想为指导，对数字图书馆的相关人力资源进行合理运用，以满足数字图书馆当前及未来发展的需要，保证数字图书馆事业与馆员最大化发展。

一、数字图书馆人力资源管理的意义

1. 角色转变、知识经济时代需要加强人力资源管理

在知识经济时代，数字图书馆将逐渐变成为社会提供知识与信息服务的主体，而人力资源不仅是数字图书馆发展的前提条件，也为数字图书馆的发展提供

了保障。人力资源作为数字图书馆各要素中的首要环节，对数字图书馆的发展起到决定性作用，只有做到人力资源和数字图书馆协调发展，才能进一步推动数字图书馆可持续发展的战略。因此，数字图书馆的人力资源建设对于数字图书馆建设与发展的作用是不容忽视的，它是数字图书馆建设与发展的首要任务和目标。

2. 提高员工积极性、提升数字图书馆效益

数字图书馆人力资源管理的目标是提高馆员的能力和实现数字图书馆组织高效长远发展，也就是将馆员的职业人生规划和数字图书馆发展战略充分结合在一起。对数字图书馆人力资源合理配置，调动员工积极性也就是运用各种有效的方法，持续地激发馆员的工作动机，使之产生并维持充足的工作热情，激发馆员的主观能动性，最大化馆员的工作能力，从而进一步提高图书馆的效益。

3. 提升数字图书馆服务质量

数字图书馆是在传统图书馆基础上发展起来的新兴的图书馆行业，由于它的时代特征和技术要求，图书馆的服务水平也提升到了一个新的高度。数字图书馆的人力资源管理不仅仅是对传统图书馆人力资源管理的继承，更具有与时代发展相适应的特征。人力资源合理的配置，不仅可以有效改善和提高数字图书馆的整体服务质量，对于数字图书馆行业整体发展也具有积极的意义。

二、数字图书馆人力资源管理的特点

1. 知识性

图书馆自身的行业特征要求馆员必须向知识型、学术型和导航型方向发展，同时数字图书馆也面临着信息化管理和知识管理这样的新课题。人力资源管理的目标是提高员工能力和实现组织的高效长远发展，因而要求图书馆需要构建一个学习型组织，通过创造良好的学习机制以提高馆员的综合素质，更好地为数字图书馆服务。

2. 时代性

数字图书馆是一个不断发展和调整的行业，同时也是一个和 IT 技术紧密结合的行业，随着信息以及网络技术突飞猛进的发展，数字图书馆受到的冲击与日俱增，这种冲击既是机遇也是挑战。新的技术给数字图书馆的人力资源带来变革，人力资源管理部门作为数字图书馆发展战略的重要组成部分，需要根据数字图书馆发展的特点做出科学的结构调整和资源优化配置以不断满足未来数字图书馆发展的需要。

3. 继承性

数字图书馆的基础仍是传统图书馆，但它在 IT 技术飞速提高时代背景下应运而生，因而是一个高速发展的行业，也是一个不断面对技术冲击的行业。数字图书馆的人力资源继承了传统图书馆对信息资源组织的技术基础，并具有社会性和服务性的特点，更需要不断完善和发展自身的特点。需要在继承传统图书馆人力资源水平的基础上进行创新和改革以适应时代发展的要求。

三、数字图书馆人力资源管理应遵循的原则

1. 能级对应原则

人才管理学认为，在使用配备管理者时，应遵循"能级原理"，就是将管理系统中的人员、岗位等要素划分成不同的层次，并授予不同的权力和物质利益，使各个层次都能充分发挥自身的能力，从而达到理想的管理效益。在数字图书馆，能级对应原则也就是把馆员根据自身能力的不同，通过测评等手段按照管理的能级加以划分，使不同的级次有不同的规范与标准。人的能级与管理级次的相互对应程度标志着社会的进步与人才使用的合理程度，同时数字图书馆的能级管理应具有动态性、可变性和开放性，使馆员的作用能够得到充分发挥。

2. 竞争激励原则

数字图书馆馆员的潜能是蕴藏在数字图书馆组织内的、巨大的人力资源，这是创造数字图书馆工作高绩效的无形资产和不竭动力。将馆员的潜能激发出来，是数字图书馆事业持续发展的必然要求。引入竞争机制，使馆员感受到竞争的存在，激发馆员的危机意识，可以培养馆员的个人优势，将个人价值转换为社会价值，迎合数字图书馆发展的需要。引入激励机制，可以充分增强馆员的责任感、自尊感和成就感，挖掘馆员的积极性、主动性，提高人力资源对数字图书馆发展的贡献力[30]。

四、数字图书馆人力资源管理的内容和措施

1. 人力资源建设，构建合理的人才队伍结构

在图书馆的服务中，馆员作为知识和智力的载体，在图书馆生存和发展中成为图书馆最宝贵的资源和财富。以人为本的管理方式是将人视为经营活动中最重要的、应首先考虑的核心要素。以"人"为核心的管理，强调对员工的关心与帮助，注意从心理上协调个人与图书馆的行为，达到员工与图书馆的有效沟通与配合，以取得最佳的效益。数字图书馆的发展关键是数字图书馆从业人员的基本素质、知识结构、创新能力等。 相对于实体图书馆，数字图书馆的竞争更加激

烈，因此人才储备是制约数字图书馆发展的关键因素。更好地选择人才，应用人才，发展人才，留住人才是每一个数字图书馆所面临的关键问题。

数字图书馆的人才队伍结构建设应以能本管理为主。所谓能本管理就是以人的能力为本的管理。数字图书馆应根据不同人的能力合理安排人才队伍，并充分激发人的潜力，将人的能力发挥到最大化。考虑到数字图书馆的实际情况，应根据需要引进与培养偏重于技术管理与应用的人才，而将数字图书馆开发阶段所需的专业人才甚至是今后的技术维护都可以用外包或合作的形式来加以解决[31]，同时数字图书馆建设中的市场营销人才、法律人才也可采用外聘的方式加以解决。

2. 建立人力资源竞争和激励机制

数字图书馆人力资源建设需要建立一套科学的管理机制，包括建立增强动力的竞争机制和建立调动积极性的激励机制。竞争机制是市场经济条件下对于选用机制的最本质要求。数字图书馆人力资源的竞争机制包括薪酬激励、绩效考核、目标管理、职业发展等馆员集体参加的各项竞争活动。馆员在竞争机制的作用下了解自身的缺陷，弥补自身的不足以适应数字图书馆发展的需要。激励机制则是突出了数字图书馆对于馆员的一种人本关怀，通过激励措施不仅提高了馆员自身的主动性，而且可以让馆员充分发挥自身的优势，以取得更大的进步。采用激励机制要做到，激励对象公平原则，激励方法有所区别。总体来说，引入竞争和激励机制可以同时从被动和主动两个方面共同对人力资源产生作用，使人力资源扬长避短，更适应数字图书馆发展的需要。

3. 建立挖掘潜能的培养机制

图书馆员工经过有组织、有规划的培训，具有能够胜任数字图书馆特定工作岗位的知识与技能，具有良好的工作态度和服务精神，并能将自己潜在的创造力发挥出来，实现自身价值，将是人力资源管理中的重要环节[32]。建立人力资源的培养机制本质上是对数字图书馆业务的补充，为数字图书馆业务发展提供上升空间，对于馆员来说也是自身价值的提高。

数字图书馆的培养机制应注意以下几个方面：

(1) 提高全体员工培养开发的意识。数字图书馆的培养机制不仅仅是对个体的培养、有需要才培养，人力资源应作为一个整体，通过培养营造学习氛围。通过长期的系统培训和员工自我提升达到专业化。

(2) 制定切合实际的培养开发计划。数字图书馆制定的培养机制应切合实际，有的放矢，制定短期和中长期发展规划，对培训结果加以考核以确保培训实际有效。有针对性加强专业人才培养，弥补和提高数字图书馆的薄弱环节。

（3）树立开放的人才培养观念。对于人才的培养应吸取国内外各方优秀的经验，加强交流和学习，以"请进来，走出去"的观念提高培养深度，充分提高数字图书馆专业人员的专业水平。

第四节　数字图书馆项目管理

当前中国数字图书馆建设往往都以"项目"方式推进，因而"数字图书馆管理"在某种程度上被"简化为"项目管理。项目管理是以项目为对象，通过一个临时性的柔性化的专门组织，对项目进行高效率的计划、领导、协调和控制，项目的全过程资源得到优化，从而顺利实现项目预期目标的过程。项目管理包括范围管理、进度管理、成本管理、风险管理、质量管理、人力资源管理、沟通管理、采购管理、综合管理等各个方面[33]。

项目管理有三个关键要素：时间、成本、质量，这三个要素称为项目管理三角形（Project Management Triangle）。时间要素也就是进度、工期的管理，强调把一个规模庞大、时间长的项目拆分成不同的时间段，并分别设置目标，以达到时间上的控制；成本也就是资源，包括了人力资源，财力资源和物质资源，无论项目管理的任何阶段都应该对成本设置在可控的范围内，充分发挥各资源应有的优势，物尽其用，实现资源利用的最大化；质量则体现了项目管理的目标，在不同时间、不同成本的基础上分别能完成怎样的目标，不同阶段有阶段性的质量控制，整体上也应有总的质量控制。项目管理的这三个要素相互关联，也相互制约，统一而又对立，当项目进行的时间越长，成本也会相应提高，质量相应会有所保证；反之项目进行时间短，成本投入小，那么质量也会下降。因此项目管理者需要保证这三个要素的均衡性与合理性，力求达到项目管理的整体优化。

数字图书馆管理可以运用项目管理的理论，在电子资源数据库采购、数字化资源建设、系统应用开发、信息咨询查新等方面加以应用，不仅能有效聚集资源要素、节约经费降低风险保证质量，扁平化项目团队组织架构，也使馆员得到锻炼，提高工作效率，提升图书馆效益和地位。

一、数字图书馆业务外包管理

服务外包是指企业将其非核心的业务外包出去，利用外部最优秀的专业化团队来承接其业务，从而使其专注核心业务，达到降低成本、提高效率、增强企业核心竞争力和环境应变能力的一种管理模式。它包括业务流程外包（BPO）、信息技术外包（ITO）和知识流程外包（KPO）。

与传统图书馆相比，数字图书馆在馆藏建设和业务管理方式上有巨大的不同，其数字化业务不仅仅涉及数字图书馆机房硬件设备、应用软件的日常管理和维护，还包括信息资源的数字化，图书馆数字化信息资源的收集整理、存储组织、搜索检索、传输传播、分析研究和利用服务等[34]，对于图书馆管理人员的业务水平和技能要求也有较大的提高，特别需要应用大量计算机技术来解决数字化问题。而人力资源发展水平与日益增长的图书馆数字化需求之间的矛盾也与日俱增，并逐渐成为制约数字图书馆发展的严重瓶颈。为了解决这一矛盾，引入数字化业务外包十分必要。

1. IT 服务外包

IT 服务（IT Outsourcing）主要包括软件集成、硬件集成、数字化解决方案以及 IT 综合服务。通过 IT 服务外包，将数字图书馆交给外部的专业性公司管理与执行，承担数字图书馆机房硬件设备、应用软件、数据更新的日常管理和维护，实现精简机构、降低费用、提高效率的目标，同时也可以使读者享受到更专业、更优质的服务[35]。实行 IT 服务外包可以协助数字图书馆管理人员将有限的 IT 资源更为有效的发挥在核心业务上，保障 IT 系统运行的平稳可靠，减轻人力资源配置负担，降低 IT 运营成本。

2. 图书馆信息资源数字化外包

图书馆的信息资源数字化主要是指将图书馆纸质资源进行数字化转换和加工以进行存储、保护和利用。图书馆信息资源的数字化是数字图书馆建立、健全和发展的基础与保证。图书馆信息资源数字化工作具有高强度、重复性、长期性的特点。运用信息资源数字化外包可以充分解放内部的劳动资源，优化内部配置，并通过科学有效的管理，严格的把关，提高效率，保证数字化产品的质量。

3. 数字化资源的组织存储外包

随着信息技术的发展，由于数字化资源具有易管理、易保存、易使用、易传播的特点，海量的图书馆资源被加以数字化处理，日益膨胀的数字化信息资源必然给数字图书馆的组织存储带来巨大的挑战。将数字化资源进行组织存储外包有助于减轻数字图书馆对分布式数字化资源保存与管理的压力，通过专业的组织存储外包进一步提高信息资源的可靠性和安全性。

4. 云服务

云计算是一种将分布式计算、网络计算、并行计算以及 Internet 结合起来的新的 IT 资源提供模式，可将动态的、可伸缩的 IT 计算资源以服务方式通过 Internet 提供给用户[36]，使得成千上万的终端用户不担心所使用的计算技术和接入的方式等问题，都能够依靠网络连接起来的硬件平台的计算能力来实施多种应用。云服务具有快速部署、IT 管理和运维简单、节省成本、高可靠性和安全性等特点，是数字图书馆未来提供服务的方式之一。云服务是新兴发展的技术之一，从数字图书馆的实际情况来看，信息技术专门人才成本较高，人才高消费势必会导致人才流失，在无法适应云计算服务快速发展的要求的情况下，往往需要采取外包模式，利用专业的外包服务，弥补自身技术的不足，并且提高自身的技术水平和业务竞争力，带动行业的发展。

二、数字图书馆经费预算与管理

项目成本管理即项目经费管理，主要是完成对项目作业所需资源的经费管理，但也要考虑在使用项目产品的经费上的决策影响，项目经费管理贯穿于项目作业活动的全过程和每个方面，一般项目经费管理过程可分为编制资源计划、费用估计、费用预算、费用控制、费用决算与费用审计过程。在某些应用领域中，项目经费管理还包括附加的过程和管理技术，如投资回报、折算费用流、回收期分析等[37]。数字图书馆成本是指数字图书馆在资源建设和服务过程中所消耗的各种费用的总和。

1. 数字图书馆成本核算的对象

数字图书馆成本核算对象主要由数字资源建设费用、基础设施费用、资源服务费用、人力资源费用和行政管理费用五部分构成[38]。

数字资源建设的成本，主要指数字资源生产、保存和利用等过程中的一切成本；信息化设备也就是基础设施，主要包括数字图书馆建设所需的软硬件环境，如服务器、存储、网络设备、安全设备、开发测试平台及工具、数据库环境等；资源服务是指数字图书馆在提供数字资源服务时产生的成本，主要包括资源检索成本、资源传递服务成本、资源增值服务成本、资源服务失误和补救成本；人力资源是数字图书馆的主体要素，其成本主要包括员工的薪酬、福利以及培训等方面；行政管理包括会务办公活动，差旅招待活动等必要的行政成本支出。

2. 数字图书馆运行成本核算与分析

作业成本计算法（Activity Based Costing，ABC），根据实际作业流程所耗费的分摊成本，它将间接成本直接、准确地分摊到每一件产品或服务上，作业成本法的使用可以帮助企业管理层弄清每件产品、每个订单的成本和利润，从而做出正确的决策。美国会计大师埃里克科勒教授于 1952 年编著的《会计师词典》中，首次提到了作业、作业账户、作业会计等概念。使用作业成本法可以帮助数字图书馆确立正确的成本，它不仅是一种先进的成本计算方法，也是成本计算与成本控制相结合的全面成本治理制度，为数字图书馆提供决策指导，以提高竞争力。

成本动因是指引起成本发生的动机或原因，也称"成本驱动因素"，是进行作业成本计算的核心内容，也是构成成本的决定性因素。 成本动因可以是一个事件、一项活动或要求，它支配成本行为，决定成本的产生。如何全面而又合理地选择成本动因成为科学实施作业成本法的关键所在[39]。数字图书馆的成本动因分析可划分为结构性成本动因分析和执行性成本动因分析。通过对成本动因的分析，数字图书馆可以得到更准确的产品成本计算，以改善制作成本费用分配，并且可以更清晰地认识到电子资源产品及各种服务产品的利用率，充分利用各种资源，通过对成本动机的控制使数字图书馆降低成本，提高各项作业成本的生产效率。

第五节　数字图书馆安全管理

为促进数字图书馆事业的发展，对数字图书馆的运行必须实施严格的安全管理，以保障数字图书馆建设和服务有序进行。从广义上讲，数字图书馆的安全管理与信息安全管理是一致的，数字图书馆强调数字化信息内容资源的管理以及对整个信息服务系统安全的关注，这些都没有超出一般意义上的信息安全领域。

数字图书馆安全管理是指保护数字图书馆中的信息系统相关资产免受任何可能的威胁和损失，保持其中信息资源完整性和可用性并保障其实现所设定信息服务和其他功能的行为。数字图书馆中的信息系统相关资产可包含物理资源、软件资源与信息资源等。其中信息资源是指以数字形式发布、存取和利用的信息资源总和。

一、数字图书馆安全与信息安全

数字图书馆的安全问题是数字图书馆建设与服务中一个最重要的保障性难题，没有安全的保障，资源与系统得不到保护，有效的服务也难以为继[40]。从基本要素来说，数字图书馆具有资源、服务与网络三个要素。数字图书馆安全关注资源安全、服务保障及网络安全等，并需要从技术领域和管理范畴共同考虑。数字图书馆具有对数字资源在网络环境下进行组织、管理、服务的技术形态特征。虽然它在实际应用中或多或少地更为关注数字信息内容的管理与服务，但它还是一个通常意义上的典型信息系统。数字图书馆所具有的网络环境下的服务与分布式架构的特点，也与通常的网络环境下的信息系统架构并无不同。因此，数字图书馆系统安全策略、数字图书馆安全技术体系，实质是信息安全问题。

在信息安全管理国际标准 ISO 27000—2009 [41] 中对信息安全的定义是："信息安全就是保持信息的保密性、完整性与可用性。"其中保密性（Confidentiality）是指信息将不会被披露或被未授权的个人、实体或其他计算机处理进程所获取。完整性（Integrity）是指要保护信息资产的准确与完整性。可用性（Availability）是指信息能被经授权的实体访问及使用。

实现信息安全目标可参考或依从一些相关国际、区域、国内或行业标准等。从信息安全的实现要义来说，包括预估或发现风险，然后加以防范与控制，从而实现信息安全的目标。但是，在信息安全相关的实践中，整个安全体系覆盖信息系统生命周期的各个阶段，包括设计、开发、实施、测试、运行、维护等。整个流程涉及信息安全的方方面面，包括安全需求的定义、风险的评估、安全技术的采用、安全测评服务、安全机制的构建、安全的管理、安全产品及系统、安全的行业性应用与安全要求等。

二、数字图书馆安全管理的相关标准

从理论上讲，整个信息安全技术标准体系都是数字图书馆安全应该参照或依从的标准规范。从安全的具体实施来说，往往有三分技术、七分管理的特点。安全技术固然重要，但安全管理的体系与相关制度的建设，以及人员的实际运作管理能力更为重要。因此在整个信息安全技术标准体系中，最需要参考的是信息安全技术基础及管理类的标准。

1. ISO 13335 信息技术安全管理指南

ISO/IEC 13335 信息技术安全管理指南（Guidelines for the Management of IT Security，GMITS）是于 1996 年起陆续发布的一项标准。它是 ISO/IEC JTC1 制定的技术报告，是一项信息安全管理方面的指导性标准，其目的是为有效实施信息技术安全管理提供建议和支持。

ISO/IEC 13335 有两个特点：一是更细致地提出了一些信息技术安全管理的具体措施；二是提出了一个以风险为核心的安全关系模型，定义了一些关键要素。ISO 13335 所定义的风险关系模型如下图 5 – 6 所示。图中清晰地说明了信息技术管理中风险控制相关的各要素之间的关系，以及如何通过不断完善的过程来更好地保护组织的资产并控制风险。风险管理是一个循环往复、不断改进的过程。

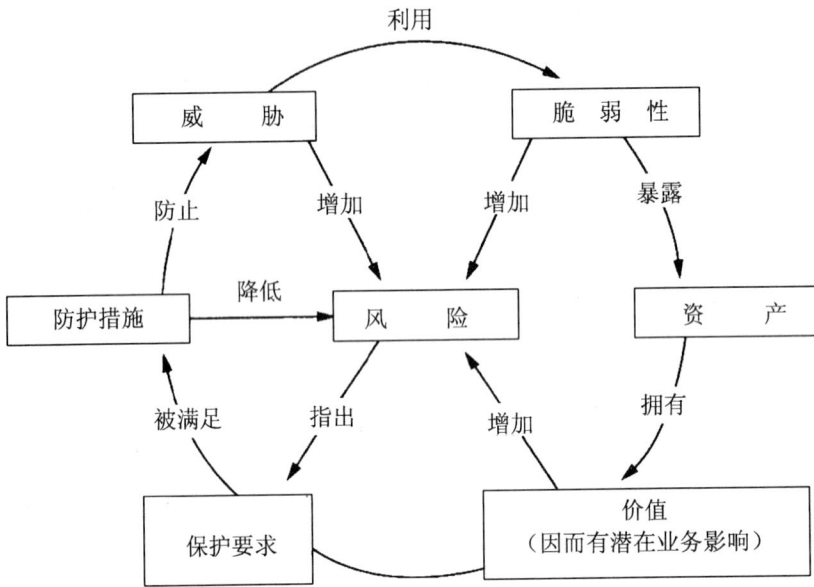

图 5-6　ISO 13335 所定义的风险关系模型[42]

　　按照 ISO 13335 安全和安全管理的概念定义和安全原则，数字图书馆可根据 ISO13335 标准规划数字图书馆的信息安全体系，明确数字图书馆安全需求，决定数字图书馆的安全战略，进行安全防护和教育，并进行风险管理。在构建数字图书馆的安全管理框架时，实现数字图书馆信息技术安全体系的保密性、完整性、可用性、可审计性、可认证性和可靠性，并通过风险模型明确数字图书馆资产所面临的安全风险与其他各个要素之间的内在关系，指导数字图书馆做好防护措施。

2. ISO 27000 系列信息安全管理系统

　　1993 年，由英国贸工部组织，许多企业参与编写了一个信息安全管理的文本《信息安全管理实用规则》（Code of practice for information security management）。这是著名的英国国家标准 BS7799 的前身。1995 年，该文本被转化为英国国家标准，即 BS 7799—1:1995 信息安全管理实用规则。1998 年，英国又推出了 BS 7799—2:1998 信息安全管理体系规范（Specification for Information Security Management System），这就是后来俗称的 ISMS 名称的由来。2000 年 12

月，BS 7799—1:1999 被采纳成为国际标准，即 ISO/IEC 17799:2000。但是 BS 7799—2 当时并未能够成为国际标准，后来 BS 7799—2 重新修订，推出了 BS 7799—2:2002。2005 年 ISO/IEC 发布了 ISO/IEC 17799:2000 的修订版本，即 ISO/IEC 17799:2005。同年，ISO/IEC 在 BS 7799—2:2002 基础上发布了 ISMS 规范要求标准，即 ISO/IEC 27001:2005。2007 年，ISO/IEC 17799:2005 也被重新更名为 ISO/IEC 27002:2005（内容不变），至此 ISO 27000 系列标准已经自成体系并得到了很好的发展。

源自 BS 7799 的信息安全管理体系规范及其实用规则应用相当广泛，且在信息安全领域是最具影响力的信息安全标准，ISO 27000 系列继承了这一血统并得到了很好的发展。除 27001、27002 以及不久前发布的 27000 以外，目前 ISO 27000 系列的后续标准形成了一个复杂而庞大的体系。这里主要介绍 ISO 27001 与 ISO 27002 标准。

ISO/IEC 27001:2005　信息技术—安全技术—信息安全管理体系—要求（Information Technology-Security Techniques-Information Security Management Systems-Requirements）[43] 是建立信息安全管理体系（ISMS）的一套规范，其中详细说明了建立、实施和维护信息安全管理体系的要求，指出了实施机构应该遵循的风险评估标准。作为一套管理标准，ISO 27001 指导相关人员怎样去应用 ISO/IEC 27002:2005，最终目的还在于建立适合企业需要的信息安全管理体系。ISO/IEC 27001:2005 采用过程方法来建立、实施、运行、监视、评审、保持和改进组织的 ISMS。它使用了一个被称为"规划（Plan）—实施（Do）—检查（Check）—处置（Act）"（PDCA）的模型来应用这一过程方法（见图 5 - 7）。该模型说明了 ISMS 如何把相关方的信息安全要求和期望作为输入，并通过必要的行动和过程，产生满足这些要求和期望的信息安全结果。

ISO/IEC 27002:2005　信息技术—安全技术—信息安全管理实用规则（Information Technology-Security Techniques-Code of Practice for Information Security Management）[44] 是 2007 年为替代 ISO/IEC 17799:2005 标准而发布的，只是更改了相应的标准序号，内容并无变更，目的是使相关的标准都统一到 ISO 27000 标准系列之中。该标准包含 11 个主题，定义了 39 个控制目标、133 个控制措施。11 个主题分别是安全政策、组织安全、资产的分类与控制、人员安全、物理和环境的安全、通信和操作管理、访问控制、信息系统开发和维护、业务持续性管理、符合性以及信息安全事故管理。

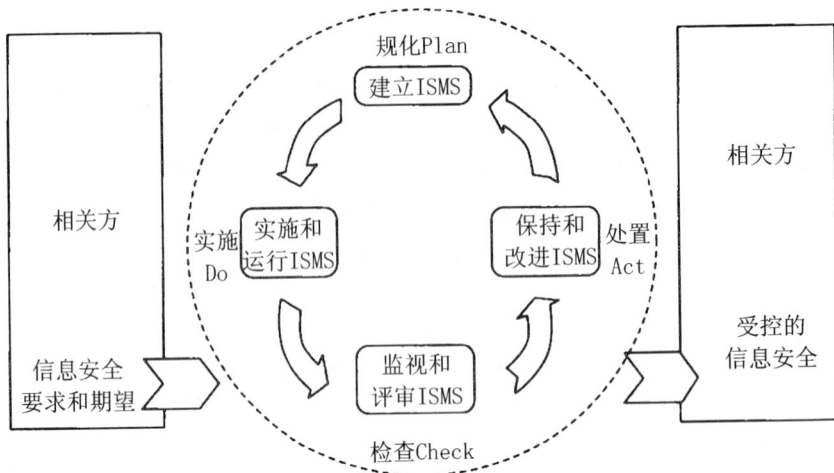

图 5-7　应用于 ISMS 过程的 PDCA 模型

ISO/IEC 27002 信息安全管理标准是一个指导性准则，将其应用于数字图书馆信息安全管理时要充分考虑数字图书馆信息系统在环境和技术上的特点。针对数字图书馆的特殊应用，应着重于网络安全控制管理和数字资源保存管理等方面，保障数字信息的完整性、机密性和可用性，并建立适合数字图书馆的安全评估体系。参照 ISO/IEC 27001，数字图书馆可按照下列步骤来建立信息安全管理体系：首先，根据数字图书馆各个部门的实际情况，规划信息安全的目标和任务，并制定信息安全管理的策略，确定信息安全管理体系的范围；然后，根据具体的业务需求，选择信息安全管理系统的控制目标和控制措施，进行信息安全管理体系的实施和运行；再后，在运行过程中，监控运行的效果，并进行评审和改进。

3. GB 17859—1999 和 GB/T 20269—2006

2007 年，公安部、国家保密局、国家密码管理局、国务院信息化工作办公室等部门，在 2006 年发布试行办法的基础上，正式发布了《信息安全等级保护管理办法》，要求各单位遵照执行。方法中提到信息系统的安全等级划分应依照由公安部主持制定、国家质量技术监督局发布的 GB 17859—1999 计算机信息系统安全保护等级划分准则[45]的标准予以执行。GB 17859—1999 与前面提到的其他等同采用国际标准的一些安全管理国家标准有显著的不同，GB 17859—1999 是强制性国家标准，而其他标准都属于推荐标准。

2006 年发布的 GB/T 20269—2006 信息安全技术—信息系统安全管理要

156

求[46]可以看做是 GB 17859—1999 的一个具体实施指南，并且 GB/T 20269—2006 是在参照了 ISO 13335 及 ISO 17799（即以后的 ISO 27002）之后所编制出的一个国家标准，其安全理念模型和安全要素与所参照的这些国际标准保持一致，是这些在信息安全领域最具影响力的国际标准的本地化版本，更符合国内的现状与语境。GB/T 20269—2006 确定了信息安全管理要素，并且在 GB 17859—1999所定义的每一个信息系统安全要求等级上都注明了各个管理要素的控制措施与强度，可以看做是国际标准要素与国内安全需求结合得很好的解决方案。GB/T 20269—2006 标准可用于指导数字图书馆安全管理体系的建立，具有较高的参考价值。

三、数字图书馆安全管理的内容

数字图书馆安全主要应关注以下相关要素，包括过程管理、访问控制、信息资源安全、备份与容灾、环境安全、应急响应与安全公告等内容。在国家标准《GB/T 20269—2006 信息系统安全管理要求》中对信息系统安全管理的内容和原则，以及信息系统安全管理的等级划分进行了详细的定义和说明。数字图书馆安全管理是基于数字图书馆的服务目标，结合业务流程，对所有这些要素进行适当调配、组织，确保其正常发挥作用的完整体系。

1. 过程管理

数字图书馆安全过程管理是确立数字图书馆安全目标，建立组织架构，明确职责，对角色分配、风险评估、安全审计、系统分类、制订预案、事故处理、回顾检查和改进的过程进行管理，并通过持续的执行这些过程管理使数字图书馆的安全水平得到不断的提高。数字图书馆建设的过程管理具体包括建设项目准备、工程项目外包要求、自行开发环境控制、安全产品使用要求、建设项目测试验收、系统启动和终止管理等内容。

应摸清现有系统的情况，对其范围内的信息系统相关资产所面对的各种威胁和脆弱性进行评估，对已存在的或规划的安全措施进行鉴定，了解其弱点、威胁和风险所在，制订相应的对策和预案，实现安全管理的目的。并对数字图书馆进行变更控制、重用管理、运行维护管理、安全机制保障，以及外包服务管理等。

2. 访问控制

建立全面的用户访问控制管理，避免系统的未授权访问。并应明确告知用户其可访问的权限，明确其权利及所承担的责任。对用户进行分类管理，分配不同的用户权限。要求工作人员应在系统规定的权限内进行操作，保护好口令等身份鉴别信息，发现系统漏洞、滥用或违背安全行为应及时报告，不透露与组织有关的非公开信息，并且不应故意进行违规的操作。对外部用户需明确说明使用者的责任、义务和风险，并要求提供合法使用的说明，并且只能是应用层的用户。

应尽量关闭网络设备与主机系统不必要的服务端口，减少系统被非法利用与攻击的可能。利用应用与系统的分类采用不同的防护手段等级划分不同的防护区域，使外部非法访问内部服务器的可能降低。应有具体的服务器操作管理要求，加强日志文件管理、监控管理和配置文件管理，并进行病毒防护管理和密码管理。此外，还应当对终端计算机以及便携机的操作进行管理。

3. 信息资源安全

信息资源包括购买信息、自建信息及购买的资源远程访问控制权限等，其中涉及应用数据、系统数据、安全数据等数据库和数据文档、系统文件、用户手册、操作和支持程序、存档信息等。要保障信息资源的安全，还包括保护其依赖的软硬件资源，即应用软件、系统软件、开发工具和使用程序，以及计算机设备、通信设备、磁媒体和其他技术装备的安全，在信息资源保存与服务中，需要充分考虑保留与保护能保障其可操作性的相应软件及硬件环境。

信息资源安全管理通过对资源进行分类、核查和维护，确保其得到有效的保护。应根据资源的重要性对其进行标识和分类，对信息系统内不同业务范围的各类信息，按照安全性的不同要求进行区分，以便相应地选择保护措施进行资源管理。

对信息资源存放的介质进行管理、控制和保护，防止被盗、被毁、被修改以及信息的非法泄露。做好数据的完整性和可用性检查，对重要的数据和软件必要时可以加密存储，对信息资源的拷贝、分发传递采取保护措施，定期进行检查，确认数据或软件没有受到损坏或丢失。

4. 备份与容灾

可以根据需要分类分级制订备份与容灾预案，其中包括但不限于媒体退化、维护失败、人为失误、技术故障、日志记录和业务连续性方案等。

应根据信息安全目标与资源情况制定备份策略，如选择本地备份、异地备份与多机系统等备份方式。根据应用与资源的特性合理选择备份介质、频率周期，并定期检查及测试备份内容与恢复程序，确保在预定的时间内正常恢复。在必要时可采用多系统热备的方案。

容灾指利用技术、管理手段以及相关资源确保既定的数字图书馆关键数据、处理系统和关键业务在灾难发生后可以恢复和重续运营的过程。通常采用异地备份与多系统热备的方案。异地备份应注意信息资源的加密与传输中的一致性，以确保可靠安全与运营恢复。

5. 环境安全

环境安全的基本要求是确定物理环境安全区域，明确责任部门与人员，建立相关规章制度，实现制度化管理，应制定对物理安全设施进行检验、配置、安装、运行的有关制度和保障措施，对物理环境中所有的安全区域进行标记管理，并注意在防火、防水、配电、温湿度控制、防静电、防雷及电磁防护等物理安全方面达到相关标准要求。

进行安全区域隔离和监视，出入人员应经过相应级别的授权，加强对来访人员的控制，有必要时加强门禁控制与视频监控手段，对重要安全区域的活动应实时监视和记录。此外，环境安全要求对物理安全保障定期进行监督、检查和不断改进，实现持续改善。

6. 应急响应与安全公告

应急响应包括应急计划和应急措施两个方面。应急计划的制订至少应考虑紧急反应、阻止事件发展、恢复措施三个因素，包括制订应急计划策略、进行业务影响分析、确定防御性控制、制定恢复策略、制定信息系统应急计划，以及计划测试、培训、演练和维护，发现计划的不足，培训技术人员，有规律地更新适应系统发展。应急措施可以包括应急预案、软硬件备份、信息资源备份和快速恢复措施等。相关计划与措施都应注意做好测试、培训、演练与维护。

应根据数字图书馆运行情况发布相关的安全预警信息，并根据安全事件的发展情况向公众或定义的用户群体发布公告信息。

7. 符合法律规定

组织机构应明确对于信息系统应用范畴适用的所有法律法规，防止信息系统的设计、操作、使用、管理，以及信息管理方面出现违法行为。保护组织机构的数据信息和个人信息隐私。建立关于尊重知识产权的策略，做到符合和遵守相关的法律、法规，防止侵犯版权行为的发生。

参考文献

[1]芮明杰. 管理学:现代的观点. 上海:上海人民出版社,1999

[2]徐建华. 现代图书馆管理. 天津:南开大学出版社,2003

[3]刘兹恒,徐建华,张久珍. 现代图书馆管理. 北京:电子工业出版社,2010

[4]郑森. 高校数字图书馆建设的战略管理研究. 医学信息学杂志,2010(8):67-69

[5]符绍宏.数字图书馆建设中的战略管理.图书情报工作,2005(6):33-36

[6]Charles W L Hill, Gareth R Jones. Strategic Management. Boston, MA:Hou6ghton Mifflin Company. 孙忠,译.北京:中国市场出版社,2008

[7]李冠强.数字图书馆管理论纲.南京:东南大学出版社,2004

[8]贺玲玲.数字图书馆运行机制与管理模式研究.长沙:国防科学技术大学信息系统与管理学院,2003:41

[9]肖希明.图书馆管理文化的核心精神.图书情报知识,2005(10):20-22,101

[10]王金夫.数字图书馆与组织文化.图书馆杂志,2003(6):11-13,44

[11]肖希明,张新鹤.构建数字环境下的图书馆管理文化.图书与情报,2009(6):20-23

[12]肖强.图书馆管理文化与文化管理.图书馆学研究,2007(3):40-42

[13]何志萍,王金梅,应立新.图书馆组织文化建设浅析.高等工程教育研究,2006(S1):38-39

[14]贺子岳.图书馆组织文化论.中国图书馆学报,2004(149):14-18

[15]王世伟.论创建适应并促进图情事业发展的组织文化.图书情报工作,2002(5):87-92

[16]李健,韩毅.基于QoS的数字图书馆服务质量控制研究.图书情报工作,2009(11):47-50

[17]陈烁.ITIL在电信运维中的应用研究.铁路计算机应用,2011(4):47-50

[18]Valerie Arraj, ITIL:The Basics. [2011-06-30]. http://www. best-management-practice. com/gempdf/ITIL_The_Basics. pdf

[19]鲁玥,刘健.ITIL在参考咨询工作流程优化中的应用分析.图书馆杂志,2011(2):36-30

[20]IT Service Management. [2011-06-30]. http://www. itsm. info/ITSM. htm

[21]胡丕志.平衡计分卡在公共图书馆绩效管理中的应用研究.长沙:中南大学商学院,2005

[22]戴艳清.数字环境下图书馆服务绩效提升策略研究.情报理论与实践,2011(5):70-73

[23]刘文梅.国外数字图书馆绩效评估研究述评.津图学刊,2003(6):37-43

[24]宋琳琳.基于平衡计分卡的数字环境图书馆管理评价研究.图书情报知识,2011(1):43-49

[25]陈超.公共图书馆的战略营销管理.图书馆论坛,2002(5):113-115

[26]王文佳.企业经营理念在图书馆管理中的应用研究.长春:东北师范大学图书馆学系,2005

[27]谢春枝.数字图书馆营销的方式和策略分析.现代图书情报技术,2003(98):7-9

[28]贾炜韬.数字图书馆的营销策略.科技情报开发与经济,2004(7):30-31

[29]德鲁克P F.管理的实践(珍藏版).齐若兰,译.北京:机械工业出版社,2009

[30]段姬.关于高校数字图书馆人力资源管理的思考.内蒙古科技与经济,2007(21):65-68

[31]杨丽杰.试论数字图书馆的人力资源开发与管理.图书馆学研究,2004(3):32-35

[32]杜春光.论数字图书馆人力资源管理方案构建.东北农业大学学报:社会科学版,2010(4):55-57

[33]潘辉.高校数字图书馆信息资源建设项目的成本管理研究.图书情报工作,2009(17):
　　97 – 101

[34]张翆.图书馆的数字化外包初探.图书馆论坛,2007(3):64 – 66

[35]张任跃.试论公共图书馆数字资源整合——引入第三方数字资源联合体的构想.图书馆
　　理论与实践,2009(12):75 – 76

[36]王文清.CALIS 数字图书馆云服务平台模型.大学图书馆学报,2009(4):13 – 18

[37]潘辉.高校数字图书馆项目管理研究.现代情报,2010(5):30 – 33

[38]尚新丽.数字图书馆成本管理.图书馆理论与实践,2009(8):4 – 7

[39]邹丽.基于作业成本法的产品成本动因分析.商业会计,2010(23):64 – 65

[40]赵亮,刘炜,徐强.《数字图书馆安全管理指南》解读.中国图书馆学报,2011(191):47 – 57

[41]ISO/IEC 27000—2009. Information technology-Security techniques-Information security management
　　systems-Overview and vocabulary. [2011 – 11 – 20]. http://www. iso. org/iso/catalogue _ detail?
　　csnumber = 41933

[42]ISO/IEC 13335—1—1996. Information technology-Guidelines for the management of IT Security-
　　Part 1: Concepts and models for IT Security. [2011 – 11 – 19]. http://www. iso. org/iso/iso _
　　catalogue/catalogue – tc/catalogue_detail. htm? csnumber = 21733

[43]GB/T 22080—2008(idt ISO/IEC 27001:2005). 信息技术—安全技术—信息安全管理体
　　系—要求. [2011 – 10 – 12]. http://www. tanovo. cn/upload/200812576223. pdf

[44]GB/T 22081—2008(idt ISO/IEC 27002:2005). 信息技术—安全技术—信息安全管理实用
　　规则. [2011 – 10 – 08]. http://ishare. iask. sina. com. cn/f/20829389. html

[45]GB 17859—1999 计算机信息系统安全保护等级划分准则. [2011 – 11 – 10]. http://baike.
　　baidu. com/view/3123396. htm

[46]GB/T 20269—2006 信息安全技术—信息系统安全管理要求. [2011 – 11 – 18]. http://www.
　　atmb. net. cn/web/uploadfile/2010111010043890. pdf

实务篇

第六章　数字图书馆建设规划

第一节　数字图书馆建设规划的目标意义

一、数字图书馆建设规划的目标

数字图书馆是一门全新的科学技术，也是一项全新的社会事业。虽然称之为"馆"，但并不是图书馆实体，它对应于各种公共信息管理与传播的现实社会活动，表现为种种新型信息资源组织和信息传播服务。数字图书馆建设规划是进行数字图书馆建设的比较全面的长远发展计划，是对数字图书馆建设未来整体性、长期性、基本性问题的思考，是考量和设计未来的整套行动方案。

随着数字图书馆建设的深入和信息技术的快速发展，目前数字图书馆的建设规划不应再仅仅局限于单个图书馆的信息化建设，而应该突破实体馆的界限，将数字图书馆建设融入到更大范围的数字图书馆体系中，融入到公共文化服务体系中，融入到全社会的信息网络中。任何类型、任何规模的数字图书馆都不再是一个封闭的系统，而是一个具备分布广域性、体系结构开放性、资源共享性等特点的系统。

数字图书馆的建设是一个庞大、有机、系统、长期的工程。硬件设备和软件资源配置，人员的培训、数字化资源的维护与更新、馆藏文献的数字化、涉及的知识产权、标准与规范、信息安全、资源的定位及与其他系统的互联互通等相关技术问题都是建设规划所需考虑的内容。数字图书馆建设规划的制定还要考虑到建成后系统可能与其他数字图书馆系统之间的资源共享问题及平台复用问题；考虑到可能与其他公共文化服务体系主体之间的联合共建；甚至需要考虑到与跨地区跨行业其他系统的互认互联互通。

二、数字图书馆建设规划的意义

1. 为数字图书馆建设提供方向和依据

数字图书馆建设规划是数字图书馆建设的指南，它取决于建设主体对一定时间内社会、经济、文化、技术发展的把握，它为数字图书馆建设提供方向和依据。建设规划指明数字图书馆建设的目标和进度，为数字图书馆建设的总体技术方案和建设方案提供参考。

2. 保证数字图书馆建设的质量

数字图书馆建设规划从软硬件基础平台建设、数字资源建设、数字图书馆的服务能力等方面为数字图书馆建设确定内容；从各方面对数字图书馆建设进行调研和论证；对数字图书馆的建设实施方案进行严谨、细致、周密的制定，从而有效保证数字图书馆建设的质量。

3. 降低数字图书馆建设中未知因素所造成的影响

数字图书馆建设规划进行了详细而充分的风险分析，制定对未知因素和突发情况的处理流程，能够有效降低数字图书馆建设中各种未知因素和突发情况所造成的影响，是保证数字图书馆建设持续稳定的前提和关键。

4. 减少数字图书馆建设中的重复与浪费

数字图书馆建设规划需要对图书馆整体状况有充分的认识和了解，需要统筹考虑已有的数字图书馆建设成果和数字图书馆的建设目标，需要对未来信息技术的发展进行准确的判断，能够有效减少数字图书馆建设过程中的重复和浪费，保护建设投资。

5. 便于数字图书馆的更新与维护

数字图书馆建设规划既是从整体上迅速了解数字图书馆建设的不二选择，也是从细节上明确数字图书馆各系统建设实施方案的有效途径，是进行系统更新维护的权威参考，也能够在一定程度上克服因人员更新、流动等问题所造成的不便，为数字图书馆系统的更新维护带来方便。

第二节　数字图书馆建设规划的内容框架

一、数字图书馆建设规划框架

1. 项目目标

研究并确定数字图书馆建设目标、内容、规模、模式以及完成时间。

2. 资金预算

数字图书馆资金花费主要是在硬件设备的购买与维修、软件系统的开发、系统集成调试和维护、数据的外购与加工、人员培训及其他不可预见费用方面。

3. 主要指标

数字图书馆建设技术及经济指标主要包括书目信息、数字资源、电子阅览席位、互联网信息库、数字资源加工能力、存储能力、服务能力、技术支持能力、硬件、软件、人员、基础配套等方面。

4.技术方案

数字图书馆建设的技术方案要根据具体的业务需求来制定相应的系统实现平台和模式。技术方案包括软件方案、硬件方案、应用方案以及数据库方案[1]。

5.组织机构

通用的组织方式有：成立数字图书馆建设专项小组；放在特定部门，如技术部门或者数字资源部门；横向跨部门或跨单位合作。

6.知识产权

数字图书馆建设必须合理认识和保护知识权益，主要包括馆藏数字化的知识产权、网络传输中的知识产权、信息服务中的知识产权[2]。

7.标准规范

数字图书馆建设应该在我国数字图书馆标准规范整体战略、总体框架和实施指南的指导下，明确建立自己的标准规范应用原则和实施指南。

二、数字图书馆建设目标

1.软硬件平台建设目标

数字图书馆的软硬件平台建设需采用主流产品和先进技术，根据建设主体的建设目标和服务对象建设，具备相应数据量访问和处理能力、良好的服务质量和较小的延迟、较强的管理功能及良好的兼容性。另外还要具备可扩展性，兼顾稳定、可靠和安全性，既能满足当前建设的需要，又能满足未来发展的需要。

2.资源建设目标

数字图书馆的资源建设目标包括数字资源加工，存储能力，提供服务能力，信息点、有线/无线网络的接入能力，互联网资源输入输出能力，结构化元数据的检索能力，对电子终端的服务能力。数字图书馆的数字资源建设目标取决于其服务对象。

3.服务目标

数字图书馆服务对象主要是面向社会大众，同时也要面向馆员和其他图书馆，其规划目标主要考虑使用户能够更加便捷、方便、随时获得数字图书馆的资源；能为有需要的各类教育科研及企事业单位、社会公众、图书馆和信息机构提供服务；与国内其他图书馆的数字资源进行无缝链接、传递和共享；以公众的需求为中心，为其提供现代化、个性化、多样化的高层次服务，由被动式服务转为主动式服务。

　　4.人才建设目标

　　数字图书馆要求建立一支具备图书馆基础业务和现代化信息技术的高素质复合型人才队伍。要通过建立完善的人才培训机制、合理的评价激励机制等来保障数字图书馆人才队伍的进步与活力。对于数字图书馆管理者，要从战略的高度把握整个数字图书馆的前景规划与决策；对于馆员，不光要具备信息技术、外语、图书情报等知识，服务态度与工作效率也是其必须具备的基础素质。

三、数字图书馆建设内容

　　1.软件系统建设

　　数字图书馆的软件系统从应用对象上主要分为数字资源（生命周期）管理、图书馆自身业务管理、用户服务三大部分。

　　数字资源的生命周期分为生产、组织、保存以及发布服务，围绕这个周期产生的系统是数字图书馆最为核心的系统。数字资源采集与生产是将各种类型的资料转化为有序的数字资源，它们是数字图书馆资源建设的起点；采集系统的生产数据提交到组织系统，进行各类元数据和对象数据的存放、组织和管理，同时建立知识组织模型、知识挖掘工具，形成产品化、逻辑化、个性化的元数据库、对象数据库和知识库。数字资源长期保存系统将完成组织系统加工处理后的数字资源长期有效保存和管理，以确保未来的使用。数字资源发布与服务系统接收到组织系统的数据后，完成这些数据在版权许可的范围内按需分发。

　　图书馆业务管理系统中最为基础的就是图书馆业务集成管理系统，主要涵盖采访、编目、流通、联机公共目录查询、馆际互借等图书馆基础业务功能，各个功能相互独立又相互联系。目前市场上有许多成熟的产品可供选择，选择时要注意其与其他系统的兼容性，能为外围系统开发提供接口。除集成管理系统之外，办公自动化系统、邮件管理系统、档案管理系统也是使用较高的业务管理系统的一部分。

　　图书馆的用户服务系统，除传统的门禁系统、电子阅览室管理系统、用户统一认证系统外，近年来在新媒体服务、智能化服务、人性化服务上不断创新、不断发展，如移动数字图书馆建设、数字电视服务、电子触摸屏系统把数字图书馆服务拓展到了电脑以外的其他终端；自助充值系统、自助借还系统、智能架位导航让用户使用数字图书馆变得自主化、智能化、便捷化；此外针对特殊人群与机构的需求也制定了专门的特色服务，比如盲人数字图书馆、少儿版 OPAC、虚拟参考咨询平台等。

2. 基础设施建设

数字图书馆硬件基础设施主要包括网络环境、服务器、存储、各类终端和外部设备。网络基础设施负责图书馆内外网络通信的畅通，是实现数字图书馆的先决条件之一。网络基础环境中通常有接入网络、本地局域网、异地灾害备份网络、无线局域网、虚拟网等，一些大型的图书馆建有卫星系统、视频会议系统、数据广播系统等。随着计算机网络发展，网络安全问题也日益受到关注。网络防护策略、入侵检测、防病毒、可管理性等各个层面建立起的安全机制和技术，将保障整个网络的安全可靠。

数字图书馆服务器用来存放和运行数字图书馆软件系统平台，分多种类型、多个品牌、不同性能；存储设备有硬盘、磁盘阵列、磁带库、光盘库等，信息存储特点不同导致应用环境也有较大区别。其他终端设备有扫描仪、打印机、读卡器等；外部设备有 UPS、机柜、PC 机等。不同的数字图书馆对硬件性能的要求有很大的不同，图书馆要根据实际情况选择性购买。

3. 数字资源建设

数字资源建设是指对信息资源进行选择、采集、组织和管理，使之形成可利用的数字资源体系的过程。数字资源的建设方式主要包括自主建设、引进建设和合作建设。建设方式要根据馆藏资源、服务策略、基础设施以及经费保障等实际情况进行选择[3]。

现阶段图书馆的数字资源建设内容主要有馆藏书目数据库建设、特色资源数据库建设、网络资源采集和导航、国内外文献数据库购买或租用等；未来的重要发展方向将是数字资源的深加工和知识库的建立。数字资源的建设建立在必要的软硬件平台基础之上，遵循关于数字资源加工、描述、组织、服务和互操作方面的标准规范，以保证数字图书馆系统的长期可使用性、互操作性和可持续性。

4. 数字图书馆服务

数字图书馆服务涉及服务模式、服务方式、服务对象及服务内容等方面。数字图书馆应该在条件允许时对所有人群提供均等服务，但实际上不同类型不同定位的数字图书馆的服务对象是有区别的。数字图书馆的服务内容从传统的借阅服务转变为广泛的文献和知识服务，服务模式从"馆员中心"、"资源中心"、"产品中心"到"用户中心"逐渐演变。新媒体、虚拟现实、网络等技术的发展与迅速普及使得数字图书馆对用户的服务手段和形式多样化、主动化、智能化。数字图书馆扩大了传统图书馆的服务内容，增强了服务功能，主要有检索、参考咨询、教育培训等。

5.人才队伍建设

数字图书馆的人才与队伍建设是数字图书馆可持续发展的保障。在人才建设上，图书馆应建立完善的人才培训方案，以提升图书馆馆员整体的科技素质、服务素质为重点，面向图书馆馆员开展数字图书馆建设与服务的培训。有步骤地分批开展数字图书馆理论培训、业务培训、应用培训、科技培训和服务培训。通过培训，建设一批现代化、科技化、职业化的数字图书馆馆员队伍，提升图书馆服务能力与服务质量，推动图书馆事业的繁荣发展。

6.组织管理

数字图书馆建设不仅需要信息化技术知识，也要从管理的角度通过管理、执行和控制，使参与建设的人力资源、数字资源、技术资源平衡运作，实现信息资源的生产、共享、应用以及创新。按照知识与信息资源的供求规律，建立健全知识和信息资源的供求机制和知识与信息资源的开发、管理和服务机制，协调知识和信息供求关系[4]。

第三节　数字图书馆建设规划方法

一、数字图书馆建设规划策略

数字图书馆建设规划的需求和实施策略根据图书馆承担的职责、业务规模和类型、服务范围以及信息化程度等方面的不同而有所区别。应根据图书馆自身的特点，遵循不同的数字图书馆建设规划方法，采取相应的建设规划实施策略[5]。

1.针对图书馆不同业务特点的建设规划实施策略

图书馆业务特点的差异主要体现在开展业务的种类、复杂程度以及覆盖范围等方面的不同，在实施数字图书馆建设规划时，必须充分考虑这些因素，有针对性地采取相应的措施。

（1）大型图书馆

大型图书馆履行职责多、业务类型全、服务范围广，其数字图书馆建设不仅包含了复杂的网络拓扑结构、庞大的服务器与存储集群、各类核心和拓展业务的系统和功能模块，还要充分考虑到与其他数字图书馆的互联互通，以及其系统和功能模块等在其他中小型图书馆的推广与复用。整个数字图书馆所承载的功能非常复杂，所交换的数据类型多样、数量庞大，对系统建设的标准性、兼容性、安全性和稳定性等要求较高。

对于这一类型的图书馆来讲，数字图书馆建设规划不仅要考虑本馆的实际情况和需求，也要充分了解其他图书馆的需求以及信息化水平和数字图书馆建设情况，以便于信息资源和服务的共建共享。除此之外，还应当特别重视标准规范体系的建设，为其他数字图书馆的建设提供可遵循的标准规范和建设依据，为未来更大范围的数字图书馆网络和体系建设提供保障。

在组织结构的建设上，这一类型的图书馆需要由馆领导牵头，成立一个独立的部门专门负责数字图书馆建设规划的相关事务，具体协调馆内外各部门进行软硬件设备、系统、数据和资源等的统一规划。

（2）中小型图书馆

中小型图书馆覆盖范围小、职责单一、服务人群有限、信息资源的数量和种类相对较少。在进行数字图书馆建设规划时，可以有针对性地围绕图书馆的重点业务和重要资源进行规划，充分利用大型数字图书馆的建设成果，突出特色，注重实用性。在软硬件和资源建设规划中，一方面要考虑到可扩展性问题，以便于将来业务的扩展；另一方面要考虑到标准规范问题，以便与其他大型图书馆建立连接，依托大型图书馆获取更多的资源与服务。

在组织结构建设上，此类图书馆不一定需要成立专门的部门负责数字图书馆建设规划的相关事务，可以由馆内信息网络部门牵头，联合其他重点业务部门共同完成。

2.针对图书馆不同信息化基础的建设规划实施策略

IT 设施、网络条件、已有业务系统情况、馆员的 IT 应用素质等信息化基础的差异直接关系到数字图书馆建设规划的实施难度与效率，因此必须予以考虑，并有针对性地采取相应策略。

（1）信息化基础较好的图书馆

目前很多图书馆已具有了较高的信息化水平，建设开发了一系列的软硬件系统，采购有一定数量的数字资源，有相当一部分业务通过信息化系统和网络完成。但由于这些软硬件系统建设开发的时间先后不一，存在着标准化和兼容性等各种问题。这类图书馆在进行数字图书馆建设规划时，要充分考虑其建设规划的实施代价，兼顾各方面的利益。建设规划要从整体上进行通盘考虑，不仅要完成新建任务，也要完成"系统整合"的任务，将原有系统通过系统升级、接口开发等方式整合到新系统下，使之成为一个有机的整体。

（2）信息化基础较差的图书馆

信息化基础较差的图书馆一般而言网络建设情况较差，已开发运行的信息化系统很少，且各系统之间没有整合，缺乏全局性的业务流程整合，多数业务仍靠人工完成。在进行数字图书馆建设规划时，需进行详细的调查，设计完整合理的全局性业务流程，并据此进行相应的数字图书馆总体规划设计和工程的系统化实施，同时可以有效借鉴已有数字图书馆建设的经验，取长补短，合理引进，从而达到较好的数字图书馆建设规划效果。

二、数字图书馆建设规划原则

参考已有的数字图书馆建设规划的实施经验以及其他信息系统建设规划的相关经验和理论，数字图书馆建设规划的实施应该遵循以下原则。

1. 需求和应用导向原则

数字图书馆建设已经从基于资源和集成服务的数字图书馆发展到基于用户的数字图书馆，从基于传统互联网的数字图书馆发展到基于移动互联网等新媒体的数字图书馆。能否充分了解用户的需求和应用导向，提供用户满意的应用和服务，成为衡量数字图书馆建设成功与否的最重要标准。

2. 标准化与开放性原则

分布、异构、动态变化的资源与服务是未来数字图书馆的主流环境，实现不同数字图书馆之间的互联互通和信息资源的共建共享，建立全国乃至全球范围内的数字图书馆系统将是今后数字图书馆的发展趋势。在实施数字图书馆建设规划时，一方面要把标准化的思想贯穿于始终，另一方面要充分遵循开放性原则，将其作为数字图书馆建设的技术目标和服务目标[6]。

3. 适用性和可扩充性原则

在进行数字图书馆建设规划时应从适用性出发，充分满足数字图书馆建设目标的应用需求；同时必须具有前瞻性的眼光，进行前瞻性的设计，充分考虑系统扩展和升级的能力，满足数字图书馆发展的需要。通过适用性和可扩充性的有效结合，达到使用有限投资建设一个性能优良的数字图书馆系统的目的。

4. 安全性与可靠性原则

在进行数字图书馆建设规划时需充分考虑系统的安全性与可靠性。一方面需全面分析影响安全性和可靠性的因素；另一方面需制定保证系统安全性与可靠性的保护措施，如各种控制策略、方案和应急预案等。

5. 边建设边服务原则

数字图书馆的建设是一项系统工程，尤其对于大型的数字图书馆建设而言，资源建设、系统建设、服务建设等都需要分期分批进行。在进行数字图书馆建设规划时应遵循边建设边服务的原则，合理规划建设顺序，使数字图书馆发挥其最大效用。

6. 特色化原则

数字图书馆的建设规划应当结合图书馆自身的特点进行，重视特色资源、特色应用、特色服务的建设，在建设规划中充分体现特色化原则。特色化是数字图书馆吸引用户的一大利器，对于中小型和专业型图书馆的发展尤为重要。

三、数字图书馆建设规划方法

数字图书馆建设规划主要包括以下七个阶段[7]。

1. 项目启动阶段

建立数字图书馆建设规划领导小组和数字图书馆系统设计组两个层次的项目组织，完成数字图书馆建设项目计划大纲，召开项目启动大会，签订项目合约。

2. 系统分析阶段

在系统分析阶段需进行广泛的系统调查，通过问卷、座谈、部门访谈、查阅资料等形式，调查所在图书馆的外部环境、内部环境和重点业务流程等。

3. 需求分析阶段

需求分析阶段需在理解图书馆环境的基础上，确认图书馆战略规划，进行战略信息需求分析，总结已有问题，并最终确定数字图书馆建设需求。

4. 规划与设计阶段

规划与设计阶段要在完成数字图书馆应用系统规划设计和数字图书馆支撑系统规划设计的基础上完成项目总体结构设计。

5. 总体规划报告阶段

完成数字图书馆建设规划报告初稿的撰写与提交，在广泛征集各方面意见的基础上，反复分析论证，修改完善后完成数字图书馆建设规划报告的定稿并提交。

6. 总体规划验收与评审阶段

由相关机构组织成立验收组，对建设规划进行评审，并根据验收组评审意见进行最后修改，形成数字图书馆建设规划报告的最终稿。

7. 项目实施中的修改完善阶段

在项目实施过程中，需要根据实际情况的变化及时进行建设规划的修改和调整，直至建设完成。

第四节 数字图书馆资源建设规划

数字图书馆资源建设规划是对数字图书馆资源建设的方针、原则、标准、方法等内容的明确规定，是数字图书馆资源建设工作的宏观指导，为数字图书馆资源建设工作提供政策性的标准和规范，为数字资源建设、数字资源服务与共享提供依据。

一、数字图书馆资源建设的原则

在数字图书馆资源建设过程中，应本着"以用为主，以藏为辅，引进与开发并举"的方针，以读者需求为导向，遵循以下各项基本原则，最大限度地满足社会公众的数字资源需求。

1. 系统协调、统筹兼顾

数字资源建设是一个持续发展的有机整体，应全面考虑和综合评估各类型、各学科、各文种的资源比例，保证内容的完整性和连续性，形成有重点、有层次、各类型资源比例适当的数字资源体系。要在统筹考虑数字资源和纸质文献资源关系的基础上，合理安排资源购置经费和人力资源。

2. 重视标准、经济实用

数字资源建设无论在置标语言、元数据标准，还是对象库的开发上，都必须重视标准的制定和培训[8]。只有遵循统一的规范和标准，才能实现用户和系统以及系统与系统之间的有效沟通，实现信息在网上的传递和共享。在资源选择过程中，要使有限的采购经费发挥最大的效能，要考虑图书馆的职能定位和用户的实际需求，还应充分考虑到所选内容的涵盖度、新颖度、针对性、系统性及其现实意义和对社会的作用等多种影响因素，保证数字图书馆资源建设的实用性。

3. 共建共享、突出特色

数字资源建设应当注重同其他图书馆和文献信息机构的分工协作和资源交流，从整体出发进行资源的合理配置，开展跨地域、跨系统的数字资源合作建设，建立优势互补、联合共享的数字资源保障体系，在坚持共建共享原则的同时实现资源的特色化建设是数字图书馆资源建设的核心。

4. 遵守法律规范、保护知识产权

数字资源建设应当遵循有关国际、国家和行业标准和相关规范，增强版权保护意识，规范操作流程，保护知识产权。在严格遵守相关法律规定的前提下，协调好著作权人、图书馆、产品经销商和用户等相关责任人的关系，在保护著作权人合法权益的同时，保证数字资源的独创性，注意维护图书馆对自建资源的所有权和图书馆用户的合法权益。

二、数字图书馆资源建设重点

1. 侧重重点馆藏的数字化和特色资源库的建设

重点馆藏是图书馆地位和特色的体现，加快重点馆藏的数字化加工和整合进程是当前数字图书馆资源建设的重中之重。围绕地域、学科、历史和资源等优势构建并收藏区别于其他单位的、独具特色的数字资源库，是数字图书馆形成自身特色和品牌，提高市场竞争力，在网络环境下创新发展的最好方法。

2. 侧重数字资源的共建和共享

数字资源的共建和共享将成为网络时代数字图书馆资源建设的根本途径，应该侧重以网络为依托，加强机构间的分工协作，整体协调图书馆、科研院所和企业的资源、技术、财力与人力，避免重复建设和资源浪费[9]，走有组织有计划的资源共建道路，实现信息资源的广泛共享，满足更大空间范围用户的信息需求。

3. 侧重数字资源的长期保存

实现数字资源的长期保存、确保资源的真实性、可靠性，是数字图书馆建设的重点和难点之一。美国、日本、澳大利亚和荷兰等国均从国家层面启动了数字资源长期保存计划[10]，并取得了一定的进展。在借鉴国外经验的基础上，加大政府支持力度和资金投入，加强国际和国内各机构之间数字资源长期保存的合作，建立以国家图书馆或档案馆为主导的数字资源长期保存体系[11]，是我国数字资源长期保存工作的当务之急。

4. 侧重知识库的建设

知识库是依托网络平台收集、存储、发布和长期保存某一领域数字资源的数据库，是数字资源开放存取和长期保存战略的具体体现，是当前数字图书馆资源建设的重点之一。国外知识库建设目前已形成较大规模，影响较大的有美国Dspace联盟工程等，而我国知识库建设尚处于起步阶段。

三、数字图书馆资源建设内容

1. 数字资源的采集

数字资源的采集是指根据图书馆资源建设需要，按照一定的方法和原则，全面、完整、系统、有针对性地搜集各种数字资源，完善图书馆数字资源保障体系的过程。数字资源的采集途径主要包括采购、数字化加工、网络资源采集、导航、交换、委托加工、受缴和受赠等[12]。图书馆应根据数字资源的类型、存储方式、版权状态和许可模式等因素确定相应的采集途径，如：对有成熟市场机制的资源主要采取购买的方式；根据特定用户的需求提供某一领域的网络资源导航，扩大图书馆可存取的资源量。

2. 数字资源的组织

数字资源组织是根据数字资源本身的属性和特点，运用一定的技术和方法进行加工和整理，使之有序化、系统化，方便用户有效存储、传播、检索和利用的过程。其核心任务在于将现实和虚拟馆藏文献资源纳入网络的有序化控制之中。针对不同类型的数字资源应采取不同的组织方法，对传统馆藏和稳定的本地服务器数字资源，可使用传统馆藏资源的组织方式进行组织；而对于网络信息资源，考虑到其更新速度快、状态不稳定等特点，应在传统组织方法的基础上，结合人工智能（如，本体）、主题地图等方法的使用。

3. 数字资源的保存

数字资源的保存是为了维护数字资源的真实性和可靠性，免于载体退化、意外损坏、软硬件过时等因素造成的信息丧失，保证用户对资源的长期获取。确保数字资源的比特流、功能和出处是数字资源保存的主要任务。综合运用数据迁移、仿真、再造、封装等多种数据保存技术，定期对数字资源载体进行检测和维护，制定数字资源长期保存标准体系和长期存档系统等都是保证数字资源保存质量的有效手段。

4. 数字资源的发布与服务

整序后的数字资源根据检索服务数据体系的要求，将待发布的数据资源进行整理和安装，然后提供给用户。用户主要通过浏览器的方式使用数字资源的发布与服务。开放式链接、门户、虚拟参考咨询、信息推送与文献传递、发布处理、一站式登录与个性化服务等都是数字资源发布与服务所涉及的主要环节。

四、数字资源馆藏管理机制

数字图书馆馆藏载体形式和服务要求等特殊性决定了其维护和管理机制与传统馆藏的不同。科学有效地管理数字馆藏，有助于最大限度发挥数字资源的使用效益，提高数字图书馆的整体建设水平。

1. 确定数字资源馆藏的结构和级别

数字资源馆藏结构不仅包括不同类型数字馆藏的比例分配，例如自建资源与购买资源的比例结构、印刷性资源与数字型资源的比例分配情况，还包括馆藏数字资源建设经费的比例分配情况等。数字资源的馆藏级别是对数字馆藏资源的归类，目前较常用的是美国伯克利图书馆提出的四个级别：永久保存级、服务级、镜像级和链接级[13]。确定数字资源馆藏的结构和级别，是数字馆藏管理的基础。

2. 确定数字资源的采集、加工、提供和保存环节的管理办法

确定数字馆藏结构和级别之后，应根据数字图书馆的性质与服务对象的特点确定数字资源的采集、加工、提供和保存等各环节的管理办法。包括：建立有关数字资源内容的准确性、使用的交互性、数据的稳定性和数据量等因素的数字资源采集与制作的评价指标体系，确定数字资源整合与深加工的内容和重点，数字资源馆藏电子目录与财产的管理办法，不同馆藏级别的使用办法以及不同类型数字资源的保存方式、保存格式和管理办法等。

3. 确定数字资源的容灾备份、更新和版本控制办法

容灾备份、更新和版本控制是保证数字资源安全性、有效性和实用性的有效手段。数字图书馆应根据数字资源现状和用户需求确定容灾备份等级和最可行的容灾备份实现办法，如远程备份、数据库复制和磁盘镜像等[14]；确定各类型数字资源的更新频率，例如动态新闻型资源一般应保证每日一更新，书目型或者专题型资源更新间隔则相对长些，可以每月一更新；同时针对数字馆藏版本多样性的特点确定版本控制办法，选择合适的馆藏版本纳入数字资源馆藏库中。

4. 确定数字资源馆藏的技术路线和方针

数字图书馆的本质是把不同载体、不同地理位置的数字资源利用数字技术进行存储，技术是数字图书馆馆藏建设的保证[15]。数字图书馆馆藏资源的迁移、转换、存储和仿真等全过程都与技术问题息息相关。应首先制定符合图书馆数字馆藏建设特点的技术路线和方针，然后在技术方针路线的指导之下选择适合于数字图书馆馆藏资源现状的载体、容灾备份和更新策略以及在线服务方法等。

第五节　数字图书馆服务规划

一、数字图书馆服务原则

1. 公益性原则

数字图书馆服务是公共文化服务体系的一个重要组成部分[16]。公共图书馆

由中央或地方政府管理、资助和支持，经费来源靠国家、地区行政机构税收维持，原则上应该免费为社会公众服务。

2. 基本性原则

数字图书馆服务的基本性是指实现公民利用数字图书馆的最基本的权利，保证所有公民都享有一定水准之上的数字图书馆服务。为了能为所有人提供最基本的利用数字图书馆的保障，必须加强数字图书馆的建设，扩大数字图书馆的覆盖率，提供最基本的数字资源和设施等[17]。

3. 平等性原则

平等性原则是数字图书馆优质服务的重要保证。数字图书馆的大门应当向社会一切成员自由地、平等地开放。贯彻平等性原则就要做到：使数字化信息资源尽量易于用户理解，方便用户使用，消除用户利用数字图书馆的各种障碍，为特殊群体提供特殊帮助，努力减小甚至消除信息贫富差距。

4. 便利性原则

服务的便利性是一个数字图书馆发展的关键。究其原因在于如果用户不能轻易地访问数字图书馆的话，花费大量人力和财力来提供数字图书馆服务就没有意义。在资源尽可能变得可获取和访问的情况下，其他如数字图书馆中各子服务系统链接可见性、位置、标注服务的语言都可能影响数字图书馆的成败[18]。

5. 共享性原则

共享服务就是将个体图书馆服务形成图书馆整体的合作服务，以发挥信息资源的优势，提升图书馆事业整体服务能力。数字图书馆可以充分利用互联网方便快捷的优势，开展跨地域、跨系统的数字图书馆合作建设，建立起优势互补、联合共享的数字资源保障和服务体系等。

6. 创新性原则

"创新是一个民族进步的灵魂，是国家兴旺发达的不竭动力"，数字图书馆服务的发展离不开创新。互联网的出现给图书馆服务创新提供了广阔的道路，因此，数字图书馆服务建设要充分利用新的技术平台，不断开拓新的服务领域，使其在更广阔的领域开展知识信息服务[19]。

二、数字图书馆服务特点

1. 服务对象社会化

服务对象社会化主要指满足社会化用户的信息需求。数字图书馆借助于互联网，其服务范围已经由传统的一馆一舍模式走向全开放的社会模式，其服务对象的信息需求也从面向某个图书馆或文献情报中心转向整个社会。

2. 服务内容数字化和多样化

信息资源数字化和多样化是数字图书馆与传统图书馆的最大差别。它利用现代信息技术和网络通信技术，将分散于不同地理位置的各种信息资源进行压缩处理并转化为数字信息，进行统一的存储、传输和管理。数字图书馆的资源不仅局限于文献信息，还包括利用网络所获得的各类资源等。

3. 服务资源共享化

数字图书馆的最大特征是信息资源的共享。由于信息资源传递的网络化，使众多图书馆能够借助网络获取各类数字信息。数字图书馆允许多个读者同时存取同一信息资源，不受资料实际存放位置或复本数量的限制。图书馆也可将文献信息扫描传递给远程读者，供读者浏览或经授权后打印。

4. 服务手段网络化

服务手段网络化是数字图书馆的重要标志，数字图书馆的各项服务都以网络为媒介或载体，依赖网络发挥其强大的信息服务功能。数字图书馆信息资源上网，变独享为共享；信息服务上网，变手工服务为网络服务；信息服务机构联网，变单体为组合，构成了四通八达的信息服务网络。

5. 服务项目高层次化

数字图书馆的服务不仅局限于传统图书馆的文献借阅、参考咨询等浅层次服务，提供个性化主动服务等高层次服务已成为数字图书馆的主流服务。由于信息加工的知识化、智能化和完备的检索系统的建立，使数字图书馆能够为用户一次性提供所需主题的各种知识信息，由信息提供的分次满足转变为一次满足。

6. 服务方式个性化和主动化

数字图书馆个性化服务是基于用户的使用行为及特定需求等，来提供满足其个性化需求的信息内容和系统功能。数字图书馆将收藏、服务和用户集成在一起，随时发布和传播各种信息资源的消息，提供导航式个性化服务。这样图书馆服务模式就由被动式服务转为主动式服务。

7. 服务流程一体化

一体化的信息服务模式集咨询、文献检索和提供功能于一体。读者通过网络登录有关数字图书馆网站，经验证、查询后，服务器就会根据用户的要求帮助用户查找。同时数字图书馆还可以通过数据交换，将查询结果展现在用户面前，在用户的终端上便可完成整个流程。

8. 服务的产业化

随着文献信息数字化、服务手段多样化和计算机网络技术的广泛应用，数字图书馆已不再是传统意义上的"文献信息存储和传递中心"，而是拥有各种资源、数据库和信息服务手段的现代"信息中心"，将市场观念和效益观念引进数字图书馆，促使其信息服务向产业化转变，必将产生良好的经济效益。

三、数字图书馆服务对象

传统图书馆的服务对象常常是一个相对固定的读者群，他们对于信息资源的需求具有客观确定性。而数字图书馆通过网络连接各地，其服务对象已不再局限于传统图书馆的读者群。用户只要拥有一台可以上网的电脑，并且有相应的权限就可以获得数字图书馆拥有的信息资源和信息服务。需要注意的是不同类型的数字图书馆有不同的服务对象；在条件允许的情况下，数字图书馆的服务，对社会普遍开放，对所有人群提供均等服务；考虑到服务的优先级和服务相关限定，对特殊人群提供特殊服务，对部分人群提供跨界服务和有偿服务[20]。

四、数字图书馆服务内容

1. 对个人用户的服务

建立完善的图书馆门户网站、丰富的数字资源库和合理的资源保障体系等，为用户提供最基本的网络阅读、资源检索和获取等服务[21]；加强馆际交流与合作，积极开展文献传递和馆际互借等；开展基于网络的智能化参考咨询服务、联合参考服务等；深入挖掘用户需求，为用户提供个性化的信息服务，及时、主动地进行个性化推荐；提供远程教育和培训服务，通过培训、授课、讲座等活动，提高用户利用数字图书馆各类资源的技能和信息素养[22]。

适应数字信息时代的发展，图书馆还应当注重移动设备、数字电视等新媒体平台的服务建设，向更广泛的社会公众推送馆藏资源，同时还应加强特殊人群服务建设等。

2. 对机构用户的服务

除对个人用户提供的服务之外，图书馆还可以借助舆情分析技术大量搜集、追踪与分析行业内外相关的网络热点、前沿动态、行业资讯等信息，为机构用户提供咨询业务和情报服务等。还可以在信息资源的基础上进行深层次的信息服务，为各类机构用户如政府、研究人员、企业提供各种分析报告、调研报告等[23]。

3. 对图书馆员的服务

除了对馆外用户进行服务，图书馆也应尽可能积极主动地为馆内行政管理人员和专业技术、科研人员提供情报服务。同时应努力培养和提高现有图书馆员的自身素质，开展普遍业务培训，使他们能够使用现代化的设备和熟练掌握电脑操作技术、信息处理技术，并且不断拓宽知识面，以开展全方位的数字图书馆服务。

第六节　数字图书馆技术体系规划

一、数字图书馆技术体系架构

1. 企业级软件系统体系架构

从架构设计师的角度来看，架构就是一套构建系统的准则。通过这套准则，我们可以把一个复杂的系统划分为一套更简单的子系统的集合，这些子系统之间保持相互独立，并与整个系统保持一致。每个子系统还可以继续细分下去，从而构成一个复杂的企业级架构。

随着信息技术和网络技术的不断发展，企业级软件系统的体系架构由面向对象架构逐步过渡为面向服务架构（SOA）。在基于 SOA 架构的系统中，具体应用程序的功能是由一些松耦合并且具有统一接口定义方式的组件组合构建起来的。面向服务的体系架构的一个重要特点是业务和 IT 实现对齐，与业务功能相对应的服务概念贯穿 IT 实现中的各个阶段，这样当业务产生变化时，将非常有利于信息系统迅速做出响应和调整，这是传统的 IT 架构所不具备的。

2. 数字图书馆技术体系设计

数字图书馆从狭义上讲是用信息技术管理和利用各种数字资源的图书馆，是一种涉及数字资源采集、加工、存储、检索、传输和利用的信息系统；从广义上讲是公共文化的一部分，是公共文化服务体系的建设者和推动者。当今时代，数字图书馆与其他公共文化服务机构、外部应用单位、资源服务提供商之间的业务联系越来越紧密。同时，"数字图书馆推广工程"的开展，各数字图书馆核心业务系统之间的数据通信和互操作也变得越来越复杂。因此，数字图书馆在构建数字资源采集、加工、组织、保存等业务系统的技术支撑平台时，无论在体系结构设计、网络平台与硬件设施搭建，还是在软件研制方面的建设都不是独立和封闭的，而是要保持与其他数字图书馆或公共文化服务机构系统之间的兼容性、互操作性和开放性，为构建全国公共文化服务体系提供技术支撑。

以 SOA 为指导思想构建数字图书馆的技术体系架构符合数字图书馆的建设

理念和发展趋势，基于 ESB（企业服务总线）技术的应用支撑平台是数字图书馆 SOA 体系架构的基础核心。应用支撑平台将作为数字图书馆的神经中枢，在业务系统接口、集成、扩充、复用等方面发挥不可替代的作用。整个数字图书馆的技术体系架构如图 6-1 所示。

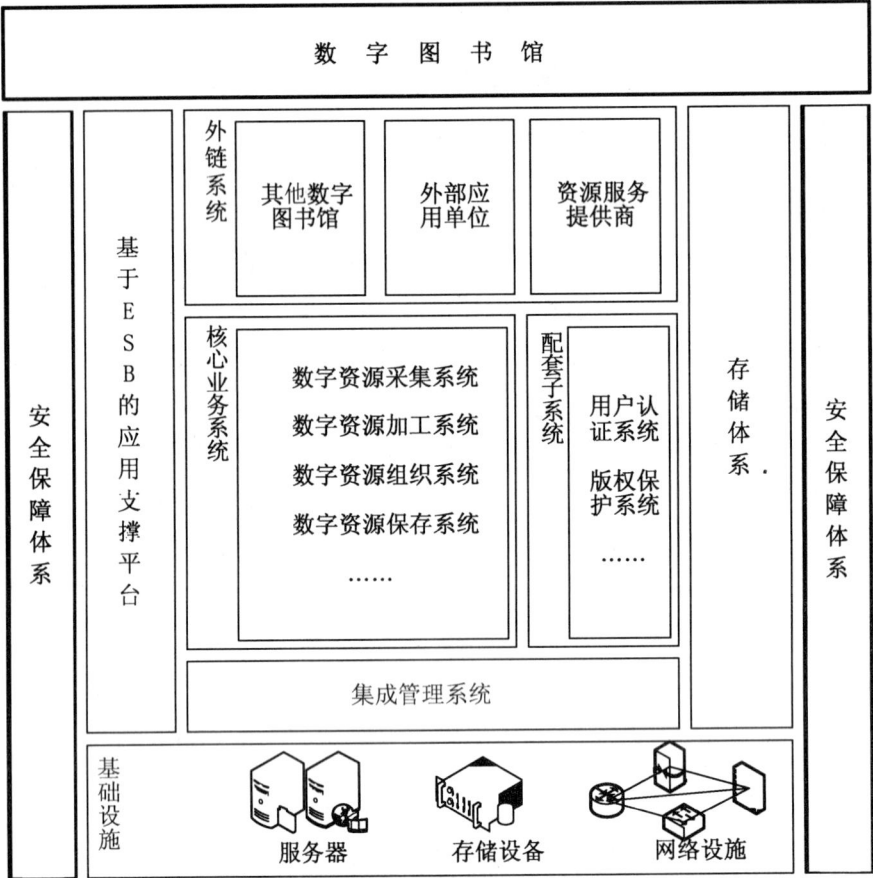

图 6-1　数字图书馆技术体系架构图

二、应用支撑平台关键技术

1. 面向服务架构

面向服务架构（Service-Oriented Architecture，SOA）是一个组件模型，它将应用系统的不同功能单元（称为服务）通过事先定义好的接口和协议联系起来。接口是采用中立的方式进行定义的，它独立于实现服务的硬件平台、操作系统和编程语言。这使得构建在这样的系统中的各种服务可以一种统一和通用的方式进行交互。

面向服务架构可以根据需求通过网络对松散耦合的粗粒度应用组件进行分布式部署、组合和使用。服务层是 SOA 的基础，可以直接被应用调用，从而有效控制系统中与软件代理交互的人为依赖性。SOA 能够帮助软件工程师们站在一个新的高度理解企业级架构中各种组件的开发、部署形式，它将帮助企业系统架构者更迅速、更可靠、更具重用性地架构整个业务系统。较之以往，以 SOA 架构的系统能够更加从容地面对业务的急剧变化。

2. 企业服务总线

企业服务总线（Enterprise Service Bus，ESB）通过极力促进和利用企业系统的服务化，通过对企业系统的服务进行业务整合和管理，实现企业系统的集成，从而获得灵活多变的企业 IT 系统架构。ESB 通过对企业业务服务的集中注册和管理，将企业零散的业务服务登记到统一管理环境中，并为业务服务提供完善的管理机制。

企业系统通过 ESB 访问所需要的业务服务，服务的消费者（客户程序）不需要了解业务服务确切的提供者，业务服务提供者对于服务的消费者是完全透明的。ESB 通过协议适配层，将使用不同协议或不同平台的企业系统统一接入 ESB，为互联系统提供协议适配功能，使互联系统无需关心连接对象所使用的协议和平台。同时在互联系统进行通信时，如果通信的双方在数据格式上存在差异，ESB 通过内部的消息转换功能对消息格式进行转换，实现对互联系统消息格式的映射。

三、业务系统关键技术

1. 集成管理系统

图书馆集成管理系统（或图书馆自动化管理系统）是图书馆最基础的业务系统，它的核心功能涉及联机目录查询、编目、采访、流通、馆际互借等。集成管理系统除了具备上述功能外，还提供与其他系统进行信息交互的标准接口。在数字图书馆的建设中，无论是传统图书馆业务向数字图书馆的迁移还是基于新技术的服务模式创新都离不开集成管理系统的数据支持。因此，功能完善的图书馆集成管理系统在数字图书馆的建设中至关重要。

国内外许多公司都致力于图书馆集成管理系统的研究，并开发有众多成熟的产品，比如以色列 EX Libris 公司的 Aleph500 系统、美国 SirsiDynix 公司的 Unicom

系统和 Horizon 系统以及国内后来开发的汇文、InterLib 系统等。对于数字图书馆的建设而言，应该遵循如下原则进行图书馆集成管理系统的选择：①安全稳定，即要求系统提供较为全面的安全保障机制，包括访问安全、数据安全等；②标准化，系统应该遵循图书馆领域的主要标准规范，如 CNMARC、Z39.50 协议等；③可扩展性，可扩展性包括良好的数据转换功能、标准的数据操作接口以及自身功能模块的低耦合性等。

2. 数字资源组织技术

数字资源组织即数字资源的有序化活动，利用一定的科学规则和方法，通过对数字资源外在特征和内容特征的描述和有序化，实现无序信息流向有序信息流的转换。数字图书馆所面临的开放式数字环境下的数字资源具有海量级、极端异质以及高效性需求等特点，导致分类法、主题法等传统的数字资源组织方法无法满足数字图书馆的需求，元数据方法、知识本体等新的数字资源组织技术应运而生，而元数据方法则是目前应用最为广泛且在数字图书馆领域得到普遍认可的数字资源组织技术。

元数据是指提供关于信息资源或数据的一种结构化的数据，是对信息资源的结构化的描述，其作用是描述信息资源或数据本身的特征和属性。元数据可以整合数字图书馆各种类型的数字资源，使其有序化。由于元数据提供了对资源的各种属性的描述，因而可以看成是"资源"的替代品。数字图书馆通过管理元数据而管理资源，并提供绝大多数功能。因此元数据通过定义数字图书馆中资源的信息结构，以及定义由数字对象构成的资源库的组织结构，决定着数字图书馆的信息组织和利用方式，同时元数据还是实现跨资源库语义互操作的基础。

3. 数字版权保护技术

在数字图书馆的建设中，数字资源版权保护除了依靠国家相关法律法规的制定和完善，还需要利用数字出版行业成熟的数字版权保护技术。数字版权保护技术分为被动保护和主动保护，被动保护是指利用数字水印等技术将版权信息隐藏在数字资源中，当发生版权纠纷时提取该信息作为法律依据；主动保护是指以数据加密和防拷贝为核心的 DRM 技术，它的数据加密技术能有效地控制数字资源的访问权限，防拷贝技术可以有效地防止数字资源的非法使用。

数字水印技术是指用信号处理的方法在数字化的多媒体数据中嵌入隐藏的标记，这种标记通常是不可见的，只有通过专用的检测器或阅读器才能提取。版权标识水印是目前研究最多也是数字图书馆建设所需的一类数字水印，按照水印所附载的媒体介质，可以将版权标识水印划分为图像水印、音频水印、视频水印、文本水印以及用于三维网络模型的网络水印等。

DRM（Digital Rights Management）技术是把数字内容进行加密，只有授权用户才能得到解密的密钥，而且密钥是与用户的硬件信息绑定的。加密技术加上硬件绑定技术，防止了非法拷贝，这种技术能有效地达到版权保护的目的。DRM技术的出现克服了传统保护技术在数字资源传播以及开放的网络环境等方面的缺陷，在高度分布、网络互联的开放数字环境中，为数字内容产生、传播、销售、使用的整个生命周期所有过程提供持久的知识产权保护。

4. 新媒体技术

新媒体是一个宽泛的概念，是利用数字技术、网络技术，通过互联网、无线通讯网等渠道，以及电脑、手机、数字电视等终端，向客户提供信息和娱乐服务的传播形式。新媒体技术则是支撑新媒体服务的信息技术、数字技术、网络技术、通信技术的结合体。三网融合的开展进一步推动了新媒体技术的发展，扩宽了新媒体技术的应用领域。

新媒体技术的飞速发展，将使数字图书馆的服务模式发生革命性的变化，互联网不再是唯一的载体，数字图书馆将向移动通信网和广播电视网延伸。移动服务和数字电视服务已经成为数字图书馆建设的重要组成部分。数字图书馆利用移动通信技术以WAP网站、短彩信、手机报、APP移动应用程序等多种形式向读者提供书目检索、预约续借等传统业务服务和移动阅读、精准推送等新型移动服务。数字电视、IPTV、移动电视等广播电视技术与数字图书馆的结合，使数字图书馆来到了每个人的身边，使得丰富的多媒体资源有了崭新的服务渠道。

5. 知识处理技术

数字图书馆的发展方向是把数据和信息转化为知识，并向读者提供知识型服务，知识处理技术将引领数字图书馆的发展。知识的获取、知识的表示和知识的运用是知识工程的三大要素或主要研究内容。

知识获取在数字图书馆中要研究的主要问题包括：对数字资源或数据库知识的理解、认识、选择、抽取、汇集、分类和组织的方法；从已有的知识和实例中产生新知识，包括从外界学习新知识的机理和方法；检查或保持已获取知识集合的一致性和完整性约束的方法；尽量保证已获取的知识集合无冗余的方法。

知识表示是将知识根据某种形式逻辑表示出来，并最终编码到计算机中去。不同的知识需要用不同的形式和方法来表示，一个问题能否有合适的知识表示方法往往成为知识处理成败的关键。知识表示的方法很多，包括谓词逻辑表示、关系表示、框架表示、语义网表示、本体表示、面向对象表示等。

知识运用是为了让已有的知识产生社会、经济、科学等方面的效益，使它对外部世界产生影响和作用。数字图书馆中的知识处理学不是研究某些具体运用知识的过程或方法，而是要研究各种具体的知识运用中都可能用到的一些方法（或模式），主要包括推理、搜索、知识的管理及维护、匹配和识别等。

四、存储体系关键技术

1. 网络存储

网络存储技术包括直接依附存储（DAS）、网络附加存储（NAS）和存储区域网络（SAN）。其中SAN存储建设专用网络，带宽较大，同时具有存储利用率高等特点，是数字图书馆建设的主流数据存储模式。SAN存储技术又分为FC-SAN、IP-SAN和IB-SAN。FC-SAN是基于光纤通道的存储局域网络，通常以两台光纤交换机为核心构建网络存储系统，将存储设备集中在独立的光纤通道网络中；IP-SAN是基于ISCSI技术组建的存储区域网络，它基于标准的IP网络基础架构Ethernet或iSCSI协议来执行存储任务；IB-SAN采用共用总线，使I/O子系统和CPU、内存分离，从而满足用层次结构将系统的构成与接入设备的功能定义分开，不同的主机可通过HCA、RAID等网络存储设备接入IB-SAN。

2. 集群存储

集群存储是集群技术的广泛应用领域之一，集群存储系统是高速互联的一组存储节点，与分布式存储一样，系统将数据分散地存储在多台独立的设备上，而且集群中的设备既可以独立运作，又可以相互合作，每个存储节点不仅可以访问本节点的存储空间，还可以访问其他节点的存储空间，所有节点的空间以一个虚拟磁盘的方式提供给客户端用户。集群存储具有容量可扩展性、性能稳定性及系统可管理性的优势，非常适合那些存储规模持续增长的不同环境，实现即时供应存储，避免破坏性升级和增加管理的复杂性。

3. 云存储

云存储是在云计算概念上延伸和发展出来的一个新的概念，将成为未来存储发展的一种趋势。云存储是指通过集群应用、网格技术、并行处理、分布式文件系统等功能，将分布于网络中的大量不同类型的存储设备通过相关应用软件集合起来协同工作，共同对外提供数据存储和业务访问功能的一个系统。使用者使用云存储，并不是使用某一个存储设备，而是使用整个云存储系统带来的一种数据访问服务。所以严格来讲，云存储不是存储，而是一种服务，其核心是应用软件与存储设备相结合，通过应用软件来实现存储设备向存储服务的转变。

186

五、网络基础设施关键技术

1.网络设施建设

网络基础设施是数字图书馆运行的基本保障，数字图书馆网络基础设施建设主要包括接入网络、局域网、专用网络和异地灾备网络四部分。接入网络建立数字图书馆与互联网、移动互联网、广播电视网运营商以及教育网、政务外网等其他网络的链路通道，使得数字图书馆网络接入各网络主干道；局域网建设主要根据系统情况、硬件情况、馆舍情况、人员情况合理规划网络拓扑结构，拓扑结构设计主要包括核心交换层、主服务器与主存储交换层、楼层与辅助服务交换层以及光纤分支等；专用网络是指在原有网络拓扑的基础上建立和接入专用网络链路，实现数字资源和应用服务高速、稳定、安全的传输，为数字图书馆推广工程、全国文化信息资源共享工程等国家重大文化项目提供网络设施平台；异地灾备网络通过通道交换机建立一个可靠、高速、专有的网络，与数千公里以外的灾害备份中心网络连通，把数字图书馆的重要数据备份到异地，灾害备份网络带宽要保证数据高速备份的需要。

2.网络设施管理

数字图书馆网络基础设施管理主要包括故障管理、配置管理、性能管理、安全管理四部分。故障管理主要包括故障检测、隔离和纠正三方面，当网络中某个组成部分失效或异常时，网络管理器必须迅速查找到故障并及时排除，然后分析故障原因防止类似故障的再次发生；配置管理对组成网络的对象进行辨别、定义、控制和监视，以实现网络的某个特定功能或使网络性能达到最优；性能管理主要包括监视和分析被管网络及其所提供服务的性能机制，用以评估系统资源的运行状况及通信效率等系统性能；安全管理立体性的防护整个基础网络系统，包括入侵检测与阻断、病毒检测与防护、安全防火墙以及数据过滤分析等，保障整个网络的安全可靠。

第七节　数字图书馆标准体系规划

一、数字图书馆标准规范的基本问题

数字图书馆是在网络环境下建立的数字资源采集、加工、描述、管理、服务和保存的综合化系统，其最终目的是要实现数字资源的广泛存取与最大化共享。标准规范作为数字图书馆建设的基础，是资源开发利用与共建共享的基本保障，是保证数字图书馆的资源和服务在整个数字信息环境中可利用、可互操作和可持续发展的基础。因此，在数字图书馆建设中，应确保标准体系规划先行，坚持科学化、系统化和规范化相结合，采取合作、开放与共享的方式进行数字图书馆标准规范体系建设，切实保证数字图书馆建设的开放性与可持续发展，保证数字图书馆系统之间的互联互通与数据共享。

随着数字信息资源和网络信息服务的不断发展和丰富，在不同系统之间进行数字资源与服务共享的需求日益强烈，使得数字图书馆标准规范建设在世界范围内引起了广泛的关注。国际上主要的文献信息机构、数字图书馆建设项目和标准化组织都建立和发布了一系列数字图书馆领域的标准规范和指南性文件，进行了广泛的研究和实践。国内数字图书馆标准规范建设尚处于研究与探索性应用层面，一些数字图书馆建设中亟需的标准规范尚未建立起来。在我国的数字图书馆标准规范的建设与应用中，应充分依托全国图书馆标准化技术委员会、全国信息和文献标准化技术委员会等国内相关标准化组织，加强与他们的沟通与协作，加快数字图书馆相关国家标准和行业标准的制修订，促进我国数字图书馆事业的发展。

二、数字图书馆标准规范建设与应用原则

（1）标准规范先行原则。在数字图书馆建设规划中应该遵循标准规范先行的原则，让标准规范引导、约束数字图书馆系统和工程的建设。

（2）成熟标准优先原则。在数字图书馆建设规划中应优先选择已有成熟应用的国际标准、国家标准，或已被广泛接受的行业标准、事实标准，同时充分借鉴国内已有的数字图书馆标准规范研究与实践成果。

（3）联合开放公开原则。数字图书馆所有标准规范建设项目应充分依托国内相关的标准化组织，广泛联合具有标准制定和实施经验的文献信息机构、研究机构和企业等。项目研制成果应通过公开质询、专家论证等方式，广泛征求国内各大文献信息机构及专家的意见。

（4）核心建设原则。数字图书馆标准规范建设应以数字资源建设与服务为核心，围绕数字资源生命周期进行规划，有关网络、通信等软硬件基础支撑环境的标准则主要采用相关行业的通行标准。

（5）注重应用原则。数字图书馆标准规范要能够实际指导数字图书馆的建设，并切实应用在数字图书馆资源建设与服务中，要特别注重各类标准应用指南的研制开发。

（6）大馆建设中小馆应用原则。大型数字图书馆在建设过程中要将标准规范建设作为一个重要的内容，承担起研究数字图书馆标准规范发展战略、制定标准规范框架体系，建立标准规范开放建设与应用机制的职责。中小型数字图书馆的建设通常情况下无需进行标准规范的开发与建设，只需恰当应用已有的通用标准规范来指导数字图书馆建设，并根据自身情况适当参与到一些标准规范的开发与建设中。

三、数字图书馆标准规范体系

标准规范的建设，尤其是建立在开放和可互操作基础上的标准规范建设，是数字图书馆建设高效、经济、可持续的根本保证，是数字图书馆能够长期发挥作用的必要条件。

数字图书馆标准规范体系在整体上包括总体框架与发展战略和开放建设机制等，主要为各数字图书馆之间的互联互通、数字图书馆与其他公共文化服务体系的联合共建提供依据。在具体上围绕数字资源生命周期为主线进行构建，主要包含数字内容创建、数字对象描述、数字资源组织管理、数字资源服务、数字资源长期保存五个环节。数字内容创建是把各种类型、各种结构的资源按照规定的格式和编码加工为规范的数字资源形式，涉及的标准规范主要包括内容编码、对象标识、数据格式等；数字对象描述是对数字资源在其整个生命周期中的表现形式的结构化定义，涉及的标准规范主要包括元数据标准、元数据置标、元数据互操作等；数字资源组织管理是对数字资源在整个数字图书馆系统中的存在形式进行规定和管理，涉及的标准规范主要包括对象管理、知识组织、版权管理等；数字资源服务是数字图书馆对资源的利用，涉及的标准规范主要包括网络服务、检索服务、应用服务等；数字资源长期保存是数字资源长期存储和保护的过程，涉及的标准规范主要包括保存体系框架、长期保存元数据、保存策略等。基于数字资源生命周期的数字图书馆标准规范体系如图6－2所示。

数字图书馆标准规范体系的核心建设内容主要包括：汉字处理规范、唯一标识符规范、对象数据规范、元数据规范、资源统计规范、知识组织规范和长期保存规范等。

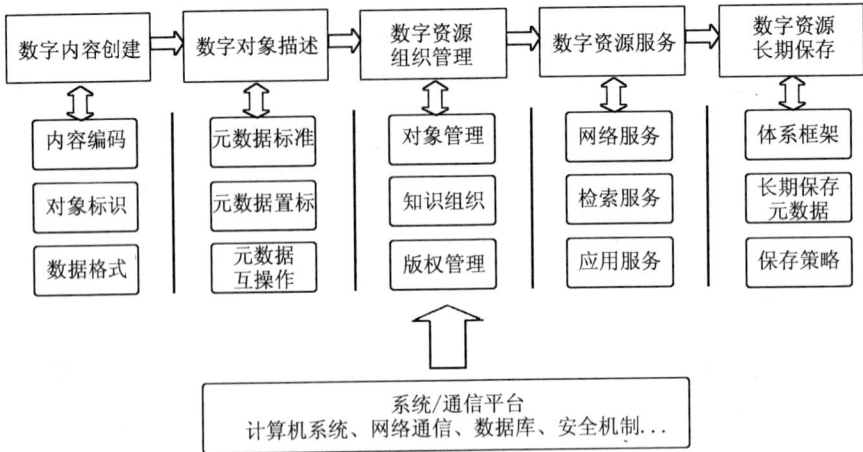

图 6 – 2　基于数字资源生命周期的数字图书馆标准规范体系

四、数字图书馆的互操作

数字图书馆的建设使图书馆的业务和服务打破了地域和时间的限制,使各个图书馆之间信息资源的共建共享成为可能。数字图书馆的资源共享建立在资源共建的基础之上,资源共建应该按照统一的标准和规范,将各个数字图书馆所拥有的信息资源按照统一的格式组织起来,实现资源之间的互通、交换和传递。

目前数字图书馆的建设有分布性、异构性和自主性的特点,分布是指各种数字资源在物理上分布在不同的地方;异构是指数字资源的存储结构、数据模型、表现形式、访问控制、安全策略等方面的不同;自主是指各种数字资源由众多的厂商开发完成或提供服务,他们拥有自己的技术支持和知识产权。数字图书馆的这些特点导致了数字图书馆之间的资源共享在实际操作中遇到了重重障碍和瓶颈。提高互操作性是推动资源共享的关键,也是数字图书馆建设需重点考虑的问题之一。

随着数字图书馆界对系统之间互操作性问题的重视,国内外数字图书馆领域专家在信息获取、数据整合、系统互联等方面开展了大量标准规范研究。目前比较成熟且被图书馆界广泛接受的标准规范有 OAI-PMH 协议、Z39.50 协议和Z39.88 协议。OAI-PMH 协议是为了完成不同的元数据检索工具中的元数据捕获;Z39.50 协议是图书馆自动化系统之间进行链接的标准;Z39.88 是一个开放的资源链接协议,能够使各种资源尤其是开放的资源通过揭示链接在一起。

参考文献

［1］方志祥.现代图书馆数字化建设与数字图书馆经营管理全书.西安:中国知识出版社,2005

［2］赵蓓.论数字图书馆建设与知识产权保护.［2011 – 08 – 22］.http://www.edu.cn/20060629/ 3197848.shtml

［3］数字图书馆资源建设指南.［2011 – 02 – 15］.http://www.lsc.org.cn/Attachment/Doc/ 1275990326.pdf

［4］崔永琳.数字图书馆理论与应用.北京:中共中央党校出版社,2003

［5］柯新生.基于网络的企业级信息资源规划理论与方法研究.北京:北京交通大学,2009

［6］张晓林,孙坦.E-Science 条件下的数字图书馆建设——CSDL 的实践与规划.［2011 – 07 – 24］.http://wenku.baidu.com/view/58f20493daef5ef7ba0d3c04.html

［7］金蝶公司企业信息化建设总体规划工作方法与工具(IT 规划).［2011 – 05 – 04］.http:// wenku.baidu.com/view/d48b96eb6294dd88d0d26b5d.html

［8］王志庚.国家图书馆的数字资源建设.国家图书馆学刊,2008(3):18 – 22

［9］孟雪梅,周燕.网络环境下图书馆信息资源建设的内容与重点.情报资料工作,2002(6): 32 – 35

［10］冯建福.数字资源长期保存问题研究.图书馆学研究,2011(3):72 – 74

［11］李英.数字图书馆中数字资源永久保存战略.图书馆学刊,2007(3):111 – 113

［12］富平.数字图书馆与数字资源建设.图书馆建设,2005(5):22 – 24

［13］刘家真.数字图书馆的馆藏级别和用户交互类型.图书情报知识,1999(2):56 – 57

［14］李念祖.浅谈图书馆数字资源存储系统及备份系统规划.图书情报工作增刊,2009(2): 69 – 71

［15］索传军.论数字馆藏的管理.大学图书馆学报,2003(2):30 – 35

［16］郭海明.公共服务体系下的图书馆服务的"公共性"解读.图书馆建设,2008(10):22 – 26

［17］程亚男.公共图书馆建设与服务的基本原则解读.图书馆理论与实践,2011(5):1 – 6

［18］周敬治,张晓青.数字信息服务系统的比较研究.北京:科学出版社,2009

［19］张树华等.数字时代的图书馆信息服务.北京:北京图书馆出版社,2005

［20］数字图书馆服务政策指南.［2011 – 07 – 21］.http://www.lsc.org.cn/Attachment/Doc/ 1275990299.pdf

［21］江南大学图书馆.数字图书馆.北京:中国轻工业出版社,2007

［22］黄如花.数字图书馆原理与技术.武汉:武汉大学出版社,2005

［23］同［19］

第七章　数字资源创建

第一节　数字资源采购

一、数字资源采购原则

随着信息载体的多样化和网络环境的形成，用户对数字资源需求的不断增长，图书馆数字资源的数量逐年增加，各高校图书馆购买的数字资源经费占图书馆文献资源总经费的比例不断上升，数字资源已经成为图书馆馆藏的重要组成部分，这是图书馆由传统向数字型图书馆转变所带来的必然结果。同时，数字资源的价格模式、采购方式、服务方式复杂多样，且很多数字资源以一个数据库的形式整体订购，金额巨大，因此，数字资源建设需要制定明确的指导原则。

1.整体性原则

整体性原则是数字资源建设的第一原则。当前，各种类型的文献资源数字化比例在逐步增长，数字资源已经成为高校文献服务的主体。数字资源建设需要与纸质等传统文献资源协调，适应信息环境的变化，从学科、语种、文献类型、回溯存档各方面做资源的整体规划和优化配置，最终形成一个完整的信息资源保障体系。

2.优先配置原则

对于研究型机构或图书馆而言，文献是资源购置的主体。数字资源相对于印本资源，购置成本更低，在相同的经费下，优先配置数字资源，可以大幅度地充实馆藏。从成本效益、时效性、用户需求等方面看，电子资源优先配置原则适用于大部分类型的文献资源，但国内出版的中文图书，还不能做到电子图书和纸本图书同步发行，很多热门书的作者也不同意签署电子版授权协议，因此，电子资源优先配置原则，在目前还不适用于中文图书。

3.效益性原则

数字资源建设的一个主要渠道是采购，因为资源建设经费是有限的，如何发挥资源建设经费的最大效能，用有限的经费购买更优质的资源，就必须考虑效益性问题。研究机构或图书馆应据此原则评估和选择数字资源供应商，并据此选择数字资源的采购方式、许可模式和许可期限，确定数字资源的支付方式。如在数字资源采购方式选择中，可要求资源提供者：对于同一内容的资源，选择 e-only 或 e-first 方式时，电子版资源的定价应该实质性地低于当前订购印刷本资源的价格；当 e-first 模式下继续采购印刷本资源时，相应的印刷本资源价格应该只是 print-only 价格的小部分，而且电子版和印刷版采购价格之和应该不超过 print-only 原价格。台湾成功大学图书馆"电子资源采购政策"[1]就将"订购成本效益"作为采购需考虑的原则之一。

此外，为提高数字资源建设的效益，还应定期开展数字资源的评估工作，为数字资源的建设提供决策支持。

4. 用户参与原则

用户参与原则是数字资源建设应遵循的开放性原则[2]。数字图书馆的用户具有二元属性，用户既是数字资源的消费者，也是数字资源的创建者。数字资源建设不应是图书馆员单方面的信息行为，而应该是图书馆员、资源和用户互动的过程，是用户参与和用户评价的过程。并且在这个过程中引入用户参与和评价机制，将有利于提高数字资源的适用性和实用性，提高数字资源的利用率和绩效。

5. 保障性原则

保障性原则是数字资源建设应遵循的职能性原则。目前，数字资源已成为网络环境下用户信息发现和获取的首选对象，越来越多的数字资源开始在我国科研、教育、生产等创新活动中起到信息支撑作用，这些数字资源已成为我国进行科技创新的战略资源。因此数字资源战略保障的核心内容将包括永久使用和长期保存两个方面，这就要求图书馆在广泛地采集来自国内外优质的数字资源的同时，还要保证这些数字资源的长期有效可存取。数字资源的保存是以数据为基础的。除了数据本身、描述的元数据以及数据的结构，数据所用的硬软件数据也必须保存。

6. 共建共享原则

数字资源相对于传统的纸质资源，其灵活性更表现在资源共建共享的便捷性。数字资源联盟采购的模式有利于区域性图书馆联盟的形成，联盟内通过镜像站点或专线等方式使用数字资源，避免数字资源的重复建设，使信息资源布局更加合理，最终实现数字资源的共建共享。遵循这一原则最典型的案例就是国内联盟采购 PQDD，每所高校根据自身的学科需求，每年订购一定数量的学位论文，集中放在服务器上，供参加该项目联盟采购的各高校师生们共享。

在经费有限的情况下，要从众多良莠不齐的数字资源中进行选择，有一定难度，因而制定采购选择的标准来评估十分重要。笔者将数字资源的采购所依据的原则归纳为六个方面，是作为实践指导性原则，并不能囊括所有因素，在实际操作中需要全面综合地考虑各种因素。事实上，整体性原则和优先配置原则的应用需相互协调；数字资源的效益成本和用户需求要综合考虑，不应顾此失彼；数字资源建设的保障性和区域间的共建共享既是一种原则，更是从数字资源战略管理的角度来建设和发展数字资源的标准。

二、数字资源采购方式

1. 联盟采购

在文献经费非常有限的情况下，研究机构或图书馆联合起来组成联盟，共同引进数字资源是一种很有效的方式。联盟采购是研究机构或图书馆与出版商博弈的必然选择，国外出版市场高度垄断，这些出版社掌握了出版物的定价权，在谈判中处于强势地位，研究机构或图书馆只有组成联盟，才能在谈判中争取平等地位，增强自己的议价权，在价格、许可协议和服务等方面争取有利的条件。对于许多重要的信息资源，图书馆单凭各自的经费只能望尘莫及，而组成联盟，将经费联合起来，就能满足联盟成员的需求。

下面分别简单介绍国内外采购联盟的概况。

（1）国内采购联盟

国内典型的采购联盟是 CALIS（China Academic Library & Information System，中国高等教育文献保障系统）。CALIS 的数字资源集团采购始于 1997 年，截至 2009 年，CALIS 共组织了 107 个（554 次）集团采购，其中 12 个停止组团，270 家单位签署了《CALIS 集团采购委托协议》。2010 年，CALIS 结束了组织数字资源集团的工作，由新成立的 DRAA（Digital Resource Acquisition Alliance of Chinese Academic Libraries，高校图书馆数字资源采购联盟）承接这项工作。除了 CALIS 及新成立的 DRAA，各省市图工委和 CALIS 地区中心也组织区域性的数字资源采购联盟。区域性的采购联盟，更多考虑国内的数据库，如万方、维普、同方、超星等。在 CALIS 全国集团采购方案的框架下，也有部分国外数据库允许再组地区集团，如 EBSCO、Springer 电子期刊、Springer 电子图书、WSN（WorldSciNet）、LexisNexis 等。

国内采购联盟的方式主要有两种：自由组团、买断分摊。自由组团的方式一般对学校按规模进行分档，各学校参考联盟价格方案，决定是否参加。CALIS 的方案以这种方式为主，大部分的采购项目，成员多少不会直接影响价格，但也有少量的项目规定,成员馆达到一定数量级后,价格会递减。买断分摊费用的方式,是联盟以一个固定的价格买断一个数据库或一批资源,再由联盟成员分摊价格的方式。这种方式主要适用于区域性联盟,参加联盟的成员越多,成员的价格越低。

(2)国外采购联盟

在国外,采购联盟兴起得较早,不仅仅限于数字资源的采购,它是联盟中的一项重要工作,联盟设有专门负责资源采购的委员会。目前,很多国家和地区都有从事数字资源集团采购的联盟,典型的联盟有:美国的 OhioLink(The Ohio Library and Information Network),美国 Minitex 共享模式的联盟采购,美国芝加哥大学、伊利诺伊大学等 12 所研究型大学组成的图书馆联盟"机构合作委员会"(Committee on Institutional Cooperation,CIC),英国的 JISC(Joint Information Systems Committee),等等。其中,美国 Minitex 共享模式中的联盟采购始于 1988 年,当时其成员馆已经超过 200 多家,构成了一个巨大的潜在市场[3]。OhioLINK 把联盟采购作为 2000 年后制定的新目标之一:最大限度地发展采购联盟的优势,扩大购买信息资源的能力[4]。2002 年 OhioLINK 在数字参考资料数据库和普通杂志及商业杂志的采购上,以联盟的形式签约支付 310 万美元,若各馆单独签约,费用将高达 970 万美元[5]。

(3)联盟采购模式的优点和缺点

在网络数字环境下,多个研究机构或图书馆联合起来,组成联盟或集团,共同采购数字资源是一种有效的资源建设模式,将成为数字资源合作和管理的发展趋势之一。因此,我们有必要进行数字资源联盟采购模式的优劣分析,扬长避短,实现联盟采购的持续发展。

联盟采购模式的优点主要体现在经费、时间、风险、共建共享四个方面:

1)可节约经费。 联盟采购使得图书馆议价能力大大增强,可以从数据库商那里争取到更优惠的价格。一般而言,联盟的采购价格要比单个图书馆自主采购的价格低,联盟越大,价格越优惠,降低了数字资源采购价格,节约了各成员单位的采购经费,也节约了出版商的营销成本。

2)可节省时间。 可以减少每个成员单位花费在合约协商上的人力和物力。一般一个数据库,从与国外数据库商接触,短则需要一年,长则需要 2—3 年时间,既费时间又费精力。但是组织联盟采购,知识联盟召集单位和国外数据库商进行谈判,然后征求用户意见,不必每个成员单位都直接参与谈判,这样既节省了时间和精力,又提高了效率。

3）可降低经济风险和采购失误。 若不能正确地评价引进数字资源的质量，则会给各联盟单位甚至国家带来巨大的损失，降低数字资源的使用效益。通过联盟采购可以对数字资源进行评估论证，建立合理的评价体系，从而引进优秀的数字资源，降低采购失误的风险。

4）促进共建共享和交流合作。 通过联盟采购，可促进各成员单位在宣传、培训、咨询、服务和使用数字资源方面的交流和合作。

联盟采购模式存在的问题：

1）数字资源的存档问题。 联盟采购面临的首要问题就是数字资源的存档。联盟采购的大部分数字资源的购买权限是当年使用权，若不再购买该资源，图书馆订购的所有资源将转瞬即逝，则无法保障图书馆和用户的利益。 即使具有永久备份权，数字资源由谁保存，如何提供其他成员馆的服务，费用又将如何分担，这些都是不可回避的问题，需要成立专门的资源建设协调机构或从更高的层面进行规划。

2）各成员单位利益平衡的问题。 联盟采购获得的聚集性数字资源，并不都是每个联盟成员所需的资源。 因此，如何积极参与协商，争取最大权益，是每个联盟成员必须考虑的重要问题。

3）信息贫富差距的问题。 现有的联盟采购模式可能会加剧大型图书馆与中小型图书馆新一轮的信息贫富差距。数字信息资源是以数据库和期刊库作为销售单位，价格不菲，一般只有大型图书馆才有能力加入联盟，中小型图书馆多望而却步，这种状况有可能导致全国范围内数字资源分布的失衡，拉大各馆之间的差距。

2.图书馆单独采购

这种采购模式相对于联盟采购而言，是由单个图书馆独自购买数字资源的方式。由于数据库的特殊性，有些数字资源仅有唯一的生产商或供应商，或者一些数字资源没有可完全替代的产品，这是采用单独采购的方式是合理的选择。该模式不受联盟制约，操作程序简单、快捷。有足够技术力量支持及经费充裕的图书馆在中文数字资源的购买上，多数选择独自购买；另外，一些价格较低的国外专业数据库，图书馆独自购买的情况很多。但单独采购没有竞争性，只能同唯一的供应商签订合同，这使得采购活动处于一对一的状态，更容易导致不规范行为发生，因此，法律上对这种采购方式的适用条件规定得更为严格。

3.国家采购

国家采购所界定的"国家"一词有两层含义：一是国家政府参与数字资源建

设，这种参与是多种多样的，经费的资助是部分的或是全部的；二是所购买的数字资源的访问面积覆盖了这个国家的大多数科研与高等教育机构，而不一定是全国的每一台计算机或是每一个具体用户。国家采购是数字资源的一种整体化建设方式，是从联盟采购发展出来的一种新型的数字资源采购方式。英国的 NESLI（National Electronic Site License Initiative，国家电子资源许可行动）项目和加拿大的 CNSLP（Canadian National Site Licensing Project，加拿大电子资源许可行动）项目都是国家采购数字资源的典型例子[6]。

在我国，1997 年国家自然科学基金委员会和美国《Science》周刊达成协议，购买 Science Online 在中国的使用权，从而成为我国首例全体公民可以免费访问的数字资源。这次购买数字资源的经费均由国家政府支付，并在北京设立了镜像站点，使国内（不含港澳台地区）的任何一台联网计算机均可访问该数字资源。再如，国家科技图书文献中心（National Science and Technology Library，NSTL）[7]购买了美国植物学会、美国运筹会和管理学研究协会、美国冷港实验室、加拿大国家研究委员会、中欧科学、英国皇室学会、英国 Money 出版社公司等数十家出版社的 600 余种外文电子版全文期刊，可供全国高校和科研机构免费使用。

综上所述，现行的数字资源采购模式有多种，它们各有自身的适用范围。联盟采购数字资源是很有效的购买方式，也是数字资源采购的未来发展方向，国内外研究机构或图书馆都有不少成功的案例，已经产生了很显著的社会效益和经济效益。采购联盟应积极探索新的采购模式和方法，同时兼顾各方利益，加强合作和沟通，最大限度发挥其优势，实现数字资源的长期保障和系统利用。

三、数字资源采购决策管理

近几年，数字图书馆建设的飞速发展，使得馆藏数字资源急剧增加。同时，随着信息生产速度的加快，生命周期变短，使得馆藏海量数字信息资源管理与利用之间的矛盾更加突出。因而，如何科学有效地采集、存储、管理、开发和利用这部分数字馆藏，是当前数字图书馆发展中亟待研究解决的重要问题。为此，国外著名数据存储管理供应商和大学、研究机构将信息生命周期管理（下文简称 ILM，具体内容详见本书第二章）作为一种新的管理方法引入数字资源管理中，目的在于帮助用户在信息生命的各个阶段以最低的整体拥有成本获得最大的价值。

1. 基于 ILM 的数字资源生命周期管理

图书馆界研究学者尝试将 ILM 引入数字图书馆管理，实现对馆藏海量数字资源依据 ILM 理论进行科学管理的思想。最早可追溯至 2002 年，国外学者 Lee 在《Electronic Collection Development：A Practical Guide》[8] 一书中，提出了一个名为"电子馆藏的生命周期"的概念，并提供了电子馆藏的生命周期图，该图可以看做是数字资源的采购流程，因此学者 Lee 可以看做是较早将数字资源的采购流程纳入数字资源生命周期的学者。在国内，索传军是较早提出这一思想的学者之一，他认为："依据数字资源在其生命周期中价值的变化规律，对不同的馆藏数字资源，在不同的时间、不同的阶段，进行分级存储、保护与服务，并针对不同类型的数字资源制定不同管理策略的新理念。从而指导图书馆实现对数字馆藏的建设与管理，使其以最低的成本获得最大的服务效益。这就是基于信息生命周期的数字馆藏管理的理念。"[9]

生命周期阶段划分在信息生命周期研究中尤为重要，国外学者和组织曾提出诸多划分标准。美国信息资源管理学家霍顿认为，信息生命周期一般由信息需求的确定及信息资源的生产、采集、传递、处理、存储、传播与利用等阶段组成；英国利兹大学将信息生命周期分为六个阶段，创造、获得、编目、存储、保存和获取；美国著名数据存储服务商 EMC 公司将数字信息生命周期分为五个阶段，创建阶段、保护阶段、访问阶段、归档阶段、处置阶段；大英图书馆 Helen Shenton 在《生命周期馆藏管理》一文中提出信息生命周期包括：选择、获取过程、编目著录、预保存、存储、检索等过程。

上述研究分析的角度虽不同，但存在一个理论聚合点，即"信息生命周期是循环而非单次的运动过程，信息在经历从创建到处置的整个周期后，并非永远消亡……这些信息有可能被再次激活，从而进入下一个生命周期之中，开始新一轮的周期循环"[10]。因此，数字资源生命周期管理就是根据信息对组织价值在其生命周期内的变化规律，在不同的时间、不同的阶段，进行采购、分级存储、保护和服务，并针对不同类型的资源制定相应的管理策略，从而达到数字资源的完善分类、存储和管理，使信息价值和资源管理成本能够与组织目标相适应，从而降低数字资源管理成本和提高数字资源服务绩效。

2. 数字资源采购决策管理

根据数字资源生命周期管理理念，为实现数字资源的科学建设和决策管理，降低数字资源管理成本，针对不同生命周期各个阶段中的变化规律，可将数字资源采购管理划分为三个阶段，并制定相应的管理策略，从而提高数字资源服务绩效水平。三个阶段分别为选择阶段、评估阶段、订购阶段，在此基础上，采取整体规划、分步实施的管理策略，细分为六个步骤，依次为发现需求、选择试用、试用统计、资源评估、分析决策和资源订购。

（1）选择阶段

1）发现需求

在数字资源选择阶段，针对图书馆发展目标与政策，分析当前数字资源服务中存在的问题，征集用户对数字资源的需求，考查该数据库是否符合学科发展要求或用户需求。发现和征集需求的方式一般可分为两种：主动性征询，即由学科馆员或参考咨询馆员主动征询院系师生意见，征询公共用户对图书馆数字资源建设的需求，并反馈给资源采购部门；表单推荐，在图书馆或研究机构主页设置数据库、电子资源推荐表单，随时收集用户的需求。两种方式有机结合，能较全面地收集和发现用户需求。

2）选择试用

在收集用户需求的基础上，同时关注出版市场的最新动态，根据经费预算和经费使用记录，了解适合采购的项目，把用户需求与资源进行匹配，确定试用评估的对象。如果符合需求，则向数据库供应商申请试用。

在数字资源试用阶段，针对评估的初始价值，制定该阶段对应的服务计划。该计划应注意两个关键性要素：一是选择合理的试用时间节点，二是组织试用数据库的宣传和推广。高校的教学科研有周期性的特点，数据库的试用时间不宜选择放假前后和寒暑假期间，因为这一时间段学生和教师或忙于应付考试，或寒暑假休息，较少关注图书馆主页数据库试用的通知，影响试用效果，收集的统计数据无法充分说明真正的需求。其次，试用通知发布前后，适当的宣传和推广十分必要，要得到真实有效的试用统计数据，需要广泛宣传，让目标用户群和相关用户群知晓并试用。

数字资源选择阶段开展的工作内容，在新一轮数字资源续订工作开展之时，仍需要根据用户需求进行调整，是资源订购管理的循环点。

（2）评估阶段

1）试用统计

试用结束后，要求数据库商提供使用统计，评估数据库的受关注程度，测算订购后的性价比。

2）资源评估

在初次订购或者续订某一种数字资源之前，对其收录内容、结构、学术价值、统计数据以及相关情况进行分析和评估，是数字资源采购规范管理的重要环节。关于数字资源评估的指标体系，国内外研究成果众多，美国研究图书馆学会

（ARL）就专门设立了"电子资源计量"项目（E-metrics），组织了美国著名的20多个研究图书馆，与出版商/数据库商共同合作研究，建立科学化的评估指标体系；我国教育部高等学校图书情报工作指导委员会和CALIS管理中心于2004年颁布了《高等学校图书馆数字资源计量指南》[11]，并于2007年进行了修订[12]，该指南已经成为大学图书馆电子文献的计量标准。国内学者在数字资源评估指标和体系建立方面也进行了积极的研究，肖珑等在"电子资源评价指标体系的建立初探"[13]中提出了六大指标体系，分别是电子资源内容、检索系统及功能、使用情况、价值与成本核算、出版商/数据库商的服务、存档。毕强等在《数字资源建设与管理》[14]一书中指出，数字资源质量评价指标包括五个方面：一是数据库内容，二是检索系统，三是数据库的利用，四是数据库的经济性，五是数据库服务。索传军在其著作《数字馆藏评价与绩效分析》[15]中提出基于层次分析法的数字馆藏质量评价指标体系，该指标体系分为三个层次，第一层由数字资源内容、数字资源服务、数字资源保存三个方面组成；第二层由11个指标组成；第三层由29个指标组成。该书还在理论意义上提出了相对重要的权重计算方法，有一定的操作性。戴龙基主编的《文献资源发展政策研究》[16]中提出的评价指标体系，将评价指标归纳为7个一级指标、39个二级指标、若干三级指标，并制定了具体评分办法，图书馆可根据每个指标的重要程度和评估目的，自行确定权重系数（书中提供了建议权重系数）。7个一级指标为：文献的内容、检索系统及功能、访问性能、供应商服务、试用情况、价格因素和存档。由于该评价指标体系是高校图工委文献资源建设小组研究制订，在国内图书馆界具有实际的、较普遍的指导作用。当然，各类型图书馆可根据具体情况选择合适的数字资源评价指标来进行评估。

3）分析决策

分析评估报告的各项指标和数据，并做出是否订购和进一步谈判的决策，这一工作可由评估小组完成。评估小组的成员包括学科专家、图书馆主管领导、学科馆员、参考咨询馆员、采访馆员等，可采取投票方式决定是否订购。

对于分歧较大的数据库，可借助决策矩阵来确定是否引进。决策矩阵的指标可参照资源评估的项目和指标，分值设计可参照国内《CALIS引进数据库用户满意度总结报告》，并以报告中的平均值作为参照。图书馆可从用户角度选择若干指标进行评分，评分共设六档，具体为3（非常满意）、2（满意）、1（比较满意）、－1（比较不满意）、－2（不满意）、－3（非常不满意）。权重为0—1之间的数值、权重数值累加为1。评估组成员对各项指标打分，将平均分填入决策矩阵，加权计算后得到总分，总分应为 – 3 到 3 之间的数值。根据分值高低决定是否引进。

（3）订购阶段

资源订购过程涉及合同谈判及签署、选择代理商并付款等多个环节。合同谈判主要涉及订购方式、产品价格、售后服务等内容。对于合同的基本条款可参照国内《CALIS 引进资源工作规范》的相关要求进行谈判。订购国内数据库，一般直接向数据库商付款；订购国外数据库，不能直接向数据库商付款，需要选择国家新闻出版总署批准从事科技文献进出口的代理公司付款。选择代理商时，一般需要比较手续费的高低、提供售后服务和增值服务的能力，如联系开通新增 IP 地址、提供资源列表、MARC 记录、使用统计报告等服务。数据库开通时，应测试其检索、下载等功能是否正常，设置的 IP 是否有遗漏，开放的内容和数量是否与合同规定一致等。

与纸质资源相比，数字资源的采购特点更加复杂，各阶段之间的界线趋于模糊。将数字资源采购划分为三个阶段、六个步骤，是以采购活动本身的流程为基础，依据数字资源在其生命周期中不同阶段的变化规律，对其进行分级划分管理，符合数字资源管理周期的理论和划分方法。针对不同阶段数字资源采购制定相应的管理策略，实现对数字资源生命周期的集中管理，从而形成一个相对合理的决策管理机制。

第二节　网络资源采集

随着互联网的快速发展，网络已成为获取信息资源极其重要的途径。然而，很多高质量的网络资源来自于出版商或数据商，用户必须付费订购才能获取。与此同时，互联网中还蕴藏着大量免费信息资源，但这些资源零散无序、优劣混杂，用户难以发现和鉴别，这是利用免费网络资源时面临的最大障碍。因此，应用现代信息技术和计算机技术，将网上分散的、有价值的信息资源进行搜集、筛选、整合，使之有序化和实现知识增值，有着非常重要的实际意义。本节将重点讨论网络资源采集的策略、内容、方式和相关技术。

一、网络资源采集的策略

就目前情况而言，数字资源的创建仍以购买各种商业数据库为主，免费网络资源的采集是数字资源建设的一种补充和扩展方式。网络资源的数量巨大，但分布广泛、质量不一，因此必须经过有选择的采集，并进一步整理组织加工，才能最终提供给用户。为了避免网络资源采集的随意性、无计划性和盲目性，让资源采集工作产生应有的效果，在实际操作中应该考虑以下四项策略。

1. 按需采集策略

网络资源的采集首先要从用户的实际需求出发。与资源采购相类似，网络资源的采集也必须遵照机构制定的资源建设政策，根据本机构所涉及的学科领域、用户的学术水平有的放矢。由于对网络资源采集所投入的人力、物力有限，对所采集的学科内容必须有所选择。一般将本机构的重点学科作为采集重点，同时还要考虑有待采集的信息源所涉及的学科，两者尽可能地匹配才能让采集的资源发挥更大的作用。就生物医学而言，BioMed Central 和 PLoS 是非常著名的免费开放获取期刊；就物理学、数学等理科而言，ArXiv 预印本库则是非常重要的网络资源。

2. 互补性策略

免费网络资源的采集可以从数量和内容两方面对本机构的信息资源建设做进一步补充和丰富，实现采购、自建和采集的数字资源相辅相成，为用户提供合理、有效的信息资源保障体系。网络上免费的电子图书和开放获取期刊是对机构采购书刊的有益补充。机构自建的数据库一般资源类型和数量都非常有限，如学位论文、会议论文、预印本等，通过采集和利用其他机构的特色资源，可以大大增加资源的数量，并极大地丰富数字资源的内容。

3. 高质量策略

虽然网络资源很丰富，但其质量却良莠不齐。因此在采集过程中，必须根据资源的质量水平予以筛选，尽可能取其精华、去其糟粕，为用户采集整理具有一定利用价值的信息资源。例如，考察电子图书是否符合教学研究的规划，是否来自优秀的出版社；电子期刊是否经过同行评审，是否被 SCI 或 EI 收录，影响因子如何；科技报告是否出自权威机构；等等。采集高质量的网络资源，并将这些资源及时地推送给用户，才能充分体现采集工作的实际效果。

4. 动态更新策略

互联网上的信息资源具有更新快、时效性强等特点，因此网络资源采集并非一劳永逸之事，必须进行定期追踪，不断添加或更新最新的内容，发现信息过时、链接失效的网站，也要及时予以剔除。网络信息资源的动态更新维护极其重要，只有确保最新信息源源不断地被采集进来，才能保持所采集资源的活力，激发用户的使用热情。

二、网络资源采集的内容和方式

网络资源建设的整个流程包括在互联网上搜集、筛选、组织、整理、发布信息资源等各个环节。网络资源采集是资源建设的前期工作，主要涵盖了"采"和"选"两部分工作内容。"采"即搜集，"选"即筛选。网络资源数量大、良莠不齐，要保证所搜集的资源可以被利用，如何进行筛选是工作重点和难点。网络资源的筛选可以在不同阶段进行，根据与搜集工作的先后顺序，可分为搜集前、搜集中和搜集后。在网络资源搜集之前，可以事先选择与自身需求相关的权威性较强的信息源；搜集过程中，也可以通过限制学科主题剔除无用信息，做到有选择性的搜集；搜集工作完成之后，可对所搜集的资源进行审查，评价资源的内容质量，决定是否保留并进一步整理组织。

1. 网络资源的选择与评价标准

网络资源的筛选主要是对大量信息材料进行选择和评价，有效剔除无用信息，选取所需要的信息资源。具体标准基本包括以下几点：

1）适用性。 网络资源内容的所属学科主题应适合本机构用户群体，编写语种能被多数用户阅读。此外，应有专门的机构或人员对资源内容进行维护更新，使得网站具有可持续发展性。

2）权威性。 考察网站信息发布者是否为权威机构或有影响力的知名机构，专业性网站评价机构对网站的评价如何。

3）准确性。 资源标题应能反映内容的中心思想，资源内容基本覆盖资源标题所言范畴，内容准确、可靠、客观、无明显偏见，没有或极少有语法和拼写错误。该网络资源与外部资源的链接也应准确、有效。

4）独特性。 考察网络资源所包含信息是否为该网站独有，网站发布的是否主要为原始信息，转载或指向其他网站的链接比例是多少。

5）时效性。 网络资源应能及时反映最新的发展动态，具体可考察信息发布时间、最后更新时间，以及更新频率。

以上五项标准可以大致衡量网络资源的优劣，实际操作中可根据具体的需求进行扩充。CALIS 重点学科网络资源导航系统的资源评价标准，除了强调资源内容及其质量的重要性之外，同时还考虑了影响实际利用的资源形式[17]。国家科学数字图书馆在建立数理学科门户网站时，对网站的权威性与声誉有更详细的要求，如网站是否经过权威评价机构的评价，网站是由谁赞助的，网站信息发布者是否权威，信息是否经过过滤等[18]。

2. 网络资源的采集方式

网络资源的采集方式多样，可从不同角度进行划分。从主要采集者的角度，可分为图书馆馆员采集和用户采集两种方式。传统的资源采集者通常是图书馆馆员，用户只是被动地接受这些资源，这种方式的采集过程相当简单，但容易出现采集结果与用户的资源需求脱节的现象。厦门大学图书馆举行的"免费资源大家推"活动是用户参与网络资源采集的有益尝试，该活动共收到读者推荐的网络资源150个，图书馆馆员对这些资源进行筛选整理后，保留并发布了76个，用户可以在"读者推荐免费资源"中浏览这些网络资源，同时可以继续推荐新的资源。可以看到，用户参与网络资源采集工作，可以让图书馆馆员更专注于之后的筛选和整理工作，发挥其在资源组织上的优势，更好地满足用户的需求，促进所采集网络资源的有效利用。

从网络资源采集深度的角度，可分为资源链接采集和资源内容采集两种方式。资源链接采集即把与用户需求相关的网站链接搜集起来，并建立网站资源导航，用户通过浏览资源列表了解这些网站的介绍，然后点击链接去各网站进一步查找资源。如厦门大学图书馆的"读者推荐免费资源"[19]、上海图书馆的"虚拟电子资源"[20]都仅提供了网络资源的链接，并通过学科或主题提供简单的分类浏览，但不能进行资源的检索。资源内容采集即将网络资源下载并在本地长期保存，实现资源的馆藏化[21]，用户可以在图书馆的网站中检索、浏览、下载这些资源。如台湾大学图书馆的公开取用电子书[22]，美国俄亥俄州图书馆与信息网（OhioLINK）[23]将学位论文、政府公开报告、免费电子书等资源进行了馆藏化，用户可以直接下载。相比之下，资源内容采集的工作量很大，因此可以在有条件的情况下对一些重要的网络资源进行下载和馆藏化，这样可以避免由于网络资源不稳定而造成的资源无法利用，但在下载过程中必须特别注意版权问题。

三、网络资源采集技术

1. 人工采集

人工采集网络资源最常用的工具是搜索引擎。搜索引擎是万维网环境中的信息检索系统，它根据一定的策略自动从互联网上搜集信息，在对信息进行组织和处理后，为用户提供检索服务，将用户检索的相关信息展示给用户。一个典型的万维网搜索引擎包括网页采集、索引、检索三大模块。网页采集模块通过一些种子 URL 中的超链接，以宽度优先、深度优先或启发式方式在互联网中发现相关信息。索引模块处理分析所采集的网页信息，从中抽取索引项，并生成索引表。

检索模块主要用于接收用户输入的查询、显示查询结果、提供用户相关性反馈。

综合性的搜索引擎，如 Google、百度、Yahoo 等，是用户最常用、最熟知的搜索引擎。但这些搜索引擎的检索结果往往多而杂乱，对于某种特定检索需要难以提供精确结果。针对网络学术资源的检索，可以利用专门的学术搜索引擎，避免大量无关信息，保障了检索结果的专业性和相关性。Google Scholar 和 Scirus 是两个用户认可度较高的学术搜索引擎，也是科研用户检索学术信息的重要工具。Google Scholar 是 Google 公司于 2004 年推出的免费学术搜索引擎。其来源主要有学术出版商的网站、研究机构的网页、开放存取期刊和知识库、收费的学术资源提供商等。资源内容包括图书、期刊文章、会议论文、预印本、技术报告等多种类型的学术文献。Scirus 是 Elsevier 公司于 2001 年发布的免费科学专业搜索引擎。依托 Elsevier 的资源优势，Scirus 能够检索到一些有访问限制的、别的搜索引擎没有索引的站点。其资源来源主要包括网页和期刊两部分，目前已经可检索到全球 4.1 亿个学术网页，以及 ArXiv、BioMed Central、CogPrints 等 37 个知识库的学术资源，包括最新的学术报告、同行评审的期刊、专利数据、预印本等多种类型[24]。

2. 自动采集

（1）网页采集

网页采集是搜索引擎检索、站点结构分析、页面有效性分析、内容安全检测、网页数据挖掘，以及个性化信息获取等服务和研究的基本技术[25]。网页采集技术的形式多样，从采集范围来看，可以分为面向整个 Web 的信息采集和主题 Web 信息采集。面向整个 Web 的信息采集一般应用于门户网站等通用搜索引擎和大型的 Web 服务提供商。由于这种信息采集的目标是整个 Web，采集范围广而数量巨大，所采集的页面内容多样，但专业性不强。为了更好地满足专业性的信息需求，主题 Web 信息采集应运而生。这种信息采集技术有选择性地搜寻并采集那些与预先定义好的主题相关的页面，主题一般可以是关键词，也可以是样本文件。与面向整个 Web 的信息采集相比，主题 Web 信息采集并不采集那些与主题无关的页面，所以可以极大地节省采集的时间和空间，更快地更新所保存的页面，使得采集的页面更接近 Web 当前的真实状况。

（2）RSS

RSS（Really Simple Syndication）技术，也叫简易信息聚合，是一种常用的信息推送技术，采用网络摘要格式规范，用来发送和汇集网页内容和元数据的 XML 格式，这种元数据可以包含标题、日期、内容和链接。RSS 通常被用于新闻、博客和其他按时间顺序排列并经常更新内容的网站。RSS 技术具有来源多样又不失个性化、信息的时效性强、信息发布的成本低、垃圾信息少，以及便于本地内容管理等特性。RSS 技术适用于已知信息源的增量信息采集，有助于及时发现最新的信息资源，对网络资源的更新与维护有着实践意义。

（3）Mashup

在网页开发领域，Mashup 表示将通过多种渠道多个信息源的数据、应用功能聚合起来，创建并呈现新的网页服务。Mashup 技术通常通过公共应用程序接口（Application Programming Interface，API）的方式获取资源，目前 Google、微软、雅虎、亚马逊等许多公司都公布了自己的公共接口 API。上海交通大学图书馆利用 Mashup 技术抓取了维基百科词条、亚马逊图书目录、豆瓣书评等网络资源，当用户在其门户网站上检索时，在检索结果中会显示与检索内容相关的词条、目录和书评，大大地丰富了用户的信息资源检索体验。

第三节　自建数字资源

从数据来源的角度，可将数字资源大致分为三类：一是购买、引进的资源；二是自建资源；三是有效组织的网络免费资源。近些年数字资源的采购呈现同质化，自建资源成为各机构重点建设的数字资源部分，也是最能体现机构特色的资源，也被认为是数字资源创建必不可少的重要组成部分。自建资源与购买引进的资源、网络免费资源互为补充，共同为满足用户的信息需求而体现其价值。

目前，在图书情报界通常将图书馆建设的馆藏书目数据库、专题特色数据库和有效组织的网络资源统称为自建资源，本章主要侧重于自建专题特色数据库资源，将围绕自建数字资源在国内的建设概况、类型、原则和自建资源的发展趋势等展开论述。

一、自建数字资源的概况

1.高校图书馆自建数字资源概况

1995 年，我国正式启动高等教育重点建设项目"211 工程"，其支柱工程"中国高等教育文献保障系统"（CALIS）随之启动。在 CALIS 工程项目中，自建一批有中国高校特色的文献数据库，是 CALIS 文献信息资源及数字化建设的主要内容。一些高校图书馆积极响应，从 CALIS[26] 主页上可以看到，现已有 63 个专题特色数据库项目在 CALIS 中心正式立项，参建单位达 51 个，文献类型涉及古籍、舆图、拓片、家谱、地方志、期刊论文、会议论文、学位论文、电子图书、音频资料、网络资源等。

从自建数据库的高校来看，大致涵盖如下资源：本校博硕士学位论文数据库、本校文库、教学参考书数据库、专业学科导航库，个别高校对具有本校特色的专业文献资源进行了重点收集和整理，初步形成了自建数据库群。自建资源的表现形式各异，有的是以特色数据库的形式，有的是以学科门户的形式，有的是以指南形式，有的是以数字图书馆的形式表现。兼具学校机构特色和学科特色的文库和机构库的建设都不甚理想，据统计，目前国内680所高校图书馆主页上，仅有56个图书馆设有文库栏目；机构库（Institutional Repository，IR）作为"收集、存放由某个或多个学术机构的专家、教授、学生发布的可供机构内外用户共享的学术文献的数据库"[27]，自2004年在我国开始受到学者关注，部分学者将国外机构库研究成果引入内地，只是机构库的建设实践进展缓慢，在OPENDOAR[28]中登记的中国内地机构库仅为4家。表7-1有所侧重地列出国内高校中有代表性的自建数据库。

表7-1 国内部分高校图书馆自建特色资源列表

图书馆	栏目名称	自建特色资源内容
北京大学图书馆[29]	特色收藏	北大名师,北大讲座,北大博文,古文献资源库,报纸热点,北京历史地理
清华大学图书馆[30]	特色资源	清华文库,清华学位论文库,清华大学学生优秀作品数据库,清华大学教育资源数字图书馆,"保钓、统运"资料,中国科技史数字图书馆
上海交通大学图书馆[31]	特色资源	中国民族音乐数据库,机器人信息数据库,上海交通大学学位论文数据库,上海交通大学志、年鉴,教学参考书系统,上海交通大学出版物全文数据库,多媒体资源管理系统,科技创新VOD视频点播
西安交通大学图书馆[32]	西安交大特色资源	钱学森特色数据库,西安交通大学文库,西安交通大学国际论文数据库,西安交通大学学位论文数据库,西文生物医学期刊联合目录,电子、电力类国外大学教材信息库,法医学科文献信息资源服务平台
武汉大学图书馆[33]	本馆特色资源	武汉大学博硕士学位论文数据库,长江资源库,中国水力发电工程特色资源数据库
浙江大学图书馆[34]	特色资源	浙大文库
	多媒体资源	浙大人文大讲堂,浙江大学图片信息资源库,多媒体中心
南京大学图书馆[35]	馆藏资源	南大人文库

2. 公共图书馆自建数字资源概况

省市级公共图书馆一般是所在地区的文献资源中心，藏书一般在一百万册到数百万册之间，资源丰富、学科覆盖面广，具有较为先进的技术设备和专业队伍。近年公共图书馆在引进现代化管理的同时，馆藏文献数据库已逐步上马，并已取得很大成绩，为开展文献专题数据库建设奠定了基础。省市级公共图书馆在长年累月的文献资源建设中，都有各自独具特色的个性，形成了各自的藏书体系而区别于其他各馆。这种各馆与众不同的文献信息资源体系，是自建专题数据库的主要选题。表 7 - 2 有所侧重地列出了部分省市及图书馆较有代表性的自建数据库。

表 7 - 2   国内部分公共图书馆自建特色资源列表

图书馆	自建特色资源	图书馆	自建特色资源
首都 图书馆[36]	古籍插图库	辽宁省 图书馆[39]	辽宁大事记
	视听资料子目数据库		辽宁三十年代作家作品数据库
	明清北京城垣资源库		九一八事变专题图片库
	北京地方文献报刊索引数据库		九一八事变资料索引库
	中国共产党北京党史资源库		张学良资料索引库
	奥林匹克运动会与艺术多媒体资源库		张学良手稿库
	中国人民解放军将帅多媒体资源库		振兴东北老工业基地专题
上海 图书馆[37]	上海年华(世博信息、抗战图片库等)		辽宁社会科学成果目录
	地图资源收藏		东北抗战图书索引库
	会议录文献资源收藏		东北抗战纪念场所
	馆藏历史文献		东北抗战图片库
广东省立中山 图书馆[38]	广东地方文献全文库		东北抗战视频库
	孙中山全文数据库		东北抗战事件库
	中国报刊经济信息全文库		东北抗战时期人物库
	粤人文库		

3. 自建数字资源现状分析

(1)三大特点

1)突出馆藏特色的自建资源

自建资源在选题上体现馆藏特色。我国公共图书馆独具特色的文献资源相当丰富，各馆自建数据库选题从馆藏特色出发，体现了信息资源的价值。从多数图书馆将自建资源归入"特色资源"栏目，可见各图书馆对自建资源的定位。如各高校图书馆将学位论文资源作为自建资源的重要内容，充分体现了馆藏特色。

2）基于地域特色的自建资源

研究和开发馆藏地方文献资源，是省市级公共图书馆和高校图书馆自建专题数据库的重要选题。高校图书馆建设的敦煌学数据库、巴蜀文化数据库、蒙古学文献信息特色数据库都与高校所处地理位置有关；辽宁省图书馆所建关于东北抗战方面的数据库就达10余个，类型涉及书目库、索引库、图片库、视频库、人物库、事件库等，充分挖掘了地方特色和历史题材。中山图书馆的广东地方文献全文库，将粤版各种文献进行了整合，展示了广东地方文献的发展和特色。上海图书馆的"上海年华"发掘和整理上海图书馆馆藏的地方文献中的图片资源，经数字化后，将图片解析成各类元数据信息，形成各种穿插关联，从而完成对图片多角度、多层次的解读。

3）富于时代特色的自建资源

自建数据库富有时代特色，是由图书馆信息服务的特点所决定的。图书馆的文献资源开发和建设最终目的就是为用户提供服务，社会对信息的需求是推动数据库建设的原动力。各馆在自建数据库选题时，都充分注意了社会对信息时效性的需求。如清华大学图书馆的清华文库是机构库研究实践的成果，又如上海图书馆建立世博信息库充分考虑了2010世博会在上海召开的重要意义。

（2）存在问题

通过对部分高校图书馆和公共图书馆网站的访问和一些自建数据库的调研，可以看到图书馆在自建资源中还存在一些问题：

1）标准化与规范化的问题

一些自建数据库没有考虑到元数据的标准，没有采用国际元数据标准或按照CNMARC格式处理数据，影响未来馆际之间的数据交换和数据访问；检索命令不规范，同一系统中有不同的检索命令，让用户不适应；标引不规范，同一数据库的文献信息，有的用主题词标引，有的用关键词或任意词标引，前后不一致，造成文献信息误检、漏检，效率不高[40]。

2）各自为政和重复建设

自建数据库需要体现各个学校和机构的馆藏特色、专业特色和地方特色，但自建并不是不需要协作。同一学科的资源导航，各高校图书馆重复建设，采集和组织的信息不够全面完整，范围也不够宽，没有有效形成资源互补和共享的机制；一些图书馆的学科导航、特色专业数据库存在学科面窄，容量有限，从建库规划到数据库功能等方面缺乏整体性、协作性，从而导致自建数据库使用率不高。

3）数据库类型单一，专业特色不突出

目前图书馆数据库建设多以馆藏常规文献为依托，以书目、学位论文为主攻方向，全文和图形图像及事实数据库很少，根据学科建设、专业特色和地区特色进行文献深加工的专题数据库不多，信息服务基本停留在 Copy 的水平上，很少提供增值服务。

4）数据更新和资源整合的问题

一些图书馆数据库建成后的维护工作处于滞后和缓慢的状态，一些公共图书馆的自建资源链接无法打开，部分数据库的数据和信息没有补充和更新，对后续服务不够重视，影响了用户的使用；统一检索和资源整合的问题也未得到充分重视，多数图书馆尚未将自建资源纳入图书馆统一检索平台，通过图书馆 OPAC 检索系统和跨库检索系统无法有效检索自建资源，影响了自建资源的有效利用。

5）数据库知识产权保护意识薄弱

自建数据库的知识产权问题主要涉及数据采集和服务过程中的知识产权。自建数字资源是在馆藏文献数字化、网络资源的选择、鉴别和整合的基础上形成的，数据来源比较复杂，在部分内容的选择上有很强的独创性，应受到著作权的保护。但绝大多数自建数字资源网页上未见图书馆关于知识产权保护的申明，图书馆知识产权保护意识还有待加强，"图书馆可以利用著作权法、反不正当竞争法、合同法等法律维护自建数据库的合法权益，促进自建数据库的发展"[41]。

整体而言，国内图书馆在自建数字资源方面取得了较大的成绩，资源内容体现了明显的地域和学科的特点，但在数据库的建设标准、元数据规范方面还有待加强，资源的更新和系统的维护还有待于重视，资源整合和系统检索机制急需加强研究与开发，这样才有利于一个有效的全国性的文献保障系统的形成与共享。

二、自建数字资源的类型

从 20 世纪 70 年代美国国会图书馆正式发行 MARC 机读目录到 1998 年欧洲高能物理实验室开发出超文本系统，以及互联网的出现，直至今天互联网的迅速发展和在全球的普及，以计算机、网络为载体的数字信息资源每天以惊人的速度传播。数字资源的品种、数量都有了非常大的发展，几乎涵盖了所有专业领域，是知识、信息的巨大集合，是人类的资源宝库。依照不同的分类标准可将数字资源分为多种不同类型。 如表 7 - 3 所示。

表 7 - 3　数字资源分类

资源分类的标准	数字资源的种类
载体形态	现实资源和虚拟资源
媒体形式	文本文件、静态图像文件、音频文件、视频文件、三维虚拟影像
文献类型	电子图书、电子期刊、电子报纸、数据库
信息加工的深度	一次文献数据库（全文）和二次文献数据库（文摘、索引、书目）
信息内容的表现形式和用途	全文型数据、事实型数据、数值型数据、书目信息数据、其他类型数据
适用对象	通用数据库和特色数据库
来源	数字化资源和原生数字资源

1. 按照载体形态划分

按照数字资源载体形态可分为现实资源和虚拟资源。"现实资源是指由信息服务机构自身采集收藏整理的一部分数字资源，储存在该信息服务机构中，所有权归该信息服务机构，具有利用、支配、更新、修改等权利，包括该信息服务机构自建或购买的存放于信息服务机构的数字化文献，是以光盘、磁盘、磁带等为载体形态的有形数字资源"[42]。虚拟资源是指通过计算机系统及通信设备在互联网上共享的信息资源，即通过互联网只能获得使用权的数字资源。

2. 按照媒体形式

按照媒体形式将数字资源分为文本文件（Text）、静态图像文件（Still Images）、音频文件（Sound）、视频文件（Moving Images）、三维虚拟影像。文本文件是最为基本的一种媒体形式；静态图像文件主要是指通过数字设备采集或制作的画面，通常以 GIF、JPEG 等文件格式存储；音频文件主要是指录入的各种声音和歌曲等形成的文件通常以 WAV、MP3、MIDI 等文件格式存储；视频文件主要是指适用视频捕获的数字影像，通常以 AVI、MPEG 等形式存储；三维虚拟影像主要是指信息模型是以 VRML（Virtual Reality Modeling Language）组织，以立体三维形式显现的信息。

3. 按照文献类型划分

按照图书馆对文献的传统分类方法，可将数字资源分为电子图书、电子期刊、电子报纸和电子数据库。

4. 按照信息加工深度划分

按照信息加工深度可将数字资源分为全文型数字资源、文摘型数字资源、书目型数字资源。全文型数字资源包括各种图书、报纸、期刊论文、政府出版物、专利、标准的全文数据库等。如中山图书馆的自建数据库"中国报刊经济信息全文库"就是报刊全文数据库。文摘型和书目型数据库，如期刊目次数据库、馆藏书目数据库等。

5. 按照信息内容的表现形式和用途划分

按数字资源内容表现形式和用途，数字资源可分为全文型、事实型、数值型、书目信息、其他类型数据等。全文型数字资源包括各种文献类型的全文；事实型数字资源包括地区或城市介绍、工程实况及记录、企事业机构名录、指南、字典、百科全书、手册、参考工具等[43]；数值型数字资源包括企事业机构名录、指南、字典、百科全书、手册、参考工具等；书目型数字资源包括各种目题录、索引和书目数据库；其他类型数字资源包括各种静态图像、音乐和视频等各种媒体资源。

6. 按照适用对象

按照适用对象将数字资源分为通用数据库和特色数据库。前者包括馆藏书目数据库、新书全文数据库等，后者包括学科专业特色数据库、学科网络导航数据库、特藏数据库等。这种划分方式，方便需要了解相关内容的浏览者直奔主题。

7. 按照来源划分

按照数字资源的来源，可将之分为数字化资源和原生数字资源。数字化资源是对版权已过期的图书、文献资料采用扫描、光学字符识别（OCR）等处理技术进行数字化，形成数字资源的基础部分。这类资源以经典著作和古代文献为主。

对原生数字资源目前还没有统一的认识和定义。国外的定义强调"数字形式"是原生数字资源的唯一形式，如美国著名新词汇搜索网站 Word Spy 把原生数字资源定义为"仅以数字形式产生和存在的一种信息资源"（A Document That Was Created and Exists Only in a Digital Format）[44]，联合国教科文组织（United Nations Educational, Scientific and Cultural Organization, UNESCO）把原生数字资源定义为"除了数字形式再没有其他载体形式的信息资源"；国内学者[45-46]对原生数字资源的定义强调数字原创性，但没有明确指出数字形式是其唯一的表现形式，国内学者定义的网络原生数字资源既包括网络原生数字资源，还包括大量具有原创性并在其传播、利用、保存过程中出现的其他非数字形式的信息资源。

在互联网信息技术迅速发展的今天，原生数字资源具有区别于其他资源的独特内涵，因而原生数字资源的定义要反映出其在网络信息环境中的特征和内容，因此笔者认为可以这样定义：所谓原生数字资源，是指直接在互联网活动中产生的或仅仅发布于互联网并仅以数字形式传播交流、保存利用的网络信息资源。

总之，由于数字资源的复杂性，按照不同分类标准划分的各大类数据库之间并不是并列关系，而是交叉关系，一个数据库可以从多个角度进行分类。从目前的研究状况来看，尚没有产生一种统一的、能全面和深入地反映数字资源内容和特点的分类方式。

三、自建资源的原则

1. 标准化原则

标准化是自建数字资源建设应遵循的技术性原则。数字资源建设的目的是通过知识网络实现用户对数字资源的发现、识别、分析、选择、获取与应用。因此，用户与系统、系统与系统间的有效沟通就成为了关键，这就要求在资源建设中必须采用标准化的技术，也就是说在"资源建设中必须遵守资源采集、资源加工、资源描述、资源整合、资源发布、资源典藏与复用等相关技术标准和规范，这不仅有利于数字资源的用户发现和传递，提高其可用性，更能够满足广域的资源共享和增值应用的需求"[47]。

2. 机构特色原则

特色化原则是自建资源首先要考虑的因素之一，数字资源的采购近些年呈现同质化，自建资源成为各机构重点建设的数字资源部分，也是最能体现机构特色的资源，因此也被认为是数字资源创建最有特色的组成部分，意义十分重大。图书馆或研究机构必须研究自己的读者群，明确馆藏的建设方向，制定出相应的馆藏特色建设方针。

3. 需求性原则

从本质上说，满足需求才是自建数据库的建设目的。这里所讲的需求原则有两层含义：一是用户有无需求。数据库建设的最终目的是使更多的用户得到更大的利益，如果没有用户的需求，便失去了建库的意义。二是能否体现高校重点学科或专业的特色、公共图书馆的地方特色。近年来，一些高校图书馆所建的特色数据库，与本校重点学科或专业的特点相差甚远，花费了大量的人力和财力，却很少有人问津。这种做法要制止。

4. 系统性原则

系统性原则是自建资源建设的整体性原则，应站在馆藏整体发展的高度，连续不断地搜集和积累信息资源，维护资源的连贯性和完整性，并将这一理念贯彻在自建资源采集的整个进程中。数字出版环境下，图书馆或研究机构只有洞察用户需求的变化趋势和馆藏建设的发展规律，掌握印刷资源、数字资源和各种自建资源、网络资源的特点和优势，使其协调发展，从而形成连续系统、完整统一的馆藏体系，为用户提供全面、系统、精准的服务。

5.协调协作原则

协调协作原则是指在自建数据库的选题、数据采集和文献利用等方面，注重地区之间、省、市馆之间、高校馆与公共馆之间的协作和分工，加强协调，避免重复建设，互通有无，实现资源共享。根据需要和可能，可按单位、按地区共建共享专题特色数据库，集中人力、物力和技术力量，以这种方式建设数据库，更需以协调协作为基础。

6.建设与服务同步原则

建设与服务同步原则是自建资源建设应遵循的动态性原则。各种类型的资源建设都是一个循序渐进的累积过程，自建资源同样有一个不断采集、不断补充的过程，建设与服务同步就是以服务用户为核心，建设中及时地收集用户的信息反馈和使用统计，适时修订和调整阶段性建设目标和重点，在服务中发现问题并解决问题。

四、自建资源的未来发展趋势

1.合作建设趋势

自建资源，虽然是自建，但绝不是各自为战，高校图书馆和公共图书馆在自建数据库的选题和文献利用方面，要注重协调协作，有所分工，互通有无。由地区中心馆牵头，加强组织协调，避免重复建设，这样才能使自建专题数据库在数量、质量和服务等各方面更有保证。在资源采集方面，高校图书馆应争取学校职能部门的支持，包括直接性支持和政策性支持。学校的政策性支持，包括经费上的支持和院系直接对自建数据库建设进行人、财、物的投入，在资源收集和提供方面进行支持。

2.用户参与建设趋势

提供用户参与建设的机制和系统设置，吸引用户将自己收集和整理的信息存储到图书馆自建资源中来，这既是双赢的结果，同时也是未来资源建设的趋势：通过广大的、分布建设者的参与，实现高效的数据库建设。

3.引入数字资源生命周期管理方法

数字资源生命周期管理是一种新的信息管理方法,是一种先进的信息管理理念。国内外知名图书馆,如美国加州大学伯克利分校图书馆和中国国家图书馆等,都制定了数字资源保存管理条例,依据被加工的数字资源进行分类分级存储管理。自建资源是数字资源中重要的、有特色的组成部分,将自建资源纳入图书馆数字资源生命周期管理,针对不同类型的数字资源制定相应的管理策略,以最低的成本获得最大的服务效益,实现数字资源的科学建设和管理。

参考文献

[1]孙志娟.浅谈成功大学图书馆之电子资源.[2011-06-19].http://www.lib.ncku.edu.tw/journal/journal/12/3.htm

[2]王志庚.试析国家数字图书馆的资源建设.数字图书馆论坛,2008(8):32-36,69

[3]陈肃.共享有限资源:Minitex 共享模式的发展.图书情报工作,2004(7):17-22

[4]李国庆.世界图书馆联盟的典范:OhioLINK 信息资源共享模式研究.图书情报工作,2004(7):13-16,89

[5]邢明旻.CIC 图书馆联盟的电子资源集团采购及其启示.图书情报工作,2008(4):119-122

[6]强自力.电子资源的"国家采购".图书情报工作,2003(4):91-94

[7]全国开通现刊数据库.[2011-07-25].http://www.nstl.gov.cn/NSTL/nstl/facade/exweb/electroicResource.jsp?i=1

[8]Lee S D.Electronic Collection Development:A Practical Guide.New York:Nealschuman Publisher Inc.2002:63

[9]索传军.基于信息生命周期的数字馆藏管理研究.大学图书馆学报,2005(1):26-29

[10]毕强,陈晓美.数字资源建设与管理.北京:科学出版社,2010

[11]高等学校图书馆数字资源计量指南,2004.[2011-07-26].http://www.scal.edu.cn/courseInfoSearch.html?courseCategoryId=29&miscdictId=4

[12]高等学校图书馆数字资源计量指南,2007.[2011-07-26].http://www.scal.edu.cn/courseInfoSearch.html?courseCategoryId=29&miscdictId=4

[13]肖珑,张宇红.电子资源评价指标体系的建立初探.大学图书馆学报,2002(3):35-42

[14]同[10]

[15]索传军.数字馆藏评价与绩效分析.北京:北京图书馆出版社,2007

[16]戴龙基.文献资源发展政策研究.北京:北京大学出版社,2007

[17]林佳,李京华."CALIS 重点学科网络资源导航系统资源选择与评价标准"的建立与思考.大学图书馆学报,2005(1):38-41,48

[18]肖希明.信息资源建设.武汉:武汉大学出版社,2008

[19]厦门大学图书馆"读者推荐免费资源". [2011 - 09 - 13]. http://210. 34. 4. 20/cn/free_ info. asp

[20]上海图书馆"虚拟电子资源". [2011 - 09 - 13]. http://eservice. digilib. sh. cn/Virtual/ index. asp

[21]梁瑶. 高校图书馆互联网免费信息资源建设模式研究. 图书馆学研究,2009(10):34 - 36

[22]台湾大学图书馆"公开取用电子书". [2011 - 08 - 30]. http://ebooks. lib. ntu. edu. tw/ Home/ListBooks

[23]OhioLINK. [2011 - 08 - 30]. http://www. ohiolink. edu/

[24]About Scirus. [2011 - 07 - 30]. http://www. scirus. com/srsapp/aboutus/

[25]庞景安. Web 信息采集技术研究与发展. 情报科学,2009(12):1891 - 1895

[26]Calis 专题特色数据库. [2011 - 09 - 11]. http://tsk. cadlis. edu. cn/tskopac/

[27]张巧娜. 我国大陆机构库实践的"冷现象"研究. 大学图书馆学报,2010(6):48 - 52

[28]Directory of Open Access Repositories. [2011 - 07 - 31]. http://www. opendoar. org/countrylist. php? cContinent = Asia

[29]北京大学图书馆特色收藏. [2011 - 08 - 04]. http://www. lib. pku. edu. cn/portal/index. jsp

[30]清华大学图书馆特色资源. [2011 - 08 - 04]. http://www. lib. tsinghua. edu. cn/database/ specialcollection. html

[31]上海交通大学图书馆特色资源. [2011 - 08 - 04]. http://www. lib. sjtu. edu. cn/view. do? id = 184

[32]西安交大图书馆自建数据库. [2011 - 08 - 04]. http://www. lib. xjtu. edu. cn/lib75/find/ tesek/zjsjk. htm

[33]武汉大学图书馆特色资源. [2011 - 08 - 04]. http://www. lib. whu. edu. cn/web/index. asp? obj_id = 294

[34]浙江大学图书馆特色资源. [2011 - 08 - 04]. http://libweb. zju. edu. cn/libweb/redir. php? catalog_id = 10258

[35]南京人文库. [2011 - 08 - 04]. http://lib. nju. edu. cn/holdings/holdings_contribution. php

[36]首都图书馆自建数据库. [2011 - 08 - 04]. http://www. clcn. net. cn/shuziziy/index. htm

[37]上海图书馆特色馆藏. [2011 - 08 - 04]. http://www. library. sh. cn/tsgc/tsfw/

[38]省立中山图书馆自建数据库资源. [2011 - 08 - 04]. http://www. zslib. com. cn/html/test/ 20090917/490. html

[39]辽宁省图书馆自建数据库. [2011 - 08 - 04]. http://www. lnlib. com/sszzy/zjsjk/

[40]徐云. 关于高校图书馆自建特色数据库的探讨. 图书情报知识,2001(2):56 - 58

[41]徐轩. 图书馆自建数据库的知识产权问题研究. 图书馆学研究,2008(4):96 - 98

[42]同[10]

[43]同[10]

[44] Word Spy. Born-digital . [2011 − 08 − 02]. http://www.wordspy.com/words/born-digital.asp

[45] 陈红星,张淑芳.网络原生数字资源:概念、特征与类型.图书馆建设,2010(5):1 − 4

[46] 常娥,袁曦临.网络原生数字资源管理问题探析.图书馆建设,2009(5):27 − 30

[47] 同[2]

第八章 数字资源组织

第一节 信息组织的变迁与发展

一、信息组织的界定与变迁

信息组织是采用各种方法和手段使信息有序化的过程。通过揭示信息间内在的逻辑关系，对信息进行加工、整理、提炼，使之系统化、浓缩化，达到便于信息揭示、传递和交流的目的。早期传统的信息组织主要是指对文献信息的组织，通常采用手工编制目录、索引、文摘、综述等方式侧重对信息的外部特征进行揭示，通过制作目录卡或编制索引的形式进行信息组织和利用。在采用计算机技术后，所处理的信息对象仍主要是文献信息，通过人工著录、分类、标引等方式侧重对信息内容特征进行揭示，通过计算机建立若干倒排档的方式提供检索和利用。在网络化、数字化环境下，信息资源的形式和类型发生了巨大变化，信息的生产与来源、信息的形态与类型、信息的加工与控制的过程和方法都发生了改变，这些变化对信息组织提出了新的挑战。信息组织的发展呈现出三方面趋势：①信息组织对新技术的依赖性越来越强。搜索引擎、数据挖掘等新技术成为信息组织发展的重要支撑。②元数据在信息组织中的应用日益广泛和深入。元数据描述体系呈现多元化格局，元数据交换和互操作规范备受关注，从初期的元数据规范层的互操作向语义互操作和语法一体化方向发展。③信息组织的方法正在发生变革，正在出现适应数字环境的新型知识信息组织工具，如概念地图、语义网以及以本体思想为核心的语义 Web 技术和语义网格等。对这些新的思想、理论、技术和方法的认知和研究成为信息资源组织领域的重要研究内容。

二、数字资源组织的方法与作用

由于数字资源具有海量、分布、非结构化等特点，并具有与生俱来的可重组性、可链接性、可交互性。传统的信息组织方法已不能满足数字资源组织的要求，如何对数字资源进行有效组织成为新信息环境下面临的关键问题。

数字资源组织是信息组织理论研究中的一项新课题，是采用现代标准、技术和方法对数字资源的外在特征和内容特征进行识别、分析、析取，并使其成为有序化集合，进而构建成动态、有序和系统的数字资源服务体系的活动过程，其目的是使用户更便捷地获取数字信息。

近年来，数字资源组织正在承上启下、继往开来地发展和演进。在继承传统信息组织的原理、方法和工具的基础上，结合新技术和数字对象的特征，借鉴图书馆领域之外不断涌现的数字资源组织方法，重视新环境下用户需求变化的影响，正在逐步形成数字资源组织的理论和方法，并在实践中不断普及和应用。数字资源组织的基本功能体现在：①数字资源的全方位揭示；②数字资源的高效准确发现；③检索结果的重组和增值；④数字对象的链接和获取；⑤数字资源的整合。

实践中的数字资源组织方法和应用包括：

1）分类和主题导航。导航是最常用的数字资源组织方式，借鉴了传统的分类法和主题法对数字资源内容进行标引。多途径的导航方式让用户在巨量的信息集合中按需选择，快速定位到最精确的目标子集。从信息组织角度看，多途径的导航方式的实质是根据信息集合或资源的属性进行分面分类的过程。

2）词表聚类与检索。依托受控或非受控词表的聚类关系对用户检索词进行提示，辅助用户检索；也可以为用户提供分类、同义、相近、相关、共现等的后控检索功能。

3）可视化检索。可视化检索方式是一种新型的资源组织方式，主要基于微观层次的数字对象的组织体系和方法，以图形方式显示检索过程和检索结果之间的关系。依托规范的叙词表或者其他类型的数据结构表（作者、关键词索引）与可视化技术结合，可以直观地用颜色来呈现检索词在命中数字对象中出现的频率高低，也可以呈现词间关系、人间关系、知识点间关系等，通过建立综合的结构表可以实现这些关系之间的可视化的地图检索。近年来，基于自由分类的标签构建标签云图检索日益盛行。

4）智能化结果处理。海量数字资源需要对大规模的检索结果进行后处理，让用户快速定位准确的检索结果，减轻检索负担。结果聚类和排序显示是目前两种常用且有效的结果处理方式：一方面可以满足用户从多角度、多层次获取检索结果的需求；另一方面用户可以动态配置和调整检索策略，提高了查准率和易用性。

第二节　元数据方法与应用

在数字资源飞速发展的进程中，传统的信息组织方法不能满足实际中各种类型的数字资源需要被快速揭示、组织和利用的需求。人们需要用更高效、更简便、更准确的方法来解决问题。元数据在这样的情况下应运而生并日益受到重视和广泛应用，正在成为数字资源组织和发现的重要工具。

采用元数据方法来描述文献信息由来已久。MRAC 就是一种最成熟、最系统的元数据体系，只不过在传统方式下，MRAC 仅局限在图书馆领域应用，它本身庞大复杂、数据冗余的体系阻碍了跨领域的接受和应用。进入互联网时代，在著名的都柏林核心元数据体系提出之后，档案馆、政府部门、电子商务、出版、教育等领域也陆续提出了很多种元数据体系。这些元数据体系虽然不像都柏林核心元数据一样具有跨学科和跨领域的适用性，但在各领域中揭示资源更详细和深入，功能更强，反映了各领域资源组织和利用的需求和特点。因此，在制订元数据应用方案时需要了解和参考。鉴于本章的范畴和篇幅所限，不对已经发展成熟且有很多专著的 MARC 元数据体系进行介绍，也不对侧重各专门领域特点的元数据体系进行介绍，将重点阐述都柏林核心元数据体系及其在我国的本地化应用。

一、都柏林核心元数据[1-4]

1995 年 3 月，由 OCLC 与国家超级计算应用中心（NCSA）联合发起，52 位来自图书馆界、信息技术界专家共同研究提出 DC 元数据，目的是建立一套描述网络电子文献的方法，以便于网络信息检索。其主要思路是如何用一个简单的元数据方法来描述种类繁多的电子资源，使非图书馆专业人员都能够了解和使用著录格式来描述网上信息。因这次会议（首届）在美国 OHIO 州的都柏林市召开，都柏林核心元数据（Dublin Core Metadata，简称 DC）因此得名。

首届会议上提出的都柏林核心元数据集（Dublin Core Metadata Element Set，DCMES）为 13 个元素，第三届会议上增加了 2 个，形成了由 15 个元素构成的、实用稳定的核心元素集。"核心"是指元素集的元素都是比较宽泛和通用的，可用于描述大部分的资源。

表 8 - 1　DC 核心集元素表

元素名 (Element Name)	标识(Label)	定义(Definition)
Title	题名	资源的名称
Creator	创建者	创建资源内容的主要责任者
Subject	主题	资源内容的主题描述,通常用关键词或短语
Description	描述	资源内容的文字描述
Publisher	出版者	资源成为可获得状态的责任者
Contributor	其他责任者	创建资源内容的其他责任者
Date	日期	资源生命周期中的一个事件发生的日期
Type	类型	资源内容的特征和类型
Format	格式	资源的物理或数字表现形式
Identifier	标识符	在特定的范围内给予资源的一个明确的标识
Source	来源	对当前资源来源有关的参照
Language	语言	描述资源知识内容的语种
Relation	关联	相关资源的参照
Coverage	范围	资源内容所覆盖的范围,如空间、时间
Rights	权限	资源本身所有的或被赋予的权限信息

经过十几年的发展,DC 已成为多个国际标准组织和许多国家的正式标准(包括中国)。同时,围绕着这个核心集,DC 又逐步发展出一整套方法论和扩展规则,包括扩展元素、抽象模型、编码规范、应用指南、某些领域的应用纲要等。承担维护和推广 DC 元数据的组织名为"都柏林核心元数据计划"(Dublin Core Metadata Initiative,DCMI),是一个独立运行、自由进出、开放的学术团体。

随着 DC 的广泛认知和不断推广,在 DC 第四届会议上提出了"修饰"版 DC,这对于 DC 的后续发展和应用起到了相当大的作用。DC 元数据修饰版(Qualified)共55 个元素和修饰词,如表 8 - 2 所示。

表 8 - 2　DC 限定版(**Qualified**)的元素和修饰词表

DCMES Element 元素	Element Refinement(s)限定词	Element Encoding Scheme(s)编码体系
Title 题名	Alternative 交替题名	—
Creator 创建者	—	—

续表

DCMES Element 元素	Element Refinement(s)限定词	Element Encoding Scheme(s)编码体系
Subject 主题	—	LCSH 美国国会图书馆 标题表 MeSH 医学主题词表 DDC 杜威十进分类法 LCC 美国国会图书馆分类法 UDC 国际十进分类法
Description 描述	Table Of Contents 目录 Abstract 摘要	—
Publisher 出版者	—	—
Contributor 其他责任者	—	—
Date 日期	Created 创建日期 Valid 生效日期 Available 可获得日期 Issued 发布日期 Modified 修改日期	DCMI Period W3C-DTF
Type 类型	—	DCMI Type Vocabulary (DCMI 类型词汇表)
Format 格式	Extent 大小	—
	Medium 媒体	IMT(资源的因特网媒体类型)
Identifier 标识符	—	URI(统一资源标识符)
Source 来源	—	URI (统一资源标识符)
Language 语种	—	ISO 639-2 RFC 1766
Relation 关联	Is Version Of 版本继承 Has Version 版本关联 Is Replaced By 被替代 Replaces 替代 Is Required By 被需求 Requires 需求 Is Part Of 部分于 Has Part 部分为 Is Referenced By 被参照 References 参照 Is Format Of 格式转换于 Has Format 格式转换为	URI(统一资源标识符)

222

DCMES Element 元素	Element Refinement(s)限定词	Element Encoding Scheme(s)编码体系
Coverage 范围	Spatial 空间	DCMI Point ISO 3166 DCMI Box TGN
	Temporal 时间	DCMI Period W3C-DTF
Rights 权限	—	—

二、中文核心元数据与扩展集[5-10]

我国图书馆领域自 1997 年开始关注元数据发展，1997 年启动的我国第一个"中国国家试验型数字图书馆"项目对 DC 元数据进行了跟踪和引进，上海图书馆在 DC 介绍和引入到国内的过程中发挥了积极作用。2000 年以后，国内元数据的研究逐步走向实际应用的阶段。上海图书馆、北京大学图书馆、清华大学图书馆、国家图书馆等先后遵循 DC 制定了数字图书馆项目的元数据方案，由科技部立项、全国几十家单位参与的《我国数字图书馆标准与规范建设》项目、百余所高校参与的教育部中国高等教育文献保障系统（CALIS）的项目、国家数字图书馆工程项目等在进行过程中都针对中文元数据开展研究并制定了一系列适合中文文献特点的元数据规范和指南，这些成果对我国元数据标准体系的建立和应用产生了深远的影响。本章节综合以上成果对"中文核心元数据与扩展集"及其应用做概述介绍。

中文核心元数据与扩展集的制定遵循都柏林核心元数据（Dublin Core Metadata Element Set）和都柏林核心修饰词（DCMI Metadata Terms），在制定过程中对元素名称进行了规范化翻译，对定义和注释进行了准确的理解，对元数据的应用规则给出了说明。中文核心元数据与扩展集如表 8 - 3 所示。

表 8 −3　中文核心元数据与扩展集（核心元素、元素限定词和编码体系对应表）

核心集元素	元素修饰词	编码体系修饰词
名称(title)	交替名称(alternative)	
创建者(creator)		
主题(subject)		LCSH(国会图书馆主题词表)［LCSH］ MeSH(医学主题词表)［MeSH］ CT(汉语主题词表)［CT］ DDC(杜威十进分类法)［DDC］ LCC(国会图书馆分类法)［LCC］ UDC(国际十进分类法)［UDC］ CLC(中国图书馆分类法)［CLC］ LASC(中国科学院图书馆图书分类法) 　［LASC］ FDC(四部分类法)［FDC］
描述(description)	目次(tableOfContents) 摘要(abstract)	
出版者(publisher)		
其他责任者 (contributor)		
日期(date)	创建日期(created) 生效日期(valid) 可获得日期(available) 发行日期(issued) 修改日期(modified) 接受日期(dateAccepted) 赋予版权日期 (dateCopyrighted) 提交日期(dateSubmitted)	Period（对于时间间隔的限定规范） 　［DCMIPeriod］ W3CDTF(基于 ISO 8601 的规范的时间和 　日期的编码规则)［W3CDTF］ EY(年号纪年,以帝王在位期间用于纪年的 　名号为标准的阴阳历纪年法,我国古代纪 　年法)［EY］
类型(type)		DCMIType（区分资源内容性质或种类的类 　型词汇表)［DCMIType］
格式(format)	范围(extent)	
	媒体(medium)	IMT(因特网媒体类型)［MIME］

核心集元素	元素修饰词	编码体系修饰词
标识符(identifier)		URI(统一资源标识符)[RFC 2396]
	文献引用(bibliographicCitation)	
来源(source)		URI(统一资源标识符)
语种(language)		ISO 639-2(国际标准化组织的语种识别代码)[ISO 639] RFC 3066(因特网语种识别代码)[RFC 3066]
关联(relation)	版本继承(isVersionOf) 版本关联(hasVersion) 被替代(isReplacedBy) 替代(replaces) 被需求(isRequiredBy) 需求(requires) 组成(isPartOf) 部分为(hasPart) 被参照(isReferencedBy) 参照(references) 格式转换于(isFormatOf) 格式转换为(hasFormat) 遵循(conformsTo)	URI(统一资源标识符)
时空范围(coverage)	空间范围(spatial)	Point(DCMI地理位置:采用地理坐标点来标识空间的某一点)[DCMIPoint] ISO 3166(用于标识国家名称的 ISO 3166代码)[ISO 3166] Box(DCMI框图:用地理界限来标识空间范围)[DCMIBox] TGN(地理名称词表)[TGN]

225

续表

核心集元素	元素修饰词	编码体系修饰词
时空范围(coverage)	时间范围(temporal)	Period（对于时间间隔的限定规范）〔DCMIPeriod〕 W3CDTF（基于 ISO 8601 的规范的时间和日期的编码规则）〔W3CDTF〕 EY（年号纪年，以帝王在位期间用于纪年的名号为标准的阴阳历纪年法，我国古代纪年法）〔EY〕
权限(rights)	访问权限(accessRights)	

注：表中所有元素在应用中都与顺序无关。

三、中文元数据应用规范

推荐在某个领域或者某个范围内制定元数据标准（方案）时先选择遵循一个"元数据核心集"。核心集规定了对信息资源进行最一般属性描述的元素集合，原则上适用于所有信息资源。但在具体应用中，对于元数据方案常常有具体或特殊的要求，表现为元素的取舍、重复性、取值类型和范围的限定、形式化编码（置标）以及对属性元素或修饰词的扩展等，这些具体应用中的操作规则需要在一定原则的指导下进行。

1. 中文元数据应用原则

"我国数字图书馆标准规范"制定的《基本元数据标准应用规范》提出六项原则如下。

（1）用户需求原则

"元数据核心集"是对信息资源描述需求的一般化和抽象化，对于任何具体应用来说，满足用户对于元数据方案的需求始终是第一位的。如果利用"元数据核心集"难以直接满足用户的需求，可以按照应用规范推荐的方法进行扩展或限定。在大多数情况下，"元数据核心集"可以作为大多数元数据应用的起点。

元数据的"用户"并不局限于数字图书馆的最终用户，还应该包括数字图书馆的设计、开发人员，也包括领域专家、系统设计人员、资源拥有者和管理者等，这些用户都在系统设计开发和实现元数据功能的过程中扮演着不同的角色，而理想的元数据应用应该使最终用户"并不知道有元数据的存在"，因此用户需求的把握对于元数据方案的制订十分重要。

226

（2）遵循现有标准原则

通过符合元数据标准或协议而达到"互操作"是最高效率、最易实施的互操作，因此遵循现有标准对于实现互操作至关重要。"元数据核心集"是达到最低互操作要求的基本语义标准。在应用中如果不够用，可以结合其他元数据标准，依据 DCMI 推荐的"元数据应用纲要（Metadata Application Profile）"的形式混合使用多个标准。元数据领域有很多"标准"或事实标准，对于具体应用来说，须遵循一定的方法论和应用流程进行选择与取舍。

（3）简单性与适用性原则

简单性原则要求元数据方案尽可能采用精简的核心集，以降低成本，加快实现进度，并有利于互操作的实现。适用性要求数据元素必须"够用"，必须能够完全实现系统需求，这就要求在元数据方案的设计阶段把握好"度"，根据系统的目标、成本投入、未来发展等各方面进行平衡。简单性和适用性是一对矛盾，对于具体的应用，可以采取不同的策略。例如门户应用往往侧重简单性原则，而保存性资源则强调适用性原则，这样才能繁简适当，避免偏颇。

（4）互操作性与易转换性原则

元数据方案的立足点常常是解决互操作问题，许多原则实际上都是从一个侧面或从一定程度上解决互操作问题，所以"互操作性"原则可以说是元数据方案设计和实现中需要遵循的最重要的原则之一。通过尽可能复用标准方案、复用元素或复用修饰词及扩展方式，以及建立映射、转换机制等方式来达成互操作性。易转换性原则指元素的含义应该尽可能符合"原子性"要求，即一个元素具有最简单的、单纯的含义，不得有歧义，以便于向其他元数据方案（一般是标准的或"核心"的方案）映射或转换，尽可能保证在映射和转换过程中不损失语义。

（5）专指性与通用性原则

通用性原则相对于专指度而言。元数据方案的专指性是指需要满足特殊领域资源描述所提出的特殊要求。通用性原则要求考察是否有更一般的或"专指概念"的上位概念来满足描述要求，如果通过对已有元素的修饰能够满足要求，就不推荐增加元素。决定是用"专指"元素还是"通用"元素的过程，就是权衡专指度与通用性的过程。

（6）灵活性与可扩展性原则

可扩展性是指元数据方案对于未来的适应性，强调标准化和用户需求原则意味着灵活性和可扩展性的损失，因此在应用中需要总体平衡，不能在某一方面强调过度。例如对于限定，应该支持多种限定方式，同时个别元素的限定级别不宜

227

过深。对于现有标准的遵循，不宜过于严格，以避免标准未来版本的变化而局限了自身的适应性。

2.中文元数据扩展方法

中文元数据核心集参照 DC 核心集制定，包括 15 个核心元素。在实际不够用的情况下，需要对元素进行扩展。一般情况下对于"中文元数据核心集"的扩展有横向和纵向两个方向。横向扩展指直接增加元素，纵向扩展指对已有元素的修饰或限定（细化）。除此之外，各专门领域甚至具体应用也可根据扩展规则从横向和纵向两个方向扩展元素，形成专门领域元数据标准（规范），或者以"元数据应用纲要（Metadata Application Profile）"的形式推广使用。

元数据横向与纵向扩展可以这样来理解：一个是增加新的元素，即在"中文核心元数据与扩展集"中的元素以及修饰词不能满足描述信息资源某个特性的时候，定义新的元素，在广度上横向扩展。另一个是对"中文核心元数据与扩展集"元素的语义进行细化或者限定，在深度上纵向扩展。在应用中推荐首先采用"中文核心元数据与扩展集"中的修饰词（元素修饰词和编码体系修饰词）来对元素的语义进行细化或限定。

为保证元数据方案在应用中的一致性和未来的可扩展性和互操作性，正如数据库应用系统的开发需要进行必要的数据字典管理一样，定义新的元素或修饰词也要经过一定的工作程序，并以一定的规范形式呈现所形成的元数据应用文档（例如元数据应用纲要或 XML Schema 形式），以便维护和登记到开放的元数据注册系统中去。

中文元数据扩展原则如下：

（1）扩展总则

• 横向扩展与纵向扩展均遵循一比一原则（一条元数据描述中的每个属性必须是所描述资源的一个特性，一条元数据描述仅描述一个资源）。

• 横向扩展与纵向扩展应保证扩展的术语与已有的术语之间无语义重复或冲突。

• 纵向扩展方法同样适用于中文元数据核心集以外的、应用中新增的元素。

• 纵向扩展的优先级高于横向扩展，即能用通过扩展修饰词的方式来描述资源的属性时，不推荐采用扩展元素的方法。

（2）横向扩展原则

• 优先使用中文元数据核心集中定义的 15 个元素，并严格遵循其语义定义。即对于涵盖在 15 个核心元素语义中的资源属性，不能通过增加新元素来描述。

- 在15个核心元素不能满足实际应用需求时，可以选用"中文核心元数据与扩展集"中的元素修饰词术语。

- 在上述元素不敷使用，且无法通过扩展修饰词来满足具体应用时，可以新增元素。新增元素尽可能复用本领域相关元数据标准规范定义的元素，在没有可复用元素的情况下，可以扩展定义元素，并进行注册管理并对其命名域进行维护。

- 对元素的扩展定义采用应用纲要的方式进行描述，推荐在注册系统中登记。

(3)纵向扩展原则

- 采用修饰词扩展：包括元素修饰词（Element Refinement）和编码体系修饰词（Encoding Scheme）两种：

1)元素修饰词是对元素语义的细化或者限定（缩小元素的含义范围），使其更具有专指性和精确性，元素修饰词的语义范围从属于被修饰元素的语义范围。在实际应用中，如果不能识别或理解元素修饰词，可以遵循向上兼容（Dumb-down）的原则，按照被修饰元素的语义去理解该元素修饰词的描述。

2)编码体系修饰词是用来说明元素取值所属的编码规范。这类体系包括控制词表及正式的符号体系或解析规则，用某一编码体系来表示元素值意味着该值或者是来自某一受控词表的取值(如分类体系或主题词表中的术语)，或者是格式符合某种正式编码标准的字符串(如"2000－01－01"作为一个日期的标准表达)。如果一种编码体系无法被机器理解，符合该体系的元素值仍有可能被人所理解。

- 优先使用"中文核心元数据与扩展集"中的修饰词扩展，在这些修饰词不能满足专门领域或具体应用的实际需求时，可以复用其他方案的修饰词，也可以通过开放登记系统，注册新的元素修饰词和编码体系来进行扩展。

- 扩展定义的元素修饰词的语义范围不能超出被修饰元素的语义范围。

四、元数据应用纲要

"元数据应用纲要"（Metadata Application Profile）给出了一个应用多个元数据标准形成元数据方案的规范形式，其基本思想来自于Warwick Framework：不同的元数据元素可以集成在一个包中描述一个资源。按照元数据应用纲要的要求，以"中文核心元数据与扩展集"为基础，选择其他元数据标准中的相关元素，或扩展或修饰这些元素，使整个元数据方案符合具体的应用需求。可以认为，各专门元数据方案都是在依据某个核心元数据方案经过扩展和修饰之后，应用于专门领域的"元数据应用纲要"。每一个具体的应用都可以有自己的元数据应用纲要。

1.元数据应用方案设计流程

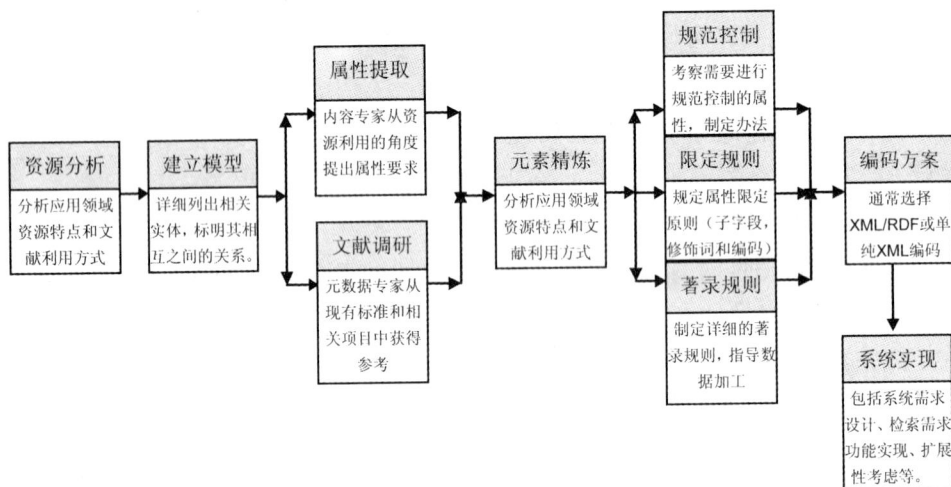

图 8-1　元数据方案设计流程图示

设计流程说明：

（1）明确所要描述的资源对象，分析对象之间和组成对象的实体之间的关系，定义所要描述的所有属性。

（2）根据"中文核心元数据及扩展集"确定核心元素并声明元素语义及可能存在的相互关系（修饰关系）和相关规则（编码体系、数据类型、取值范围以及其他约束）。

（3）"中文核心元数据及扩展集"之外的属性，可以来自多个不同的元数据标准或规范，根据这些元数据标准或规范，声明元素限定或修饰的内容，并声明相互关系（修饰关系）与相关规则（编码体系、数据类型、取值范围以及其他约束）。

（4）所有元素的语义可以根据所引用的元数据标准规范进行限定，但不能扩大或交叉。

（5）可以根据中文元数据扩展原则自行扩展元素，或者扩展修饰词。

（6）所有的元素或元素修饰词必须注明命名域。自行扩展的元素也需进行

230

注册管理和声明命名域，如果暂时没有命名域，需由应用纲要制定或管理机构给出临时的或虚拟的命名域。

（7）规定上述元数据方案的编码规则，即整个"元数据应用纲要"的形式化表述。推荐采用描述能力较强的 XML/RDF 形式，但是并非所有对元素和修饰词的约束都可以采用编码的形式进行定义，有些约束需要在数字图书馆系统中实现。元数据应用的抽象模型可以保证元数据应用纲要的不同形式化方式保持等价。

2.元数据应用纲要主要内容

元数据应用纲要主要内容包括：①资源分析报告。详细分析所要描述的资源类型、特点、关系、基本单位以及属性集等。②元素及其修饰词定义。包括名称、命名域和各种约束，这是整个元数据方案的文本，以供阅读使用。③编码方案。根据应用需要可以采取不同的编码形式，这是元数据方案的机读形式。

可以在具体的应用中对元数据应用纲要规定一种格式，以便于应用纲要的管理、交换和注册。"都柏林核心元数据应用纲要"规范文本的应用形式参见本章参考文献[5]。

五、元数据术语的属性定义

元数据元素及修饰词可以统称为术语。在应用纲要中声明的术语有两种，一是复用的术语，二是自行扩展的术语。借鉴 DCMI 对术语的定义方法并参考 ISO/IEC 11179 标准，复用的术语可从以下几个方面描述（属性）。

（1）标识符（Identifier）：术语的唯一标识符，以 URI 的形式给出。

（2）名称（Name）：赋予术语的、机器可读的唯一标记。

（3）原始标签（Source Label）：术语在来源规范中的可读标签。

（4）出处（Defined By）：一般给出定义术语（特别是给出术语"名称"与"标识符"）的来源名称及来源的 URI，如"Dublin Core Terms：http://purl. org/dc/terms/"。如无来源名称与 URI，也可以是定义术语或维护术语的机构名称；或者也可以是书目引文，指向定义该术语的文献。

（5）标签（Label）：为更好地体现此术语在应用纲要中的语义，可以给出一个与原始标签不相同、更能表达清楚具体语义的可读标签。

（6）原始定义（Source Definition）：来源规范中对术语概念内涵的说明。

（7）定义（Definition）：对术语在应用纲要中的概念与内涵的说明，可以是原始定义的具体化，但语义上与原始定义不允许有冲突，不允许扩大原始的语义。

（8）原始注释（Source Comments）：关于术语或者其应用的其他说明。

（9）注释（Comments）：术语在本应用纲要中需要说明的内容，比如特殊的用法等。

（10）术语类型（Type of Term）：术语的类型。其值为，元素、元素修饰词和编码体系修饰词。

（11）限定（Refines）：在定义元素修饰词时，在此明确指出该术语修饰的元素。一般给出所修饰元素的名称，推荐同时给出 URI。

（12）元素修饰词（Refined By）：在定义元素时，在此项中给出限定此元素的元素修饰词。一般给出元素修饰词的名称，推荐同时给出 URI。

（13）编码体系应用于（Encoding Scheme For）：在定义编码体系修饰词时，在此给出该术语修饰的元素或元素修饰词。一般给出所修饰元素或元素修饰词的名称，推荐同时给出 URI。

（14）编码体系修饰词（Encoding Scheme）：在定义元素或元素修饰词时，如果该元素或元素修饰词有编码体系修饰词，在此给出这个编码体系修饰词，一般给出该编码体系修饰词的名称，推荐同时给出 URI。

（15）数据类型（Datatype）：术语允许取值的数据类型。

（16）版本（Version）：产生该术语的元数据规范版本。

（17）语言（Language）：说明术语的语言。

（18）频次范围（Occurrence）：术语使用的频次范围。采用区间的表示方法：［min，max），同时包括了对必备性和最大使用频次的定义。min = 0 表示可选；min = 1 表示必备；max = 10 表示最大使用频率为 10 次；max = ∞ 表示最大使用频次没有限制。

自行扩展的术语可以不定义上面的 3、4、6、8 四项。在进行定义时以应用纲要为立足点，比如可只给出术语在应用纲要中的标签与定义而不必给出原始的标签与定义。

允许应用纲要的撰写者按实际需要增加其他说明术语的属性。

允许只选取上述属性集中的一部分进行定义，但其中 1、2、7、10 为必备项，11、12、13、14 为有则必备项。

允许合并原始注释与在应用纲要中的注释，统一成一个注释给出，注释以说明术语在本应用纲要中的具体用法为主要内容。

在具体某个元数据方案中，根据实际情况可以对上述 18 项描述（属性）中的某些做固定取值。例如："中文核心元数据与扩展集"中对四项描述做如下固定取值。

- 版本:1.0
- 语言:中文
- 数据类型:字符串
- 频次范围:一般不限,为$[0,\infty)$,有特殊说明的除外

第三节　对象数据加工与处理

"数字资源"的概念有广义和狭义之分,广义的数字资源是指一切以数字化方式存在的信息资源。狭义的数字资源可以是某个数字对象。数字对象是数字资源存储信息的基本逻辑单元和实体,是以一定结构的数字形象来表达信息内容的一种方法。通常分为原生的数字对象和传统媒体(印刷书刊等)经过数字化处理生成的数字对象。数字对象的组成包括:①元数据;②对象数据(全文、图像、音视频、数据集等承载内容的数字形态);③标识符(支持数字化资源检索和查询)。其中对象数据的加工、管理与发布是生成数字资源的一个重要环节,所需要的技术、人力、物力的投入也比较大。对象数据的加工过程人们通常称为数字化,是通过编码技术和模-数转换技术将文本、图像、声音、视频等多种表现形式的信息转换为计算机可以处理的二进制数字(0,1)的过程。本节参照"我国数字图书馆标准规范"的《数字资源加工标准规范》和《数字资源加工操作指南》以及CALIS专题特色库标准规范,从实际应用的角度出发,介绍对象数据的类型、数字化常用设备、加工流程和加工标准[11-13]。

一、对象数据的类型

1. 文本数字资源

文本指由文字符号组成的表达形式。文本数据有很多来源,有些是为在线使用而创建的,有些是从印刷品或其他媒体转化而来的,还有的来自电影或电视伴音的数字化。另外文本数据也可以作为描述其他资料的元数据发挥特殊作用。

文本数据的特点:文本文件可以说是计算机中最常见、也是最原始的文件格式,是一种通用的跨平台(PC、MAC、Unix等)、跨系统(如各种字处理软件之间)的通用文件存储格式和交流形式,几乎所有操作平台和系统都能够正确识别。文本数据是使用抽象的文字或符号表示信息内容,也可以是对原来的文本文档进行扫描,产生数字化图像后再识别出文本数据。各种书籍、档案主要以文本

数据形式存在。与图像、视频等数据类型相比，文本数据是数字图书馆最主要的资源。

文本数据的常用格式：利用电子计算机及各种辅助设备，可以完成从文稿、图表的录入、编辑、修改、组版，直至得到各种不同用途、不同质量的输出结果。电子书刊、网络交换及传输、文档编辑的数据格式有很多种，当前比较常见的几种文件格式包括：TXT 文件格式，RTF 文件格式，DOC 文件格式，WPS 文件格式，PDF 文件格式，HTML 文件格式，XML 文件格式，SGML 文件格式等。

2. 图像数字资源

凡是能为人类视觉系统所感知的信息形式或人们心目中的有形想象均统称为图像。图像数字资源是运用图像扫描处理、识别以及对数字化初始信息的各种再加工技术，将大量已存在的、以不同形式和载体存储的信息资料，如文件、图片等，转化成能够为计算机处理的数字化信息。

图像数据的特点：图像是由输入设备捕捉的实际场景或以数字化形式存储的任意画面，是现实生活中的各种形象和画面的抽象浓缩和真实再现。图像可以生动地表现原文献、器物的颜色、形状和内容，展现物体整体特性。数字化的图像目前主要通过数码相机、图像扫描仪等设备从外界获取，当然利用制图软件（如 Windows 画图、AutoCAD 等）直接绘制也可以得到数字图像。获取图像的常见方法主要有：扫描仪、数码相机、计算机绘图、网络和光盘。

图像数据的常用格式：图像文件在编码过程中，图像数据和识别信息是其基本组成部分，而压缩方法则作为一个选项出现，用户可以根据实际需要进行取舍。目前的图像文件之所以有各种不同类型的格式，主要的区别在于文件编码过程中采用了不同的识别信息和压缩方法。常见的数据格式有：BMP、GIF、JPEG、PNG、TIFF、PhotoCD、TGA、JBIG、JPEG2000、PSD 等。

3. 音频数字资源

音频指的是大约在 150Hz—20kHz 之间的频率范围，属于听觉类媒体。音频常被作为"音频信号"或"声音"的同义语。音频数字资源，是相对于模拟声音而言，两者在记录和存储方面有本质的区别。音频数字资源是由数字化的声音信息构成的，包括经过数字化处理的音乐、语音、自然声响等各类具有保存和使用价值的声音资源。

音频数据的特征：根据声音的频带，通常把声音的质量分为 5 个等级：电话、调幅广播（AM）、调频广播（FM）、光盘（CD）、数字录音带（DAT）。它们使用的采样频率、样本精度、通道数和比特率均不同。

音频数字资源以音频激光唱片、光盘和网络为主要传播方式，以计算机及其相关外设为主要播放手段。它的主要信息来源是磁带、广播、电影、电视等音频信息，它的主要服务方式和功能包括网络音乐、新闻广播、远程教学和数字图书馆等。音频数字化就是把模拟音频转成数字音频，在电脑音乐里就称作采样，其过程所用到的主要硬件设备是模拟／数字转换器（Analog to Digital Converter, ADC）。采样的过程实际上是将通常的模拟音频信号的电信号转换成人们称作"比特（Bit）"的二进制码 0 和 1，这些 0 和 1 便构成了数字音频文件。把电平信号转化成二进制数据保存产生了数字音频，播放的时候需要把这些二进制数据转换为模拟的电平信号再送到喇叭播出，数字音频和一般磁带、广播、电视中的声音就存储播放方式而言有着本质区别。相比而言，数字音频具有存储方便、存储成本低廉、存储和传输的过程中没有声音的失真、编辑和处理非常方便等特点。

音频数据的常用格式：数字音频的文件格式用来提供各种数字化播放平台之间的应用和交换。其中除了音频数据外有些还包括控制数据（作为一个编辑定义条目），如计时码、均滑变换信息和数据均衡等。很多文件格式在文件头部描述了文件的取样速率、比特率、信道的数量和压缩的类型等信息，许多软件程序可以根据这些信息读取源文件或代码文件。目前流行的文件格式有 WAV、MID 和 RMI、MP3、MOV、RA 和 RAM、ASF、MOD 等。

4.视频数字资源

视频指的是在连续的图像变化每秒超过 24 桢（Frame）画面以上时，视觉上就会产生平滑和连续的动态画面效果，这样连续的画面称为视频。视频资源是运用数字化技术，把连续模拟信号的视频转变成离散的数字信号；或直接用数字视频捕捉设备记录的外界信息。随着多媒体技术的迅速发展和日益普及，数字视频资源占信息资源的比重越来越大，并得到更多的关注和应用。与文本、图像、音频信息相比较，视频信息直观性强、所含信息量大。

视频数据特征：视频数字资源以视频视盘（CD 和 DVD 等）和网络为主要传播方式，以计算机及其相关外设为主要播放手段。它的主要信息来源是电影、电视、录像和动画等动态图像信息，它的主要服务方式和功能包括视频点播、新闻点播、远程教学和数字图书馆等。

模拟视频信号的数字化需要三个步骤：抽样、量化和编码。数字化以后的视频信号已没有模拟视频的特征，成为统一的二进制比特流的形式。随着数字化的进展，已出现了能直接输出数字化视频信号的数字摄像机。它们输出的数字视频信号有的是符合 ITU－R 标准的数字视频信号，有的是经压缩的视频信号，可以直接进入计算机或其他数字设备，这样就实现了视频资源从最初的采集到加工、传播的全数字化。

视频数据的常用格式：数字视频的文件格式主要为计算机及其相关外设所应用。数字视频文件可以分成两大类：其一是影像文件，如 VCD；其二是流式视频文件，这是随着因特网的发展而诞生的后起视频之秀。目前流行的文件格式有 AVI、MOV、MPEG/MPG/DAT、VOB、RM、ASF 等。

二、数字化常用设备

1.扫描仪

扫描仪是将各种形式的图像、文字信息输入计算机的输入设备。从直接的图片、照片、胶片到各类图纸以及各类文稿资料都可以用扫描仪输入到计算机中。扫描仪是图像信号输入设备。它对原件进行光学扫描，然后将光学图像传送到光电转换器中变为模拟电信号，又将模拟电信号变换成为数字电信号，最后通过计算机接口送至计算机中。按扫描原理可将扫描仪分为以 CCD 为核心的平板扫描仪、手持式扫描仪和以光电倍增管为核心的滚筒式扫描仪。按扫描图稿介质可分为反射式扫描仪和投射式扫描，以及既可扫反射稿又可扫透射稿的多用途扫描仪。扫描仪的主要技术指标包括以下几方面。

扫描仪的感光器件：现在的感光器件分为 CCD 和 CIS 两种。 CIS（Contact Image sensor）扫描头价格便宜，更换方便，曾广泛用于传真机和手持式扫描仪，其极限分辨率为 600dpi 左右，但扫描的层次不足。而 CCD（Charge Coupled Device）扫描速度快，有一定景深，能扫描凹凸不平的实物。但 CCD 采用的是反射镜和透镜，容易产生色彩偏差和光学像差，一般需要通过软件进行校正。目前，CCD 占据着扫描仪市场的主流。

扫描仪的分辨率：扫描仪的分辨率是光学分辨率，它是指一英寸上分为多少个点，如 300dpi 就是说在一英寸上它扫描 300 个光学点数。扫描仪还有一个最高分辨率，它主要是指在光学分辨率上的软件插值，也就是说通过软件运算得到的。

扫描仪的色彩深度，以 bit 为单位。常见的扫描仪色彩位数为 24 位、30 位、36 位、48 位等。使用色彩位数越高，所表现的色彩种类越丰富自然。此外，扫描仪的动态范围（Dynamic Range）也值得留意。动态范围也称为密度值，表示扫描仪所允许的色调值范围，即从接近白色到接近黑色的范围。具有较大动态范围的扫描仪可正确捕捉各种色调层次，并直接输出，从而得到更多的图像细节，一般来说，扫描仪的动态范围从 0.0D 到 4.0D，大于 2.0D 的扫描仪扫描效果较好，大于 3.0D 的扫描仪扫描效果将十分出色。不过需要注意的是，只有在动态范围大于 3.0D 时，扫描仪才会特别标出。

扫描仪接口：扫描仪按接口主要类型分为 EPP、USB、SCSL 等三种。

在选购时，除了要注意扫描仪的硬件，随机的软件也不能忽视。如果没有 OCR、图形编辑、网络支持等软件，扫描仪的功用将大打折扣。随机软件，比如驱动软件的改进能有效提高扫描仪的扫描速度。

2. 数码相机

数码相机技术经过快速的发展和演进，拍出照片的质量已可以和传统相机相抗衡，甚至还超过一般相机的清晰度。现在数码相机已成为我们收集电子图片的重要工具。对于电子图片的收藏来说，数码相机的图像质量是最关键的因素。数码相机的主要技术指标包括以下几个方面。

数码相机的成像器件 CCD（Charge Coupled Device）：中文名叫电荷耦合器件图像传感器。CCD 本身由许多感光单元组成，基本单位以百万像素来计算。CCD 的大小直接决定相机本身的体积，一般的超便携型数码相机所采用 CCD 的尺寸都要比专业级数码相机上所使用 CCD 的尺寸要小很多，所以在最终成像上会有比较大的差距。

镜头：镜头是数码相机除了 CCD 以外的第二大重要元件。镜头的内部一般都是由很多组的镜片组成，材料分为玻璃与树脂两种。从成像效果来看，以玻璃为材料的镜头要好一些，但是制造的成本较高，而且镜头本身的质量没有保证。随着工艺的不断改进，树脂镜片所组成的镜头在成像质量上已经与玻璃镜片的镜头相差无几。

ISO 的感光度：从数码相机成像元件的角度出发，ISO 是 CCD 对光线反应的敏感程度的测量值。在数码相机上，通过调节 ISO 大小，可以改变图片亮度的数值与图片的对比度。实际在数码相机当中，感光度也是一个控制图片明暗的数值。数码相机上的 ISO 值最低为 ISO50，最高的为 ISO1600。ISO 过高会在图像上造成非常多的噪点，损失很多的图像细节。

3. 数码摄像机

数码摄像机记录视频的方式不是模拟信号，而是压缩数字信号。是视频数字化过程的主要设备。数码摄像机最大的优点是清晰度高、体积小，便于携带。既可拍摄动态的影像，也能像数码照相机一样，拍摄静态的图像。拍摄影像通过配套的截取软件和电缆连接到电脑后，进行图像的下载、制作、发送和打印。数码摄像机主要技术指标包括以下几方面：

摄像机灵敏度：指的是在标准摄像状态下摄像机光圈的数值。标准摄像状态指的是，灵敏度开关设置在0DB位置，反射率为89.9％的白纸，在2000勒克司的照度、标准白光（碘钨灯）的照明条件下，图像信号达到标准输出幅度时，光圈的数值。通常摄像机的灵敏度可达到F8.0，新型优良的摄像机灵敏度可达到F11，相当于高灵敏度ISO－400胶卷的灵敏度水平。

水平分解力：分解力又称为清晰度。其含义是，在水平宽度为图像屏幕高度的范围内，可以分辨多少根垂直黑白线条的数目。例如，水平分解力为850线，其含义就是，在水平方向，在图像的中心区域，可以分辨的最高能力是相邻距离为屏幕高度的1/850的垂直黑白线条。

信噪比：表示在图像信号中包含噪声成分的指标。在显示的图像中，表现为小规则的闪烁细点。噪声颗粒越小越好。信噪比的数值以分贝（DB）表示。目前，摄像机的加权信噪比可以做到65DB。用肉眼观察，已经不会感觉到噪声颗粒存在的影响了。

CCD的类型和规格：CCD是大规模集成电路制造的光电转换器件。根据制作工艺和电荷转移方式的不同，可以分为FIT型—帧行间转移，1T型—行间转移和FT型—帧间转移等三种类型。常用的是前两种类型。根据CCD器件对角线的长度，可以有1/3英寸，1/2英寸和2/3英寸等不同规格。CCD尺寸越大，包含的像素越多，清晰度就越高，性能也就越好。根据摄像机内使用CCD的数目，分为单片CCD和三片CCD两种，高档摄像机使用四片CCD。

4. 声卡

声卡又称音频卡，用来处理音频信号，是计算机具有声音功能的主要接口部件。声卡的主要的技术指标包括以下方面。

采样频率和量化位：衡量声卡录制和重放声音质量的主要参数。一般声卡采用44.1kHz、22.05 kHz、11.25 kHz三种采样频率。采样频率越高，采样点之间间隔越小，数字化声音失真越小，但音频数据量也越大。量化位大小决定声音的动态范围。量化位经常采用8位、12位、16位以及32位。

S/N（信噪比）与THD（总谐波失真）：信噪比是音频或视频信号的幅度与噪声强度的比值。信噪比的单位是dB（分贝），数值越大越好。总谐波THD用％表示，失真越小越好。

数字信号处理器（DSP）：数字信号处理器芯片可以减轻CPU的负担。使用数字信号处理器可以通过编程来完成一些特定的任务，例如高质量声音、图像和视频信号的处理等。声频板上的数字信号处理器芯片用来处理音频信号，它可以加快处理的速度，并可用于音乐合成以及加强一些特殊的数字声音效果。

5. 视频卡

视频卡是多媒体计算机获得影像处理功能的适配卡。它接受来自摄像机、录像机、激光视盘机、电视机等多种外设的视频信号及声音信号，对信号进行诸如捕捉、数字化、存储、输出等处理。视频卡按功能可细分为图像卡、播放卡(解压缩卡)、捕捉卡和电视卡等。视频采集卡的性能非常重要，一般有专业、中级和非专业等几个级别，采集质量相差较大。视频卡性能跨度较大，选购时，主要注意以下性能。

接口方式：接口方式是指视频编辑卡与计算机的连接方式。主要有 4 种：并行口、USB、PCI、IEEE1394。

视频特性：①输入/输出方式。复合(CVBS)、S-Video(Y/C)、分量、IEEE1394 等 4 种方式。②画面格式。是否符合 ITU—601 标准。③兼容的视频设备。常用的视频设备格式有 DV、Digital8、DVCPro、S-VHS、Hi8、VHS、Video8。④实时编辑和三维 DVE。由于视频信号文件存储量较大，所以仅靠计算机进行处理很难达到实时要求。一般只有中高档视频编辑卡具有实时功能。

音频特性：①与视频同步。是否符合 SMPTE—272M 和 AES1—1991 标准。②模拟音频。是否支持 I/O 非平衡立体声和音频多声道。③采样方法。音频采样频率、采样数据位数和各取样数值。除了以上几个方面，还应考虑系统软件支持平台，存储器挂接方法，非线性编辑系统及软件的兼容性和易用性以及其他各方面。

三、数字化加工流程

不同的对象数据的加工流程各不相同，大致可以分为如下五个步骤：

(1)数字资源创建。包括通过扫描仪或数码相机获取黑白或彩色图像，以及通过视频或音频压缩卡获取数字视频或音频文件。

(2)数字资源二次加工。包括图像的切割、改变大小或格式、生成缩略图或检索专用图、加水印、通过 OCR 提取文本等，以及对视频文件的分段，提取语音或字幕的文本，进行场景变换侦测，从视频影像中抓取具有代表性的图像，生成对应的缩略图等。

(3)数字资源组合关联和著录。主要包括将上述步骤中获取的对象数据部件，按需求顺序组合成为一项完整的对象数据，并将其和著录的元数据及唯一标识号关联起来。

(4)数字资源的保存。对象数据生成后，将其(包括所有组成部分)和相关的结构信息和目录，存储到硬件存储设备中或者其他可移动的存储介质中作永久保存。

(5)数字资源提供服务。通过特定的导入工具将数字对象导入到数字图书馆软件平台提供服务。导入过程成功与否，除了软件系统的设计和实施质量以外，与数字资源的架构设计有密切的关系。

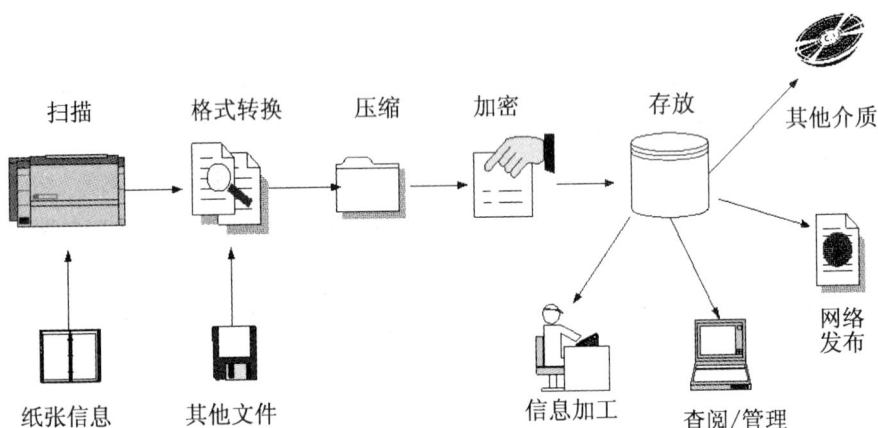

图8-2 文本数字资源加工流程示意图

四、数字化加工标准

《我国数字图书馆标准与规范建设》、中国高等教育文献保障系统（CALIS）、国家数字图书馆工程等项目都已针对各种类型对象数据的加工制定了标准规范。本节参照 CALIS 专题特色库建设标准规范进行数字化加工标准的介绍和推荐。

1. 资源加工对象

国内有待数字化的资源归纳为如下类型：

纯文字类印刷本图书（百科、年鉴、工具书、辞典、传记、会议录）、报刊、文件，带有插图的图书、报刊、文件；

照片、图片、明信片；

手稿、信件、档案、乐谱；

古籍（刻印本图书、方志）；

240

古籍（彩绘本图书、契约）；

水彩画、碳笔素描、铅笔草图、油画；

地图（舆图）、建筑设计图、工程设计图等；

甲骨、织锦、竹简、拓片；

古代文物（木制、砖石、青铜、陶瓷、泥塑等类文物器皿）、甲骨、织锦、竹简等三维物体；

缩微平片、胶卷、胶片；

录音带、唱片、录音带。

其中的二维平面资源量大类多，是数字化加工的主要对象。

2. 资源加工通用格式

数字化加工所生成数字对象的通用格式主要包括：

纯文字：TXT；

复合文字：PDF、HTML、XML、DOC、RTF 等；

图像：JPEG、TIFF、PDF 等；

视频：MPEG、AVI 等；

音频：MP3、WAV、WMA、RA 等。

对需要采用专用（非通用）格式的，应能根据需求实现与通用格式之间的转换。

3. 资源加工级别

（1）图书、期刊、报纸、特种文献类资源的可选级别。

表 8-4　资源加工级别

级别	用　　　途
档案典藏级	保存、精确复制（替代保存）、放大精密印刷、OCR
浏览级：大	适合于网上发布浏览的图像（正文）
浏览级：小	仅提供轮廓和概要图像（封面等，通常由电子图书的打包程序生成）
检索级	仅提供全文检索

说明：

①档案典藏级（用字母 A 表示）

档案保存及必要时出版印刷用，不上网。可作为格式转换和复制的母本。文件格式为 TIFF，不压缩。

②浏览级：大（用字母 L 表示）

供普通读者在网上访问，可下载和打印。文件格式为 PDF、HTML、JVU、CEB。

③浏览级：小（用字母 S 表示）

通常用作封面缩略图。

④检索级（用字母 T 表示）

仅提供全文检索。文件格式为 TXT。

（2）普通图像（照片、图片等）类的资源的可选级别。

表 8－5　图像类资源加工级别

级别	用　　途
档案典藏级	保存、精密复制（替代保存）、放大精密印刷
浏览级：大	适合于网上全屏浏览的图像
浏览级：中	较大，适合于网上浏览图像
浏览级：小	仅提供轮廓或概要图像

说明：

①档案典藏级（用字母 A 表示）

用途：档案保存及必要时出版印刷用，不上网。

②浏览级

浏览级：大（用字母 L 表示），以 JPEG/JFIF/PNG 格式报存，中度压缩，文件在 250K 以下；

浏览级：中（用字母 M 表示），以 JPEG/JFIF/PNG 格式保存，高度压缩。文件在 100K 以下；

浏览级：小（用字母 S 表示），缩略图。以 256 色的 GIF 或高度压缩的 JPEG 格式保存。文件在 20K 以下。

4.资源加工标准

图书、期刊、报纸、特种文献类推荐标准

表 8 - 6　图书、期刊、报纸、特种文献类推荐标准

资源类型	载体规格	级别	主要参数			最低标准	备注
			色彩位深	分辨率（DPI）	格式		
图书、期刊、报纸、特种文献类	<＝16 开	A	1 位黑白 8 位灰白 24 位彩色 RGB	600	TIFF	保存级别 300DPI	封面和插图页可作彩色扫描或灰度扫描，一般文字页作黑白扫描。其中黑白扫描的存储为 TIFF G4 压缩。彩色和灰度扫描可以 300DPI 保存。TIFF 不压缩或 lzw 无损压缩或 JPG2000 无损压缩。
		L 发布		300	PDF HTML DJVU CEB		
		S 封面		72			
	<＝8 开	A	1 位黑白 8 位灰白 24 位彩色 RGB	300	TIFF	保存级别 200DPI	
		L 发布		150	PDF HTML DJVU CEB		
		S 封面		72			

普通图像（照片、图片等）类推荐标准

表 8 - 7　普通图像（照片、图片等）类推荐标准

资源类型	载体规格	级别	主要参数			最低标准	备注
			色彩位深	分辨率（DPI）	格式		
普通图像（照片、图片等）类	3×5 英寸原件	A	24 位彩色 RGB	600	TIFF	300DPI	根据原照的尺寸大小和数字化目的决定扫描精度
		M		200	JPEG		
		S		72	PND		
	35mm 胶卷	A	24 位彩色 RGB	>4000	TIFF	保存级为 2000DPI	
		L		2000	JPEG		
		M		1000	JPEG		
		S		72	GIF		

音频资源推荐标准

表8－8　音频资源推荐标准

资源类型	级别	采样率	量化级	通道数	文件格式及压缩算法
录音资料	L	22.05 kHz	16 bit	单声道	无损压缩： FLAC(免费格式)、 Windows media 9、
语音资料	AL	16 kHz	8 bit	单声道	Monkey's Audio。 WAVE：不压缩或者无损压缩 (不同压缩算法压缩比不同)

视频资源推荐标准

表8－9　视频资源推荐标准

资源级别	主要参数					主观描述
	分辨率 (像素)	帧数 (帧/秒)	视频数据 速率(bps)	音频设定	音频位速率 (bps)	
L(低级)	352×288	25	1152k	立体声 44.1kHz	224k	相当于 VCD 级
M1(中级)	480×576	25	2600k	立体声 44.1kHz	384k	相当于 SVCD 级
M2(中级)	720×576	25	4M	立体声 48kHz	224k	相当于 DVD 级
H(高级)	720×576	25	8M	立体声 48kHz	384k	

注：推荐采用 MPEG 或 AVI(MPEG4)保存。

　　本节仅针对常用的四大类资源的加工标准给出了推荐参数。未列出的资源加工标准请参见"我国数字图书馆标准规范"的《数字资源加工标准规范》和《数字资源加工操作指南》。

第四节　数字资源整合

一、数字资源整合的缘起[14-17]

　　近十几年来，在国际范围内，学术领域大规模数字化计划(Large-Scale Digitization Initiatives)发展迅速，并对图书馆领域产生日益重大的影响。商业化的数字资源也在迅速增加，一些大型出版商不断调整策略，针对更多类型的文献进行数字化并开发成新产品。海量数字资源的大环境给图书馆的资源、服务和收藏策略带来新一轮的挑战。

面对迅速增加的数字资源，图书馆正处于被动应对局面。陆续有一些图书馆建立了数据库导航和电子期刊导航，从数据库名或期刊名揭示数字资源；也有一些图书馆将电子资源（数据库、期刊）逐条编目到图书馆书目集成管理系统（ILS）中，与纸本文献一起提供检索和揭示。这些揭示方式无法满足读者希望快速定位到目标信息（文章题名及内容）的需求。读者需要更深层面、更细粒度、更小单元的资源揭示，更先进全面的信息查找、定位和获取目标信息的一站式服务。数字资源整合是数字资源迅猛增加之后每个图书馆都面临的新挑战，需要放到提高资源使用率，提升图书馆的核心竞争力的高度来认识。

数字资源整合系统的发展经历了一个由初步到相对成熟的过程。最初人们的关注点是实现分布异构资源的跨库检索（或称为整合检索），类似 DialogWeb 的多数据库扫描检索。但很快人们就从中发现，实现分布异构环境下的跨库检索，情况比较复杂。一方面，追求对所有资源的跨库检索只是一种理想状态，实际中只能做到兼容尽可能多的资源。另一方面，对几十种以上的资源笼统地实现跨库检索并无实用价值，用户的需求是针对学科范畴、针对文献类型或者针对个性化需求定制而进行的资源检索和导航。人们逐渐认识到，跨库检索实际上是作为一种关键技术应用在图书馆的"资源门户"中，与开放链接、聚类导航、个性化空间与信息定制、用户认证和权限控制等功能一起构成一个实用的数字资源整合系统。

二、数字资源整合的方式和层面

面对海量资源的整合链接，国内外的图书情报机构和商业公司都在努力寻求分布环境下科学、有效的解决方案。实际应用中各种方案对资源的整合程度有所不同：①普遍采用的导航系统和馆藏编目方式，沿用了传统方式下对印刷性资源的揭示方法，主要是基于文献的载体（种、卷、册）信息进行揭示和提供服务；②21 世纪初得到推广应用的整合链接系统是一个明显进步，整合检索是基于文章的内容信息，在提供检索的同时提供一步到位的获取服务的方式；③近几年开始应用的发现系统力求将资源的元数据、对象数据等聚合在本地仓储中，提供基于文章内容的组织、关联、导航、全局发现和知识服务。随着大规模数字化的发展和数字化环境的形成，越来越多的数据商愿意将其数据库产品的元数据和全文数据提供到发现平台上，以期通过更广泛的检索和发现将更多的用户带回到资源原本的平台。近几年通过远程或者本地的集中仓储聚合更多的元数据以支持全球数字资源的通用访问正在悄然兴起。

近10年来，陆续有一些图书馆建立了不同层面的数据库和电子期刊的导航系统，并对数字资源进行馆藏编目，多途径探索组织和揭示数字资源的方法和模式。通过三种（导航系统、馆藏编目、整合系统）方式揭示数字资源的区别如下。

导航系统：在数据库名称或者文献的集合级（专著名称）和连续级（期刊名称）面上揭示资源，无法满足读者希望快速定位到目标信息（文章题名、作者及内容）的需求。读者需要更深层面、更细粒度、更小单元的资源揭示、查找和定位。

馆藏编目：在对资源的揭示层面上与导航系统类似。只能揭示数据库名称或者书刊的名称，不能对资源从分析级（内容）层面上进行揭示。

整合系统：针对分布的数字资源，从分析级（文章题名、主题、文摘、作者等）进行统一检索和揭示，并通过开放链接(OpenURL)技术使用户能快捷定位并获取所需的目标信息。实现过程依赖计算机处理能力，实时地向分布环境中的被整合资源库发送检索请求并解析、归并和呈现检索结果。整合效果受到网络传输速度和分布的各资源库平台的制约。

以期刊为例分析不同方式对数字资源的揭示层面。

（1）电子期刊导航方式

揭示内容：刊名、学科分类、语种、出版商、ISSN、该刊 URL、出版商 URL、全文起始年、期刊详细介绍等相关信息。

基本功能：字顺(A-Z)浏览、分类浏览、关键词检索。

实现功能：通过导航或检索帮助用户迅速找到某种刊，再通过超文本链接到电子期刊的首页，按卷期浏览或进一步检索该刊文章。

（2）馆藏编目方式

揭示内容：刊名、学科分类、语种、出版商、ISSN、该刊 URL（856 字段）、出版商 URL、全文起始年等信息。

基本功能：关键词检索、ISSN 检索。

实现功能：通过检索帮助用户迅速找到某种刊物，再通过超文本链接到电子期刊的首页，按卷期浏览或进一步检索该刊文章。

（3）整合系统方式

分两个层面：①在期刊名层面通常都具有期刊导航的功能；②在文章层面揭示（检索）内容：article title、author、abstract、subject，即文章篇名、作者、文摘、主题/关键词。

　　基本功能：篇名、作者、主题词以及全字段检索。

　　实现功能：通过检索帮助用户迅速找到某篇文章（及相关文章），再通过超文本链接到该篇文章浏览全文。

　　比较揭示数字资源的三种方式，可以看出：导航方式和馆藏编目的方式都不能揭示到数字资源的内容，在网络和数字化环境下，读者关心的是文章（article）级的信息。

　　在计算机技术和信息检索能力（全文检索）已相当发达的今天，图书馆需要向读者提供查找深层次的信息的途径（目前是文章级，进一步发展将细化到微内容），对于数字资源仅仅在集合级或连续集揭示已远不能满足读者的需求。

三、数字资源整合的技术方法

　　（1）依赖元数据收集的元数据仓储（Metadata Repository）/聚合型

　　通过抽取、映射和导入等手段对分布异构资源的元数据（也可能包括对象数据）进行收集和聚合，安装在本地系统或者中心系统平台提供统一的检索和服务。该方式的优势是数据经过收集转换后不仅格式统一，而且结构清晰，可以按照需求建立各种分类体系，或者按照更高级的知识本体对数据进行组织和管理。其劣势一方面是对于类型不同、分布广泛、更新频繁的资源，很难做到及时准确地将数据收集齐全；另一方面是可行性方面存在障碍，有些数据商不同意用户将其资源的元数据（包括对象数据）经过二次收集和聚合后，安装在另一个系统平台上。他们大多数是将资源和系统平台绑定在一起作为数据库产品销售，以获取商业的最大利益。近几年获取商业数据库元数据的状况有很大进步，由此出现的发现系统正是基于元数据仓储技术。

　　一直以来获得高度认同的 OAI 协议，支持对分布、异构资源在元数据层面的数据收集。但对国内外的 OAI 调研表明，采用 OAI 技术收集元数据的实用案例，基本都是应用在开放存取（OA）的资源或以联盟模式建设的资源（NDLTD、CALIS_ETD），商业性学术资源一般都不支持遵循 OAI 的数据收集。采用 OAI 技术收集元数据的前提是资源拥有者愿意作为数据提供者开放 Data-Provider 接口。

　　（2）依赖计算机能力和标准协议的元搜索（Metasearch）/技术型

　　这种方式实际上是借助于计算机强大的处理能力，实时地对分布异构资源进行检索。元搜索充当一个中间代理的角色，接受用户的查询请求，然后基于对资源检索协议和平台的分析实现查询请求的变换。比如通过对资源平台的 URL 和

Web 页面的分析来构建查询语法,并行地发出查询请求;接收和分析资源平台的检索反馈,进行排序、查重合并、数据抽取、命中结果的呈现。通过对 Web 页面的分析实现资源整合的方法,又称为页面分析法(Page-scraping、Screen-scraping)。元搜索的优势是查全率高、搜索范围大,即时性好。其劣势是在查准率方面不易控制。由于各个资源平台采用的检索机制、检索技术不同,存在着翻译的查询语法与资源平台的检索语句之间在匹配上的差异,也存在着资源平台的命中结果能正确解析到统一显示界面的差异。

元搜索方式的理想状态是通过网络信息检索的标准协议对分布异构资源进行检索,例如,在图书馆界比较普遍使用的 Z39.50 协议。中间代理发送符合 Z39.50 协议(APDU 格式)的检索命令给资源平台,资源平台的 Z39.50 接口解码检索命令并执行检索,并将命中结果发回中间代理,从而实现了系统间的互联互访。由于 Z39.50 协议是在数据库字段级之间建立通讯,在查询语法和命中结果方面都相当准确,检索效率高且稳定性好,是一种深层次的整合操作。遗憾的是,由于在技术上实现 Z39.50 接口比较复杂,仍有相当数量的资源提供商不遵循 Z39.50 协议,目前也没有看到未来会有普遍遵循的趋势。近些年,ZING(SRU/SRW)协议的出现和 XML Gateway 的应用,也在系统接口层面提供了新型的互操作方案。由于它们在技术实现上相对简单,正在得到越来越普遍的应用。通过标准协议进行互操作的前提,也需要资源拥有者愿意开放其 Z39.50 接口,或者 ZING 和 XML Gateway 接口。

针对量大面广且以商业方式购买的数字资源进行整合,在 2010 年以前,国内外图书馆的应用案例大多数都是采用元搜索(Metasearch)/技术型。国外的系统实现比较注重与数据提供商达成协议,尽可能地采用网络信息检索标准协议实现整合。而国内的系统实现则大部分是采用页面分析技术。

四、发现系统的出现及优势

传统图书馆主要管理几十万或几百万件的纸质馆藏。经过几十年的发展,图书馆自动化系统担当起馆藏揭示和管理服务的重任。数字图书馆需要管理数以百计的数据库、数以万计的电子期刊、数以百万计的电子图书、数以千万乃至几个亿的学术论文。揭示和管理这些分布、海量的数字资源对图书馆是一个严峻挑战,迫切需要得心应手的理想工具。图书馆需要一个高度整合所有类型资源并提供资源发现的系统/平台。

数字资源整合系统具有优势也存在不足。优势:①被整合的电子资源覆盖面宽，且绝大多数中外文电子资源可以被整合；②依靠技术手段，通过多种方式实现整合，投入开发可以实现对各种资源的整合。

不足：①检索结果的速度受网络传输和数据源平台的制约，影响了用户体验；②检索结果的选择性呈现影响查准率、查全率。

不断提升的应用需求促进着行业的发展。2008 年以来发现系统崭露头角，成为数字图书馆发展的热点之一。发现系统在揭示层面和链接功能上与整合系统相同。实现过程是预先对分布环境中的资源库进行元数据及全文收集，建立的高品质仓储和预索引，由此产生的明显效果包括以下方面。

①扩大检索范围：由于元搜索技术依赖计算机的处理能力实时发送检索并获取结果，检索性能受到被检索资源平台的数量和性能影响，往往一次检索限制在 20—30 种资源内。目前发现系统的预索引仓储数据量为 4—7 亿（包括 10 余万种期刊的上亿篇文章、上千万的电子书、上百万的学位论文等），用户的检索不再受资源平台和数量的限制。

②提升检索效率：元搜索技术的检索结果呈现速度受电子资源平台和网络传输的制约，跨 20—30 个资源库检索，首页结果呈现 <3 秒，但全部结果呈现有时需要几十秒。发现系统在预建元数据和全文索引的支持下，大部分(80% 以上)检索结果呈现 <1 秒。

③保障查全率和查准率：发现系统在预收割并建立元数据和全文索引的过程中，进行规范化、丰富化处理，提高了检索结果的查全率和查准率。

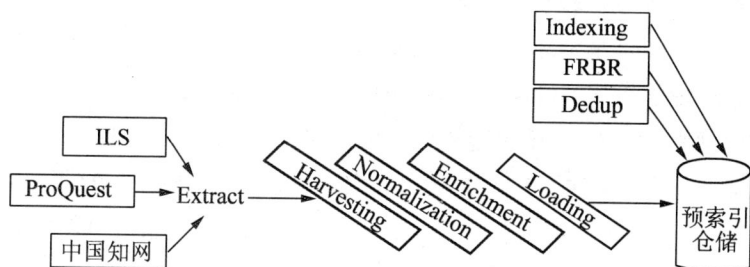

图 8 - 3 元数据仓储的数据收集、规范化、丰富化示意图

④结果呈现的灵活多样：检索结果可实现去重、排序、分面、FRBR、可视化；全文链接、个人文献管理、外部数据聚合；用户行为的挖掘、学术经验的推荐与分享等。

⑤学科化、知识化的拓展应用：通过对预索引仓储中的主题、署名关系、收

录期刊和会议等进行数据挖掘，可以发现共同兴趣，揭示机构之间、研究者之间的隐性关系，建立新的合作。也可以基于预索引数据进行研究热点和学科趋势等呈现。海量的结构化、高品质的预索引数据是知识发现和关联的基础，在知识组织和学科化服务方面大有作为。

⑥纸本和电子资源的强融合：发现系统基于对图书馆 ILS 数据的全面收割和重新索引，将书目数据与电子资源数据无缝融合在一起，在发现系统界面上重新呈现，包括馆藏的实时在架/流通状态。纸本和电子资源的真正融合整合在一起提供检索和服务。

五、OpenURL 开放链接[18]

整合检索实现了快捷有效的资源发现，对目标资源（服务）的进一步获取和无缝链接，则需要采用开放链接技术。近几年来，无论是二次文献的数据商还是一次文献的数据商都非常重视建立资源之间的链接关系，延伸为读者提供的服务。自从 Web 诞生以来，超链接就是最重要的组成部分之一，被称为"Web 最基础和革命性的特征"。网络的优势来源于链接网上的任何文件，不论其地理或物理位置如何。随着 Web 的迅速发展，人们提出了参考链接的概念，本质上存在内在联系和高度相关性的内容通过参考链接相连，这种链接在资源发现过程中扮演着重要角色。随着网络信息爆炸性增长，已有链接技术不能满足需求，主要是资源之间的链接范围有限且即时更新保持链接的正确更加困难。1999 年数字图书馆研究的先驱者们在参考链接框架的基础上提出了开放链接的模型，并发展成为 OpenURL 协议（开放环境信息传递的规范化语法）。OpenURL 是一种附带有元数据信息和资源地址信息的"可运行"的 URL，由服务提供方（图书馆）维护的链接解析器依照规则动态生成开放链接的 URL，实现资源之间一对一、一对多的"恰当"链接，有效地解决了二次文献到一次文献或原文服务的动态链接问题。由于 OpenURL 协议具有可定制、可移植、可扩展的开放特性，已成为数字图书馆应用最广泛和最成功的技术，其应用前景不可估量。

建立"恰当"链接是 OpenURL 的一个突出特点。在分布的网络环境下，一次文献会存在多个拷贝并分放于不同地点。例如，一篇文献可以通过因特网从国外的资源总站点获取，也可以通过 CERNET 从国内的资源镜像站点获取，还可以通过查找馆藏目录浏览/复印印刷本，或者通过馆际互借的文献传递服务获取。通过 OpenURL 的机制，各种获取途径都可以揭示出来，可由读者选择自己最方便的获取途径，也可以由图书馆员通过对资源的配置，将读者引导到最"恰当"的获取途径。据不完全统计，全球范围内安装开放链接系统的机构已超出3000家。

六、基于用户经验的推荐链接[19-20]

新信息环境下，"以用户为中心"的概念有了新的含义，将用户作为信息组织中心，重视用户的社会性和主动性等原则得到体现。例如，美国亚马逊（Amazon）按照"买了这本书的人还买了哪些书"来组织信息，虽然面向用户但其信息组织中心并非用户。中国豆瓣网（Douban.com）则记录用户读了哪些书，哪些人和用户读同一本书等，将用户作为信息组织的中心，基于用户经验推荐选书。近两年"以用户为中心"的概念也开始应用于开放链接系统。具体来说，通过建立学术推荐服务器，获取全球各个机构研究人员在获取资源过程中大量点击链接的日志并进行统计分析，借此给出针对某篇文献的推荐链接（扩展链接）。例如，在用户通过开放链接获取某篇全文时，也可以看到之前链接获取这篇全文的用户还链接获取了哪些全文，进而也点击链接这些全文。这种推荐链接，更多是研究人员在阅读了文摘索引的基础上做出的判断，不是盲目冲动的选择，相对而言是质量更好并隐含了知识的链接。学术推荐服务器通过技术手段，提供给研究人员在获取学术信息过程中隐形知识和经验的共享，引导他们在更宽视野下获取相关主题的资源。基于学术推荐服务还可以了解某个研究主题的未来趋势和关注热点。建立在 SFX 链接技术上的学术推荐服务器 bX 实现了向读者提供知识链接服务的功能。

七、基于语义网的资源整合与知识服务

在图书情报领域，目前普遍认同的知识服务定义是以搜寻、组织、分析、重组的知识和能力为基础，根据用户的需求和环境，融入用户解决问题的过程，提供有效支持知识应用和知识创新的服务。新技术环境下，人们对知识服务寄予更多厚望——期待着新技术支持下的知识服务能够有突破性发展和规模化应用，如近几年文摘索引库和全文库出现带来的变革和影响。近两年，围绕数字图书馆发展出现的一些新技术和新应用已开始初显知识服务的端倪。

语义网的缘起正是因为很久以来搜索质量难以提升的困惑，近 10 年的研究证实了对 Web 页面语义的理解能有效提高搜索质量的假设。语义网采用 XML + RDF + Ontology 三个层次描述信息资源，构成了计算机理解内容的基础，其最终目标是通过语义把各种数据（Data）和程序（Program）互联起来，使 Web 成为一个

能够提供知识服务的巨大宝库。围绕语义网出现的许多新方法和新技术正在步入实用阶段，经典的自底向上的方法和新兴的自顶向下的方法在近几年都有较快的发展。自底向上的方法着重于已标注的信息，使用 RDF 表示，标注的信息机器可读。自顶向下的方法着重于利用现成的 Web 页面，从中自动抽取出有意义的信息。

近两年来，自底向上方法的一个进步是 Yahoo 搜索引擎支持 RDF 与微格式的声明。这是一个对于内容发布者、Yahoo 和消费者来说三赢的举措：发布者有了标注自己信息的激励，Yahoo 可以更有效地利用这些信息，用户可以得到更好、更精确的结果。在 Yahoo 之后，Flickr、LinkediIn 等公司都开始采用微格式。Google 也宣布了在其"富媒体代码"中支持 RDFa（允许发布者把 RDF 嵌入到 HTML）。另一个进步来自于 Dapper 的语意网络服务（从无结构的 HTML 页面提取结构化信息），可从任何网页中采集与聚合信息，并让内容发布者给现有的网页添加语义标注。自动标注工具的发展与用户标注激励的增多，使得自底向上的方法更加引人注目。

自顶向下的方法关注怎样处理现有的非结构化的信息，利用自然语言处理技术进行信息抽取，包括识别文档中特定实体（如人名、公司、地点等）的文本分析技术、自动分类技术以及能获取特定领域信息的垂直搜索技术。另有一些在搜索结果上应用语义的方法也在发展中。Google 正在尝试把搜索结果分为不同的类别，用户可以选择对哪些类别感兴趣。文本处理技术与语义数据库的结合也是一种提高搜索质量的办法，近两年有越来越多的文本处理工具进入消费市场。像 Snap、Yahoo Shortcuts 或 SmartLinks 等文本导航应用可以"理解"文本与链接中的对象，并附加相应的信息于其上。用户无需搜索就可以浏览和理解信息。自顶向下的语义技术不需要发布者做任何事情，擅长上下文关联的文本工具直接嵌入浏览器提供应用。Firefox 的推荐扩展页已提供多项文本浏览方案，如 Interclue、ThumbStrips、Cooliris 与 BlueOrganizer 等。从近几年推出的一些协助搜索和查找的语义感知应用程序中也可以看到一些知识服务的雏形，例如 Yahoo 发布的一个开放搜索平台(Search Monkey)，允许开发者创建定制应用。

综上所述，语义网技术经过近几年的发展虽然尚未得到主流化应用，但已开始多途径嵌入现有网络，正处在不断积累、蓄势待发阶段。根据美国著名市场研究公司 Gartner 在 2007 年的预测，到 2012 年，70% 的公开网页将带有一定程度的语义标注，20% 将使用更强的基于语义网的本体。虽然各种方法技术不尽相同，但目的一致，通过越来越多的网页被标注，越来越多的信息结构化，网络将具有语义，信息更易于得到，知识更易于发现。语义网的发展将对知识服务产生革命性的影响。通过语义网技术的逐步成熟和广泛应用，知识发现、知识过滤以及自动代理等应用将深入到每个人的生活之中，就像我们现在每天都要进行检索一样，不久的将来随时随处都可以借助网络获取知识服务。

参考文献

[1]CEN CWA14855：Dublin Core Application Profile guidelines. ［2011－06－10］. ftp://ftp. cenorm. be/PUBLIC/CWAs/e-Europe/MMI-DC/cwa14855－00－2003-Nov. pdf

[2]Dublin Core Metadata Element Set, Version 1. 1. ［2011－06－24］. http://dublincore. org/documents/dces/

[3]DCMI Metadata Terms. ［2011－06－24］. http://dublincore. org/documents/dcmi-terms/

[4]上海图书馆. Dublin Core 元数据元素集参考描述. 版本 1. 1. ［2011－06－10］. http://dc. library. sh. cn/1－1. htm

[5]上海图书馆数字图书馆资源网站研究报告. ［2011－06－24］. http://www. libnet. sh. cn/sztsg/report. html

[6]基本描述元数据子项目组. 基本元数据标准. ［2011－07－08］. http://cdls. nstl. gov. cn/mt/blogs/2nd/archives/docs/CDLS－S05－002. pdf

[7]基本描述元数据子项目组. 基本元数据扩展集标准. ［2011－07－08］. http://cdls. nstl. gov. cn/mt/blogs/2nd/archives/docs/CDLS－S05－003. pdf

[8]基本描述元数据子项目组. 基本元数据应用规范. ［2011－07－08］. http://cdls. nstl. gov. cn/mt/blogs/2nd/archives/docs/CDLS－S05－004. pdf

[9]专门信息资源描述元数据子项目组. 专门信息资源描述元数据设计的工作规范和流程. ［2011－07－08］. http://cdls2. nstl. gov. cn/mt/blogs/2nd/archives/docs/CDLS－S05－012. pdf

[10]中国数字图书馆标准与规范建设. ［2011－07－08］. http://cdls. nstl. gov. cn/cdls2/w3c/

[11]数字资源加工标准规范项目组. 数字资源加工标准规范. ［2011－09－09］. http://cdls2. nstl. gov. cn/mt/blogs/2nd/archives/docs/CDLS-S03－008. pdf

[12]数字资源加工标准规范项目组. 数字资源加工操作指南. ［2011－09－09］. http://cdls2. nstl. gov. cn/mt/blogs/2nd/archives/docs/CDLS－S03－007. pdf

[13]CALIS 特色库项目组. CALIS 三期专题特色库建设标准规范. ［2011－09－09］. http://lib. whu. edu. cn/wxcdfw/news/20110608_fujian5. pdf

[14]Library of Congress Portals Applications Issues Group. List of Portal Application Functionalities for the Library of Congress. ［2011－09－09］. http://www. loc. gov/catdir/lcpaig/portalfunctionalitieslist4 publiccomment1st7－22－03 revcomp. pdf

[15]姜爱蓉,黄美君,窦天芳. 数字资源整合与信息门户建设——清华大学图书馆的探索与实

践. 现代图书情报技术,2006(11):2-6

[16]姜爱蓉,王平,郑小惠.分布异构资源整合管理系统的技术特点和应用趋势——MetaLib &
SFX 综述. 现代图书情报技术,2004(4):1-5,62

[17]姜爱蓉.数字资源整合系统的技术发展与应用趋势.图书馆杂志,2006(12):14-18

[18]黄美君,姜爱蓉.合适的链接 最佳的服务——SFX 与 CrossRef/DOI 交互作用探讨.图书情
报工作,2006(3):91-94

[19] bX Recommender Service:Overview. [2011-09-09]. http://www.exlibrisgroup.com/
category/bXOverview

[20]学术推荐服务. [2011-09-09]. http://www.exlibris.com.cn/product/bx/index.html

第九章　数字资源服务

数字资源服务是数字图书馆服务中最主要的内容之一。相比于馆藏印本资源的服务，数字资源服务不受时间空间的约束，可以随时随地提供。在资源发现服务方面，数字资源也不再像印本资源那样局限于书目检索和开架浏览，可以提供包括内容检索在内的多种多样的资源发现方式，大大方便了读者，提高了效率。但数字资源的海量、变化快、集合无序、部分重复、元数据与全文不一致等特点也给服务带来了挑战。

因此，为了给读者提供良好的数字资源服务体验，数字图书馆建设需要根据自身的资源特点、读者特点、人力和经费，设计并建立适当的数字资源服务体系。数字资源服务体系主要包括：数字资源服务空间、数字资源发现服务、数字资源全文获取服务、数字资源增值服务等。

第一节　数字资源服务空间

一、网络服务空间

网络服务空间主要由架构在互联网上的数字图书馆应用系统构成。用户通过数字图书馆门户进入网络服务空间，或利用移动手持设备进入移动数字图书馆来获取数字资源服务。

（1）门户

门户概念最早源于互联网搜索引擎 Yahoo、InfoSeek 等大型门户网站。这些门户网站作为一种网关，帮助 Web 用户快速寻找和获取丰富的网上资源。随着门户技术的发展，门户技术已广泛应用于政府、商业、企业、教育、图书馆等各个领域[1]。英国高等教育资助理事会下的信息系统联合委员会（简称 JISC）在其"信息环境架构"和其 LibPortal 项目中对门户（Portal）给出了如下定义[2]："门户被定义为一种在线服务，提供对多种资源的个性化的单点获取方式。……从技术角度，门户是一个网络服务，通过利用统一检索（Cross Searching）、收割、提示等技术从各类分布资源获取内容，以统一形式呈现给用户；从用户角度，门户是各个资源的共同访问点，可以提供个性化服务功能，用户能够同时检索多个资源，浏览合并的检索结果。……门户作为一个中间层，根据用户角色和访问策略将各类信息、事务处理和应用进行聚合、集成、个性化，并展现给用户。"

因此，门户是用户获取数字资源服务的第一入口，也是数字资源服务建设需要重点给予关注的问题。如何在门户上发布数字资源，提供数字资源发现服务，直接关系到数字资源服务的效果。从所提供的服务角度，门户可分为特色门户、学科门户、个性化门户、综合门户（或通用门户）等类型[3]。

①特色门户（Specialized Portals）：向特定读者提供特定领域、特定专题的专业化服务，如 CALIS（China Academic Library and Information System）高校古文献资源库门户等。

②学科门户（Subject Gateway），又称为"学科信息门户"、"学科导航门户"，向用户提供某一个或多个学科领域中由图书馆馆员精心挑选和组织的互联网信息资源的"一站式"导航和检索服务。学科门户可进一步分为综合性学科门户和单一学科门户。如 CSDL（Chinese National Science Digital Library）五大学科信息门户。学科门户本质上也属于特色门户。

③个性化门户（Personalized Portals）：能够向用户个人或者用户群组提供个性化服务，如 MyLibrary 和其他具有个性化功能的门户。

④通用门户（General Portal）：是一种综合性的门户。面向单个图书馆门户和行业性图书馆组织的数字图书馆门户都属于这类门户，如 CALIS 各个中心门户等。由于通用门户的复杂性和功能多样性，不同图书馆所建的通用门户在功能和集成能力等方面也会有较大差异。根据其功能与集成能力的多少，通用门户可以进一步划分为协作型门户、资源聚合型门户、统一检索型门户、综合服务型门户等各类数字图书馆门户，不仅仅可向读者提供各类本地和异地文献资源的整合检索服务；根据数字图书馆建设者自身的职责或规划，以及面向的读者群体的不同，通常还会集成如网上参考咨询服务、原文提供服务、甚至电子学习（e-Learning）、电子科研（e-Science）等应用系统。为了方便读者，提供如一站式服务、个性化服务等，数字图书馆门户还需要用户认证（例如统一认证）、个性化定制、用户社区、用户评级（评价）等子系统支撑。

（2）移动数字图书馆

根据 2010 年 7 月 CNNIC 发布的《中国互联网络发展状况统计报告》[4]：

• 2010 年上半年,网民上网设备多样化程度加深。其中,台式电脑仍居上网设备首位,占73.6%,手机上网占比攀升至65.9%,笔记本电脑上网的比例达到36.8%。

●我国网民手机网络应用平稳发展,网民在信息获取和交流沟通类应用上使用率较高。截至2010年6月,手机即时通信使用率位居首位,达到61.5%。手机搜索以48.4%的使用率排名第二。

由此可见,除了利用电脑上网外,随着3G网络和Wifi覆盖各大城市的推广应用,以iPad、智能手机为代表的各类手持移动设备已成为上网获取信息的最主要用户终端。如果不能面向手持终端用户提供数字资源服务将是数字图书馆服务的一个巨大失误。因此,移动通讯技术与数字图书馆的结合,即移动数字图书馆已在全球获得越来越多的应用。

目前,国内外移动数字图书馆服务主要有:SMS(Short Message Services,短信服务)、WAP网站常规服务(包括图书馆新闻、馆藏目录检索、读者借阅信息查询、参考咨询、图书馆使用指南等服务)、WAP网站数据库检索服务、电子书服务、音频和视频指南服务、二维码如QR码服务等[5]。

此外,一些数字图书馆服务也以各种手机应用程序的形式供用户下载到手持终端上使用。例如CALIS三期开展的预研项目《移动手持设备面向学术和教育事业的应用与研究》计划结合目前CALIS和北大图书馆面向教学和科研提供的服务,在Android等平台上开发相应的应用软件,将移动手持设备作为CALIS和高校图书馆数字服务的延伸平台。

(3)其他类型网络服务空间

除了上述的数字图书馆门户和移动数字图书馆之外,近年来随着Web2.0理念和技术的兴起与发展,用户的偏好也有了很大的转变。应对变革,图书馆也兴起了Lib2.0理念及相应服务,旨在立足用户需求,通过真正融入用户群体,以提供更好的图书馆用户服务。目前常见的Lib2.0方式网络服务空间包括:博客、微博、轻博客、Wiki、SNS社区等,其最鲜明的特征即是及时性、交互性及传播性。

①博客:早期的Web2.0形式之一,倾向于表达力和专业性。可运用于提供或辅助图书馆用户服务,如机构博客、学科博客等。

②微博:相比博客,短小精悍的微博更倾向于互动和传播,具有很强的实时性。据不完全统计,目前已有百余所高校图书馆借助网络微博平台(搜狐微博、新浪微博、腾讯微博等)开通了微博,以多种手段宣传推广图书馆服务,既包括图书馆的官方微博,也有图书馆的部门微博、学科微博,同时还有图书馆馆员的

个人微博。

③轻博客(Light Blogging)[6]：2011年出现的一类新型网络媒体，介于博客和微博之间，兼具博客的表达力、专业性与微博的社交传播力。关注简单的发布流程及交互方式、精致的内容和美观的视觉设计，相较于交互更注重内容及其展示。目前其应用前景还有待验证。

④Wiki：Web2.0技术的典范代表之一，是开放协作的信息知识生产、发布、交流及共享的工具和平台；具有操作简易、协作共享、开放、自组织等特点，在图书馆领域有着广泛的应用前景。可用于图书馆参考咨询、OPAC、主题指引、新型用户交流平台建设、图书馆网站建设等[7]。

⑤SNS社区：基于"六度空间"理论的社会化网络服务形式，是继博客、RSS、播客等之后Web2.0的新流行。图书馆目前对SNS利用的常见途径是借助现有的具有一定影响力的SNS网站，如Facebook、Myspace、豆瓣等与用户互动，向用户推介图书馆的服务和资源，开展合作等。SNS形成的信息共享和用户黏性是图书馆培养用户忠诚度的一个有效途径。此外，图书馆如果能尝试通过SNS开展参考咨询服务、电子资源服务、文献提供服务等组建完善的图书馆终身学习网络，这将是其他机构所无法比拟的[8]。

二、物理空间

数字资源服务主要通过网络进行，大部分读者都在办公室或家里通过公共网络来查找数字资源。但由于绝大部分商业化数字资源以及受到知识产权保护的数字资源，都被限制在一个较小的网络范围内（如校园网、机构局域网）使用，尤其是公共图书馆用户，必须到馆才能访问所有数字资源。尽管高校读者一般在校园网上即可获取所有服务，但对没有个人计算机或上网条件的读者，通常必须到馆获取数字资源服务。因此，建立类似电子阅览室这样的物理空间依然是数字资源服务的重要手段之一。

（1）电子阅览室（多媒体阅览室）

图书馆电子阅览室是一种以电子计算机、多媒体、远程通讯和网络技术为依托，集电子文献、印刷型文献的检索利用与信息浏览服务为一体的现代化多功能阅览室。它集数字化文献信息检索、阅览、打印，网络数据库利用，视频点播，馆藏文献信息资源查询服务，多媒体服务等多项功能于一体[9]。

电子阅览室同时还可以起到培养读者信息素质的作用。各个图书馆的电子阅览室都配备相应的咨询馆员，便于及时指导读者正确地利用各类数据库工具。有些图书馆的咨询馆员还指导读者利用办公软件或其他工具软件制作各类报告等，提高了读者的综合信息素养。电子阅览室同时也可兼做信息检索的培训和数字资源服务的宣传推广场地。

（2）信息共享空间（Information Commons，IC）

信息共享空间最早起源于1992年美国爱荷华大学的信息走廊（Information Arcade，IA），经过图书馆界近20年的发展，融合了目前图书馆开展的参考咨询、学科馆员、技术辅导等多种服务，同时与目前大学教育中以问题为基础的教学方式和向小组式教学方式转变的趋势相适应，被图书馆界公认为是图书馆，尤其是学术图书馆未来发展的方向之一。

美国国家标准和技术学院图书馆的参考馆员 Nancy Allmang 等人认为，IC 由物理空间和虚拟空间共同构成。其中，物理空间是 IC 的实体，包括个人工作站和小组工作站、会议室、无线网络、写作实验室和休闲室。另外，还配有图像扫描仪、彩色打印机等硬件设施以及各类程序与文字处理软件。物理空间主要由技术和各类设备支撑。虚拟空间是 IC 的第二层含义，是随着信息服务模式不断变化以及用户信息需求不断提高而新出现的，着重于"开放"，即开放存取空间。物理空间和虚拟空间结合起来，即构成了 IC 的完整概念。

目前信息共享空间所具有的功能主要包括一站式资源提供、无缝式技术支持、泛在式咨询服务和多样性空间服务等。信息共享空间是数字资源服务的重要场所之一。所谓的一站式资源服务包括文献信息查找与提供，支持学习、写作和学术交流的各类计算机及其外设以及专业的图书馆馆员等[10]。

（3）散布的数字资源服务终端

数字资源服务的物理空间还包括在馆内各处精心布局的计算机终端设备，如散放在各种普通阅览室、开放书库，甚至宽敞的过道处等。这类服务，无需提供桌椅，读者无须到专门的电子阅览室，即可在自己主要活动场所临时性查阅电子资源，甚至打印一篇下载的电子文献等。有些学校还把这些终端部署到学生活动中心、体育馆/所等。

（4）手持终端设备服务区与服务体验区

随着手持终端设备使用越来越普遍，为了更好地开展这类新型的数字资源服务，在馆内或一些用户集中的公共场所，设立手持终端设备服务区或服务体验区是非常必要的。手持终端设备服务区可以提供支持各类不同接口、不同平台的数字设备下载电子图书、应用软件等服务，包括设备和专用的 Wifi 网络等。服务体验区更注重于展示用户如何利用各种各类的手持设备获取数字资源服务，也是用户学习这类技能的场所之一。

第二节　数字资源发现服务

一、检索与搜索

要建立良好的数字资源发现服务，目前的主要手段是采用诸如数据库、元数据仓储、搜索引擎与元搜索引擎统一检索等不同的整合检索工具。

（1）数据库

这里所说的数据库是指资源数据库，一般包括参考数据库（如书目、文摘、索引等）、全文数据库、事实数据库（如数值数据库、指南数据库、术语数据库等）、电子图书、电子期刊、电子报纸等[11]。数据库是资源发现服务的基础，从最早的书目数据库到现在内容多样、检索方式不一的各类数据库，其根本目的都是为了发现适用的资源。大多数数字资源，由于本身内容的数字化，可以基于全文内容来检索；图像与音视频检索技术的不断完善，扩大了资源的检索方式和范围，更易于帮助读者找到需要的数字资源。购买的商业化数字资源基本上都是以数据库形式存在。自建的数字资源目前也主要以数据库的形式存在，但对资源的揭示多在元数据级，主要目的是揭示和发现资源，提供全文服务所占的比例较低。

（2）元数据仓储

元数据仓储是众多资源数据库元数据的集合，利用元数据收割或元数据转换等方式建立的元数据仓储，支持对多个数据库数字资源的一次性检索。若元数据仓储整合的数字资源类型不同，如学位论文、期刊论文、电子图书等整合在一起，尽管可以实现一次性全面检索，但会牺牲不同类型资源数据库各自的特点，只能取各类资源元数据的交集。尤其是各资源库元数据标准不一致，元数据元素语义不一致，会造成检索精度下降。因此，构建基于元数据仓储的数字资源检索系统时，要仔细分析需要整合的异构数据库的元数据定义。为提高检索精度，可以把相近类型的资源整合到一起。

（3）搜索引擎与元搜索引擎

搜索引擎（Search Engines）就是在互联网上能够主动搜索有关信息、组织信息并能提供用户查询服务的一种信息服务系统。搜索引擎主要是通过网络搜索软件或网络登录方式将互联网中海量的网站页面信息组织收集到本地，通过加工处理之后建成数据库，并且能够对用户提出的各种查询请求做出响应，提供用户所需要的信息地址[12]。搜索引擎又分为全文搜索引擎、目录索引引擎和元搜索引擎。全文搜索引擎从互联网提取各个网站的全文信息，建立起数据库，并能检索与用户查询条件相匹配的记录，按一定的排列顺序返回结果，代表性的全文搜索引擎有 Google 和百度等。目录搜索引擎就像是按目录分类的网站链接列表，代表性的有 Yahoo、新浪等。

元搜索引擎是将多个独立的搜索引擎集合在一起形成的检索工具，它通过一个统一的检索界面接受用户的查询请求，在进行检索时同时调用多个独立搜索引擎，检索结果是来自多个独立搜索引擎检索结果的综合，最后以统一的格式呈现给用户[13]。元搜索引擎注重搜索速度、智能化处理、个性搜索功能和用户检索界面的友好性等方面。典型的代表有 InfoSpace、搜星搜索引擎等。

搜索引擎的出现、应用和发展，为人们利用互联网的资源带来了极大的便利，使人们查找和发现资源的途径发生了巨大的变化。同时给图书馆界带来了严峻的挑战，让图书馆的服务由 OPAC 走向网络服务空间。图书馆界已经充分认识到这个机会，正在积极寻求图书馆和搜索引擎的联姻，让用户从网络服务空间至搜索引擎，再至图书馆门户，将用户带回图书馆。目前国家图书馆有自己独立的文津搜索，中国高等教育文献保障系统（CALIS）推出了 e 读学术搜索。

（4）统一检索

统一检索，又称为"联邦检索"、"跨库检索"、"整合检索"，它通过对一组独立的数据库中的数据发出检索请求进行索引，同时进行智能合并、去重和整合，从而为用户提供统一的检索结果。统一检索把多个资源库智能地统一成一个更大的资源库，为用户提供统一的资源查找平台，缩短了用户的资源收集和整理时间，提高了资源利用的准确率和查全率。统一检索通过对异构数据库中的数据进行逻辑上的物理集中，使分散的、异构的信息形成一个有机的整体，从而实现数字资源的整合，达到异构资源数据的互联和共享。

在国内外开发的系统中，CALIS 统一检索系统和 MetaLib 系统的集成能力最强，可将图书馆内的其他系统，如统一用户认证系统、图书馆门户系统、资源调度系统、馆际互借系统等进行集成，共同构建一个新一代的数字图书馆，同时具有统一检索系统本身的资源导航功能和对资源的整合能力[14]。

二、导航、浏览与标签

（1）导航、浏览

资源导航，通俗地讲，就是"为资源找人，为人找资源"。一直以来资源导航都是图书馆的基本工作内容。但随着搜索引擎技术的日益成熟，搜索引擎向着智能化的方向发展，搜索引擎在数字图书馆门户中所处的位置也越来越重要，资源导航则从显著位置降到了次要位置[15]。尽管如此，传统的导航浏览依然是提供数字资源发现服务的有效途径之一。

目前常见的图书馆数字资源导航方式包括：数据库导航、电子期刊导航、电子图书导航、学术资源导航、网络免费资源导航、机构导航等，每一类导航服务依据其资源状况和实际需求，还可进一步实现导航的细分，如依据名称 A—Z 字母序、资源类型、所属学科、来源等。旨在通过多角度、多层次的资源导航，提升数字资源的显示度，方便用户浏览、查找和使用数字资源。实际操作中，图书馆可根据自身需求综合利用上述多种资源导航方式。

（2）标签

标签（Tag），在维基百科中的定义为"自由文本的关键词"[16]，指用户在互联网上用来标识相关信息的自定义标记，是一类以用户个性化信息需求为主导的信息组织模式。最初凭借美味书签（del. icio. us）的成功成为 Web 热点，如今标签已成为 Web 上最常见的应用之一，在博客、Wiki、SNS 网站等各类网络信息服务平台上都能看到它活跃的身影。

个性化是标签最鲜明的特点。传统的信息组织依据预先设定的规则展开信息活动，用户只是被动接受，如资源导航，但标签通过用户自定义信息特征的方式，实现了用户自主控制信息组织[17]。传统程式化的数字资源组织和展示方式已经逐渐不能满足用户的需求，标签从用户的角度重构数字资源，对于图书馆而言，是数字资源组织和揭示的重要补充形式，通过用户的贡献服务于用户，让图书馆的数字资源服务更加有的放矢。例如，在图书馆的 LIS 系统中引入标签服务，让用户参与书目建设和资源揭示，增强用户体验等。

三、数字资源发现

Google、百度、Amazon 等商业化信息服务系统给图书馆带来了相当大的冲击，图书馆网站的使用率一路走低。为应对这个局面，也是为了更好地为读者提供更加专业化、个性化的高质量服务，图书馆纷纷寻求有效的方法改造现有的信息服务系统。为了解决图书馆目前信息服务系统存在的一系列问题，使现有的图书馆信息服务系统跟上 Web2. 0 的步伐，更好地为用户服务，一些 ILS 开发商也纷纷推出了具备 Web2. 0 特征的系统。例如，Ex Libris 公司推出的 Primo、Serials Solutions 公司的 Summon 、Innovative Interfaces 公司开发的 Encore、EBSCO 公司的

EBSCO Discovery Service 等，我们统称这类系统为新一代资源发现系统。相比图书馆传统的 OPAC 系统，新一代资源发现系统的主要特征有[18]：

①提供一站式检索，拥有简洁友好的 Google 式界面；

②集成整合了图书馆的印本资源和电子资源，搜索范围扩展至图书馆外的资源，如网络资源等；

③提供更丰富的信息组织和揭示方式，帮助用户发现资源，如分面检索/浏览、推荐资源、相关性排序、多种格式输出等；

④提供基于用户的个性化和社会化功能，如 RSS 推送/定制、标签服务、添加评论/注释等。

总体来说，新一代资源发现系统主要致力于全面揭示图书馆各种类型的资源，集成多种与资源发现和获取相关的服务，充分调动网络可用资源和读者的智慧，从而成为读者与图书馆资源良性互动的平台，最终实现读者对各类型信息资源的最大化利用。它不再仅仅是一个目录工具，而是围绕资源发现而提供的一系列服务，其中既包含传统的文献检索功能，也包含咨询、馆际互借、推荐购买、全文下载、引文等文献获取和利用服务，还包括读者对文献资源的评价等社会化服务功能。这些服务能够帮助用户以更为有效的方式发现、利用和分享图书馆所能调用的信息资源。其最为显著的外观特征是简单的检索入口指向各类型资源，在一定程度上满足了读者使用类似 Google 这样简单而高效的搜索引擎的偏好[19]。

四、推送与订阅

推送与订阅是助力数字资源发现的另一种重要手段，可通过邮件列表、简易信息聚合（RSS）等方式来实现。如今邮件列表已经很少被使用，网络上主要利用 RSS 来实现信息的推送和订阅。

RSS 是一种消息来源格式规范，用以发布经常更新数据的网站，例如博客文章、新闻、音频或视频的网摘[20]，具有信息推送和信息聚合两大特性。RSS 技术打通了互联网各个内容平台间的信息传输路径[21]。借助 RSS 的特性，图书馆能够更好地扮演信息中介的角色。事实上 RSS 在图书馆服务中有着广泛的用途。例如，利用 RSS 信息推送的特性可实现：新闻/公告信息推送、新书通报、最新文献报导、最新期刊目次服务、专题信息推送等。利用 RSS 信息聚合的特性则可以实现：学科信息聚合、资源共建共享等。此外，RSS 还能被应用于参考咨询、网络资源导航、采访工作、馆藏发展等多个方面的图书馆服务中[22]。

第三节 数字资源全文获取服务

对全文数据库（包括电子期刊、电子书等）而言，直接通过它们来检索资源并获取全文是非常便捷的事情。但若通过上节所述的整合了所有数字资源和印本资源数字化服务（如文献传递）的数字资源发现服务系统找到所需文献后，还需要有资源调度子系统来解决如何链接到一个适当的全文获取方式。数字资源全文获取方式包括直接获取和间接获取两类。直接获取方式主要包括全文下载和音视频点播服务；间接方式主要包括文献传递、即用即付和代查代检服务等。

一、全文下载

全文下载是数字资源获取最直接、最方便、最快捷的服务方式之一。在权限许可的情况下，用户可直接到授权全文数据库中下载文献全文。但是由于文献数字资源往往来源于不同的数据库商、出版社、代理商等机构，不同机构开发的数字资源在内容、技术和形式上都有各自的特点，加之可能采用不同的应用系统，不仅仅是检索途径和方法有差异，可下载全文的权限管理以及全文下载调用方式也都是不一样的[23]。

因此，当数字图书馆给读者提供了一个集成的、一站式的资源发现服务时，就需要建立可检索资源的全文调度系统，以支持检索结果和全文下载之间的无缝链接。这种调度机制通常采用 OpenURL 技术和全文链接知识库系统来实现。OpenURL 是美国 NISO 的国家标准（ANSI）Z39.88—200X，它是一个上下文相关的开放链接框架。典型的应用系统 SFX 是 Exlibris 公司推出的链接服务器（Link Server），通过 OpenURL 协议和强大的链接分析在文献与文献之间建立复杂的深度链接，从而完成从检索到获取全文资源的一站式链接服务[24]。SFX 可以针对任何遵守 OpenURL 协议的资源记录提供所有能够获得的内容和服务链接，包括电子全文、OPAC、网络资源等。通过对 SFX 知识库的管理，实现对馆藏资源以及资源服务的有效整合，为用户带来便利的全文获取途径。

二、音视频点播

对于传统的视听服务，图书馆只是提供一个舒适的空间，以及配套的视听资源播放设备，服务存在被动性、时空局限性等缺点，这种方式越来越不能满足用户的需求。随着计算机技术、网络技术、多媒体技术的迅猛发展，视频点播

（Video On Demand）服务应运而生[28]。视频点播的特点是通过结合网络和视频技术，集动态影视图像、静态图片、声音、文字等信息为一体，彻底改变过去被动收看节目的方式，可以实现节目的按需收看和任意播放，为用户提供实时、交互、按需点播服务的系统[29]。从提供服务的资源内容上看，呈现了多样性的多媒体内容。如北京大学图书馆的多媒体服务就整合了北大讲座、世纪大讲堂、学术报告、图书馆一小时讲座、影视欣赏等多种资源[30]，为用户实时的、在线的获得数字资源提供了方便。

开展音视频点播服务需要图书馆思考如下问题：

（1）视频点播系统的选取

在选择视频点播系统时，要考虑系统本身的功能性，如资源的管理功能、检索和浏览功能、媒体播放和输出功能、统计功能等[31]。由于视频点播系统并非为图书馆定制的，所以一般情况下，在数据管理上不能与图书馆自动化系统的编目数据兼容，但在电子资源的编目、分类管理上较为简单。因此，选取一套完善的视频点播系统，将加快图书馆视频点播服务的进程，同时也为图书馆的多媒体服务提供可靠的技术保障。

（2）音视频资料的建设与管理

图书馆的多媒体服务内容，除了娱乐性资源外，更应注重具有学习性和科研性的资源，尤其是高校图书馆，在资源建设上更要以教育性和学术性为主，娱乐性为辅。另外，对于数字资源的在线点播服务，作为纸本文献阅览服务的延伸，更要注意在服务过程中知识产权保护的问题，避免盗版资料的出现，否则将影响到此项服务的目的和宗旨。

三、文献传递

简单地讲，文献传递就是图书馆利用外部资源满足自身用户文献需求的业务，相对于全文下载，它是读者间接获取文献的一种方式。除了基于数字资源的传递服务外，如果将印本文献扫描后制作成电子文献，再以电子邮件方式传递或给用户发送原文获取链接，这种基于印本文献的传递服务也可纳入数字资源服务范畴。通常要较好地开展文献传递服务，需要向用户提供一个目录数据库或将文献传递服务与资源发现服务系统进行整合。此外，建立文献传递服务需要仔细考虑以下几个方面的因素：

①服务模式：对不同的文献服务机构，可以是单向对外提供文献传递服务（无自身用户）、向本机构用户提供单向获取或既对馆外提供又向外馆请求的双

向服务。不同的服务模式需要建立不同的文献传递系统，以及制定不同的服务政策等。

②文献传递服务政策：包括服务对象、服务量、收费标准、服务类型等。由于大多数图书馆服务能力有限，建立该项服务要明确：对谁提供服务；是来者不拒，还是有所限制；在所服务对象（外馆或本馆读者）中分级服务还是不分级；单位时间内可对外提供多大量的文献传递；如何收费；对外馆请求如何收费；对本馆读者如何补贴费用；本馆哪些文献可以提供文献传递服务。

③文献传递环境：确定了服务模式和政策，就需要根据需求确定人员规模、场地，配备相关设备（如服务器和存储设备、扫描仪和打印机、工作人员用机等）、应用软件（如管理文献传递事务的文献传递系统、制作电子文献的扫描制作工具等）。通常按知识产权保护的相关法律法规，所传递文献只能由文献提供方直接传给最终读者，图书馆不应存储所传递的电子文献。但因有时电子文件太大，读者不便于用电子邮件方式获取，图书馆就需要建立电子资源的提取系统，在短时间内保存读者索取的文献，供读者自行下载，但不应将此文献长期留存。

④文献传递源：即从什么地方获取文献传递服务。国外比较著名的文献提供机构有英国图书馆文献提供中心（British Library Document Supply Centre，BLDSC），美国联机图书馆中心（Online Computer Library Center，OCLC），国际期刊文献传递服务（RapidILL@ NCTU）、美国文献快递中心（UnCover）\加拿大科学技术资料中心（CISTI）等。国内较有影响力的文献传递服务机构有国家科技图书文献中心（NSTL）、中国高等教育文献保障系统（CALIS）、中国高校人文社会科学文献中心（CASHL）、中国科学院文献情报中心（LCAS）、国家图书馆文献提供中心、上海图书馆等。每个图书馆都可以通过和以上机构建立协作关系或成为成员馆的方式将它们的服务纳入本馆服务体系，为读者提供远远超越本馆资源的数字资源服务。

除了以上几个主要考虑的因素，高校图书馆也应考虑建立用户统一认证系统，让读者在校园网系统一次性登录即可方便地获取图书馆服务。

由于目前国内文献传递机构越来越多，这些机构的服务具有互补性，往往一个图书馆需要参加多个文献传递体系，导致用户需要多个账号在不同体系中切换。为了方便用户，CALIS建立了基于联合认证技术的文献传递服务调度中心服务系统，图书馆可以利用这项服务使本馆用户利用本地账户登录后即可获取多个不同文献传递机构的服务。

四、即用即付

即用即付，也可称为单篇订购（Pay Per View，PPV）服务，即用户可以对期刊中的文章进行单篇文献获取请求，用户实时付费。目前只有部分数据库商或代理商向国内提供单篇订购服务。国内的一些数据库商也面向读者提供单篇下载服务，但尚未见其向图书馆提供单篇订购服务。

对一些无力购买某些全文数据库，或本馆读者使用量很小的图书馆，采取购买数据库商的单篇订购服务是较为经济的一种方式。结合整库购买和文献传递，可以提供性价比高且较为全面的数字资源服务。要开展此项服务时，若涉及从国外购买，需要与国内的代理机构合作，以解决付汇问题，并需要建立一套从检索、提交申请到在线支付完整的服务流程和相关的应用系统。

五、代查代检

代查代检服务为读者提供了一种资源间接获取的服务方式。资源代查代检通常以馆际互借系统为基础。当读者不能直接下载或获取数字资源，或者读者自己无法查找到资源所在地时，读者可以通过代查代检服务向图书馆员请求所需的资源，图书馆员查找并获得后，再通过文献传递系统提供给读者[26]。

高校图书馆现有的代查代检服务一般包括论文收录及引用检索服务（根据用户需求，在国内外权威数据库中检索其论文收录和被引用情况）、文献检索（代查代检各类信息资源）和定题服务，收费标准比原文传递服务费用要高，与文献传递服务一起为用户提供资源内容获取服务。

CALIS 三期要建立国内最大的信息资源代查代检平台。用户可通过该平台请求 CALIS 成员馆专业馆员的帮助，利用 CALIS 搜索引擎或常用检索工具为用户查找难以找到的各类文献资源。凡是用户自己无法找到的疑难文献资源，都可以请求咨询馆员代为查找。随着图书馆业务的发展，文献传递服务将逐渐成为参考咨询服务中不可或缺的一部分[27]，从而提高文献获取的服务效率。图书馆可以自己建立代查代检队伍和相应的网上服务系统（通常可利用馆际互借系统的相关功能，合并到文献传递服务中），也可直接利用 CALIS 或其他文献服务机构的代查代检服务来为本馆读者服务。

第四节　数字资源增值服务

随着我国信息经济在国民经济中的比例越来越高，信息资源价值的不断提升，人们对信息的需求也日益频繁而多样，简单的数字资源提供服务已经难以满足人们对信息资源的深层次需求。用户更加需要能够解决他们实际面临问题的针对性信息乃至基于信息分析而形成的问题解决方案。图书馆要想在信息社会继续维持信息提供领域的主导地位，需要迎合实际需求，基于信息开发多元化的产品，提供数字资源增值服务。

本书所称数字资源增值服务是指针对不同用户的需求，不是单纯提供原始数字文献，而是由专业咨询馆员通过对大量数字文献中的信息进行提炼、加工、整理和分析，形成基于文献又高于文献，使信息在量、质和价值方面都有所增加的服务方式[32]。

一、参考咨询

参考咨询是图书馆员对读者在利用文献和寻求知识、情报方面提供帮助的活动，它以协助检索、解答咨询和专题文献报道等方式向读者提供事实、数据和文献线索，除了指向文献，也指向存放地点和文献内容等[33]。参考咨询借助馆员的信息素养，变信息媒体为单位到信息媒体中的信息点为单位，是一种基于信息细化的增值方式，信息增值主要表现在节省读者信息获取的时间，提高获取信息的针对性与准确性。

参考咨询服务是图书馆的传统服务。但是随着信息环境的变化，参考咨询服务的对象、内容和手段都在不断变化。数字参考咨询已经取代传统的以纸质文献为基础的参考咨询服务，成为图书馆参考咨询服务的主流形态。相较于传统的参考咨询服务，数字参考咨询服务主要表现出如下特点：服务对象广泛化，用户结构更加复杂；咨询机构联合化，除了单个图书馆，更要依托于地区、全球范围内的图书馆和信息机构；咨询手段多样化，电子邮件、电子表单、FAQ、实时咨询等方式不断涌现；咨询工具扩大化，从以馆藏为对象的咨询服务发展到对馆藏信息资源及网络信息资源为对象的咨询服务；咨询范式多元化，从编制文摘、书目、索引发展到基于代理的个性化主动咨询服务[34]。

从目前国内外图书馆的发展看，参考咨询服务已经成为图书馆重点开展的服务之一。许多图书馆都提供了多元化的参考咨询服务，代表性的参考咨询服务包括以下几方面：

①图书馆馆员名录。即在图书馆网站上直接提供馆员的姓名、部门、咨询特长、联系方式等信息，用户可直接与图书馆馆员联系。馆员名录的提供实际是让所有的图书馆馆员都成为咨询员，用户可根据实际的需求结合馆员的咨询特长

直接向熟悉业务的馆员提出咨询，而不再需要通过前台咨询员的中转，不仅可以提升咨询服务的工作效率，同时也可以提升用户的满意度。

②私人图书馆馆员项目[35]。如耶鲁大学图书馆为每位新生都配备了图书馆馆员，图书馆馆员会不定期地与学生联系，为新生介绍图书馆的馆藏和服务。当学生选定专业或者到大学三年级时，私人图书馆馆员就会把学生介绍给一名具备该学科研究生学历的学科馆员，为学生提供学科服务。私人图书馆馆员项目实际是一种主动化的参考咨询服务，一方面，图书馆可以借助私人图书馆馆员将新的资源和服务推介给学生；另一方面为学生配备专属的图书馆馆员也可以增强学生对图书馆的认同感和归属感。这样当学生在遇到问题时就会主动与图书馆馆员联系，获取图书馆的服务。

③专家约谈服务。约谈服务由图书馆读者发起，读者提出想约谈的问题和想约谈的咨询馆员，咨询馆员做好相关准备后与读者进行的交流和互动活动。约谈服务是一种深层次的参考咨询服务，要求咨询馆员不仅仅具备文献检索能力，同时要有扎实的专业背景知识，一般由学科馆员担任。

④联合参考咨询服务。多元化的用户需求使得任何单一图书馆都难以满意成功解答每一个问题，联合是提升图书馆参考咨询服务整体水平和能力的有效方法。对于咨询服务而言，联合咨询服务使咨询员队伍以及服务对象范围得以扩充，同时也将各馆信息资源、咨询工具以及咨询知识库联系在一起。图书馆整体咨询服务质量可以借助联合来进一步的保障和提升。

二、课题咨询

课题咨询服务属于个性化的信息资源增值服务。咨询馆员需要长期融入到课题研究全过程中，保证对用户问题及其环境的把握，同时要求咨询馆员具备用户请求分析和确认能力、信息资源发现能力、信息鉴别能力以及必要的整理能力，通过这些能力实现信息的增值。在课题咨询领域，图书馆可提供的信息增值服务主要包括文献综述、定题跟踪服务。

①文献综述服务。文献综述服务主要用于课题研究初期。主要针对研究课题，在全面检索文献的基础上，对文献进行进一步整理和加工，加以分类、总结，撰写出高质量的文献综述或调研报告。帮助课题组对相关内容的研究现状有一个整体上的认知和把握。

②定题跟踪服务。课题研究是一个持续的过程，在这个过程中，除了初期的整体把握外，还需要不断关注和获得最新的相关信息。定题跟踪服务就是根据科

研课题或项目需求，帮助课题组编辑、定制相关文献信息，并及时收集用户反馈，调整信息定制策略，围绕其课题领域所关注的热点、难点问题进行国内外媒体跟踪，定期将符合用户需求的新信息传递给用户。在定题服务的过程中，咨询馆员要注意提供多元化的资源，除了传统的图书、期刊外，还需要帮助用户收集相关网络信息，如博客、RSS Feeds、相关机构最新动态、相关会议信息等。目前，已经有不少数据库提供了个性化的主题提醒服务，设定主题后，如果有符合主题的出版物出版就告知读者，包括 ISI's Web of Knowledge、EBSCOhost、CSA Illumina、Elsevier（ScienceDirect）、Google（Google Scholar）等，咨询馆员可以借助这些工具，或者将其介绍给用户，提供更好地定题跟踪服务。

三、查收查引

学术论著的收录引证情况是评价科研价值的重要指标之一。帮助研究者检索和证明学术作品的收引情况已经成为图书馆的日常工作。查收查引也是一项信息增值服务，是基于信息查找和信息分析的信息增值服务。图书馆可分层次提供查收查引服务。

①引文索引刊表。被 SCI、SSCI 等著名引文索引收录已经成为很多研究者的发文目标，因而这些引文索引收录了哪些刊成为很多研究者关心的事情。图书馆可以顺应这种需求，按学科揭示引文索引的收录刊，同时还可附上每本刊的期刊影响因子，为研究者提供发文指引。

②引用情况查询。除了发表期刊的影响因子外，单篇学术著作的引用次数也是反映论文质量的重要指标。已经有数据库提供论文的引用情况查询，图书馆可以直接介绍给用户使用。如 ISI's Web of Knowledge，用户只要创建了个人资料，即可获知选定作品的最新引用情况。另外，我国的中国知网也提供了中文论文引用次数查询服务。

③收引情况证明。在部分基金项目申请和验收的过程中，需要提供科研成果收引情况的证明。目前收引情况证明只能由科技部和教育部等部门审批通过的科技查新工作站出具，涵盖的数据库主要包括 SCI、SSCI、EI、ISTP、ISSHP、AHCI、CSCD、CSSCI 等。

四、科技查新

科技查新，是指查新机构根据查新委托人的要求，按照《科技查新规范》，围绕项目科学技术要点，针对查新点，查证其新颖性的信息咨询服务工作。主要用于申请科研立项、申报科技成果建立、科技成果的鉴定评估验收转化、博硕士论文开题评审、申请专利、技术咨询等方面。

具体而言，科技查新是针对某一特定的研究课题进行的，首先通过计算机检索和手工检索等手段查出国内外公开发表的与该课题相关的文献；再对查出的相关文献与被查课题进行对比分析；最后根据分析结果对被查课题的"新颖性"进行判定并作出结论。科技查新的结果，是为被查课题出具一份包括检索过程陈述、检索结果分析和新颖性结论等内容的"查新报告"。

查新本质上是一种定向专题情报研究工作，"情报分析研究是科技查新的学术体现"。它以信息搜集为起点，通过信息提炼、重组、分析比较、综合等需要高智力投入的环节，最后形成情报评价。因此，查新服务具备智力密集型信息服务的特征，[36]是典型的信息资源增值服务。

五、学科服务

学科是研究生培养和科研的一个特有属性，研究者、教师和学生都是以学科为主线进行组织的。虽然个体用户需求不尽相同，但是某一学科、专业领域用户的信息需求有很强的共性，这样就形成了学科用户群。学科服务面向特定的用户群体，以学科为主线，将图书馆的信息资源和信息服务重组，是基于信息分析和重组的信息增值服务。

目前，学术图书馆开展的学科服务主要包括两类：学科导航服务和学科馆员服务。部分图书馆使用 LibGuides① 软件，将导航服务和馆员服务进行整合。比如普林斯顿大学图书馆就打破图书馆资源和服务的界限，以学科/主题为主线，将图书馆相关的资源、资源介绍、资源查找、学科馆员服务重组到一起，提供针对性的学科数字资源服务。每个主题都有自己的主页，由专门的学科馆员设计，完全根据主题的特征来组织相关的资源和服务，各主题的组织思路和风格都不尽相同。以"美国研究"主题为例，将该主题涉及的多个子主题、如何查找各型各类资源以及相关的学科馆员服务都统归到该主题下。子主题的资源揭示也不仅仅是资源罗列，而是进行了资源的分析和重组。例如在"历史和文化"子主题下资源打散重组为"电子参考书"、"纸本参考书"、"美国历史第一手资料"、"美

---

① LibGuides 是一个专为图书馆设计的内容管理与知识共享系统，由美国 Springshare 公司使用 Web2.0 技术开发，可方便灵活地分类发布信息，尤其适合用作图书馆学科服务平台或研究信息门户，集成揭示馆内外的所有相关学科资源，并可嵌入各种信息模块。目前全世界 2000 多家图书馆正在使用此系统，其中包括哈佛大学、斯坦福大学、康奈尔大学、华盛顿大学、新加坡国立大学等著名大学图书馆。

国历史相关数据库"[37]。

六、教学参考与辅导

教学参考书源于19世纪的美国，主要是教师备课、并指定学生阅读的与教材相关的经典著作为主的必读书，也可称作是"教师指定参考资料"或"教师指定阅读资料"[38]。这里所说的教学参考资源包括教学参考资料和课程信息，目前，它们是高校教学中重要的教学辅助资源。而在种类繁多的馆藏信息"海洋"中，如何确保用户快速、准确获取与其教学、研究相关的信息，是教参教辅资源服务解决的首要问题。针对用户的不同，其对教学信息资源的需求也不同。作为高校教师及教辅人员，其信息需求主要是对课程参考信息的管理及教学资料的原素材加工、整合等；作为高校主体的学生，包括硕博研究生、本科生、高职院校的专科生等，其信息需求主要是专业教学大纲中规定的教参资料及课程信息，以及专业之外自我学习产生的教参资料需求[39]。

鉴于教参教辅资源服务对培养学生自主学习与创新能力、创新教学模式等高校教学中产生的效应，我们要建立并发展一套这样的数字资源增值服务。

（1）教参资源的获取

教参资源从广义上讲是传统教学参考资源和电子教学参考资源的组成，后者是前者的继承和发展。从资源内容上看，传统教学参考资源主要是纸制文献，包括与教材相关的课本、课堂笔记、指定参考书等；而电子教参资源来自多方面，包括电子教材书、电子参考书、学术论文、授课教师、教学大纲、讲义、作业、往年考卷、多媒体信息等[40]。从服务模式上看，传统教参资源的获取需要用户到教参资料书库或教参资料陈列架借阅，资源少、查找不方便；电子教参资源只要在校园网络覆盖范围内，便可上网查阅、下载，或到图书馆内电子教参阅览区查阅。

教参资源服务在高校数字资源服务中，是一种特殊的服务。由于各高校教学改革的不断深化发展，高校院系设置、专业方向、年级高低、授课重点、授课内容深度等教学点各不相同，所选教材也不相同。例如：低年级本科生的课程性质有基础课、必修课等，更注重通用参考书的选择；而高年级本科生的课程性质主要是专业课，更多会选择和专业学科相关的教学参考资料，甚至包括更前沿的学科背景资料。因此，针对不同学习目的的需要，使得教参资源在内容深度、种类上必须区分开。同时，教参资源服务还要将教学参考资料与课程信息联系起来，通过从馆藏教学参考资料库中，筛选与具体课程相关的所有版权清晰的教参资料，运用技术手段，将这些资源与课程信息对应起来，来实现教参资料与课程信息的"无缝连接"，可以使用户一站式获取这些资源。由于国外高校教学更注重学生的自学性、创造性，使得国外教参资料、课程信息具有更多的参考价值，因此对国外教参资源的建设也是教学信息在数字资源服务中的应用。需要注意的是，对国外教参资源的建设要注重收集数据的版权及数据更新频率等因素。

（2）e-Learning 平台

顾名思义，e-Learning 平台即网络平台、交互式学习平台，是在教育网覆盖的范围内，实现教师与学生之间如同现实中上课、提交和批改作业、交流课程心得等类似的虚拟空间交流。这种开放式系统交流使得用户足不出户，即可发布和获得教学信息，从而形成集体交流智慧的结晶，带给用户教学信息的启发。

e-Learning 平台是在教参资料库基础上的延伸服务，教参资料库是此平台的支撑。这是因为，教参资料库中的资源都有版权支撑，并可以通过电子化的方式加工、获取。而对于各校教师自己总结的讲义重点、课件等"灰色资料"，一方面受版权约束，另一方面由于这些资料来源的自由性、无规范性，并且只在短时间内仅供此学科或本校此专业的学生使用，因此 e-Learning 平台提供的资源服务必须将图书馆、高校教务系统、信息中心三者结合起来，缺少任何一个，e-Learning 平台只会成为一个"信息孤岛"。

（3）教参资源库的运用

由于学校、学科、专业等差异性，不同的教参素材形成不同的资源库。教师可以利用这些资源库对搜集到的素材加工、整合，例如将素材加工成多媒体视频、讲义等，形成自己的备课环境，甚至硕博研究生高年级的学生也可利用资源库搜集并制作成需要的素材。通过图书馆数字加工部门的支持性软件，便可实现资源库中资源重组。

七、交互式评价（交互式信息服务）

随着信息技术的快速发展和社会信息化程度的不断提高，人们面临的信息环境发生了很大变化，利用信息的方式方法出现了许多新的特点。信息需求的多样性也使得高校图书馆的服务方式和服务理念随之发生了巨大的变化，由原先落后的被动性服务方式转向为读者提供积极的、主动性的服务；从大众化服务向个性化服务改变；从静态性服务向动态性服务转变；从单向性服务向互动服务转变[41]。

动态、交互式的信息业务方式极大地推动了交互式信息服务的蓬勃发展，在信息服务领域，各种交互式信息服务平台在实践中不断发展。目前基于 Web2.0 技术的许多应用，如 Blog、Wiki、交互问答平台、视频共享和虚拟社区等交互形式都已成为当前流行的网络交流方式[42]。因此，图书馆在提供数字资源服务时，应基于以个性化、互动性为主要特征的信息服务模式，以数字资源为基础，以读者需求为中心，加强资源整合与共享，建立交互式的多元化信息服务平台，以便于更充分利用信息资源，使读者的各种需求得到满足，从而促进图书馆自身服务水平的提高。

参考文献

[1]构建高校数字图书馆综合服务门户(1).[2011-07-07].http://project.calis.edu.cn/calisnew/images1/neikan/5/2-1.htm

[2]Miller P. Towards a typology for portals. Ariadne,2003(37)

[3]同[1]

[4]中国互联网络发展状况统计报告.[2011-07-08].http://www.cnnic.net.cn/uploadfiles/pdf/2010/7/15/100708.pdf

[5]周满英,任树怀.基于移动互联网的移动数字图书馆服务现状研究.图书馆学研究,2011(1):24-27

[6]轻博客.百度百科.[2011-09-05].http://baike.baidu.com/view/5326681.htm

[7]向菁,黄如花,吴振新.Wiki在图书馆领域的应用.图书馆杂志,2008(7):53-57

[8]图书馆2.0工作室.图书馆2.0:升级你的服务.北京:北京图书馆出版社,2008

[9]梁奋东.图书馆数字资源建设与服务.深圳:海天出版社,2007

[10]周秀会.论IC的理念、特征与发展趋势.图书馆工作与研究,2010(1):34-36

[11]肖珑.数字信息资源的检索与利用.北京:北京大学出版社,2003

[12]徐伟革.浅析数字图书馆搜索引擎.科技情报开发与经济,2010(20):109-111

[13]李灵华,米守防.国外典型元搜索引擎特性比较与分析.计算机工程与设计,2010(9):1931-1934

[14]胡新颖.数字资源统一检索系统现状分析.情报探索,2010(6):107-109

[15]陈蕾.试析高校数字图书馆资源导航的发展趋势.浙江高校图书情报工作,2010(6):26-29

[16]Tag.维基百科.[2011-09-05].http://en.wikipedia.org/wiki/Tag_(metadata)

[17]同[8]

[18]陈定权,沈艳芳.Web2.0环境下的资源发现与服务传递:以Primo和Encore为例.图书馆杂志,2011(1):26-29

[19]韩志萍.美国图书馆新一代资源发现前端的兴起及应用——兼议对中国高校图书馆的启示.图书馆管理,2009(30):55-62

[20]RSS.维基百科.[2011 - 09 - 07].http://zh.wikipedia.org/wiki/RSS

[21]新媒体启示录之十:Email.[2011 - 09 - 07].http://weiwuhui.com/77.html

[22]Rich Site Service.[2011 - 09 - 07].http://www2.iastate.edu/~cyberstacks/RSS.htm

[23]邵燕,宋文.图书馆数字资源整合浅谈.图书馆论坛,2005(6):187 - 189

[24]窦天芳,姜爱蓉,林容.利用 Z39150 扩展 SFX 应用的实例.现代图书情报技术,2008(4):86 - 89

[26]中国高等教育文献保障系统(CALIS)三期项目建设可行性研究报告,2009

[27]彭伟.整合资源融合服务——国际图联第 11 届馆际互借与文献传递大会综述.图书馆杂志,2010(5):12 - 15

[28]薛洪明.图书馆网络视频点播服务研究.现代图书情报技术,2004(6):29 - 31,48

[29]任宁,朱咝渝.信息技术推动下的图书馆视听新服务.科技情报开发与经济,2007(12):113 - 114

[30]北京大学图书馆多媒体资源检索系统.[2011 - 09 - 15].http://media.lib.pku.edu.cn/library/MainView.jsp

[31]王欣.大学图书馆视频点播系统的评价要素及其影响因素.情报杂志,2004(11):89 - 90

[32]王小红.高校图书馆信息增值服务探析.高校图书情报论坛,2006(1):13 - 15

[33]冯洁音.你问我答知识导航——上海图书馆参考咨询案例集锦.上海:上海科学技术文献出版社,2011

[34]张树华等.数字时代的图书馆信息服务.北京:北京图书馆出版社,2005

[35]Yale University Library.[2011 - 09 - 08].http://www.library.yale.edu/pl/

[36]方清华.信息增值服务——从文献服务到知识服务.图书情报工作,2006(11):29 - 32

[37]Research Guides.[2011 - 09 - 09].http://library.princeton.edu/help/research.php

[38]朱卫东.高校建构教学参考信息全文数据库研究.图书馆,2007(6):109 - 111

[39]唐光前.高校数字图书馆教学参考资料服务系统研究.图书馆论坛,2008(1):65 - 68

[40]马瑛.试论我国高校图书馆的电子教学参考系统建设.农业图书情报学刊,2010(1):20 - 24

[41]宋冰.谈高校图书馆信息服务方式的改变.长春理工大学学报(社会科学版),2010(7):144 - 145

[42]武丽丽.以用户为中心的交互式信息服务质量评价模型的研究.现代情报,2010(3):163 - 166

第十章 数字资源存储

第一节 数字资源的存储与备份

一、存储模式分析

1. 直接附加存储

直接附加存储（Direct Attached Storage，DAS）的服务器结构如同 PC 机架构，外部数据存储设备都采用了直接挂接在内部总线上的方式，其本身是硬件的堆叠，不带有任何存储操作系统，价格相对便宜。

DAS 发展成熟，每个服务器或客户端连接自己的 DAS 设备，在安装的时候不必考虑其他服务器或客户端的影响，网络架构有固定的模式可以套用，因此在服务器存储扩展上应用广泛。但是由于 DAS 数据存储是整个服务器结构的一部分，存储设备中的信息必须通过系统服务器才能提供信息共享服务，而且它只能服务相应的服务器或客户端，不能提供不同操作系统下的文件共享。如果相同格式的文件需要服务于不同操作系统，就需要分别存储在不同平台下的 DAS 存储设备中，往往造成不必要的资源浪费。

另一方面，DAS 数据存储设备不是独立的存储系统，向 DAS 设备中存取数据时，数据必须通过相应的服务器或客户端，服务器在完成自身工作的同时，必须应付客户端对数据存储的请求，当并发用户数量增长的时候，服务器性能会急剧下降，甚至会造成服务器因为不堪重负而罢工。

由此可见，DAS 比较适合于数据量增长缓慢且恢复简单的单一服务。比如很多图书馆在学校支持下进行电子书引进，在本地设立镜像服务。如果根据学校实际情况不可能在第二年进行同样量级的购买，不存在太大的扩容压力，对于这种单一应用，采用 DAS 是最佳解决方案。很多学校为求高端，强行实施 SAN，一方面增加技术支持的开销，带来兼容性方面的隐患；另一方面也直接造成存储资源和技术的浪费。当然，因为 DAS 可连接的服务器数目有限，客观上限制容量扩展和响应规模，所以对于访问频繁、数据增长迅速和实时性要求高的应用肯定是不适合的。

276

2. 网络附加存储

网络附加存储（Network Attached Storage，NAS）是一种专业的网络文件存储及文件备份设备。实际上可以看做是将一个专用的瘦服务器与 DAS 网络存储设备结合在一起的整合产品。基于 LAN 的 NAS 可以实现异构平台之间，比如 NT、UNIX 等平台的数据级共享。

NAS 设备采用集中式存储结构，可以根据服务器或者客户端计算机发出的指令完成对内在文件的管理。NAS 提供 RJ－45 接口和单独的 IP 地址，可以将其直接挂接在主干网的交换机或其他局域网的 HUB 上，完全是即插即用，而且进行网络数据在线扩容时也无需停顿网络，从而保证数据流畅存储。由于摒弃了 DAS 的分散存储方式，网络管理员可以方便地管理数据和维护设备。NAS 设备本身相当于一台文件服务器，用户选用 NAS 后只需购买相应的应用服务器就行了，这样可以节省部分设备成本。同时 NAS 设备对于已建立起网络的用户，可以作为独立的数据存储设备搭配其他的各种服务器，既保护了用户的原有投资，又将整个网络的性能提高到一个新的层次。

如前所述，DAS 和 NAS 的区别很大程度上在于是否内置服务器，虽然高端的 DAS 也内建了控制芯片，但 NAS 的瘦服务器通过专业的文件 I/O 管理软件可以完成比 DAS 更复杂的工作。同时我们也看到，由于通过一个 RJ－45 接口与网络连接，通道单一，在数据流量较大时 NAS 的效率就会急剧下降，并可能导致网络堵塞。因此在百兆网内将 NAS 作为数据实时性要求低的文件服务是可行的，也可以作为单一数据库服务的存储选择。

3. 存储局域网

存储区域网络（Storage Area Network，SAN），是一种类似于普通局域网的高速存储网络，它通过专用的集线器、交换机建立起服务器和磁盘阵列之间的直接连接。SAN 的主要思路是将 LAN 上的存储转换到主要由存储设备组成的 SAN 上，使得数据的访问、备份和恢复不影响 LAN 的性能，在有大量数据访问时，不会大幅度降低网络性能。因此也可以认为 SAN 不是一种产品，而是配置网络化存储的一种技术。这种网络技术支持远距离通信，并允许存储设备真正与服务器隔离，使存储成为可由所有服务器共享的资源。SAN 也允许各个存储子系统（如磁盘阵列和磁带库）无需通过专用的中间服务器即可互相协作。

由于 SAN 的专有性较强，实施成本也较高，且实施复杂，如果技术人员不了解方案的技术要点，往往进行有名无实的实施。简单地说，在 SAN 的方案中除了对存储的集中管理，最重要的概念是无单点故障，所有的连接都是冗余的：存储通过双通道分别与两个交换机相连，服务器通过双 HBA 卡分别与两个交换机相连。有些单位声称实施了 SAN，实际上只是一台服务器通过一台交换机和一个存储设备的连接，这和服务器与存储直接连接的 DAS 没有任何区别。所以很多时候，我们完全可以取消光纤交换机的购买计划，建设全光纤的 DAS 方案，很多厂商的 SAN 构件单元实际上包括单独购买构建 DAS，等时机成熟时再升级到 SAN 架构。

4. iSCSI 模式

iSCSI（SCSI over TCP）是由 IBM 下属的两大研发机构——加利福尼亚 Almaden 和以色列 Haifa 研究中心共同开发，方案由 Adaptec、Cisco、HP、IBM、Quantum 等公司共同倡导，是一个供硬件设备使用的可以在 IP 协议上层运行的 SCSI 指令集。

iSCSI 并不改变传统标准通信方案和网络基础架构的设置，但需要额外的千兆光纤以太网路由器及复杂的相关路由器软件来支撑，透过网络，以 IP 数据形式实现存储设备中 SCSI 数据的传输。简单地说，iSCSI 可以实现在 IP 网络上运行 SCSI 协议，使其能够在诸如高速千兆以太网上进行路由选择。

SAN 架构需要高昂的建设成本，远非一般企业所能够承受。与之相对，NAS 技术虽然成本低廉，但是却受到带宽消耗的限制，无法完成大容量存储的应用，而且系统难以满足开放性的要求。iSCSI 的使用在两者之间架设了一道桥梁，基于 IP 协议，却拥有 SAN 大容量集中开放式存储的品质。从某种意义上讲，iSCSI 就等于是 NAS 的低廉加 SAN 的高性能。

二、模式比较

上述的诸种模式，互相之间有继承也有融合，都有自己的优势和适用范围。如果用图示（图 10 - 1）可能更易于理解。

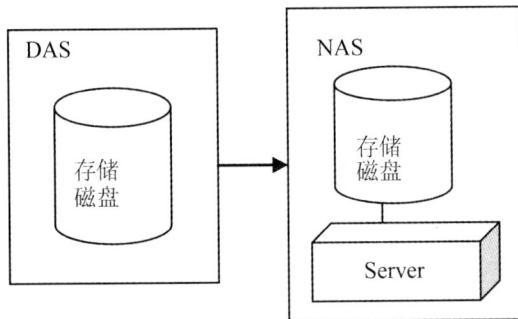

图 10 - 1　DAS 和 NAS 存储方案比较

DAS 和 NAS 的区别在于内置的专用存储管理服务器和文件 I/O 协议。如果我们愿意，完全可以用一台服务器和 DAS 设备组成一个 NAS 设备，前提是在该服务器上安装专用的 NAS 软件。有些公司已经据此推出了 NAS on SAN 的存储方案。

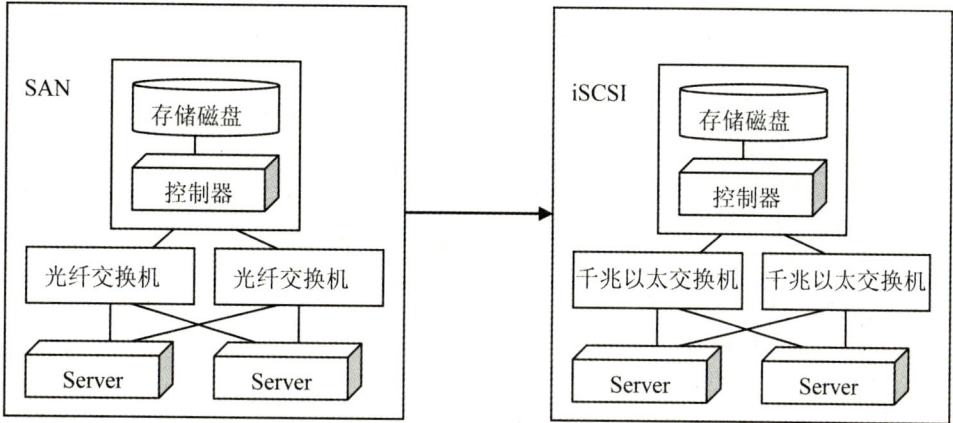

图 10 - 2　SAN 和 iSCSI 存储方案比较

SAN 和 iSCSI 从架构上是完全一致的（图 10 - 2），硬件的区别在于交换机，真正的不同是传输协议。由于 SAN 采用光纤协议，性能提高的同时造成成本的提高以及兼容性的下降，iSCSI 是在千兆网和 10G 网的基础上提出来的，利用 TCP/IP 协议来完成数据传输，具有良好的向下兼容性。

从存储模块来看，SAN 和 iSCSI 与 DAS 是一致的，目前高端的 DAS 设备都内置有控制芯片进行文件 I/O 处理，因此很多 DAS 产品都具备升级到 SAN 的能力。所以从本质上来看，DAS 是这些方案的基础。DAS 从低到高有 IDE、SCSI 和 FC 等的不同接口，从而也决定了各种存储方案构建基础的不同。理解、选择合适的 DAS 设备是实施良好的存储方案的基础。

综上所述，我们试着把各种存储方案比较列表（表 10 - 1）如下。

表 10 - 1　存储方案比较

存储方案	优点	缺点	适用
DAS	1. 价格低 2. 维护简便 3. 产品成熟稳定	1. 扩展性差 2. 无法应用多服务器	1. 单服务器容量扩展 2. 单数据服务应用

续表

存储方案	优点	缺点	适用
NAS	1.价格较低 2.维护简便 3.跨平台共享 4.容量扩展方便	1.单个设备容量有限 2.受网络环境影响较大	1.部门级文件服务 2.千兆网环境数据服务应用（百兆网环境中小馆数据服务） 3.多服务器读写共享
SAN	1.扩展性高 2.高可管理 3.高性能 4.数据安全性高	1.兼容性较差 2.实施成本高	1.大数据量集中存储管理 2.LanFree 备份；高带宽需求、数据请求密集
iSCSI	1.基于 IP 协议、无需改动旧有网络、最大程序兼容原有设备 2.以 NAS 的价格实现 SAN 的功能	1.产品尚未成熟 2.成功案例较少	同SAN，且支持多服务器读写共享

对于这张表的解读可能有助于选择适合的方案，但是深入了解各种技术的内涵仍然是成功的必修课。拥有存储产品的厂商很多，而且都推荐着差不多的技术指标，我们必须能够分辨其中的异同。比如目前所有的磁盘阵列产品都宣称可以在线调整配置和扩展容量，似乎动态调整已经成为一种标准配置，其实这中间隐藏着很多值得剖析的概念，用户究竟需要哪一层面的动态调整，必须考虑周到。

①动态容量扩容（Dynamic Capacity Expansion，DCE）：针对一个已存在的RAID 组，可以动态增加新的磁盘进入这个 RAID 组。

②动态卷扩容（Dynamic Volume Expansion，DVE）：针对一个已存在于 RAID组中的某一逻辑卷，可动态增加空间。

③动态改变块（Dynamic Segment Sizing，DSS）：动态改变逻辑卷的块（Segment）大小，以适应新的 I/O 流的需要。

④动态改变 RAID（Dynamic RAID Migration，DRM）：动态改变一个 RAID 组的 RAID 方式。

假如有一个 6 块磁盘的阵列，做了 RAID1 + 0，上面设置了 2 个逻辑卷，名字是 Lun1 和 Lun2。现在系统管理员发现 Lun1 空间已经满了，但不能停机来扩容，否则会影响 Lun2 的应用。于是管理员购买两个新的磁盘插入磁盘阵列，在不停机情况下，将这两个磁盘加入原有的 RAID 组，这是 DCE——RAID 组变成 8 个磁盘了。

管理员将增加的空间加入已有的 Lun1，Lun1 的空间也随之增加了，这是 DVE。如果没有 DVE，那就只能将新增加的 RAID 空间做成一个新的 Lun3，或者删除原有的 Lun2，重新设置一个。

但是管理员发现 Lun2 上应用新生成的文件是大量的几 KB 大小的小文件，对 I/O 压力很大。原有的块设置（Segment）是 4MB，显然不适合新的要求了，如果将 Segment 改为 8KB，I/O 性能将大幅改善，这就是 DSS。

不久，空间又满了，而公司却没有预算增加设备了。于是管理员在线将 RAID10 改成 RAID5，这样可用空间从 4 个磁盘扩展到了 7 个磁盘，这一过程就是 DRM。

对于这四层动态调整，并不是每一个厂商都能实现的。而我们在实际中究竟会用到哪些，或者我们预期怎样的动态调整，这是在产品选择时必须考虑清楚的。

我们认为，DAS 会在相当长的时间内具有生命力，而 SAN 和 NAS 的功能互为补充。SAN 的服务器访问数据的时候不会占 LAN 的资源，但是 NAS 结构的服务器都需要和文件服务器进行交互，以取得自己请求的数据，因此，NAS 结构在速度慢的 LAN（如 10/100M 网络）上几乎不具有任何优势和意义。同时 SAN 和 NAS 相比不具有资源共享的特征，因此 SAN 最近越来越感觉到了 NAS 的巨大冲击力。而 iSCSI 的出现更为我们指明了存储的前景，基于 TCP/IP 协议的存储方案可以使我们更方便、更便宜地获得 NAS 和 SAN 的优越性。

在存储技术的不断发展和转变的过程中，新的存储需求逐渐被用户提出来。但总的来说，用户要求存储的架构必须可以根据需求来进行扩展（Scale-out）和放大（Scale-up）。所谓扩展，就是要在原有的存储架构中增加新的计算节点和相关的存储设备；所谓放大，就是扩大现有的服务器和存储设备的计算能力和存储能力。然而，无论是扩展也好，放大也好，对存储进行扩展的关键就是要在不影响或改变原有操作和存储环境特性的前提下，轻松地实现存储能力的增强。用户可以通过权衡现有的技术和将来对存储的需求来选择合适的存储解决方案，从而更好地优化存储结构和存储性能，不仅满足现在的需求，还预留出灵活的扩展空间以适应将来不可预见的存储需求。

从最初的服务器，到目前的围绕数据存储解决方案的一些变化，我们可以大体上看出计算机服务器体系结构网络化的趋势，即目前的内部总线架构将逐渐走向消亡，形成交换式（Fabrics）网络化发展方向的趋势。

三、数据管理与虚拟存储技术

在存储领域中，人们一开始面临的问题是存储容量的问题，企业需要不断增加存储设备来管理迅速增长的大量数据，接下来，数据传输和访问的增多必然带来人们对速度的需求，存储连接速度的发展在一定程度上缓解了人们对速度的要求。所以，当存储的容量和速度不成为存储系统最主要的问题时，长时间积累下来的数据便提出了对存储管理的需求。这里所指的存储管理所包括的不仅有对存储系统的维护、扩展、优化等内容，更多的还包括对数据的安全性、可用性等各个方面的内容。据有关数据统计，平均起来，企业每年所需要的硬件设备是每MB 0.2 美元，存储管理费用则需要每 MB 0.8 美元，也就是说，数据管理的费用是设备费用的 4 倍。以服务器为中心的存储技术是最简单的解决方案。这个解决方案初期建设比较简单，但是需要很高的维护费用，也不能提供有效的方法来实现存储资源共享。由于在存储和服务器之间是以专用方式来进行连接和管理的，所以多个服务器和单一的存储资源之间的访问和连接比较困难，这更加剧了存储管理的无效性，增加了管理所需费用。而虚拟存储概念的提出和产品的诞生，就是为了解决这些已经存在的管理问题而带来新的解决方案。

对于存储领域复杂和繁琐的技术和产品，如果通过一种类似"中间件"的方式，把存储介质的物理特性封装起来，形成一个逻辑设备，重新对这个逻辑设备进行资源分配和管理，就可以把存储管理化繁为简，这个"中间件"就是存储领域未来的主角——"虚拟存储"。

虚拟存储技术是用一种设备来完全模拟另一种物理设备的存储方式。比如，在虚拟存储中，可能用一个磁带驱动器来模拟一个物理的磁盘或磁盘子系统。在这种虚拟存储架构中，互相独立的虚拟设备和物理设备都可以被当做同样的存储设备来访问。虚拟存储是灵活的、具有可伸缩性的，它不仅具有更好的可管理性，更重要的是它能够为存储用户节省极大的投资。

虚拟存储是将存储系统虚拟化，在存储系统的基本物理存储单元层到应用层之间增加一个或多个硬件的或软件的虚拟层，在各种不同类型的应用环境中更方便地和更经济地使用存储系统。从这种意义上来说，虚拟存储的概念并不是新的概念，从将各种不同的存储物理介质变成可寻址物理设备开始，存储虚拟化的进程就一直在进行着，并随着各种信息技术的不断进步，存储虚拟化不断地在存储技术的各个方面快速发展着。

对于目前所有的存储软硬件产品，实际上大部分产品都具有虚拟存储的成分，即使是传统的 RAID 磁盘阵列系统，也是采用将许多独立磁盘驱动器单元利用 RAID 软硬件技术虚拟成一个大的具有容错功能的存储单元。只是当 RAID 技术出现时，人们并没有提出虚拟存储的概念。事实上，新的虚拟技术与旧的虚拟技术在实现的方法上和实现的时间上并没有一个明确的界限，结果造成了人们对什么是虚拟存储的争议和不同的理解。实际上，我们完全可以将所有采用具有虚拟意义的存储技术包含在虚拟存储概念里边，虚拟的概念本身就是数字化存储技术领域的一个最重要的概念和方法。

归纳来讲，虚拟存储能在下面几个主要方面将用户从传统的繁琐的存储管理状况中解脱出来：

（1）跨平台性的操作。 在现阶段，服务器仍然是计算环境的中心，我们所提到的跨平台可操作性很多时候仍然是指服务器的平台。而随着存储的发展，当存储系统走向舞台的核心时，用户将面临着更多的存储设备的跨平台性，这包括采用不同核心操作系统的存储设备、不同存储架构体系的存储系统，如 NAS、SAN 等，甚至还包括基于不同平台的存储软件之间的互操作性，而这种跨平台的操作到现在还很难实现。虚拟存储的出现就是为了屏蔽掉存储设备之间的物理特性，让不同的存储设备通过一个统一的界面呈现在用户面前。

（2）智能化、易用。 虚拟化的概念就是为了智能化的管理。用户可以通过一个统一的终端管理各种存储设备，采用不同操作系统平台通过虚拟化可以共享信息。

（3）更好的扩展性。 通过虚拟技术实现的存储，是为了满足人们存储需求急速增长的局面，它能实现的扩展性不仅仅体现在存储容量、存储速度上的扩展，更多的是需要存储系统整体性能的扩展，包括数据安全性和可管理性的扩展，这些扩展都是虚拟存储要致力于解决的问题。

四、数字资源备份的发展及方案

从现状看，海量资源的存储存在几种情况：

其一是没有采取任何保护措施，业务系统主要在单主机环境下运行。这是最危险的一种情况。对图书馆而言，各种潜在的因素如硬件故障、电源故障、病毒、人为误操作等，都会导致数据的丢失、业务的停顿。据 PC Today 调查，曾经历 10 天数据丢失的企业中，65％的企业会在未来 10 年内退出市场，这是个可怕的数字。

其二是没有采取数据保护措施，业务系统在双机或集群环境下运行，和上一种情况相比，这种保护下的数据的安全概率相对更高。但是，这并不意味着这种用户的数据已经得到了保护。因为双机或集群解决方案只是为了保证系统的高可用性，而系统中的数据仍会因为电源故障、自然灾害、人为误操作等原因而丢失。

其三是意识到数据丢失的风险，也采取了数据备份措施，通常是通过在业务主机或网络上专门的备份服务器连接磁带机/库来备份业务数据。表面上看，这种情况下数据已经没有遭破坏的危险。但一般情况下都需要关闭业务数据库来进行数据备份，这与电子商务7×24小时运行的要求不符。并且数据备份需要占用大量的网络资源，导致前端的响应速度极慢，从而影响其他业务。

1.可行的备份方案

备份的方法有很多，这里根据国内的现状，介绍几个实用的基于网络的备份方案。对于不同的网络环境，用户可以采用不同的备份方案。因单机备份的方法已有很多报道，这里不做介绍。

(1)跨平台备份

在当前稍具规模的网络中，因为工作性质复杂，不少都采用了多个工作平台。对这类系统的备份，必须考虑其特别的需求。过去，一般备份软件或是应用系统内含的备份功能，仅能针对单机或是同一工作平台主机进行备份，并且采用"拉（Pull）"的方式备份，对于跨平台的备份则无能为力。为解决此问题，并提高备份效率，可采用"推（Push）"技术的新概念。利用各种平台的客户端代理程序与备份主机的协同作业，将所需的资料Push到备份主机上，以节省作业时间，提高备份效率，并达到集中式管理的目标。

Push技术就是当网络管理员对备份主机下达备份指令时，备份主机即对所有客户端代理程序下达资料打包的命令。客户端收到命令后，自动针对备份主机所要求的备份数据进行过滤，并将过滤后的数据及目录封包好。当所有客户端同时进行过滤封包作业并将资料准备完毕时，便自动将资料Push到备份主机。所有过滤及封包的操作都在客户端进行，通过分散式运算及批次传送的方式，可大幅减少主机及网络负载。在这方面，目前可供选择的备份软件很多，如CA公司的跨平台数据备份管理软件ARCserve、IBM公司的TSM、Commvault公司的Galaxy都有类似的功能。它们也都提供了一些选件，给用户提供了有针对性的选择。

（2）分级式存储管理

大型企业由于拥有大量的数字资源，比如光盘数据库、多媒体资料等，因此容量极大，而且多数资料又需保持在线状态。这些与日俱增的电子资料，不断地侵蚀我们昂贵的硬盘空间，但又不能移走这些资料，因为它们可能随时都要用到。一些针对数据存储状况的调查表明，在调查期间的 30 天中，存储在网络服务器硬盘上的文件中只有 20% 被经常使用，而其余 80% 数据则很少被用到，这些不常用的数据占据了大量的宝贵硬盘空间。较好的办法是由专业人员每日筛选出不常用的资料，备份到磁带或其他较便宜的介质上。但这项工作会造成巨大的工作负担，影响正常工作的进行。

基于管理及成本的考虑，HSM（Hierarchical Storage Management，分级式存储管理）系统是一个合适的在线备份解决方案。它利用硬盘、MO 或 CD-RW、磁带进行三级备份。所谓分级式存储管理系统，就是一套自动化的网络存储管理设备，能自动判断硬盘中资料的使用频率，自动将不常用的资料移至速度较慢的MO，而最不常用的资料则移到磁带中，这些都由系统管理员自行设定。在线的资料经过一段时间的搬移后，即可达到最佳化。整个档案管理及存储搬移工作，都由分级式存储管理系统负责，不需手动操作，完全自动化。

分级式存储管理系统的目的，在于节省整体系统存储装置的成本，利用成本较低的存储介质来存储不常用的资料，最不常用的资料，则存储在最便宜的介质上。这样整个存储设备的平均成本将大幅降低。分级式存储管理系统的另一个长处，是能利用自动化的资料移转功能，简化系统管理人员的维护工作。既可节省系统管理人员的大量时间，又可大量节省重点资料的备份时间（当然，这种备份的时间越短，其因数据变动而产生的副作用就越小）。

（3）LANFREE 解决方案

大型的数据存储必然涉及备份模式的选择，对于传统的存储备份工作，需要在数据备份和恢复时通过局域网（通常是以太网）传输大量数据，占用绝大部分网络带宽（图 10-3）。因此，备份工作要定在晚九点之后、早四点之前。如果需要在工作时间进行数据恢复，由于带宽资源和服务器资源都很有限，实际上，2个小时备份工作需要 23 个小时来恢复。

这种备份方式的症结就在于大量的数据流要通过局域网传送，没有利用 SAN 的特性。因此，有专家提出了 LANFREE 的办法，也叫做解脱局域网的备份（图 10-4）。某一时刻，系统提出要做备份的请求，它首先给主控机系统发一个命令，是通过前端的以太网 TCP/IP 发出来的，主控机就会给它重新配置数据连接路径（通常是光纤通道连接），连接一个磁带机设备，然后主控机系统再通过以太网，给磁带库发出装载命令，加载完毕，就可以进行数据备份。

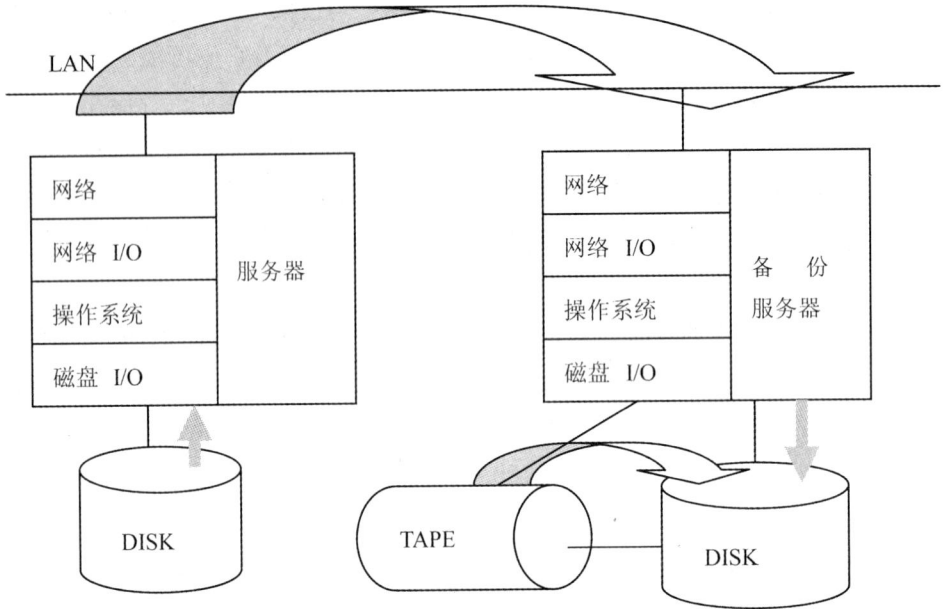

图 10-3 通过 LAN 备份

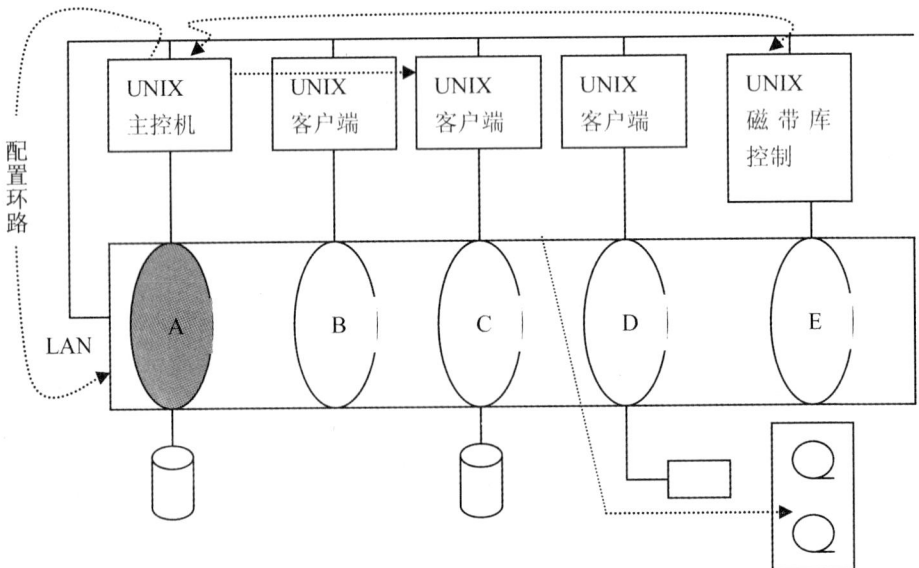

图 10-4 通过 LANFREE 备份（使业务免受备份的影响）

在这个 LANFREE 系统中，真正的数据流直接从磁盘读到服务器，通过光纤通道的连接再写到磁带机。在前端以太网的控制命令加起来只有几十个字节，规模数据流集中在后端的 SAN 上。现在用户备份，不用将时间定在晚九点后早四点前了。

2. 远程备份和异地容灾

从逻辑上说，是使用方式决定了备份的需求，备份需求决定了备份方式。随着基于网络的专用设计软件的广泛使用，以及实际工作中对网上协作依赖性的日益增强，必然会产生对远程备份的需求。而美国 911 事件的发生更是让异地容灾成为一个巨大的行业需求。

远程数据镜像技术 SRDF，实现了数据在不同环境间的实时有效复制，而无论这些环境间相距几米、几公里，还是横亘大陆。SRDF 拥有两套磁盘子系统，可分别称之为 R1 和 R2，存放实时数据拷贝的 R2 子系统被安置在与存放原始数据拷贝的 R1 子系统不同的地点。这样就确保了在数据中心发生故障时，R2 系统仍然是可用的，而且与 R1 是同步的。"远程备份"的方式，目前已有三种：硬盘异地镜像、数据库异地镜像及交易异地镜像。

硬盘异地镜像，是通过保持分布在不同地方的两个或多个硬盘内容的一致来实现数据备份。镜像的对象是硬盘的处理单位，如数据块、扇区等。镜像方式有同步及异步方式。同步方式的速度较低，但数据一致性好；异步方式的速度较快，但数据一致性较差。对于异地备份，由于通讯带宽的限制及对处理速度的考虑，一般采用异步方式。

数据库异地镜像，是通过保持分布在不同地方的两个或多个数据库系统内容的一致性，来实现数据镜像。镜像的对象是数据库的处理单位，如事务日志（逻辑日志）。镜像方式也有同步与异步两种。

这两种方案均存在着一些待解决的问题，如网络传输延时长等。为了解决上述问题，有人提出了对"交易"进行镜像的"交易异地镜像"备份方案。所谓"交易"，是指在实际工作中，一次（通过网络）协作应答的过程，或一次存盘动作。如工作人员 A 向另一专业的工作人员 B 提出：需要一个专业数据，B 即向 A 提供了所需的数据，该过程就是一个"交易"；若一个工作人员给读者借了几本书，发了一个确认的指令，这也是一个"交易"。为了说明交易异地镜像的基本原理，我们假设：两个系统的初始数据状态一致，若双方按顺序执行一系列相同的数据操作，则双方的最终数据状态仍保持一致。在"基于网络的设计系统"的灾难备份系统中，只要保证备份系统和生产系统按顺序执行相同的数据操作，就可保证两个系统之间数据的一致性及完整性。交易异地镜像的实现，主要要解决两个问题：第一，将交易备份到备份系统，并通过应用程序的运行，实现对数据库相同的操作，保证数据的一致性；第二，控制丢失"交易"对系统功能的影响，恢复丢失的"数据冗余量"。

第二节　数字资源的长期保存与维护

一、数字资源长期保存的定义及相关规范的概述

数字资源长期保存（Long-term Digital Preservation 或 Digital Preservation）的基本定义是维护数字资源并确保其长期都可被持续获得的过程。OCLC 的研究学者 Lavoie 和 Dempsey 2004 年指出，要实现数字资源的长期保存/延续（包括在数字资源整个生命周期内数字资产的仔细管理），这就要求我们看待数字保存不仅是一种确保今天创造的比特流明天还能重现的机制，还是一种全方位支持数字信息环境（以及总体经济、法律和社会环境）的服务的运作过程。数字资源长期保存的定义须包括以下几个要素：①随着时间推进，对数字信息的持续管理；②机器读取的计算机文件的可用生命，以及在技术消亡时保护这些文件；③长期、无错误的数字资源存储，包含用于维护数字信息的整个生命时间跨度所需的各种修复和解释的手段。

目前已经有一些与数字信息资源长期保存相关的国家标准或国际标准，其中比较有名的是由美国国家宇航局（NASA）空间数据系统顾问委员会（CCSDS）制定的 OAIS（Reference Model for an Open Archival Information System，开放文档信息资源存取和长期保存的参考模型框架）标准，2002 年成为 ISO 14721 国际标准，ISO 14721—2003 为现行标准。OAIS 规定了数字资源长期保存的术语、概念和参考框架，确定了一个存档系统的基本功能，提出了一个管理数字对象和信息包的信息模型。在 CCSDS 和 ISO 的推动下，OAIS 参考模型成为了数字档案系统普遍遵从的标准规范。国内外一些机构已经采用了 OAIS 框架，例如美国国会图书馆、OCLC。我国国家图书馆制定的《中文元数据方案》也采用了此模型。

国外对数字信息管理和存储方面的研究从描述性或介绍性转向分析性和应用研究。比较一致的观点是 ISO 15489 [（1）ISO 15489—1:2001 信息与文献文件管理第 1 部分：原则（ISO 15489—1:2001 Information and Documentation—Records Management—Part 1:General）；（2）ISO/TR 15489—2:2001 信息与文献文件管理第 2 部分：技术指南（ISO/TR 15489—2:2001 Information and Documentation—Records

Management—Part 2: Guidelines）]，ISO14721（OAIS），ISO/TR 18492—2005
[ISO/TR 18492 电子文件信息的长期保存(ISO/TR 18492 Firs Edition 2005 - 10 -
01，Long-term Preservation of Electronic Document—Based Information）]等为电子文
件信息长期保存提供了好的方法和建议，与电子文件管理的其他标准具有较好的
补充和连贯，具有一定的先进性、前瞻性和持续发展性。如英国、美国、澳大利
亚的电子文件管理战略都基于 ISO 15489 信息与文献文件管理和 ISO 14721 开放
档案信息系统参考模型，并吸纳了世界范围内广泛影响的研究成果，如 Inter
PARES、文件连续体理论、文件全生命周期管理理论等。

二、国内外行业现状综述

1. 国外实践现状的概述

有关数字资源长期保存主要的策略有以下几种：多重备份与适时迁移，开放
描述方式，模拟环境与环境封装（仿真），数据恢复与数据考古和技术框架与整
体解决方案等。

国外在对数字资源长期保存问题的研究上已经取得了显著的进步，欧美等国
都通过建立适应本国的数字资源长期保存政策来确保数字资源长期保存的顺利开
展。一些比较知名的研究和项目有：美国国会图书馆的保存项目 NDIIPP，美国高
校图书馆的保存项目如 LOCKSS、PRISM，其他机构组织开展的如 Internet
Archive、PREMIS、JHOVE；澳大利亚的国家保存项目 PANDOR；欧洲各国合作
保存项目如 DELOS、NEDLIB；英国的 CAMILEON、CEDARS、Dspace @
Cambridge；荷兰国家图书馆的保存项目 DARE；德国的 NESTOR 和 KOPAL 项
目等。

2. 国外实践案例调查

（1）LOCKSS 项目

LOCKSS（Lots Of Copies Keep Stuff Safe）项目是由美国斯坦福大学图书馆发起
并组织实施，受美国国家自然基金、Sun Microsystems Inc 以及 the Andrew
W. Mellon 基金支持，致力于解决电子期刊的保存和利用的相关问题。基于 Java
技术的 LOCKSS 系统是一个开放性源码的分布式系统，它无需中心级管理就能运
行在一些廉价的 PC 机上。2004 年初，LOCKSS 项目发布了 LOCKSS 正式版。作
为一个开放源码的工具系统，LOCKSS 可以方便、快捷地建立出版商与图书馆、
图书馆与图书馆之间的关系，实现分布式信息发布、永久性保存以及用户服务等
功能。图书馆可以利用 LOCKSS 提供的信息系统在本地创建一个低费用、永久保

存的数字化的信息缓存站点，在本地实现电子期刊信息的收集、存储、管理，为本地用户提供服务，并为 LOCKSS 联盟内其他成员提供支持。在这种管理模式下，图书馆的电子信息收藏不会受到出版商的变化、外来的恶意攻击、自然灾害、政府法令以及丢失等问题的影响，可以为读者提供持续的、永久的电子期刊信息内容存取服务。现在全球有 80 多个图书馆和 50 多个出版商参加了 LOCKSS 项目，出版商提供的数据内容目前已逐渐加入到系统中。亚洲地区的香港理工大学、印度甘地原子能研究中心、新加坡国立大学和中国科学院文献情报中心等都参加了 LOCKSS 项目的测试与研究。

- LOCKSS 系统层次模型

LOCKSS 系统中，一个 Caches 就是本地图书馆内的一台存储电子出版物的计算机，一个图书馆可以拥有多个 Caches。一个完整的 LOCKSS 系统包括三部分内容：顶层的出版商数据库、中间的图书馆 Caches 点、底层的用户群。Caches 与出版商网站之间实现初始电子资源的采集，即图书馆根据授权从出版商网站采集电子资源。中间层 Caches 既包括同一图书馆内部的多个 Caches，也包括不同图书馆间的 Caches，各个 Caches 之间彼此互连，呈网状结构分布，这种结构实现了 Caches 间互相备份支持的目标。底层是用户，每个 Caches 都提供本地服务，也可以将多个 Caches 集成后为特定的用户群提供服务。Caches 之间起到内容互相备份的作用，Caches 越多，整个系统的安全系数就越高。

在技术实现上，LOCKSS 采取灵活的、可扩展的 3 层结构：基础平台、后台程序和 Plug-in。基础平台是一个分布式操作系统环境；后台（Daemon）是 LOCKSS 系统运行管理、调度层，在操作系统的支持下，实现采集任务调度、资源本地存储、信息损坏检测与修补、用户服务代理以及管理员界面等全部功能；Plug-in 是 LOCKSS 系统采集期刊资源的基本配件，针对不同的出版商及电子期刊，LOCKSS 开发不同的 Plug-in，以实现对特定网站电子资源的搜索与采集。

- LOCKSS 系统运行模式及流程

1）数据采集（Collecting）

LOCKSS 系统取得供应商允许系统收集和保存其出版的期刊资源。在爬取网站存档其内容之前会征得出版商和其他权利人的许可，以免触犯版权法。供应商在网页上加载带有许可证书的插件，其内容涉及允许 LOCKSS 网络爬虫爬行网站内容的声明、可选择的元数据标准以及资源内容链接指向，允许 LOCKSS 的链接指向期刊的各个卷次。当出版物的在线数字版本出现更新或修改时，LOCKSS 保存期刊/资源的每一种版本的真实原件。由于它们是明确区分的数据流，LOCKSS

缓存里将其作为独立对象看待。LOCKSS 网络爬虫确认要获取期刊的页面位置和爬行阶数，避免在网站爬行时超出需采集期刊的界限，转而收集整个网站内容或无用的信息。LOCKSS 系统对一个新加入的出版平台进行内容采集时，管理员通过 LOCKSS 提供的"填空（Fill-in-the-blanks Tool）"工具设置策略并测试是否正确。信息保存在一个文件插件后可加载到供应商的网站上或者其他支持 LOCKSS 的缓存库中。社团成员的计算机缓存保存并校验插件内容，保证了所有 LOCKSS 系统用户能够获得该平台资源。

对于网站资源，LOCKSS 通过比特流爬取来保存整个网站。爬取存档的过程遵循一种以本身内容保存原始对象（不进行重新封装、修饰和其他转换操作）的数字等量存档原则，原封不动地保存整个网站。存档过程中不损失任何内容。

2）数据保存（Preserving and Auditing）

LOCKSS 网络爬虫将资源内容链接作为爬行起点开始爬行并按用户指定策略收集相关信息，缓存将爬行下来的内容进行本地保存。LOCKSS 社团内的计算机连续而又缓慢对保存的内容相互侦听。它们不间断地参与轮询并自行提取部分内容进行相同性比较。如发现数据损坏或丢失便停止轮询，并从别的计算机中调用数据进行修复。

LOCKSS 保存资源的策略优势在于：社团内成员计算机之间的合作可以省去单机备份的必要；运用 P2P 技术确保子节点中发生错误不会导致整个 LOCKSS 系统的崩溃。通常成员计算机数量在 6 台以上就可保证整个 LOCKSS 系统正常运转，并向用户提供资源访问服务；LOCKSS 系统采用了分布式藏储库策略，图书馆在自己的缓存中保存自己的授权数据，并拥有足够多的复本和有效的审核与修复机制，不必担心数据的完全坏损，因为联盟内的全部数据副本坏损的可能性极低，因而 LOCKSS 系统稳定性较高；存储内容的成员参与越多，成员可获取内容的连续性就越强。

3）发布访问（Providing Access）

LOCKSS 系统应答来自用户浏览器的请求。如被请求的数据不在本地缓存中，它先将请求传给供应商网站，并获取供应商提供的内容后返回，结果保存在本地缓存中并返回给用户。如果被请求的数据与本地系统中保存的数据匹配，系统校验自前一次爬行后的数据和被请求的数据，确认数据是否已更改，并根据供应商网站返回的信息而决定重新爬行的数据。LOCKSS 软件平台 Boxes 有代理或缓存的功能。它可向用户提供供应商在线电子期刊内容。一旦供应商因故无法提供期刊内容时，LOCKSS 随即赋予用户全透明访问权限。系统返回的都是供应商站点提供的不做任何改动的原始 Web 页面。

4）后台管理（Administering）

LOCKSS 提供基于 Web 化的管理界面供管理员使用。确定需保存的新期刊种类，侦听正被保存的期刊状态，以及资源内容的存取等各项任务均可以在后台管理程序中实现。管理员也可实现更多操作任务，如内容采集组配、期刊卷次确认、数据校验与修复等。

- 安全策略

1）采取存储与操作系统分离策略。具体措施是 LOCKSS 系统使用 OpenBSD 作为操作系统，通过光盘引导运行，利用 PC 机存储缓存内容，配置信息存储在一张软盘上。LOCKSS 系统会有规律地进行自我检测，并通过重新启动完成更新。

2）采用轮询和投票策略。为了保证系统缓存内容的安全性和完整性，LOCKSS 系统采用 Peer-to-Peer 的轮询和评价机制，定期检查存储内容的完整性，一旦发现问题，可以通过其他 LOCKSS 系统修复内容。

3）采用权利分离策略。LOCKSS 使用无特权 Child 处理程序错误，如果在无特权的 Child 中发生 Bug 不会导致系统瘫痪。

- 标准化策略

遵循 OAIS 标准（ISO 14721：2003 草案），支持它的信息模型；满足了 OAIS 模型的基本要求，实现了一个 OAIS 应用系统的基本功能；LOCKSS 系统的输入输出部分遵循 OAI—PMH 协议；后台程序之间的通信使用一种 UDP 协议即 LCAP。

- 系统环境

LOCKSS 要求低端计算机组网条件，单机环境要求为：CPU 为 P Ⅳ/2.4，内存 512M，硬盘容量大于 200GB，支持软盘、光盘或 USB 设备启动，UNIX 系统。系统采用对等网 Peer-to-Peer(P2P)技术，节点之间可以直接进行资源交换。首次运行时需要进行基本配置的设定，如 IP 地址设定等。配置文件保存在软盘或 USB 设备上，以便下次计算机重启使用。计算机运行时会下载、校验和安装必要的应用程序，如管理 LOCKSS 缓存和 JAVA 虚拟机的后台程序等。这些程序由 LOCKSS 社团管理机构提供。

（2）DARE 项目

DARE 是荷兰国家图书馆（KB）、荷兰大学、荷兰皇家艺术与科学院（KNAW）和荷兰科学研究组织（NWO）的联合倡议。目标是建立一个存储网络，使荷兰的研究文献数字化成果都保存在安全的地方。资源的长期保存和便利利用由 KB 的 e-Depot 系统提供保障。2003 年 KB（荷兰国家图书馆）与 IBM 合作，为解决数字出版物长期保存问题开发了 e-Depot 系统。e-Depot 的核心是 IBM 的数字信息存档系统（DIAS）。e-Depot 自动长期存储国际上主要出版商的电子期刊。e-Depot 有接收和预处理电子出版物、产生和识别标识号、搜索和检索出版物、授权和审核用户等多种功能。由荷兰国家图书馆和 IBM 共同开发新的保存功能。e-Depot 的内容主要由存档协议驱动。目前，已接收两种类型的电子出版物：离线媒体（CD-ROM，在装载进 e-Depot 前已经完全安装，包括操作系统和所需要的额外软件）和在线介质（如出版商存放的电子文章）。至 2006 年 3 月，e-Depot 收纳了 580 多万个数字对象，约占 6TB 存储空间。电子期刊种数超过 3500 种。所有的存档协议共包含超过 900 万个数字出版物档案。这些出版商每年增加约 40 万篇文章。除了科学数字出版物的存档，还涉及其他类型的数字资源，例如数字化资源和网页的存档。

- 实施策略

1）e-Depot 技术结构和工作流

第一个实验的存储系统是基于 AT&T Right Pages。当 Right Pages 从 1996 年退出市场时，IBM 数字图书馆取代了 AT&T 的软件。但 IBM 的数字图书馆只是一个临时解决方案。2000 年，IBM 公司中标和 KB 一起开发一个新的系统 DIAS：数字信息和存档系统。2002 年年底 DIAS 交付，并嵌入目前的 e-Depot 系统。

e-Depot 的基础架构包括两部分，一部分专门开发用来处理存档组件和维护电子出版物；另一部分实现典型的数字图书馆功能。对于传统的图书馆工作程序，如编目、搜索和检索，以及用户注册和认证，KB 使用现有的规范，从而避免存储系统中重复这些功能。这样 e-Depot 系统和传统图书馆系统可以融洽并行。可安装的 CD/DVD 媒介的出版物首先完全安装在参考工作站上，包括附加的图像浏览器和媒体播放器。完全安装的出版物与操作系统一起做一个快照，然后做成光盘镜像。项目的参与用户可以获得该镜像，然后安装到工作站上。大多数电子出版物及其相关文件，可以通过数字磁带或文件传输协议（FTP）获取。这些文件首先进行验证，然后分批进一步加工，自动识别错误内容，并提交给错误处理流程。该工序同时摄入内容文件和元数据。把出版商的书目数据转换成 KB 的标准格式，同时增加国家书目号（NBN），这也将是之后存储对象的唯一标识符。这里提供搜索，检索和传递功能：本地的全体书目数据库是免费提供的，而内容本身只在通过鉴定、认证和授权程序后提供。

2）业务组织

荷兰皇家图书馆的数字资料档案库称为荷兰电子出版物储藏库（DNEP），它拥有 50 名员工，他们需要访问内容以编排资料和相关元数据的目录。该系统还可以支持 100 个并发外部用户，即想要进行研究的公众成员。由于版权这个敏感问题，用户只能从该图书馆的阅览室进行访问。

该方案提出一个把机构组织视为独立组分形成的网络来分析的框架。当流程和组织被分解成离散的易于理解和管理的组分，就可以针对每个独立的业务组分确认其独有的活动和相关资源、工具以及服务。确认了业务组分，也就明确了相关资源管理的职责。IBM 帮助其客户对业务组分进行战略规划。业务组分是机构组织的核心部分。独立业务组分集群的五项主要能力：服务管理，通过支持的渠道，传递收集对象及相关服务给 KB 的用户；馆藏管理，采访、处理和编目所有出版物，包括研究馆藏和仓储馆藏；保存管理，为不同的收藏提供长期便利的访问，包括针对每个数字馆藏媒质退化和技术落后问题的处理。业务管理：KB 业务的整体管理。IT 管理：对整个 IT 基础设施的管理。

3）技术部署

IBM Global Service-Business Innovation Service 积极参与了系统开发、部署和集成的方面。此外，位于硅谷实验室的 IBM 研究小组为图书馆进行长期的内容保存开发了一个方法。该系统的核心包括 IBM Content Manager 和 IBM DB2 Universal Database for AIX。Content Manager 在服务器上归档该图书馆各种格式的所有内容，并支持按照在基于 DB2 的图书馆服务器上存储的相关元数据进行检索。

DNEP 驻留在两个 IBM RS/6000 SP 服务器上。RS/6000 F50 服务器将作为其他服务器的控制工作站。针对长期存储的目标，IBM Global Service 和荷兰皇家图书馆创建了一个存储域网络（SAN），其基于一个 3.4TB IBM TotalStorage 企业存储服务器、三个 IBM TotalStorage 3494 企业磁带库系统和一个 IBM 3995 光学库，所有系统都作为电子文档的中央存储池。

为更好地管理其存储池和 IBM AIX 客户机，该图书馆部署了 IBM Tivoli Storage Manager，它能够集中自动备份和归档所有解决方案存储媒体的服务。Tivoli Storage Manager 不仅可以在磁带中备份 12TB 的数据，而且能够执行 DB2 数据的在线备份。

定制开发的数字内容加载解决方案是利用 IBM 的 WebSphere 软件的基于 Java 技术的应用，它在管理内容加载的员工的工作站上运行。IBM WebSphere 应用服务器企业版为基于 Java® 技术的商业逻辑提供了一个运行时环境。IBM

WebSphere Edge Server 运行作为网络分配器，用于在可用的服务器节点上分配 HTTP 请求。IBM WebSphere Studio 提供了一个网页开发环境，而 Java 代码是用 IBM VisualAge for Java（现在称为 IBM WebSphere Studio Application Developer）开发而来的。

- 标准规范

DIAS 的功能设计遵循开放档案信息系统参考模型（OAIS）。

- 支撑环境

软件：IBM WebSphere® Application ServerTM Enterprise Edition for AIX®；IBM Content Manager。

硬件：IBM RS/6000® SPTM（现在称为 pSeriesTM）；IBM TotalStorageTM Enterprise Storage ServerTM；IBM TotalStorage 3494 企业磁带库；IBM 3995 光学库。

服务部门：IBM Global Service-Business Innovation Service。

DB2 Content Manager：可以帮助企业有效地处理大容量信息。这是一个全面的文件管理系统，是建立在 C/S 架构上，用于商业环境的图像处理、存档和交易处理。输入的纸本文件通过扫描仪进行数字化，建立索引，关联到相关应用，最后存储到磁盘、光盘或磁带等存档系统。此外，电子文件、打印文件、数码照片、视频和音频文件都可以使用 Content Manager 软件进行存档。

该方案包含一个库服务器、若干个资源管理器（对象服务器），以及若干个客户端。其核心是库服务器，负责管理已存储数字对象的索引、搜索和定位。数字对象存储在资源管理器，也可以分布到不同的企业地点。用户可以访问这些资源，无论它们存放在哪里。

（3）KOPAL 项目

KOPAL（Co-operative Development of a Long-Term Digital Information Archive），于 2004 年 7 月启动，由德国教育和研究委员会（BMBF）资助，具体工作由 Die Deutsche Bibliothek 领导，为期三年，旨在建立一个全国范围的存储库系统。KOPAL 想要开发可复用的数字数据长期保存的新技术解决方案，主要战略思路是迁移。KOPAL 的主要目标是：测试并联合开发现有的存储库系统，为安全稳定的长期存取活动创建基础平台，对进行长期存取的技术平台作进一步的研究，和其他记忆团体分享存取技术，达到存储技术的国际水平并进行深入研究。具体包括：评价 IBM 的 DIAS 软件，提取 DIAS 的核心，开发新的功能（如远程访问、技术元数据等），开发用于数字对象分类的工具，实施保存规划，开发访问工具，工作流集成。DIAS(The Digital Information Archiving System)是由荷兰皇家图书馆和 IBM 公司合作开发的存储系统，主要用于电子期刊的存取。KOPAL 项目以 DIAS 为基础，并与 IBM 公司合作，继续完善 DIAS，将其开发成最先进的存储系统，能够适用于多用户操作以及实现远程获取。KOPAL 项目的第一步是测试 DIAS 系统，对其进行不同数据类型存储的测试和改进。第二步完成技术元数据定义和对象结构以及传输方式的标准化，定义并测试数字资源生产环境、未来的存储系统以及出版服务器间的标准化接口，希望通过简单强大的接口实现信息链的一致性。

项目于 2007 年 6 月结束，开发了一个可重复利用的存储系统，发布了全新的 koLibRI 软件（KOPAL 检索与摄取库），它是一个与 IBM DIAS 系统相关联的 Java 工具库，支持将数字对象输入 DIAS 和访问存档对象，这些是 KOPAL 服务的基础。

● 标准规范

1）对象规范

为了维护和重建存档数据，需建立结构化的存档数据包。KOPAL 和 DIAS 存档系统采用了 UOF(The Universal Object Format)格式。UOF 格式描述了一个包括元数据在内的数据包结构，适合作为长期存档的存档格式和交换格式。UOF 格式可以被尽量多的数据结构所接受，也可以处理描述元数据和技术元数据。该系统对文件格式和媒体格式没有任何限制。因此，任何文件如 TIFF、PDF、XML 等，以及 CD/DVD 的 ISO 映像，都可以在存档系统中储存。

KOPAL 的元数据遵循 METS、LMER（电子资源长期保存元数据）和 Dublin Core 标准。此外，其他的 XML 元数据也可以使用，KOPAL 系统使用 JHOVE 软件（最先开发用于期刊存档 JSTOR）提取特定的技术元数据。

UOF 文件中的元数据的一个重要组成部分，是数据迁移的完整历史。所有长期访问所必需的转换都被记录下来。某一对象的此类数据和技术信息被封装到单独的文件，这样多年以后用户仍可以访问该对象的内容。UOF 格式中，一个存档对象由一个打包文件组成，其中包含一个任意数量的文件夹结构和任意数量的文件。在文件夹结构的根目录，必须有一个名为 "mets. xml" 的文件代表一个有效的 XML 文件，依据 METS 1.4 标准框架。为符合 DIAS 的要求，允许的打包格式为 Zip（兼容 PKZIP 版本 2.50 及更高、但低于 5.0，标准压缩或未压缩），GNU-TAR（最高版本至 1.15.1）和 TAR。一个存档对象不能超过 5000 个文件。使用 ZIP 格式时，压缩包内单个文件最大不能超过 2GB。

通用对象格式是基于 DIAS-Core 的处理模式来描述的。DIAS-Core 是 IBM 公司的数字信息归档系统 DIAS [已经在 Koninklijke Bibliotheek(荷兰国家图书馆)实施使用] 的核心。它遵循 OAIS 标准以用于存档系统，管理存储数据，并为各种数字保存战略提供环境。采用 OAIS 模型的术语，数字对象提交信息包（SIP）的形式被处理，并传输信息包（DIP）的形式被传递。在 DIAS-Core 内部，数据的一部分——存档信息包（AIP）分散进入储存空间（硬盘驱动器，磁带等）。特定的元数据存储在数据管理数据库中，可以通过管理界面进行访问。DIAS 的多客户端能力以及精确定义的数据出/入接口，使人们有可能将存储应用融入各种不同的工作流程和机构之中。利用知名的标准软件组件，如 IBM DB2 数据库、IBM Content Manager 和 IBM Tivoli Storage Manager，保证系统长期稳定、效能和可扩展性。

2）其他遵循的标准

①DC（Dublin Core）

②LMER（Long-Term Archiving Meta-Data for Electronic Resources）

对于一个电子文件的长期归档的全能策略来说，必须编制相应的技术元数据。以前一直没有专门针对长期存档元数据框架的适当标准，德国国家图书馆推出了自己的模型 LMER（它基于新西兰国家图书馆的模型建立）。

③METS（Metadata Encoding & Transmission Standard）

④OAIS（Open Archival Information System）

⑤URN（Uniform Resource Name）

统一资源名称（URN）是"urn"模型的一个统一资源标识符，为资源提供一个持久的、与位置无关的标识。

• 实施策略

存档系统的工作流包括以下几步：①选择。机构选择需要长期保存的数字对象。需要考虑数字对象的内容和形式标准，譬如某些特殊收藏和数字化文档。②元数据收集与生产。为了使数字对象得到系统的存储和检索，需添加辅助信息（如书目数据）。技术元数据必须能够定期刷新和迁移对象。元数据一部分从事先做好对象索引信息的信息系统中得到，一部分通过特殊的软件从对象本身中提取。③提交数据包产生。数字对象和相关元数据打包成一种特别的格式——UOF（the Universal Object Format）格式。④进入长期存档（摄入）。在摄入存储之前，软件校验数据完整性和格式正确性。⑤转换为存档数据包。元数据转移到数据管理系统。数字文档和相关元数据文件都转移到 DIAS 管理的大容量存储中。⑥信息请求和检索（访问）。通过数据管理系统访问元数据和存档数据包。⑦传递。根据需要，元数据和/或存档资料通过相应的数据包格式进行传送。⑧数据利用。数字对象的使用者可以通过信息系统访问数据，通过该系统，用户访问到长期存档数据时会被告知，同时，会有选项提供给用户来选择特殊的文件格式。

● 支撑环境

主要软硬件及服务支持，都采用 IBM 公司的相关产品及服务。

硬件：IBM Storage：DS4500（FAStT900）存储、服务器 System p，System p：System p5 550 Express-AIX 5L Edition。

软件：IBM Tivoli Storage Manager for Databases，WebSphere Application Server。

操作系统：AIX 5L。

服务：GBS Supply Chain Strategy，IBM Global Business Services。

(4) NDIIPP 计划

全称为 National Digital Information Infrastructure and Preservation Program，美国国家数字信息基础设施与保存计划。2000 年 12 月开始，美国国会图书馆与其他联邦机构、研究界、图书馆界及商界共同发展、设计国家数字资源长期保存基础结构。此结构确定了数字资源长期保存的基本框架，包括数字保存网络和数字保存结构两大部分。2003 年初美国国会又通过了国会图书馆的 NDIIPP 实施计划。

NDIIPP 决定让国会图书馆承担领导全国数字信息长期保存的任务，并与美国的重要政府部门和拥有收集与保存数字内容专长的实体进行合作，如商业部、国家档案及文件总署(NARA)、国家医学图书馆、国家农业图书馆、国家标准与技术研究所、RLG 工作组、OCLC；另外，它还鼓励广大民营机构参与该计划。NDIIPP 试图有选择地保存电子图书、电子期刊、数字音乐、数字电视、数字录像、网站这 6 种媒体类型的信息。在国会图书馆的组织下，目前成立了 8 个研究项目(每个项目都有一个主导机构和一个以上的合作机构负责，共 36 个机构)。它们分别是：加利福尼亚数字图书馆负责研究网络存档工具，收集网络中的政府与政治信息；教育广播公司(EBC)保存以数字化格式形成的公共电视节目，并制定保存的国家标准与步骤；埃默里大学建立一个分布式网络来保存美国南方文化与历史的数字信息；由于不可能保存所有的数字内容，伊利诺大学负责建立数字信息保存的价值标准；马里兰大学负责保存因特网商业化早期的商业和法律文化;密歇根大学的政治与社会研究机构保存社会科学研究中用到的数据(如，民意测验的数据等)；加利福尼亚大学保存国家地理空间信息；北卡罗来纳州大学图书馆负责收集地理空间数据，包括来自北卡罗来纳州政府的数字化地图。

NDIIPP 项目的实施策略具体如下：

● 数据流程

该系统可以分为数据输入、数据保存和数据输出三部分。数据输入主要是指数字资料传递到保存的机构，数字资料可能由个人或团体捐赠，也可能由机器人自动爬行而获得。数据保存为单个机构或多个机构的保存功能，包括 Ingest、元数据管理、生命周期管理、内部访问和外部访问、存储、校验、检索等功能。数据输出是从保存机构向外的资料输出。系统输出可以是少量的定期输出，也可以是全部收藏的快照输出。该框架假设输出的信息是特定的格式加额外的元数据的信息输出。

● 系统层次

系统分为三个层次，即底层、中间层和顶层。

①底层是容器或单元存储、校验和检索数字对象所需的服务。一个单元由一个数字对象及与数字对象相关的元数据组成。同时一个数字对象相关的元数据作为额外的解释或注册信息的来源数据而随时间而增加。底层是一组功能，但并不意味着一系列技术的整合。对象访问界面提供了数字对象浏览的统一格式，但数据可以以分布的、多样的格式描述。

②中间层具有 5 个功能，即 Ingest、指针管理、元数据管理、生命周期管理和浏览。Ingest 功能具有将数字数据保存到特定组织的功能，包括数字资料的接收和任何契约的或管理的协议的创建。指针管理负责数字对象的指针的创建和注册，指针指向存储在底层的数字对象。元数据管理包括数字对象元数据的创建和管理，元数据可以存储在其他机构中，包括第三方服务机构。从形式上看，元数据包括从额外管理或学术评论到与对象管理有关的管理注释。生命周期管理是一系列可以保证数字对象随时间可用的操作，包括原始数字对象转移到新的载体、对象迁移到新的格式、模拟环境的相关文档、数字对象的输出等。浏览（Views）功能对数字对象的访问提供基于条件的过滤，允许（或禁止）特定的转换等。该系统列出的 5 个功能只是列出了最小的功能需求，在实际执行过程中可能会需要更多的功能。

③顶层包含通过中间层提供的浏览功能、个人或机构访问数据和元数据的功能。该系统中将访问分成两类，内部访问和外部访问。内部访问描述管理资料所需的信息，该信息从描述元数据的创建到内容有效性或互操作性的检查。该系统中定义的顶层结构也是最小的功能需求。

● 知识产权

NDIIPP 与美国版权办公室(the U. S. Copyright Office)联合成立了"108 研究组"(The Section 108 Study Group)，专门对版权法(The Copyright Act)的第 108 项进行研究，对图书馆和存档机构在数字技术环境下的豁免与限制作重新审查，然后把结果和建议反馈给国会图书馆。

● 技术实践

2004 年 2 月国会图书馆与 4 个主要研究机构组织了"存档信息的摄取与处理测试"(The Archive Ingest and Handling Test，AIHT)，该实验将关于"9·11"事件的数字化文档在参与机构之间进行传递，测试了文档在传递后的完整性，为保存机构使用不同的方法分享相同的信息的工作积累了有益的经验，这是 NDIIPP 保存结构的第一次测试。

(5)NEDLIB 项目

全称 Networked European Deposit Library，欧洲国家版本图书馆网络。该项目由欧洲国家图书馆联合会常设委员会发起，由欧洲委员会电信应用项目资助，欧洲 8 个国家的图书馆、一个档案馆、两个 ICY 组织和三个主要的出版商参与了这个项目，其中包括德国国家图书馆(DDB)、CSC Ploenzke AG 和德国施普林格科技出版集团；荷兰国家图书馆是项目召集人。始于 1998 年 6 月，结束于 2000 年 3 月。其目的是建立欧洲版本图书馆网络的基础结构，保证电子出版物的长期保存和利用。关键问题涉及生成结构的标准和接口、电子文献技术数据、查询控制、资源库维护程序等。

NEDLIB 项目研究建设数字资源存储库的主要技术问题，具体包括：存储系统的功能需求；处理数字出版物的程序和数据模型；存储系统的结构、技术标准和解决方案；电子出版物的长期保存。

NEDLIB 发展了数字存储中的几个主要软件，研制了 DLS(数字图书馆系统)中的编目、信息采集、DSEP 等 11 个模块，其中 DSEP 负责存储处理和保存功能，另外还开发了图书馆分类整合存档、元数据收割机等工具。

德国在该项目中完成的工作包括：对系统结构、应用标准、总体设计进行规范说明，这是整个项目的基础，与德国国内应用的标准和系统一致；开发并测试能从图书馆或档案馆的数据存储单元中捕获电子出版物的工具；项目管理；信息和技术的传递。

NEDLIB 项目的实施策略具体如下：

NEDLIB 在保存图书馆需求与 OAIS 间建立映射，然后将 OAIS 模型细化为

DSEP，这样 DSEP 可以执行 OAIS 标准。NEDLIB 将从数字资源的选择到最终用户访问的工作流分为 13 个步骤，并将这 13 个步骤映射为 OAIS 功能实体集合。DSEP 包括 6 个过程模块，即 5 个 OAIS 模块和 1 个保存模块。

①Ingest 模块。该模块只接收以 SIP(Submission Information Package)格式打包的出版物。该模块负责 SIP 的解包与校验，收集、产生和重新分发到其他过程的数据，将不同的数据拷贝到不同环境中，并在不同环境中处理这些数据(如编目数据、过程控制、发现帮助等数据)。最后，Ingest 模块将出版物打包成 AIP(Archival Information Package)格式，以备存储使用。

②档案存储模块(Archival Storage)。该模块只接受 AIP 格式的信息，并且该模块包含数据存储中安全保存电子出版物所必需的全过程，包括存储管理过程、质量保证、灾难恢复等。同时它也包括正常的媒体迁移功能，目的是防止由于载体损坏而引起的数据丢失。

③数据管理模块(Data-Management)。数据管理主要用于存储和检索元数据。在 DSEP 中包含两种类型元数据，即与出版物有关的元数据及技术数据和与 DSEP 管理有关的元数据。与出版物有关的元数据及技术数据包括书目描述、访问控制信息、安装数据、授权和整合控制信息、保存数据等。与 DSEP 管理有关的元数据包括状态报告信息、统计信息等。与出版物有关的元数据可以从其他系统中复制，编目过程和主题标引过程产生的电子出版物的描述信息可以在 DSEP 系统中重用。

④访问模块(Access)。DSEP 访问模块主要处理 AIP 的检索，这一过程提取部分电子出版物，或为其添加全文索引，或将电子出版物转化为便于浏览、打印、下载的格式，并可以提供浏览配置。它甚至可以包括显示出版物的模拟软件环境。处理结果以 DIP(Dissemination Information Package)格式传递到图书馆访问系统。

⑤管理模块(Administration)。管理模块是 DSEP 的核心，它管理系统的所有操作，进行系统监控、质量控制和审查，它要求所有的模块向其提供状态报告。

⑥保存模块(Preservation)。OAIS 模型本身并没有提供明晰的保存模块。载体迁移(更新或拷贝一个出版物)包含在存储过程中。当文件格式逐渐过时，或者浏览、检索这些出版物的软件逐渐过时，需要采取措施保证出版物的内容及相关方面的可用性。DSEP 加入了保存模块来解决长期保存问题。该模块可以根据数字保存策略进行配置，它支持转换和环境模拟的数字保存方法。输出的结果可以是原始存储的新的版本，或者是一系列构建仿真模拟器（Emulators）的特定说

明，模拟器可以保证在将来的平台中使用该资源。两种情况下产生的新的元数据被保存到数据管理模块中。

3. 国内现状概述

数字资源长期保存日益受到重视，我国在这方面尚处于起步阶段，主要的实践项目有：国家图书馆于 2003 年启动了网络信息资源采集与保存试验项目 WICP（Web Information Collection and Preservation），对中文网站资源进行抓取、保存并提供服务。中国科学院数字图书馆和清华大学图书馆在研究的基础上，搭建了基于开源系统 FEDORE 的数字资源长期保存系统平台，以解决数字资源统一存储管理问题。中央电视台开发了中央电视台音像资料馆媒体资产管理系统，实现了音像资料的收集、整理、存储、编目、检索、交换和服务。中国 Web 信息博物馆（Web Infomall）是 2002 年 1 月，在国家"973"和"985"项目支持下，由北京大学"计算机网络与分布式系统实验室"主持开发的中国网页历史信息存储与展示系统，包括历史网页存储系统和回放系统两个部分。目前系统可以收集中国所有静态网页，并提供历史网页的存盘和回放，已经维护有 10 亿以中文为主的网页，并以平均每月一千万网页的速度扩大规模。

与国外在对数字资源长期保存问题的研究实施相比，我国主要存在以下几个方面的差距：

从研究主体来看，我国关注数字资源长期保存的机构比较集中，主要是图书馆、信息中心等信息服务机构。而像出版界、软硬件商或者数据库生产商等机构的介入较少，这反映了数字资源长期保存在我国还没有引起广泛关注，包括信息管理专业在内的全社会缺乏对数字资源长期保存的意识。

从研究内容来看，国外数字资源长期保存计划研究内容更多的是由理论探讨转向实践研究，即更多地探讨数字资源长期保存的标准选择、技术应用及建立可以实际运行的数字资源长期保存系统，关注更多的是对具体项目实施内容的研究。而我国偏重理论研究，实践研究比较缺乏。

从已启动项目来看，国外数字资源长期保存启动项目众多，涉及的研究领域广泛，从保存战略规划、保存技术的开发和应用、保存元数据和规范的制定到相关法律环境的建设；从科学数据、人文数据、多媒体信息到政府办公文件的长期保存，都做了大量的研究和实践。各国之间还开展了很多国际性的数字资源长期保存的合作项目。而我国数字资源长期保存实践项目成立的时间较晚，启动项目较少，领域较窄。

从政策制定来看，我国从对数字资源长期保存的政策方面来看还没有什么实质上的进展，没有确定出相关的政策法规制度，国家层面上还没有完善的组织保障、政策体系、管理机制、技术支持以及协作配合。

三、CADAL 项目实践

1. CADAL 项目资源存储应用概述

（1）CADAL 项目资源及数据资产

CADAL 项目目前建有数字图书等资源 110 余万册/件，其内容包括古籍、民国图书、民国期刊、现代图书、英文图书、学位论文以及绘画、书法、视频等各类型资源。CADAL 的数据资产主要包含四个部分：在线发布的服务数据、近线存储的备份数据、离线备份数据以及临时存储空间。

①在线发布数据资源形式为 djvu 格式图像、元数据文件、导航目录以及 html 格式浏览启动文件。发布资源数据总量约 32TB。使用的存储设备为 HP EVA 系列存储阵列。

②近线存储包括发布数据的原始备份和 OCR 处理后的原始数据：

发布资源的备份数据采用 ISO 或 Zip 压缩包格式，每一册/件电子书包含其完整的 tif 格式原始图像、djvu 格式发布图像、元数据文件、导航目录以及 html 格式浏览启动文件。一份备份数据总量约 70TB，使用的存储设备包括 IBM DS 系列和 HP EVA 系列的存储阵列。

CADAL 项目通过自己研发的 OCR 系统进行集中的 OCR 处理，完成 OCR 操作的电子资源存储形式为 ISO DVD 格式，内容包括 tif 格式原始图像、行切分数据、元数据文件、目录导航、光学识别结果信息/坐标信息、识别结果文本、根据识别结果重新生成的 djvu 格式文件以及 html 格式浏览启动文件等。存储数据总量约 25TB，使用的存储设备包括 IBM DS 系列和 HP EVA 系列的存储阵列。

③离线备份数据是指对近线完整备份数据的容灾备份，包括磁带备份和刻录光盘备份：磁带备份数据总量约为 65T；DVD 光盘刻录数量17 000余张，数据量约 70TB。

④临时存储空间主要用途是供质检部暂时存放提交数据，以进行下一步质检工作，及供数据部暂时存放质检合格数据，以对数据进行入库、迁移、发布等操作。临时存储空间总量约 20TB，使用的存储设备主要为 DELL 220s SCSI 阵列存储。

（2）存储设备及支撑环境

目前 CADAL 项目存储设备包括磁盘阵列、磁带库和 DVD 光盘。

主要磁盘阵列有：IBM DS4800（500GB 7.2k SATA - E 盘），IBM DS8100（300GB 10k FC 盘），HP EVA5000（300GB 10k FC 盘），HP EVA8000（500GB FATA 盘），DELL 220s，等等。

磁带库设备：DELL ML6000（800GB/1600GB 磁带）。

磁带库备份软件：Commvault 7.0。

存储局域网（SAN）：利用 IBM 2109 - M48 导向器和 HP StorageWorks Edge Works 光纤交换机、Brocade SilkWorm 3850 光纤交换机等构建二级存储网，采用 4GB 光纤连接。服务器、存储设备连接应用的拓扑图（图10 - 5）如下。

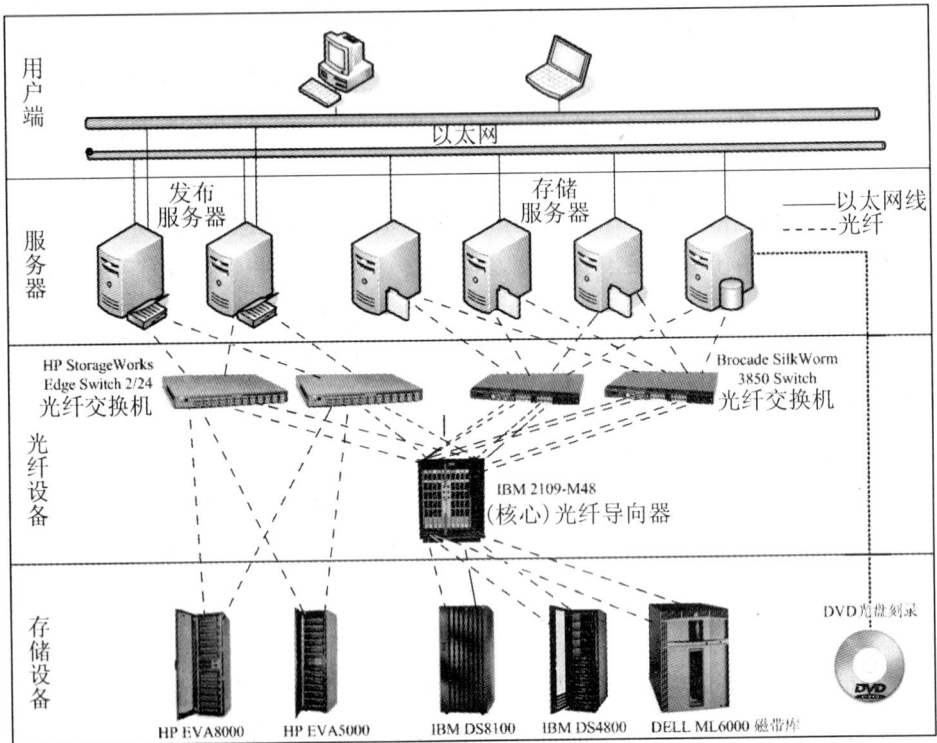

图 10 - 5　服务器、存储设备连接应用的拓扑图

拓扑连接说明：

CADAL 项目的 SAN 环境中，光纤交换机之间的连接采用 Core/Edge 模式的拓扑结构，优点在于拓扑结构易于扩展，能够充分利用和发挥光纤交换机 FSPF 荷载均衡特性。其中包含 1 台 M48 核心（Core）光纤交换机和 2 台 HP Storage Works Edge 2/24 光纤交换机以及 2 台 Brocade 3850 光纤交换机。该 M48 的配置

是由 2 个包含 32 FC 端口的刀片组成,有冗余的电源和控制处理器,可以从物理上把它看作 2 台核心交换机而使用(每个 Blade 看作一台交换机)。

设备之间的连接采用如下原则:主机与存储系统之间的 I/O 路径不超过 1 个 hop,即主机要访问存储系统,I/O 数据最多跨过 2 个交换机;CADAL 项目实施中,发布服务器和 HP 存储之间的连接 hop 数为 0,存储服务器与 IBM DS8000 和 DS4000 之间的连接 hop 数为 1。

2.实施策略

(1)存储系统管理的原则

数据分级存储,实现数据在线、近线、远程容灾和离线存储四级管理。非关键数据采用大容量的 SATA 盘。采用存储资源管理软件,对资源集中统一监控和管理,实现存储效能的最优化。存储空间采用虚拟化管理,提高利用效率和安全性。

(2)存储备份策略

在线发布数据用于对外服务。通过 CADAL 项目门户网站可以检索并访问在线发布服务的数字资源。发布数据访问频繁,对磁盘性能要求较高,使用10 000 转以上 FC 硬盘。发布数据采用容量较小的文件形式发布,通过近线存储作为备份保护。近线存储数据是主要的数据资产,是所有原始数据的第一层完整备份。原始数据存储前先将元数据信息入库,通过数据库记录管理 ISO 数据包内的数据资源。数据以 ISO 打包格式存放,尽量避免迁移过程中小文件过多造成的传输速率慢及数据丢失问题;同时,以 ISO 格式存储,方便与离线 DVD 数据光盘管理相对应。近线数据存储相对稳定,没有频繁的读写任务。采用稳定的大容量存储,7200 转 SCSI 或者 SATA 硬盘均可满足要求。磁盘存储采用 Raid-5 级别的阵列配置,并配置全局热备盘,可以容忍 1 + N 块硬盘出现故障时仍能确保数据安全,保证服务器不停机。数据部工作人员负责每天检查存储状态,维护数据安全和硬件运行正常。

离线存储是原始数据的下一层备份。数据完成发布和近线存储转移后,及时进行 DVD 数据光盘刻录工作,光盘统一存放在异地仓库。同时,定期将近线存储数据备份到磁带库离线存储。磁带存储数据容量大,成本低,读写速度也较快,安全性高。

当发生数据损坏时,首先从近线存储中搜索备份数据用以恢复;近线存储数据也无法恢复时,查找相对应的数据 DVD,进行恢复;极端情况下,通过磁带库的备份报告,找到备份磁带和备份目录,进行数据恢复。

（3）存储备份的基本结构

数据资源存储采用分级存储管理，包括在线发布、近线磁盘阵列存储和离线磁带/光盘备份三级管理系统。备份技术采用 SAN 环境的 LAN-free 备份方式，不占用网络资源，由介质服务器承担备份数据的传输。备份软件主要用于离线存储备份的调度管理。设定策略后，定期将近线存储的数字资源备份到磁带上。数据部工作人员负责迁移数据到近线存储、发布数据以及 DVD 书库光盘刻录。

（4）数据备份规划

采用 D2D2T 的备份模式，增加中间近线虚拟磁带库存储；通过备份软件的策略配置，每天按时把压缩的 ISO 文件从磁盘阵列备份到较快的虚拟磁带库中；再在紫金港校区异地备份系统中，利用备份软件的调度，把虚拟磁带库里的备份数据归档至物理磁带库中，作为异地保存，确保数据安全。

- 备份系统组成

本地备份系统：①选择一台 PC SERVER 作为备份管理服务器，负责整个备份系统的管理，包括备份作业的监控、备份策略的制订等；②在所有需要备份的 PC 服务器安装备份客户端，实现在玉泉校区 SAN 网络环境下到虚拟磁带库的数据备份；③玉泉校区虚拟磁带库与备份主服务器通过 SAN 网络连接。通过备份软件的控制，实现备份数据的高速、自动、海量的存储。当数据受到损害时，可以从虚拟磁带库中迅速恢复数据。

异地备份系统：①紫金港校区的备份中心的磁带库与玉泉校区采用裸光纤连接；②通过备份软件控制，按时把备份数据通过磁带互拷的方式把数据拷贝到玉泉校区的物理磁带库中，实现异地备份；③采用异地备份，确保当本地数据遭受灾难时能从异地备份系统迅速恢复数据。

- 备份方式规划

本地备份方式：①充分利用研发中心现有 SAN 存储架构，采用 SAN 备份方式；②玉泉校区配置容量约为 20T 的虚拟磁带库，作为本地备份介质；③定期把数字图书压缩成 ISO 文件，保存在磁盘阵列上；④通过备份软件的控制，定期把 ISO 文件备份至虚拟磁带库；⑤定期删除磁盘阵列上的历史 ISO 文件（比如 6 个月前），以节省存储阵列空间。

异地备份方式：①紫金港校区配置容量约为 400T 的物理磁带库，作为海量数据的备份介质；②玉泉校区和紫金港校区采用裸光纤相连，通过备份软件控制，采用磁带对拷的方式，将本地数据拷贝至异地物理磁带库；③传统的物理磁带库适合超大容量数据存储，投资较小、技术成熟、可离线出库保存。

- 备份策略配置

本地备份策略(见表10-2)：图书馆管理人员定期将数字图书压缩成 ISO 格式，通过备份软件策略设置，定义备份窗口、备份频率、保留期限等，自动、无人值守的将 ISO 文件备份至虚拟磁带库，并且删除阵列上的历史 ISO 文件（比如6个月前）。

表 10-2　本地备份策略

	备份窗口	备份频率	保留期限	说　　明
本地虚拟带库	23：00—00：00	每天增备	6个月	当数据丢失时,可从虚拟带库恢复
本地硬盘(ISO 格式)	定期压缩		6个月	本地硬盘所需空间 12T,较以前节省大量空间

异地备份策略(见表10-3)：通过备份软件控制，定期把本地虚拟磁带库中的备份数据直接整盘拷贝至异地物理磁带库，并且可以根据需要把重要数据进行出库保存，确保安全，当本地数据丢失时，通过异地备份系统快速恢复数据。

表 10-3　异地备份策略

	备份窗口	备份频率	保留期限	说　　明
物理磁带库	4：00—5：00	每天拷贝	6个月	通过备份软件控制,自动把本地的数据归档至异地。

第十一章 数字图书馆知识产权管理

第一节 数字资源知识产权保护原则

数字图书馆涉及数字资源建设、数字资源描述、数字资源使用等新型业务，采用不同于传统图书馆的运行模式，涉及的知识产权问题更加复杂。知识产权一词的传统意义在大陆法系国家甚至狭窄到只包括对具有作者身份的作品的保护[1]。实际上，欧洲法学界在论及无形产权时使用最频繁的词汇是"知识与工业产权"。然而，今天"知识产权"一词已被国际上广泛接受，而且被扩大到包括专利、版权、邻接权、商标、商业秘密、反不正当竞争、原产地名称、半导体芯片特殊权等专有权的范围。1967年世界知识产权组织的建立和1994年世界贸易组织《与贸易有关的知识产权协议》（TRIPs协议）的签订足以说明"知识产权"一词的权威性。在国际交往中，人们也不会因为知识产权词义的宽窄而产生歧义了。我们今天所说的知识产权，各国的认识与保护实践仍然存在很大差别。世界上大多数国家并不存在独立于民法、经济法等法律之外的统一知识产权法。国际上更无一部独立的国际知识产权法典。为了使数字图书馆在国内和国际知识产权保护的法律背景下合理地使用各种信息资源，高效运行，必须妥善处理有关的知识产权问题。知识产权涉及网络信息资源开发和数字图书馆建设与使用的全过程，影响面相当广泛。我们发现，站在不同的立场上去考虑这些问题，得出的结论也很不相同。这些结论又会进一步影响国家政策乃至司法判决。所以，知识产权问题的立场是十分重要的。我们认为信息资源知识产权制度建设应坚持以下原则。

一、坚定不移保护知识产权

知识产权是一种私权，受到我国的法律保护，是我们进行数字图书馆建设应该考虑的基本前提。数字图书馆建设的重要方面是资源建设。保护知识产权有利于树立数字图书馆的良好形象，也是我国数字资源健康发展的基本保障。美国图书馆学者 Kenneth D. Crews 认为："如果我们不能以对我们有利的方法管理版权，我们就会失去实现我们应担负的教育和研究使命的珍贵机会。"[2]美国大学与研究图书馆协会《2007 环境扫描》（ACRL Environment Scan 2007）报告中提出的对大学图书馆和图书馆员的未来发展最重要的 10 项假设中，第 4 项即为"在高等教育环境中有关知识产权的争论将更加普遍，与知识产权管理有关的资源和教育项目将成为图书馆为学术社区提供服务的重要内容"[3]。Drexel 大学图书馆的版权政策目标之一为：协助学生、教员和职工理解和遵守现有美国版权法条款[4]。加州大学洛杉矶分校图书馆的战略规划（2006—2009）特别强调学术交流、特色馆藏等方面的版权管理[5]。麻省理工学院图书馆战略规划（2005—2010）在图书馆的战略方向中规划了版权方面的任务[6]。为了在图书馆业务中保护知识产权，Nicholas Joint 认为对于图书馆来说，最能避免侵权发生的方式不是通过版权告示和时刻提醒的馆员，而是在图书馆开展的用户信息素养培训计划中加入数字侵权行为的知识；侵权警示应存在于用户的记忆和脑海中，而不仅是张贴在图书馆墙壁上[7]。由此可见，在图书馆的数字资源建设中，重视知识产权的保护有着非常重要的意义。作者对全国 40 多所图书馆的有关专家进行问卷调查，发现多数的调查对象（53.04%）认为我国版权制度是公平公正的。从比例上看，图书馆界主流上认为知识产权制度是公正的，认为版权制度不公平不公正的调查对象比例还不到 1/6[8]。调查还显示，我国图书馆界认为"图书馆是公益性机构，但应当在保护版权的前提下发展"的人数最多，占调查对象总数的 77.19%。这表明，大部分图书馆界人士认识到了版权保护的重要性，意识到图书馆顺利发展需要遵守相关的版权规定，这种主流认识是正确的[9]。

二、有利于数字资源与数字图书馆健康发展

知识产权制度是调整作品的创作、生产与使用过程中各种社会关系的法律制度。不可否认，版权保护与信息资源共享的理念存在一定的矛盾。信息资源共享代表了信息用户的利益，而知识产权则代表了创作者或信息资源投资人的利益。例如，数字化文献传递是数字图书馆的一种服务方式，但它却要受到版权的限制。为了保证图书馆实现为公益服务的社会使命，世界各国版权法都特别规定了图书馆的合理使用条款。如 1999 年美国《数字千年版权法》（DMCA）第 404 条对著作权法第 108 条中有关图书馆和档案馆的豁免条款进行了修订，以容纳数字技术和不断发展的保存实践。这是二者协调的一种法律措施，值得借鉴。

在新的技术环境下，图书馆面临更多的发展机遇。发展数字资源可以使用户突破时空限制随时随地获取图书馆资源和服务，可以增强图书馆服务能力，扩大

图书馆服务内容，提高图书馆服务质量。在发展数字资源的过程中，图书馆不可避免地面临着来自知识产权方面的挑战，例如在信息资源建设中如何选择版权清晰的资源，如何通过许可协议方式购买资源，如何在资源整合中协调版权问题等。在处理这些版权问题时，应该本着有利于数字资源与数字图书馆健康发展的原则。因此，我们一方面应该坚持保护知识产权，避免在图书馆业务中对版权人的利益侵犯；另一方面，也要在法律允许的空间内尽力维护数字资源和数字图书馆的良性健康发展。

在保护知识产权的前提下，制定相关政策来促进数字图书馆的健康发展非常重要，国际图书馆协会联合会（IFLA）2000 年发表的《关于数字环境的立场声明》明确提出："过度的版权保护，不合理地限制接触信息和知识，会威胁到社会公正原则"[10]。美国国会图书馆确定的知识产权战略目标包括："建立国家数字信息基础设施和保存计划"，"使国会、美国政府和社会公众能最大限度地获取馆藏、促进馆藏的有效利用"，"保护个人知识产权、平衡创作者的版权保护要求和用户的信息获取权利"。这些目标都是对"确保知识和信息的可获得性"目标的具体实现[11]。明尼苏达大学 Duluth 图书馆制定了版权政策，涉及采访、保存、书目指导、装订、复制设备、馆际互借、多媒体、电子教参、传统纸本教参、软件、网页等方面的知识产权问题[12]。东新墨西哥大学也制定了版权政策，内容包括：版权基本知识、合理使用、电子教参、多媒体、音乐作品、为教育目的的广播影视作品录制、软件、远程学习、因特网、馆际互借、责任等内容[13]。英国图书馆的《英国图书馆知识产权宣言：一种平衡》提出的有利于公共利益的解决方案倡议[14]。美国图书馆协会（ALA）和研究图书馆协会（ARL）提出技术和载体中立原则[15]。华盛顿大学图书馆"期望实现在任何时间、地点都能满足各种类型用户信息需求的目标，培养学生成为在生活中取得成功的、具有信息敏锐力的世界公民"。其战略规划提出"图书馆需要承担特殊责任为大学解决特别重要的问题，包括：为本科生提供服务、国际项目、版权和学术信息交流等方面"[16]。

我国在数字图书馆知识产权问题的研究上也有人持不同的态度。来自知识产权法和知识产权管理方面的声音强调保护知识产权。来自图书馆和教育、科学领域的声音则强调数字图书馆的公益性质。由于数字图书馆的概念在公共部门与商业领域被广泛使用，引发人们关于数字图书馆是否为公益机构的讨论。有些观点认为数字图书馆不再是公益机构，例如有的研究者认为"对于图书馆的法律地位需要重新审视。图书馆一旦与出版商和销售商的功能合为一体，其在版权法中的特殊地位将消失，图书馆不再作为一个公益机构，而很可能作为一个盈利的组织出现，其所承担的相应的权利义务将完全改变"。笔者认为数字图书馆只是一个技术概念，本身并不存在公益或非公益之分，其性质主要体现在运行机制上。在数字图书馆知识产权理论研究中还存在一些误区，有些人不了解知识产权从其产生的那一天就是为了保护公共利益①，片面理解知识产权是一种私权的理论，也引发新的问题。在保护知识产权的同时要注意维护数字资源与数字图书馆的健康发展。

三、公平与效率统一

观察知识产权研究的历史，我们发现有两种主要的思考方法。一是本体论的分析，二是语言学分析。本体论的分析（Ontological Analyses）着重解决权利是否存在，以及以何种方式存在的问题。语言学方法（Linguistical Approach）则试图通过研究法律上的财产或权利与普通词汇意义上的财产或权利的意义区别，来解决什么是财产、权利等问题。研究者往往基于两种不同的价值观来研究知识产权问题，即法学的价值观和经济学的价值观。法学家博登海默以"秩序与正义"这两个"基本概念"来分析法律制度[17]，清楚地反映了法学家的价值观。经济学立场的研究者认为，知识产权（包括版权）与市场相伴而生，在市场制度中发挥着关键作用。制度可以充分调动人的积极性，发挥人的潜能。可以充分调动各种社会资源并实现这些资源的优化配置。在制度经济学家看来知识产权也是一种经济制度[18]。Peter Drahos 认为"经济学理论在知识产权哲学探索中是一点也不能被忽视的"。经济学立场的研究更强调制度的效果和效率，这一点可以从世界贸易组织的谈判过程看出。

法学价值观强调社会价值和公共利益，经济学价值观则更加强调市场价值和个体利益。当知识产权分别服从两个目的不同的命令时，它的价值观冲突就体现出来。两种研究方法和两个研究视角的优缺点是明显的。我国知识产权保护实践中，公平与效率的平衡一直是司法追求的目标。在"数图案"中，被告虽然强调

---

① 美国最高法院在惠顿（Wheaton）诉彼得斯（Peters）一案的判决中指出："国会根据宪法规定所进行的版权立法，不是基于作者对其作品拥有任何自然权利，因为最高法院判定，作者拥有的这种权利纯属法定权利，只有在此基础上，才能为公众利益服务，也才能促进科学及有用艺术的进步，将这些权利授予作者主要不是为了作者的利益，而是为了公众的利益。这倒不是哪一特定的阶层的公民将会受益，无论他们多么值得从中受益，而是我们认为此种政策是为大多数人利益服务的，并在此政策下给作者和发明者一些红利，以激励写作和发明。"

数字图书馆是国家重点项目之一，是科教兴国战略的一部分，公司完全是公益性的，但海淀法院还是依照新著作权法①的规定，判决中国数字图书馆责任有限公司立即停止侵权行为。法院没有支持原告的 40 万元赔偿要求，判决赔偿 8 万元。法律只能"依其形式合理性运作"。知识产权问题不仅仅是一个法制问题，也不仅仅是一个经济问题。关于这一点已经被学者清楚地认识到了。阿根廷布宜诺斯艾利斯大学卡洛斯.M.科雷亚认为"纯法律的分析或纯经济的分析都无法看清知识产权的性质和知识产权的影响"[19]。所以，我们今天在建设信息资源与数字图书馆知识产权制度时既要强调公平，也要强调效率，或者说公平与效率的统一。

四、知识产权保护与公共获取协调

自诞生之日，知识产权就被确定为一种私权。私权也就是与个人有关的权利，一般情况下不能擅自剥夺，因此对其保护是绝对的。然而，知识产权又是一种特殊的民事权利。其特殊性表现在，知识产权为任意独占权。财产权是独占权、绝对权。知识产权也是一种独占权，但是这种权利是由司法人为创制的。一块土地的主人可以自然地行使某些独占权，如果这块土地转让给他人，他人便自然地享有财产权法规定的一切权利。但知识产权则不同。例如即使著作权发生转让，受让人亦不可使用署名权。与财产权的直接性不同，知识产权具有抽象性与附属性。知识产权的客体有很大一部分只是间接地作为一种经济手段服务于交换过程。与财产权的恒久性不同，知识产权具有时间上的有限性。财产权具有恒久性(永久存续性)，所有权不会因为时效而消灭，也不得预定其存续期间，除了标的物的灭失，取得时效的中断、所有人抛弃及其他事由而消灭外，会永久存续，当事人不得以契约限定所有权的存续期间(除非法律行为的处分)；而知识产权却不具备恒久性，著作权通常以作者生命附加若干年为权利存续的期限。知识产权还具有的实施义务与使用限制。财产所有权与知识产权的这种区别，我们可以作为物权客体的著作手稿与作为知识产权客体的作品之间的区别清楚地界定。原稿指作者创作的作品原件，是有形之物，可被依法占有、买卖，甚至抵押。对原稿所形成的综合支配权(占有、使用、收益、处分)就是对原稿的财产所有权。而版权是关于作品的权利。因而财产所有权与版权属分别的两项民事权利。两者可以

---

① 全国人民代表大会常务委员会关于修改《中华人民共和国著作权法》的决定,2001 年 10 月 27 日第九届全国人民代表大会常务委员会第二十四次会议通过。

并存，两种权利可以独立行使。由于作品的创作总要利用前人的智力劳动成果，作品总被看成是社会文化财富的一部分。版权的存在其实是为了社会公共利益。

在数字图书馆创始之初，知识产权的问题就被提出来了。长期以来，作为私权的知识产权的垄断性与公共利益的公共性之间也存在着矛盾。国内外立法不断抬高知识产权保护的标准，如欧盟在 1991 年至 2002 年先后通过了 8 个涉及数字化问题的知识产权指令（Directives），特别是 1996 年《数据库指令》和 2001 年 5 月《协调欧盟信息社会版权与相关权指令》在很多方面已经突破了传统知识产权法律框架，主张用"特别权"（Sui Generis Rights）对达不到版权保护要求的数据库给予保护。在国内法方面，我国 2001 年 11 月修改了《著作权法》，增加了"发行权"（包括以赠予方式向公众提供作品的原件或者复制件的权利）、"网络信息传播权"、"汇编权"等权利（第 10 条），新规确定了法定赔偿制度（实际损失或侵权人的违法所得不能确定的，由人民法院根据侵权行为的情节，判决给予五十万元以下的赔偿。第 48 条）。新规确定了诉前临时禁令和财产保全的措施、证据保全措施（第 49 条，第 50 条）。规定了侵犯版权的民事制裁措施（第 51 条）。同时新规确定了出版者（网络和数字图书馆有些属于出版者）、发行者的注意义务和过错推定原则（第 52 条）等。这些都是著作权法加大保护力度的标志。从一定意义上说，它代表了中外权利人日益扩张的权利要求。

同时，国际专业组织正在为公共利益争取更多的权利。国际图书馆协会联合会（IFLA）、美国研究理事会、欧洲图书馆、情报与文献局、欧洲盲人联盟、欧洲残疾人论坛、欧洲电子制造消费者联盟等组织强调数字化信息的合理使用。IFLA 发表的《数字化环境下版权立场》强调"信息是为每一人的"，"无论何种形式的信息均应被公共获取，版权不应当成为信息与思想获取的障碍，也不能仅仅为付得起费用的人所获取"。

五、程序节约

在互联网还没有普及的时候，图书馆提供的主要是实体文献资料服务，相关的版权规则比较明确，产生侵权的可能性较小。然而，随着数字图书馆的发展，人们获取信息的方式发生了重大改变，图书馆的服务模式开始受到冲击，传统的服务方式已不能满足用户需求。但目前的版权规则还不能完全满足数字图书馆快速发展的需要。数字图书馆的特性使它所提供的信息必然是跨国的，很容易导致国际摩擦。妥善解决知识产权具有重要的政治意义。

保护网络知识产权必须坚持程序节约的原则。因为数字图书馆涉及知识产权人数量众多，取得授权和支付报酬是一件成本很高的事情。如果程序复杂，数字图书馆根本就承担不起，也是没有效率的。英国图书馆界在信息资源开发利用过程中较好地解决了授权问题。其通过著作权许可代理公司（CLA）解决教学资料的许可问题。1982年成立的CLA是作者、艺术家和出版商的代理，为英国的高等教育机构颁发已经出版的图书、期刊的复制与扫描的"一揽子许可"[20]。因此，我们主张节约程序的原则。著作权法规定了集体管理组织的法律地位，但是目前集体组织的数量太少，缺乏竞争。随着我国著作权制度的进一步完善，权利集体管理规则、版权代理规则将进一步清晰。特别是鼓励建立多个"一站式"集体管理组织，简化授权手续，形成良性竞争的局面，鼓励非营利性使用作品的政策等对数字图书馆发展极为重要。

第二节　数字资源建设与服务中涉及的主要知识产权风险

一、数字资源开发与服务的知识产权风险

1. 馆藏资源数字化版权风险

馆藏资源数字化是指图书馆利用新型信息技术等将馆藏印刷文献、缩微文献、视听文献等传统介质的文献转化为计算机能够识别的二进制编码的数字化信息的过程。图书馆对馆藏作品进行数字化时，要根据不同的作品类型采取不同的版权措施，对于已进入公共领域和不受版权保护的作品（如法律法规、时事新闻、历法等），图书馆可以进行数字化并提供网络传播服务而不需要征得版权人同意，也不用向其支付报酬。对于保护期内的作品，"为陈列或者保存版本的需要，复制本馆收藏的作品"属于合理使用范围。"为陈列或保存版本需要"在《信息网络传播权保护条例》中被限定为"已经损毁或者濒临损毁、丢失或者失窃。或者其存储格式已经过时，并且在市场上无法购买或者只能以明显高于标定的价格购买的作品"。因此，馆藏文献的数字化必须满足几个条件：①本馆收藏；②合法出版；③市场上无法购买或者只能以明显高于标定的价格购买的作品；④已经损毁或者濒临损毁、丢失或者失窃。

数字化制品在本质上和传统作品有共通之处。国际图联长期倡导"数字的不是不同的"。世界知识产权组织通过的《世界知识产权组织著作权条约》和《世界知识产权组织表演和录音制品条约》，确认现存的著作权例外和限制原则可以适当地延伸到数字环境中，并允许制定与数字网络环境适宜的新的例外与限制，这也肯定了数字作品和传统作品具有共通之处。图书馆对本馆收藏的作品进行数

字化处理，并在馆内使用不属于侵犯版权。

2. 数字资源产权的不确定性导致版权风险

数字图书馆的资源来源是多渠道的。除了采购、交换、接受捐赠等方式外，还包括通过自动知识发现等机制获取海量信息。即使获得授权，也存在授权瑕疵问题。例如国内许多数字化产品包括数字化期刊、数字化图书、学位论文、技术标准等并未完全解决的版权问题。即使那些宣称解决了版权的产品也很难保证全部版权清晰。版权不清晰是版权风险产生的根源之一。

著作权法规定了职务作品、委托作品、合作作品、演绎作品、汇编作品、未发表作品、外国作品等不同的作品形式。对于易产生著作权归属纠纷的作品，如个人作品、法人作品、职务作品和合作作品，数字图书馆在使用的时候，要根据法律判断作品的归属，履行诸如付酬和获得授权等相应的义务；对于易产生著作权侵权纠纷的作品（即易侵犯在先权利人的作品），如演绎作品和汇编作品，既要履行获得演绎作品和汇编作品著作权人的许可并支付报酬，也要获得演绎作品的原作者、汇编作品中享有著作权的原作品作者的授权并支付报酬；对于易产生著作权认定纠纷的作品，例如时事新闻和标准，要区分新闻作品与新闻事实，强行性标准与推荐性标准，对于新闻作品和推荐性标准，必须支付使用报酬并取得许可。

数字化馆藏信息资源的产权瑕疵并不仅仅限于其"非法出版"上，还包括该信息资源本身就侵犯了第三人的知识产权或（和）其他权利形成的瑕疵。从性质上而言，由于馆藏资源本身存在权利瑕疵，提供商对图书馆的出售或者许可行为是无处分权行为，其合同并不是当然无效，属效力待定的合同。如果权利人追认或者出卖人（许可人）取得处分权的，转让或者许可合同自始有效，权利瑕疵消除。但如果权利人未追认或者出卖人事后也未取得处分权，转让或者许可合同的效力是值得研究的，可能发生第三人（权利人）向买受人（图书馆）主张权利的情形。在这种情况下，买受人（图书馆）属于善意，但能否适用善意取得制度，向出卖人主张权利瑕疵担保责任也是值得深究的。在通常的物权中，买受人是难以使用善意制度的，但图书馆作为公益服务的特殊主体，其中的交易环节中又涉及可能同时包含许多作品的知识集合形成的新作品，如果因为一个作品的瑕疵导致整个集合作品的交易无效，容易引起市场的不稳定，因此有着特殊性。我国对此并无明确的规定。图书馆存在着馆藏信息资源的产权瑕疵引致的风险。

3. 数字信息发布的知识产权风险

《信息网络传播权保护条例》第七条规定，"图书馆通过信息网络向本馆馆舍内服务对象提供本馆收藏的合法出版的数字作品和依法为陈列或者保存版本的需要以数字化形式复制的作品"才能享有合理使用的权利。"本馆馆舍"成了图书馆网络信息发布的空间范围，"本馆收藏并合法出版"成了图书馆网络信息发布的客体范围。超过这个范围，对于享有著作权保护的作品，图书馆只能通过合同授权与许可的方式提供服务。该《条例》第十条第四款对图书馆信息发布的义务做出了规定，按照该规定，图书馆应当采取技术措施。防止"图书馆馆舍以外的其他人"获得著作权人的作品。并防止"图书馆馆舍内的服务对象"的复制行为对著作权人利益造成实质性损害，从而对图书馆信息发布提出了更高的技术和经费投入要求。

4. 数字化文献传递的知识产权风险

我国尚未对文献传递和馆际互借的知识产权问题做出专门规定。我国处理馆际互借和文献传递至少应该关注两个问题：①纸质文献传递与数字文献传递的区分；②特殊文献传递的注意义务。对于第一个问题，如果传递纸质文献，可以划分为传递原件还是传递复制件，如果是传递原件，实际上就已经不涉及著作权问题，而是所有权问题，是所有物的出借，因此不是侵权行为；而如果传递的是复制件，则制作复制件的行为属于著作权中的复制，其数量受到图书馆"合理使用"制度的限制，不能对著作权人造成实质性的损害。如果传递的是数字作品，因为数字作品实际上不存在原件的问题，所以，传递数字作品是一种复制行为，在没有例外合同的情况下，应该有数量上的限制，或者通过技术措施限制能够传递的份数。对于第二个问题，要针对特殊类型进行分析，例如传递学位论文，因为学位论文是一种未发表文献，在传递过程中应注意其发表权，图书馆在论文的传递过程必须尊重知识产权，要在论文归档时与作者签署有关协议。

澳大利亚《著作权法修正案（数字日程）》赋予了图书馆在网络环境中馆际互借的权利。欧盟《信息社会著作权指令》认为如果图书馆采取了合适的技术措施，通过专用的计算机终端可以在线传输著作权作品。美国 1976 年著作权法赋予图书馆特定条件下处理馆际互借合理使用的权利，对其使用目的、载体所有权、著作权告示行为、系统性复制和传播等作出了限制。IFLA 在《国际借阅和文献传递:原则和程序》中认为：版权责任应按照提供文献的国家的版权法，当属于合理使用条款时，提供文献的图书馆有责任提醒请求图书馆遵循版权的限制；提供文献的图书馆也必须遵守已经达成的许可协议，这些许可可能会对国际馆际互借业务电子资源的使用进行某些限制；遵守《IFLA 许可原则》和《IFLA 在数字环境下的版权立场》，由此可以看出，IFLA 在强调文献传递合理使用原则的同时，也注意合理使用的限制条件和许可协议的规定。德国2008年1月1日开始实施的修订后的《版权法》仅允许图书馆对德国的用户群体通过邮寄或传真的形式进行文献传递，而电子文献传递只有与出版商签订协约后才能进行。

5. 数字媒体服务的知识产权风险

数字媒体服务是数字图书馆服务项目之一。在数字图书馆环境下，媒体服务的范围大大拓展，相关的知识产权问题也越来越复杂。知识产权风险主要包括馆内放映、声像出租、馆际互借、网络传播、视频编辑、数字典藏、声像翻录等类型。对于馆内放映而言，图书馆公益性放映有合法来源的有关研究、教学参考、电影资料片电影制品属于合理使用；播放其他类型的电影需要得到著作权人的许可，进行营利性播放其他类型的电影还需要相应的许可证。对于声像出租，图书馆提供有偿声像出租服务是一种侵权行为，即使出租的制品属于正规渠道的正版。对于馆际互借，对于出借原件，一般不会发生著作权问题；对于出借复制件，主要涉及复制权及其权利限制问题。对于网上传播，图书馆在馆舍范围内对本馆收藏的合法出版的数字作品可以进行网上传播。视频编辑主要涉及修改权、保护作品完整权、技术措施和权利管理信息的保护问题。数字典藏和声像翻录主要涉及复制权的问题。因此，声像服务也存在广泛的知识产权风险。

6. 数字资源导航和移动阅读的知识产权风险

网络信息导航是图书馆进行数字图书馆虚拟馆藏建设和组织网上信息资源的最主要手段。它利用超链接技术把网络上的相关学科资源进行搜集、评价、分类、组织和有序化整理，并对其进行简要的内容解释，以方便用户查询。网络导航服务的最主要方式是对相关内容进行超文本链接。网络阅读丰富了图书馆的服务内容，但会带来相应的知识产权风险。一些电子图书数据库产品实质是由海量中文图书资源组成的庞大知识库及检索系统，也是一个知识搜索及文献服务平台。《信息网络传播权保护条例》第十四条规定："对提供信息存储空间或者提供搜索、链接服务的网络服务提供者，权利人认为其服务所涉及的作品、表演、录音录像制品，侵犯自己的信息网络传播权或者被删除、改变了自己的权利管理电子信息的，可以向该网络服务提供者提交书面通知。要求网络服务提供者删除该作品、表演、录音录像制品，或者断开与该作品、表演、录音录像制品的链接。"也就是说，在一般情况下，链接服务是不需要经过权利人许可，不向其支付报酬的，权利人特别声明的除外，当权利人发现自己的作品被链接而不同意该链接执行时，链接者应当及时断开链接，否则将被视为侵权。图书馆网站常用的超文本链接主要分为主页链接、深层链接、视框链接、埋置链接等类型。上面的条文实际上是指主页链接。深层链接、视框链接和埋置链接容易构成不正当侵权，这是图书馆网络导航和移动阅读需要注意的[21]。

7. 虚拟参考咨询的知识产权风险

虚拟参考咨询服务是图书馆基于网络环境推出的新型服务方式，它通过网络来连接用户和信息专家，采用网上对话等实时或非实时的方式向用户提供参考咨询服务，从而使用户可以享受不受时间、空间限制的个性化服务。主要有非实时网上咨询服务、实时网上咨询服务和合作网络参考咨询服务三种形式[22]。

目前，世界上有超过 1000 家图书馆参与了美国的 24/7 合作参考咨询服务[23]。无论是单个图书馆，还是图书馆集团都可以参与该服务项目。通过参与的图书馆的彼此协作，该服务项目就可以提供每周 7 天、每天 24 小时的参考咨询；而且，不但可以提供诸如表单咨询、E-mail 咨询等异步式参考咨询，还可以提供诸如视频咨询、同步浏览等同步咨询方式，从而大大提升了图书馆的社会价值。在协作化的过程中，资料的共享、传递和互操作是常规行为，这也会给知识产权管理带来新的难题。全球参考咨询系统 QustionPoint 在制作知识库的时候就注意到知识产权问题，QuestionPoint 要求在将参考咨询问答编入知识库时，记录若包含需授权使用的数据库内容时，则只记录出处或改写内容，不可直接复制数据库内容。同时要求，必须确定所有的引用的书目信息都有记录在 "Source Citations" 的字段中，若不完整则需补齐[24]。在业务协作中，如何标识和分割不同的作品，如何对于分割下来的作品找到合适的知识产权人，如何区分作品的相似度和侵权性，是协同业务中需要注意的方面。

8. 数字业务外包的知识产权风险

数字业务外包主要是指图书馆基于契约，将一些非核心的、辅助性的业务外包给外部的专业化厂商，利用他们的专长和优势来提高图书馆的整体效率和竞争力。通过实施业务外包，图书馆可以降低经营成本，弥补自身能力的不足，集中资源发挥自己的核心优势，更好地满足用户需求。积极开展图书馆业务外包，已经成为大势所趋。图书馆涉及著作权的业务外包主要包括技术支持业务外包和资源建设业务外包。其著作权问题可以进一步细分为图书馆软件开发外包业务中的著作权、图书馆网站制作外包业务中的著作权、公有信息数据库外包业务中的著作权、可以合理使用信息的数据库外包业务的著作权、受版权保护的信息的数据库外包业务的著作权、图书馆涉外外包业务中的著作权等。

二、数字化技术的进步与相关知识产权规则的滞后所导致的知识产权风险

1. 数字化新环境与相关版权规则滞后的矛盾

数字图书馆由三部分组成：即数字图书馆硬件（包括计算机、通讯、数字化平台）、传输（包括数字图书馆主页、信息系统开放描述、元数据转换、智能化搜索技术、馆际互借与原文传递体系、唯一对象标识符、传输编码和网络协议）、内容资源（包括各种摘要、目录、索引、收藏和采购的全文、学科门户、数据库、资源集成等）。这些硬件、传输与内容资源的组合就构成了数字图书馆向用户提供信息资源服务的环境。与这三个部分关系密切的复制权、发表权、网络传输权、汇编权等最容易受到侵权。数字化技术不断创新服务环境，而知识产权规则的稳定性乃至滞后性必然带来二者的矛盾。调查发现，图书馆界目前普遍认为版权规则很不清晰，很难操作，给图书馆的知识产权管理带来了困难。

2. 版权规则的不确定性带来的风险

在国内，《信息网络传播权保护条例》（以下简称《条例》）已于2006年7月1日起正式施行，这是图书馆知识产权面临的最核心的制度环境的改变。《条例》涵盖了信息网络传播有关的权利限制、技术措施、权利管理信息、网络服务提供者责任及其责任限制等法律问题，内容十分广泛，其中许多规定都直接或间接地与图书馆相关。《条例》在一定程度上拓展了图书馆数字化信息服务的法律空间，同时也制约了图书馆某些数字化和网络化的技术优势的发挥。新的制度环境向图书馆提出了挑战，如何规避风险，把握机遇，已成为图书馆需要解决的重要问题。

《条例》直接涉及图书馆的条文是第七条；间接涉及图书馆的条文非常多，涉及图书馆的技术措施、声像资料、网络传播、馆藏数字化等一系列领域。这些条款规定了图书馆在网络信息服务中应遵循的基本规则，是数字图书馆业务发展的重要制度。根据第七条的内容，图书馆要行使合理使用的权利，需要正确处理"作品收藏权与作品所有权"、"已出版作品与未出版作品"、"馆内服务与馆外服务"、"本馆收藏作品与他馆收藏作品"、"数字作品与非数字作品"、"数字浏览与数字化复制"、"收回成本与赢利创收"等基本概念和法律关系。而这些概念本身在数字信息环境和泛在信息环境中面临了一些不确定性因素，这需要图书馆的密切关注。因此，制度环境在发生着改变，而制度环境的改变将增加图书馆的法律风险，其知识产权风险管理需要密切关注制度的动态变化和发展趋势。

3. 授权与付酬机制的不完善带来的知识产权风险

数字图书馆需要进行海量的数字信息资源建设，同时又向公众提供大量的信息资源服务。在数字图书馆工程中，现行版权授权与付酬机制的不完善给数字图书馆带来了风险，如哪些资源需要授权，如何获得授权，如何保证授权的有效与高效、付酬标准怎么确定等。

新著作权法实施条例的第21条规定："依照著作权法有关规定，使用可以不经著作权人许可的已经发表的作品的，不得影响该作品的正常使用，也不得不合理地损害著作权人的合法利益。"这条规定非常重要，不仅因为它是世贸规定的重要原则，而且在于今后我国执法部门在审理案件和我们每一个人在使用他人作品的时候，都不能违反该规定。数字图书馆在文献资源建设与提供信息服务等业务时也应严格遵守这一规定。甚至有人认为，这是不经许可使用作品的"法律底线"[25]。

我国著作权法第八条规定了集体管理组织的法律地位。但在实际运转过程中，集体组织还存在一些问题，如集体组织数量很少，授权的作者不多，机制不灵活等。如果未获得著作权人的书面授权，其代理行为也得不到法律的保护。可见，与集体管理机构合作仍然存在一定的风险。在解决授权与付酬过程中需要制定大量的授权声明、付酬声明、网上版权授权合同、版权许可使用合同。这些合同目前还没有统一的格式与语言。

4.国际版权环境的变化带来的风险

国际化是图书馆发展的重要趋势。美国学者贝克（S. K. Baker）在《资源共享的未来》一书前言中写到："今天的图书馆正生存在一个相互依赖的时代。进一步讲，每一个图书馆都必须视为世界图书馆体系的一部分，必须摆脱自给自足的状态，必须发现迅速从世界图书馆体系中获取资料并送到用户手中的方式，必须随时准备将自己收藏的资料提供给世界各地的其他图书馆。"[26]我国一些数字化服务机构以公司名义将数据库等产品销售到国外，发展外国客户（多为中文图书馆）。如果知识产权解决不好，权利人利用外国法律向当地法院起诉，法院自然会利用法院地法作出判决，这可能对数字化服务的供应商带来难以估量的损失。

在国际化背景下，知识产权争议就呈现复杂化的情况。表现在：①解决方式的可选择性，可能采用诉讼、调解、和解和仲裁；②争议性质的复杂性，可能是侵权问题，也可能是违约问题，也可能是侵权和违约并存；③争议主体的多样性，可能是图书馆之间，也可能是图书馆和信息资源的中介销售商之间的争议；④法律适用的冲突性，国际之间的诉讼裁决依照哪个国家的法律作为准据法，以什么作为法律适用的联结点，是国际法律冲突的基本问题，但对于图书馆的知识产权国际争议来说，这是较难处理的问题；⑤法院管辖和法律执行的问题。在国际法律冲突中，并不是任何法院都有管辖权，也不是任何国家都能够执行其他国家的法院裁决。目前我国在图书馆知识产权的研究中，对于图书馆融入国际化进程中出现的国际知识产权争议的研究还很少。这方面应该引起重视。

知识产权问题已经成为检验我国入世承诺的一条标准。如果数字图书馆侵犯知识产权，外国权利人不会直接利用 TRIPS 协议起诉（因为世界上绝大多数国家的法院都不直接受理个人依据 TRIPS 协议的起诉），但可能利用中国国内法直接起诉数字图书馆或者其主管机构，或利用其他渠道直接反映给中国政府。所以，应予以特别关注。值得注意的是在外国作品权利人诉中国机构的知识产权案件中，除了微软诉亚都为侵权主体错误外，其余案件几乎均以外国权利人胜诉结案。还要特别注意外国公司雇佣的国内调查公司的取证与调查活动。当著作权或邻接权受到侵犯时，被害人有权依据国内法程序，提起民事诉讼，或采取其他民事补救措施。TRIPS 协议要求成员应为权利持有人提供本协议所包括的任何知识产权的执法的民事司法程序。并具体规定成员司法当局应有权下达责令当事人停止侵权的禁令，责令侵权人向权利人支付足以弥补因侵权而给权利持有人造成的损害赔偿费。

国际公约对我国的数字图书馆建设有重要影响。数字图书馆建设将涉及大量的外国文献、数据库、文献指南、学术网站、电子期刊、图书馆链接等。发达国家作为知识产品的出口国，希望中国加大知识产权保护力度和水平。我国是《成立世界知识产权组织条约》的成员国，是《伯尔尼公约》（1992 年 10 月加入）、《世界版权公约》（1992 年 10 月加入）等主要国际版权条约的成员国，签署了 1996 年 12 月达成的《世界知识产权组织版权公约》（WCT）和《世界知识产权组织表演和录音制品条约》（WPPT）。2001 年年底我国加入 WTO 后，数字图书馆作为国家级的建设项目必须全面执行 TRIPS 协议的规定，特别是通过国民待遇原则承担对外国作品的知识产权保护义务。

国际组织的政策与声明对我国的数字图书馆建设也有重要影响。国际图联分别于 2000、2001、2004 年相继发表了《国际图联关于在数字环境下版权问题的立场》[27]、《国际图联关于世界贸易组织的立场》[28]、《国际图联关于世界知识产权组织（WIPO）未来的日内瓦宣言的立场》[29] 等一系列有关图书馆版权问题的声明。国际图联（IFLA）在 2006—2009 年的战略规划中指出：IFLA 的知识产权战略目标包括了公平对待版权领域有关问题；对国际版权法和知识产权保护法施加影响，使图书馆用户可在合理使用原则下获取信息等。为确保所有人都能获取信息，IFLA 致力于使人们能够无障碍地认知、学习和交流。IFLA 反对用知识产权限制人们获取信息，支持公平公正地利用知识产权的各种规章[30]。这些声明也将影响我国的相关知识产权政策。

国外有关图书馆知识产权的法律法规和政策值得我国借鉴，也可能对我国的相关政策走向产生影响，如美国 1976 年版权法（United States Copyright Act of 1976）、数字千年版权法（Digital Millennium Copyright Act）、技术、教育与版权协调法案（Technology，Education and Copyright Harmonization Act）等。

三、数字化资源与数字图书馆用户带来的知识产权风险

1. 资源下载与上传信息

数字图书馆下载的作品一般只能用于个人的学习和研究，不能用于营利的目的，也不应该对作品的潜在销售市场产生很大的影响。版权人声明不允许下载的作品，用户擅自下载，也容易构成侵权。下载打印超过一定的数量，通常称为"恶意下载"，也容易侵犯权利人的权益。如当一个 IP 地址在一分钟内发出下载请求超过许可的范围时，将被视为恶意下载。我国很多数字图书馆均发生过整期杂志全文下载、大批量专题下载、将数据传递给非合法用户非法牟利等各种恶意下载行为，直接影响了数据库的正常使用。

新一代图书馆平台的开放性为用户上传作品提供了良好的条件，许多图书馆为上网用户开设了电子论坛、留言簿等信息发布平台，用户可以在不同的主题布告栏内发布信息、阅读他人观点并提出自己的看法等。一般来说，图书馆在提供内容服务时，对网络信息具有一定的编辑、控制能力，但由于电子论坛一般具有用户人数众多、主题类别繁杂、信息交换频繁且信息量巨大等特点，图书馆很难实现用户的实时管理，无法对网络用户发布的信息逐一作出识别与判断。

2. 资源复制或传输

复制权在《著作权法》中被定义为："以印刷、复印、拓印、录音、录像、翻录、翻拍等方式将作品制作一份或多份的权利。"复制权也始终都是著作权法保护的核心内容。复制一般有以下几种情形：一是利用图书、期刊、报纸等印刷品进行复制；二是利用唱片、磁带、软件、幻灯片等音像制品进行复制。随着现代信息技术的发展，复制的内涵又被赋予了新的意义，光盘刻录、电子扫描、网上信息下载等新型方式都已是复制的重要方式。虽然，《著作权法》第二十二条明确规定，为个人学习、研究或者欣赏，为报导时事新闻，为学校课堂教学或者科学研究，复制图书馆收藏的作品属于合理使用的范畴，但用户在实际使用中还应把握好合法复制和侵权复制的尺度。如果用户是为个人需要而复印他人已经发

表的作品，其目的必须是学习、研究或欣赏。此外，使用未发表的（如处在保护期内的学位论文）作品，如果数量控制不当亦属侵权行为；网络环境下，用户通过 INTERNET 或局域网阅读、下载拷贝图书馆的数字信息资源（如随书光盘、《中国大百科全书》光盘、软件、影视作品、录音录像制品和其他多媒体作品音乐等），都应注意复制或传输的数量问题。

3. 设代理服务器

目前网络数据库对授权用户的身份认证一般都采取 IP 地址认证的方式，即在签署购买合同后，使用单位提供本单位的 IP 地址清单，数据库提供商只对这些 IP 地址开通访问权限。用户在使用单位提供的 IP 地址范围内登录网络数据库，被自动检测，并被自动确认为授权用户。因此，只有在使用局域网 IP 地址范围内的计算机上，才能查询图书馆所购买的各类电子资源。IP 代理服务器可以突破 IP 的访问限制，设立 IP 代理服务器的办法是目前解决非校园网用户访问学校图书馆电子资源的最好的方法之一。它能够有效解决合法用户因四处散居而被排斥为非校园网用户人数较多的情况，使用方便、成本较低。我国台湾主要高校和大陆部分高校采用了这种方法[31]。但是，未经数据库代理商授权而私设代理服务器，为其他计算机提供接入服务，无意将本单位的网络数据库提供给非授权用户使用，仍属侵权行为。此外，面向校外用户的私设代理服务器容易被黑客软件所利用，这对图书馆提供的仅限于授权用户使用的网络服务来说，相当于开了一个可以任意进入的后门，极易导致恶意下载行为的发生，而损害授权用户的正常使用。

4. 规避技术措施

以技术措施保护网络空间作品著作权的方式受到很多国家的重视。美国图书馆协会（ALA）在《数字权利管理与图书馆立场》文件中认为数字权利管理技术的目的是用来控制对数字作品的访问、跟踪和限制使用[32]。美国《数字千年版权法》（DMCA）鼓励著作权作品的私人性质的技术保护。DMCA 第 1201 条规定：任何人不得规避对受保护作品访问有效控制的技术措施。我国《著作权法》第四十七条第六款强调了对著作权的技术措施的保护，明确规定：未经著作权人许可，故意避开或者破坏权利人为其作品采取的保护著作权的技术措施的行为是侵权行为。规避技术措施非常容易，通常有以下情况：①非授权用户利用不正当的手段，盗用授权用户的 IP 地址或网络账号[33]；②利用代理服务器搜索工具，如代理猎手(Proxy Hunter)等查找一些图书馆的代理服务器地址，网上很多电子论坛对注册用户不定期公布众多数据库的代理服务器地址、密码等；③用户凭借高超的手段破解了数据库保护的技术措施，从而能够非法利用该作品。有些用户还在网络上传播该作品或破解方法，使著作权人的权益在更大范围内受到侵害。由此可见，随着计算机技术的快速发展，作者提高了保护作品著作权的技术水平，但用户的破解技术水平也在同步提高，致使网络传播中作品的著作权很难得到可靠的技术保护。

5. 馆外使用产生的知识产权风险

目前著作权法严格区分了馆内与馆外使用的行为。美国《数字千年版权法》（DMCA）第404条对版权法第108条中有关图书馆的豁免条款加以修订，允许图书馆制作三份包括数字复制件在内的馆藏复制品，数字复制件不能向图书馆建筑物以外的公众传播。这意味着图书馆只能在馆内局域网或单机上，向读者提供数字复制件的浏览服务。我国《信息网络传播权保护条例》第七条明确规定，图书馆、档案馆等可以不经著作权人许可，通过信息网络向本馆馆舍内服务对象提供本馆收藏的合法出版的数字作品和依法为陈列或者保存版本的需要以数字化形式复制的作品。但是图书馆与许多数字信息资源供应商之间签署的协议则采用了授权用户或授权使用等概念。图书馆多数电子资源采用IP认证的方式提供服务，易使人误认为在一定IP范围内的用户就是授权用户。IP认证实际上是授权可以访问该电子资源的一个地理区域，而在这个区域使用电子资源的"人"并不一定都是授权用户。非授权用户在图书馆馆舍之外的授权场所使用电子资源这种行为目前无法控制。

数字图书馆无法完全控制用户使用的目的、动机，也很难控制用户使用作品的数量。在这样的技术平台上，数字图书馆将很难实现对用户的实时管理。数字图书馆有时也扮演终端用户的角色。我国《著作权法》规定：复制品的出版者、制作者不能证明其出版、制作有合法授权的，复制品的发行者或者电影作品或者以类似摄制电影的方法创作的作品、计算机软件、录音录像制品的复制品的出租者不能证明其发行、出租的复制品有合法来源的，应当承担法律责任[34]。

对于图书馆是否承担用户非法使用导致的知识产权责任，目前尚存争议，国际图联认为，虽然图书馆在保证遵守版权法方面发挥着重要作用，但侵权的责任，最终应该由侵权者负责。用户通过图书馆的阅读和利用行为是否构成侵权，由用户独立作出判断，并独立承担责任。图书馆不为任何第三方侵权带来的后果承担直接的或连带的责任[35]。

在我国，图书馆是否免除责任还需要结合具体的侵权情节才能确定，图书馆本质上是一个内容服务的提供者。在美国及欧洲许多国家，大都把网络内容提供商视作"出版商"，承担严格责任。在我国，图书馆如果通过网络参与他人侵权版权的行为，或者通过网络教唆、帮助他人实施侵犯版权的行为，图书馆可能要承担共同侵权的责任；即使没有参与、教唆、帮助行为，如果图书馆明知用户通过网络侵犯他人版权的行为，或者经权利人提出确有证据的警告，但图书馆仍不采取移除内容等措施以消除侵权后果，同样可能被追究共同侵权责任。因此，馆藏信息资源的用户侵权可能引发图书馆的侵权风险。

第三节 数字图书馆版权保护策略和措施

一、建立知识产权管理责任、制度与政策

1. 对数字资源与数字图书馆风险进行客观评估

对风险进行客观评估是建立完善管理制度的前提。我国正在建设的数字图书馆工程具有不同模式、不同目标。如中国数字图书馆工程的建设坚持公益性为主、资源建设为核心、统一标准规范、开放建设与利益共享、开发与引进相结合等原则进行建设。其总体建设目标是：通过资源建设工作的组织与实施，建成超大规模的、高质量的分布式中文数字资源库群并提供网上等多种服务等[36]。中国科学院建设指导思想是：以用户需求为建设目标，坚持建设过程的用户导向，通过联合与合作实行开放性建设，通过规范管理实现工程化建设和可持续发展，保障项目建设为科学院知识创新工程和国家创新体系有效地发挥作用。

我国数字图书馆有些是基于资源建设的模式，有些是基于服务的模式；有些是基于文献资源的战略储备目标，有些则是基于现实需要的目标；有些提供的是综合性的服务，有些仅提供学科资源服务；有些面向系统，有些面向全体公众。这些不同模式的数字图书馆面临不同的知识产权风险。制定知识产权管理方案必须结合自己的特点，科学评估存在的法律风险，科学核定自主知识产权的价值。这是科学管理知识产权、避免侵犯他人知识产权的基础。

2. 完善数字资源与数字图书馆知识产权管理制度

制度化是知识产权管理有效与高效的关键。知识产权是诉讼中的权利。或者说，没有诉讼，知识产权的价值就体现不出来。没有诉讼，知识产权的风险也体现不出来。而一旦诉讼出现，往往被诉一方就非常被动。根据 TRIPS 协议的原则、新著作权法规定，在许多情况下被告负有举证的责任。而诉讼失败，则会带来巨大的经济损失。有时，知识产权问题甚至会演化为政治问题、外交问题。

图书馆知识产权管理制度应该兼顾可操作性和前瞻性。可操作性是根据业务类型，针对不同的工作岗位，制定的操作规范中对涉及知识产权的地方尽可能地阐明并详细规定工作方式。不同部门的知识产权操作之间相互关联，构成整个图书馆知识产权的制度体系。可以针对数字化建设、文献传递与馆际互借、信息网络发布、声像服务、网站建设与网络导航、虚拟参考等不同业务类型分别制定一些规则。同时，规则要落实，不能流于形式；规则要有弹性，不能僵化，要随着法律环境的变化和图书馆业务的发展不断变化。

前瞻性是根据图书馆所处环境的变化对知识产权政策的发展预见以及为该预见所做的准备。涉及图书馆知识产权环境最大的变化包括信息环境的改变、制度内容的改变、业务类型的改变和资源分布的改变。信息环境的改变主要表现在泛在信息环境的形成；制度内容的改变主要表现在信息网络传播权的规制；业务类型的改变主要表现在开放、合作与远程业务的迅速发展；资源分布的改变主要表现在免费资源、增值资源和集成资源的比重变化。这四个因素相互作用，共同影响着图书馆知识产权风险规避策略的制定。图书馆的知识产权管理制度应该对此有前瞻性的认识。

3. 制定数字图书馆知识产权管理政策

对于知识产权管理，领导的决策是关键。知识产权涉及数字图书馆的可持续发展问题，在信息资源建设、信息资源服务及信息资源管理中的每一环节均可能涉及。解决知识产权问题，关键是要建立健全版权管理内部工作制度。制度不健全，无疑会增加侵权和被侵权的风险。

数字图书馆的版权管理工作要取得实效，必须保证在整个工作过程中进行知识产权规范化管理。知识产权管理工作要做到规范有序，就必须建立一整套制度、规则和程序，这样有利于版权管理工作规范化和科学化，也有利于提高管理效率。通过建立有效的工作运行机制，建立健全的规章制度，实行明确的责任制，明确各个工作部门应遵守的版权的基本准则和规范，以及各自的职责，并使版权管理工作融入数字图书馆的各项工作之中，就可以减少和避免版权管理工作的随意性和无序性，提高管理的效率。健全的版权管理工作机制包括知识产权管理工作的组织与领导、人员安排、规章制度与监督机制、一定的经费投入、运行机制、必要的表格、工作蓝本。编制相应的知识产权工作手册，对员工进行知识产权培训是非常必要的。

解决数字图书馆知识产权问题措施应当简明。付费的方式应简单，程序不应复杂。数字图书馆面临的知识产权挑战是存在的。解决或预防知识产权纠纷，依赖对现行版权法的正确运用，有些则依赖国家对知识产权政策的调整，有些依赖司法对现有法律的解释（只有最高法院的解释才具有司法上的效力）。否则会增加知识产权保护的成本，知识产权保护就会成为包袱。

二、应将知识产权成本纳入数字图书馆建设与服务预算

根据对全国范围内 49 所公益性图书馆的调查，有超过 75% 的图书馆没有编制版权费用的预算，只有不到 9% 的图书馆有对版权费用的编制预算[37]。知识产权管理方案在实施过程中不仅需要设立岗位、提供人力资源保障，而且要配置相应的经费。版权中的财产权是作者的重要权利。作者对版权进行利用，获得经济利益，是实现财产权的重要方式。超出了合理使用范围，使用者均应当支付报酬。这表明，图书馆实施知识产权管理方案，成本也是不可避免的。图书馆在向主管部门或政府机构申请经费支持时应将版权成本纳入到预算中。2007 年，中国国家图书馆单列出专项版权经费 3000 万元，以解决国家数字图书馆工程中的数字资源版权利用问题[38]。

三、应设立数字图书馆知识产权馆员岗位

为了避免侵权发生，就需要在图书馆设立有关知识产权管理的岗位。我们调查了全国范围内 49 所公益性图书馆的情况，有接近 90% 的图书馆没有设置版权管理的专门岗位，仅有 5 所设置了版权管理专门岗位[39]。知识产权管理方案的制订、实施、反馈是一个长期的过程。分析图书馆的法律环境、评估方案的实施效果等，都需要有熟悉法律知识和图书馆业务的专门人员。在信息社会，知识产权法律规范变化发展速度很快。如《信息网络传播权保护条例》的颁布实施就使图书馆的数字信息服务面临着新的法律环境。图书馆需要设立专门的版权机构和工作人员，负责知识产权方案的制订、实施、评价和修订。Pnina Shachaf 等 2006 年对美国 50 所图书馆网站的调研发现，有 15% 的图书馆设立了版权图书馆员或版权委员会[40]。中国国家图书馆于 2008 年 4 月在数字资源部成立版权管理组，负责解决馆藏资源建设和服务中的知识产权事宜[41]。我们认为，应普遍建立版权图书馆员制度，中等以上图书馆应设置 1 名版权图书馆员岗位，中等以下图书馆可以设置兼职版权图书馆员岗位。

四、充分利用合理使用原则发展公共利益

解决数字图书馆知识产权问题应灵活运用现有的法律法规。数字图书馆的知

识产权问题，如文献资源建设、文献传递、文献管理中的知识产权问题，都应以现有的版权法为根据。我国2001年10月27日开始实施的新《著作权法》在传统著作权法的基础上对网络环境做出了回应，对网络传播、复制、技术措施、权利管理信息等都做出了明确的规定，使解决因网络而引起的版权问题有法可依。在运用我国现行《著作权法》解决数字图书馆的知识产权问题时，要充分考虑TRIPS协议在我国的适用，与国际准则保持一致。要防止对保护范围的不适当扩大，防止知识产权对数字图书馆的伤害。

图书馆获得信息资源的途径包括两种，一种是获得法律的授权，另一种是获得合同的授权。从法律授权的角度出发，图书馆规避知识产权风险可以采用三种方式，一是充分利用各种公有信息，二是充分利用开放存取资源，三是充分利用"合理使用"的权利豁免。

第一，充分开发公有信息资源。数字图书馆海量信息中，一部分属于公有信息。图书馆可以充分利用这部分信息开展服务。所谓社会公有信息是指不受著作权保护(至少丧失了著作权中的财产权)，任何人都可以无偿使用的信息，包括四类，第一类，不适用于著作权保护的作品。例如我国的法律、法规，国有机关的决议、决定、命令和其他具有立法、行政、司法性质的文件，时事新闻，通用表格等。第二类，著作权过期资源。著作权中的财产权都有一定的保护期限，其财产权过期以后，任何人都可以使用，既不必征得著作权人同意，也无需交纳任何有关费用，但在使用时不可侵犯作者的署名权、修改权和保护作品完整权等人身权利。第三类，部分外国作品。在我国，外国人、无国籍人的作品在中国受到保护必须具备如下三个条件之一：①作者所属国或者经常居住地国同中国签订协议或者共同参加国际条约；②首先在中国境内出版的；③首次在中国参加的国际条约的成员国出版的，或者在成员国和非成员国同时出版的。对于不符合以上条件的外国作品在我国不受到保护。第四类，达不到我国受著作权保护的独创性标准。并不是任何信息在我国都受到著作权的保护，它必须不是抄袭的，并且其创作凝聚了一定的智力劳动。

第二，充分利用开放存取资源。根据《布达佩斯开放存取倡议》提出的定义，开放存取是指论文可以在公共网络中免费获取，它允许所有用户不受经济、法律和技术限制地阅读、下载、复制、散发、打印、搜索或超链接论文全文，允许自动搜索软件遍历全文并为其编制索引，允许将其作为软件的输入数据，允许有关他的任何其他合法用途，除非登录使用互联网本身有障碍。开放存取并不意味着要求版权所有者放弃所有权，或者将作品归入公共领域。开放存取资源和公有资源是不同的。开放存取并没有否定著作权的存在，相反，开放存取是以承认资源享有著作权为前提，只是将著作权纳入特有的运营规则。开放存取资源可以免费获取，是在网络环境下发展起来的一种新的重要学术交流模式。图书馆可以充分利用开放存取资源来扩张馆藏。图书馆可以实现对"开放存取"的全文链接，为作品建立索引，利用这些作品提供给用户阅读、下载、复制、传播、打印和检索等服务。

五、坚持合理抗辩，争取图书馆的法律空间

在侵权法上，抗辩是指被告针对原告的诉讼请求提出使自己免责或减轻责任的事由，是针对原告的诉讼请求而提出的可以证明原告的诉讼请求不成立或者不完全成立的客观事实。抗辩事由是在承认被告在行为外观表现上已经构成侵权行为的前提下，使被告并不因此承担侵权责任，或者承担相应较小的侵权责任。在信息资源管理领域，可以用来对抗侵权诉讼的事由主要有主体资格不合格、公有领域、著作权人的同意、合理使用、已经采取了适当的措施。用这些事由抗辩时必须研究法律的本质，例如在何种情况下可以使用"已经采取了适当的措施"作为抗辩的事由。

被诉侵权，应采取相应措施。包括调解、仲裁、应诉与抗辩等程序。不同程序的成本与效率是不同的，故应制定恰当的策略。为了避免诉讼失败和降低侵权诉讼的复杂性，平时要注意保存资料，做好记录，维护好相关声明。还要特别注意版权人的"陷阱取证"，以避免使日后的诉讼增加困难。由于许多数字图书馆并无特别措施，当被诉侵权时，往往拿不出抗辩的理由，从而陷于诉讼的被动。

合理使用制度是著作权法的核心制度之一，是为了平衡在著作权作品生产、使用过程中的各方面利益而采用的一种权利约束机制。《信息网络传播权保护条例》第七条规定"图书馆可以不经著作权人许可，通过信息网络向本馆馆舍内服务对象提供本馆收藏的合法出版的数字作品和依法为陈列或者保存版本的需要以数字化形式复制的作品，不向其支付报酬，但不得直接或者间接获得经济利益。当事人另有约定的除外"，并进一步规定"为陈列或者保存版本需要以数字化形式复制的作品，应当是已经损毁或者濒临损毁、丢失或者失窃，或者其存储格式已经过时，并且在市场上无法购买或者只能以明显高于标定的价格购买的作品"。这是图书馆合理使用的核心制度，是目前馆藏数字化和提供局域网服务的基本依据。在利用该"合理使用"制度时，要注意"馆舍内服务对象"、"本馆收藏"、"合法出版"等重要概念。

六、规范数字资源与数字图书馆合同

根据《信息网络传播权保护条例》，图书馆在网络环境下的合理使用权利被限定为本馆馆舍。随着网络技术的普及，如果仅仅在馆舍内提供服务，这和图书馆社会化、远程化、网络化的服务相违背。对于服务和法制的两难处境，通过合同获得授权是最重要的解决办法。从合同授权的角度出发，图书馆规避知识产权风险可以采用三种方式，一是采购合同的约定授权，二是通过集体管理机构的约定授权，三是网络搜索链接的默示使用授权。

1. 采购合同的约定授权

采购合同的合法性和约定内容的针对性是图书馆通过合同获得使用授权的基本着眼点。

（1）采购合同的合法性。要求资源提供方具有相应资质，并对其授权内容具有合法权利。首先要考察资源提供方的资质问题，例如，如果是购买电影的放映权，提供方必须有电影授权资质。《信息网络传播权保护条例》要求图书馆数字化业务的前提条件，一是"合法出版"，就指出版方首先要有合格资质；二是考察对方权利的来源是否真实合法。例如要购买数据库的网络使用权，要确保该数据库本身是没有版权纠纷的。如果该数据库收录文献属于侵权作品，则这种权利瑕疵将影响到图书馆对数据库的正常使用，甚至可能将图书馆带入侵权纠纷的泥潭。

（2）约定内容的针对性。要求约定内容必须针对图书馆具体从事的行为而设定，例如，图书馆对一般的作品不需要进行排他性使用，和资源提供商签订的是许可使用合同。该合同应包括如下条款：许可使用的权利种类；许可使用的权利是专有使用权或者非专有使用权；许可使用的地域范围、期间；付酬标准和办法；违约责任；双方认为需要约定的其他内容。图书馆需要的常用权利是复制权和信息网络传播权；图书馆使用方式是非专有使用；许可地域和图书馆服务对象密切相关。

建立健全采购合同制度，与具有适格资质的资源提供商约定作品的复制权和信息网络传播权使用事宜，是图书馆适应网络环境提供服务的重要举措。

2. 集体管理机构的约定授权

作为海量信息处理机构，图书馆通过和资源提供方一对一授权方式开展信息服务是不现实的；而且现代社会人员流动频繁，寻找权利人本身就是一件困难的事情。通过著作权集体管理机构可以部分解决这个问题。《著作权法》第八条规

定了著作权人和与著作权有关的权利人可以授权著作权集体管理组织行使著作权或者与著作权有关的权利。著作权集体管理组织被授权后，可以以自己的名义为著作权人和与著作权有关的权利人主张权利，并可以作为当事人进行涉及著作权或者与著作权有关的权利的诉讼、仲裁活动。根据《著作权集体管理条例》，图书馆获得集体管理组织对作品的授权的时候，应该以书面形式订立许可使用合同，并且这种合同不得是专有许可使用合同。该许可使用合同的期限不得超过2年，合同期限届满可以续订。虽然我国目前的著作权集体管理机制尚不成熟，但图书馆必须对此加以关注，将其作为获得海量授权的契机。

3. 网络搜索、链接的默示使用授权

《信息网络传播权保护条例》第十四条规定"对提供信息存储空间或者提供搜索、链接服务的网络服务提供者，权利人认为其服务所涉及的作品、表演、录音录像制品，侵犯自己的信息网络传播权或者被删除、改变了自己的权利管理电子信息的，可以向该网络服务提供者提交书面通知，要求网络服务提供者删除该作品、表演、录音录像制品，或者断开与该作品、表演、录音录像制品的链接"。该条文肯定了提供搜索引擎和设置链接的合法性，也肯定了权利人禁止链接和禁止搜索的权利。对于图书馆而言，图书馆可以利用搜索和链接的功能构建图书馆数字资源导航系统。但是，如果当图书馆接收到权利人的禁止链接和搜索的声明以后，要立即停止链接，否则构成侵权。

七、采取有效技术措施

技术途径作为法律授权和合同授权的补充机制在保护知识产权方面发挥着重要作用。技术途径在图书馆的知识产权风险规避方面的作用表现在两个方面，一是利用技术措施保护图书馆收藏的他人享有著作权的作品，二是利用技术措施保护自己的增值开发信息不受侵权。《信息网络传播权保护条例》对于技术措施给予了充分关注，涉及技术措施的条文包括了其第四条、第十条、第十二条、第十八条、第十九条、第二十六条等。

《条例》第十条第（四）款明确要求图书馆采取技术措施，防止复制行为对著作权人利益造成的实质性损害。分析该条文，可以发现，图书馆采取的技术措施要达到"控制复制"与"控制传播"两种目的。（1）控制复制。其控制的对象是"本馆馆舍内"用户，控制的行为是"复制"，控制的程度是"不对著作权人利益造成实质性损害"。条文采用的"实质性"的术语，表明图书馆并非完全不能复制，而是数量上不能太大，必须维持在合理的范围内。至于何谓"实质性损害"，并无相关解释。（2）控制传播。其控制的对象是"馆舍外用户"，控制的行为是"获得"。因此，"控制传播"主要是采取控制接触作品的技术措施，以防止对在线作品的访问。最常用的是口令技术和问题化技术。为了保护著作权人的精神权利，图书馆还应主动采取保护作品完整性的技术措施，防止未经授权的对作品的修改或篡改。出于保护著作权人与图书馆自身权益的双重考虑，也为追查侵权行为提供线索，为司法救济提供依据，图书馆还要采取识别侵权的技术措施。

八、加强数字图书馆对信息资源的增值利用工作

对馆藏文献进行增值加工形成增值产品与增值服务是规避著作权风险的重要路径选择。例如信息咨询形成的产品集合了图书馆员的智力劳动，常常因为具有了著作权法要求的独创性而受到著作权的保护，形成了自己的知识产权产品。在具体业务中主要包括（1）参考咨询的问题库（FAQ）、知识库、专家库等；（2）在定题服务中设计的定题服务方案，检索策略，构建的定题服务数据库等；（3）在战略情报服务中，从海量信息资源中捕捉到有战略价值的情报，加以科学整合，形成研究报告。

数字图书馆也可以通过对不享有著作权的文献进行深度加工，整合一切相关信息资源，生成高附加值的信息产品，从而享有著作权。通过自建特色数据库，开发新的数字资源，可以形成特色文献库，也可以形成自主知识产权。

九、加强著作权教育，提高读者的知识产权素质

网络环境中，图书馆承担的版权责任可能是因为用户利用作品的违法行为而引起，应该对用户利用作品的行为进行有效的引导。图书馆可以实行对用户的合同化管理，将用户利用作品中保护著作权的规则、方法、责任等内容包括在图书馆与用户签订的合同条款之中。但仅仅依靠这种方式来消除用户的非法使用行为和提高用户的知识产权意识是不现实的。用户版权意识和版权保护技能的普及与提高是一项持续性的事情。所以，不能把签订合同当成图书馆对用户管理活动的结束，而应看成是对用户版权教育和培训活动的开始，图书馆应以各种方式宣传著作权知识，提醒用户注意保护版权，并告知用户侵权的后果，同时加强对用户利用数字化作品方式方法的监督指导，纠正其不良行为，消除侵权隐患。

十、推动数字资源和数字图书馆的立法进程，争取更多权利

数字资源与数字图书馆在我国还是新兴事物，与之相适应的法律与政策还不

丰富。业界应该更多地推动立法以有利于图书馆的建设与发展。在国际上，国际图联发表的《关于数字环境下版权问题的立场声明》，强调"和谐的著作权有利于每一个人；实现著作权平衡是图书馆的职能之一；数字作品与传统作品没有本质的不同；图书馆的公共借阅促进了知识和信息的传播与普及；图书馆不为第三方承担侵权责任"等观点。这些观点展示了国际图联的立场和对立法进程的积极推动。国际图联分别于2000、2001、2004年相继发表了"国际图联关于在数字环境下版权问题的立场"、"国际图联关于世界贸易组织的立场"、"国际图联关于世界知识产权组织（WIPO）未来的日内瓦宣言的立场"等一系列有关图书馆版权问题的声明。这些立场及原则被各国图书馆界所遵循，并且深刻影响着各国在处理本国版权问题时的立场，同时也被一些国家在立法时所借鉴。我们认为，正在进行中的图书馆立法尝试应将图书馆保存权、公益性数字图书馆网络传播豁免权纳入其中。

参考文献

［1］W R Cornish. Intellectual Property(Third Edition). Sweet & Maxwell,1996

［2］Kenneth D Crews. Copyright law for librarians and educators:creative strategies and practical solutions. Chicago:American Library Association,2006

［3］ACRL Environment Scan 2007. ［2011 – 09 – 08］. http://www. ala. org/ala/acrl/acrlpubs/whitepapers/Environmental_Scan_2. pdf

［4］SJU Drexel. Library Copyright Policy &Guide:Introduction and Fair Use. ［2011 – 09 – 13］. http://www. sju. edu/libraries/drexel/copyright/introandfairuse. htm

［5］UCLA Library. Strategic Plan 2006 – 09. ［2011 – 09 – 17］. http://www2. library. ucla. edu/pdf/UCLA% 20Library% 20Strategic% 20Plan% 20200609. pdf

［6］MIT Libraries Strategic Plan 2005 – 2010. ［2011 – 09 – 20］. http://libstaff. mit. edu/lc/sp2005 – 2010. pdf

［7］Nicholas Joint. Risk assessment and copyright in digital libraries. Library Review,2006,55(9)

［8］陈传夫等. 中国图书馆界对知识产权问题的认知调研报告（上）. 图书与情报,2009(5):1 – 11

［9］同［8］

［10］国际图联. 关于在数字环境下版权问题的立场（2000）. ［2011 – 09 – 30］. http://www. ifla. org/III/clm/p1/pos-dig-cn. pdf,2010 – 06 – 08

［11］孙茜编译. 美国国会图书馆2004—2008战略计划（上）. 图书情报工作动态,2006(2):1 – 9

［12］University of Minnesota Duluth Library Copyright Policy. ［2011 – 09 – 29］. http://www. d. umn.

edu/lib/admin/library-copyright. htm

[13]Copyright Policy. [2011 – 10 – 05]. http://www.enmu. edu/academics/library/ill/copyright. shtml

[14]Intellectual Property：A Balance. The British Library Manisesto. [2011 – 10 – 11]. http://www. bl. uk/news/pdf/ipmanifesto. pdf

[15]ALA and ARL Response to the Section 108 Study Group Regarding Interlibrary Loan and Other Copies for Users. [2011 – 09 – 07]. http://www. section108. gov/doca/ALA-ARL. pdf

[16]张炜. 电子出版物缴送制度分析. 图书馆建设,2005(6):45 – 46

[17]E. 博登海默;邓正来译. 法理学法律哲学与法律方法. 北京:中国政法大学出版社,1999

[18]辜胜阻,黄永明. 新经济呼唤制度建设. 厂长经理日报,2001

[19]卡洛斯. M. 科雷亚. 拉丁美洲对版权和邻接权经济价值的评估方法. 国家版权局:版权公报,2000

[20]Copyright Licensing Agency Ltd. About Us,What we do. [2011 – 09 – 05]. http://www. cla. co. uk/about_whatwedo. php

[21]冉从敬. 网站建设的知识产权初探. 图书情报知识,2003(5):45 – 47

[22]林红兵. 浅析《信息网络传播权保护条例》对图书馆的影响. 福建图书馆理论与实践,2007 (3):9 – 12

[23]CLC. Frequently Asked Questions About the 24/7 Reference Cooperative. [2010 – 07 – 28]. http://www. questionpoint. org/community/TransitionTaskForce/FAQ_247. htm

[24]赵光林. Question Point 知识库的评介及启示. 现代情报,2007(2):173 – 177

[25]与公众利益密切相关 官员细谈著作权法实施条例. [2011 – 08 – 23]. http://www. chinanews. com/2002 – 08 – 15/26/212230. html.

[26]Baker S K, Jackson M E. The Future of Resource Sharing. New York：The Ha Worth Press, Inc. ,1995

[27]IFLA. The IFLA Position on Copyright in the Digital Environment (2000). [2011 – 08 – 23]. http://www. mendeley. com/research/the-ifla-position-on-copyright-in-the-digital-environment-committee-on-copyright-and-other-legal-matters-clm/

[28]IFLA. The IFLA Position on The World Trade Organization (2001). [2011 – 08 – 23]. http://www. ifla. org/en/publications/the-ifla-position-on-the-world-trade-organization

[29]IFLA. The IFLA Position on the Geneva Declaration on the Future of WIPO. [2011 – 08 – 23]. http://www. ifla. org/files/clm/position_papers/ifla-position-on-geneva-declaration-2004-en. pdf

[30]IFLA 2006—2009 年战略计划. [2011 – 08 – 23]. http://www. ifla. org/V/cdoc/IFLA-StrategicPlan-zh. pdf

[31]姜琳. 关于非校园网用户利用图书馆电子资源的研究. 现代情报,2006(2):64 – 66

[32]American Library Association. Digital Rights Management and Libraries. [2011 – 05 – 28]. http://www. ala. org/ala/washoff/woissues/copyrightb/digitalrights/digitalrightsmanagement. cfm

[33]张静,强自力,邵晶.电子资源违规使用行为分析及图书馆的应对措施.大学图书馆学报,2008(2):64-67

[34]著作权法第五十二条.[2011-10-05].http://www.edu.cn/20011105/3008137.shtml

[35]同[27]

[36]中国数字图书馆工程介绍(2006).[2011-08-23].http://www.edu.cn/ruan_jian_ying_yong_1720/20061108/t20061108_204176.shtml

[37]陈传夫.图书馆知识产权管理调研报告.武汉:武汉大学信息管理学院,2008

[38]李华伟.国家图书馆数字资源建设与服务中的版权管理.数字图书馆论坛,2008(8):43-48

[39]同[37]

[40]Pnina Shachaf,Ellen Rubenstein. A Comparative Analysis of Libraries' Approaches to Copyright: Israel,Russia,and the U. S. The Journal of Academic Librarianship,2007,33(1)

[41]同[38]

第十二章　数字图书馆系统构建与运行

第一节　数字图书馆体系构建

一、数字图书馆体系结构概述

数字图书馆的建设已在多数国家开展。迄今为止，并不存在一个通用的数字图书馆体系结构，这是由于信息技术和相关标准不断发展的结果，怎样基于现有的技术并考虑到未来技术的发展，构筑一个灵活强大的数字图书馆体系结构，对于数字图书馆的建设是至关重要的，这需要我们了解相关技术和标准以及数字图书馆体系结构的发展变化。

数字图书馆要为用户提供各种简单易用、功能强大的知识服务，通常从功能上可将数字图书馆划分为：用户界面、命名服务、搜索系统、资源库等部分。数字图书馆的建设涵括各种数字资源的创建、管理、查询、利用、存储的整个过程。自从 William Y. Arms 等在 1997 年提出了数字图书馆的信息体系结构以来[1]，数字图书馆的体系结构在不断完善和发展，通过许多试验项目仍在不断改进。

二、数字图书馆基本体系结构

1. 资源库

资源库的功能包括存储和管理各种数字对象，通常是由关系型数据库来管理。应用程序通过资源库提供的库访问协议（RAP）来访问资源库。可实现存储、访问、复制、移动和删除数字对象等操作。与 Web 上的信息所不同，数字图书馆中数字资源是以数字对象的形式进行封装的，一个数字对象包括：①一个全球唯一的独立于地址的长期标识符。②数字资料，存储数字图书馆的资料，也就是最终用户需要获取的信息内容，如经 XML 置标后的文本、一本电子图书等。③元数据，关于数字资料的数据。一般情况下，元数据有三种：a. 描述性元数据，用于发现和标识一个对象，如 MARC 和 DublinCore。b. 结构性元数据，为用户显示和导航一个对象（包括该对象的内部组织信息），如一本书由章节组成。

c.管理性元数据，描述该对象的管理信息；创建日期、文件的格式、访问权限、知识产权问题等。

2.命名系统

命名系统是针对长期标识符的分配、管理及解析的一个综合系统，CNRI 为数字图书馆提出了完整的命名系统"调度系统（Handle System）"，它是一个独立的系统，其职能是负责数字资源的全球唯一的、长期的、独立于地址的命名分配、管理和解析。在调度系统中，本地名称空间通过获取一个调度系统的命名授权，就可以纳入到全球调度名称空间，这样所有的本地名称在全球调度名称空间中将是唯一的。

3.索引与搜索系统

索引的创建可能是由机器的自动扫描/手工录入和干预，或者是这两者的结合。客户机把查询式提交给索引服务器，将返回相匹配的数字对象的 URN（统一资源命名，如调度码）。索引服务还提供被索引信息的元数据和查询机制。

4.用户界面

用户界面是用户与数字图书馆的接口，数字图书馆向用户提供的最终服务都是通过用户界面来实现的。一般情况下，数字图书馆借助通用的 Web 浏览器作为其用户界面工具。此外，用户界面的内容编排和服务方式问题是很复杂的，不同的用户需求是不同的，用户对数字图书馆简单灵活的需求首先就表现在用户界面上。

三、数字图书馆体系结构类型

早期的数字图书馆体系主要包括：

（1）数字资源存储和管理系统。数字图书馆的数据资源由对象数据库和元数据库构成，元数据库中的数据主要对对象数据库中的数据属性进行标引和说明。元数据相对集中存放，对象数据分布存放。大规模的数字存储管理系统实现对所有数据资源的存储管理，维护元数据和数字对象的完整性和统一性，以及在分布式网络环境下为大规模数字资源快速有效的存取提供支持。

（2）数据封装系统。数据封装系统主要实现对文本、图像、音频、视频等信息进行数字化采集加工和处理，实现对资源的一次加工多次使用。它能对异构数据库里的数据进行统一封装，将基于各种不同软硬件平台的数据库整合到数字图书馆系统中来，极大地丰富数字图书馆的内容。到目前为止，国内外科研人员已经在这方面取得了很大的进展，用得较多的是 XML 数据封装技术。

（3）资源调度系统。调度系统通过用一个特定的标志来建立一个对所有数字资源进行管理的资源系统。它相当于建立一个指向特定资源的指针，当资源环境发生变化时只需要把指针做调整，即将这个特定的标志进行相应的变化，就能够保证整个系统的正常运行。

（4）客户服务系统。客户服务系统由安全认证系统、计费系统、查询服务系统构成。安全认证系统确保各类知识资源为各层次人员高速取用，防止不经许可非法获取资源现象的出现。计费系统主要完成在线收取用户信息使用费的功能。目前来看，数字图书馆领域对付费管理功能模块的研究还不是很完善，因为现在大多数数字图书馆的服务仍然沿袭了传统图书馆的公益性原则。随着数字图书馆逐渐向电子商务平台靠拢，计费功能将愈显重要。查询服务系统主要实现数字化信息的发布与利用。用户通过统一的界面进入系统，根据元数据库中检索到的对象数据标引，通过调度系统从对象数据库中获取相应的资源。它应当包括用户界面、元数据搜索引擎和数字资源存取系统。

目前数字图书馆建设已经取得实质性进展，一大批数字图书馆纷纷建立起来，能够初步提供多种多样的数字化信息服务。这些数字图书馆在体系结构上可以概括为基于三层客户／服务器模式的数字图书馆、分布式数字图书馆、基于代理协作的数字图书馆和基于网格技术的数字图书馆体系结构等四种类型。它们在组件、特征、功能方面都各有特色[2]。

1. 基于三层客户／服务器模式的数字图书馆体系结构

基于三层客户／服务器模式的数字图书馆（Three – Tier Client/Server Based Digital Library，C/SBDL）由数据库服务器、Web 服务器和客户机三部分组成，分别对应于数据库层、中间层（业务逻辑层）和客户层（表示层）。在三层结构中，每一层支持应用程序的一个独立部分。Web 服务器主要接收客户端的查询请求、进行数据处理和处理结果的发送，管理 HTML 构成的信息空间，提供对数据库的存取接口；数据库服务器主要负责管理数字化馆藏，包括全文数据、多媒体数据、标准的书目数据、二次文献数据、事实数据等，它通过接收 Web 服务器的请求，对数据进行处理，然后把处理结果传送给 Web 服务器；客户机通过各种网络实现与 Web 服务器的连接，通过浏览器访问 Web 服务器提供的各种功能和丰富的数字化馆藏。数据库服务器、Web 服务器和客户机构成了信息传递的三角形，从而这种数字图书馆结构也被称为"三角形的结构模式"。

应用三层客户／服务器模式来构造数字图书馆的实例包括 IBM 数字图书馆、亚历山大数字图书馆（Alexandria Digital Library）、Bari 大学开发的社团数字图书馆（Corporate Digital Library）和国内的清华大学图书馆、辽宁省图书馆等。这里仅以 IBM 数字图书馆来做说明。IBM 数字图书馆结构由图书馆服务器、一个或多个媒体对象服务器和客户机组成。图书馆服务器是数字图书馆的管理核心部分。它运用 IBMDB2 或 Oracle 数据库，全面管理 IBM 数字图书馆的目录信息，运用各类检索技术定位存储对象，提供安全查询，实现与对象服务器的通信；多媒体对象服务器是数字图书馆中存储多种媒体信息对象的地方。它的功能包括信息对象的物理存储管理、信息对象位置数据库管理、回答图书馆服务器的数据请求等。客户机可以同时与图书馆服务器与对象服务器相连，利用浏览器访问 IBM 数字图书馆，可对多媒体对象进行收集、编制、存储和管理。

2. 分布式数字图书馆体系结构

分布式数字图书馆（Distributed Digital Library，DDL）可分为基于分布式数字对象的分布式数字图书馆和基于外部协调的分布式数字图书馆两种。

（1）基于分布式数字对象的分布式数字图书馆体系结构

在 Kahn 和 Wilensky 研究基础上，张晓林提出了"基于分布式数字对象的分布式数字图书馆"，它由数字对象（Digital Object）、资源库（Repository）、元数据检索系统（Metadata Search Systems）、资源库访问协议（Repository Access Protocol）、唯一标识符服务器（Unique Identifier Server）和用户接口（User Interface）六部分组成[3]。数字对象是一种内容独立组件（Content-independent Package），包含作品内容、一个唯一标识符（Unique Identifier，UID）和与对象有关的其他数据；资源库是一种存储数字对象以供访问或检索的网络存取存储系统。通过利用资源库访问协议（Repository Access Protocol），资源库能追加新数据对象到馆藏并使之得到利用（即访问）；元数据检索系统支持通过搜寻协议从各个资源库检索、标引和组织数字对象元数据及 UID，并把检索结果反馈给用户接口；资源库访问协议支持用户接口利用 UID 对资源库存取数字对象，和利用一定方式处理数字对象内容；唯一标识符服务器提供 UID 的登记和存储，保障 UID 的唯一性和永久性，并支持将 UID 解析为 URL；用户接口支持对元数据的检索和对数字对象的存取。

这种数字图书馆体系结构也可定义为数据资源描述、用户接口、调度系统、查询系统和对象库五部分[4]，或定义为数字对象、资源库、索引服务器、收集服务器、代理服务器、用户界面、Handle 服务器七部分[5]。它们在 NCSTRL（网络化计算机科学技术报告图书馆，Networked Computer Science Technical Report Library）、NSDL（国家科学、数学、技术教育数字图书馆，National Science，

Mathematics, Engineering, and Technology Education Digital Library）项目中得到了具体应用。

（2）基于外部协调的分布式数字图书馆结构

基于外部协调的分布式数字图书馆是以大量的分布式异构系统为基础，通过各类中间件体系来提供转换和协调机制，掩蔽各分布异构系统在数据模式、组织结构，甚至语言方式等方面的差别，实现系统与数据的互操作。英国的 MIA、斯坦福大学的 InfoBus 和中国试验型数字图书馆等都是属于这类。这里用前两例来做说明。

①MIA

MIA（MODELS Information Architecture）是英国"走向分布式环境的图书馆服务计划"（Moving to Distributed Environment for Library Services，MODELS）中的信息结构。它由五个层面组成：

界面表示层（Presenter）。它负责向用户表述信息，并接受来自用户的信息输入；它需要生成与用户交互的任何一种接口，如 HTML、命令行接口、电子邮件接口等，也须为系统提供软件客户机，如 Z39.50、WHOIS＋＋和 LDAP 接口。

用户协调层（Coordinator）。它为用户通信提供建立在系统协调层（Mediator）初级服务之上的高级服务，并可追加增值服务（Value-added Services），如书签维护和用户文件的定制服务。用户协调层主要负责包括用户文件和对话维护在内的应用逻辑，并组织当前状态请求。当接受来自界面表示层的输入（如一个检索请求）后，用户协调层就根据用户文件和当前状态操作这个请求。

系统协调层（Mediator）。它负责理解由提供层（Provider）提出和由用户协调层请求的各种服务内容，如检索、定位、请求与传送，并决定哪种服务提供能满足请求要求。

通信层（Communicator）。它负责与外部服务的交流，并提供元数据词汇表的转换。在某些情况下，通信层可以直接支持与系统协调层的交流，基于网络服务文件（Network Service Profile）在系统协调层与提供层间提供一个网关。

提供层（Provider）。它包含系统可访问的外部服务，如图书目录、索引服务和主题网关等主要服务，以及模式注册、授权服务和用户文件目录等次要服务。

②InfoBus

InfoBus 是一个基于 CORBA（公共对象请求代理结构）和 SDLIP（简单数字图书馆互操作协议）的分布式对象系统，它由图书馆服务代理器（Library Service

Proxy）、信息资源（Information Source）、信息处理服务（Information Processing Service）、图书馆服务（Library Service）和用户界面（User Interface）五部分组成。图书馆服务代理器拥有广泛分布的、不同接口和属于不同组织的异构资源库，能够对不同终端客户程序在技术可行性、适应性与异质性上实行屏蔽，能够对 20 多种信息资源（其中一部分具有成千上万种馆藏）提供统一存取机制。信息处理服务包括文件汇总、目录转换、资源发现、版权违约检测、联机支付、定题信息提供、结果设置分析和文档注释。图书馆服务主要提供支持功能，如查询变换、元数据工具和权限管理等。用户界面包括一个有生动图解的拖放桌面系统和一个为盲人使用的浏览器。

3. 基于代理协作的数字图书馆体系结构

代理是具有知识和能力（包括信息收集能力、决策能力和行动能力等），为实现某种目标而持续运行的实体（包括硬件、软件），具有自主性、社会性、交互性、进化性、可通信性的基本特征。代理协作是由多个代理组成，通过代理本身的求解活动和相互之间的交互活动，构成系统的群体活动，从而实现系统整体和每个代理的功能或目的。密执安大学数字图书馆（University of Michigan Digital Library，UMDL）是一种基于代理协作的数字图书馆（Agent Coordination-BasedDigital Library，ACBDL）实质上它是一个由信息资源、用户接口和许多代理组成的分布式系统。在结构模式上，UMDL 分为五层。底层为网络系统，提供操作系统和传输机制；第二层为代理件（Agentware），提供基于代理的软件开发范式；第三层为 UMDL 协议，提供知识查询与操作语言（Knowledge Query and Manipulation Language，KQML）；第四层为各种 UMDL 代理；第五层为 UMDL 服务。代理成为 UMDL 中的主要构件。目前 UMDL 所开发的代理主要包括如下四类。

（1）用户接口代理（User Interface Agents，UIAs）

UIAs 提供用户接口的通信封装，这种通信封装有两种功能：一是用适当方式为 UMDL 协议封装用户提问；二是为各种代理发布用户简表，以指导检索过程。UIAs 包括一个指导用户寻找最佳需求信息的交互代理（Interviewing Agent）。

（2）中介代理（Mediator Agents）

Mediator 提供中介服务，将查询从 UIA 指引到某个馆藏，监视查询的进展情况，传送查询结果，执行各种方式的转换和簿记（bookkeeping）等。目前 UMDL 应用较多的中介代理是：①注册代理（Registry Agent），负责维护 UMDL 现有代理记录及其能力，并响应查询检索一系列具有特殊能力的代理。②查询计划代理（Query Planning Agent），拥有处理主题查询，搜寻满足查询条件馆藏的能力，并把查询发送到相应馆藏。③任务计划代理（Task Planner Agent，TPA），通过调用 UMDL 程序提供完成任务的一般方法。TPA 以密执安大学过程推理系统（University of Michigan Procedural Reasoning System，UMPRS）为基础，由连接代理通信接口的 UMPRS 进程组成。④UMDL 促进器（Facilitators），是一种改善 UMDL 代理结构的代理。它的作用不在于提供 UDML 最终用户能够看得见的特定服务，而是提供一些基础程序以帮助特定任务代理（Task-specific Agent）广泛地为用户服务。⑤查询处理代理（Query-processing Agent），实施语言检索，提供信息集成。

（3）馆藏接口代理（Collection Interface Agents，CIAs）

CIAs 维护独立数据资源库与系统其他部分的链接，翻译查询请求，转换数据类型与模式，解放模式的不相容等。需要 CIAs 提示的馆藏类型包括网页图像、结构化文档、一般图像馆藏和其他视频与音频资料。

（4）特定任务代理（Task-specific Agent）

特定任务代理体现了某一特定狭小领域的专长，如主题词表代理（Thesaurus Agent）了解某一特定领域的同义词，通知代理（Notification Agent）知道怎样监控 UMDL 事件与通知条件匹配起来。此外，特定任务代理还包括元数据代理（Metadata Agent）、广系统订购代理（Broad System of Ordering Agent）等。

4. 基于网格技术的数字图书馆体系结构

网格技术是解决数字图书馆分布式存储、计算和服务的最佳解决方案。目前最新的 Grid 开发工具软件 Globus3.0 Toolkit 采取的架构就是在现有的 Web Service Engine 的基础上进行扩展，构造 Grid Service Container 来提供相应的 Grid Service。在著名的 Progress 项目中定义了基于 Grid 架构的一个数字图书馆的实现，与数字图书馆相关的所有服务都被定义为 Service 提供给客户端。

整个架构中从底层到表示层的数据仓库被分为四个层次，分别为：HRC Resource，Grid Management System，Grid Service Provider，Portal。下面图 12-1 中给出了 Progress 中架构图。通过架构图可以看到用户在使用相同的 Grid Service Provider 的情况下，可以方便地由一个 Portal 切换到另外一个 Portal，同时可以基于 Grid Broker，Grid Ftp 等标准协议之间访问保存在服务端的信息。HRC Resource 是对底层数据资源的抽象，可以是数据库、文件系统等。Grid Management System 提供了对底层数据资源的管理，保存各种调度和资源分配的操作。Grid Service Provider 提供了访问底层数据资源的接口，基于 Web Service 的方式为客户端提供需要的服务，可以根据需要开发相应的 Service Provider。Grid Service Provider 起到了启动 Grid Management System 和 HRC Resource 的作用。

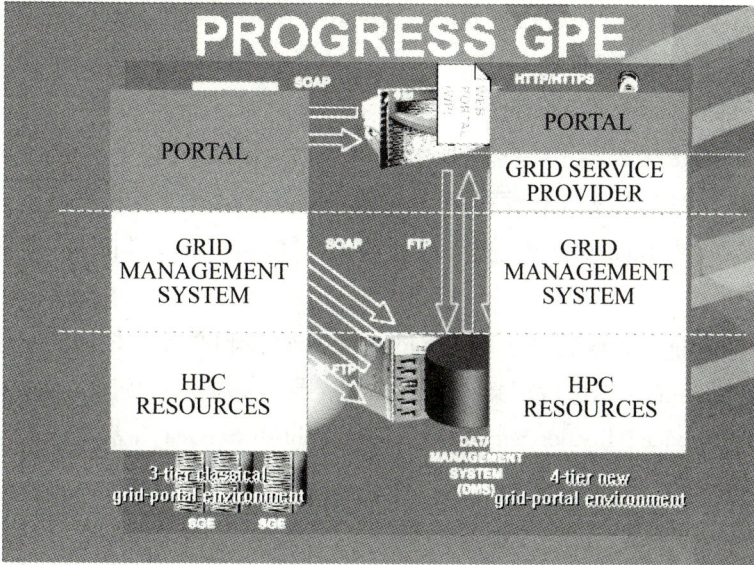

图 12 - 1　Progress 系统分层结构

　　Portal 作为客户端存在，除了 Portal 的访问方式外，用户还可以通过 Grid Broker 等访问 Web Service 的标准方式来访问服务端提供的 Service。

　　Progress 具体实现过程中使用了下面图 12 - 2 中的架构来提供相应的 Grid Service，将数字图书馆向外提供的服务封装成相应的 Service 的模式，采用 Data Broker 作为对外提供的接口，监听 Web Service 请求。用户的所有请求操作都会被相应的转化为对内部资源的各种操作。

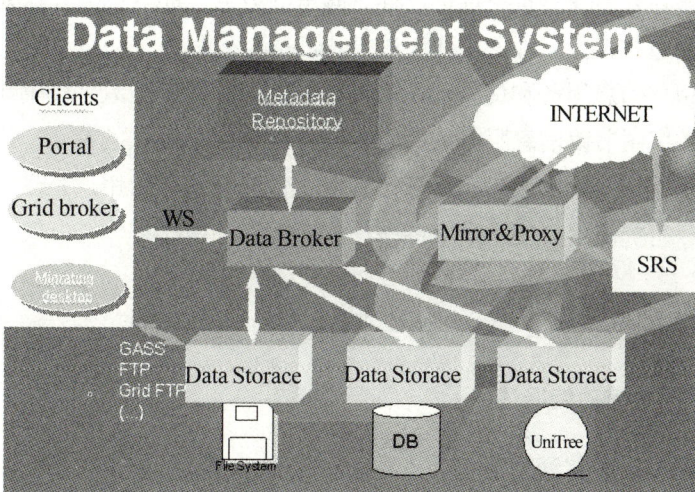

图 12 - 2　Progress 系统框架图

Mirror & Proxy 的作用是和其他的 Progress 实例对象进行交互，如果发现请求对应的数据信息在本地的 Data Storage 中不存在，则到其他位置处，返回结果。

Data Storage 中封装了保存数据过程中具体的操作，可以通过 Data Storage 提供的功能接口对保存文件、数据库等底层数据资源进行访问，既可以通过 Web Service 的方式由 Data Broker 进行访问，也可以使用 Gass、Grid Ftp 等方式进行访问。

Metadata Repository 提供了对 Metadata 进行管理和存储的模块，所以可以对 Metadata 中保存的信息进行定义，操作和更新操作。数字图书馆需要向外界提供的 Metadata Service、Reader Support Service、Publish Service 等都可以封装成 Data Broker 中向外提供的服务。

海量数字资源存储。经过长期的数字资源的积累，尤其是近几年来国家数字图书馆建设的不断加速，国家图书馆建立了全国性基础与专业地质空间数据库上百种，基础数据量超过 10TB，逐步形成了海量的数字图书资源。构成了以矢量结构为主体，包括影像数据在内的应用网格数据源。

数字资源的分布式管理。数字图书馆的建设具有分散性、松耦合的特征，国家图书馆、各地区图书馆、各高校图书馆的建设和行政隶属关系各具有独立性。目前的国家数字图书馆的建设工作主要依赖于几个主体单位。同时，一些地区图书馆、大学等综合性研究与教学单位也建立了一些以综合性研究特色的数字图书资源。数据资源建设部门复杂的行政隶属关系、数据生产单位与数据应用单位之间的利益关系、数据的更新与维护过程、海量的数据产品等因素，决定了数字图书馆建设的分布式存储、管理与建设的模式。

分布的用户信息服务和传统的图书馆一样，提供服务是数字图书馆的最重要任务之一。数字图书馆信息服务的特点具有分散性、个性化的特点。为分散在不同地域的读者提供最快的服务，基于读者的个性化特点，为用户呈现不同的使用页面和信息，可提高用户使用数字图书馆的效率。

第二节　数字图书馆功能设计

一、数字图书馆功能概述

1.数字图书馆的普通功能

数字图书馆是用数字技术处理和存储各种文献信息资源的图书馆，实质上是一种多媒体为主体的分布式信息系统。它把各种不同载体、不同地理位置的文献信息资源用数字技术存储，以便于跨越时空限制而进行网络查询和传播。它涉及信息资源加工、存储、检索、传输和利用的全过程。

随着计算机和网络技术的研究和发展，数字图书馆正在从基于信息的处理和简单的人机界面逐步向基于知识的处理和更为智能的个性化、自动化处理发展，从而使人们能够利用计算机和网络更大范围地拓展智力活动范围，在所有需要交流、传播、存储和利用知识的领域，如电子商务、教育、远程医疗等，发挥更为重要的作用。

2. 个人数字图书馆的功能

所谓个人数字图书馆，就是指个人为了获取符合自身需要的各类信息资源，在自己的计算机上，或通过建立网络账号的方式，借助数据库软件，将有关的网上信息和自创的数字化信息资源，在元数据、链接、全文、摘要等不同信息层面，进行采集、存储，使之成为有组织的信息集合。个人数字图书馆是数字图书馆的一种类型，是最贴近用户个性化需求的数字图书馆。实际上，个人数字图书馆就是数字时代的私人藏书楼。数字化图书馆个性化服务具体体现在以下几个方面。

(1) 个人书架。数字图书馆首先要为读者建立个性化的信息资源库，即私人数据库，在为用户提供个性化服务的过程中，要让用户感觉到正在"自己"的图书馆中查找资料。目前上海图书馆推出的"我的图书馆"就基于这种服务理念，它允许数字图书馆的读者将数字图书馆馆藏中符合自己需要的数字信息，下载到自己的电脑硬盘中，使其成为自己的信息资源库，以此建立私人数据库。

(2) 检索个性化。数字图书馆系统中应该建立用户的个人档案，可依据用户档案将用户分类，在用户检索时，对于相同的检索条件输入，将用户感兴趣的内容提供给用户，并将其他内容剔除，返回给用户更加符合实际需求的结果集。例如，对于相同的检索条件，系统返回给某领域专家的内容应该和返回给此领域初学者的内容不同。

(3) 信息推送。图书馆可定期或不定期地、不断地向用户提供新的有关信息，也可以利用"信息推送技术"为用户进行定题跟踪服务。

(4) 智能学习与扩展，即预测能力。通过对用户使用以来系统所接收到的信息进行分析及预测，探索未知领域，或者发现用户潜在的兴趣，将信息主动提供给用户。

(5) 代理功能。系统应该充当用户的代理，当用户的检索要求暂时无法满足时，交由代理来处理，条件满足时及时反馈给用户。

(6)专用使用及学习环境等特色服务。系统应该能够由用户自己配置喜欢的使用环境、习惯的学习方式等。

(7)信息咨询。系统为用户提供在线的咨询和帮助服务，满足用户个人的具体需求。

二、国内外学者的观点

1. 二十世纪八十年代的研究

早在二十世纪八十年代，开创数字图书馆理论研究之先河的学者道林就谈到了电子图书馆的五项功能[6]，即：服务指南功能，指电子图书馆通过指南系统可以为用户提供服务选择；专家介入功能，指电子图书馆可以自动地把用户指引给信息专家；资源功能，指电子图书馆允许用户检索非电子形式出版物的目录，并以手工方式传递资料；信息功能，指电子图书馆可用电子形式存取和传递数据、信息和知识；通讯功能，指用户可以把电子图书馆作为一个结点，进入其他电子图书馆或数据库提供者的网络。此外，工业界也就数字图书馆的功能开展研究。如 IBM 公司指出，数字图书馆的功能是：内容的创建和获取、存储与管理、检索与查询、发布和传播、权限管理。

2. 二十世纪九十年代的研究

继国外围绕数字图书馆功能的研究逐渐兴起之后，九十年代，国内有多位学者也开始就数字图书馆的功能展开探讨。1997 年，汪冰在其博士学位论文中指出[7]，电子图书馆至少应具备三方面功能：通过联机目录系统指引用户使用未实现数字化的传统馆藏；电子信息资源服务功能，包括在网上使用 CD-ROM 光盘数据库、对传统馆藏进行数字化转换、连接外部信息源、连接外界的电子图书馆和具有合作关系的电子出版系统并根据协议提供服务的专有数据库系统等；通讯服务功能，主要体现在电子图书馆连接外部信息资源这一功能上。由于电子图书馆广泛被视为数字图书馆的早期发展阶段，因此，汪冰针对电子图书馆功能的论述实际也开了国内学者在这方面研究的先例。随后，王卓杰(1998)[8]、张曙光(1998)[9]、郑巧英(1999)[10]等学者也从资源处理等角度阐述了数字图书馆的功能。

3. 二十一世纪初期的研究

进入二十一世纪，学者孙坦指出[11]，尽管数字图书馆的概念在目前尚具有多样性，尚未取得统一的认识。但是，在本质上，各种数字图书馆模式的目标还是统一的，即，构建一个促进特定用户学习和创新的环境。因此，资源和服务是数字图书馆的基本功能。这两种基本功能可以细分为：资源的创建、维护、描述和组织；分布式资源的发现、选择与集成；来自用户和第三方的资源评价、创建和注释；提供用户学习和研究所需的各种工具（绘图、统计、数据分析、模拟、样本和实例、实验和试验环境等）；参考咨询、信息共享和合作资源的平台及环境；数字信息资源的保存和收藏功能。随后的几年内，以高文（2000）[12]、章忠平（2000）[13]、梁继宏（2000）[14]等为代表的国内多位学者纷纷就数字图书馆功能开展了深入研究，并提出了各自的见解。

4. 研究特点

（1）围绕功能的研究与数字图书馆当时的发展水平密切相关

二十世纪八十年代到九十年代中期，数字图书馆的建设主要集中在数字化资源方面。因此，这一时期有关数字图书馆的功能研究多是从资源角度加以探讨。其中，数字图书馆在资源创建与获取、组织与保存、访问与检索、发布与传播等方面的功能，是学者在研究数字图书馆功能经常涉及的话题。

到了九十年代中后期，数字图书馆的建设开始以集成服务为导向。此时，数字图书馆功能的研究也开始转向以强调服务功能为主、资源处理功能为辅的研究局面。"服务为导向"成了数字图书馆的建设理念，也成了数字图书馆功能研究的焦点。

当数字图书馆的建设进入到以用户的信息活动为主线的二十一世纪初期，如何更为个性化地提供服务、如何提供更为及时的虚拟参考咨询、如何提供切合用户需要的知识服务是这一时期数字图书馆的关注点。为了进一步提升服务效能，访问权限、数据管理、知识管理等管理问题也开始进入数字图书馆的视野。于是，数字图书馆功能的研究角度也逐渐被拓展到资源、服务、管理三大方面。

（2）围绕功能的研究逐渐升温

从二十世纪八十年代研究初期的屈指可数，到二十一世纪的百花齐放，国内外围绕数字图书馆功能而开展的研究呈现出不断上升的趋势。正是出于"加强数字图书馆功能的挖掘，有利于我们更好地建设和利用数字图书馆"这一目的[15]，越来越多的数字图书馆研究者开始加入到这方面的研究行列。

随着信息技术的发展，用户是上帝这一服务理念对于数字图书馆来说依然成立，用户的信息活动依然是数字图书馆的关注点，基于用户信息活动提供最为贴切的服务依然是数字图书馆的追求。作为最能揭示数字图书馆服务能力的三大角度——资源、服务、管理依然最能揭示出数字图书馆的存在价值，体现其功能特征。

三、数字图书馆的功能构成

1. 资源管理功能

(1)资源创建与获取——从信息资源占主导的地位到多种资源并存的状态

数字图书馆创建与获取的资源对象主要是信息资源。包括：电子图书、期刊、报纸、新闻、学位论文、会议论文、古籍、善本、地图、图表、照片、幻灯片、动画片、缩微资料、音频资料、视听资料、三维图像等一次性数字化信息资源，也包括由这些一次性数字化信息资源衍生出来的二次性、三次性数字化信息资源，如书目、索引、文摘、元数据、网址等。在元数据资源库、爬行器（Crawler）以及专用搜索引擎的帮助下，数字图书馆实现了信息资源的创建与获取。其中，爬行器可以用于数字资源的自动获取，如"Harvest"就是一种选择性文献收集器（Gatherer），能从网上抓取、索引和重新分配数据。Greenstone 系统比 Harvest 更复杂更强大，对于一批信息源（如代表某个 Web 地址的 URL、代表某个资源库文献传输协议的 URL），收集器能把它们转换成 XML，并进行索引与元数据析取[16]。

(2)资源描述

①资源描述过程从封闭到开放。数字图书馆在给用户提供服务前往往会使用一定的描述语言对资源进行描述，而此过程是对用户完全封闭的，因为用户关心的是如何快速获取所需资源，至于数字图书馆如何描述这些资源以便使资源更为有序化、更有利于查找并不是用户关注的重点。但是，随着信息技术的发展，随着虚拟数字图书馆理念与技术的不断成熟，不管是个体用户，还是虚拟组织，他们都有可能需要自行描述自身的资源以构建个人虚拟数字图书馆，在此背景下，数字图书馆就有必要将资源描述过程完全对用户开放，既要让用户明了哪些描述语言可以用来描述哪些资源，更要让用户掌握描述的技巧与方法。

②资源描述内容从局部到全面。随着科学数据等非文献资源的广泛应用，以往对科学数据只是进行简单描述与揭示的局面将发生改变。例如，为了让科研人员更全面地使用原始数据，提供科学数据溯源服务的数字图书馆必须通过对衍生数据的全面描述与揭示，让科研人员或者自动处理系统知晓衍生数据的原始出处，通过哪些数据处理得出以及使用什么样的实验设备取得。因此，在描述角度的选择和描述内容的设置上，新环境下的资源描述将越来越全面。

(3)资源组织与保存

①从部分手工到全自动。随着信息技术的发展，数字图书馆为数字资源组织提供了多种方式与工具。数字图书馆的资源组织方式主要有：文件、数据库、主题树、超媒体、知识库等；而资源组织工具一般包括有：分类法、主题法、自然语言、元数据、元知识、本体、语义网络等。但是，借助上述工具进行资源组织与保存时，数字图书馆较多的是采取人工干预的方式。

随着信息技术的发展，这种状态将产生改变。在 Internet 和 Web 上，信息资源零散地分布在各个网络站点中。信息网格采用接口连接这些信息资源，网格软件通过各种协议将同质的和非同质的信息进行连接，并通过高级分析减少由各种形式的信息所带来的技术复杂性。利用网格操作系统最大的好处就是可以提供自动生成目录和缓存等服务，因此，数字图书馆可以大大提高网格信息查询和浏览速度，减少网络流量。这样网络用户可以通过网格门户技术透明地使用整个网格上的资源，减少盲目浏览查询的时间，提高知识的利用效率。

②从小范围静态组织到大范围动态组织。资源组织的对象大多是文献资源，多数情况下是由某个数字图书馆单独完成，而且往往是经过传统采集方式收集资源后再进行组织，很少使用网上采集、即时组织的方式，组织过程显得较为静态。随着信息技术的发展，由于资源的瞬时产生（如协同科研过程中即时产生的海量科学数据）、需求更强调在最短时间内得到满足等原因，数字图书馆在提供服务时，往往需要采用 VO 技术组建联合虚拟服务团队，在此过程中，数字图书馆所要处理的资源将不再局限于组织内部，而是涉及整个联合虚拟服务团队所必须组织的各种资源，其范围内很有可能跨越国界，而且资源的瞬时产生更需要联合虚拟服务团队能够动态地对之进行组织。

2.服务提供功能

（1）信息服务发展到信息服务与数据服务结合

网格技术的到来将在很大程度上充实数字图书馆的基础技术，与此同时，网格技术要能发挥出本身的效力，也离不开数字图书馆在资源方面提供的支持。网格站点是未来网格技术与因特网技术相结合后的一个亮点。英国学者 Greg Riccardi 早在 2002 年就对一个网格站点的结构进行了如下描述[17]：一个网格站点要能正常运转，则需要计算服务、数据服务与信息服务作为最为底层的支撑（见图 12－3）。分析该图可知，随着数字图书馆将数据资源纳入自身的资源体系后，凭借以往在信息资源处理方面的经验，它不仅可以具有提供信息服务的能力，而且在数据服务方面也能不断进步。从这一角度上讲，数字图书馆在数据服务与信息服务方面的能力将对一个网格站点的健康运转产生决定性的影响。

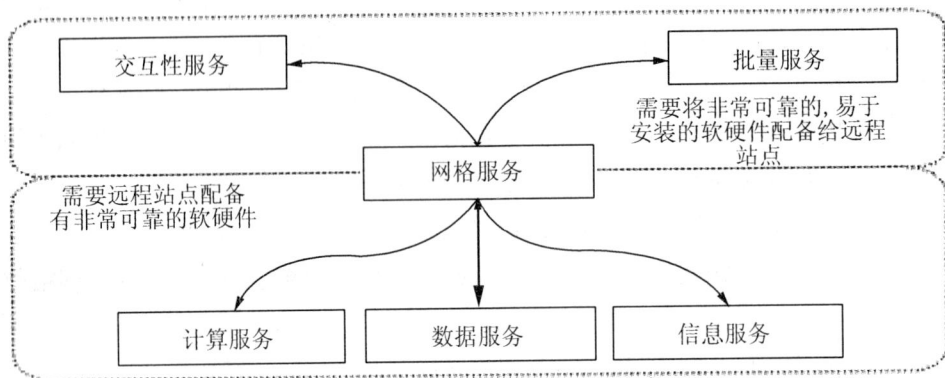

图 12 - 3　网格站点的基础结构

　　数字图书馆作为信息资源与数据资源的存储机构之一将发挥重要的作用。在图 12 - 4 所示的网格数据服务流程中，为了查找可以提供服务的网格服务商，客户端向网格服务注册器发出了查找请求，网格服务注册器接收到请求后即进行综合分析并对需求服务进行匹配，最终将可以满足客户端数据需求的服务商网格服务主机的相关信息传送给客户端，客户端据此信息向目标数据网格服务提供商发出服务请求。至此，网格数据服务正式创立。

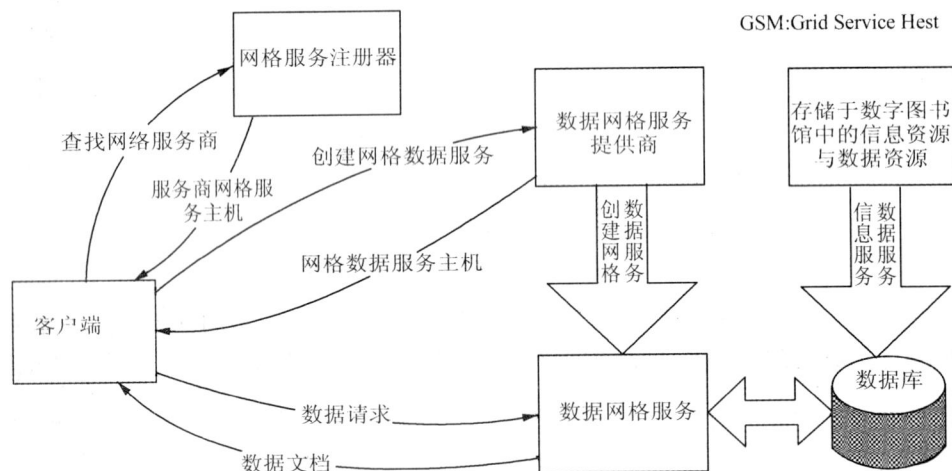

图 12 - 4　利用网格为 e-Science 开展的数据服务

接收到服务请求后，目标数据网格服务提供商给客户端发送可提供服务的确认信息。这时，客户端就可以将具体的数据请求发送给目标数据网格服务提供商了。目标数据网格服务提供商在此后将具体的数据请求编译为查询语句向数据库发送请求。借助于对自身服务的开展提供支撑的各种数据库，目标数据网格服务提供商将符合请求的数据从数据库中提取后形成数据文档返回给客户端。至此，整个数据网格服务顺利结束。但是，无可否认的是，在数据库这一块，数字图书馆在信息与数据提供这方面于整个服务的开展是功不可没的。

（2）集成服务

①集成检索服务从低效到高效。网格技术能进行资源的优化调度，将用户的资源请求与可用资源进行匹配，并能统筹优化安排多个请求的资源需求。其远程执行服务机制能保证多个地点的系统执行远程启动，能够监控、收集和查询状态信息，控制地理上分布的多个系统的任务执行过程。其高速数据传输机制具有高速数据传输、分块数据传输、第三方数据传输、可靠可重启可断点续传等功能。通过网格，用户还可以在较短时间内把需要的数据从不同的数据库中找出来综合在一起，省去了多次访问数据库的麻烦，并能直接调用网格中的算法和程序等资源，避免许多重复性的工作。网格计算可以智能地分配计算资源，能够优化现有的计算资源，更快地解决数字图书馆的设计和利用问题；爱丁堡大学利用网格技术对数据的访问、检索和分析过程进行实际演示，演示表明搜索过程可以从 5 小时缩短到 5 分钟，效率明显得到提高。

②集成服务从资源集成到过程集成。在数字图书馆提供的各类服务中，服务集成也是一种服务手段，但目前集成的主要是资源，主要解决的是跨库检索问题。新环境下的集成并不仅仅是上述资源的集成，而是数字图书馆服务与用户科研过程的集成，使数字图书馆提供的服务成为科研活动的一个有机组成部分，成为用户知识管理的一部分，像仪器设备、计算资源一样，成为数字科研环境中一个不可或缺组成部分，让科研人员在需要时实现对资源和服务的无缝存取。集成的目标是实现数字图书馆的服务与科研活动的融合，要让科研人员既感觉到数字图书馆服务就在身边，这一方面强调了数字图书馆对于科研的重要性；另一方面也说明了数字图书馆已经完全嵌入到科研过程中，并使自身成为科研的重要参与者。

③个性化服务——从用户定制到用户自建

基于网格的数字图书馆是利用互联网把分散在不同地理位置上的多个公用数字图书馆、企业数字图书馆、高校数字图书馆、中小学数字图书馆及众多的个人数字图书馆，通过逻辑关系组成一个虚拟的超级数字图书馆。这个虚拟的超级数字图书馆把每一台参与其中的、包括个人数字图书馆在内的数字图书馆都作为自己的一个结点，成千上万个这样的结点并联起来，就组成了一个有超级信息能力的虚拟数字图书馆。而每一位将自己的计算机连接到网格上的用户，也就拥有了这个虚拟数字图书馆，可以随时随地利用其中的信息资源，在获得一体化信息服务的同时，最大限度地实现资源共享。

3. 系统管理功能

(1) 数据库集成管理——从传统数据库到网格数据库

为了提供联合服务，多数数字图书馆会依托网格技术建立可供网格技术进行全局调度的数据库，这就是网格数据库，而将多个网格数据库联合起来共同提供服务则是网格数据库的集成。它将提供一个平台，支持系统化的身份鉴别和授权、资源发现、数据传输、进程创建和调度以及跨异构平台的动态绑定，进而构造安全可靠具有自主计算能力的高性能网格数据库管理系统。

(2) 元数据管理——由简到繁

随着数字图书馆资源阵营的不断扩大，元数据的描述对象已不再仅仅是局限于传统的文献资源、数字化资源，设备资源、数据资源、专家资源、仪器资源也将成为元数据管理与描述的对象。因此，用于管理设备、管理数据资源、管理专家资源、管理仪器资源等元数据的出现将使得原本就是规模庞大的元数据阵营进一步扩大，管理起来也更加复杂。

(3) 权限管理——从各自为营到联合认证

资源的建设、服务的提供往往是在多家数字图书馆共同联手的情况下进行的。此时，由于网格技术具有全网管理、负载平衡、资源与任务统一调度等优点，因此，只要存在合作的意愿，数字图书馆之间就可以在权限管理方面实施联合认证。用户在请求服务时，就会因为需要接受来自不同数字图书馆的服务而必须往不同的数字图书馆认证系统中一一输入身份信息进行验证，相反，在新的信息环境下，即使用户请求的服务牵涉多家数字图书馆，也完全可以实现"一家认证、多家通行"，从而提高了接受服务的速度。

四、数字图书馆功能设计

1. 用户管理

（1）用户可自行注册；

（2）用户可用阅读卡或能够反映个人身份的账户和密码登录；

（3）用户可以修改在网站中的注册信息；

（4）用户可用匿名登录；

（5）管理员通过后台添加、删除、修改用户信息；

（6）支持从阅读卡或能够反映个人身份的账户，与图书馆集成管理系统用户数据自动同步，用户后续登录从本地认证。

2. 个性化服务

（1）用户登录后可以使用个性化服务功能；

（2）用户可以发送、阅读、删除短消息，添加、删除短消息好友；

（3）用户可以发送短消息给特定的图书馆工作人员，与其进行交流；

（4）管理员通过后台管理页面添加、删除、修改短消息；

（5）用户可以添加、删除"我的信息资源收藏夹"中的资源链接，对资源进行快速访问；

（6）用户可以预约、取消各类推荐的培训信息；

（7）用户可以通过图书荐购系统向图书馆推荐各类文献信息资源；

（8）用户可以查看自己的 IP 地址信息，以便确认 IP 是否为授权范围内 IP 地址，以及是否使用了代理服务器，代理服务器是否授权范围内 IP 地址，管理员可以通过后台管理页面添加、删除、修改授权范围内 IP 地址段；

（9）提供与图书馆信息管理系统的无缝链接，用户登录网站后，无需再次登录图书馆信息管理系统即可使用图书馆信息管理系统各项功能，如查看我借阅的图书及续借、预约图书、新书通报等。

3. 信息反馈

（1）用户登录后可以对新闻和电子资源添加相关评论，反馈信息；

（2）用户可以删除、修改自己的反馈信息；

（3）用户添加反馈信息后，预设指定的图书馆工作人员会收到短消息通知，以便尽快回复读者的反馈信息；

（4）图书馆工作人员可以添加、审核、修改、删除反馈信息。

4. 新闻管理与服务

（1）管理员通过后台添加、删除、修改新闻分类和新闻内容；

（2）支持图文混排；

（3）自动隐藏过期新闻；

（4）读者可以添加、查看新闻相关评论；

（5）显示最新新闻列表；

（6）显示所有新闻列表；

（7）显示单条新闻具体内容。

5. 电子资源管理

（1）管理员通过后台管理页面添加、删除、修改文献信息资源、语种、资源类型、学科和电子资源支持信息；

（2）网站首页显示最新数据库、常用数据库和特色数据库等；

（3）支持电子资源检索（精确检索、模糊检索、切词检索、概念检索）；

（4）按各种分类标准(首字母、学科、资源类型、语种、点击次数、更新时间、是否为试用数据库)显示电子资源导航；

（5）显示电子资源详细信息，读者页面和馆员页面显示不同内容；

（6）读者添加、查看对电子资源的相关评论；

（7）电子资源多个入口提供速度测试比较，提供给读者选择；

（8）用户可以添加、删除"我的电子资源收藏夹"中的电子资源。

6. 检索向导

（1）管理员通过后台管理页面添加、删除、修改检索向导信息；

（2）分类显示图书馆中各种文献信息的检索向导。

7. 帮助中心

（1）管理员通过后台管理页面添加、删除、修改、关联帮助信息；

（2）分类显示网站使用帮助信息；

（3）网站页面上智能显示此页面相关的帮助信息。

8. 特别推荐

（1）图书馆工作人员通过后台管理页面添加、删除、修改特别推荐文献信息条目；

（2）列表显示特别推荐功能；

（3）图书馆工作人员通过后台管理页面添加、删除、修改特别推荐条目。

9. 网站访问、使用统计

（1）提供对网站页面和电子资源的访问情况统计；

（2）可以按照读者类型、访问次数、访问人数和人均访问次数进行简要统计，也可以显示详细访问日志；

（3）图书馆工作人员可以通过后台管理页面添加、删除、修改统计对象类型和统计对象。

10. 内部网

（1）图书馆工作人员通过后台管理页面添加、删除、修改内部网栏目和信息；

（2）分类显示图书馆内部网各栏目信息。

11. 系统管理

（1）添加、删除、修改网站子系统和子系统中的各项权限；

（2）添加、删除、修改图书馆工作人员信息；

（3）设定权限，添加、删除、修改图书馆部门信息；

（4）查看、添加、删除、修改用户信息，用户忘记密码查询。

第三节　数字图书馆平台开发

数字图书馆平台是以各种类型数字资源和互联网上的各种资源为中心，以为用户提供方便、快捷的信息服务机制为目的，围绕数字资源的加工建设、存储和管理、访问和服务提供一整套先进、实用、高效的工具，是开发和利用数字图书馆的管理系统，是在互联网上运行的开放性、分布式、跨平台的网上数字图书馆系统平台[18]。它涉及的技术主要包括：数字图书馆的结构模型、自由文本模型、图像处理模型和超媒体模型、多媒体存储与管理技术、文本与图像的标识与检索技术、数字对象的管理、数据转换与传输、信息检索协议、中间件和认证技术、网络通信协议、版权管理技术等。从其研究的具体内容来看，包括分布式资源库的可互操作性研究和基于并行处理的检索引擎设计方法研究，建立一套跨平台的网上数字化资源的快速查询系统，提供快捷的远程信息发布方法，并对系统安全认证、版权保护与电子商务系统等进行研究；在网络环境下利用 Web 方式，构成一个面向对象的分布式资源库结构模型，探索分布式建库模式、建立全文、多媒体资源库的有关技术；研究网上文献资源库的联合建库模式；探索建立数字图书馆门户网站的架构[19]。

一、数字图书馆平台的基本构成

1. 数字图书馆平台的数据层

数字图书馆领域本体作为一种实现语义层互操作的技术手段，有助于实现数字图书馆资源的语义互换和领域应用。传统数字图书馆平台使用各种不同的资源组织方法，如内容、类型、视图等，但常常使数字图书馆用户陷入迷航困境，同时还会引发与其他数字图书馆应用系统不兼容等问题，而基于数字图书馆领域本

355

体的数字图书馆资源组织为解决这一问题提供了有效途径。利用数字图书馆领域本体可以实现数字图书馆资源在知识层面的归类和分级；为数字图书馆资源之间在知识层面的关系和应用提供线索；实现数字图书馆资源跨领域、跨数据库间的语义互换。

在数字图书馆平台中，所有数字图书馆应用服务以领域本体为基础，使用RDF自动对门户中各应用服务的数据资源进行注释，本体爬行器在这些应用服务之中爬行，获取数字图书馆领域本体对这些资源所做的注释，并将这些注释存储于门户的知识库中，这样数字图书馆用户就可以浏览、查询和利用这些知识为数字图书馆服务。数字图书馆平台知识库构建的关键部分是数字图书馆本体知识库和数字图书馆资源实例知识库的存储、维护。在知识库的顶部，表现和查询机制利用本体为用户展示和检索信息。知识库中还包括数字图书馆应用服务生成的资源的所有注释信息，因此，数字图书馆用户可以利用本体提供的共享概念获取这些信息。共享的概念就像是一个智能地图，数字图书馆平台中信息的位置在这张地图上被精确地表示，用户可以利用共享概念定位和处理它们需要的所有信息。

2. 数字图书馆平台的表示层

数字图书馆平台的表示层主要负责与数字图书馆用户以及商业伙伴之间的交互，包括内外部网站、办公交流平台；在数字图书馆平台里所有的数据交换都通过 XML 格式进行，这些数据由表示层负责翻译成外部浏览者（HTML），无线设备（WAP Mobile）等可以理解的格式。这层包括门户 Web 应用、智能代理、商务智能等，以及门户的各种功能 Portlet 。

通过商务智能、智能决策和智能代理把从不同业务系统中发掘出的知识以最恰当的方式表示出来，为数字图书馆的决策者提供决策依据。数字图书馆平台通过门户 PortLet、智能代理等为终端用户提供个性体验，提供定制内容和页面外观及版式的表现形式，还可利用相应的工具，使主题专家可以编制个性化的内容，满足数字图书馆平台系统各个访问者的需求和兴趣。在这个层面通过对知识的分类和权限规划，将基于浏览器的应用按照规则统一界面入口，并实现数字图书馆平台、部门门户和个人门户的多级需求，建立统一访问的界面规则和风格。

3. 数字图书馆平台的应用层

应用商业智能实现基于数字图书馆知识库的辅助决策。数字图书馆平台中应用商业智能技术，对数字图书馆中海量资源进行提炼和重新整合，这个提炼和整合过程与知识共享和知识创造紧密结合。通过这个过程，一方面数字图书馆中已有的数据资源可以完成从数据到信息到知识的转变，另一方面，对数字图书馆的知识仓库进行分析处理，以达到辅助数字图书馆决策的目的。数字图书馆平台的商业智能应用框架包括数字图书馆资源、资源的预处理、知识存储、知识分析服务以及知识利用。

在数字图书馆平台的知识供应链过程中，数据集成工具执行源数据的清洗、格式转换和汇总计算等功能，实现数据到信息到知识的转换；知识存储过程建立知识存储模型，存储数字图书馆统一的知识视图，为数字图书馆智能系统的应用提供基础知识元；知识分析工具一般包括联机分析处理工具、知识挖掘工具、统计分析工具以及其他人工智能工具等，这些工具结合商业处理规则，获取商业信息，为数字图书馆决策者提供决策辅助信息以辅助和支持数字图书馆决策，并分发到数字图书馆中需要该信息的地方。

使用智能 Agent 实现数字图书馆平台交互智能化。现有的 Web 技术并不能真正解决人们期待已久的智能搜索引擎、智能信息代理、智能交易代理等基于 Web 的个性化、智能化服务。因此融入智能 Agent 技术便成为一种必然选择。数字图书馆平台与 Agent 技术融合后，主要应用在：①业务流程 Agent；②用户接口 Agent（检索、导航）；③知识库管理 Agent（内容收集、本体管理）；④信息服务 Agent。

用户接口 Agent 接受、解释用户的请求，并将该请求进行本体规范化，与信息服务 Agent 进行交互，从而实现用户对数字图书馆资源的使用。业务流程 Agent 在业务系统与 SOA 层之间交互，实现数字图书馆各业务应用系统的协作，并通过信息服务 Agent 与用户接口 Agent 交互。知识库管理 Agent 实现数字图书馆知识库中本体的管理、内容的收集等工作，并与数字图书馆应用系统联系，为数字图书馆应用系统提供所需信息。这些 Agent 之间互相协作来保持数字图书馆平台中各模块之间的相互维系，从而构成数字图书馆平台与 Agent 技术的融合模型。

二、数字图书馆平台的开发目标

数字图书馆平台的开发，需要考虑对数字图书馆各种功能与应用的整合。为了充分了解用户对数字图书馆各种信息资源和服务的使用效果，需要建立及时有效的数字图书馆信息服务反馈机制。同时，还要充分考虑如何优化图书馆内部管理，深化数字化信息服务，构建数字信息公共服务支撑平台。为彰显自身的服务特色，数字图书馆的平台建设还要考虑如何将个人化服务、特色化服务加以有机纳入[20]。

1.整合数字图书馆的各种信息服务功能与应用

数字图书馆应用系统之间都应是有机结合的，而不是孤立的功能模块，提供相互关联的服务功能，一站式服务，一次性获得。如自动化系统目次与全文对象的连接、采访系统与书商目录服务的连接、OPAC 检索与馆际互借的结合、馆际互借与流通系统的结合、本馆特色资源建设与自动化系统编目系统的结合(光盘、特色库、参考书、电子图书等)，这就需要建立能够贯穿资源建设始终的业务流程系统，以实现系统之间应用的关联。

2.建设数字图书馆信息服务及时有效的反馈机制

通过信息的集中反馈，为读者提供更优质的服务(方便快捷、一次性获得、深层次的资源利用，如专题、推荐、增加渠道、全文、相关性等)，为图书馆提供服务参考性建议和资源建设决策性建议(数字资源访问的统计、汇总和分析提供资源被利用的情况，揭示数字资源被关注的情况，目次数据的访问统计、汇总和分析)，提供有形资源采访的决策建议。以此提供图书馆资源(数字和纸本)的采购目标、策略分析。

3.构建数字信息公共服务支撑平台

要构建数字信息公共服务支撑环境，优化图书馆内部管理，深化数字化信息服务。开放的环境易于扩展服务与功能，并容易与其他数字图书馆共享资源与服务。建立基于统一标准规范下的数字资源加工、存储和服务软件支撑平台，实现资源有效的重组、链接和整合，实现特色库、参考咨询、学科导航、学位论文等应用服务。

4.建设数字图书馆的特色服务体系

数字图书馆主动式服务的需求最早来源于院校的科技专题的资料支持，即数字图书馆不仅是资料的收藏地，还是院校、用户科技跟踪的专题学术研究单位。这有利于提高数字图书馆信息服务的身份及在教学科研中的地位，以主动式服务方式促进了教学质量与科研的进展。数字资源日益丰富的图书馆的服务功能，其服务重点是信息的提炼加工、重新组织，以形成有价值的情报，提供教学科研专题性的信息服务，以定题推送的方式主动服务读者。

三、数字图书馆平台的选择

随着网络的发展、数字化信息的不断增加，越来越多的图书馆需要开发和管理自己的数字图书馆，而要建设一个强大的数字图书馆，需要选择合适的开发利用平台，这是数字图书馆建设和发展的基础和关键。但是，目前的数字图书馆开发利用平台众多，功能都比较复杂，每个平台需要的具体条件和环境都有所不同。因此，要选择适合自己图书馆需要的数字图书馆开发利用平台也是不容易的，必须从选择依据和选择方法这两个基本方面加以综合考虑[21]。

1.数字图书馆开发平台选择的依据

图书馆在选择数字图书馆开发利用平台时：①要明确自己的需求，进行相关的需求分析。了解自己所需要的是一个综合性的平台整体，还是某个具体功能模块；但是所选择的平台必须具备数字图书馆平台的各基本功能模块，如果连这些基本的功能都不具备，就根本无法完成数字图书馆的建设和应用。②在选择平台时，还需要考虑到自身目前的条件，包括硬件、软件、人员等，是否能够与所选择的平台相适应，如果目前的条件不允许，选择性能过高的平台只会浪费财力、物力。③要考虑到平台的扩展性与兼容性。信息技术是不断飞速发展的新的技术和手段层出不穷，数字图书馆要符合时代的发展方向，就必须不断采用新技术，因此其开发应用平台应具有一定的扩展性和兼容性。平台的标准化程度也应该是选择的重要因素。只有所选平台符合当前的各种技术标准，才能与其他系统或软件很好地衔接，使得数字图书馆的应用面更加宽广，功能更加强大。④还应该考虑其性价比。由于各个平台的功能有所不同，其价格也会有区别，图书馆在选择平台时，应该从自身的功能需求和财力两方面综合考虑，选择最合适的，而不一定是功能最齐全的。⑤平台服务的好坏也应该考虑。平台的安装、操作和运行维护等，无不需要该平台的开发者提供完善的服务，没有良好的服务，用户在系统培训、维护和升级中将会遇到各种麻烦。

2.数字图书馆开发平台选择的方法

在进行数字图书馆平台的选择时，除了对自身的需求和条件要有充分的认识之外，还要对现有的众多平台进行比较详细的了解，可采用的方法有：①专家咨询。通过咨询该领域内的专家，或者某平台的具体使用者，了解平台的优劣之处，得到比较直观和权威的信息。②市场调查。这是应用较为广泛也比较简便的方法，通过大量的调查，对于当前使用面最广、口碑最好的平台能够有所侧重。③试用分析。这是了解一个平台最直接也是效果最好的方法，通过对平台的具体使用，了解其具体性能以及与自身的兼容性等问题，但是由于平台众多，不可能每个都试用，因此在选择面上有一定的局限性。④用户测试。从用户的角度来把握平台的性能，可以从服务的角度更好地满足用户的需求，但是对掌握平台的整体性能方面还有所欠缺。⑤可用性评价。通过搜集大量的可用性评估数据等获得有关某平台的各种信息，从多个角度把握该平台。上述这些方法都有着自身特定的功能，但是单独使用效果不会非常理想，只有多种方法综合使用才能取得较好的效果。

四、基于云计算的数字图书馆平台开发

基于云计算的数字图书馆通用平台是优质知识资源的集散中心，是便于使用、没有时空限制、可以实现跨库无缝链接与智能检索的知识中心。为了降低构建成本，实现对丰富多彩的多媒体信息进行超时空、无障碍传播，通用平台面临着几个必须要解决的问题。首先，需解决平台的通用性问题，数字图书馆平台要能够满足多种类型数字图书馆建设项目的共性需要，分析数字图书馆构建的共性需求，并抽象为独立的最小功能单元；其次，需要适应不同用户的特殊应用环境，数字图书馆建设者可以通过某种机制定制平台的特征以适应实际情况；再次，数字图书馆平台怎样表现资源、怎样描述该资源的元数据信息、采用什么方式浏览资源和怎样编辑资源等；最后，利用平台构建的数字图书馆不应该是孤立的数字图书馆，数字图书馆之间需要通过一定的通讯机制相互进行信息获取和浏览，提供系统扩展应用接口，实现统一的系统登录入口[22]。

1.数字图书馆平台目标系统模型

数字图书馆平台是构建在云计算之上对用户透明的数字图书馆服务平台，可为不同的终端用户提供差异化的用户服务界面，也提供相应的接口，对基于本平台开发的应用程序提供支持。普通用户通过直接访问平台的用户界面使用平台，专业用户通过调用平台的开放应用接口使用平台提供的各种功能单元服务。平台的功能实现对不同的用户都是透明的，用户不需要了解功能的实现，也不用考虑平台的计算能力与存储能力，只要选用不同的平台功能单元为用户提供需要的服务，并将需要的服务以各种任务形式提交给平台，平台自动去执行，并为用户提供服务。数字图书馆平台内部功能模块通过用户界面与开放应用接口两种形式提供服务，为保障平台的安全，开放应用接口提供的服务为所有外部程序都可见的服务，但对涉及系统管理等系统安全权限的使用只提供平台系统用户界面进行调用，用户界面也可以调用应用接口来实现外部程序可调用的服务。

2.数字图书馆平台框架设计

数字图书馆平台框架包括：自下往上每层都为上层提供透明的服务，模型数据层是为云计算平台提供相应的应用接口，表现应用层是提供用户界面和开放的应用接口，用户调用开放应用接口，可以共享平台的异构数据集、调用平台提供的相关算法，可便捷地将它们集成到用户开发的应用系统中去，体现出平台的共享性和开放性。

数字图书馆平台的上下层之间和提供的服务是用 XML 作为相互的通讯语言，并将其转变为 Web 服务（RESTful Web Services）供内部调用，以便支持各层服务功能的可扩展性，最终以开放应用接口的形式提供开发服务。按照视图—模型—控制相互独立的设计原则，基于云计算设计了数字图书馆平台体系结构，其中：模型数据层是实现基于云计算的数字图书馆平台中的基本数据结构。控制算法层是实现基于云计算的数字图书馆平台中内部处理逻辑。表现应用层是实现使用基于云计算的数字图书馆平台服务的方法，提供其他高层次数字图书馆类应用的支持。

（1）模型数据层设计

模型数据层是把底层异构数据库中的异构数据映射到数字图书馆平台内部功能逻辑调用的资源对象，提供异构数据源的算法调用以及对异构数据源管理的开发应用接口，模型数据层可做出以下细化。

①异构数据库。由众多厂商提供的流行的商业或者开源数据库所组成，不同的数据库都有特定的驱动程序、不同的访问方式和相应的 SQL 语言，实现不同程度的关系数据库特征，用户利用平台构建相应的数字图书馆时，可以根据现有的资源状况选用相应厂商的数据库产品。

②关系数据库对象映射。对应与不同关系数据库的异构性特征，将相应的异构关系数据库封装成为对象，提供异构关系数据库的映射。

③对象集。数据图书馆内存储的各种资源对象，包括资源文件、元信息数据，源数据目录等，数据资源可以是不同的数据库表结构存储，在数字图书馆平台中所要使用的对象要符合固定的格式，要支持对象的继承性和多态性，使得系统提供的相应功能更具有独立性和扩展性。数字图书馆的管理员利用平台的对象就可以完成图书编目等相关的数字图书馆建库工作。

（2）控制算法层设计

基于云计算的数字图书馆平台提供的标准服务有七种：资源创建服务、资源编目服务、建立索引服务、资源搜索服务、资源浏览服务、元信息管理服务和图书馆管理服务。七种服务分别由不同的应用场景组成，应用场景则是由一系列相关事件所组成。控制算法层调用的基本数据是模型数据层经过关系数据库对象映射的异构数据对象，这些异构数据对象分别定义了一组对应的对象操作，每个对象操作可完成对数据对象的创建、更新、查找、删除等基本操作。在模型数据层的对象层次之上建立数字图书馆平台的内部控制算法集，控制算法集分成多个模块实现，每个模块完成一种原子功能，便于实现模块功能的重用性。采用虚拟技术结构，在软件的编译阶段只是定义功能接口，在平台运行时调用功能模块类的构造函数动态加载需要创建的对象，平台使用配置文件对平台系统进行初始设置，用户在构建数据图书馆时用配置文件，可构造出更符合实际情况的数字图书馆。

(3)表现应用层设计

表现应用层对模型数据层和控制算法层的操作进行抽象，对数据图书馆建立全过程涉及的数据源、操作算法等定义成任务，提供应用接口供用户进行调用，提供系统维护接口和用户认证与授权调用，普通用户使用 Web 方式创建数字图书馆时，就可完成创建、编目、搜索数据和管理数字图书馆的相关工作。由于数字图书馆中存储的是动态数据对象的资源，平台为此提供开发应用接口，供用户开发能够体现基于云计算数字图书馆平台特点的应用程序，应用程序可以调用各种服务，使用数字图书馆平台提供的各种功能。

第四节　数字图书馆系统运行

一、数字图书馆系统概述

数字图书馆系统是开发和利用数字图书馆的管理平台，它能提供一套 DL 整体解决方案。数字图书馆建设的基本要素包括数字化资源、分布式管理以及智能化服务等方面，数字图书馆系统需要解决的就是如何通过计算机、网络以及软件系统来构建这些基本的要素，从而开发出一个合理高效的数字图书馆[23]。

数字图书馆系统发展迅速，产品类型多样、体系不完善，无论是系统名称、系统组成、系统微观结构都缺乏统一的标准规范，总体呈现以下特点：

（1）较大型的产品由多个子系统或模块组成，具有从数据生产、收集、加工、存储到服务管理一整套的软件支持。较小型的系统一般是各功能集成在一起，如 AOLONG 数字图书馆。

（2）随着全社会信息资源的数字化、网络化，大多数厂商除数字图书馆系统外还有多种产品，形成多元化发展。如 TRS 除数字图书馆解决方案外，还有电子政务解决方案、媒体内容管理解决方案、企业信息化解决方案等。

（3）部分数字图书馆系统和数字化信息集成，提供软件和信息内容的整套服务，如方正 Apabi 数字图书馆提出"几万元＝完善的数字图书系统＋成千上万册正版电子书刊"解决方案，超星数字图书馆也是如此。有的系统还提供软件和硬件整体解决方案。

（4）大多数厂商称数字图书馆系统为 DL 解决方案，一般由数字参考咨询、论文提交、统一检索、数字资源采集、数字化加工等子系统或模块组成。这从另一方面也适应了 DL 建设的需求，因为 DL 建设是一个渐进过程，特别是现在许多图书馆正处于一个过渡时期，大都从几个模块开始，如先购置数字资源整合检索系统或视频点播系统，各 DL 可根据需要灵活选用，但也存在与原有自动化系统不兼容的问题。

（5）现在国内图书馆主要用的是国产数字图书馆系统，这除了有价格便宜、售后服务便利、本土化优势等因素外，最主要的原因还是近几年国内 DL 技术已取得很大进步，与国外的差距也越来越小。

（6）TPI、TRS 和国图数字图书馆整体解决方案是目前国内较优秀的数字图书馆系统，也代表了我国数字图书馆系统的发展水平。从总体上看各系统基本都能满足现阶段我国 DL 的需要。总的来说，TRS 是一家专业性的内容管理软件厂商，软件产品涉及多个领域，产品技术和功能较先进；TPI 则是清华同方光盘股份有限公司的产品，该公司主要是专注于信息资源内容服务，软件产品有专业性和价格方面的优势；北京国图数字有限公司则是一家由国家图书馆控股的专门从事计算机网络系统集成的高科技企业，主要提供 DL 系列解决方案，由 19 个模块（子系统）组成，产品注重与现有图书馆实际情况的结合。

二、数字图书馆系统的基本功能

1. 数字资源的创建和获取

数字图书馆系统必须支持通过计算机来获取已经数字化的文章、图片、录音、录像等多种来源的信息；支持通过扫描、识别、压缩和转化等多种技术来创建数字信息；支持通过开放的内容创建应用程序接口和其他厂商的相关技术产品来完成上述不同种类信息的数字化及内容的提取。

2. 数字资源的存储与管理

数字资源的存储与管理包括自动索引、建档、特性抽取和翻译功能，利用先进的组织和筛选工具，用户能够用中文语言进行特定信息的查询。使用全文数据库来存储数字资源，并进行数字资源的索引和查询。数字图书馆系统应当能够综合利用包括全文数据库技术、面向对象技术和多媒体技术等来为 DL 用户提供实用性强、完整性较好和安全性高的 DL 解决方案。

3. 用户权限管理

数字图书馆系统应该能够根据完整的用户权限管理方案来提供一系列全面的

管理工具，包括对数字资源建设过程中的用户权限管理，对用户访问和使用数字资源进行许可、控制和监督，并保护资源拥有者和最终用户相关利益等功能。此外，DL平台一般需要有加密信封等加密技术，来保证数字信息在网上传递过程中的安全性、完整性。

4.数字资源的访问与查询

数字图书馆系统一般应具有强大的访问控制和信息查询功能，包括文本和图像分析工具以及数字化音频和视频信息的查询工具，提供全文检索、基于声音和图像的检索以及自然语言检索等多种检索方式。用户可以根据喜好和用途选择一种或多种检索手段，而且能够响应及时，结果准确。

5.信息发布与服务

数字图书馆系统应当支持用户从任何计算机网络系统上来进行信息发布与服务，支持多种信息发布和服务途径，并且所发布的信息在任何具有图形化用户界面的计算机系统上都可以呈现和阅读，对于特殊用户还应当支持包括通过触摸屏、手写及语音识别等技术来提供信息服务，使得系统对用户透明，并具有良好的安全性、易用性和可扩展性。数字图书馆系统还应当能够通过多种多样的信息服务手段来进行个性化的信息服务，如各种数字化参考咨询服务和电子文献的传递提供服务。除上述之外，数字图书馆系统的功能应当具有扩展性，满足图书馆工作的不同需要，如支持用户教育、资源共享与业务合作、安全与系统管理等。

三、数字图书馆系统的可用性

1.数字图书馆系统可用性的指标

数字图书馆系统的可用性是指用户能否方便、容易地使用系统，以便快捷而有效地实现自己的目的或完成任务，即用户使用该系统完成其任务或实现其目的的方便性或顺利程度[24]。

①使用的方便性。是指系统在各个层次上提供的用户界面所体现出来的交互性能。由于图形比文字更具有知觉意识流和潜意识流上的直接性(直观性)，用户界面应尽可能用图形来代替文字说明。在必须采用文字说明的地方，要尽量采用一般用户熟悉的术语，尽可能用中文而不用外文。

②学习的容易性。系统应该是一看就懂，一学就会，基本上做到无师自通。用户不需要花很长时间学习使用手册，也不需要记住操作规程和要求，更不需要进行培训。系统应具备一个方便而详尽的帮助信息子系统。

③使用的有效性。用户使用系统的主要目的就是要获取所需要的信息，因此

快速而准确地获取信息是系统可用性的一项重要指标。快速是指用户在最短的时间内使用该系统完成其任务和实现其目的；准确是指在所获取的信息中没有遗漏重要的信息，也没有无关信息掺杂进来。

④系统的容错性。用户群体包括各种各样的人，也许大部分用户对数字图书馆系统并不熟悉，操作失误是不可避免的。一个容错性较好的系统不仅在操作过程中使用户不易发生错误，而且允许用户发生错误。用户一旦误操作，系统能及时甄别并自动纠正或帮助用户纠正错误，不能因为用户误操作就中止系统运行甚至出现死机现象。

⑤用户的满意程度。这是评价数字图书馆系统可用性的一项综合指标，即满足上述4条要求是获得较高用户满意程度的必要尺度。因此可以将用户满意程度作为衡量数字图书馆系统可用性的一种客观尺度。

2. 数字图书馆系统可用性的意义

数字图书馆系统的中心任务就是为用户服务。否则，该系统就失去了存在的价值，这说明了可用性在数字图书馆系统建设中的重要作用。实践证明，建设一个先进的数字图书馆系统，如果不从工效学、可用性的角度去考虑用户的需要、方便和效率，单纯追求先进的自动化技术，并不能达到预期的效果，用户对系统的使用效率和满意程度也不会随技术先进性的提高而提高，甚至适得其反。

①提高系统利用率。在图书情报部门实现了电子化和网络化以后，许多单位，甚至在一些科研单位中，仍有相当多的用户并不熟悉这些电子化和网络化图书馆系统的使用方法。这些人当中，中老年的科技人员占相当大的比例。究其原因，一是自身缺乏系统培训，二是系统不好学。如果数字图书馆系统能按上述可用性的要求设计，达到一看就懂，一学就会和无师自通，就不会有不熟练或不会使用的用户，这些先进系统的利用率也还会得到进一步提高。

②减少用户重复学习。数字图书馆系统的主要用途是查询信息，用户通过网络查询的大都是经过数字化处理的图书、期刊等文献。这些查询手段和结果对于数字图书馆系统来说都是共同的，而不同数字图书馆系统的查询方法、流程和用户界面却是五花八门。目前国内数字图书馆系统没有一个相对统一的用户界面，因此用户每到一个图书情报部门查询时，都需要有一个学习和适应过程，这种重复学习给用户带来了不便。如果根据不同规模和性质的图书馆和情报系统，设计出几个标准的用户界面，既可以大大方便用户，又有利于提高系统的可用性。例如目前因特网上最常用的 IE 浏览器就给用户带来极大的方便，其设计思路值得借鉴。

③提高检索效率。目前图书情报系统有多种数据库，有些是自己研发的，但大多数是引进的。这些数据库间只具有简单的并行连接关系，用户使用时需要一个库一个库地查询，并使用了很多切换操作，降低了检索效率。只有对多个数据库进行整合实现跨库检索才能构成高效率的数字图书馆系统。用户查询时只需要输入一次检索词，即可对所有数据库进行关联查询。同时用户也可以对数据库进行选择，只查询其中几个有关的数据库，由此可大大提高系统的检索效率。目前对各种大型文献数据库进行整合已有成功经验，需要大力推广。

3. 提升数字图书馆系统可用性的策略

①建立用户模型。不同的用户有着不同的需求和问题。在建设数字图书馆系统之前，应对该系统的现有和未来用户进行一次全面的调查研究，要了解用户的文化程度、年龄结构、工作性质、所学专业和外文水平，对计算机和网络的熟悉程度，曾用过的信息查询系统，使用数字图书馆系统的目的和频率，对过去的数字图书馆系统意见及对未来数字图书馆系统的希望和要求。通过调查研究，系统设计人员应建立用户模型，并针对用户模型来进行设计和开发。

②为多数用户设计。一个可用性好的数字图书馆系统应该适合绝大多数用户的使用要求。如果没有使用过系统或不熟悉系统的用户占多数，设计者应该将注意力放在这一用户群。例如我国能够熟练阅读外文资料的人的比例较少，因此需要重视语言认知问题。数字图书馆系统应尽可能提供网络翻译功能，至少也应有英汉词典查询的功能。

③系统反复测试。评价数字图书馆系统的优势不仅看其技术水平，更是看用户的满意程度。设计人员在设计出系统后，应反复征求用户的意见，在试用中不断提高系统的可用性。任何数字图书馆系统的设计都不是一个线性过程，而是经过多次试用、反复修改和不断完善的过程。按国际标准设计目前还没有数字图书馆系统可用性的标准，提出这样的要求似乎不现实。但可用性是属于工效学的研究范畴，可以借用工效学中有关可用性思想设计数字图书馆系统。

④可用性思想。可用性是工效学国际标准办公用视觉显示终端的工效学设计要求（ISO 9241）的第11部分的内容。可用性要求系统在一定的条件下使用户能实现自己的目的并满足其要求，包括用户、任务、设备（包括硬件、软件和资料）和环境（包括影响产品可用性的物理环境和社会环境）等条件。它是根据工效学原理对硬件、软件和环境提出的可用性设计要求，同时还提出通过对用户满意程度的测量来评估特定使用条件下系统的可用性。按可用性思想设计，要确定数字图书馆系统的使用条件、设备和环境以及目的和任务。设备包括硬件、软件和资

料，其中硬件包括计算机、工作站、服务器和其他信息设备；软件除包括计算机软件外，还应该包括数字图书馆系统的使用说明和对用户的各种要求和限制；资料应包括馆藏的各种纸质图书、期刊等。数字图书馆系统的环境包括局域网等技术环境、物理环境和社会环境。物理环境包括阅览室、书库、书架、机房、计算机桌、座椅、照明、温度和湿度等；社会环境包括该数字图书馆系统对用户的开放程度、对用户的收费情况、开馆时间和工作人员的服务态度等。这里所说的目的是指建设数字图书馆系统的目的，如为用户服务，向用户提供所需要的信息。这里的任务是指为实现上述目的所进行的各种活动和过程。可用性测量主要根据用户使用的效果、效率和满意程度这3个方面来进行。效果是指用户查询信息的准确性和完整性；效率是指用户查询信息所花费的精力、时间和费用等；满意程度是用户在使用该数字图书馆系统完成任务时的一种主观感受。按照可用性的要求，数字图书馆系统的设计人员应根据用户、任务、设备和环境等有关信息，制订出一个可用性实施方案，并在实施过程中根据效果、效率和满意程度这3个方面对用户界面、系统的主要部分和整个系统进行评估。在评估过程中应反复征求用户在使用类似系统或试用本系统时的体验和意见，最后将评估结果反馈给系统设计者，不断改进系统的性能，不断提高可用性水平。

四、数字图书馆系统的安全性策略

影响数字图书馆系统安全的因素包括[25]：①非人为的自然灾害如地震、水灾、火灾、雷击等各种灾害对计算机信息系统中的设备老化和线路老化的危害。②环境中的有害气体、电磁污染、电磁干扰、静电、鼠虫害以及其他环境事故的破坏。电力供应的突然中断或电压的波动、供电设备的故障以及载有重要数据的介质损坏、出错。③人为无意的失误，如操作员安全配置不当造成的安全漏洞，操作员的误操作，用户安全意识不强，用户口令选择不当等给系统安全带来的威胁。④人为的恶意攻击。此类攻击可分为对硬件设施的破坏及对信息的攻击。对信息的攻击又分为两种情况：一是以各种方式有选择地破坏信息的有效性和完整性，如黑客对电子政务外网中各Web服务器的页面进行篡改；二是在不影响应用系统正常工作的情况下，进行截取、破译以窃取重要信息。⑤软件质量问题。系统软件的漏洞和缺陷可能是系统成为黑客攻击的首选目标；应用软件的漏洞和缺陷会造成系统故障频频，影响日常工作等。⑥在网络应用层中攻击。拓扑结构暴露导致不同网络信任域各自的内部网络拓扑结构信息暴露给连接的其他网络信任域。黑客经常使用的各种攻击，如地址欺骗和假冒攻击、序列号攻击、路由攻击、拒绝服务攻击等；利用网络的缺陷或网络控制系统的漏洞，进行非授权访问或非法入侵；不同网络信任域之间的互联和风险网络之间的互联有可能造成某一网络信任域安全等级的下降，甚至会形成一些网络上的漏洞。

一个完整的数字图书馆安全体系结构主要由六个层次组成：网络安全、信息安全、软件安全、管理安全、备份安全、用户个人数据安全。

1. 网络安全策略

网络安全策略的含义。网络安全就是利用技术和管理手段为计算机网络系统建立安全的保护，避免因为偶然和恶意的行为造成计算机的硬件、软件和用户数据被破坏、更改及泄漏，使得系统可以持续可靠运行。网络安全策略的主要任务是保证整个网络的数据传输和网络进出的安全性，如保证网络资源不被非法使用和访问；保护通信链路免受攻击；保护网内的数据、文件、口令和控制信息，确保网上传输数据的保密性、完整性和可用性。逻辑隔离和物理隔离是维护数字图书网络系统安全、保护网络资源的两种必要措施。

网络安全技术。①防火墙技术，防火墙技术是一种被动型反击手段，是已经发展起来的一种保护计算机网络安全的访问控制技术。其主要功能就是控制对受保护网络的非法访问，它通过监视、限制、更改通过网络的数据流，尽可能屏蔽内部网的拓扑结构，并且对内屏蔽外部危险站点，用于防范外对内、内对外的非法访问。防火墙处于图书馆的内部网络和外部网络之间，被视为图书馆网络的守门员，是实施网络安全的核心技术。它有两个基本准则：第一是一切未被允许的就是禁止的；第二是一切未被禁止的就是允许的。它包括包过滤技术、应用层网关技术、代理服务技术。②入侵检测技术，在数字图书馆网络中，防火墙是抵御对网络进行非法攻击的重要的第一道防线，网络入侵检测则可以实时检测网络上的数据，是一种向外的、主动的网络访问监控手段，入侵检测技术是动态安全技术的最核心技术之一。入侵检测作为其他安全措施的补充和加强，是任何一个安全系统中不可或缺的最后一道防线，因此，入侵检测也常常被认为是防火墙之后的第二道安全闸门。入侵行为不仅来自外部，同时也指内部用户的未授权活动。与其他安全产品不同的是，入侵检测系统需要更多的智能，它必须可以将得到的数据进行分析，并得出有用的结果。

2. 信息安全策略

①信息加密技术。信息加密是增强信息安全的有效手段，它是利用某种加密算法，将信息明文变换成密文进行发送，使截取者无法破译，从而实现信息的安全传输。常用的加密算法有两种：对称密钥加密算法和公开密钥加密算法。

368

②信息伪装技术。1993 年以后，国际信息安全专家们开始研究给信息铺上一层伪装以麻痹攻击者的更有效的保护方法，即信息伪装技术，它是通过利用信息的冗余空间来隐藏文字、图片，甚至是声音和影像等信息，这将成为保证网络中信息安全性的又一重要手段。信息伪装是将数据隐藏到宿主数据中，它有一个基本的假设，就是第三方不知道被隐藏数据的存在，它没有鲁棒性的要求，一旦传递的数据被改变，被嵌入的信息将无法恢复。

③数字水印技术。数字水印技术是通过在原始数据中嵌入水印来实现该数据的所有权保护，水印一般是一段文字、标识、序列号，与原始数据(如图像、视频、音频、数据)紧密结合并隐藏其中，并可以经历一些不破坏源数据使用价值或商用价值的操作而能保存下来。数字水印技术具有永久性、高保真、不可检测性、多样性、安全性的特点。数字水印技术的发展及其应用将会对数字图书馆的信息安全起到不可低估的保护作用。在网页中加入水印技术，可以抵挡部分攻击，这是因为水印技术的抗攻击性，在水印能够承受合法的信号失真的同时，水印还应能抗击试图去除所含水印的破坏处理过程；它可以定时检测隐藏在网页中水印来判定网页是否被攻击和破坏。具有鲁棒性的水印和其他技术结合还可以实现自动恢复面向数字图书馆的一些付费项目，水印技术和密码签名技术相结合，还可以提供服务器的完整性保护和客户端的数据认证，构造综合的数据安全技术。

④访问控制。访问控制决定一个用户或程序是否有对某一特定资源执行一个特定操作的权限(如共享、修改、签字等)，一般有三种权限判定方法，即强制法、随意法和角色判定法。强制法是指每个用户具有一个安全级，针对每个资源也有相应的安全系数，而且在同一级中还要受类别的控制，该方法可靠性较高，但不够灵活；随意法则采用访问矩阵指定每一个用户列每个资源的访问模式（如读、写、执行等权限），比较灵活，但不能控制信息流向；角色判定法是以用户访问某特定资源时的角色来决定其权限，即为每一个资源对象建立一张访问控制列表，表明其对各种角色赋予的权限，同时也给每一个用户赋一个或几个预定的角色，这种方法具有前两种的特点和优点也更加安全方便。

⑤数字签名。它是公开密钥加密技术的另一类应用，其过程是：包的发送方从包文本中生成一个散列值(或摘要)，发送方用自己的私钥对该值进行加密来形成发送方的数据签名，然后，这个数据签名将作为包的附件和包一起发送给接收方；接收方首先从接收到的原始包中计算出散列值(或摘要)，然后再用发送方的公钥来对包附加的数字签名进行解密，如果两个值相同，那么接收方就能确认该

数字签名是发送方的。通过数字签名能够实现对原始包完整性的鉴别和不可抵赖性，从而保证了信息的安全收发。

⑥病毒防护技术。防病毒技术包括：病毒预防、病毒检测和病毒消除，常用的杀毒软件都包含有这三种功能，这些软件在单一主机上使用效果很好，但对网络中的病毒却有些勉为其难。由于网络中最主要的软、硬件实体包括网络操作系统、服务器和工作站，因此，网络防病毒技术一般要从这三个方面入手：基于工作站的病毒防护。工作站是网络的门户，把好这道关非常重要，其主要方法有杀病毒软件、防病毒软件和硬盘保护卡等。基于服务器的病毒防护，目前大都是以网络加载模块（Netware LoadableModule，NLM）来提供扫描病毒的能力。一般的NIM 具有实时在线扫描、服务器扫描选择、自动报告功能及病毒档案、工作端扫描以及对用户开放的病毒特征接口等功能，可有效提高网络系统的防病毒能力。基于网络操作系统的病毒防护。由网络操作系统本身提供四级安全保护措施，包括：注册安全、权限安全检查、属性安全检查、文件服务器安全。

3. 软件安全策略

软件安全策略主要是防止由于软件的安全漏洞或质量问题而使应用系统被非法控制或使应用系统处于停机、拒绝服务等故障状态。它分为系统软件安全和应用软件安全。系统软件安全包括操作系统和数据库，其安全是其他软件安全的基础。我们不但要注意系统和数据库本身的安全，而且要注意数据库和系统备份数据的安全。防止数据在异地的克隆造成的泄密。防拷贝防克隆技术可以有效地防止系统的泄密。由于当前使用的操作系统大部分还是国外的产品，这些操作系统可能存在用于系统诊断、维护时对资源进行非授权访问或使用的后门，也可能存在着因为对安全问题考虑不周而留下的系统漏洞。因此，从系统级就面临着遭受各种攻击、病毒侵害和失窃密等重大威胁。应用软件安全主要保证各种应用系统内部的安全性，如身份认证、访问控制等。CA 安全认证系统可以很好地解决各种应用系统的安全性，在应用系统中增加结点式加密机或加密读卡器将保证数据的完整性、事务活动的不可抵赖性、事务双方的身份认证等。

4. 管理安全策略

管理安全主要保证整个系统包括设备、网络系统以及各种应用系统的运营维护时的安全性。如可以通过入侵检测系统实时监控网络和动态保护网络；可以通过安全审计系统来保证系统发生安全问题以后进行分析调查。如果执行人员出现失误，实际的网络安全也就存在问题。因此，技术越先进，审计功能就变得越重要。审计并不完全是检查安全问题。对审计的数据进行系统的挖掘，还具有非常特殊的意义，比如，可了解内部人员使用网络的情况等。此外，确定安全管理范围，制订有关设备的操作使用规程和中心机房管理制度，制定各应用系统的维护制度和应急措施、建立网络通讯管理制度、完善数据备份及应用软件等技术资料的管理制度等以加强安全管理工作。建立网络安全维护日志，记录与安全性相关的信息及事件，有情况出现时便于跟踪查询。定期检查日志，以便及时发现潜在的安全威胁。增强安全管理、入侵检测、安全审计。相关安全法律法规和标准规范是从应用安全、统一信任体系、网络安全、系统安全、物理安全几方面制订的。

5. 系统的备份安全策略

①数据备份。在共享平台处建立相应的存储局域网（SAN），可采取集中式的数据备份与恢复，利用镜像和 RAD 技术来保证数据的物理安全性。图书馆各部门和各级数据库需要采取定期备份、异地备份等措施。其中定期异地备份（采取增量传输），针对业务需要的不同，可选择采取同步复制和异步复制。对重点数据库系统，采取镜像技术保证数据库的安全。对安全系统中重要保密设备和安全设备的密钥和其他关键安全参数也应作备份处理，以避免密码设备或安全设备的密钥或关键安全参数丢失而影响正常业务的进行。

②系统备份。在数字图书业务应用系统出现故障，系统无法正常运行，甚至陷入瘫痪时，最关键的问题就在于如何尽快恢复计算机系统，使其能够正常运行。这就要求我们通过配置相应的系统备份软件，通过宽带网进行系统备份。系统备份也是实现系统灾难恢复的前提之一。

③加强对备份的数据的检测，真正做到数据的有备无患，防止再出现在灾难时发现备份的数据无法使用，因此要定时检测数据是否有效的备份，同时注意备份出的数据的加密工作，防止备份出来的数据泄密。同时也要注意移动设备如笔记本电脑，移动磁盘等设备的安全，采取有效的措施防止泄密。

6. 用户个人数据安全策略

①告知或知情原则。指图书馆在收集个人数据时，应当告知数据主体有关数据的收集情况，包括图书馆的名称、地理位置、通讯方式；个人数据将用于何种目的；潜在的个人数据使用的情况；收集个人数据的方法，包括消极的方法和积极的方法；告知个人数据的提供是自愿的或是必要的，以及不提供个人数据的后果；图书馆对个人数据的安全保障措施。

②选择或同意原则。决定权，尤其是对个人数据的二次利用享有选择权。数据主体的选择权大致包括数据主体对被图书馆收集的其个人数据的使用目的和使

用方法有最终的两种制度，即"定入制度"和"定出制度"。定入制度是指在收集或使用个人数据的许可上，图书馆要得到数据主体明确的同意，默示许可在这种情况下不适用。定出制度是指图书馆可以得到数据主体的默示而收集与使用该数据主体所有的网上个人数据。

③查阅或参与原则。指数据主体有权查阅有关的个人数据，有权质疑个人数据的准确性和完整性。为此，图书馆对个人数据应建查阅和更改两套系统，不致因为更改而使个人数据流失或破坏，也不致因为查阅而使个人隐私暴露无遗，对数据主体查阅的便利和对他人利用个人数据限制的要求是一样的。

④安全或完整的原则。指图书馆有义务、有责任保证所收集到的个人数据不被不恰当地传播、披露、毁灭或质量下降。维护个人数据的安全与完整，不仅包括技术性和非技术性的措施，也包括组织内与组织外的措施。虽然在许多情况下图书馆可以因为种种原因而免责，但这并不能当成不采取安全措施的理由，免责的前提条件是图书馆在其力所能及的范围内最大限度地采取了相应的安全措施，即使在这种情况下图书馆也并非能完全免责。

⑤执行或救济的原则。指必须为数据主体建立一个在其个人数据被侵害的情况下，为其因此受到的经济和精神上的损失讨回公道的有效的、可以执行的机制，这也是保证上述原则得以贯彻的保证。执行和救济机制包括：行业自律机制；立法为数据主体提供个人损害赔偿的诉因；政府通过民事或刑事制裁制度规定执行条例等。

五、数字图书馆系统的维护

1. 培养健全维护人员队伍

维护人员的工作面较广，既有设备管理，又有网络管理，还有硬件和软件的维护维修等工作，涉及很多学科的专业知识，既需要理论，更需要实践。由于计算机技术发展迅速，数字技术日新月异，维护人员要不断地加强专业学习，提高业务水平，及时总结维护经验。平时可通过国际互联网或其他专业书刊来了解计算机管理维护维修方面的先进的技术，不断提高自身的计算机维修管理的水平。有关领导要重视维护人员知识的更新和提高，定期组织他们到大专院校进修学习，或者派他们去参加各种计算机机房网络维护培训班学习交流经验。同行之间应互相取长补短，相互帮助，共同提高。计算机在使用过程中难免出现问题。管理人员就需根据问题所表现的形式来分析是计算机硬件故障还是软件故障，再找出解决问题的方法。因此，只有具有一定的计算机专业知识和经验，有强烈事业心和责任感的人才能承担起多媒体网络教室的管理工作。

2. 制定完善的应急方案和使用制度

图书馆应该建立完善的硬件维修使用记录，详细记录每个机房电脑的具体配置、使用情况、因何原因何时更换过什么设备。认真保管好各个机房的各种原装软件资料，包括各种正版的操作系统、数据库，杀毒软件、各种测试调试维修的工具软件、各种计算机硬件设备的驱动程序等软件。这些专业软件在机房的日常维护中经常用到，如果过早损坏或者遗失，将对机房的维护带来不便。建立好使用日志。为了及时跟踪管理，机房中每台电脑都应贴有标签，详细写明具体的机型、工作组、用户名、IP 地址等。还需要建立完备的进出库登记档案。在教学过程中，对于计算机硬件、专业软件及时进行跟踪检查。遇到借用或购买的电脑教学设备，要做好详尽的登记，要及时做好设备变动的记录档案。机房管理人员变动，也要做好档案交接记录，做到账物相符。最后，多媒体网络教室内要保持整洁。多媒体网络教室内要通风良好，保持清洁干燥、无尘。当计算机长期处于闲置状态时，如寒暑假，要定期启动若干个小时以排除机内潮气，保持各部件接触完好，能够正常工作。

3. 做好常规工作，认真维护好机房设备

硬件管理：机房管理人员应做好机房的日常护理工作，应及时检查各个机房的电源、交换机、服务器和网络的使用情况。要坚持每天查看机房使用日志，深入机房了解用机情况，准备好维修要用到的软件和硬件，对出现的情况按轻重缓急的次序来进行维修处理。机房管理人员上班时要勤加巡视，及时掌握各个机房中计算机设备的动态变化情况，掌握用户访问与使用情况，尽早快地发现并排除服务器在使用过程中存在的故障，定期清理硬盘中无用的程序信息。下班前要整理登记好维修记录，发现有难以解决的问题应及时向领导反映。

4. 做好重要数据的保密和备份

计算机的运行主要依赖于软件即有关数据，所以机内数据非常重要。由于数字图书馆中的计算机系统较复杂，且系统中软件种类较多，一旦被损坏可能会导致整个系统瘫痪，因此保护系统数据非常重要。对系统定期备份，在适当的时候恢复、还原。按恢复方式分自动恢复、按键恢复和加密恢复三种，管理者可根据需要选择不同的保护和恢复方式，数据系统进行保护。一般恢复操作可设定为开机时自动恢复，这样就可以将上次计算机使用所做的修改全部复原到初装机时的最优状态，保证计算机的可靠运行，同时又节省了管理者维护计算机的时间。进行数据备份时应注意：硬盘至少分成 2 个区，即安装操作系统和必要的应用软件的系统区和用来存放数据文件的数据区；备份前应删除文件夹中的临时文件和回收站中的垃圾文件，并进行磁盘碎片整理，既可使计算机系统达到最优状态，也可使备份生成的映像文件达到最小；备份软件不要放在需备份的磁盘中，否则备份将无法完成；为了避免因病毒或其他原因损坏映像文件，应将该文件夹复制到外挂硬盘或刻录到光盘中。

5.严格限定用户权限，禁止不良软件资料上传

机房管理人员要充分利用各种技术手段，从网络管理上对每个工作组、每个成员的使用权限进行合理的设置，控制好各级用户的使用权限，特别要控制好能对教师机、服务器、交换机进行远程控制的用户的相应权限，定期查杀病毒，必要时可以使用硬盘还原卡等方法来保护重要的硬盘数据。

参考文献

[1]WilliamY Arms.数字图书馆概论.北京:电子工业出版社,2000

[2]盛小平.国内外数字图书馆发展的比较研究.中国图书馆学报,2001(6):39-44

[3]张晓林.分布式数字图书馆机制.情报学报,2002(1):63-70

[4]王大可.数字图书馆建设中存在的问题及解决办法.现代图书情报技术,2000(4):10-15

[5]张健等.开放体系分布式数字图书馆原型设计.计算机应用,2000(6):38-41

[6]Kenneth E Dowlin. The Electronic Library:the Promise and the Process. NewYork:Neal—Schuman PublishersInc,1984

[7]汪冰.电子图书馆理论与实践研究.北京:中国科学院文献情报中心,1997

[8]王卓杰.论数字图书馆的含义和功能.图书馆学刊,1998(4):14-17

[9]张曙光.关于数字图书馆问题的探讨.现代情报,1998(6):9-10

[10]郑巧英,杨宗英.数字图书馆原型体系结构初探.情报学报,1999(6):523-329

[11]孙坦.数字图书馆理论与发展模式研究.北京:中国科学院文献情报中心,2000

[12]高文等.数字图书馆原理与技术实现.北京:清华大学出版社,2000

[13]章忠平.数字图书馆功能探析.江西图书馆学刊,2000(4):55-56

[14]梁继宏.关于数字图书馆建设的探讨.理论观察,2000(5):103-104

[15]盛小平.数字图书馆功能剖析.图书馆杂志,2004(2):2-8

[16]Donna Bergmark. Collection Synthesis. International Conference on Digital Libraries Proceedings of the Second ACM/IEEE-CS Joint Conference on Digital Libraries. New York:ACM Press,2002:253-262

[17]Greg Riccardi. Managing Scientific Information Making the Internet Work for Big Science. [2005-08-30]. http://www.nesc.ac.uk/presentations/

[18]胡峰,张黎.知识扩散网络模型及其启示.情报学报,2006(1):109-114

[19]Nonakai,Toyamar,Konno N. SEC I,Ba and Leadership：a Unified Model of Dynamic knowledge creation. Long Range Planning,2000,33（1）:5 – 34

[20]白广思. 数字图书馆平台建设研究. 情报理论与实践,2010(4):102 – 105

[21]同[20]

[22]裴红罗等. 基于云计算的数字图书馆平台架构设计. 中国农业科技导报,2010(6):126 – 129

[23]喻浩,潘薇. 数字图书馆支撑技术及其发展. 农业网络信息,2007(10):101 – 103,130

[24]张凌,刘延,孙玮. 数字图书馆系统的可用性. 中华医学图书情报杂志,2004(6):13 – 14

[25]吴艳苹. 数字图书馆系统的安全性策略. 科技创业月刊,2007(4):189 – 190,193

第十三章　实例分析

实例一　国家数字图书馆

一、国家数字图书馆概述

数字图书馆涵盖多个分布式、超大规模、可互操作的异构多媒体资源库群，面向社会公众提供全方位的知识服务。国外自20世纪90年代初开始进行数字图书馆建设，并取得了大量成果与经验。我国数字图书馆的研究和建设均略晚于美国等发达国家。1994年数字图书馆概念被引入我国信息科学研究领域，1996年IFLA大会在中国召开，数字图书馆被作为一个专门议题，此后数字图书馆在我国很快进入大规模研发阶段，完成了多项国家级、部级科研课题，为数字图书馆建设奠定了坚实的基础。

国家图书馆从1995年开始跟踪国际数字图书馆研究与发展动态，并进行了大量的技术储备和经验积累。1999年，国家图书馆起草《国家图书馆二期暨国家数字图书馆基础工程项目建议书》，并于当年9月15日由文化部向原国家发展计划委员会提交了《文化部关于报请批准国家图书馆二期暨国家数字图书馆基础工程项目建议书的函》。2001年11月27日，原国家发展计划委员会下发文件《印发国家计委关于审批国家图书馆二期工程暨国家数字图书馆基础工程项目建议书的请示的通知》（计社会〔2001〕2482号），标志着国家图书馆二期工程暨国家数字图书馆工程项目正式立项。2003年1月27日，原国家发展计划委员会批准《国家图书馆二期工程暨国家数字图书馆工程可行性研究报告》。2005年10月11日，《国家数字图书馆工程初步设计方案》通过国家发展和改革委员会审批，该项目被列为国家"十五"重点建设项目。

国家数字图书馆建设总投资为12.23亿元人民币，其中二期工程投资7.3亿元，数字图书馆工程投资4.9亿元。二期馆舍总建筑面积79 996平方米，建筑高度27米，建筑结构为地下3层，地上5层，包括：书库区、阅览区、学术交流区、办公区等，设计藏书量为1200—1400万册，日均接待读者能力为8000人次，读者座位2906个，已于2008年9月9日开馆。数字图书馆工程于2001年完成立项建议书，2003年完成可行性研究报告，2005年完成初步设计方案，2008

年完成细化设计方案，目前处于"边建设、边服务"的阶段。

通过建设国家数字图书馆，可以充分发挥国家图书馆在我国文化建设中的地位和作用，更好地履行网络环境下国家图书馆作为国家总书库、全国书目中心、图书馆信息网络中心、图书馆发展研究中心的职能，有效增强国家图书馆对内对外的辐射力和影响力，极大地提升服务水平和服务能力，满足社会公众对中文公共信息资源的基本需求，达到国内一流、国际先进的目标要求。

二、总体需求分析

1. 国家数字图书馆建设特点

由于职能定位不同，国家数字图书馆的建设与其他行业的数字图书馆建设有很大的不同：

（1）在资源建设方面，需要履行国家图书馆的职能，在全面收藏中文文献信息的基础上，作为全球最大的中文文献提供中心，负有重点收藏和长期保存中文数字资源、建立中文数字资源保障中心、建设中文数字资源查询基地的责任。

（2）在数字资源服务方面，国家图书馆是公益性文化单位，具有社会知识传播与信息服务中枢的核心地位，担负着为"构筑终身教育体系、创建学习型社会"服务、最大限度地满足读者全方位、多渠道获取信息与知识需求的重任。

（3）在数字图书馆技术方面，国家数字图书馆构建数字资源采集、加工、保存的技术支撑平台时，无论在体系结构设计、网络平台与硬件设施搭建，还是在软件研制方面的建设都不同于一般的数字图书馆，它不是独立和封闭的系统，而是要保持与其他各数字图书馆系统之间的兼容性、可互操作性和开放性，同时最大可能使得建设的相关成果可以在其他图书馆以更低的价格使用，为全国数字图书馆建设的共建共享提供支撑。

（4）在资源框架与标准规范方面，实现以内容管理框架为基础技术、硬件体系结构面对框架、应用软件面对框架接口的数字图书馆系统。在标准规范研制方面，将采用数字图书馆相关国际、国家及行业标准，对于急需且必须要制定的标准在工程建设过程中逐步建立和完善，致力于为全国数字图书馆建设提供统一的标准规范。为了便于投资决策，在国家数字图书馆工程的初步设计中，以文献数字化中心、网络管理中心等八大中心机构组成国家数字图书馆建设和运行的实体，以各种软件和硬件平台作为最终的建设目标。

2. 国家数字图书馆建设体系

国家数字图书馆建设是一项系统工程，它涉及多种学科、多种技术及科学的管理模式。国家数字图书馆的建设目标具体包括：建立国家数字图书馆科学管理体系、数字资源建设体系、数字资源的发布与服务体系、数字资源的组织管理与存储体系。

(1)科学管理体系

在吸取和学习先进国家数字图书馆理论并分析研究国内外数字图书馆建设实践的基础上，建立数字图书馆理论模型，明确国家数字图书馆建设与传统图书馆结合中的人力资源需求、业务工作流程、组织管理结构、数字资源（生命周期）管理模型、技术支持环境需求与管理、传统服务与网络服务的系统与管理架构。

(2)数字资源建设体系

● 数字资源建设原则

统筹规划、公益为主、突出特色、遵循标准、科学管理、自建购进并举、尊重知识产权、边建设边服务。

● 数字资源建设方针

在国家图书馆传统文献采集方针"中文求全，外文求精"的基础上，实行数字资源建设"中文为主，外文为辅，通用性资源主要依靠外购和呈缴，特色资源主要依靠自建和委托加工"的方针。

● 数字资源建设重点

第一，侧重中文数字资源建设，加工、整合、存储和传播中文数字信息，形成中文数字信息中心。第二，侧重永久保存型资源建设，建立中文数字信息保障基地，长期保存中文数字信息，建设国家数字信息库。第三，侧重中文数字资源元数据的制作与采集，建立中文数字信息的最终查询基地，对主要中文数字信息的元数据进行整合，满足国内外用户查找中文数字信息的需求。

● 知识产权解决办法

知识产权管理是数字资源建设与服务的重要组成部分。国家数字图书馆将采取积极措施探索和解决数字资源使用与服务中的知识产权问题。对读者提供的每一个数字资源都将被标明知识产权以及使用权的情况，根据知识产权的不同情况，采取不同方式向用户提供服务。既保护著作权人的利益，又要保证公众享受数字信息的合理使用权。

(3)数字资源的发布与服务体系

国家数字图书馆工程建设的最终目的是为社会提供方便、快捷的信息服务。通过本工程建设的数字资源支撑技术平台与网络平台，对国内外用户提供高效跨库、无缝链接、个性化与智能化的信息服务，从而为构建我国的知识网络与知识中心作出贡献。同时遵循"以用户为本"的宗旨，最大限度地服务于西部、服务于教育、服务于提高全民素质；加强研究性主题服务和个性化主题服务，为科技强国服务。

（4）数字资源的组织管理与存储体系

按照国家图书馆的需要，以及有关标准规范组织数字资源，建立数字资源的组织装配规则，包括：一次数字资源加工成为二次、三次数字资源的原则；在线、近线、离线存储数字资源的原则；数字资源的管理、定位、迁移、转换、仿真、电子账务；数据仓库技术（按照数字资源原有形态来存储与定位资源，按照使用的不同需要来组织与预发布资源）。同时建立异地灾备系统，确保国家数字资源基础的安全和可长期保存，该系统以资源的永久保存为第一目的，在需要时，也可以提供服务。

3.国家数字图书馆建设目标和建设原则

（1）总体目标

国家数字图书馆将全面履行国家图书馆的职能，有重点地收藏、建设和长期保存中文数字信息，在互联网上形成超大规模的、高质量的中文数字资源库群，建构数字资源采集、加工、保存的技术支撑平台，并通过国家骨干通信网向全国以及全球提供中文数字信息服务，使国家数字图书馆成为世界最大的中文数字信息保存基地与服务基地，成为国家重要的信息基础设施。利用先进的技术和传播手段，向全国及全球展示中华优秀文化，实现馆藏资源的共享。

到 2015 年完成我国中文文献的书目数据库建设，通过网络通道向公众全面提供中文二次、三次文献的检索（包括图书、期刊、报纸的名称及篇名数据）；完成馆藏特色资源库的建设，向公众提供具有中国文化特色的信息资源，包括：甲骨资源库、金石拓片资源库、敦煌资源库、地方志资源库、图书馆学资源库、中国国情资源库、中国博士论文资源库、中国学资源库等；建立中文互联网信息资源库，保存中国重要的网站网页信息，并向公众提供查询服务；与其他行业性、地区性数字图书馆系统连通，向公众提供全方位的知识信息库，使国家数字图书馆成为中文数字信息的查询中心和服务中心。

（2）技术目标

● 数字资源加工能力

普通纸质文献数字化加工能力：30 万册（件）/年；

缩微介质数字化加工能力：300 万拍/年；

文摘记录加工处理能力：9 万个/年；

书目记录、文摘记录、版权关系、数字资源唯一标识符等挂接处理能力：各9 万个/年；

目次的加工、挂接处理能力：180 万行/年；

篇名的加工、挂接处理能力：600 万个/年；

音频、视频资源的深度标引处理能力：6000 小时/年。

- 存储能力

本地与灾备存储中心：在线存储能力≥60TB，永久保存数据存储能力≥340TB（包括离线和近线部分）。

- 提供服务能力

二期馆区具备 6000 个信息点的接入能力，主要阅览区、会议区、室外休息区具备无线接入能力（11 兆/秒、108 兆/秒）；

互联网资源输出能力大于 1000GB/天；

接入超过 3000G/S 带宽能力；

2 亿条以上结构化元数据的检索能力；

平均 100 000 次检索请求/分钟能力，峰值 10 000 次检索请求/秒能力，可以进行 1 亿页全文检索，可以进行古籍全文检索；

支持 600 个读者终端（电子阅览席位）和移动无线终端的服务能力；

具备 50 个机位的数字图书馆管理与技术人员培训环境及能力。

- 技术支持能力

具备国家数字图书馆主要生产系统的仿真测试能力及三个项目的同时开发能力；

具备开展数字图书馆发展方向研究及相关标准规范研究的能力，建立国家数字图书馆工程有关标准与规范。

(3) 建设原则

- 开放性

所有产品应具有开放标准的接口、API 或者通信协议，体系结构、资源建设与服务设计坚持开放性原则。

- 成熟性

采用的应用系统平台和软件技术、产品都应经受市场长期考验，具有成熟的应用案例。硬件以先进的网络设备、标准的 Unix 主机、基于 Linux 的机群系统、SAN 存储网络系统为主，软件以成熟的数据库、产品、基于内容管理的框架等为主，配合具体的应用需求进行相应的软件工程开发。

- 标准性

系统各项技术遵循现有的国际标准、国家标准、行业和相关规范。

- 科学性

各项性能指标的调整与设计坚持科学性与可操作性原则。

- 可靠性

系统建设力求采用先进可靠的网络技术、应用平台和开发工具，使网络系统、软硬件系统具有较长的生命周期，确保系统的高性能和稳定性。

● 安全性

系统设计充分考虑各种安全风险，确保国家数字图书馆的安全运行。

三、国家数字图书馆总体架构

1. 总体逻辑架构

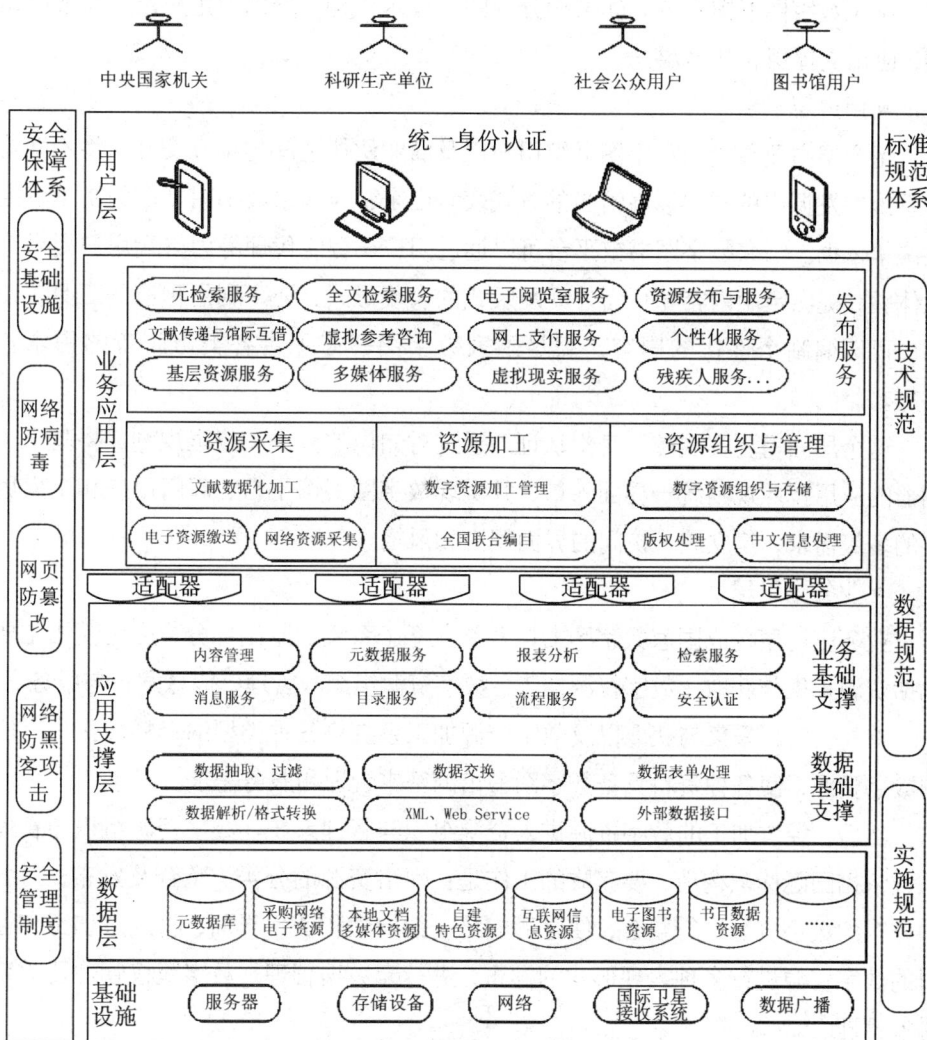

中央国家机关　　科研生产单位　　社会公众用户　　图书馆用户

安全保障体系

标准规范体系

统一身份认证

用户层

安全基础设施

网络防病毒

网页防篡改

网络防黑客攻击

安全管理制度

业务应用层

发布服务：元检索服务　全文检索服务　电子阅览室服务　资源发布与服务　文献传递与馆际互借　虚拟参考咨询　网上支付服务　个性化服务　基层资源服务　多媒体服务　虚拟现实服务　残疾人服务…

资源采集　资源加工　资源组织与管理

文献数据化加工　数字资源加工管理　数字资源组织与存储

电子资源缴送　网络资源采集　全国联合编目　版权处理　中文信息处理

适配器　适配器　适配器　适配器

应用支撑层

业务基础支撑：内容管理　元数据服务　报表分析　检索服务　消息服务　目录服务　流程服务　安全认证

数据基础支撑：数据抽取、过滤　数据交换　数据表单处理　数据解析/格式转换　XML、Web Service　外部数据接口

数据层：元数据库　采购网络电子资源　本地文档多媒体资源　自建特色资源　互联网信息资源　电子图书资源　书目数据资源　……

基础设施：服务器　存储设备　网络　国际卫星接收系统　数据广播

技术规范

数据规范

实施规范

图 13-1　国家数字图书馆总体架构图

381

国家数字图书馆总体架构完整地诠释国家图书馆数字资源的生命周期，完成数字资源从内容策划到创建、组织描述、保存管理、获取和整合，再到维护和提供服务的完整流程。国家数字图书馆的总体应用体系是一个由各类应用软件组成的、多层次的复杂系统，在这个体系中各个应用软件不是孤立的，各个应用软件系统遵循一定的标准和规范、由统一的网络系统、服务器系统、存储系统等系统平台支撑，软件之间存在着功能关联、功能互补、功能支持、数据交换、数据共享等关系。

国家数字图书馆系统总体架构分为四层技术架构，分别为用户层、业务应用层、应用支撑层和数据层。

- 用户层

用户层主要负责与数字图书馆用户以及商业伙伴之间的相互交互。将不同业务系统中发掘出的知识以最恰当的方式表示出来，为国家数字图书馆的决策者提供决策依据。国家数字图书馆平台可以通过门户、智能代理等为终端用户提供个性体验，提供定制内容和页面外观及版式的表现形式，还可利用相应的工具，使用户可以编制个性化的内容，满足国家数字图书馆平台各类访问者的需求和兴趣。

这个层面需要实现统一身份认证，通过对知识的分类和权限规划，将基于浏览器的应用按照规则统一界面入口，并实现数字图书馆平台、部门用户和个人用户的多级需求，建立统一访问的界面规则和风格。

- 业务应用层

业务应用层构成国家数字图书馆各类业务子系统的基础部分，应用模块主要包括资源采集与获取、数字资源加工、数字资源组织与管理、信息发布与服务。

首先，资源采集与获取以及数字资源加工系统将各种类型的资料转化为有序的数字资源，使各种资料具备数字图书馆的基本管理和服务需求。

然后，经过加工的数字资源进入资源组织与管理系统。数字资源组织与管理系统依据国际标准构造，要完成的工作是：网络资源的分类、整合及发布；对各种异构的数字资源进行整合，使之形成统一的检索和使用界面；将经过加工和标引的数字资源进行多种表现形式的发布；进行元数据管理、数字版权管理及数字对象管理。

最后，直接面向用户和读者的是信息服务平台。该平台为用户提供方便快捷的、主动的、个性化的、安全可靠的服务，并实现传统图书馆与数字图书馆之间

"相互补充、相得益彰"的理念。通过"我的图书馆"等系统对用户进行个性化服务，用户能订制自己所关注的资源信息，及时获取，同时获取由图书馆系统根据用户关注点所自动推送的即时信息。通过数字虚拟参考咨询，提高图书馆服务的即时性和交互性。提供异构资源检索平台，使用户真正享受到跨库无缝检索。同时，基于本系统的文献传递、馆际互借等能实现与其他图书馆情报机构的互联互通，形成一个广泛的知识园地。

- 应用支撑层

该层是国家数字图书馆平台体系架构的核心层，包括数字图书馆应用系统服务的整合、资源的整合等内容。在国家数字图书馆平台中，基于 SOA 的应急支撑平台将国家图书馆的各种业务应用系统、工作流程等无缝整合，使国家数字图书馆平台具备可扩展性，可以在系统中随时增加业务功能模块，使数字图书馆的前期投资可以被无限利用。基于 SOA 的数字图书馆平台的整合主要包括业务流程的整合以及数字图书馆应用服务及数字资源的整合。

- 数据层

该层主要负责数字资源组织管理和数字资源长期保存。数字资源组织管理，是对资源安全、资源级别、资源调度、权限控制、元数据与对象数据进行管理，有效地调度异地异构数据资源和进行服务综合协调等；数字资源长期保存，是进行资源的存储、永远保存、异地备份、数据迁移、数据仿真等。

数据层包含着数字图书馆的事实、文档的元数据，以及描述事实和元数据结构的本体，即本体知识库与实例知识库。知识库中存储了大量不同类型的结构化和非结构化知识，其主要的内容是本体、事实知识和文档表示。

（1）数字图书馆用户

一为普通用户，通过互联网来使用国家数字图书馆的各种资源服务；二为图书馆用户，参与书目型元数据的联合编目工作，通过开放式链接来使用国家图书馆的资源服务、馆际之间的资源推送服务、行业中心之间的代理服务等；三为单位用户，通过专门的通道使用国家数字图书馆的专门数据资源组织与服务。

（2）数字图书馆资源服务

数字图书馆资源服务将分为五种方式，一是揭示性资源服务，即将书目、篇名、二次文献的文摘、购进数据库的索引等进行揭示性的服务，帮助用户寻找自己需要的资源；二是公益性资源服务，即通过链接服务向用户提供公益性的一次文献的数字资源服务；三是将已经获得网络传播权的数字资源提供服务；四是对于未获得网络传播权的资源提供链接型资源服务；五是特殊资源服务。包括：利用检索与全国馆藏相连接的服务；利用检索与馆外各种电子资源相连接的服务；通过 Z39.88 接口与馆内外的各种资源相链接的服务；通过检索与馆际互借连接的服务；通过检索与文献传递连接的服务；通过订单或者定题、命题、主题等与信息定制与信息推送连接的服务；通过界面提问与虚拟参考咨询链接的服务；通过服务请求与代查代检、资源传递等链接的服务；通过与行业数字图书馆的服务代理的各种服务。

2. 应用系统总体设计

在数字资源生命周期全过程管理的理念下，业务应用系统主要包括了用户管理系统、资源采集与获取系统、数字资源加工系统、数字资源的发布与服务系统、数字资源的组织与管理系统等。

（1）用户管理系统

用户管理系统主要负责与数字图书馆用户以及应用之间的交互，是集用户注册、认证、管理为一体的读者信息综合管理平台。数字图书馆用户在用户层管理层可以完成用户的登记注册，使用国家图书馆网上资源的统一认证，简化目前存在的多系统分别认证，实现单点登录。在内部管理上，统一管理网上资源及网上读者权限，扩大国家图书馆的服务范围，为不到馆的读者提供国家图书馆网上资源使用的可能与便利，提高国家图书馆网上资源的利用率。实现本系统与国内外其他集团、企事业单位认证中心的互联。针对不同的用户要求，提供个性化的服务，还可利用相应的工具，使用户可以编制个性化的内容，满足国家数字图书馆平台各类用户的需求和兴趣。用户对于国家数字图书馆的使用信息将通过知识发掘系统以恰当的形式表现出来，为国家数字图书馆的决策者提供决策依据。

（2）资源采集与获取系统

资源采集与获取系统主要是将各种类型的资料转化为有序的数字资源，文献数字化加工是将各种形式的文献资料进行数字化加工，并在加工过程中对生产流程进行管理和控制，其中加工的对象包括普通纸介质文献、古籍善本、缩微文献、音视频、特殊资源（如舆图、甲骨等）；网络资源采集是有目的、有方向的采集原本无序分散的网络资源，在此基础之上构建数字信息资源库，自动进行专题数字资源的搜集、分类、标引、存档，并以多种形式向用户推送专题资源；电子资源缴送是履行国家数字图书馆保存职能的重要环节，无论是个人用户还是电子资源出版单位，都可以通过电子资源缴送平台迅速上传学位论文、电子出版物，全面获得所需要的信息。

（3）数字资源加工系统

数字资源加工系统将各种数据库、电子图书、电子期刊等进行格式转换、元数据标引等处理，使各种资料具备数字图书馆的基本管理和服务需求。数字资源加工系统建立与存放各类型元数据库、资源库和知识库，为国家数字图书馆建立、存放、组织、管理各种类型元数据库、资源库和知识库提供系统和空间；建立元数据制作、整合、检索平台，为数字资源加工工作人员提供元数据建设工作窗口和工具；完善知识组织体系和检索基础平台，以建立知识组织模型、知识挖掘工具和知识本体库为知识挖掘系统建设的主要内容，解决知识组织的语料的输入、输出、检索的需要。

（4）数字资源的发布与服务系统

在数字资源发布方面，需要对自建数字资源、外购数字资源、缴送电子出版物、自建的网站网页、获取的网站网页等数字资源进行发布，在发布时要满足不同类型、不同特点、不同内容的数字资源的发布和展示特点，满足不同类型用户的需求。文津搜索系统是数字资源发布中一个重要的系统，它集中了所有数字资源的元数据，在整合后可以为用户提供全方位的检索服务。这个元数据集中包含的不仅仅是国家图书馆自身的馆藏数字资源的元数据，还包含了在图书馆业界和其他相关机构收集到的元数据信息，因此文津搜索将提供图书馆界最为全面的搜索来源；文津搜索并不是单纯的元数据信息的罗列，而是在后台知识库的支撑下，分析用户的行为以及语境所完成的检索，与一般检索引擎所提供的索引信息良莠不齐相比，文津搜索可以提供最为准确的数字文献信息资源；检索不是用户的重点，如何获取才是用户最为关心的，文津搜索不仅集成了资源，还应集成国家数字图书馆和其他机构的服务应用，使用户定位文献信息后可以方便地采用各种方式去获取。

数字资源的服务是在发布的基础上为满足用户需求而提供各种应用手段。数字资源的服务除了提供传统意义上的文献传递、虚拟参考资源、馆际互借等外，重点考虑和设计了基于新媒体的服务。建立面向手机和数字电视的服务是其中两个重要的组成部分。

（5）数字资源的组织与管理系统

数字资源的组织与管理系统在总体设计上包含两个方面的内容：一是形成并建立国家数字图书馆数字资源的组织管理体系，在功能实现上主要包括对资源安全、资源级别、资源调度、权限控制、元数据与对象数据进行管理，有效地调度异地异构数据资源和进行服务综合协调等。二是建立国家数字图书馆数字资源长期保存体系。数字资源的长期保存采用了 OAIS 作为系统参考原型，这个参考模型阐述了档案信息保存功能的全过程，包括加工、档案存储、数据管理、访问和发布。它同时阐述数字化信息向新媒体及格式迁移，表述信息的数据模型、信息保存时软件的角色，以及档案间数字信息的交换。

3. 网络系统设计

（1）整体网络体系结构设计

国家数字图书馆网络系统主要由接入网、本地局域网、无线局域网、双向卫星系统、国际卫星节目接收系统、视频会议系统、数据广播系统、网络安全系统、异地灾害备份网络等九个部分组成。网络采用以太网技术。

本地局域网络结构主要采用核心层、汇聚层、接入层的三层结构设计，采用星型冗余结构的连接方式，确保无单点故障，达到万兆主干，千兆到桌面的带宽要求，并考虑有少量光纤到桌面的节点。三层结构设计的优点如下。

1）节省成本

在采用层次模型后，各层各司其职，不再在同一个平台上考虑所有的事情。层次模型模块化的特性使网络中的每一层都能很好地利用带宽，减少了对系统资源的浪费。

2）易于管理

层次化设计使得网络结构清晰明了，可以在不同层次实施不同难度的管理。

3）易于扩展

在网络设计中，模块化具有的特性使得网络增长时网络的复杂性能够局限在子网中，而不会蔓延到网络的其他地方。

4）易于排错

层次化设计能够使网络拓扑结构分解为易于理解的子网，网络管理者能够轻易地确定网络故障的范围，从而简化了排错过程。

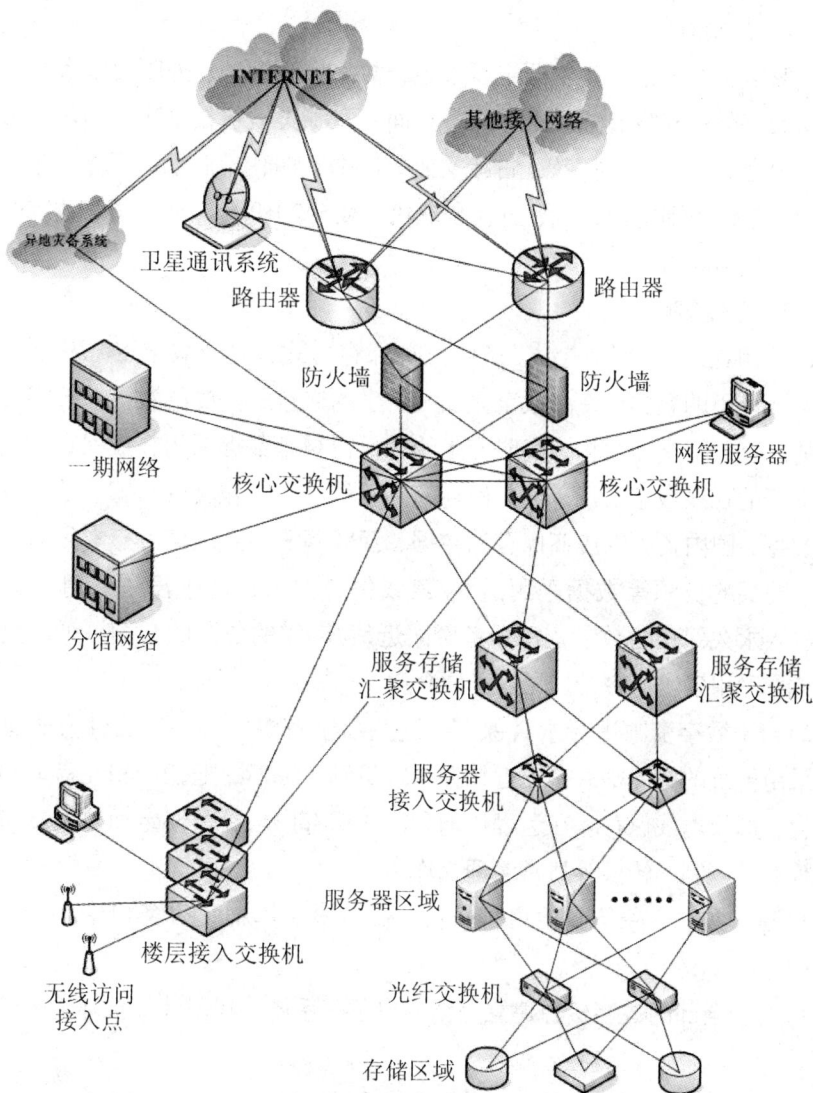

图 13 - 2　国家数字图书馆整体网络示意图

（2）整体网络性能设计

国家图书馆网络设计采用万兆以太网技术，万兆以太网技术提供更高的带宽（10G）、更远的传输距离（最长传输距离可达 40 公里）和丰富的处理能力。能够有效地节约用户在链路上的投资，并保持以太网一贯的兼容性、简单易用和升级容易的特点，可以很好地满足国家数字图书馆今后的发展。

4.存储体系设计

（1）存储对象

国家数字图书馆数字资源主要来源于数字资源缴送、外购数字资源、馆藏特色资源数字化、网络资源采集等几个方面。资源类型包括文本、图像、音频、视频等，内容涵盖甲骨、拓片、古籍文献、图书、期刊、报纸、手稿、地图、音像资料等，年代范围覆盖古代、近代和现代。截至2010年年底，国家数字图书馆资源总量已达480TB。

（2）存储策略

1）采用在线、近线/离线、离线三种保存方式，对于数字资源发布与服务过程中需要使用的数据、文献数字化加工产生的未正式提交的数据、数字资源加工产生的未正式提交的数据、实时产生的书目记录等数据采用在线保存方式；对于利用率低的在线数字资源、永久保存的高质量的数字化文件数据、数字资源加工后的数据、国内资源供应商保存的数据、互联网采集到的资源、文化信息共享的资源、购买的资源等数据采用近线/离线保存方式；对于没有利用率的数字资源、进入永久保藏的数字资源、备份的近线/离线的资源的数据，采用离线的保存方式，采用磁盘、磁带、光盘三种介质。

2）对于数字资源进行永久保存。这些数字资源主要是以文件方式进行保存的，采用传统的文件格式。当近线存储容量满了以后，把磁带和光盘取出单独进行保存，形成离线保存。在远程传输和离线保存阶段，需要定期对于磁带和光盘进行检查、复制、转换等日常管理工作。

3）建立数字资源的异地灾害备份，保持对于远程灾害备份中心的监督、控制、指导等。

4）对于全部的数字资源建立完整的电子账系统。利用计算机环境来管理数字资源。

5）交叉行业之间的备份存储成为明天行业中心之间的合作内容之一。必须在备份与存储中心留有余量。

6）对于在线资源，采用三份备份，一个是数字资源发布与服务系统的存储，一个是本地的数字资源存储管理中的存储，一个是远程灾备数字资源存储。在数字资源发布与服务系统的存储发生故障时，可以立即接替在线发布内容的输入/输出的服务，灾备地成为这个部分的后备。

（3）存储系统

国家图书馆的主机房到存储机房距离很近，而且数据量大，对于在馆区内的单位用光缆贯穿很容易。所以，基本考虑选用 SAN 技术为主的存储局域网。最后选择产品时，以选择通用硬盘为磁盘阵的优先（一个普通的 SCSI 硬盘价格比 FC 的硬盘价格便宜很多，便于长期维护，满足维护成本最低的原则）。盘体考虑一种是 SATA，一种是 SCSI，在线区域考虑 SCSI，这样成本、性能容易满足要求。综合利用磁盘阵列、磁带库、光盘库特点，考虑性价比。

5. 安全系统设计

（1）安全策略

按照安全保障体系与信息系统同步建设原则，根据系统结构和应用模式，针对可能存在的安全漏洞和安全需求，在不同层次上提出不同的安全级别要求和相应的解决方案，制定相应的安全策略，加强安全管理，保证国家数字图书馆信息系统的安全性。

安全策略是网络系统设计的一个关键部分，本工程定义的安全策略包括：①正确处理安全与开放之间的关系；②安全技术与安全管理结合；③分析系统安全的风险，构造系统安全模型，从保护、检测、响应、恢复四个方面建立一套全方位的立体信息保障体系；④遵循系统安全性与可用性相容原则，并具有实用性和可扩展性；⑤技术上可实现，组织上可执行；⑥不同功能区采用不同的安全设备，分散安全风险；⑦明确规定用户、管理员和管理部门的职责范围。

（2）安全措施

1）物理安全

• 系统中的机房环境和场地环境要按照国家的有关标准进行建设，并制订严格的机房管理制度。

• 存放重要信息数据的服务器以及关键的网络通讯设备应该放在单独的机房，并严格控制人员出入，减少物理上的安全威胁。在机房配备防雷电设备、不间断电源设备和保持恒温、恒湿的设备。

• 存放相关数据的介质（磁盘、磁带等）要妥善保管，注意介质的防潮、防尘等方面的处理，防止人为物理操作失误或错误及其他物理手段造成介质的损坏和丢失。

2）网络安全

国家数字图书馆的网络系统划分为不同等级的安全区域，对每个安全区域采用不同安全策略，通过控制区域间的数据流向来保障网络系统的安全。同时运用适当的网络安全技术，确保系统能够有效阻止任何形式的非法访问与恶意攻击。采用的安全技术包括：防火墙、网络入侵检测系统、网络监控及数据分析等。

3）系统安全

在系统层，主要考虑利用主机入侵检测和漏洞扫描技术来建立系统层的检测监控体系，定期更新系统补丁程序，另外，还需要建立防病毒体系。

4）应用及数据安全

在应用安全方面，主要考虑通过身份认证和权限管理控制用户对应用程序和数据的访问。在数据安全方面，主要考虑防止非法获得，防止病毒，数据的安全备份，数据的永久保存等。

5）管理安全

在管理安全方面，主要包括成立专门的安全管理组织机构，制定严格的管理制度及规范，建立安全服务体系等。

6.计算机机房设计

（1）主要建设内容

国家图书馆二期工程是一座地下三层地上五层的建筑，计算机机房其主要部分位于地下一层，另有 UPS 电池室位于地下三层。地下一层的机房层高 4.4 米，机房区及部分走廊基础地面下沉 0.4 米；地下三层的 UPS 电池室基础地面未做下沉，地下三层为最底层。

本次机房需要施工的总面积约为 1750 平方米。施工范围包括地下一层的机房和地下三层的 UPS 电池室在内的各个子系统的建设，包括：①装修系统（不含吊顶、照明）；②供配电系统；③UPS 电源系统；④综合布线系统；⑤防雷与接地系统；⑥机柜；⑦安防系统（包括门禁、闭路电视）；⑧机房环境与动力监控系统；⑨大屏幕显示系统；⑩KVM 系统。

本次机房的空调子系统（包括机房专用精密空调机、送回风、新风、排风）及消防、防盗子系统、吊顶及照明，不包括在此次施工范围内。

（2）机房建设总体规划

1）网络管理中心机房：主要用于放置服务器、小型机、集群等，是整个机房区的重心。该机房内分为三个区域来使用，分别是 PC 服务器区、小型机区和集群区。

2）外光纤接入机房：主要用于对外光缆的接入。

3）网络交换设备机房：是全楼网络中心，主要放置中心交换机、路由器、防火墙等。

4）数据资源储藏管理中心机房：该机房实际分为数据存储中心机房。

5）UPS 电源机房：大楼的低压配电引至 UPS 电源机房共 10 路电源。

6）监控/会议室：在数据存储中心机房（二）机房的一侧，计划以玻璃隔断墙分隔出一个 140 平方米的空间作为监控/会议室，放置大屏幕显示器、会议桌、集中监控设备等。

7）UPS 电池室：用于放置 UPS 电源的电池，在最底层的地下三层，承重能力为 1500 公斤/平方米。

四、国家数字图书馆数字资源建设与服务

1. 国家数字图书馆数字资源建设

国家数字图书馆在"十一五"发展规划中全面采集各种载体的文献信息资源，建设文献信息资源保存与提供基地，文献信息资源获取能力进一步提高。

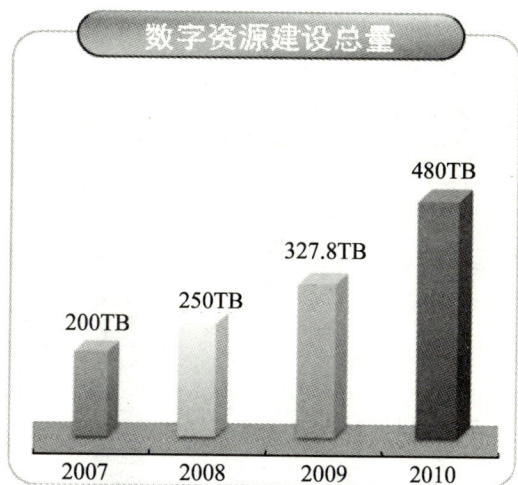

图 13 - 3　数字资源建设总量

截至 2010 年年底，国家图书馆数字资源总量已经达到 480TB，其中 2010 年新增数字资源量为 152.2TB。数字资源主要来源于电子报纸呈缴 3TB、外购数据库 71TB、馆藏特色资源数字化 388TB、网络导航和网络资源采集 18TB 五部分。资源类型涵盖文本、图片、音频、视频、网络资源等，主要包括电子图书 123.2 万种、161.2 万册，电子期刊约 4.4 万种，电子报纸约 0.31 万种，学位论文约 284.9 万篇，会议论文约 238.6 万篇，音频资料约 51.5 万件，视频资料约 8.1 万小时。其中 76% 以上资源已经通过互联网提供服务。

此外，为联合全国图书馆界共建国家数字图书馆，2010 年 5 月起，国家图书馆启动了数字资源征集项目，大规模征集各馆享有自有版权或可转授权的数字资源，获得了各地图书馆的热切响应和积极参与。全国 36 个图书馆申报了 142 种数字资源，涵盖了民国文献、家谱、老照片、地方志、视频资料、动漫素材、馆藏特色资源等多个主题。最终，34 家图书馆的 90 种资源被纳入此次征集范围，预计资源总量达 20TB，将进一步丰富国家数字图书馆的资源内容。

2.国家数字图书馆数字资源发布与服务

（1）国家数字图书馆数字资源发布服务状况

截至 2010 年年底，国家数字图书馆提供服务的数字资源发布总量已达 387.6TB。数字资源发布服务方式主要有：馆域网发布服务和互联网远程授权访问服务。服务资源包括电子图书 124.5 万种、164.2 万册，电子期刊约 5.1 万种，电子报纸约 0.3 万种，学位论文约 285.2 万篇，会议论文约 238.6 万篇，音频资料约 60 万件，视频资料约 2.5 万小时等。

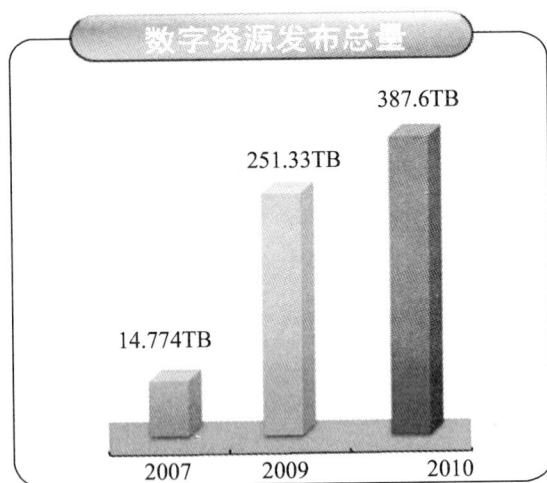

图 13 - 4　数字资源发布总量

（2）国家数字图书馆的开放创新服务

1）无线射频技术

RFID 技术被誉为 21 世纪图书馆技术，它正改变着图书馆传统服务模式。在全球范围内，目前有 2000 多所图书馆使用 RFID 技术，并且正以每年 30％ 的速率呈现激增的趋势。截至 2010 年年底，国内采用 RFID 技术的图书馆有 65 家，其中，省级以上图书馆 9 个、市区级馆 38 个、高校图书馆 14 个、机构馆 4 个，其中国国家图书馆在 RFID 智能化应用范围和规模居全国首位。

①自助办证系统

国家图书馆在 2009 年 9 月 9 日百年馆庆时推出了面向读者的完全自助式服务——自助办证服务。年满 16 周岁的读者，均可凭二代身份证在自助办证充值机上办理普通读者卡。还可以凭二代身份证或读者卡自助完成增加外借功能、修改借阅密码、验证等操作。

②自助借还书系统

自助借还书系统于 2008 年 9 月正式上线。目前已完成 RFID 标签图书近 120 万册。自助借还服务推出后，图书流通量比以前增加了 3 倍以上。系统包括：读者自助借还、自动分拣系统、标签转换系统、手持点检系统、馆员工作站、安全门禁系统等。

③智能架位导航系统

智能架位导航系统对公共目录查询系统（OPAC）功能进行了扩展。读者通过 OPAC 查到目标文献后，系统不仅标明目标流通资料的架位信息，还可以通过三维平面图向读者展示流通资料的具体位置，并设计出从读者所在地到目标架位的最佳路线。

2）国家数字图书馆新媒体服务

国家数字图书馆新媒体服务主要包括移动服务和数字电视服务，形象地说就是"一大一小"，"大"是指数字电视屏幕，"小"是指手机屏幕。从 2007 年开始建设移动服务至今，国家数字图书馆的新媒体服务快速发展，已经成为继到馆服务、网络服务之外的又一服务体系，在全国图书馆业界中都具有重要影响。

①国家数字图书馆移动服务——"掌上国图"

国家数字图书馆移动服务——"掌上国图"，既是国家数字图书馆的一部分，也是国家图书馆服务创新的成果。

a. 短信服务

短信服务使用短信方式为读者提供图书催还、续借和预约到达通知、读者卡过期提醒和挂失、读者意见与建议、公共信息推介等七项服务。

b. 移动数字图书馆

采用先进的移动快讯技术，将传统短信的推送服务方式和 WAP 网站的拉取服务方式相结合，为读者提供便捷、及时、个性化的新型服务。"移动数字图书馆"为读者提供国图动态、文化快递、书刊推荐、资源欣赏、书海拾珍、资源检索、读者服务等功能。持有国图读者卡的读者可以使用读者服务功能，查询借阅图书的状态，续借图书。

c. WAP 网站

国家数字图书馆 WAP 网站是国家图书馆的手机门户，向读者提供资源检索（包括公共目录查询和馆藏资源查询），读者可以通过 WAP 网站检索到公共目录和馆藏特色资源的元数据。WAP 网站还为读者提供了国图要闻、重要通告、读者指南，帮助读者了解国图、利用国图；国家数字图书馆 WAP 网站为读者提供在线展览和在线阅读，读者可以在 WAP 网站上看到千余本的公共领域资源。WAP 网站提供读者服务功能，包括读者借阅信息查询、催还提醒、预约、续借、一卡通信息查询等基于传统图书馆的服务，并支持读者注册成为我馆虚拟卡用户。在资源建设方面新增了在线讲座功能，将我馆文津讲坛的部分讲座以音频和视频形式通过手机发布。

d. 国图漫游

"国图漫游"通过手机为读者指示馆区阅览室、咨询台等方位，提供视觉效果好、能够随身、随行、自动与主动相结合、使用方便的新导引服务，并且可以一键调用国图短信服务、国图 WAP 网站和国图呼叫中心服务。

e. "掌上国图"资源建设

从 2009 年开始我馆进行了"掌上国图"资源建设，主要是考虑基于移动终端的服务模式已经较为丰富，在此基础上为读者提供移动服务的重点就转移到服务内容上面，也就是资源建设上面，因此设置了"掌上国图"资源建设专项。目前已经建成了对文本、音视频、图片等多种类型的资源进行加工、处理、发布的整套系统，形成了从资源搜集整理到资源格式转化，再到资源发布展示的相对标准化的流程。

f. 基于手机应用程序商店建设

随着 iPhone 等新型手机的出现，手机应用程序商店成了新的手机应用模式。我馆敏锐地抓住了这一变化，大胆尝试了移动应用程序商店的服务模式，建成了适用于 iPhone 的读者服务应用程序，包括 OPAC 检索、读者借阅信息查询、预约、续借、读者指南、通知公告、讲座预告等内容，是国内业界第一个尝试手机服务模式的图书馆。

g. 手持阅读器服务建设

结合与社会主义学院合作以及为全国人大提供服务，国家图书馆进行了手持阅读器服务建设。定制开发了掌上国图阅读器，将我馆文津图书奖参评图书、送书下乡图书、年画、老照片、文津讲坛讲座等资源进行深入加工和格式转换，装载到手持阅读器中。面向全国人大的服务，我们还专门搭建了立法决策服务平台，将立法决策数据库中的部分数据经过整理、加工装载入手持阅读器立法决策服务平台中，并加工了省部级领导干部历史文化讲座资源。

②国家图书馆数字电视服务——"国图空间"

"国图空间"作为全球首家图书馆的专业电视频道，是国家图书馆与北京歌华有线电视网络公司合作的成果。该频道发挥国家图书馆资源和服务的优势，以馆藏为基础，针对不同年龄段与文化层次的收视群体规划特色栏目。目前包括百年国图、文津讲坛、书刊推荐、馆藏精品、经典相册、图说百科、少儿读物等7套节目。在内容的制作和发布中应用多种国家图书馆自有知识产权的先进技术。这也是我馆作为全国文化传播和推广的重地，拓展已有服务模式，开创新的服务领域迈出的坚实的一步。

截至2009年年底，共通过数字电视发布929条文化信息，累计推荐书刊704本，提供展览32场，提供视频122场，提供老照片、馆藏资源图片及展览图片共计1000余张。

③电子触摸屏服务

国家数字图书馆推出的电子触摸屏服务，采用触摸屏作为阅读载体，给读者提供了耳目一新的新型数字资源阅读方式。用触摸屏式终端取代键盘及鼠标等输入装置，直接以触碰方式输入指令到透明面板，读者通过轻触液晶显示屏，可实现数字资源的查询、浏览、阅读功能等。触摸屏方式使数字资源的阅读更加人性化，可通过触摸屏互动界面对报纸页面进行随意移动、缩小、放大、翻页，显示效果逼真。

目前，数字资源触摸体验系统展示的内容包含：馆藏资源、电子报刊、在线讲座、在线展览、服务介绍、文津图书奖、中国政府公开信息整合服务平台等内容。

五、国家数字图书馆组织机构

通过国家数字图书馆工程的建设，国家图书馆组织机构将在一期传统图书馆业务组织管理结构基础上扩展延伸，业务重心由传统业务向数字图书馆业务转移，并逐步改组、合并、撤销、增加一些业务机构，建设文献数字化加工中心、数字资源加工中心、数字资源存储管理中心、网络管理中心、数字资源服务中心、系统开发维护中心、发展研究中心和展示与培训中心等八大中心，搭建起满足数字图书馆海量数字资源存储、管理、服务、安全、稳定可靠且可扩展的网络运行环境，通过应用系统开发实现数字资源采集、加工、处理、存储、归档、组织、发布和利用的全过程。

1. 文献数字化加工中心

主要负责国家图书馆馆藏资源中的文献资源部分的数字化加工，包括普通纸介质文献、古籍善本、缩微文献、音视频、特殊资源（如舆图、甲骨等），优先考虑国家图书馆特有的、不能缩微和影印的馆藏资源的加工处理能力。该中心的主要职能是资源创建。该中心建设包括国家图书馆数字资源部和古籍馆。

2. 数字资源加工中心

主要职责为实现网上信息资源挖掘，对已形成的数字化资源进行组织、加工与整合，建立专题概念体系知识库。该中心的功能相当于传统图书馆的采编业务功能。

数字资源加工是根据一次数字资源或传统资源进行主题、规范、标引、文摘、综合、分类、链接、转换等产生二次数字资源，建立二次数字资源与一次数字资源的链接等工作，需要具备一定的专业技术和知识。该中心的工作是实现数字资源结构化的关键，也是为方便使用者检索、寻找、使用而建立的有序化数字资源管理工作之一，是数字图书馆系统中数字资源建设最重要的工作之一。该中心建设包括国家图书馆数字资源部、中文采编部和外文采编部。

3. 数据资源存储管理中心

主要职责是解决海量数字资源的调度、服务，存储、长期保存问题，有存储系统与设备、存储技术支撑、异地备份系统、数据安全的系统保障等。该中心与传统图书馆的书库作用相同，只是存放的信息的载体与介质不同，存放信息的空间不同。该中心设在国家图书馆信息网络部。

4. 网络管理中心

该中心是数字图书馆系统的管理核心，主要履行数字图书馆系统中通用系统和设备的日常维护和管理职责，确保国家数字图书馆系统的稳定、可靠。同时承担相关计算机、网络、存储等设备的维护管理等工作。该中心负责数字图书馆系统对外的网络通信的畅通保障工作，与其他中心的协调管理和设备维护维修等工作。该中心设在国家图书馆信息网络部。

5. 数字资源服务中心

传统图书馆的信息资源服务方式是对印刷型文献进行传递，如阅览、外借、复制、参考咨询等。数字图书馆的信息资源服务方式在资源检索、资源提供、资源调度、资源保存等方面突破了传统图书馆在空间与时间上的限制，它通过网络甚至卫星通道，向用户提供本地、异地、异构数据库的所有数字信息，使得任何人在任何时间、任何地点，都可以方便快捷地获取信息资源。

数字资源服务中心将整合传统图书馆采编部、报刊部、典阅部及参考咨询部的有关业务，承担数字信息资源的服务工作。该中心建设包括图书馆信息网络部和数字资源部。

6.数字图书馆系统开发维护中心

数字图书馆系统开发维护中心承担开发应用软件和整体系统的应用软件的维护和部分技术研发工作，是数字图书馆系统与其他工作的基础和保障。该中心将与自动化部现有业务有机融合，系统开发维护中心设在自动化部内。该中心设在国家图书馆信息网络部。

7.发展研究中心

数字图书馆的建设是一项创新的系统工程，与传统图书馆相比，最大的不同是它的发展将在很大程度上取决于技术因素，因此，有许多新的领域需要不断的探索与研究。国家图书馆作为图书馆学的研究中心，在全国图书馆事业发展中起着龙头作用，因此必须跟踪国内外数字图书馆有关技术与研究动态，负责全国数字图书馆发展方向研究，以及有关技术标准规范的研究与制订，和对资源建设有关版权问题的研究，在理论与实践的结合上走在前面，为我国数字图书馆的建设作出贡献。该中心设在国家图书馆发展研究院。

8.展示与培训

数字图书馆的展示与培训是国家数字图书馆义不容辞的职责。数字图书馆建设是一个庞大的系统工程，不是一个图书馆就可以建设完成的，需要多个图书馆的参与。国家数字图书馆的建设对我国其他行业与地区数字图书馆的建设具有示范与指导作用，将对我国数字图书馆的建设起到促进作用。因此，对新技术的展示、宣传，培训全国数字图书馆管理与技术人员将是一项重要的工作内容。该中心设在国家图书馆社会教育部。

六、数字图书馆推广工程

1.建设目标

"国家数字图书馆推广工程"将建设分布式公共文化资源库群，搭建以各级数字图书馆为节点的数字图书馆虚拟网，建设优秀中华文化集中展示平台、开放式信息服务平台和国际文化交流平台，打造基于新媒体的公共文化服务新业态，最终实现国家数字图书馆的服务惠及全民，切实保障公共文化服务的公益性、基本性、均等性、便利性，最大限度地发挥数字图书馆在文化建设中引导社会、教育人民和推动发展的功能。

在网络体系建设方面，依托各级各类图书馆，构建以国家数字图书馆为中心、以省级数字图书馆为主要节点，覆盖全国的数字图书馆网络体系。到"十二五"末，基本形成覆盖全国省、市、县、乡镇(街道)、村(社区)的数字图书馆网络体系。

在数字资源建设方面，在全国建立若干资源建设中心、资源保存中心和资源调度中心，构建分级分布式公共文化资源库群，在全国范围内形成有效的数字资源保障体系。到"十二五"末，数字资源总量达到10 000TB（超过世界上主要发达国家的国家图书馆馆藏文献总量之和，相当于 26 亿册图书，或 926 万小时视频），其中电子图书达到 200 万种、电子期刊12 000种、电子报纸 2000 种、音频资源 20 万小时/100 万首曲目、视频资源 30 万小时/150 万部集、网络信息资源1000TB。使每个省级数字图书馆拥有资源 100TB，每个市级数字图书馆拥有资源30TB，每个县级数字图书馆拥有资源 4TB。

在信息服务方面，通过优秀中华文化集中展示平台、开放式信息服务平台和国际文化交流平台的建设，为政府立法决策、教育科研、公民终身学习等提供数字图书馆服务，使图书馆服务的覆盖范围由图书馆物理空间扩展到互联网、手机、电视、智能移动终端，手机服务覆盖人群达 7.4 亿，数字电视覆盖人群达6800 万户，互联网覆盖人群达 4.2 亿。

2. 建设内容

"国家数字图书馆全国推广工程"（简称"推广工程"）将推广国家数字图书馆建设中的理念、技术、标准，通过建设"一库一网三平台"，打造一种基于新媒体的公共文化服务新业态，即通过资源建设中心、资源保存中心和资源服务中心的建立，建设分布式公共文化资源库群，形成覆盖全国的数字图书馆虚拟网，建设覆盖全国、辐射全球的优秀中华文化集中展示平台、开放式信息服务平台和推动中华文化影响力的国际文化交流平台；借助手机、数字电视、移动电视、社交网络等为代表的新兴媒体，以互联网、移动通信网、广电网为通道，向公众提供个性化、多样化、全媒体数字图书馆服务，形成基于新媒体的公共文化服务新业态。

3. 运行机制

具备国家数字图书馆推广的硬件、网络、人员等有关要求的省级数字图书馆可自愿申请加入"推广工程"。依托各省级数字图书馆，带动各地方市、县级数字图书馆和乡镇（街道）、村（社区）数字图书馆基层服务站点的建设。

"推广工程"将在全国范围内建立若干个资源建设中心、资源保存中心与资源服务中心。加入"推广工程"的省级数字图书馆必须满足资源服务中心的要求，承担资源服务中心的职责。满足相应建设条件的省级数字图书馆均可自愿申请建设资源建设中心或资源保存中心。成立专家顾问委员会，不定期听取有关专家对"推广工程"发展的意见和建议。建立"推广工程"实施的评估机制。

4. 推广工程 2011 年推广资源内容

结合当前资源现状，2011 年度推广的资源内容是以国家图书馆已建设的数字资源为基础，同时充分利用版权征集、数字资源征集项目的资源成果，梳理、挖掘出适用于推广工作的资源综合包，总量约 10TB。资源内容涵盖：体现中华悠久历史、丰富文化内涵和鲜明地域特色的文献和资料，优秀地方文化资源，面向重点服务领域的专业性数字资源，针对少儿、残疾人等特殊群体的数字资源以及基于新媒体服务的数字资源。具体内容见表 13 - 1。

表 13 - 1 2011 年度推广的资源内容

资源类型	数量	来源	说明
中文图书	20 万册	馆藏普通中文图书馆数字化、"文津图书奖"获奖图书、"送书下乡"工程、"盲人数字图书馆"、"国家少儿数字图书馆"、"掌上国图"、"数字电视"等。	以近 5 年的图书为主,适当加大社科类、文化教育和技能培养类图书的比重,每年更新。未解决版权问题的图书仅提供地方有纸质馆藏的部分。
中文报刊	300 种	网上采集的报纸、征集到的地方报纸、购买的人文和学术报刊等。	涵盖文化艺术、政治历史、管理财经、科技科普、生活百科等领域,每年更新。
英文文献	40 余万种	购买的英文图书、期刊、报纸、学位论文等。	以远程代理、授权访问账号或者 IP 认证方式提供服务。
民国文献	500 种	版权开放的馆藏民国文献、民国图书、民国期刊、征集到的民国文献资源。	以已解决版权问题的为主,未解决版权问题的仅提供地方有纸质馆藏的部分,根据每年资源建设情况进行更新。
普通古籍	6000 种	馆藏地方志、家谱、征集到的地方志等相关资源。	以全文影像类为主,可根据需要提供全文文本,根据每年资源建设情况进行更新。

续表

资源类型	数量	来源	说明
特藏古籍	6000 种	馆藏甲骨、拓片、老照片、年画及征集到的年画、老照片相应资源。	以图片资源为主,根据每年资源建设情况进行更新。
音视频资源	1500 小时	学术讲座,数字资源征集项目征集到的讲座、戏曲、动漫、各种专题片等,购买的音频资源、多媒体学习库等。	以馆藏自建和征集到的地方优秀音视频资源为主,根据需要采购部分音视频学习库,每年更新。
网络资源	2TB	开放存取资源、政府公开信息、数字出版物等网络资源。	国家图书馆"政府公开信息整合"项目和"网络信息采集与保存"项目成果为主,每年更新。

参考文献

[1]魏大威,孙一钢.中国国家数字图书馆工程总体设计.数字图书馆论坛,2008(8):23–31

[2]申晓娟,齐欣.国家数字图书馆工程概述.国家图书馆学刊,2008(3):7–11

[3]中国电子工程设计院.国家图书馆二期工程暨国家数字图书馆工程数字图书馆系统部分细化设计,2008

[4]国家图书馆.国家图书馆二期工程暨国家数字图书馆工程数字图书馆系统部分初步设计,2005

实例二　构建用户驱动的国家科学数字图书馆

一、问题和背景

自 2001 年以来,中国科学院的文献信息服务在国家科学数字图书馆(CSDL)项目[1]的推动下取得了重大的建设成果。到 2005 年为止,中国科学院国家科学图书馆建立起了以数字信息资源为主的信息资源体系,构建起了包括跨库集成检索、全院联合目录、原文传递和馆际互借系统、分布式参考咨询、各类学科信息门户等多个平台在内的数字图书馆系统,建立起了资源范围覆盖高校等第三方系统、服务范围覆盖全院的文献信息资源联合保障体系,并形成了以网络信息服务为主的文献信息服务模式,得到了科研人员和图书馆界同行的肯定。

然而随着网络信息技术的发展,中国科学院科研人员的网络使用体验也在不断地丰富和增长，科研人员使用信息、利用图书馆的行为方式正在飞速转变。科研人员迫切希望：①图书馆信息服务系统更加直截了当，简便易用；②图书馆信息服务系统能够无缝的集成和全面的揭示，不应当让科研人员在多个系统之间来来回回地转换和切换；③图书馆信息服务系统可以帮助科研人员高效地取得所需的信息，能够权威地揭示资源获取的最佳途径；④图书馆信息服务系统能够对相关的资源和服务进行有效地提示和链接。

而对比中科院已经建成的数字图书馆系统，可以发现其中还存在着一系列问题，突出表现在以下三个方面：

（1）系统不友好。已建成的系统平台中用户服务部分过于复杂，将很多图书馆馆员该做的"幕后工作"暴露给读者，并使用了很多科研人员不了解、也看不明白的图书馆术语及规范，无端增加了用户的使用成本。

（2）没有明确的服务主线。已建成的系统平台自成体系，各个系统之间任意关联，没有一个相对统一和集成的服务流程，整体上看，数字图书馆服务处于一种零散、无序、任意，甚至混乱的状态之下，不能体现读者从检索、定位、获取、传递、问答这样一个流畅的服务流程。

（3）系统之间互不开放。已经建成的系统是一个个各自独立完整的系统，各系统之间互不开放，没有提供相关的标准接口，实现系统的互连。

总体而言，我们认为已经建成的数字图书馆系统是一个个建设成果的展示，而不是从用户使用的角度出发，为科研人员和研究生所建设的图书馆服务系统。而在实际的读者使用过程中，也反映出一系列的实际问题。例如有些读者认为他们不能理解我们的系统，不明白哪个系统具体具有哪些功能，不会使用我们设计的某些系统……

2006年3月18日，在中国科学院国家科学图书馆的成立大会上，中国科学院路甬祥院长明确提出国家科学图书馆要实现"三满意"的目标：国家科学图书馆的建设要让全院科研人员满意，让全院研究生满意，让全国的科技工作者满意。

正是在这样的前提之下。国家科学图书馆在2006年初提出了构建"用户驱动的国家科学数字图书馆"的理念，面向一线科研用户进行旧系统改造和新系统开发。一方面对原有的国家科学数字图书馆的系统平台进行持续不断的流程清理、系统完善、接口开发和服务集成；另一方面，根据科研用户的真实需要，设计和开发了一些科研人员乐于使用的、能够与其他服务平台有机集成的系统工具，到2007年，初步实现"用户驱动"的新型数字图书馆服务模式。

二、"用户驱动的数字图书馆"的发展趋势

1. 张晓林的数字图书馆三阶段理论[2]

2001—2002年间，张晓林就已经提出数字图书馆的发展要经历三个阶段。他认为第一代数字图书馆是数字化资源的数字图书馆，第二代数字图书馆是基于集成信息服务的数字图书馆，而第三代数字图书馆是基于用户信息活动的数字图书馆。根据这一理念，张晓林正积极推动国家科学数字图书馆（CSDL）朝着第三代数字图书馆的方向努力，近些年来，随着国家科学数字图书馆实践的不断丰富和深入，他已经在多种场合下提到了"用户驱动的数字图书馆"的说明，并且提出了很多的建设理念。

2. Ross Atkinson 的本地访问优化法则[3]

Ross Atkinson 是康奈尔大学图书馆的副馆长，知名数字馆藏建设专家。他在2002年提出了本地访问优化法则（The Law of Local Access Optimization）。他认为图书馆的职责是为本地读者提供所需的服务，特别是在数字许可的环境下，更需要善于同出版商和相关的图书馆共同合作，利用技术手段让本地的图书馆用户更加便利地访问和使用远程的数字资源。他提出："每一项图书馆推出的服务，每个图书馆所采取的行动，每花费的一分钱，有且只有一个目标，那就是增强本地图书馆用户访问和利用相关信息的能力。"他认为，任何与此目标无关的图书馆资源都是被滥用的资源。

3. Lorcan Dempsey 的网络重写图书馆理念[4-6]

Lorcan Dempsey 是 OCLC（Online Computer Library Center）的副总裁和首席战略家。他提出网络时代的来临，许多图书馆的行为准则都在改变。在以前，信息资源缺乏，图书馆得到较多的关注；而在网络时代，信息资源丰富，图书馆得不到广泛的关注。以前，人们消费信息资源；而在网络时代，人们联网构造数字身份，创建、收集并共享数字资源。以前，是用户围绕着图书馆创建其工作流程，而在当前的网络时代下，图书馆必须围绕用户的工作来构建图书馆的网络信息服务。面对改变的用户和变化中的技术，Lorcan Dempsey 提出网络重写图书馆（The Network Rewrites the Library）的命题，提出在当前环境下，图书馆应当围绕着用户的工作流程构建信息服务，而不应当围绕着图书馆来构建工作流程；图书馆应当关注为本地用户提供有意义的服务，也就是说在一个具体的用户环境之中来驱动信息；图书馆应当针对资源来源多样的情况，为本地的用户组装相关信息；图书馆应当从单一机构的垂直集成发展成为多方的资源共享和协作体系；图书

馆需要通过共享的平台来实现全系统范围内的高效运作并由此产生重要的影响力。

4. 其他相关论述

除以上三种提法和论述之外，还有很多观点都与构建"用户驱动的数字图书馆"理念相似。例如 Robin Murray 提出图书馆信息服务系统应在资源和服务合成（Synthesise）、对本地用户提供专业化（Specialise）的基础上，在用户的环境中驱动（Mobilise）相应的信息利用，将信息提供到用户的工作场景（Workplace Application）之中，使图书馆的信息服务出现在需要的地方（Point of Needs）[7]。而 Sheridan Brown 和 Alma Swan 也提出，随着技术的发展，当前科研人员的行为方式也在改变之中，图书馆应当构建与这些新的科研工作习惯相适应的服务，特别需要强调内容和服务的灵活性，以及这些内容和服务的可重组性[8]。

三、"用户驱动的国家科学数字图书馆"的建设理念

面对国家科学数字图书馆前期建设之中的问题，结合当前数字图书馆的发展趋势，2006 年，国家科学数字图书馆提出了构建"用户驱动的国家科学数字图书馆"的建设理念。提出国家科学数字图书馆要构建一种以科研人员为中心、围绕着科研人员的工作流程而服务、针对科研人员的信息使用习惯而设计、将信息服务渗透到科研人员的科研环境中的新型数字图书馆组织、构建和服务模式。这种新型的"用户驱动的数字图书馆"需要充分体现以下特点。

1. 围绕用户的工作流程构建国家科学数字图书馆的服务

国家科学数字图书馆系统的建设不能以图书馆的业务工作流程为中心，不能建设一个个脱离用户实际应用流程的孤立的跨库集成检索系统、联合目录系统、原文传递系统……而是应当面向用户实际需求，围绕着用户的使用习惯和使用流程，将一个个独立的系统有机重构和组合，形成一个综合集成的信息服务环境，切实解决科研人员工作中获取文献信息的问题。

2. 用户不离开工作环境就可使用国家科学数字图书馆的资源和服务

国家科学数字图书馆系统的构建需要将它的信息资源和服务提供到用户的工作场景之中去，让国家科学图书馆的信息服务出现在科研人员需要信息支撑的每一个工作环节之中。例如，需要让科研人员在查阅资料的时候，在撰写研究论文的时候，在进行科研实验的时候，或在进行教学的时候，都没有必要离开其原先的工作环境，就都能够使用国家科学图书馆提供的资源和服务。

3. 按照用户的使用习惯组织国家科学数字图书馆的资源和服务

国家科学数字图书馆系统的构建需要按照科研人员的使用习惯去组织数字图书馆的资源和服务，需要提供统一的服务入口，按照科研人员利用图书馆的目标和方式对服务进行归类调整，简化数字图书馆的信息服务过程，应用科研人员可以理解的语言文字来引导科研人员使用图书馆的资源和服务。

　　4.根据用户的不同为其组织和装配不同的资源和服务

　　国家科学数字图书馆系统是一个面向中国科学院的科研人员和全国的科技工作者提供服务的系统。由于学科、地理等方面的差异，在中国科学院内各个研究机构订购的资源是不一样的，国家科学数字图书馆系统需要为不同的用户组织和装配不同资源和服务，能够自动为身处不同环境的科研人员揭示每一个服务环节之后可以继续的服务流程。

四、"用户驱动的国家科学数字图书馆"建设思路和总体框架

　　"用户驱动的国家科学数字图书馆"建设思路是建立在对科研人员信息需求分类抽象的基础之上的。从用户调查以及相关的用户研究得知，用户使用国家科学数字图书馆的核心目标是查找并获得需要的文献，期间，国家科学数字图书馆系统需要回答他们在信息使用中的三个主要问题："有什么？"，"在哪里？"，"如何得到？"。

　　"有什么？"指的是科研人员希望了解在国家科学数字图书馆中是否有哪些资源，科研人员需要的某篇文章、某种期刊、某些主题的相关信息是不是可以在图书馆查到。

　　"在哪里？"指的是科研人员希望在上述问题的基础之上，进一步了解他需要的信息（如某本书、某种刊）存在于国家科学数字图书馆的哪个地方，是所采购的电子资源中，还是印本馆藏中，还是存在于与国家科学图书馆有合作关系的第三方机构（如清华大学图书馆、国防科技信息中心）中。

　　"如何得到？"指的是科研人员希望在上述两个问题的基础之上，国家科学数字图书馆如何为他解决所需信息的获取问题。如，对于许可使用的电子资源如何利用，对于第三方资源如何进行原文传递。

　　对于上述三个问题，国家科学数字图书馆提出相应的应对思路如图13－5所示。

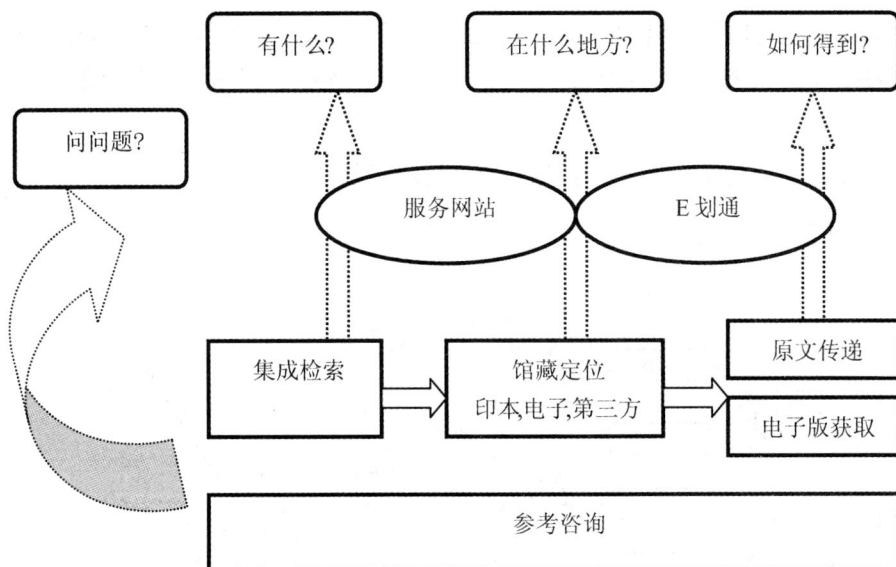

图 13 - 5　科研人员的需求和国家科学数字图书馆的建设新思路

　　对于科研人员提出的"有什么?"方面的问题,国家科学图书馆提出需要进一步加强资源的集成能力,通过集成检索系统来回答国家科学数字图书馆中是否有所要的资源。对于"在什么地方?"方面的问题,国家科学图书馆需要构建基于知识库的馆藏定位系统,明确向科研人员回答某些印本资源可以在哪些中科院的图书馆中找到,电子资源可以在国家科学图书馆购买的哪个数据库中获取,哪些资源只有通过院外第三方机构才能获得。对于"如何得到?"方面的问题,国家科学图书馆提出,除了授权和开放使用的电子资源需要直接链接提示之外,还需要提供一个可以开放集成的原文传递系统,提供对印本资源和非授权使用资源的原文传递服务。根据"有什么?"、"在什么地方?"、"如何得到?"三个问题的递进关系,我们可以将其各自的支持系统有机链接起来,形成一个从集成检索、到馆藏定位、再到原文获取的服务流程。

　　在以上三个支持系统的基础之上,针对科研人员在使用国家科学图书馆服务中会碰到的一系列问题,国家科学图书馆提出需要一个可以让科研人员提问题的环境,并且通过参考咨询系统来帮助科研人员解决相关问题。

　　为了让科研人员方便地使用数字图书馆系统,国家科学图书馆提出需要通过国家科学图书馆的服务网站将相应的集成检索、馆藏定位、原文获取集成为一个简单易用的用户服务系统。同时为了实现让科研人员不离开工作环境就可使用国家科学数字图书馆的资源和服务的目标，国家科学图书馆提出建设名为"e 划通"的桌面信息服务工具的设想，这一工具可以被科研人员下载，安装之后驻留在科研人员的机器上，通过它，不需访问图书馆网站就可使用图书馆的资源和服务。

在上述思路的基础之上，国家科学图书馆提出相应的系统总体框架，如图13 - 6所示。

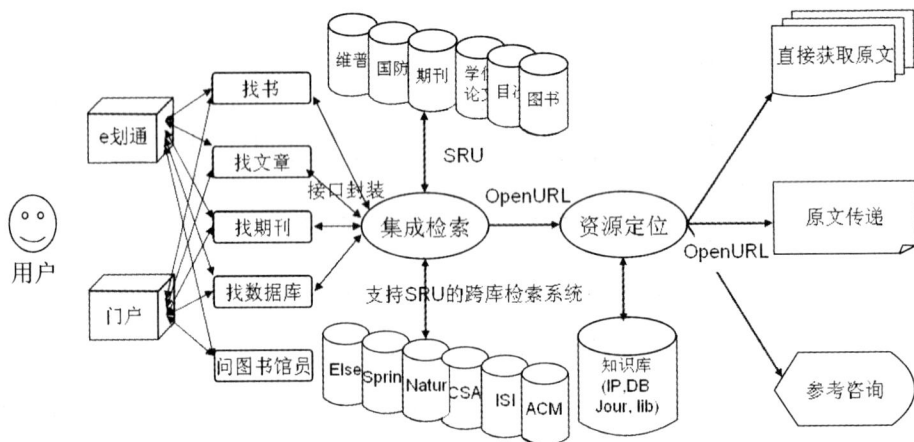

图 13 - 6 "用户驱动的国家科学数字图书馆"的总体框架

五、"用户驱动的国家科学数字图书馆"主要工作

自 2006 年以来，国家科学数字图书馆围绕着上述建设思路和框架做了一系列的工作。一方面对原有的国家科学数字图书馆的系统平台进行持续不断的流程清理、系统完善、接口开发和服务集成，使之不断简化更加符合科研人员的使用习惯；另一方面，根据用户驱动的数字图书馆的建设理念，提出、设计和开发了一些新的系统工具。具体而言，到目前为止，主要完成了以下工作。

1. 根据用户行为梳理服务流程

针对国家科学数字图书馆原有的服务系统之间任意关联，没有一个相对统一和集成的服务流程的实际情况。2006 年，对国家科学数字图书馆的服务流程进行了梳理，结合国内外数字图书馆服务系统建设的实际情况，提出了从集成检索，到资源定位，再到获取原文的数字图书馆的总体服务流程（如图 13 - 7 所示），并将国家科学数字图书馆原有的系统平台按照这一总体流程进行归类，将其纳入到这总体的流程之中[9]。

图 13 - 7　数字图书馆的总体服务流程

为了实现从集成检索，到资源定位再到原文获取的有机链接，提出并制定了基于 OpenURL[10] 的系统互连标准接口，并对国家科学数字图书馆原有的系统平台进行了接口改造，使之支持新的接口，实现系统之间的互连。具体而言，对国家科学数字图书馆的国防科技文献系统、集成期刊目录、中国科学学院学位论文系统、联合图书目录、维普中文期刊数据库、EBSCO 期刊目次系统、跨库检索系统等多个检索类的系统进行了接口改造，使之成为可以生成 OpenURL 源的服务链出系统；同时还对国家科学数字图书馆的原文传递系统和参考咨询系统进行了接口改造，使之成为能够支持 OpenURL 目标的服务接入系统，从而使得检索系统的结果能够被无缝传送到原文获取系统之中。

2. 开发系统接口，变孤立的系统为能够被相互调用的服务[11]

针对原有系统相互封闭，不能相互调用的情况，国家科学数字图书馆着重进行了开放互连接口和开放式检索接口的开发工作。

开放互连接口也即是前面所述的基于 OpenURL 的服务互连标准，它实现从检索到资源获取的系统之间的互连，能够将检索结果传递到原文传递和参考咨询之上，拓展图书馆的本地服务。

为了使国家科学数字图书馆的期刊目次、联合目录、学位论文等资源能够被方便地嵌入到需要调用他们的其他系统之中，该馆提出了为这些检索系统构建开放式检索接口的设想。通过分析，提出了利用标准的 SRU(Search and Retrieve via URL)[12] 构建开放式检索接口的方案。并且利用 SRU 检索接口对本地的主要信息系统和数据库进行改造，使这些系统和资源都变成支持 SRU 接口的检索服务，从而能够被灵活地嵌入到需要被调用的其他系统之中。到 2007 年 3 月为止，我们已经对国防科技文献系统、集成期刊目录、中国科学学院学位论文系统、联合图书目录、维普中文期刊数据库、EBSCO 期刊目次系统、跨库检索系统、标准文献库等主要系统和数据库进行了 SRU 接口封装，实现了以上所有系统的 SRU 检索接口。SRU 检索接口和 OpenURL 系统互连接口的实现，为该馆的服务集成打下了重要的基础，对该馆新的服务网站和新推出的桌面信息工具 e 划通提供了强有力的底层框架支持(如图 13 – 8 所示)。

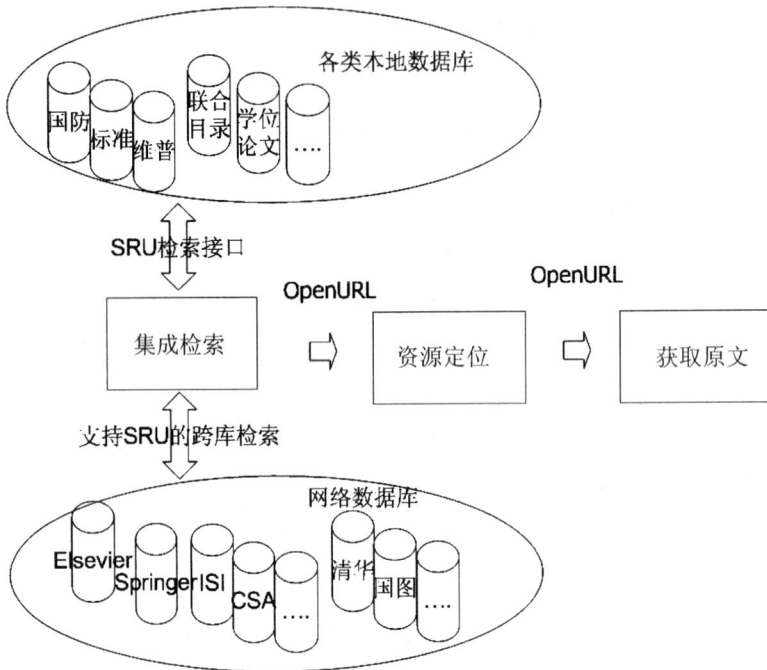

图 13 – 8　基于 SRU 和 OpenURL 的底层框架

3. 整合服务窗口，按照用户习惯组织资源和服务

前面提到我们对科研人员的信息需求进行分类抽象，针对"有什么？"、"在哪里？"、"如何得到？"等用户习惯的图书馆使用行为目标，提出分别通过集成检索、资源定位和原文获取等几个核心系统来支持的做法。这其实也是根据用户的行为习惯来组织国家科学数字图书馆的资源和服务的一种方式。

然而，科研人员在国家科学数字图书馆系统上的行为目标还可以进一步细化。通过对图书馆用户信息使用行为的进一步分析，我们发现用户更习惯于通过"找书"、"找文章"等他们通用的语言来表现其使用图书馆的行为目的，据此我们提出了包括找书、找文章、找期刊、找网络数据库、找 Web 资源、找特殊资源、问图书馆员等在内的 7 大类、19 小类的数字图书馆使用行为，并且按照这些数字图书馆使用行为来组织国家科学数字图书馆的资源和服务，通过服务网站和 e 划通系统分别展示给科研人员，使科研人员能够在国家科学数字图书馆的服务网站上或在使用 e 划通系统的时候，根据他们的具体行为目标，来选择所需要的资源和服务。图 13 – 9 是服务网站中利用用户的行为目标来组织数字图书馆资源和服务的例子。

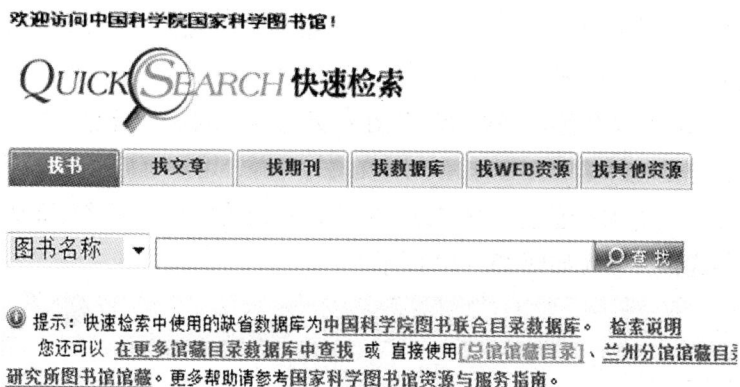

图 13 – 9　以用户的行为目标来组织数字图书馆的资源和服务

4. 建设知识库，构建情景敏感和流程驱动的数字图书馆服务机制[13]

同一条文献信息，由于读者身份的不同，可能会有不同的最优获取渠道。例如有一种电子刊，对于购买了这种电子刊的研究所的科研人员，可以直接连接到电子期刊全文网站获取全文，而对于没有购买这一期刊的研究所的科研人员，则只能通过原文传递服务获得这一期刊的论文。也就是说，为了提供一个可靠有效的服务保障机制，需要根据读者的身份情况（主要是 IP 地址）、资源授权使用范围（开放使用的，还是 IP 地址限定）、资源的媒体类型（印本还是电子版）和拥有资源的图书馆性质（是我院文献情报系统成员还是第三方合作图书馆），来确定某一读者对某一期刊（或文献）的最优利用方案，从而建立情景敏感的资源和服务调度机制，自动将读者引导和定位到他最适合的服务流程之上。

国家科学数字图书馆构建了一个知识库来支持上述的情景敏感和流程驱动。在这个知识库中主要存储了中国科学院各研究所的 IP 地址、各研究所购买的文献数据库、各研究所购买的印本和电子期刊、第三方合作馆的印本和电子期刊、开放存取期刊等信息，并且提供了可开放调用的接口。正是通过这一知识库，国家科学数字图书馆的系统可以根据读者的 IP 地址判断读者来自院内还是院外（如果是院内，还再判定来自哪个研究所），并且根据这一读者的身份，给出这一读者对某一种资源的最优使用方式。

在用户界面上，该馆定义了 4 种类型的灯来形象地自动揭示在读者完成某个行为（如检索）之后，可以走的下一步流程。例如对于用户检索到的某篇期刊，绿灯表示此用户所在的研究所订购了相应的电子资源可以直接获取全文，做到即查即得；蓝灯表示用户所访问的资源没有被用户所在的研究所订购，但是这一资源被中科院的其他研究所订购，中科院用户通过原文传递服务系统能够在 4 小时之内获取全文；紫灯表示用户所访问的资源是中科院的某个研究所订购的印本资源，院用户通过原文传递服务系统可以在一天之内获取这一资源；黄灯表示用户所访问的资源是院外第三方合作单位所收藏的资源，用户可以向该馆提出对这一资源的原文传递请求，通过该馆与第三方合作单位的关系，能够在 2 天之内将相应的资源传递给读者（如图 13 – 10 所示）。

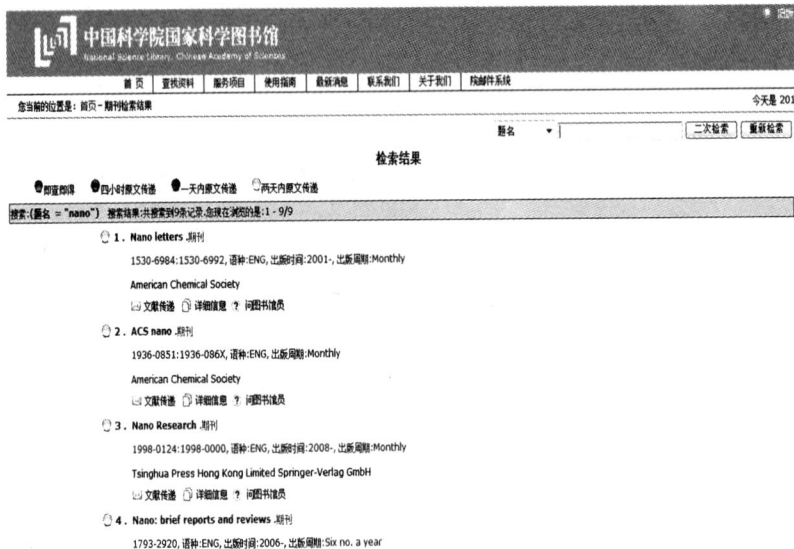

图 13 – 10　以绿蓝紫黄 4 种灯来揭示情景敏感资源的可用性

5. 开发 e 划通工具，将数字图书馆资源和服务嵌入到用户的科研环境[14]

为了适应信息服务要融入到科研工作过程中的发展趋势，国家科学图书馆开发了名为"e 划通"的新一代桌面信息工具。这一个工具是一个可以安装在科研人员计算机上的客户机软件。安装了这一软件工具的科研人员不必到图书馆，也不必登录图书馆网站，不必记忆很多网址并重复输入检索词，不论科研人员是在查阅资料、进行科研，还是在论文和报告的撰写之中，科研人员没有必要离开自己的工作环境，只需在个人计算机（桌面）上轻轻划词就能够自动激活所有的图书馆服务（找文章、找书、找期刊、问图书馆员等）。只需三次点击就可以获取文献资源到桌面。

e 划通工具将科研人员的信息查询获取活动与科研工作过程紧密结合了起

来，使科学人员在个人桌面上就可以方便利用图书馆的资源与服务。它同时还简化了科研人员的信息发现和获取过程，充分体现了以用户为中心的服务理念。

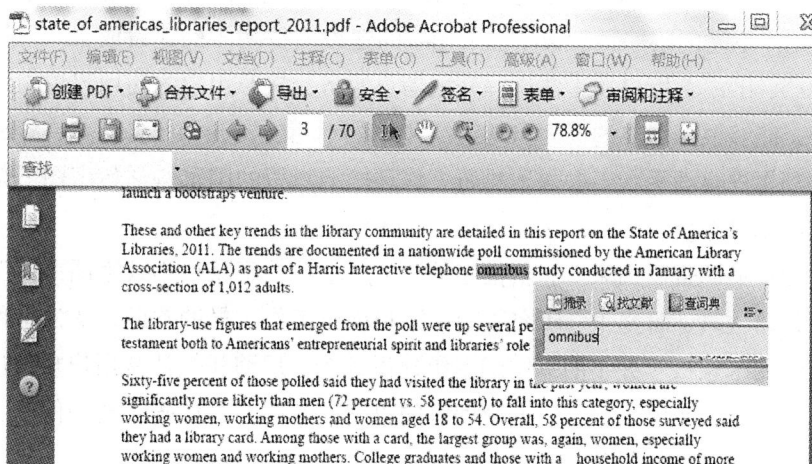

图 13 - 11　e 划通的划词功能

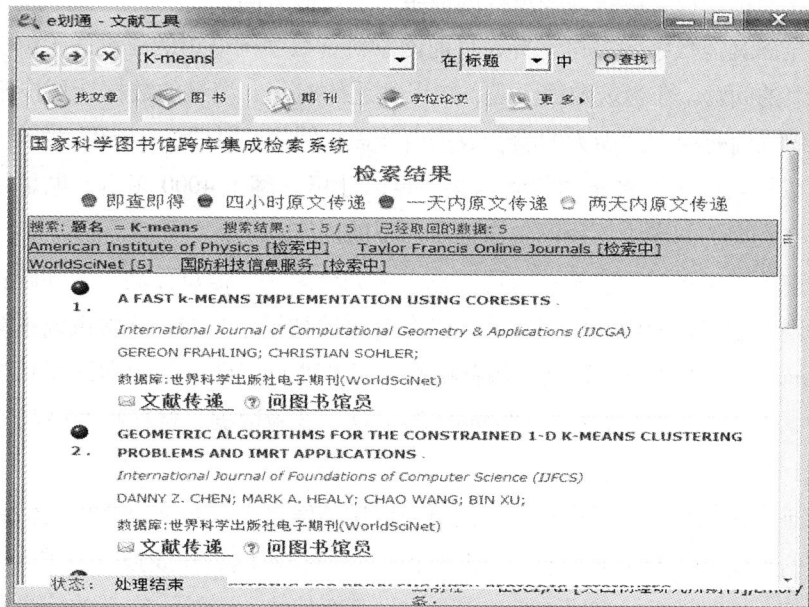

图 13 - 12　e 划通从划词到信息的查询

六、总结和未来发展方向

2007 年 1 月，随着新版国家科学数字图书馆服务网站和"e 划通"系统的推出。"用户驱动的国家科学数字图书馆"的建设取得初步的建设成果。一种以用户为中心，围绕着用户的工作流程开展信息服务，按照用户的使用习惯组织资源和服务，能够根据用户的不同自动组织和装配不同的资源和服务，并将资源和服务嵌入到用户桌面平台，融入到科研工作环境的新型的国家科学数字图书馆服务模式已经基本形成。

从相关的调查反馈来看，新推出的"用户驱动的国家科学数字图书馆"系统受到了科研人员、研究生、研究所图书馆和该馆工作人员的欢迎，认为这种基于用户驱动的国家科学数字图书馆的系统建设理念、思路和做法从用户角度出发，贴近用户需求，使用的是科研人员理解的语言，考虑的是科研人员的便利，提供的是科研人员想要的服务。

总体来讲，用户驱动的国家科学数字图书馆已经解决了：信息的检索问题、信息的定位问题、信息的获取问题和信息的咨询问题。但是，用户驱动的国家科学数字图书馆还没有解决很多重要的数字图书馆服务问题。

同全国其他数字图书馆一样，目前国家科学数字图书馆的建设尚未解决"信息污染"的问题。在当前数据泛滥，知识贫乏的时代，海量的数据让用户不知所措，知识性内容经常被庞大的噪音数据所掩盖。例如：以"stem cell"为检索词，我们可以检索到 4 万多条的检索结果，足以让用户翻上 4000 多页，也足以让用户深陷在数据的海洋中而找不到自己所想要的内容。

目前的国家科学数字图书馆建设也尚未完全解决"信息孤岛"的问题：透过数据表现的信息之间内在知识联系还没有有效地被揭示。如，检索系统不能有效揭示"nano"的主要作者和机构都有哪些，而多种类型数据间的知识联系被各种各样的系统条块分隔，如有关"nano"的文献、试验数据、材料和产品尚不能有效关联。

对于今天的科研人员而言，他们更为迫切的信息需求是文献之外的信息和知识：他们不仅仅需要文献信息，更需要相关的科技新闻、在线报告、重点人员、重点机构、战略规划、重要举措、重要项目等新信息，来源于文献的信息越来越不能满足科研人员的需求。而对于文献信息而言，科研人员也不仅仅满足于检索和获取相关的文献，更多的科研用户需要通过文献信息来了解某个主题的发展趋势、某个主题的结构和重要组成、某个主题的演化发展情况，发现文献中的新

412

内容。

　　"从信息的检索获取到知识的探索研究"已然是当前国家科学数字图书馆的发展方向,目前国家科学图书馆正在努力使之朝着这个方向前进。致力于从信息的检索获取到知识的发现服务,从文献线索的揭示到知识规律的揭示,从文献单元的组织到知识单元的组织,从孤立的文献关系到基于知识对象之间的跨界融汇,从文献内容的展示到知识点、知识网的展示。

参考文献

[1] 中国科学院国家科学数字图书馆旧版系统. [2007 – 08 – 23]. http://159. 226. 100. 135/

[2] 张晓林. 数字图书馆机制的范式演变及其挑战. 中国图书馆学报,2001(6):3 – 8

[3] Ross Atkinson. Uses and Abuses of Cooperation in a Digital Age. Collection Management,2004,28 (1/2):3 – 20.

[4] Lorcan Dempsey. Libraries and the Long Tail:Some Thoughts about Libraries in a Network Age. [2007 – 08 – 23]. http://www. dlib. org/dlib/april06/dempsey/04dempsey. html

[5] Lorcan Dempsey. The Library Catalogue in the New Discovery Environment:Some Thoughts. [2007 – 08 – 23]. http://www. ariadne. ac. uk/issue48/dempsey/

[6] Brian Lavoie,Geneva Henry,Lorcan Dempsey. A Service Framework for Libraries. [2007 – 08 – 23]. http://www. dlib. org/dlib/july06/lavoie/07lavoie. html

[7] Robin Murray. Library Systems:Synthesise,Specialise,Mobilise. [2007 – 08 – 23]. http://www. ariadne. ac. uk/issue48/murray/

[8] Sheridan Brown,Alma Swan. Researchers' Use of Academic Libraries and their Services:A report commissioned by the Research Information Network and the Consortium of Research Libraries. [2007 – 08 – 23]. http://www. rin. ac. uk/files/libraries – report – 2007. pdf

[9] 张智雄等.中国科学院国家科学图书馆跨系统信息资源共享服务机制的建设. 图书馆杂志,2006(10),52 – 57

[10] NISO Committee AX, ANSI/NISO Z39. 88 – 2004. The OpenURL Framework for Context – Sensitive Services. [2007 – 08 – 23]. http://www. niso. org/standards/standard_detail. cfm? std _id = 783

[11] 李春旺等.数字图书馆集成化服务机制建设与实现. 现代图书情报技术,2006(7):1 – 5

[12] SRU:Search and Retrieve via URL (Standards,Library of Congress). [2007 – 08 – 23]. http:// www. loc. gov/standards/sru/index. html

[13] 吴振新等.情景敏感的集成期刊服务系统建设与实现. 现代图书情报技术,2006(12):1 – 4,48

[14] 国家科学图书馆桌面信息工具. [2007 – 08 – 23]. http://desktool. csdl. ac. cn/index. jsp

实例三 中国高等教育数字图书馆

一、中国高等教育数字图书馆概述

1998 年 11 月，原国家计委正式批复《中国高等教育文献保障系统（CALIS）建设项目可行性研究报告》，标志着 CALIS（China Academic Digital Library & Information System）项目建设全面展开。作为国务院批准的我国高等教育"211 工程"总体规划中三个公共服务体系之一，CALIS 的宗旨是：在教育部的领导下，把国家的投资、现代图书馆理念、先进的技术手段、高校丰富的文献资源和人力资源整合起来，建设以中国高等教育数字图书馆为核心的文献信息资源联合保障体系，实现资源共建、共知、共享，以发挥最大的社会效益和经济效益，为中国的高等教育服务。通过首批"211 工程"高校图书馆的集体努力，CALIS 在北京大学建立了管理中心，另在相关高校图书馆按文理、工程、农学、医学设立了 4 个全国性中心、7 个地区中心，开展了中外文书刊联合目录数据库、高校特色文献数据库和重点学科专题数据库建设，引进了一批国外数据库或电子文献；建立了三级运行服务模式和机制，研制开发了应用平台，培训了一批掌握新技术应用的馆员；实现了公共检索、联机编目、馆际互借、文献传递、电子资源导航、文献采购协作等六大功能。

2002 年 9 月，教育部、发改委和财政部下发了《关于"十五"期间加强"211 工程"项目建设的若干意见》，将 CALIS 二期建设列入了"十五""211 工程"的公共服务体系建设之中，并将 CALIS 二期建设与"中英文图书数字化国际合作计划（CADAL）"一期建设合并，合称为"中国高等教育文献保障体系（CADLIS）建设"，共同构建"中国高等教育数字图书馆"。其中，由 CALIS 承担"中国高等教育数字图书馆"应用系统体系建设、运行服务体系建设和资源整合建设；CADAL 负责数字化（扫描加工）百万册中英文图书资源，作为 CALIS 中的一个重要的数字资源库。其中，CALIS 专题由北京大学牵头负责，CADAL 专题由浙江大学和中国科学院研究生院牵头负责。

十年来，在教育部、发改委和财政部各级领导的关怀以及教育部高教司的直接领导下，在北京大学和浙江大学校领导和各职能部门的全力支持下，CALIS 管理中心与 CADAL 管理中心，组织了数百个图书馆参与项目建设，在中国图书馆界率先进行了网络环境下资源共建共享的有益实践，不仅很好地完成了建设任务，还通过项目的辐射作用，带动了高校图书馆事业的整体化建设，加速了高校图书馆走向现代化的进程，取得了丰硕成果。

CADLIS 项目建成了高等教育数字图书馆的基本框架，并成为国家重要的信息基础设施之一，为实现"211 工程"总体建设目标，推动教育信息化，促进教育现代化埋下了一块重要的基石。CADLIS 主要的建设成果有以下四个方面：

数字图书馆标准与规范建设方面，CADLIS 通过及时把握国际最新动态和数字图书馆标准规范的发展趋势，建立符合国际主流、与国家标准保持同步衔接的 CADLIS 标准规范体系，为建设开放性的中国高等教育数字图书馆提供保障。CADLIS 标准规范主要涉及数字资源加工与存储、数字对象分类与描述、元数据标准与互操作、系统模式与互操作、服务模式与规范等涉及数字图书馆建设的基础性工作等方面。

数字资源建设方面，CADLIS 重点建设中外文图书、电子期刊、学位论文、经典专著、教学参考用书和其他重要文献等全文数据库，联合书目、现刊目次、重点学科导航等二次文献数据库，中国工程技术史料、敦煌学等 50 个跨学科专题特色数据库，以及部分工具性数据库，形成以数字化图书期刊为主、覆盖所有重点学科的学术文献资源体系。

数字化技术支撑环境建设方面，CADLIS 通过加强数字对象加工、数字对象管理、应用系统与工具、数字图书馆门户、综合服务管理等应用软件系统建设，形成了具有国际先进水平的数字资源制作、管理、组织、存储、访问、服务的分布式数字图书馆技术支持环境。

服务体系建设方面，在 CALIS 原有的三级服务保障体系基础上，进一步加强服务支撑体系（CALIS 联机编目中心、CALIS 技术中心，16 个 CADAL 数据加工中心、4 个 CADAL 数据中心）和服务运行体系（CALIS 的 4 个全国中心、7 个地区中心、30 个省中心和 22 个数字图书馆基地，以及 CADAL 的 5 个服务中心）的软硬件建设，提高服务和协调能力，形成"集中资源、分工合作、均衡负载、用藏结合"、高效的 CADLIS 服务体系。

目前，中国高等教育数字图书馆服务的成员单位已超过 1000 个，覆盖的用户数以千万计。这个成果是巨大的，是所有参与 CALIS 建设的图书馆同仁们的骄傲，也从一个方面证明了"211 工程"对我国高等教育事业发展的巨大贡献。

中国高等教育数字图书馆的建设对我国高校图书馆以及区域性文献共建共享体系建设具有重大的参考和指导作用，并可作为高校与不同系统文献服务机构之间共建共享的基础。本实例部分主要包括中国高等教育数字图书馆的数字资源建设、服务体系及用户服务、服务系统和发展思路四个方面的介绍与分析。

二、中国高等教育数字图书馆资源建设

数字资源是数字图书馆服务的基础，也是中国高等教育数字图书馆的建设重点。CADLIS 项目组织高校图书馆通过集团购买电子资源产品和自行扫描加工，形成了以数字化图书和电子期刊为主的覆盖所有重点学科的学术文献资源体系。考虑到 CALIS 三期和 CADAL 二期正在建设中，下面的介绍，主要来自 CADLIS "九五"和"十五"建设的成果，其中 CALIS 专题负责引进资源、电子版学位论文、教学教参资源、二次文献数据库、专题特色数据库、工具型数据库的建设，CADAL 专题负责中外文图书资料的数字化加工。

1. 引进资源

自 1997 年 CALIS 引进全国第一个网络数据库 Science Online 起，十余年间，CALIS 共组织了 554 次集团、27 474 馆次参加了集团采购，引进的数据库超过 100个。通过 CALIS 引进资源的集团采购工作，为高校增加了资源，为国家和成员馆节省了资金、在高校教学科研工作中发挥了重要的作用，得到了学校和最终用户的高度肯定，也通过培训提高了高校图书馆馆员的水平。

根据 CALIS "十五"期间的统计，引进的全文资源包括30 636种（去重后约24 000种）、约 400 万份全文电子期刊；8557 种、约 30 万份会议录；145 052种、约 1200 万册电子图书（包括学位论文）。平均回溯年限大约 15 年左右。

下面是 CALIS "十五"期间组织的 69 个引进数据库集团的情况，包括用户数、高校用户数、组织集团采购的时间、数据库类型、包含子库的数量、包含全文和会议录的数量、包含电子图书的数量和集团采购的组织者。

表 13 – 2　"十五"期间 CALIS 引进数据库清单（69 个集团）

数据库名称	用户数	高校用户	组织集团时间	类型	包含子库数量	包含全文期刊数量	包含全文会议录数量	包含电子图书数量	组织者
Ei Village	140	131	1998 年	文摘	2				工程中心
FirstSearch	106	106	1999 年	文摘	12	2087			工程中心
PQDD(B)	66	65	1999 年	文摘	1				工程中心
CSA	68	61	2000 年	文摘	90				工程中心
ISTP + ISSHP	63	62	2001 年	文摘	2				工程中心
JCR(SCI + SSCI)	31	31	2001 年	文摘	2				工程中心
INSPEC	52	52	2002 年	文摘	1				工程中心
NTIS	56	52	2004 年	文摘	1				工程中心
SciFinder Scholar	20	20	2005 年	文摘	1				工程中心
EMBASE. com	11	10	2005 年	文摘	1				医学中心
OVID 系列	38	38	2002 年	文摘	7				农学中心
LexisNexis Environmental 文摘	6	6	2005 年	文摘	1				农学中心
SCI	43	43	2000 年	文摘	1				文理中心
SSCI + A&HCI	8	8	2003 年	文摘	2				文理中心
PQDD(A)	22	22	1999 年	文摘	1				文理中心
BIOSIS	75	75	2002 年	文摘	1				文理中心
SDOS	143	140	2000 年	期刊	21	1780			工程中心
IEL	56	56	2001 年	期刊	1	147	627	1300	工程中心
SpringerLink 电子期刊	317	317	2002 年	期刊	3	1100			工程中心
ACM	66	61	2003 年	期刊	2	42	2000		工程中心
AIP	72	67	2003 年	期刊	1	10			工程中心
APS	75	71	2003 年	期刊	1	7			工程中心
AIP Proceedings	29	26	2003 年	期刊	1		840		工程中心
ACS	70	70	2003 年	期刊	2	35			工程中心

续表

数据库名称	用户数	高校用户	组织集团时间	类型	包含子库数量	包含全文期刊数量	包含全文会议录数量	包含电子图书数量	组织者
WSN	155	155	2003 年	期刊	1	58			工程中心
ASCE	48	43	2004 年	期刊	2	30	90		工程中心
ASME	59	56	2004 年	期刊	1	21			工程中心
CELL PRESS	21	20	2004 年	期刊	1	9			工程中心
SPIE	23	19	2004 年	期刊	1	4	5000		工程中心
BioOne	7	5	2005 年	期刊	1	80			工程中心
SAGE	6	5	2006 年	期刊	10	198			工程中心
Science Online	35	34	2006 年	期刊	1	5			工程中心
IWA	5	5	2006 年	期刊	1	7			工程中心
SIAM	22	22	2006 年	期刊	2	13			工程中心
OSA	11	11	2006 年	期刊	1	13			工程中心
Emerald	13	13	2004 年	期刊	6	148			上海交大
LWW	40	39	2005 年	期刊	1	251			医学中心
OUP	26	25	2006 年	期刊	1	51			医学中心
PML / PHMC	21	20	2005 年	期刊	3	806			医学中心
ProQuest Agriculture Journals	31	28	2002 年	期刊	1	232			农学中心
ProQuest Biology Journals	36	33	2003 年	期刊	1	262			农学中心
ABI / INFORM	21	21	2000 年	期刊	1	2660			文理中心
ARL	26	26	1999 年	期刊	1	2593			文理中心
ASP + BSP	397	397	1999 年	期刊	2	6748			文理中心
IOP	28	28	2002 年	期刊	1	37			文理中心
Wiley	58	58	2003 年	期刊	1	529			文理中心
Nature	36	35	2002 年	期刊	4	19			文理中心
RSC	33	33	2003 年	期刊	1	26			文理中心
Blackwell	33	33	2005 年	期刊	1	750			文理中心

数据库名称	用户数	高校用户	组织集团时间	类型	包含子库数量	包含全文期刊数量	包含全文会议录数量	包含电子图书数量	组织者
Jstor	26	25	2006 年	期刊	1	868			文理中心
Ebrary	10	10	2003 年	图书	7			30 000	工程中心
SpringerLink 线上丛书	25	25	2004 年	图书	2			4224	工程中心
Safari	11	11	2004 年	图书	1			761	工程中心
Knovel	5	5	2004 年	图书	9			900	工程中心
PQDD 学位论文全文	116	116	2003 年	图书	1			103 000	文理中心
NetLibrary	64	58	2004 年	图书	1			9935	文理中心
DII	19	19	2004 年	事实	1				工程中心
EBMR + CE	12	12	2005 年	事实	7				医学中心
Healthcare	16	16	2006 年	事实	22				医学中心
MD Consult	9	9	2005 年	事实	1	77		50	医学中心
Taylor 电子百科全书	10	9	2006 年	事实	1			6	农学中心
GaleNet	26	26	2003 年	事实	4	4300			文理中心
China InfoBank	84	82	2000 年	事实	12				文理中心
LexisNexis. com	48	48	2005 年	事实	1	2500			文理中心
LexisNexis Academic	93	93	2005 年	事实	1	1200			文理中心
Beilstein/Gmelin CrossFire	16	16	2004 年	事实	1				文理中心
EBOL	69	69	2006 年	事实	1				文理中心
Bowker	26	17	2006 年	书目	3				工程中心
RefWorks	3	3	2005 年	软件	1				工程中心
合计（$）	3512	3423			283	29 703	8557	150 176	

2. 电子版学位论文

（1）中文学位论文

在"九五"期间建设的学位论文文摘数据库的基础上，"十五"期间继续建设中文博硕士论文数据库。"十五"期间，共有80所高校与学位论文项目管理组签订了参建协议书，另有20多所学校参加了项目管理组组织的培训。

"十五"期间，参建单位通过OAI和METS技术提交元数据115 679条，前16页全文58 230篇。某些学位论文本地系统由于未实现OAI和METS技术，因此继续延用FTP方式提交数据，约30家参建单位延续一期的FTP方式，提交了4万多条文摘索引数据。"十五"期间，要求学位论文系统遵循统一的元数据标准，因此，"九五"期间完成的10万条数据需按标准转换，迁移到新系统中，与"十五"期间新增的15万条数据一起在同一平台上提供服务，建成了具有25万条记录的CALIS学位论文数据库。

（2）外文学位论文——PQDD全文

PQDD（ProQuest Digital Dissertations）是国外著名的博硕士学位论文数据库。2002年开始，为满足国内对博士论文全文的广泛需求，由CALIS组织，国内各高等院校、学术研究单位以及公共图书馆，以优惠的价格、便捷的手段共同采购国外优秀博硕士论文，建立了PQDD博硕士论文全文数据库，实现了学位论文的网络共享。PQDD博硕士论文全文数据库的运作模式是凡参加集团采购的成员馆皆可共享各成员馆订购的资源；各馆所订购资源不会重复；一馆订购，全国受益；且随时间的推移，加盟馆的增多，共享资源数量也会不断增长。到"十五"建设结束，该数据库已超过10万篇学位论文全文，可供116所学校使用。

（3）外文学位论文——NDLTD

NDLTD（Networked Digital Library of Theses and Dissertations）是由美国国家自然科学基金支持的一个网上学位论文共建共享项目，为用户提供免费的学位论文文摘，还有部分可获取的免费学位论文全文（根据作者的要求，NDLTD文摘数据库链接到的部分全文分为无限制下载、有限制下载、不能下载几种方式），以便加速研究生研究成果的利用。

到2006年，全球有170多家图书馆、7个图书馆联盟、20多个专业研究所加入了NDLTD。CALIS和NDLTD合作，在中国建立了NDLTD镜像站，已经试运行和服务。镜像站提供学位论文文摘数据库7万条，可以链接到的论文全文超过有4万篇。

3. 教学参考资源

由复旦大学承担的中文教学参考信息库建立了一个集中式的、包含50 211条记录的可供全国高校师生检索和浏览的高校重点学科中文教学参考信息库。其中，各参建馆提供的原始教参信息为58 105条，经合并整理后为50 211条，下表给出了各校提供的原始教参信息数量。

表13 - 3 中文教学参考信息库各参建馆提供的原始教参信息数量(单位:条)

学校名	课程信息条数	学校名	课程信息条数
北京大学	6579	北京航空航天大学	615
清华大学	5718	北京科技大学	614
大连理工大学	4485	哈尔滨工业大学	570
复旦大学	3701	兰州大学	513
吉林大学	2828	南京大学	503
东北大学	2451	北京理工大学	491
西北工业大学	2218	中国农业大学	453
中国科学技术大学	2087	华南理工大学	417
四川大学	1755	西安交通大学	410
广州中医药大学	1706	中国地质大学(武汉)	391
华中科技大学	1692	南京农业大学	367
中山大学	1573	东华大学	358
武汉大学	1347	东南大学	354
南开大学	1324	北京大学医学部	314
重庆医科大学	1238	中国政法大学	265
中国石油大学(北京)	1214	华东师范大学	257
中国矿业大学	1161	中南大学	223
西南交通大学	990	山东大学	221
厦门大学	945	中国石油大学(华东)	161
北京师范大学	931	北京林业大学	139
浙江大学	714	电子科技大学	110
上海交通大学	704	同济大学	106
天津大学	703	中国人民大学	97
苏州大学	702	上海交通大学(医院)	74
江南大学	665	南京中医药大学	0
中国海洋大学	651		
总　　计		58 105	

在提交的教参书目基础上，中文教学参考信息库子项目管理组通过与北大方正电子有限公司合作，建立了一个集中式的可供全国高校师生在线阅读、解决了版权的64 055种教学参考书的全文电子书库。其中包括在用教参书和推荐的新出版的教参20 055种，以及一般教参44 000种。

4.自建的二次文献数据库

（1）联合目录数据库

"九五"期间开始建设的CALIS联合目录数据库为全国高校的联合书刊目录和馆藏服务提供了一个共建共享的平台，已经成为国内高校图书馆进行书刊编目和资源共享的强有力保障，为高校各馆文献资源的整合和馆际互借服务的开展奠定了基础，应用效果明显。

CALIS联合目录数据库记录数从"九五"期间的115万条增加到1 910 591条（包括中文图书、西文图书、日文图书、中文连续出版物、西文连续出版物、日文连续出版物、中文古籍、俄文图书等文献类型）。"十五"期间还进行了规范数据库的建设，目前有85万条规范记录；揭示的文献种类扩充了古籍；语种除原有的中、西、日文外，还增加了俄文；馆藏总量9 208 784条，"十五"期间馆藏增量为7 494 005条。"十五"期间，平均每月增加的数据量达15 102条。成员馆下载总量超过16万条：其中中文图书14 059 164条，西文图书1 596 678条，日文图书48 886条，中文连续出版物393 308条，西文连续出版物97 580条，日文连续出版物857条，古籍数据4700条。自2001年4月20日（不含）以来，下载增量15 896 514条。

表13-4　书目数据和馆藏总量以及"十五"期间的增量统计（单位:条）

文献类型	书目数据量			馆藏数据量		
	九五	十五	合计	九五	十五	合计
中文图书	549 590	546 061	1 095 651	1 085 257	6 177 655	7 262 912
中文连续出版物	19 597	10 110	29 707	42 198	110 843	153 041
中文古籍	0	19 623	19 623	0	21 841	21 841
西文图书	407 916	236 414	644 330	559 779	1 015 575	1 575 354
西文连续出版物	16 524	8657	25 181	27 545	49 515	77 060
日文图书	3182	90 487	93 669	0	115 903	115 903
日文连续出版物	19	1321	1340	0	1639	1639
俄文图书	0	1018	1018	0	1034	1034
合　　计	996 828	913 691	1 910 519	1 714 779	7 494 005	9 208 784

（2）中外文现刊目次库

在中国高等教育数字化图书馆的总体框架内，CALIS Current Content（CCC）以中外文期刊目次数据库为基础整合高校西文纸本期刊、电子期刊馆藏信息，以文献传递和电子全文下载链接为主要服务手段，逐步建立了以"高校期刊馆藏—其他国内收藏—国际上重要文献服务机构收藏"三级资源结构为基础的中外文期刊集成服务平台。经过"十五"期间的建设，CCC 目次数据库从"九五"期间只有中文现刊目次数 137 万条，增加到中文期刊目次数 400 多万条、西文期刊目次数约 2000 万条。涵盖文、理、工、农、医等多个学科，收录数量居国内之最，其中 3.3 万种学术类西文期刊篇名目次，覆盖国内高校订购纸本刊 3/4 以上。并且加注高校馆藏和超过 9000 种电子期刊的全文链接，无缝链接 CALIS 馆际互借和文献传递系统以及 CALIS 资源调度系统，使读者可以足不出户，通过网络检索图书馆的馆藏文献信息，联机提出文献的获取和传递请求，即可快速获取所需文献。

5. 专题特色数据库

在总结和吸纳了"九五"建设成果的基础上，专题特色数据库采用"分散建设、统一检索、资源共享"的"十五"建设总原则，以及统一的建库标准和服务功能要求，进而构建统一的公共检索平台，达到资源共享的目的。项目建设采取重点支持和择优奖励相结合的资助方式，鼓励具有学科优势和文献资源特色的学校积极参加专题特色数据库的建设，建成一批具有中国特色、地方特色、高等教育特色和资源特色、服务于高校教学科研和国民经济建设、方便实用、技术先进的专题文献数据库。这些数据库不仅是支持高校重点学科建设的一批重要数字资源，而且将成为中国高等教育数字图书馆的基础数据之一。

"九五"期间共建成 25 个特色数据库。"十五"期间，经专家评审，为 75 个特色数据库立项，其中 9 个立项为重点资助，37 个立项为一般资助，其他为非资助项目，统一纳入 CALIS 特色库体系中。但由于"十五"特色数据库要求了统一的建库标准和服务功能，一些馆由于自身原因难以实现，因此，"十五"建设结束时，有 65 个项目与特色库项目管理组签订了参建协议。

"十五"特色库项目的建设与"九五"显著不同，表现在"十五"期间，特色库项目要求统一的建库标准，包括数据标准和接口标准两部分。因此，CALIS 对参建馆选用的本地系统进行了产品兼容性认证，使本地建库系统符合特色库项目建设要求；同时，应用现阶段先进成熟的技术，构架了专题特色数据库中心网站，实现了特色资源的集中揭示。

6. 工具型数据库

"十五"期间，CALIS 还建设了名称规范数据库、参考咨询数据库；各中心在 CALIS 的指导下建设了中心门户，包括数据库导航、数据库接受、数据库商基本信息等，作为 CADLIS 服务功能的支撑。

(1)名称规范数据库

"十五"期间 CALIS 联合目录数据建设还启动了联机规范控制系统研究项目，到目前为止，已经积累了各类型的规范记录850 831条。

表 13－5 "十五"期间创建的规范记录统计量

规范数据类型	规范记录数(条)	备　　注
中文个人名称规范记录	466 740	连接书目记录 680 588 条,控制个人标目 1 050 407
西文个人名称规范记录	284 304	连接书目记录 385 255 条,控制个人标目 545 044
中文团体名称规范记录	48 715	连接书目记录 134 534 条,控制团体标目 148 651
中文丛编统一题名规范记录	50 991	连接书目记录 227 270 条,控制统一题名标目
中文统一题名	81	连接书目 118 条
总　　计	850 831	

(2)参考咨询信息库

参考咨询信息库旨在构建一个中国高等教育分布式联合虚拟参考咨询平台，以本地化运作为主，结合分布式、合作式的运作，达到知识库、学习中心共享共建的模式。并建立由多馆参加的、具有实际服务能力的、可持续发展的分布式联合虚拟参考服务体系。"十五"期间，建设了：由 15 所学校组成的 CALIS 分布式联合虚拟参考咨询系统；80 种电子资源学习中心数据库指南、教材及课件；拥有 20 000 条记录的中心知识库。

7. 中外文图书资料数字化加工

"十五"期间，CADAL 项目数字化加工的 102.3 万册中英文图书资料中，包括：

(1)155 910 册中文古籍，达到可行性研究报告计划指标的 155.9％；

(2)535 463 册中文现代图书，其中包括 236 594 册民国(1912—1949)年间出版的书刊，298 869 册 1949 年之后出版的图书，达到可行性研究报告计划指标的 178.3％；

(3)178 159 篇中文学位论文，达到可行性研究报告计划指标的 178.2％；

(4)151 107 册英文图书，达到可行性研究报告计划指标的 15.1%，达到项目中期调整计划指标的 100.1%；

(5)2786 件其他文化资源。

表 13 - 6 是各项目参建单位到 2006 年 7 月 20 日为止的中英文图书及其他资源的加工量。

表 13 - 6　CADAL 项目参建单位数字资源加工完成情况

单　　　位	加工册数	单　　　位	加工册数
北京大学	106 407	北京师范大学	27 484
复旦大学	104 494	华中科技大学	18 858
南京大学	51 692	上海交通大学	15 222
清华大学	50 230	四川大学	42 161
浙江大学	303 980	西安交通大学	25 703
中国科学院	42 998	武汉大学	34 681
中国人民大学	22 217	吉林大学	38 611
中国农业大学	10 152	中山大学	15 476
集中加工英文图书		113 059	
合　　　计		1 023 425	

三、中国高等教育数字图书馆用户服务

1. 服务体系

CADLIS 服务体系既是 CALIS "九五" 期间建立的三级保障体系的丰富与完善，同时也是面向读者的高等教育数字化图书馆的服务主干网络和数字资源的集散地。根据 "集中资源，分工合作，均衡负载，用藏结合" 的原则，CADLIS 服务体系由服务支撑体系和服务运行体系构成。服务支撑体系的建设包括 CALIS 联机编目中心、CALIS 技术中心、16 个 CADAL 数据加工中心、4 个 CADAL 数据中心等，主要任务是支持整个 CADLIS 体系的后台运行。服务运行体系是 CADLIS 面向读者和所有成员馆的服务平台，通过这个服务体系把 CADLIS 的建设成果提供给用户。考虑到我国幅员广大、各馆资源和服务能力的差别等诸多因素，根据参建单位各自承担的不同任务，服务运行体系的建设包括 CALIS 的 4 个全国中心、7 个地区中心、30 个省中心和 22 个数字图书馆基地，以及 CADAL 的 5 个服务中心。考虑到 "中国高等教育数字图书馆" 的服务主要由 CALIS 承担，下面重点介

绍 CALIS 的服务体系和服务内容。

　　CALIS 在"九五"期间就成功构架了"全国中心—地区中心—高校图书馆"三级文献保障体系，形成了覆盖全国的中国高等教育数字图书馆和共建共享网络，分别负责全国范围、地区范围和学校范围的资源协调与联合建设、文献信息共享服务、工作人员培养与读者培训、应用系统建设等工作。"十五"期间，在 CALIS 原有的三级服务保障体系基础上，在管理中心增设了联机编目中心和技术中心，完善了三级服务体系；通过设立 15 个省级文献服务中心和 22 个数字图书馆基地，将各地区重要的高校图书馆的资源和服务与原有的地区中心进行整合。

　　目前 CALIS 服务体系由 CALIS 管理中心、全国中心、地区中心、省级中心、共享域中心以及服务馆组成，共同承担 CALIS 服务与服务支撑。CALIS 管理中心负责整个服务体系的管理，全面整合国内学术资源及其相关服务，有选择地整合国际上重要的学术资源及其相关服务，承担中国高等教育数字图书馆的各类数据库和应用系统的运行，组织各类馆员业务培训，为 CALIS 服务体系提供技术支持。全国中心包括文理、工程、农学、医学 4 个全国性文献信息中心，负责相关大学科的文献最终保障服务和联合参考咨询服务，整合高校系统外机构相关学科的资源与服务，承担馆员培训的实习任务，运行大学科领域服务平台。地区中心东北、华东北、华东南、华南、华中、西北、西南 7 个地区级文献信息中心，负责本地区的文献保障服务和联合参考咨询服务，整合本地区高校系统外机构的资源与服务，承担馆员培训的实习任务，运行地区级服务平台。部分地区中心还承担数据库系统的异地镜像和容灾备份，负担部分 CALIS 公共服务系统的热备服务。省级中心在我国每个行政省（直辖市、自治区）设立一个，负责本省文献信息保障系统的建设，承担省级信息服务平台、基础共享平台、数据交换平台的运行，组织本省业务与服务培训，承担馆员培训的实习任务。共享域中心负责对域内的共享资源和服务进行管理与运行维护。部署有共享软件平台的共享域中心，还承担域内共享软件平台的运行。各级中心之外的其他服务馆是 CALIS 某一类具体服务（如馆际互借与文献传递、参考咨询）的提供馆，负责按照统一的服务管理规范对外提供服务，积极配合 CALIS 管理中心、全国中心、地区中心、省级中心及共享域中心的工作。通过上述服务体系的建设，中国高等教育图书馆服务的整体性和面向全国的辐射作用大大加强，提高了服务和协调能力，形成了"集中资源、分工合作、均衡负载、用藏结合"的、高效的服务体系。

　　2.服务范围

"九五"期间，中国高等教育数字图书馆主要面向"211"院校。"十五"期间，根据发改委和教育部的意见，中国高等教育数字图书馆的服务范围扩展到所有高校。由于服务能力所限，中国高等教育数字图书馆目前还未将面向社会的服务列为重点。根据教育部 2008 年的统计，教育部本科高校共 755 所，其中"211"高校 111 所。到目前为止，使用中国高等教育数字图书馆的成员馆有1005 家，其中：本科高校 703 家（包括 111 家"211"高校）、其他高校 224 家、非高校 78 家。

3. 服务内容

（1）资源采集

1）集团采购。CALIS 引进资源集团采购工作的服务对象以高校图书馆为主，兼顾部分科研机构。服务内容包括前期联络工作、数据库评估、数据库谈判、组织集团采购、集团采购方案审核、组织培训、数据库商售后服务的监督等。引进的数据库以为教学科研服务的学术资源为主，以海外的网络资源为主；在资源分布上，要保障重点学科需要，兼顾其他学科分布情况；在类型分布上，要兼顾二次文献型数据库、电子期刊、电子图书、事实型数据库等完整体系的建设。所购数据库一般能够以专线、镜像或本地的方式提供服务，以使用户能够方便快捷地访问资源为目标。凡是和 CALIS 签署了《CALIS 集团采购委托协议》的成员馆都可以参加 CALIS 组织的集团采购。目前该项服务的部分工作已交由高校图书馆数字资源采购联盟负责。

2）协调订购。CALIS 协调订购工作的服务对象为 CALIS 各共享域内的图书馆。共享域的协调订购有助于提高资源的合理分配，降低资源的重复采购，提供资源的利用率。目前文专图书订购、外语联盟图书订购等都采用 CALIS 的资源联合订购系统。服务内容包括：在设定的范围内查重（CALIS 联合目录数据库作为基础库）；经费额度可按年、按馆、按共享域等条件控制；揭示订购信息；新书目录报道等。目前免费提供给各共享域使用。

（2）资源发现

1）联机编目。CALIS 联机编目的服务对象为高校图书馆、职业学校及中小学图书馆、公共图书馆、科学院所情报机构、图书流通机构等。CALIS 联机编目工作主要是为各类藏书及书刊流通机构提供检索、套录编目、原始编目、编制规范记录、加载馆藏和下载书目记录等。服务费用采用按年费、按条目两种收费方式，对于不同的服务对象，费用收取标准不同。在将来条件成熟的条件下，将实行免费服务。

2）西文现刊目次。CALIS 西文目次数据库的服务对象以高校图书馆为主，兼顾部分科研机构。西文现刊目次系统能揭示国内订购的大部分馆藏期刊，服务内容包括数据整合、系统整合、各类期刊服务整合等。图书馆员利用系统可以导航本馆的纸本期刊，也可以导航电子全文刊，读者利用该系统可以最大可能地查到所需文献，尤其是西文期刊。从 2009 年开始，CALIS 西文现刊目次数据库对成员馆免费服务。

（3）资源提供

1）CALIS 学位论文数据库。CALIS 学位论文数据库提供高校学位论文的目次报导以及部分论文的前 16 页，并在作者授权范围内提供在线浏览、文献传递等全文服务。该数据库面向全国免费开放。如所需的全文以馆际互借与文献传递方式提供则要另外收费。

2）CALIS 教学参考书数据库。CALIS 教学参考书数据库包括教学参考信息库和教学参考书电子全文书库服务。CALIS 教学参考书数据库提供了一个集中式的、包含50 211条记录的可供全国高校师生检索和浏览的高校重点学科中文教学参考信息库，和集中式的在 52 个参建馆范围内免费检索的，解决了版权的64 055种教学参考书的全文电子书库。

3）馆际互借与文献传递。CALIS 馆际互借与文献传递网由资源丰富、馆际互借工作开展较好的高校馆组成，除了加强相互间的双向传递服务外，每个成员还依托文献传递网的丰富资源和服务能力，向其他高校馆提供服务。服务内容包括部分图书的馆际互借服务、论文的文献传递服务、代查代索服务等，特种文献的服务由各服务馆根据各馆情况自行制定。馆际互借与文献传递是收费服务，CALIS 对成员馆给予一定额度的补贴。

（4）联合咨询

CALIS 联合咨询服务对象为高校图书馆以及其他使用数字图书馆的最终用户。咨询员可不受时间、地点的限制，在网上实时解答读者的疑问。由中心级咨询系统和本地级咨询系统两级架构组成，充分发挥各个成员馆独特的咨询服务作用，也能通过中心调度系统实现各成员馆的咨询任务分派与调度，共同为读者的各类问题提供回答和咨询服务。CALIS 联合咨询服务是免费的。

（5）培训服务

培训是 CALIS 积极推广的一种服务。目前的培训主要是图书馆馆员，包括编目员、咨询馆员、采访馆员、系统管理员等。服务内容包括引进资源培训、编目业务培训、馆际互借与文献传递服务培训、系统培训、针对西部院校的培训等。

其中部分服务是免费的，如引进资源培训、馆际互借与文献传递服务培训、针对西部院校的培训等；编目业务培训、系统培训需收取费用支付教师讲课费。

（6）技术服务

CALIS 采取自主研发和合作开发的方法，遵循统一的《高等教育数字图书馆技术标准与规范》，组织开发了一系列的数字图书馆应用系统，构成完备的中国高等教育数字图书馆技术支撑体系。CALIS 利用这些软件为各级中心和成员馆提供数字图书馆解决方案，帮助其构建数字图书馆及相关应用系统。由于服务能力所限，CALIS 数字图书馆应用系统在各级中心免费部署，为成员馆提供服务。但成员馆如需单独部署，需要收费。

（7）保存服务

对于数字图书馆而言，数字资源的保存是一个非常重要的问题，需要投入大量的人力和经费。CALIS 目前的侧重点是引进资源的保存，通过本地保存、镜像、光盘、出版商存档、国家级存档等多种方式对以 CALIS 名义集团采购的资源进行保存，并根据和出版商达成的协议对参加集团采购的成员馆提供服务。

4. 服务成效

在成员馆的积极参与和大力支持下，CADLIS 各项共享服务均取得一定的成就。表 13-7 给出部分共享服务的服务情况和参加建设或者享受服务的成员馆数量。

表 13-7　CADLIS 部分服务的成效

服务内容	服　务　程　序
集团采购	"十五"期间，购买 24 000 种、约 400 万份全文电子期刊,8577 种、约 30 万份会议录,145 052 种、约 120 万册电子图书。平均回溯年限大约 15 年左右。2008 年 CALIS 集团采购的电子报刊全文下载量近 1 亿篇,电子图书全文下载量近 3000 万篇,文摘索引数据库的访问量超过 6000 万篇。
协调订购	服务惠及参加文专图书订购、外语联盟订购、目前 PQDT 学位论文集团采购的 120 多家成员。
联机编目	书目记录 257 万余条,馆藏信息 2800 万余条,各类型规范记录 85 万余条,月平均增长量约 2 万条;提供书目数据下载服务 2800 万余条,现月平均下载量约 45 万条。目前有 603 家成员馆使用此项服务。
西文期刊目次	3 万多种西文期刊的篇名目次数据,其中有 2.2 万种现刊的篇名目次每星期更新一次。目前有 557 家成员馆,2008 年访问量达到 200 多万次。

续表

服务内容	服务程序
学位论文数据库	8 家成员馆建设的 25 万余条学位论文目次和摘要信息免费在全国范围内检索,其中 5 万余条带有前 16 页,全文 5 万余条。
文献传递服务	"十五"期间,CALIS 文献传递网的 39 个成员馆文献传递总量近 50 万篇。受益馆达 800 余家。
编目业务培训	"十五"期间 CALIS 联机编目中心共举办各种培训 26 次,共有 2134 人次参加了培训。
编目员资格认证	2004—2009 年,共组织中、西文考试 6 次,总计 122 家图书馆、3 个商业公司共 306 人取得了三级编目员资格认证。
引进资源培训	2002 年开始举办每年一次的"CALIS 引进数据库培训周",到 2009 年,共举办了 7 届,1706 人次分别参加了 189 场培训。
文献传递服务培训	"十五"期间,各中心举办馆际互借与文献传递服务培训 15 次,共计 581 人次参加。
其他业务培训	"十五"期间,共举办了 14 次应用系统培训,共计 867 人次参加。
西部培训	为了支持西部图书馆建设,加强对西部高校馆员的培训,CALIS 开展了西部培训。"十五"期间,共有 520 人次、314 馆次从中受益。

成员馆一致认为,中国高等教育数字图书馆建立了全国高校合作提供资源和服务的规范化平台,促进了高校馆藏的合作化发展,为中国的科研提供了丰富的文献保障,加大了外文信息资源的推广使用,缩小了小馆与大馆之间的差距,节约了成本,保护了成员馆的利益。

四、中国高等教育数字图书馆服务系统

中国高等教育数字图书馆是一个整合了纸质资源和数字资源、商业资源和自制资源以及网络资源,提供包括一站式服务和代理式服务的多功能数字图书馆服务系统。该系统采取元数据集中报道,数字对象分布存储和按需调度的方式,集成了我国重点大学图书馆几乎全部的数字化资源;实现了统一认证和跨库跨平台的统一检索,实现了在线文献传递、虚拟合作参考咨询等一整套数字化服务功能;应用国际标准外部接口最为全面、最成体系,具有与国内外的数字图书馆平台互联互通的能力。

采用自主研发和合作开发的方法,遵循统一的《中国高等教育数字图书馆和技术标准与规范》,CADLIS 组织开发了中国高等教育数字图书馆的服务系统。

该系统包括一系列的数字图书馆应用系统，构成完备的中国高等教育数字图书馆技术支撑体系。图书馆也可以采用这些软件构建本馆高度集成的数字图书馆。

"十五"期间，CADLIS 项目建设的系列服务系统如表 13－8 所示。

表 13－8　CADLIS 项目建设的系列应用系统

服务系统名称		建设概况
数字对象加工	数字对象制作系统	CADAL 专题开发完成，应用于 16 个数字资源加工中心，制作完成了 86 万余册中文电子书，15 万余册英文电子书。CALIS 专题开发完成，应用于高校专题特色数据库本地系统。
	元数据联机联合编目系统	CALIS 专题完成，应用于高校古文献专题数据库建设。
	MARC 书目数据库联机联合编目系统升级	CALIS 专题完成，应用于全国 809 个高校图书馆。
	智能化网络资源收集与管理系统	CALIS 专题完成，应用于网络资源学科导航库中心系统和 54 个参建馆本地系统。
	高校学位论文网上提交与管理系统	CALIS 专题完成，应用于高校学位论文全文数据库中心服务系统。
数字对象管理	数字对象管理系统	CADAL 专题开发，应用于书目查重及数据管理。
	基于版权保护的数字对象管理系统	CALIS 专题完成，应用于电子教学参考书系统。
应用系统与工具	统一检索平台	CALIS 专题完成，包括统一检索系统、联合资源检索系统（元数据仓储）。
	多媒体结构化与摘要	CADAL 专题完成，应用于 CADAL 门户。
	多媒体数据检索	CADAL 专题完成，应用于 CADAL 门户。
	文物数字化修复与整容	CADAL 专题完成，应用于 CADAL 门户。
	多媒体数字资源的综合推理	CADAL 专题完成，应用于 CADAL 门户。
	双语服务	CADAL 专题完成，应用于 CADAL 门户。
	知识管理与服务	CADAL 专题完成，应用于 CADAL 门户。
	多模式文语转换	CADAL 专题完成，应用于 CADAL 门户。
	虚拟现实应用	CADAL 专题完成，应用于 CADAL 门户。
	分布式联合虚拟参考咨询系统	CALIS 专题完成，应用于 12 个高校图书馆。
	文献传递与馆际互借系统	CALIS 专题完成，应用于 42 个高校图书馆。
	资源与服务评估管理系统	CALIS 专题完成，应用于 CALIS 项目评估。
	教学参考信息管理与服务系统	CALIS 专题完成，应用于 51 个参建馆。

续表

	服务系统名称	建　设　概　况
数字图书馆门户	数字图书馆中心门户网站系统	CALIS 专题完成并已提供服务。
	数字图书馆门户构建平台	CALIS 专题完成，应用于 30 个高校图书馆。
	CADAL 门户	CADAL 专题完成并已提供服务。
支持系统	用户认证管理系统	CALIS 专题完成，应用于各级门户。
	资源调度与资源注册系统	CALIS 专题完成，应用于各级门户。
	结算服务与电子商务平台	CALIS 专题完成，应用于各级门户。

这些软件种类多样，功能各异，但都遵循统一的中国高等教育数字图书馆技术标准规范，具有标准化的互操作接口，通过分布式的松散耦合方式集成为一个有机整体。中国高等教育数字图书馆的服务系统具有以下三个方面的功能。

（1）数字资源加工：提供元数据加工、数字对象加工、多语种书目联机合作编目、网络资源采集等多种资源加工手段；遵循统一的资源描述、资源管理和加工规范；联合各个参建馆共同进行不同类型资源的建设，同时进行全国范围内的整体化建设和运营管理。

（2）数字资源存储和管理：建立和管理多种类型的元数据仓储和数字对象仓储；采用数字对象唯一标识符（CALIS-OID）来统一管理各个参建馆的数字对象；按照 CADLIS 制定的有关 OAI、METS 等技术规范进行数据交换；对数字资源的内容与服务提供评估手段；采用安全可靠的存储设备和存储管理工具。

（3）数字资源服务：对读者提供统一的门户服务和统一的认证与结算服务，使读者通过单点登录 SSO 就能一站式获得 CADLIS 各级中心和各个参建馆提供的各种文献服务和个性化服务；提供对分布在本地和异地的各类资源的高性能的统一检索服务（包括联邦检索和跨库检索）；以数字资源整合为基础，根据读者身份提供"上下文相关"的基于开放链接的资源调度服务；以馆际互借系统为手段，通过加入 CALIS 馆际互借文献传递网，为读者提供原文传递服务，使各馆特色资源得到最大化的利用；以 DRM 技术为核心，为数字对象提供安全访问和保护服务；以各个 CADLIS 子项目中心资源为依托提供相应的专业应用服务（包括联合参考咨询服务、教参信息服务、特色库资源服务等）。

基于统一标准规范：统一接口标准、统一数据标准、互操作机制，中国高等教育数字图书馆服务系统具有强大的集成能力，可以提供以下多种层次的整合，见表 13 – 9。

表 13 – 9　高等教育数字图书馆的整合内容

整合层次	整　合　内　容	高校馆	公共馆
馆内整合	各数字图书馆应用系统之间以及数字图书馆与图书馆自动化系统、一卡通之间集成	√	√
馆与数字化校园整合	数字图书馆门户和统一认证与数字化校园的门户和统一认证之间集成	√	–
馆间整合	图书馆之间建立协作和共享,如联合认证、联合参考咨询、文献传递、统一结算等	√	√
馆与区域中心整合	图书馆与区域中心之间实现资源的共建共享和互联互通	√	√
馆与社区整合	向社区提供数字图书馆服务,如分级管理、统一读者管理、统一结算、统一服务等		√

中国高等教育数字图书馆服务系统具有以下特点：①分布式/松耦合性。每个系统相对独立,每个馆和每个中心相对独立,彼此能相互集成、互联互通。②开放链接。每个系统、服务、资源能灵活扩展、动态添加和彼此关联。③整体性。任何一个系统都是数字图书馆中的一个有机组成部分,不再是孤立的。④标准化。每个系统按照统一的标准规范（包括功能/服务规范、数据标准、接口标准等）进行开发、认证和集成。⑤整合能力。各个系统从不同角度对多个分布式的异构多媒体数字资源库进行整合,能为读者提供不同方式的集成服务。⑥协同性。多馆联合共建、协同服务、彼此共享。

五、中国高等教育数字图书馆管理机制

国家发展和改革委员会批复“十五”《中国高等教育文献保障体系——中国高等教育数字化图书馆建设可行性研究报告》后,由高教司批准成立了由北京大学、浙江大学、中国科学院研究生院、清华大学、南京大学等单位组成了“十五”建设项目管理委员会,作为项目法人组织,由CADLIS“十五”建设项目管理委员会主任吴志攀教授担任项目法人代表,统一领导CALIS和CADAL两个专题项目的建设。CADLIS项目管理委员会对项目主管单位教育部高教司负责。项目管理委员会设立两个专题项目管理中心,具体实施建设项目的管理。

CALIS 专题继续沿用 CALIS "九五" 设立在北京大学的管理中心负责项目的建设与运行管理。CALIS 管理中心借鉴 "九五" 建设经验，建立了 "中心负责人联席会议制度"。通过联席会议的方式，负责协调项目建设工作中的问题。为搞好 "十五" "CALIS 项目" 经费的管理，管理中心在总结 "九五" "CALIS 项目" 管理经验的基础上，修订、新订了《"CALIS 项目" "十五" 建设项目管理办法》《"CALIS 项目" "十五" 建设项目管理办法——项目管理细则》《"CALIS 项目" "十五" 子项目经费管理办法》《中国高等教育文献保障系统 CALIS 经费管理实施细则》及《"CALIS 项目" "十五" 建设数据质量管理办法》等一系列管理规定并严格执行。为了保证 "CALIS 项目" 经费的合理有效使用，发挥集团采购的最大的效用，CALIS 管理中心在总结 "九五" "CALIS 项目" 管理经验的基础上，"十五" "CALIS 项目" 设备的购置统一由管理中心负责采购，集中配送给各承建单位，并对所购设备统一进行管理。

CADAL 项目立项后，建立了项目管理中心，由浙江大学校长潘云鹤院士任中心主任，在教育部高教司和 CADLIS "十五" 建设项目管理委员会的领导下开展工作，负责 CADAL 项目的日常运行管理。CADAL 项目管理中心建立了一整套的管理制度，先后出台了 10 余个文件，如《CADAL 项目管理细则》《CADAL 项目经费管理办法》等。浙江大学发展规划部和计划财务部负责对 CADAL 项目的协调和经费管理。这些制度对于明确项目建设内容、保证经费规范使用和项目高效管理起到了重要的作用。CADAL 项目管理中心强调服务重于管理的理念，主动为全国各参建单位搞好服务，多次深入各参建单位了解情况，听取意见，切实解决他们在项目实施过程中的困难，使得大多数项目参建单位及时启动数字化工程，并不断加快了项目建设的进程，大多数参建单位都超额完成了分配的 "十五" 项目建设任务。CADAL 项目管理中心聘请了法律顾问，促使项目建设和管理的依法、规范运作，在源头上防止对外签订合同、协议中可能发生的法律纠纷。CADAL 项目管理中心对重大设备采购和部分委托加工任务实施了公开招标，确保项目建设的规范运行。

总之，CADLIS 的管理机制科学、运行高效，凝聚了全国参建高校的力量，保证了项目的顺利实施和建设任务的如期完成。

六、中国高等教育数字图书馆发展思路

中国高等教育数字图书馆经过十余年的建设，取得了巨大的成就，大大缩短了我国一流大学和国际一流大学在学术文献信息服务方面的差距，推动了高校图

书馆向现代化发展的步伐。目前中国高等教育数字图书馆在数字资源、分布式数字图书馆综合服务平台、服务体系等方面都已达到或接近国际先进水平。中国高等教育数字图书馆下一步的发展将重点考虑以下三个方面。

1. 提升服务体系的保障能力

服务体系的保障能力，不仅仅体现在文献资源的质与量上。数字图书馆时代，服务的保障丝毫不亚于文献资源本身。也就是说，没有良好性能的服务平台，再多的资源也无法发挥作用。因此，中国高等教育数字图书馆未来的建设不仅要扩大数字资源规模，还要用好已有资源，大幅度提升服务体系的运行性能，是充分发挥公共服务体系的成效，提高各方面投资效益，尤其是资源建设投资效益的关键。

2. 加强数字图书馆关键应用技术研究

CADLIS 充分利用了高校的技术优势，通过和信息管理、信息技术专业人员的合作，以先进的数字图书馆技术，构建了中国高等教育数字图书馆的基础框架，积聚了大量的数字资源，形成了让世界各国各地区都热切关注的共享服务体系。同时培育了一大批把握时代脉络、有丰富实践经验的专业技术人员，为下一步的发展奠定了良好的基础。

由于 CADLIS 项目在众多方面已经进入世界前沿，下一步发展阶段，可供借鉴或直接复制的技术越来越少，尤其是对中文环境下的数字图书馆关键技术要在国内解决。因此，要有一定比例的经费投入到关键技术研究方面，结合国内外数字图书馆技术发展的趋势，加强技术创新，凝练研究方向，选择若干重要领域进行攻关，争取在一些重要的技术研发领域有大的突破。一方面促进我国数字图书馆技术研发赶超国际先进水平，同时起到保护现有投资和提供未来发展可持续能力的作用。

3. 建立可持续发展机制

中国高等教育数字图书馆作为我国高等教育体系中一个重要组成部分，是任何一个国家和地区的高等教育系统都非常眼热的地方。但这么大规模的公共服务平台，仅维持运转就是一笔不小的开支。目前建立的共享机制和项目经费配套机制，在这两期建设期间，暂时化解了缺乏运行费用的矛盾。但随着中国高等教育数字图书馆越来越多的服务进入高校科研与教学环节，读者对其服务能力会提出更高的要求，目前的建设模式，仅适合于新建设内容的开展，将不适应长期持续稳定的高性能服务。

因此，尽快建立中国高等教育数字图书馆的可持续发展机制，应该成为下一步建设的根本条件之一。文献资源服务，尤其是面对高校的服务，带有很大的公益性性质，几乎不可能靠商业化模式来持续。此外，项目建设管理模式也不完全适应越来越多的运行服务工作，建议应考虑将 CADLIS 建成常设事业机构，并从正常教育经费中安排支持常规运行的费用。新的建设内容可以继续沿用项目投资的方式。

总之，为了巩固前期建设的成果，充分发挥国家投资的效益，结合当今国际国内图书情报界和数字图书馆的发展趋势，中国高等教育数字图书馆将在未来的建设中，通过公共服务软硬件平台性能、资源总量、容灾备份、网络设施的建设和升级，提升中国高等教育数字图书馆的服务能力；通过数字图书馆关键系统的研发，尽可能整合和利用其他系统、其他平台形成的服务能力，以较少的投资换取最大的效益；在此基础上，通过中国高等教育数字图书馆建设和服务的辐射作用，拉动文献信息服务机构的发展，提高我国高等教育和科研活动文献信息保障的总体水平。

参考文献

[1]陈凌,姚晓霞. 中国高等教育文献保障系统共享服务及其成效. 医学信息学杂志,2010 (31):11-15

[2]姚晓霞,陈凌,朱强. CALIS 服务政策的解析与实践. 大学图书馆学报,2011(1):22-26

[3]黄晨. 中国高等教育数字图书馆:规划与实践. 中国图书馆学报,2011(4):38-42

实例四　浙江网络图书馆——一个区域数字图书馆建设案例

一、建设背景

1. 必要性和可行性分析

（1）必要性

2008 年，浙江省共有 95 家县级以上公共图书馆，资源分布和图书馆发展水平存在较大的不平衡。据调查结果显示，省内县级以上公共图书馆中购买数据库的只有 26 家，占全省县级以上公共图书馆的三分之一还不到。文献信息资源主要集中在省、市级图书馆，县级馆经费不足，技术、人才和资源缺乏，造成各地读者所能享受的图书馆服务存在明显差异。公共图书馆面临诸多挑战：经费有限，资源缺乏；数字资源检索操作复杂；传统纸质文献和数字资源不能有效整合；到馆查找资料不方便；服务人员少，素质不高等。因此，建设一个全省各级公共图书馆为成员馆的数字资源服务平台，在这个平台上实现资源和服务的有效共享，建立起一个文献资源的保障体系，显得非常迫切和必要。

(2)可行性

①数字图书馆的不断发展为浙江网络数字图书馆的建设奠定了基础

自20世纪60年代以后，以计算机、通信以及网络为核心的现代信息技术开始全面渗入图书馆领域，将图书馆推向自动化发展阶段。到了90年代，由于高密度存储技术、多媒体技术、通信技术、网络技术等现代信息技术的高度发展，图书馆已可以对文献本身进行管理，从此，图书馆逐步迈进了数字图书馆时代。人们对数字图书馆的认知也在不断加深，从数字图书馆的属性特征来分，数字图书馆的发展经历三个阶段，第一阶段以资源为中心，重点在馆藏文献数字化处理；第二阶段以技术为中心，把数字图书馆定义为网络环境下的信息系统，重点研究信息系统、平台、工具、分布式存取、异构互操作等；第三阶段，以用户为中心，在强调资源建设和技术开发的同时，更强调对用户类型、需求特征、服务目标与服务模式的研究。经过20多年的研究，数字图书馆系统涉及的数字对象及其描述、软硬件技术都在不断成熟，也有一些商用的数字图书馆平台推出，所有这些，为我们建立一个区域性的数字图书馆平台打下了良好的基础。

②浙江省信息网络基础设施发达

近年来，我省互联网发展迅速，实现了"乡乡通宽带"。农村行政村宽带建设迅猛推进，截至2008年8月底，浙江32 895个行政村中有31 605个用上了中国电信宽带，宽带村通率达到96.08%。全省除丽水地区宽带村通率为70.15%以外，其余地区全部超过98%，其中嘉兴、湖州两地宽带村通率已达到100%。继嘉兴市实现全区行政村通宽带后，湖州市也实现全区行政村通宽带。全省出口总带宽达450G，宽带用户已达600万；随着信息基础设施的不断完善，上网人数的不断增加，广大读者对图书馆信息化的需求也越来越迫切。

③浙江省公共图书馆数字化服务基础较好

图书馆自动化。全省各级公共图书馆业务工作基本实现自动化，实现图书馆各类文献资源，包括图书、非书资料、电子出版物的采购、编目、流通和检索等的计算机管理。浙江省文献采编中心已于2002年成立，至2008年年底全省已有37家图书馆加入该系统进行网上联合采编，建成书目数据90余万条。

门户网站建设。2008年，共有图书馆门户网站数55个，占全省公共图书馆总数95家的57.9%。到2010年年底，全省公共图书馆门户网站共有79家，占总数的83%。

特色数字资源建设。浙江图书馆已完成了浙江省地方志全文的数字化工作，共有1700多部方志入库，供读者查阅。现已开始了浙江家谱全文数据库的建设工作。全省其他图书馆也在积极开展地方特色资源库的建设，如宁波市馆的地方老报纸，温州市馆的温州鼓词数据库、温州地方文献全文数据库，嘉兴市馆的南湖红色文献数据库，湖州市馆的网上湖州名人馆，绍兴市馆的莲花落数据库等。

引进商用数字资源。2008年，利用文化共享工程专项资金，采购了《读秀知识库》《超星数字图书馆》《万方数字资源库》《维普科技期刊》《龙源电子期刊阅览室》等资源库，通过资源统一远程访问平台提供给全省各级图书馆和基层服务点使用，受到读者的欢迎。

提供网络参考咨询。2005年12月26日，浙江图书馆作为日常维护建设单位，携手浙江大学图书馆和浙江省科技信息研究院合作建设的浙江省联合知识导航网（www.zjdh.org）正式向社会推出。开通近四年来，三方的咨询员和咨询专家发挥了各自的优势，为用户的咨询提供了专业的服务，收到了用户的广泛好评。

数字图书馆技术的发展进步，宽带网络基础设施的不断完善，数字化服务能力的不断提高，为建设一个全省公共图书馆数字化的服务平台打下了坚实的基础。

二、建设思路和建设目标

1. 建设思路

在数字图书馆的建设实践中，由于经费、版权、安全、效益等诸多问题的限制，实现一个纯粹的数字图书馆尚难以成为现实。在未来相当长的一段时期内，传统图书馆与数字图书馆并存的复合图书馆将成为图书馆的主体形态，传统信息资源与数字网络资源将长期并存，而不是向数字图书馆转化的临时性过渡。我们的建设思路是，在资源建设上，强调各种载体资源并存，实现优势互补；在技术上，重视资源的集成、发现和服务，为此，经过调研评估和研究讨论，确定了基于元数据仓储与信息资源管理的服务模式，整合包括文化共享工程建设的数字资源和各级公共图书馆的数字资源和传统纸质资源，以各市图书馆区域一卡通服务的实施为前导，以读者一站式获取的方式呈现，构建一个全省统一的资源服务平台。浙江网络图书馆的这一建设思路得到各市县级公共图书馆的高度认同，各级公共图书馆，特别是市级图书馆积极参与了网络图书馆的建设，对建设方案贡献了很多宝贵的意见。

与此同时，浙江网络图书馆作为浙江地区资源的一个汇聚节点，又可以是中国国家数字图书馆的一个骨干节点，纳入到国家层面的数字图书馆体系中。

2. 总体目标

把浙江网络图书馆打造成一个全省公共图书馆的资源和服务统一平台，实现公共图书馆"一网通"。具体目标是实现全省公共图书馆各类资源库（馆藏书目、数字资源等）的一站式检索；实现全省各级公共图书馆的用户信息的共享和认证；实现全省各市县图书馆共享资源统一使用、个性化资源分别授权；实现全省范围的电子文献传递和馆际互借。建设方针是：以已有的投入为基础，以资源和网络的整合为重点，以"一网通"为目标，使传统纸质资源和数字资源的共享在现有版权范围内得到极大的提升，建成全省数字图书馆和文化共享工程资源保障体系，实现数字图书馆建设和文化共享工程服务体系建设的深度融合，切实服务于全省公共文化服务体系建设。

三、功能要求

浙江网络图书馆要求在元数据仓储的基础上，通过"一站式"整合搜索，实现读者对各类文献的便利获取，具体要求达到以下六种功能要求。

（1）统一认证

统一认证模块无缝集成到系统平台中，完成单点登录服务，实现用户的分散管理和统一认证，并通过接口开发与定制，与各公共图书馆自动化系统实现读者数据的共享和通讯。

（2）在线联合目录

以全省公共图书馆馆藏目录为基础，通过平台的整合后，呈现某一特定文献在全省公共图书馆的收藏情况，并能直接链接到相关图书馆的 OPAC 系统中，实现馆藏信息的动态展示，为资源的共享提供准确的信息。

（3）一站式搜索

统一资源服务平台以元数据挖掘存储管理系统为基础，通过优先对元数据进行存储和预处理去重排序，为读者提供互联网搜索引擎的检索体验，既保留了跨库检索的功能，又克服了一般跨库检索整合资源的弊端。

（4）电子文献传递

读者在既不能得到纸质文献，又无法直接获取电子文献的情况下，可以通过该平台上提交文献传递请求，由系统自动或人工向读者发送所需文献到指定邮箱，读者可以在限定的时间内阅读所传递的电子文献。

（5）馆际互借

读者在本馆、区域一卡通系统、数字资源、电子文献传递都不能满足，或需要纸质文献时，可以选择馆际互借服务，通过物流快递系统送到读者手中，读者支付快递费用。读者可以在任一成员馆归还图书。由成员馆定期通过物流系统归还收藏馆。

（6）联合参考咨询

对于进一步的需求，由联合咨询导航网为读者提供人工服务。

（7）流量报表

能够记录用户对数字资源的使用情况、创建分析日志系统，实现用户信息使用行为挖掘。

四、技术实现

1. 模块设计

基于对浙江网络图书馆应用系统的分析，总结读者需求，设计采用以下系统模块进行搭建，以保障全省读者的文献查找、获取需求。

图 13-13　浙江网络图书馆应用系统模块

从上图中我们不难看出，浙江网络图书馆资源整合系统建设的整体架构分高阶应用层、业务层、数据层三层实现，是从实际应用角度入手，针对读者和管理者，整合了馆藏及非馆藏的各种学术文献的应用、管理，通过以上架构，实现以下目标。

　　（1）应用层。 为浙江全省公共馆读者及政府部门、文化共享工程基层服务点建一个基于网络、远程利用资源的和谐环境，读者只需登录浙江网络图书馆就可以查询和获取全省文化共享工程资源和读者本馆资源。

　　（2）业务层。 通过系统平台、技术手段和图书馆员的工作，对信息资源进行充分的挖掘、关联和升值，对资源和服务的整体性揭示更全面和深入，使信息的查找和定位更细化和快捷。

　　（3）数据层。 使用户感受到的文献信息资源是一个整体，不再是零散割裂的"信息孤岛"，免去读者为了查询所需要的资料而分别登录不同系统、熟悉不同的检索命令，重复进行检索的烦恼。

　　模块设计的中心思想是：强调读者对资源的方便简捷的使用。 而这个服务模式，选择基于元数据仓储的技术思路，会有比较明显的优势：通过一站式检索，实现文章题名、主题、作者、文摘分析型检索，同时实现对文章内容的全文检索，使用户能够快捷地获得深入、合适的检索结果，并且通过先进的知识组织体系和语义检索获取信息，为用户提供统一的检索界面和统一的检索语言，检索内容包括简单检索、高级检索、二次检索、原文/文摘检索、相关文献检索等多种服务。具体表现如下。

　　（1）帮助读者更加准确快捷获取目标内容。通过提供统一的查找界面、多途径的分类与导航、资源描述信息等，构成全方位的揭示学术信息资源的体系，提高信息的获取效率。

　　（2）实现一步到位的获取服务。建立检索结果与全文、OPAC、参考咨询、馆际互借等服务的链接，帮助用户从二次文献的检索结果链接到目标内容或者获取目标内容的其他服务。

　　（3）目标资源的分级访问和授权用户的管理。系统根据授权用户的类别和角色来提供目标资源的访问权限及个性化服务功能。

　　（4）提供灵活、方便的个性化服务。

　　此外，系统还要求在资源整合基础上，实现全省的参考咨询、文献传递、馆际互借等全方位服务的整合。各馆认证读者可以通过一站式检索获得全省范围内所需资源的分布情况，如本馆是否有纸本书刊、电子资源，其他馆是否有同样的资源，并选择最为方便、经济的方式获取资源。如果不能直接获得原文，通过系统整合的文献传递、馆际互借、参考咨询等服务获取，大大方便读者对资源的利用。

2. 系统流程

浙江网络图书馆的具体系统流程如下：

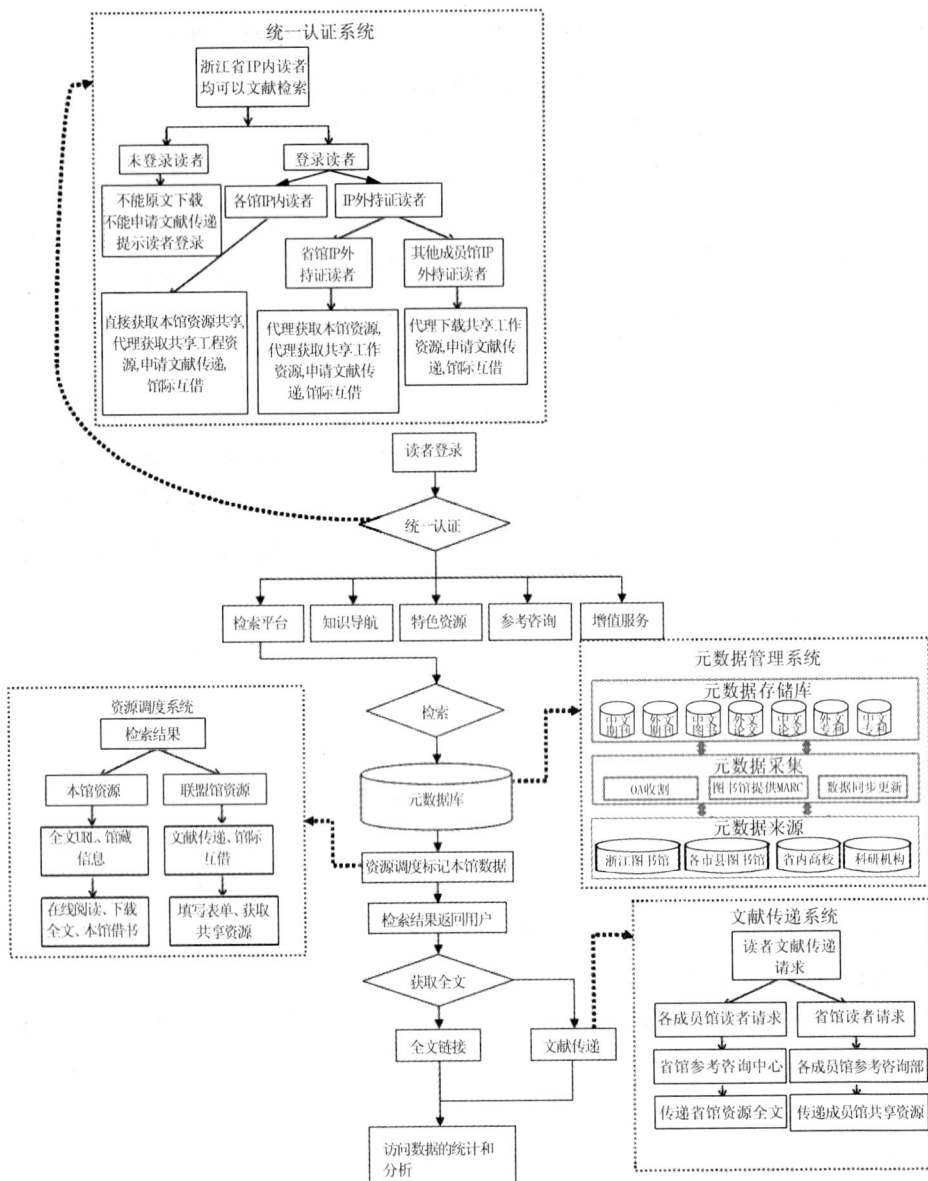

图 13－14　浙江网络图书馆系统流程图

可以看到，图中主干为读者的使用流程，而读者操作所涉及的各个子模块又拥有各自完整的系统流程。

3. 各系统模块技术实现

（1）门户发布系统

作为浙江网络图书馆开放给读者的窗口，浙江网络图书馆门户系统必须保证兼具门户应具有的高信息量、高易用性，同时作为核心使用手段的统一检索方式又必须体现其中，经过调研论证，最终采用了推荐门户和一站式检索门户双门户的运行方式。推荐门户包含大量的资源推送与文献服务，同时集成检索框，为读者提供最丰富的页面内容；检索门户则简单明了，页面以检索框为主题，搭配少量专题推送，为读者提供最便捷的检索入口。

门户发布系统提供信息的展现功能，还具备内容管理、多应用系统集成、灵活的个性化定制等功能；内置门户个性化定制工具、数字图书馆应用服务接口，并能与统一用户认证管理有机集成。通过知识信息门户，用户可以获得专题知识信息发布、知识导航、智能信息搜索、个性化信息服务、推送信息服务等知识信息服务能力。

读者通过一站式检索门户，能够快速地查找到自己所需要的文献内容，并在资源调度与文献传递系统的帮助下完成一系列的文献获取功能；通过资源推荐门户可以查看系统最新、最热门图书、期刊；通过特色数据库推送，查看特色、专题数据库；通过视频列表查看推荐视频；通过数据库列表中罗列的文化共享工程数据库，读者可以直接进入相应的数据库当中进行使用。

系统主要功能如下：

表 13 - 10   门户发布系统功能表

内容发布管理	首页及栏目内容自定义管理编辑；提供对内容进行管理的管理员 Web 后台管理系统，允许管理员对网页内容、图片等进行在线编辑发布。
布局管理	自定义布局、自定义栏目导航发布，自动生成网站 MAP。
风格模板管理	通过风格模板更改网页风格，并提供可视化的 Web 模板设计工具。
管理员权限管理	具有弹性的策略式管理，对网站编辑管理员进行分级管理，按照需要，可自定义分为系统管理员、参考咨询员等角色，并可对角色进行分组，按组分配不同的权限（编辑、查看、发布、删除、增加、审核、过期），并支持多角色协同工作。
统一检索集成	自定义集成统一检索工具条在网页的位置，并且检索结果直接在当前网页中显示。

续表

资源调度集成	通过资源调度 OpenUrl 规则允许自定义获取原文资源链接在网页的调用位置和方式。
特色资源库集成	集成特色资源库资源在首页和导航中展示,并允许管理员随时添加特色资源。
信息推送服务	运用推送技术(Push Technology)来实现的一种个性化主动信息服务,能够智能化地理解用户的个性化信息需求,使用户不必再次访问固定的站点就能获取最新信息,减少读者上网搜索的工作量,提高用户获取信息的效率及检全率,从而实现真正意义上的信息服务创新。

(2)统一认证管理系统

作为整合全省公共图书馆的综合平台,浙江网络图书馆必须拥有一套独立的并与全省各馆互联的统一认证体系。该系统要求无缝集成到门户系统中,完成单点登录服务,全省各成员馆及基层点读者可以使用下列两种方式登录浙江网络图书馆平台。一是 IP 认证方式,二是读者证账户密码认证。读者在馆内登录浙江网络图书馆时,系统将自动判定为 IP 登录用户,读者可以直接使用平台的各种查找和全文服务。当读者在馆外(如自己家中)登录平台,就可以用账户密码认证方式,只需输入自己的读者证号,即能登录平台,使用网络图书馆的各种资源与服务。当然这种使用体验主要得益于平台的统一认证与 Web 代理两种服务。

统一认证管理系统能够与各级图书馆原有的认证系统或者各种图书馆自动化系统无缝集成,动态读取各图书馆读者证系统当中的用户信息,对可能出现重复的读者证号进行预先处理(例如在读者证号前增加本馆地名缩写),并提前告知读者修改规则,添加进平台统一的读者账户信息表当中。

当读者在馆外通过账号登录浙江网络图书馆时,读者的馆外 IP 将通过代理服务器转换为可以直接下载和阅读的馆内 IP,通过这种 Web 代理的方式,读者足不出户就可以享受到与到图书馆电子阅览室相同的权限。

各成员馆对应的 IP 地址范围和合法账号登录系统后,就能访问该读者对应的权限范围以内所有资源,即实现单点登录功能。

系统主要功能如下:

表 13-11 统一认证管理系统功能表

单点认证	统一认证系统登录后,使用其他资源无需再次登录认证。
认证系统与各系统用户的同步或映射	特色库系统、文献传递系统、统一计费系统、门户系统、元数据仓储检索系统、用户(账户)信息接口。
个人信息提示	在门户页面中直接可以登录系统;登录后可以显示所在单位的特征信息。
权限管理	提供统一人员管理,提供分组、分级、分角色的权限管理。
日志及统计	提供完备的应用审计日志、信息加工处理日志、信息浏览访问日志和日志统计分析功能。

(3)元数据挖掘存储管理系统

元数据挖掘存储管理系统通过优先对元数据进行存储和预处理去重排序,为读者提供了互联网搜索引擎方式的检索体验,元数据管理主要任务有两个方面:一是负责存储和维护元数据库中的元数据;二是负责数据仓库建模工具、数据获取工具、前端工具等之间的消息传递,协调各模块和工具之间的工作。

元数据挖掘存储管理系统是整个网络图书馆检索、整合功能的基础,正是使用了元数据的方式,才让联合全省各级图书馆、建立统一的文献共享平台成为了可能,为满足全省读者的使用需求,元数据平台的建设不仅需要覆盖文化共享工程的资源内容,更要整合全省各级图书馆的纸质及电子资源。元数据建设对象见下表。

表 13-12 元数据挖掘存储管理系统功能表

项　　　目	描　　　　　述
建设范围	浙江文化共享工程资源 浙江全省公共馆范围馆藏与电子资源,包括远程服务系统
建设语种	中文、外文
建设资源	馆藏纸质图书、电子图书、电子期刊、会议论文、学位论文、报纸、专利、标准、视频、自建特色数字资源等
收录的元数据描述字段	资源名称、URL、交替名称、资源简介、资源图标、学科分类、资源类型、覆盖范围、时间跨度、语种、出版商、资源检索平台、资源关键词、资源创建者、版权所有者、数据库指南(URL)、咨询反馈(email)、提示信息等
服务对象	全省公共馆读者以及政府部门和文化基层点

功能描述：

数据收割工具：把各文献系统中的数据收割、转换、集成到数据仓库中，技术实现时分成三个部分来完成：第一部分是已经收集完整的图书元数据、中文期刊元数据和外文期刊元数据，这一部分可以直接进入到元数据存储中。 第二部分为剩余还未收集部分，提供基于 OAI-PMH 协议的收割中外文数据库元数据工具，可收割支持 OAI-PMH 的开放资源的元数据并保存在本地，创建可参与整合检索的本地库，但是采用 OAI 技术收集元数据的实用案例，基本都是应用在开放存取（OA）的资源或以联盟模式建设的资源，商业性学术资源一般都不支持遵循 OAI 的数据收集。采用 OAI 技术收集元数据的前提是资源拥有者愿意作为数据提供者开放 Data-Provider 接口。 第三部分，对于不支持 OAI-PMH 的数据库提供基于网页分析的元数据抓取 Spider 工具，可抓取不支持 OAI-PMH 的元数据保存到本地，创建可参与整合检索的本地库。

收集的元数据经过转换后不仅格式统一，而且结构清晰，可以按照需求建立各种分类体系，或者按照更高级的知识本体对数据进行再组织和管理。

元数据应用流程：元数据收割、抓取→元数据查重、索引处理→元数据统一检索→资源调度获取全文。

元数据获取途径：元数据库、OAI-PMG 协议收割、Spider 抓取。

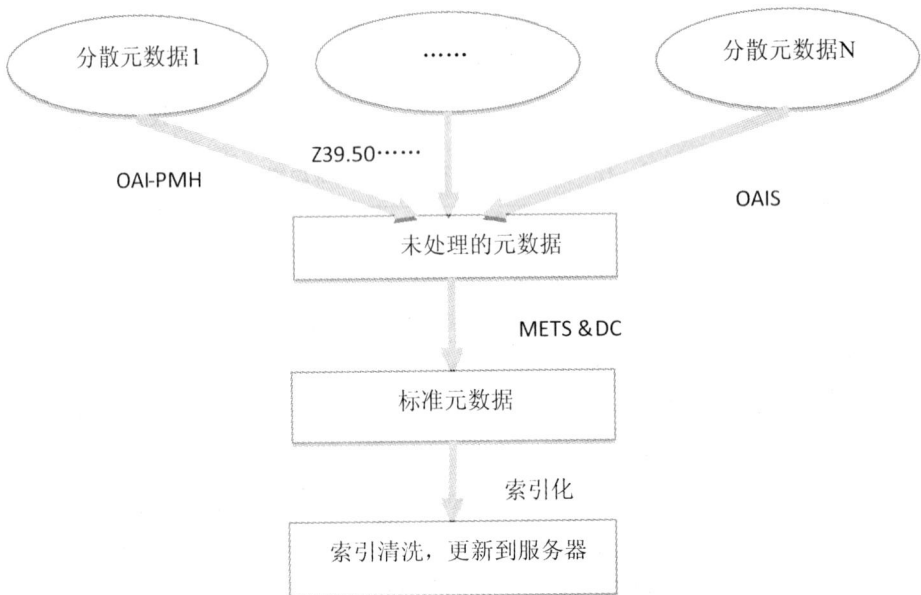

图 13 - 15 元数据收割流程图

表 13 – 13   已整合的资源列表

种 类	数 据 量
中文图书	370 万种书目元数据,240 万种图书全文 全省公共图书馆馆藏纸本书目
中文期刊、论文	超过 7000 万篇
中文报纸	2000 万篇
中文标准	80 万条标准元数据
外文期刊	1.1 亿篇
视频	超过 5 万集

注:本表数据截至 2011 年 6 月。

(4) 全文搜索引擎与导航系统

作为浙江网络图书馆平台的主要文献查询获取方式,统一检索平台必须能够通过与元数据库的互联,帮助读者一键查找全省成员馆的所有纸本及电子资源。全文搜索引擎与导航系统旨在通过与资源调度系统及馆际互借系统集成,针对各种异构资源进行应用检索整合。全文搜索引擎实现了文章题名、主题、作者、文摘进行分析型检索,特别实现了对图书内容的全文检索,使用户能够快捷地获得深入、合适的检索结果,并且通过先进的知识组织体系和语义检索获取信息,该系统为用户提供统一的检索界面和统一的检索语言,使用户能对本地和异地各种资源系统同时检索;检索内容包括简单检索、高级检索、二次检索、原文/文摘获取、相关文献检索等多种服务;对用户提供个性化的检索服务。

用户通过统一认证系统登录后,将能够直接通过门户当中嵌入的统一检索框对浙江网络图书馆资源进行检索,输入检索条件后,检索请求将会被发送到元数据索引当中进行查找,最终将检索结果返回给读者,检索到的内容包括读者所在图书馆本馆资源、文化共享工程资源以及各成员馆的资源。在资源调度系统、馆际互借文献传递系统的帮助下,读者将能够直接获取到电子全文链接、纸本馆藏情况、文献传递馆际互借等多种全文服务。

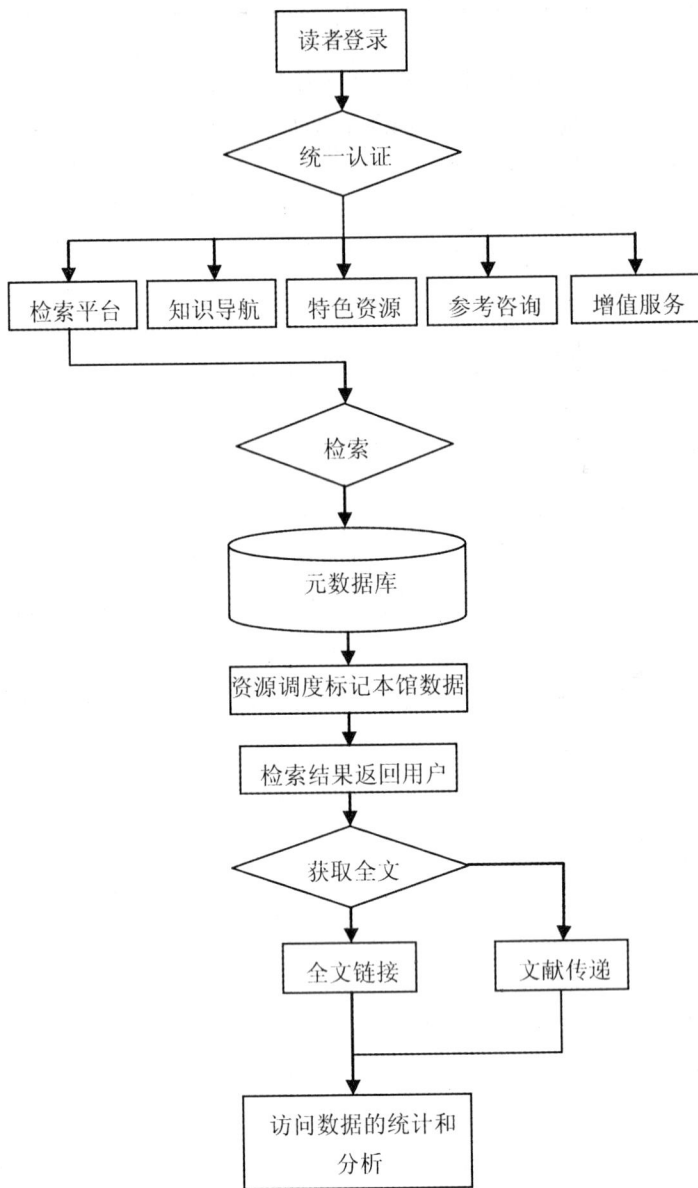

图 13 – 16 用户检索流程图

系统支持对图书内容的全文检索。全文检索将 240 万种图书等学术文献资料打散为 9 亿页全文资料，当读者输入检索词，如"古印度 佛教 医学 影响"，读者将获得 9 亿页资料中所有包含该内容的章节、文章等，并且可以直接对任何这些章节进行部分页的全文阅读。

作为主要搜索方式,元数据搜索通过搜索元数据仓储中已经收割预处理好的元数据,搜索结果无重复,对于同一篇文章同时多个数据商都有的情况,可以列出文章出自多个数据商列表,检索结果清晰统一,系统目前共整合3.8亿条元数据,覆盖期刊、图书、论文、视频、标准、专利等十多种文献类型。

资源分析及建立模板,包括:资源名称、资源类型、访问协议、URL、资源供应商、资源的IP地址和端口号、数据库代号(内部代码,供应商提供或图书馆确定)、认证信息、记录格式等,为尚未支持标准协议的资源开发外部程序并建立配置文件。

表 13-14　统一资源搜索详细需求表

快速检索	快速检索功能帮助读者像利用搜索引擎一样检索学术资源。图书馆可自定义多个快速检索集并自由排序,供初级读者选择检索。
整合检索	整合检索功能提供对异构资源的强大检索能力,能同时检索多个不同类型的资源,并允许用户自定义每次可检索资源的个数。
多面搜索	检索任何一种资源时,同时显示其他相关资源信息;检索一个面时同时获得其他各方面对信息的揭示内容(图书、期刊、专利、视频、论文、标准、报纸等)。
检索结果整合	支持对检索结果的统一格式显示,支持排序、合并和去重。可分别查看中间及最终检索状态、各库检索结果或者合并检索结果。并且能够对合并检索结果进行聚类和分组。
导出保存	支持对检索结果的多种格式的保存和输出。可批量下载已选中的检索结果记录。
语义分析	通过对用户检索词的自然语义分析,调整分词体系达到精确检索和智能检索。

表 13-15　搜索引擎分项功能表

功能	检索结果去重	数字资源导航	个性化服务	数据库简介	统一显示格式	检索结果排序	中西文库区分	简单高级检索	二次检索
全文搜索引擎与导航	有	有	有	有	有	有	有	有	有

(5)资源调度系统

资源调度系统主要解决图书馆文献服务中上下文敏感帮助和原文链接服务。

通过资源调度系统，读者在点击已经检索到的一篇文献后，可以查看到该文献的详细信息、全省馆藏情况、本馆馆藏信息、在各数据库中的全文链接，并对图书资源提供免费的试读功能。

该系统是基于 OpenURL 标准的多级调度系统，能够自动更新调度知识库，允许自定义本地调度规则并定制个性化调度服务，向第三方提供资源注册标准和接口，方便数据商批量更新资源注册信息。资源调度系统以动态脚本技术制定调度规则，便于增加新的资源和新的服务，更有效地实现服务的调度。

读者使用统一检索平台完成检索操作之后，可以点选自己所需的文献题名，就会进入该篇文献的详细信息页面，页面中将会体现文献的相关详细信息。同时，如果这篇文献是读者本馆资源或是文化共享工程资源，系统将会直接为读者调度这篇文献的电子原文或是纸本馆藏的链接，读者点击这些链接就可以直接在线下载电子全文或是查看纸本资源的馆藏情况。如果这篇文献读者没有全文获取的权限，系统将会为读者揭示这篇文献在平台成员馆当中的馆藏情况，读者将可以通过点击馆际互借或是文献传递链接，进入申请页面，申请其他图书馆传递这篇文献的纸质资源或是电子全文。

功能描述：

OpenURL 全文链接：是一种附带有元数据信息和资源地址信息的"可运行"的 URL。通过维护链接解析器依照规则动态生成开放链接的 URL，实现资源之间一对一，一对多的"恰当"链接，对文献之间错综复杂的关系进行了有序的动态管理和链接。

资源调度规则：①就近最快原则。对不同资源设立权重，根据客户端来源情况判断优先调度最快资源，权重依次为，本地本馆已有资源→文献共享工程资源→省内馆际互借、文献传递资源。②通过对元数据查重合并，检索结果不显示重复记录，但可以同时查看到一篇文章所有资源提供商全文链接，用户可识别选择使用任意一个链接。③自动传递优先于人工传递。对于常用资源实现自动传递，自动传递无法判断的需求自动转到人工传递队列。

资源调度：通过统一认证后，系统自动判断该用户的授权使用资源，若用户需要获取非授权资源时，系统能自动提示授权范围成员馆（单位）名称，并提供资源调度申请表。

资源调度配置：提供原文链接配置工具，可以配置本地资源调度知识库，并计算出原文敏感超链接。

内置资源知识库：资源调度系统提供内置的中、外文数据库资源配置规则，图书馆馆员可根据图书馆资源情况进行直接调用。

资源管理：提供统一应用资源管理，提供应用模块授权和数据访问控制。

资源获取分发：收集成员馆馆藏信息，对于权限内的读者直接提供全文访问链接，无法直接访问的读者提供同城共享和文献传递功能，将读者传递需求分发到馆藏该资源的图书馆进行传递调度。

（6）馆际互借与文献传递系统

浙江网络图书馆以建立全省公共图书馆的共享平台为最终目的，而建立一套快速、便捷的馆际互借与文献传递系统也就成为了平台建设的关键一环。馆际互借与文献传递系统实现与全省公共图书馆 OPAC 系统、电子书系统、中文期刊、外文期刊、外文数据库系统的集成，读者直接通过网上提交馆际互借申请，并且可以实时查询申请处理情况。读者以馆际互借或文献传递的方式通过所在成员馆获取文献传递网成员丰富的文献收藏。该系统的服务内容包括：馆际借阅、文献传递。

读者通过统一检索平台检索到图书后，可以查看改本图书在哪个成员馆中拥有纸本馆藏并提交馆际互借申请，成员单位接到调度申请后，通过快递的方式，将该本图书寄送至读者手中，快递费用由读者本人承担。读者仅需将图书交还至最近的任何一个成员馆，即可完成还书流程，每人同一时间限借一本。

文献传递系统应可嵌入在资源检索系统中，根据检索结果可直接发请求到文献传递系统。文献传递请求将会被发送到文献传递平台当中，会有平台中其他图书馆的参考咨询员回复这些传递申请，为读者传递该篇文献的全文。

表 13 – 16　文献传递系统其他功能

账户管理	可以注册个人账户、团体账户管理；支持用户数 200 万以上。
用户管理	管理员能快捷方便的根据统一认证系统中的读者信息确认用户身份。
参考咨询员管理	在系统中能够为各个成员馆分配管理员和参考咨询员。
系统管理	成员馆管理；参数配置；日志备份等系统功能。
统计与报表	馆际互借员工作量统计；用户申请统计；与其他馆馆际互借统计。

五、服务效果

浙江网络图书馆的开通运行，受到社会的广泛关注，其服务范围不仅涵盖全省各级公共图书馆，还依托遍及全省农村的45 000多个文化共享工程基层服务点为农村群众服务，浙江网络图书馆还通过多种形式走进企业、中小学校、部队、机关等，辐射面越来越广，影响力越来越大。浙江网络图书馆实现了平台、资源和服务的聚合，在全省范围内形成了一个公益性的数字资源服务品牌，荣获"2009年浙江省文化传播创新十佳网站"称号。

浙江网络图书馆的建设采取"边建设、边投入、边服务、边完善"的方针，积极推进系统平台完善、数字资源丰富和信息服务的优化，不断提高文献资源整体保障率，从2009年5月26日开通到2011年6月底，累积上传数目数据300万余条；浏览次数1217万余次；电子期刊阅读下载1000万余篇；电子文献传递20.7万余次；电子图书全文下载16.3万余册次。

北京大学教授李国新说，"以图书馆的联合与合作为基础，以计算机网络为手段，以文化共享工程网点为依托，以保障基本权益、满足基本需求、构建服务体系为目标——区域性网络图书馆是实现跨越式发展的有效方式之一"；"浙江网络图书馆营造了一个公平、开放的文献资源保障体系，展现了图书馆的社会责任担当和崇高职业理念，丰富了公共图书馆服务体系的内容和形式，创新了公共图书馆的服务方式"。

用户反馈：

(1)浙江网络图书馆弥补了欠发达地区馆藏资源匮乏

仙居是浙江省经济欠发达的县市区之一，受经济制约，给图书馆事业的发展带来了严重的障碍，读者写专业论文、课题研究查阅资料，馆里根本无力提供相关参考文献。浙江网络图书馆的开通，在很大程度上弥补了欠发达地区馆藏资源匮乏，满足了读者的需求。

——仙居县图书馆馆长 蒋恩智

(2)浙江网络图书馆有效提升了基层图书馆读者服务能力

浙江网络图书馆的开通极大地丰富了我们基层图书馆的服务内容，提升了基层图书馆读者服务能力，有效解决只能为广大群众提供本馆书刊借阅限制，深受广大群众欢迎。一年来已有来自不同行业的人们利用浙江网络图书馆，如政府工作人员利用浙江网络图书馆资源为地方政府起草报告、事业发展规划、决策方案等，在为领导决策服务方面发挥了重要作用。

——永嘉县图书馆馆长 刘有满

(3)浙江网络图书馆为基层图书馆提供了资源保障

"我要的资料在浙江网络图书馆里都能找到，这下可好了，你们帮了我一个大忙。"这是一位读者在使用了浙江网络图书馆后给温岭支中心打电话表达他的感谢之情。原来他一直在研究有关"照谷社"型土石混合坝的一些问题,这方面的资料很少,当时他手头正好有一份浙江网络图书馆的宣传资料,也只是抱着试试看的态度,没想到网络图书馆的参考咨询效率这么高,几个小时后他就收到了所需要的资料。后来经过了解得知,这位读者查找的资料都是70年代的,而温岭图书馆自身购买的数据库都无法追溯到1994年以前。浙江网络图书馆海量的文献信息拓展了省内公共馆的服务,让读者感到原来图书馆就在自己身边。

——温岭市图书馆管理人员　张珍

(4)浙江网络图书馆为读者阅读提供选择参考

不同的市民根据自己的兴趣、喜好、生活习惯,对网络图书馆的利用,有不同的方式和偏重点。

在平湖市某小学任教的李女士,喜欢阅读中外文学作品。她登录几次浙江网络图书馆之后,坦言自己还是喜欢阅读纸质书籍,在线阅读实在不习惯,但浙江网络图书馆的试读功能给她的实体书借阅提供了很大的帮助。文学作品品种万千,要从书架上挑出适合自己的,也是个费时费力的活。而对于一些自己不太熟悉的作家作品,评论或褒或贬,不实际接触的话也无法明确值不值得去读。网络图书馆所载的书籍,一般至少提供10页的试读,李女士就通过对局部篇章的阅读,来了解作家的文风,作品的大致内容,以确认这书符不符合自己的"口味",需不需要去图书馆借阅。此外,网络图书馆还提供书本的馆藏信息,可以了解该书本地图书馆是否有藏,是否在架等情况。李女士还可以结合本地图书馆网站上提供的点书、预借等功能,在家里就把借书的前期准备工作做好,只消抽空去图书馆直接借书就行,整个流程高效而便捷。

平湖市图书馆　祝敏锐

六、未来发展

浙江网络图书馆未来发展将根据读者的实际需求和数字图书馆技术的发展,在不断完善技术平台、不断丰富数字资源内容的基础上,重点在以下三个方面发展:一是与国家数字图书馆推广工程相结合,将浙江网络图书馆作为中国国家数字图书馆在浙江地区的一个骨干节点,实现与中国国家数字图书馆的无缝链接。二是与公共电子阅览室建设相结合,把网络图书馆纳入公共电子阅览室管理和服务平台中,在资源推荐和主动服务上做文章,进一步提升其影响力。三是建立浙江网络图书馆移动频道。移动阅读是当前数字阅读的一个重要发展趋势之一。浙江网络图书馆移动频道是用户通过手机等移动终端访问网络图书馆的门户。通过该门户，用户将获得热门图书和电子期刊的在线阅读服务；全省各级公共图书馆的公共联合目录和馆藏特色资源的元数据的查询服务；可以像普通频道一样进行"一站式"的搜索服务；用户借阅信息查询、催还提醒、预约、续借等基于传统图书馆的服务。

参考文献

[1]夏立新等.数字图书馆导论.北京:科学出版社,2009
[2]初景利.复合图书馆的概念及发展构想.中国图书馆学报,2001(3):3-6